王勇　主編

『齊魯先賢家譜整理研究』叢書

《東武劉氏家譜》整理研究

張其鳳　編著

齊魯書社

·濟南·

圖書在版編目（CIP）數據

《東武劉氏家譜》整理研究 / 張其鳳編著. --濟南：齊魯書社, 2023.2
（"齊魯先賢家譜整理研究"叢書 / 王勇主編）
ISBN 978-7-5333-4548-8

Ⅰ. ①東… Ⅱ. ①張… Ⅲ. ①氏族譜系—研究—諸城縣 Ⅳ. ①K820.9

中國版本圖書館CIP數據核字（2022）第003556號

策劃編輯：李軍宏
責任編輯：曹新月　井普椿
責任校對：王其寶　趙自環
裝幀設計：趙萌萌

"齊魯先賢家譜整理研究"叢書
王勇　主編
《東武劉氏家譜》整理研究
DONGWU LIUSHI JIAPU ZHENGLI YANJIU
張其鳳　編著

主管單位　山東出版傳媒股份有限公司
出版發行　齊魯書社
社　　址　濟南市市中區舜耕路517號
郵　　編　250003
網　　址　www.qlss.com.cn
電子郵箱　qilupress@126.com
營銷中心　（0531）82098521　82098519　82098517
印　　刷　日照日報印務中心
開　　本　880mm × 1230mm　1/32
印　　張　25.25
插　　頁　7
字　　數　656千
版　　次　2023年2月第1版
印　　次　2023年2月第1次印刷
標準書號　ISBN 978-7-5333-4548-8
定　　價　**158.00圓**

“齊魯先賢家譜整理研究”叢書（十部）

《馮氏世録》二種整理研究　張秉國　編著

新城《王氏世譜》整理研究　魏恒遠　編著

《安丘曹氏族譜》整理研究　趙紅衛　校注

萊陽《宋氏宗譜》整理研究　朱秀敏　宋金民　校注

《籠水趙氏世譜》整理研究　王勇　編著

《顔山孫氏族譜》整理研究　江永紅　王濟洲　編著

東郡《傅氏族譜》整理研究　李泉　箋注

《安德田氏家譜》整理研究　黄金元　張金平　校注

《東武劉氏家譜》整理研究　張其鳳　編著

《棲霞名宦公牟氏譜稿》整理研究　王海鵬　編著

主編簡介

王勇，男，1959年9月生，山東淄博人。山東師範大學文學院教授，主要從事中國古代文學藝術及齊魯傳統文化的教學與研究，著有《明清博山趙氏家族文化研究》《山東文學史》等。主持國家社會科學基金項目、山東省社會科學規劃研究項目等多項。曾集體榮獲山東省社會科學優秀成果重大成果并一等獎、山東省高等教育教學成果二等獎。

作者簡介

張其鳳，男，山東高密人。南京航空航天大學教授，南京藝術學院博士，劉墉研究專家，第九屆山東省人大代表。中國書法家協會教育委員會副主任，中國標準草書學社副社長。北京師範大學藝術與傳媒學院兼職教授，《中國社會科學》等多個權威期刊外審專家及多種社科基金立項評委。書法作品曾入展第二、四屆蘭亭獎，參與或應邀參加中國書法家協會主辦的全國性大展16次。出版《清代諸城劉氏家族文化研究》《宋徽宗與文人畫》等著作18部，在《中國書法》《江蘇社會科學》等期刊發表論文近200篇，文章被多種權威文摘收録。曾集體榮獲山東省社會科學優秀成果重大成果并一等獎一次，二等獎一次。

山東省2016年齊魯優秀傳統文化傳承創新工程
第一批重點項目

山東省一流學科山東師範大學文學院中國語言文學
學科建設經費資助項目

御前最久也善相馬余嘗作歌以賜亦其餘事之足稱
者
初供執本職後充侍衛護弓矢固所習懇勤更其素上
進恒有常不失尺寸處洊陞掌内府亦久蒙
恩遇因命長部曹旋贊絲綸布更踐既已深老成遂獨
許叶雖無赫赫名却有休休度讀書通大義萬石猶後
步

故大學士劉統勲

欽定四庫全書　御製詩四集　卷五十八

漢大學士之足資倚任者張廷玉而後有劉統勲
統勲山東諸城人雍正甲辰翰林甫授職即直南
書房官至庶子余即位初擢任詹事旋遷内閣學
士洊陟尚書為軍機大臣乾隆甲戌協理陜甘總
督乙亥冬以罪罷斥踰年復任尚書由刑部調吏
部辛巳夏授大學士癸巳冬肩輿入直至東華門
疾忽溘上舁歸而歿余聞其病遣使齎藥馳視已
無及矣即日親臨奠醊優卹有加並入祀賢良祠

劉以為西師兩用兵同心郤衆論坐謀無不協用蔵大功
建其後征緬甸力請往抒蓋猛抉既收服官屯進圍困
褫以水土劣兵役多病頓值彼悔罪請降撤師旋振旅傳恒攻老官屯晝夜不輟期在必克迭奏屢懇顧納欵懇請解圍傳恒卻勿許然余念瘴鄉水土惡劣又聞軍士多病不宜久居其地允期諭令撤兵傳恒始來命遂北歸而病入膏肓不可救矣惜哉然因受瘴深
蕆悔隳功闕遂以永辭世飾終典空纔嗟我社稷臣所
期寧在近年少長上攀於余騎箕惜且恨

故大學士來保

欽定四庫全書　御製詩四集　卷五十八

來保侍
皇祖二十餘年歷官一等侍衛
皇考時政内務府總管余即位授尚書六曹俱遍乾隆
十二年擢大學士為軍機大臣二十九年卒於位
入祀賢良祠來保性端謹年躋大耋神明不衰老
成之度足為庶寮矜式每詢以康熙年事娓娓可
聽而於
聖祖行圍諸典尤悉益其在

《四庫全書·御製詩四集》之《五閣臣五首·故大學士劉統勲》

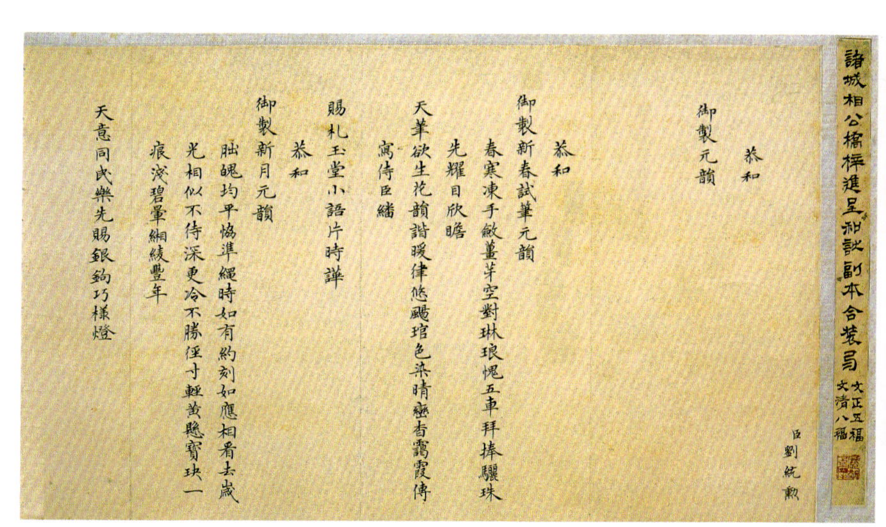
諸城相公橋梓進呈和詩副本合裝卷　文正五福　文清八福

恭和
御製元韻
臣劉統勲

恭和
御製新春試筆元韻
春寒凍手斂董芋空對琳琅愧五車拜捧驪珠
光耀目欣瞻
天筆欲生花韻諧暖律悠颺琯色染晴巒杏靄霞傳
寫侍臣緒
賜札玉堂小語片時譁
恭和
御製新月元韻
朏魄均平協準繩時如有約刻如應相看去歲
光相似不待深更冷不勝徑寸輕黃懸寶玦一
痕淡碧暈緗綾豐年
天意同民樂先賜銀鉤巧樣燈

劉統勲、劉墉父子應制詩長卷（局部）

遼寧省博物館藏劉墉行楷聯

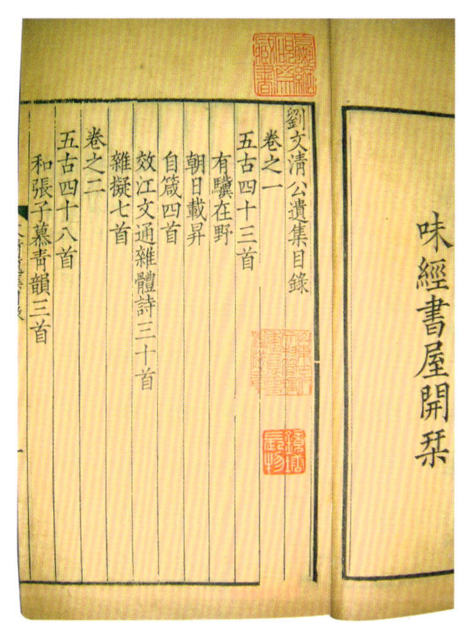
味經書屋開栞

劉文清公遺集目錄
卷之一
五古四十三首
有驥在野
朝日載昇
自箴四首
效江文通雜體詩三十首
雜擬七首
卷之二
五古四十八首
和張子慕青韻三首

《劉文清公遺集》書影，東武劉氏味經書屋刻本

諸城劉氏族譜序
禹貢曰海岱惟青州諸城
在漢為琅邪郡今屬青州
府故乾隆丙子年宰相劉
文清公方以翰林視學安徽
賜詩有云海岱高門第也嘉慶十
九年諸城劉氏再修族譜
成以前明宏治由碭山遷

阮元《諸城劉氏族譜序》

劉鐶之刻劉墉書法《清愛堂帖》

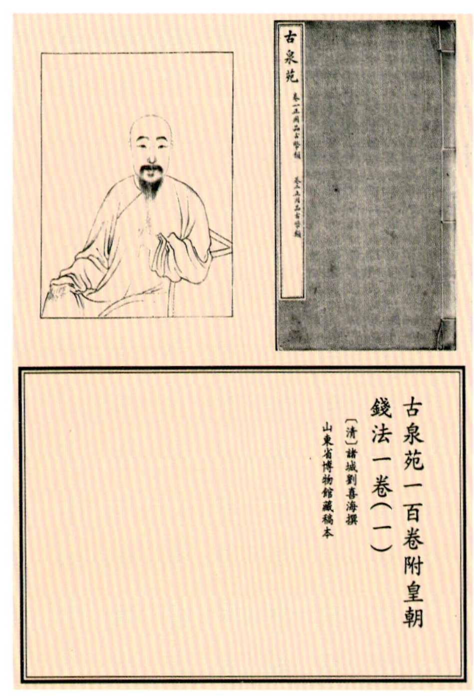

古泉苑一百卷附皇朝錢法一卷（一）

〔清〕諸城劉喜海撰

山東省博物館藏稿本

劉喜海《古泉苑》，山東博物館藏本

總序

『齊魯先賢家譜整理研究』叢書（以下簡稱『叢書』），是山東省二〇一六年齊魯優秀傳統文化傳承創新工程第一批重點項目、山東省一流學科山東師範大學文學院中國語言文學學科建設經費資助項目。經過山東省内外十所高校與科研單位老中青三代十餘位學者的共同努力，終於順利結項，即將出版發行。作爲項目負責人，我感到十分欣慰，也堅信『叢書』將對齊魯優秀傳統文化乃至中華優秀傳統文化的創造性轉化、創新性發展産生積極影響。

一

『家譜』又稱『譜牒』『譜諜』『族譜』『家諜』『家牒』『譜録』『宗譜』『世譜』『家乘』『世録』『房譜』『譜稿』『牒譜』等（皇帝家譜則稱『玉牒』），或單稱『譜』『牒』『諜』『乘』等，是記載一姓（少數多姓）世系、重要人物事迹，以及家教、家風、家訓等内容的譜籍。它起源於父系社會，由國家纂修，漢代司馬遷

《史記・太史公自序》曾連稱『維三代尚矣，年紀不可考，蓋取之譜牒舊聞，本於茲，於是略推，作《三代世表》第一』『幽厲之後，周室衰微，諸侯專政，《春秋》有所不紀；而譜牒經略，五霸更盛衰，欲睹周世相先後之意，作《十二諸侯年表》第二』〔一〕。至魏晉南北朝時，已有零散的私人家譜資料記載，如《世説新語》，南朝梁劉孝標注就引家傳四十餘部。唐代出現了私家族譜專書，《新唐書・藝文志》隨之增設『譜牒類』。到宋代，私修家譜的規模已經大大超過官修家譜，其中歐陽修的《歐陽氏譜圖》、蘇洵的《蘇氏族譜》都是影響深遠的家譜名著。明清以來，私修家譜日益普及，并且往往定期重修。

中國的家譜源遠流長，浩如烟海，素與方志、正史鼎足而三，被看作中國古代典籍的一大支柱，自古以來廣爲人們關注。上海圖書館編、王鶴鳴先生主編的《中國家譜總目》〔二〕，係全球中文文獻資源共建共享項目、『十五』國家社會科學基金項目、全國高等院校古籍整理研究工作委員會資助項目。全書由海内外六百一十四家譜牒文獻收藏單位、五千餘名譜牒文獻收藏者和一千餘名譜牒文獻研究者、編纂人員合作完成，共計十册，一千二百三十萬字，著録海内外家譜五萬二千四百零一種、姓氏六百零八個，是迄今爲止規模最大的帶有内容提要的中國家譜聯合目録，也是極其重要的中華文明探源成果。該書出版以來，先後榮獲第十届全國優秀古籍圖書獎一等獎、上海市第十一届圖書獎特等獎、上海市第十届哲學社會科學優秀成果獎著作類二等獎、第二届中國出版政府獎圖書獎等，在海内外贏得了廣泛好評，也爲我們從事研究、申報課題提供了極大便利。

『先賢』一詞，至遲在秦漢典籍中已見。《禮記・祭義》云：『祀先賢於西學（周代小學名），所以教諸侯之德也。』[三] 這裏的『先賢』指的是先世賢人，也即古代德才兼備者。他們既包括賢君、賢主、賢王、賢辟（德才兼備的君主），也包括賢相、賢輔、賢宰（德才兼備的宰相），還包括賢伯（德才兼備的諸侯）、賢牧（德才兼備的州郡長官）、賢令（德才兼備的縣令）、賢臣（德才兼備的臣子）、賢吏（德才兼備的官吏）與賢民（德才兼備的平民），是中國古人的杰出代表，也是中國古代家譜的亮點。先賢家譜大都具有文物價值，這從各級、各地公私收藏機構與個人競相收購先賢家譜、價格亦不斷攀升即可見一斑。近年來，新聞媒體也較關注先賢家譜的文物價值。二〇一六年三月，中央電視臺綜合頻道《我有傳家寶》節目導演賀躍進先生主動邀請筆者組織籠水（山東省淄博市博山區）趙氏族人代表趙捍東先生攜帶清代刻本《籠水趙氏世譜》等赴京製作專題節目，并於當年四月四次播出，在山東省内外都産生了較大反響。而先賢家譜的輯佚、校勘、研究和利用價值，也應該高度重視。

以山東臨朐馮氏（始祖明代馮裕）爲例：《中國家譜總目》衹著録山東省圖書館藏清抄本《馮氏家乘》一卷；張秉國先生則注意到還有清道光二十八年（1848）纂修的《馮氏世譜》四卷及清光緒三十三年（1907）、民國十九年（1930）兩次續修本，一九六二年在其基礎上纂修的《馮氏族譜分派兑部》，明代以來私人過録、收藏《馮氏世録》抄本四種。經過全面比較，張秉國先生選擇《馮氏世録》二種（冶源本、青州本）作底本進行整理研究，并發現了一些他書不載的碑傳墓志類文獻、世所罕見的各種誥敕，解決了諸如馮惟敏的卒年等問題（張秉國《〈馮氏世録〉二種整理研究》），爲《中國家譜總目》增補、修訂提供了重要綫索，也爲明清兩朝誕生了九位進士、九位四品以上官員并至少撰寫了六十餘種著作的臨朐馮氏家族等文獻輯佚、校勘、研究和利用奠定了堅實基礎。

先賢各有生態，也即特定環境中生存、發展的狀態及其生活習俗等，包括家族生態與社會生態。先賢家譜既是先賢家族生態的主要載體，也是先賢社會生態的輔助載體。家譜的主體是世系，通常記載始祖以來家族成員的名字、别號、生辰、幼教、婚配、子嗣、忌日、墓地、祠堂等，是研究其家族生態的第一手資料，有的還是傳世文獻中僅見的珍品。家譜中的傳記、墓志銘等，介紹家族成員科考、仕宦、交游、節操等多種信息，是研究其社會生態的重要資源，有的還可補充、糾正正史與方志等傳世文獻的缺失。先賢家譜是老祖宗留給我們的寶貴遺産，兼具物質文化遺産（家譜實體）與非物質文化遺産（家譜編纂方法）雙重屬性，是社會主義精神文明建設的深厚滋養，能够幫助世人察古鑒今，勿忘其身。它們既可爲解决人們『我是誰』『我從哪裏來』的問題提供幫助，也可爲人們明確『我到哪裏去』『我怎樣到那裏去』的目標與途徑指示方向。一九九六年底上海圖書館家譜閲覽室正式對外開放以來，爲海内外成千上萬的尋根者、續譜者與研究者解决了困難，并極大地促進了全球華人對中華民族精神基因的認同，有力地推動了當代文明家庭建設與各地旅游事業發展。先賢家譜中收録的一些家訓、家規，至今仍有借鑒意義。新城王氏四世王重光制定的書面家訓『所存者必皆道義之心、所行者必皆道義之事、所友者必皆讀書之人、所言者必皆讀書之言』及八世王士禛所寫的廉政家規《手鏡録》，還引起中共中央紀委、國家監察部的高度關注。二〇一六年四月，中央紀委、監察部網站《中國傳統中的家規》欄目組專門趕赴山東省淄博市桓臺縣王士禛故里，拍攝專題片《山東桓臺王漁洋家族：忠勤報國潔己愛民》。節目推出後，在中國共産黨内外引起了熱烈反響，爲宣傳良好家風，推動廉政建設做出了積極貢獻。

二

齊魯大地歷史悠久，文化燦爛，先賢産生早、數量多、影響大、定位高，是一道獨特的風景綫。遠在秦代以前，就已誕生了孔子、孟子、孫子（孫武、孫臏）等先賢，并爲管子、墨子、莊子、荀子等先賢提供了成就偉業的平臺。孔子更培養了三千弟子、七十二賢〔四〕。此後開疆拓宇，代不乏人。及至明代嘉靖年間（1522—1566）禮部會議孔廟祭禮時，甚至衹把顏淵、曾參、孔伋、孟軻等十哲以下和孔子其他及門弟子稱爲『先賢』，而把左丘明以下稱爲『先儒』〔五〕。

受『至聖先師』孔子及其家族的深刻影響，齊魯先賢及其家族特别重視譜牒編纂。從孔孟顏曾到民國諸賢，兩千餘年綿延不斷，書寫了一部家譜伴先賢成長、先賢爲家譜增色的壯麗史册。清嘉慶十九年（1814），劉鐶之主持纂修的《東武劉氏家譜》全部完成，阮元應邀爲其作序。阮元是清代著名學者、出版家，他撰寫的《疇人傳》與《積古齋鐘鼎彝器款識》，是研究中國歷代天文學家、數學家生平與古文字學的重要參考文獻，主編的《經籍纂詁》、校刻的《十三經注疏》、彙刻的《皇清經解》等，都在中國文化史上産生了巨大影響。阮元盛贊被乾隆皇帝譽爲『海岱高門第』的東武劉氏家族，稱許該譜『井然秩然，何其慎也』『不妄推世系，又何慎也』，且認爲『是譜之修，非止世家之乘，且裨國史之表，誠不可緩於今日矣』。此論持之有據，絶非虛誇。張其鳳先生經過廣泛調查，發現東武劉氏家譜除清嘉慶十九年刻本，還有清乾隆二十一年（1756）劉統勛主持纂修的《東武劉氏家譜》（已佚），以及清宣統三年（1911）劉心鑒參與纂修并抄録的《東武劉氏家譜槎河支譜》、二〇〇二年劉德浦重印嘉慶本并補劉緒煊後裔手抄本、二〇〇四年劉德浦纂修《東武劉氏家譜槎河支譜續》、二〇〇九年劉鏡如編著《東武劉氏家乘》（以上五種家譜俱不見於《中國家譜總目》），并選擇嘉慶本作底本整理研究。張其鳳先生通過全面比較，認爲劉統勛、劉墉爲清代漢族父子宰相第一。又根據《東武劉氏家譜》分別統計，發現東武劉氏有品官銜者四百一十一人次（含封贈），無品官銜者九十一人次（含封贈），是著名的仕宦世家；東武劉氏擁有十一位進士，四十二位舉人，一百五十二位監生，五十二位庠生，又是著名的科舉世家；東武劉氏擁有水利、刑名、書法、醫學、金石學、版本目録學、詩學、史學、理學、文字學等專家，傳有一百八十餘部各類著作，還是著名的文化世家。此外，東武劉氏家族六人入選《清史稿》傳記，二人入選賢良祠，三人次入選名宦祠，五人次入選鄉賢祠，三次得到清帝賜匾、題詩或盛贊（康熙、乾隆、嘉慶），是全國一流的名門望族（張其鳳《〈東武劉氏家譜〉整理研究》）。這些成果真實地展現了齊魯先賢家譜的重要地位及其輯佚、校勘、研究和利用價值。

新城王氏在明清時期共孕育了三十位進士、五十二位舉人、數十位高官，除王士禛，還有大約七十人留下了各類不同著作，是山東乃至全國最著名的仕宦望族和文化世家之一。據魏恒遠先生考察，除已見於《中國家譜總目》的《王氏族譜》十三卷［明崇禎三年（1630）毛氏汲古閣刻本］、新城《王氏世譜》八卷首一卷［清乾隆二十五年（1760）刻本］、新城《王氏世譜》不分卷［清嘉慶十三年（1808）刻本］、《大槐王氏家譜譜略》一卷（清抄本）、新城《王氏世譜》三十五卷［民國四年（1915）木活字本］、《新城王氏世譜》八卷（一九九四年鉛印本），新城王氏還有明萬曆三年（1575）、清康熙五十五年（1716）、清同治三年（1864）、二〇〇八年纂修諸譜。甚至在萬曆三年五世王之垣『創修』之前，已有其叔王文光的《徙新城譜略》（魏恒遠《新城〈王氏世譜〉整理研究》）。魏恒遠先生選擇乾隆本作底本整理研究，并廣泛收集各個版本新城王氏家譜的資料等，彙爲《新城〈王氏世譜〉整理研究·附録》一百二十一條。其中，有明代著名學者焦竑的《少司農王公傳》，明代著名戲曲作家、文學家屠隆的《王司徒誄》，明代著名文學家于慎行的《王氏琅邪公傳》《明故正議大夫户部左侍郎誥贈户部尚書見峰王公暨元配夫人于氏合葬墓志銘》《明故奉直大夫户部四川司員外郎錦峰王公墓志銘》《宣府巡撫大中丞新城王公生祠記》，明代著名戲曲作家、文學家湯顯祖的《大司馬新城王公祖德賦（有序）》，明代著名書法家邢侗的《資政大夫户部尚書王公行狀》，明代著名書畫家董其昌的《王氏族譜序》，明末清初著名文學家錢謙益的《王季木墓表》，清代著名詩人施閏章的《吏部考功司員外郎王公墓碑》，清代著名文學家、戲曲家尤侗的《王東亭進士傳》，清代著名散文家汪琬的《王象乾傳》《御史王公傳并贊》《節孝王先生傳》《誥封王母張宜人墓志銘》，清代著名文學家陳維崧的《祭王西樵先生文》，清代著名文學家姜宸英的《新城王方伯傳》，清代著名文學家朱彝尊的《文林郎湖廣道監察御史王公墓表》《誥封朝議大夫國子監祭酒新城王公墓碑》，清代著名史學家萬斯同的《王象乾傳》，清代著名經學家孫星衍的

《資政大夫經筵講官刑部尚書王公傳》等。這些成果又一次清晰地展現了齊魯先賢家譜的突出地位及其輯佚、校勘、研究和利用價值。趙紅衛女士的《〈安丘曹氏族譜〉整理研究》，朱秀敏女士、宋金民先生的《〈萊陽〈宋氏宗譜〉整理研究》，王勇的《〈籠水趙氏世譜〉整理研究》，江永紅女士、王濟洲同志的《〈顔山孫氏族譜〉整理研究》，李泉先生的《東郡〈傅氏族譜〉整理研究》，黄金元、張金平先生的《〈安德田氏家譜〉整理研究》，王海鵬先生的《〈棲霞名宦公牟氏譜稿〉整理研究》，也都與此相似，各具價值。

遺憾的是，齊魯先賢家譜的收集、整理、研究和利用工作還做得不够。截至目前，尚未專門全面收集傳世齊魯先賢家譜的基本信息，也未正式出版系統整理研究齊魯先賢家譜的相關著作。有鑒於此，我們群策群力，分工協作，首選明清時期十家、十一種齊魯先賢古舊族譜整理研究，希望能够拋磚引玉，得到社會各界的重視與支持，進而探源逐流，不斷拓展，以推動齊魯先賢家譜的搶救、保護和利用，促進中華優秀傳統文化的繼承、創新和發展。

三

『叢書』自準備到完成，歷時三年半，得到很多領導、專家的殷切關懷與精心指教，令筆者倍感温暖，終生難忘。

二〇一六年二月二十九日，中共山東省委宣傳部、山東省發展和改革委員會、山東省財政廳、山東省文化廳、山東省新聞出版廣電局、山東省文物局聯合下發《關於推進齊魯優秀傳統文化傳承創新工程重點項目的通知》(魯宣發〔2016〕3號),面向全省徵集七個類别、三十個重點項目的相關課題。四月十二日,《中共山東省委高校工委關於組織申報2016年齊魯優秀傳統文化傳承創新工程重點項目的通知》(魯高工委通字〔2016〕22號)正式發布,要求全省各高校認真組織申報工作,并將擇優報送省委宣傳部參加評選。我在認真研讀文件、廣泛查閲資料後,申報了『研究闡發項目』類别中的『齊魯先賢家譜整理研究叢書』。其間,數次得到山東省政協原副主席、山東師範大學原副校長、山東師範大學山東省齊魯文化研究院原院長王志民教授,山東省委宣傳部副部長王紅勇同志、文藝處處長王偉同志,山東師範大學山東省齊魯文化研究院副院長仝晰綱教授,以及山東師範大學社科處副處長孫書文教授、顧大偉老師的悉心指導。九月一日,六部門又聯合下發了《關於推進2016年齊魯優秀傳統文化傳承創新工程第一批重點項目的通知》(魯宣發〔2016〕22號),正式公布經全省各地、各部門及高校組織推薦,專家學者評審,最終確定的包括『齊魯先賢家譜整理研究叢書』在内的七十二個重點項目。九月二十七日,山東省財政廳下達省級宣傳文化發展專項經費給予資助。自此,項目工作全面啓動。

早在二〇一〇年上半年王志民教授組織召開的《山東文化世家研究書系》第一、二次作者會議上,筆者就已與《清代聊城傅氏家族文化研究》作者李泉先生、《清代諸城劉氏家族文化研究》作者張其鳳先生、《清代德州田氏家族文化研究》作者黄金元先生、《清代棲霞牟氏家族文化研究》作者王海鵬先生、《明清安丘曹氏家族文化研究》作者趙紅衛女士、《臨朐馮氏家族文化研究》作者張秉國先生結下了良緣。『叢書』正式立項後，本着家族文化研究與家譜整理研究、遴選家譜與聘請作者相互結合的原則，筆者首先聯繫這六位學者，他們全都慨然允諾。李泉先生『項目很有意義，稿費并不重要』的表態，尤其令我感動。除筆者以外，其餘三書作者或爲同鄉，或爲學生，也都愉快地接受邀請，并迅即展開工作。

二〇一七年三月十八日至十九日，在山東師範大學舉行了『叢書』編纂工作研討會。山東師範大學文學院院長楊存昌教授、黨委書記王興盛老師，齊魯書社社長昝亮編審，山東師範大學社科處副處長孫書文教授，山東師範大學文學院省級重點建設學科中國古代文學學科帶頭人陳元鋒教授、中國古代文學教研室主任王琳教授，山東師範大學文學院辦公室主任張冰老師，以及『叢書』十部著作的主要作者與編者共二十人，參加了本次研討會。大家集體學習了中共中央辦公廳、國務院辦公廳《關於實施中華優秀傳統文化傳承發展工程的意見》及中共山東省委宣傳部、山東省財政廳的有關文件，并就『叢書』編纂與出版計劃等進行了熱烈而深入的研究與討論。會後，由筆者起草『叢書』凡例、編撰排版要求及試寫稿共同討論修改，以便統一體例。同年十二月十七日起，『叢書』初稿陸續提交。由筆者首先通讀，并與作者隨時討論。然後轉交『叢書』責任編輯復審，再與作者和筆者共同討論，經課題組内外專家審閲後定稿，申請結項。其間，『叢書』又多次得到山東省作家協會副主席、山東師範大學文學院院長孫書文教授的具體指導，并得到山東師範大學文學院黨委書記肖光軍老師及社科處處長高景海老師、副處長顧大偉老師等的熱情幫助。

『叢書』付梓之際，筆者謹向有關領導、專家與全體作者、編者表示崇高的敬意！向協助『叢書』推進工作的山東師範大學文學院辦公室主任李金波老師及我的研究生高燕、徐寧同學表示衷心的感謝！由於時間緊迫，能力有限，書中錯誤疏漏在所難免，敬請廣大讀者批評指正！

王　勇

二〇一九年八月十五日於山東師範大學文學院

【注】

〔一〕［漢］司馬遷：《史記》卷一三〇《太史公自序》，中華書局一九五九年版，第一〇册，第三三〇三頁。

〔二〕上海圖書館編，王鶴鳴主編：《中國家譜總目》，上海古籍出版社二〇〇八年版。

〔三〕［清］孫希旦：《禮記集解》卷四六《祭義》，中華書局一九八九年版，下册，第一二三一頁。

〔四〕［漢］司馬遷：《史記》卷四七《孔子世家》：『孔子以詩書禮樂教，弟子蓋三千焉，身通六藝者七十有二人。』中華書局一九五九年版，第六册，第一九三八頁。

〔五〕［清］張廷玉等：《明史》卷五〇《志·禮四》，中華書局一九七四年版，第五册，第一二九六頁。

凡例

一、本『叢書』選擇十部齊魯先賢家族的宗譜整理研究，一族一部，求同存异。旨在搶救珍貴家譜，發掘歷史資料，古爲今用，推陳出新，促進人們注重家庭、家教、家風，爲弘揚優秀傳統文化、建設社會主義精神文明貢獻力量。

二、『齊魯』以今『山東省』行政區劃爲界，『先賢家譜』從明清兩朝入手。此前家譜，將來再謀整理研究。

三、本『叢書』一律以善本、足本等舊譜爲底本，以别本家譜及其他歷史文獻等參校。原文涉及帝王與尊者等跳行、空格者，一律回改，不出校。篇幅較長者，酌情分段。

四、各譜人名、字號、地名、書名等專有名詞悉仍其舊，其他文字保留繁體，但异體徑改正體、諱字徑改本字、舊字形徑改新字形，不出校記。脱、衍、倒、誤文字一律改正，并出校記。

五、標點一律采用通行竪排新式符號，引號先雙(『』)後單(「」)，不用專名號。

六、注釋重在簡介族人事迹、家鄉環境及對家族産生較大影響的其他人物、事件等，非特殊意義詞語一般不注。

七、校記與注釋合爲一體，以『【校注】』標示，列於各篇文章或相同世次譜表之末。同一條内，先校後注。

八、在整理文獻過程中，對於農民起義軍被誣爲『盜』『匪』『賊』等，我們是持批判態度的，但爲保證資料的真實性、完整性，對此不做改動。

九、本『叢書』參照王志民教授主編《山東文化世家研究書系》順序排列，各書按圖片、總序、凡例、前言、目録、家譜及其校注與研究、附録等順序排列。

前言

在清代漢族世家大族中，共出現了五對父子宰相：一是蔣廷錫、蔣溥，二是嵇曾筠、嵇璜，三是張英、張廷玉，四是劉統勳、劉墉，五是翁心存、翁同龢。蔣廷錫蔣溥、嵇曾筠嵇璜、翁心存翁同龢三對父子雖賢能過人，但相較張英張廷玉、劉統勳劉墉兩對父子，則遜色甚多，故難稱其爲父子名相。而後兩對則均爲父子賢相，相比之下，似在伯仲之間，然仔細審視，劉統勳、劉墉父子則終勝一籌。原因如下：第一，張英之聲名不及劉墉；第二，張廷玉與劉統勳相比，雖皆爲漢族大臣中特別杰出者，然細較之，則劉統勳堪稱完人，張廷玉衹能稱之爲有缺點的偉人。乾隆帝對二人均有很高評價，他在《五閣臣五首》詩序中曾講：『漢大學士之足資倚任者，張廷玉而後有劉統勳。』[一]這説明在乾隆帝心目中，二人之賢能均超出了其他漢族大臣，語氣中似乎將兩人相提并論。但細看乾隆帝對二人優點之評價，孰高孰低當一目瞭然。在乾隆帝看來，張廷玉之能在於

『不茹還不吐，既哲亦既明。述旨信無二，萬言頃刻成。繕皇祖實録，記注能盡誠』〔二〕，『時時有贊襄，休哉國之楨』〔三〕，『以其爲兩朝舊臣，小心慎密，有足嘉者』〔四〕。而劉統勳則『練達端方，秉公持正，朝臣罕有其比。故凡讞大獄、督大工，忠命往莅，事無勿治者』〔五〕；『遇事既神敏，秉性原剛勁。進者無私感，退者安其命。得古大臣風，終身不失正』〔六〕。這説明，張廷玉祇是個人修養深厚，富有智慧，在朝廷上闡述皇帝旨意的本領無人能比，除在修纂《清皇祖實録》和『記注』上有功外，還時有贊襄建言，可以説是一個重要助手的角色。劉統勳人品秉公持正，朝臣罕有其比，『讞大獄、督大工，忠命往莅，事無勿治者』，功績堪稱卓越；而主持朝政『遇事既神敏，秉性原剛勁。進者無私感，退者安其命』，可謂朝廷風氣的最佳營造者。由此對比可知，劉統勳無論是業績還是人品，抑或是作爲宰相對朝局風氣之營造，均超過張廷玉。《諸城縣續志》稱其爲『百餘年名臣第一』〔七〕，確非虚言。而從二人失誤來看，劉統勳因議弃巴里坤而獲罪，非爲私事，乾隆帝分析也很透徹：『聞阿逆之變，議弃巴里坤，所見雖謬，然書生未嫻軍旅，且遇事輒抒所見，差勝於模棱怯避緘默自全者。觀過知仁，固宜深諒之矣。』而張廷玉的失誤則完全在計較個人名利上，乾隆十四年（一七四九）他致仕之際，乾隆帝親自賦詩以寵其行，結果張廷玉因擔心當年雍正帝讓其配享太廟之事乾隆帝不予認可，遂在陛辭時乞乾隆帝一言爲左券，結果惹得乾隆帝大怒，險些恩禮不終。多年以後，乾隆帝心平氣和之際，仍不免慨嘆張廷玉『瑕瑜不能相掩也』〔八〕。乾隆帝用『瑕瑜不能相掩』而不用『瑕不掩瑜』，就表明他的感受是其憾在骨，而非强調張廷玉雖有缺點但其優點無法抹殺。至於張廷玉與鄂爾泰二人的黨争，對朝局形成潜在威脅，犯了朝廷重臣大忌，以致乾隆帝不得不采取嚴厲措施。相比而言，劉統勳從不結黨營私，言行正大光明。由此來看，張廷玉雖爲乾隆帝心目中的一代名卿，但與劉統勳相比，也不得不將其等而下之。因此，我們推劉統勳、劉墉爲清代漢族父子名相第一，實非過譽之舉。

從總的情况來看，劉氏家族自五世至十四世，有七人官至二品以上，三人官至正一品。而其所擁有的官銜數量，同樣能够證明劉氏家族在政界擁有异常顯赫的地位。僅就《東武劉氏家譜》統計，其有品官銜就多達四百一十一人次（含封贈），無品官銜多達九十一人次（含封贈）。從有品官銜看，正一品十四人次，從一品四十人次，正二品八人次，從二品三十六人次，即劉氏家族僅從二品以上的官銜就多達九十八人次。其無品官銜的含金量與有品官銜相比也毫不遜色，如其中包括在清代人臣中權力最大的軍機大臣（劉統勳），人望甚高的上書房總師傅（劉統勳、劉墉），四庫全書館正總裁（劉統勳），四庫全書館副總裁（劉墉），三通館總裁、國史館正總裁、會典館正總裁、玉牒館副總裁、經筵講官等職務。任萬衆矚目的科舉考試官共二十五人次，其中劉棨一次，劉統勳十一次，劉墉七次，劉墫一次，劉鐶之五次。如加上殿試讀卷官等與科考有關的職務，則劉統勳爲二十三次，劉墉爲十二次。另外，劉氏家族還有子弟擔任提督學政十一人次。而在皇帝離京時，衹有社稷重臣纔能承領的臨時職務『留京辦事大臣』，劉統勳、劉墉父子均擔任過，劉統勳甚至多次擔任。乾隆五十二年（一七八七）山東大旱，聖恩緩徵山東錢糧，在京官員具摺謝恩，劉墉排在第一位。説明當時位至協辦大學士的劉墉，在山東籍京官中已處於領袖地位。由以上種種，我們不難斷定，在清代山東世家當中，劉氏家族應屬一流的仕宦世家。

從科考角度衡之，劉氏家族亦無愧於科甲望族稱號：劉統勳、劉墉、劉墫、劉鐶之三世四位翰林，劉必顯、劉果、劉棨、劉統勳、劉綎焯、劉純煒、劉墫、劉墉、劉詩、劉鐶之、劉泌六世十一位進士，劉棨十個兒子中有八個舉人、三個進士。劉氏家族一門共出了四十二個舉人（含十一個進士），一百五十二個監生（含十八個貢生），五十九個庠生，可謂人才輩出，功名稱盛。

如從學術藝事方面來看，劉氏家族同樣無愧於文化世家的稱譽。劉統勳爲清代水利、刑名名臣，劉墉書法爲清代帖學之冠，劉奎爲清代一流瘟疫學大家，劉喜海爲中國近現代錢幣學的奠基人、一流的金石學家、古籍鑒藏大家。這些實學或藝事成就，不僅在清代山東少有世家可以比肩，即使置之全國亦屬鳳毛麟角。另外，自劉必顯始，劉氏爲詩而著聲譽者近八十人。劉氏後裔精通水利、刑名、書法、醫學、金石學、版本目録學、詩學、史學、理學、文字學等學問，據不完全統計，尚留下各類著作一百八十餘部，另有參與主編的大型叢書十幾種，如《四庫全書》、『清三通』等均舉世矚目。在這些規模宏大的學術工程中，山東其他世家子弟所起作用無法與劉統勳、劉墉父子相提并論。因此，劉氏家族依其在學術、藝事上的杰出表現，理應在清代山東世家中卓絶群倫。

綜上所述，劉氏家族不僅是仕宦世家、科舉世家、文化世家，而且是清代山東世家中科舉、仕宦、文化發展最爲平衡、綜合實力最强的世家之一。

此外，清代史書多收録劉氏家族成員傳記，如《清史稿》收其家族六人（劉果、劉棨、劉統勳、劉墉、劉奎、劉鐶之）入傳，《清史列傳》收其四人（劉棨、劉統勳、劉墉、劉鐶之）入傳。在《清實録》中，劉棨出現三次，劉果出現一次，劉統勳出現八百二十七次，劉純煒出現十六次，劉墉出現二百四十七次，劉墫出現二十七次，劉鐶之出現十四次，劉喜海出現九次，劉氏家族成員累計出現一千一百四十四次。劉氏家族成員有兩人入祀國家最高的崇祀機構賢良祠，三人入祀名宦祠，五人入祀鄉賢祠，《諸城縣志》《諸城縣續志》等收劉氏子弟數十人入傳，這也是山東多數世家難以比擬的。

在封建社會，對臣下而言，來自皇帝的賜題無疑是最高的榮寵與肯定，而劉氏家族獲得了清王朝三代皇帝的高度稱譽。先是康熙皇帝賜匾『清愛堂』〔九〕，繼之乾隆帝將劉氏家族譽爲『海岱高門第』〔一〇〕，嘉慶皇帝則盛稱『相國家聲著……懷舊仰高風』〔一一〕，這就使劉氏家族不僅在山東世家中脱穎而出，而且名噪全國，躍升爲清代具有全國一流聲譽地位的名門望族。又因劉氏家族子弟仕宦者愛民如子，深受百姓擁戴，老百姓就在民間故事中將自己對劉氏家族子弟的好感與來自帝王的推譽相呼應，經常指稱劉氏家族爲『天下第一家』，遂使劉氏家族在全國聲譽鵲起，成爲清代世家望族的杰出代表。

本次校注的諸城劉氏家譜是嘉慶十九年（一八一四）劉鐶之主持修纂的《東武劉氏家譜》。目前所能知道的諸城劉氏家譜除劉鐶之所修之譜外，尚有乾隆二十一年（一七五六）劉統勳主持所修《東武劉氏家譜》、宣統三年（一九一一）劉心鑒參與修纂并抄録之《東武劉氏家譜槎河支譜》、劉德浦二〇〇二年十二月重印劉鐶之修纂（對劉緒煊譜系以手抄方式補充）《東武劉氏家譜》、二〇〇四年劉德浦所修《東武劉氏家譜槎河支譜續》、劉鏡如編著并於二〇〇九年内部印刷的《東武劉氏家乘》等。總起來看，劉統勳所修舊譜衹存其目而其書久佚，并且其譜即使存世，其有效内容也應被劉鐶之所修之譜涵蓋，因此其譜本身已不具有太大意義。其有價值者爲其修譜凡例，而此凡例也借劉鐶之所修之譜得以保留，由此得窺阮元爲《東武劉氏家譜》所作序中所推舉之『今諸城譜謂碭山以上不可稽，不妄推世系，又何慎也』之謹慎心態，實是源自劉統勳早年心力。劉心鑒所抄録《東武劉氏家譜槎河支譜》與劉德浦所修《東武劉氏家譜槎河支譜續》，對其家族亢宗睦族有重要意義，但因已無杰出人物顯於世，故對家族研究而言，則有效内容較爲有限。前後比較來看，衹有劉鐶之所修《東武劉氏家譜》最爲規範，而且内容也最爲豐富，雖略有殘缺，但瑕不掩瑜，故取其爲底本加以校注。而劉德浦二〇〇二年十二月重印劉鐶之修纂的《東武劉氏家譜》，可補劉鐶之原譜之殘缺。劉鐶之所修之譜不稱《諸城劉氏家譜》而稱《東武劉氏家譜》，是因諸城古稱東武，故自劉統勳、劉鐶之而下，其族人所修之譜名均以東武爲其地望。除劉鐶之所修家譜對校注意義特别重大外，對校注還有重要參考價值的劉氏家族資料，便是諸城劉氏第十五世劉鏡如所編纂《東武劉氏家乘》。劉鏡如，中醫大家，原青島市衛生局局長，爲劉棨八子劉純煒後人，博雅有識，十分注重搜集家族史料，故其編著《東武劉氏家乘》，對五世劉通、六世劉必顯、七世所有成員、八世劉棨十子出生與去世時間的記録均詳至時辰。劉棨後人爲東武劉氏家族中最爲輝煌一脉，其孫多達三十七人，在劉棨孫輩間常以排行自稱或互稱。如劉墉自稱十一兄，稱劉塄爲二十六弟，稱劉曉爲二十三弟，甚至有時在家書中稱數位兄弟衹稱排行序數而不言其名，均以此故。如不知其兄弟排行，對此類家書則難以解讀。劉鏡如所修《家乘》爲簡體字排版，雖有不甚規範甚至錯誤之處，但其所保存史料至關重要，不僅有利於對劉氏家族資料之解讀，而且展示了一個家族四百多年敬祖用誠、代代相傳、井然秩然、一絲不苟的謹嚴态度，同時昭示了一個家族的巨大定力、心力與凝聚力，令人至爲感佩，故全部照録，不一一標出。故於劉鐶之《東武劉氏家譜》外，劉鏡如所編纂《東武劉氏家乘》是所參用的最主要書目。除上述家譜、家乘等直接相關的資料外，以下資料也是校注的重要參考依據：《清代硃卷集成——山東鄉試硃卷道光癸卯科》《諸城縣志》《諸城縣續志》《（光緒）增修諸城縣續志》《東武劉氏詩萃》《東武詩存》《山東通志》《清史列傳》《清實録》《清史稿》《清鑒綱目》《劉氏貢舉文集》《三公年表》《劉文清公遺集》《晚晴簃詩匯》《鄉園憶舊録》《大清搢紳全書》《松峰説疫》《清史稿藝文志拾遺》。

劉鐶之與阮元爲同年進士，阮元又與劉統勳、劉墉皆有關聯，因此劉鐶之邀一代學宗阮元爲劉氏家譜作序，可謂得人。阮元所作族譜之序，原題爲『諸城劉氏族譜序』，而非『東武劉氏家譜序』，估計因無實質性差异，劉鐶之不加改動以表示對阮元的尊重。

東武劉氏自七世始，方以五行相生之理，即『木生火，火生土，土生金，金生水，水生木』爲各世命名法則。七世至十四世，諸城劉氏子弟命名均嚴守此法，無逾規矩者。如七世子孫名字均與『木』有關，劉楨、劉果、劉棨、劉棐四人名字中均有『木』，同理八世之名與『火』有關，九世與『土』有關，十世與『金』有關，十一世與『水』有關，十二世又循環回來與『木』有關。如是循環往復，直至新中國建立之後，劉氏家族方弃用此法。此處需注意者，是其排列順序爲『木、火、土、金、水』，而非慣常所云『金、木、水、火、土』。

劉鐶之所修《東武劉氏家譜》共分『元』『亨』『利』『貞』四卷。『元』爲『世系表』，原以譜叙宗支、奠定世系，所以祇書各人之名。『亨』『利』『貞』三卷均爲世表。族内每人字號、爵秩、聘娶、生卒、年壽，均載世表中，子弟有業績者，均立有小傳。『世表中於先人卒葬某所，俱詳志之，緣我後嗣或有客宦他鄉及移居遠所者，春秋拜掃，永瞻兆域，庶其遠識不忘。』另有擔心『因族姓繁衍，析居他所者衆，恐傳之日久，地涣情疏，不相聯屬，故自八世以前析居者，皆於名下注明移居某處』；修譜之時仍變動不定者，概不載譜。『亨』卷載始祖至九世世表，『利』卷所載世表自十世始，『貞』卷所載世表自十一世始。

劉鐶之所修《東武劉氏家譜》，仍避前朝乾隆帝諱，故『明弘治』寫爲『明宏治』，在今次整理時徑改不注。

另外必須要加以説明的是，劉鐶之所修《東武劉氏家譜》十分嚴謹，錯、漏、衍者殊少，因此，校讎之任不重，故筆者將主要精力用於『校注』之『注』上。另遵『齊魯先賢家譜整理研究』叢書主編王勇教授之意，本書要整理與研究兼顧，并以研究爲目的，故除了《東武劉氏家譜》整理部分，又設置了東武劉氏家族研究的内容，分爲『科舉』『仕宦』『四大名人』三部分。『科舉』分爲奠基期、鼎盛期、晚期三個時期进行闡述。『仕宦』分别介紹了其家族有事迹可考、對家族發展有貢獻者，他們分别是劉必顯、劉果、劉棨、劉純煒、劉墫、劉鐶之、劉喜海和九位知縣。這些家族成員中，劉鐶之官至正一品，劉棨、劉墫、劉純煒、劉喜海官至布政使，皆爲清代高官；劉必顯、劉果雖僅官至五品，但對劉氏家族基業具有奠定作用，對後世子孫清廉爲官影響至深；九位知縣作爲基層官員代表，『所至有賢聲』，對劉氏家族令譽構建亦自有其不可替代之功。明白敢言的劉鐶之，循吏榜樣劉棨，亢直愛民的劉墫，德才兼備的劉純煒，敢作敢爲的劉喜海，清廉愛民的劉必顯、劉果父子以及九位知縣，構成了諸城劉氏仕宦的整體場景。如果説，科舉與仕宦盛况是對劉氏總體情况的介紹，屬於整體叙述性質，那麼有關劉統勳、劉墉、劉奎、劉喜海的『四大名人』研究，則是對劉氏家族的聚焦介紹。正是家族四大名人的出現，諸城劉氏纔具有全國層面的聲譽，纔具有突破清代局限、進入浩瀚歷史長河的資格。《東武劉氏家譜》的問世使讀者對劉氏的瞭解由表面到深層，逐步深入，進入到劉氏家族博大精深的世界。

張其鳳

二〇一八年十二月於南京航空航天大學

【注】

〔一〕〔清〕弘曆：《五閣臣五首·故大學士劉統勳》，《御製詩四集》卷五八，《四庫全書》册一三〇八，臺灣商務印書館一九八六年版，第二八七頁。

〔二〕〔清〕弘曆：《五閣臣五首·故大學士張廷玉》，《御製詩四集》卷五八，《四庫全書》册一三〇八，第二八五頁。

〔三〕〔清〕弘曆：《五閣臣五首·故大學士張廷玉》，《御製詩四集》卷五八，《四庫全書》册一三〇八，第二八五—二八六頁。

〔四〕〔清〕弘曆：《五閣臣五首·故大學士張廷玉》，《御製詩四集》卷五八，《四庫全書》册一三〇八，第二八五頁。

〔五〕〔清〕弘曆：《五閣臣五首·故大學士劉統勳》，《御製詩四集》卷五八，《四庫全書》册一三〇八，第二八八頁。

〔六〕〔清〕弘曆：《五閣臣五首·故大學士劉統勳》，《御製詩四集》卷五八，《四庫全書》册一三〇八，第二八八頁。全詩爲：『從來舉大事，要欲衆志定。小利亦何慶，小失亦何病？阿逆之初叛，衆論已紛競。統勳督陝甘，儲需任所勝。欲弃巴里坤，是殆亂軍令。治罪易廷桂，并命隨軍進。五年大功成，釋罪重從政。賞罰寓經權，順應自取聽。十餘年黄閣，總兼部務仍。遇事既神敏，秉性原剛勁。進者無私感，退者安其命。得古大臣風，終身不失正。』

〔七〕劉光斗修，朱學海纂：《諸城縣續志》，臺灣成文出版社一九七六年版，第三〇二頁。原文爲：『統勳剛毅篤棐，久值機密，襄贊綸扉，隨事獻納，推賢黜佞，爲百餘年名臣第一。』

〔八〕〔清〕弘曆：《五閣臣五首·故大學士張廷玉》，《御製詩四集》卷五八，《四庫全書》册一三〇八，第二八五頁。

〔九〕趙爾巽：《清史稿》下册，《二十五史》（百衲本），浙江古籍出版社一九九八年版，第一四八八頁。原文爲：『（康熙）四十九年，擢直隸天津道副使，迎駕淀津，詔許從官恭瞻親灑宸翰。棨因奏兄果昔官河間知縣，奉「清廉愛民」之褒，乞賜御書「清愛堂」額，上允之。』

〔一〇〕〔清〕弘曆：《賜安徽學政劉墉》，《御製詩二集》卷七一，《四庫全書》册一三〇四，第三五二頁。全詩爲：『海岱高門第，瀛洲新翰林。爾堪擬東箭，其善揀南金。河戒伐檀誚，薪勤芃棫心。家聲勉承繼，莫負奬期深。』劉鐶之曾有詩句云『天章久許繼家聲，海岱瀛洲語最榮』，説明劉氏族人對乾隆帝『海岱高門第』賜語之譽最感榮耀。

〔一一〕〔清〕顒琰：《題石菴師傳槎河山莊圖》，《味餘書室全集定本》卷三〇，《故宫珍本叢刊》册五七九，海南出版社二〇〇〇年版，第一七五頁。此詩作於乾隆壬子年（一七九二）。

目録

東武劉氏四大名人……四六九

《東武劉氏家譜》校注

東武劉氏家譜(元)

諸城劉氏族譜序〔一〕

《禹貢》〔二〕曰『海岱〔三〕惟青州〔四〕』，諸城在漢爲琅邪郡〔五〕，今屬青州府〔六〕。故乾隆丙子年(一七五六)宰相劉文清公〔七〕方以翰林視學安徽〔八〕，賜詩有云『海岱高門第』〔九〕也。嘉慶十九年(一八一四)諸城劉氏共修族譜成。以前明弘治(一四八八)由碭山〔一〇〕遷諸城〔一一〕之祖爲始祖，迨今三百二十餘年。傳十四代，列表者八百二十二人，志其祠墓，記其遷徙，井然秩然，何其慎也！劉氏之望二十有五，漢唐以來將相名人不可勝數。今諸城譜謂碭山以上不可稽，不妄推世系，又何慎也！《唐書·宰相世系表》〔一二〕以宰相著其姓，今諸城文正〔一三〕、文清兩公非徒爲宰相，且爲賢宰相，天下仰之。族譜不因宰相而修，而賢相更足立族譜之望。嗚呼！此聖翰所以特許爲『海岱高門第』也。烏有先帝已推高門第，而猶不本老泉族譜序[一四]意亢宗睦族、奠系分房[一五]者乎？是譜之修，非止世家之乘，且裨國史之表，誠不可緩於今日矣。元[一六]爲文正公門生門下之士[一七]，文清公亦爲館師[一八]，今大司農[一九]又同榜進士也。大司農以譜屬元爲序，元不敢辭，敬書大義，借附卷末云爾。太子少保、光禄大夫、江西巡撫兼提督揚州阮元頓首拜序。

【校注】

〔一〕諸城劉氏族譜序：譜名爲《東武劉氏家譜》，譜中阮元序原題如此，譜名與序名扞格之處，當爲劉鐶之覺二者無實質性差异，以不加改動以示尊重阮元的結果。

〔二〕《禹貢》：《尚書》中之一篇，乃中國經典文獻中地理之宗，爲先秦最富於科學性之地理記載之一，囊括古代各地山川、地形、土壤、物産諸情形。

〔三〕海岱：今渤海至泰山之間的地帶。海，渤海；岱，泰山。

〔四〕青州：爲大禹所劃古『九州』之一。因地處渤海和泰山之間，位於東方，『東方屬木，木色爲青』，故名『青州』。

〔五〕琅邪郡：西漢時琅邪郡郡治遷至東武縣（今山東省諸城市境内），故諸城劉氏家譜稱《東武劉氏家譜》。

〔六〕青州府：明洪武年間始設。府署有知府、同知、通判諸官員，治所在益都（今青州市）。清初，青州府下轄益都、臨淄、博興、高苑、樂安、壽光、臨朐、安丘、昌樂、諸城、沂水、日照、蒙陰等十三縣，并轄安東衛和沂州。雍正年間，設立沂州府，析出沂水、日照、蒙陰和安東衛歸屬之。其時又析出益都縣之顔神鎮和孝婦、懷德兩鄉，成立博山縣。青州府仍轄十一縣。

〔七〕劉文清公：即劉墉（一七二〇—一八〇四）。劉墉謚號爲『文清』。

〔八〕視學安徽：乾隆二十一年（一七五六），劉墉外放安徽學政。

〔九〕海岱高門第：乾隆二十一年（一七五六），劉墉被派往安徽做學政，乾隆帝臨行賜詩云：『海岱高門第，瀛洲新翰林。爾堪擬東箭，其善揀南金。河戒伐檀誚，薪勤芃棫心。家聲勉承繼，莫負奬期深。』

〔一〇〕碭山：古稱下邑，今隸屬於安徽省宿州市。清雍正十一年（一七三三），升徐州爲府，碭山縣屬徐州府。

〔一一〕諸城：此處应指明清時諸城之逄哥莊（後『哥』改爲『戈』，相沿至今），以此，諸城劉氏亦稱『逄哥莊劉氏』，後者實更精準。

〔一二〕《唐書·宰相世系表》：廿四史中唯一記録帝室王族之外顯官世族譜系之巨表，共收入唐代宰相三百六十九人（沈炳震《唐書宰相世系表訂譌》計算爲宰相三百五十八人），凡九十八姓世系。唐代高門巨閥，大多在録。

〔一三〕文正： 即劉統勳（一六九九—一七七三）。 劉統勳謚號爲『文正』。

〔一四〕老泉族譜序： 蘇洵（一〇〇九—一〇六六），字明允，自號老泉，眉州眉山（今屬四川）人。 北宋文學家，與其子蘇軾、蘇轍以文學著稱於世，世稱『三蘇』，均被列入『唐宋八大家』。 據載，蘇氏族譜由蘇洵首創。 後歷代各姓多仿蘇氏族譜世系繁衍及重要人物事迹成譜方法，竟使族譜形成中國歷史上具有平民特色之重要文獻。

〔一五〕奠系分房： 奠，確立； 系，世系； 分，分清； 房，各房即各支子孫。 意爲分清世系、辨明各支統屬，避免造成世系與各支紊亂。

〔一六〕元： 阮元（一七六四—一八四九），字伯元，號芸臺、雷塘庵主，晚號怡性老人，江蘇儀徵人。乾隆五十四年進士，先後任禮部、兵部、户部、工部侍郎，山東、浙江學政，浙江、江西、河南巡撫及漕運總督、湖廣總督、兩廣總督、雲貴總督等職。 歷乾隆、嘉慶、道光三朝，爲體仁閣大學士、太子太傅，謚號文達。 於經史、數學、天算、輿地、編纂、金石、校勘諸方面均有極高造詣，被尊爲三朝閣老、九省疆臣、一代文宗。

〔一七〕文正公門生門下之士： 阮元多位老師出於劉統勳門下，故自稱爲『文正公門生門下之士』，又在諸城劉氏世傳之《槎河山莊圖》題跋上自云爲『文正公小門生』，此均頗有古風之稱謂。

〔一八〕館師： 此條殊難理解，因阮元求學考試經歷與劉墉生平幾乎没有交集。 案： 劉墉在乾隆四十二年（一七七七）八月，再次出爲江蘇學政，乾隆四十五年（一七八〇）三月授湖南巡撫後離開江蘇，其間二人可能有交集者，是乾隆四十四年（一七七九）阮元十五歲始應童子試。然而劉墉主持揚郡試院時，阮元尚無童生資格，即無機會與劉墉見面，何來館師之説？而後阮元中舉、中進士時間均與劉墉毫無關聯之處，故此條祇能待日後考證。

〔一九〕大司農：户部尚書。阮元作序之際，劉鐶之官至户部尚書，故阮元以大司農稱之。

舊譜〔一〕凡例

吾家自前明弘治間，始祖諱福公〔二〕，自江南碭山縣遷於山東諸城縣。至祖諱恒公，家譜因遭兵燼，中間世次莫考，故列祖諱恒公爲第二世〔三〕。

族譜刊於都中〔四〕丙子〔五〕冬間，凡我族人有游宦他省及在家鄉者，其新生男口名字家郵未及致，概不譜載。

世系圖原以譜叙宗支奠定世系，故但書名。至於字號、爵秩、聘娶、年壽，另載世表中。世表中於先人卒葬某所，俱詳志之，緣我後嗣或有客宦他鄉及移居遠所者，春秋拜掃，永瞻兆域，庶其遠識不忘。

吾家祖居諸城北鄉之逄哥莊，因族姓繁衍，析居他所者衆，恐傳之日久，地涣情疏，不相聯屬，故自八世以前析居者，皆於名下注明移居某處。至於現在移住他處者，其居止尚有未定，恐後日再有遷徙，概未及載，容續紀。統勳謹識。嘉慶甲戌重修族譜〔六〕，舊譜凡例未敢更易，謹録於前。

【校注】

〔一〕舊譜：　乾隆二十一年（一七五六）劉統勳主持所修諸城劉氏家譜。

〔二〕福公：　諸城劉氏始祖，自前明弘治間，由江南碭山縣大劉家村遷至山東青州府諸城縣北鄉之逄哥莊，一生務農，卒葬逄哥莊南塋。

〔三〕恒公爲第二世：　東武劉氏族譜所標之二世。由劉統勳凡例『至祖諱恒公，家譜因遭兵燹，中間世次莫考，故列祖諱恒公爲第二世』所云，再與《東武劉氏家譜（亨）》世表始祖劉福條下『恒』前未加『子』互參可知，劉統勳并不敢確認劉恒爲二世祖，因其福、恒二祖之間確無他祖姓名流傳之故，衹能將劉恒標爲二世。如此排列實屬無奈之舉。

〔四〕都中：　即京城。

〔五〕丙子：　爲乾隆二十一年，即一七五六年。

〔六〕嘉慶甲戌重修族譜：　此爲嘉慶甲戌即嘉慶十九年（一八一四），劉鐶之重修家譜時所云。

世系表

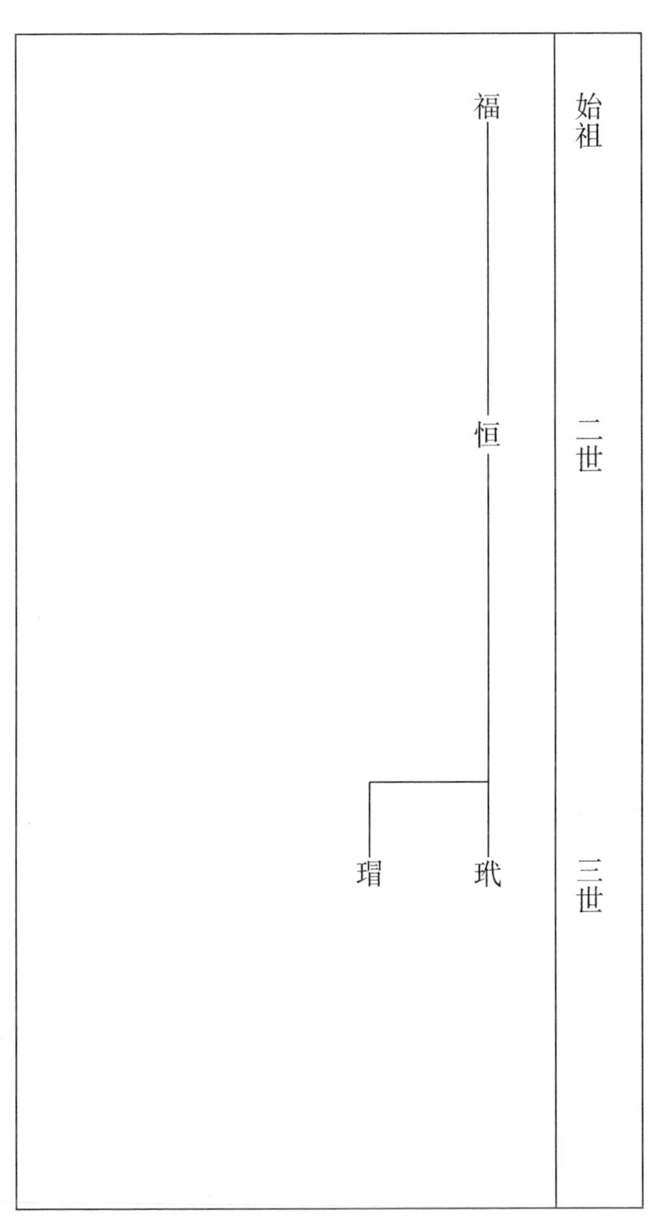

三世	四世	五世
玳	思智	通
		遠

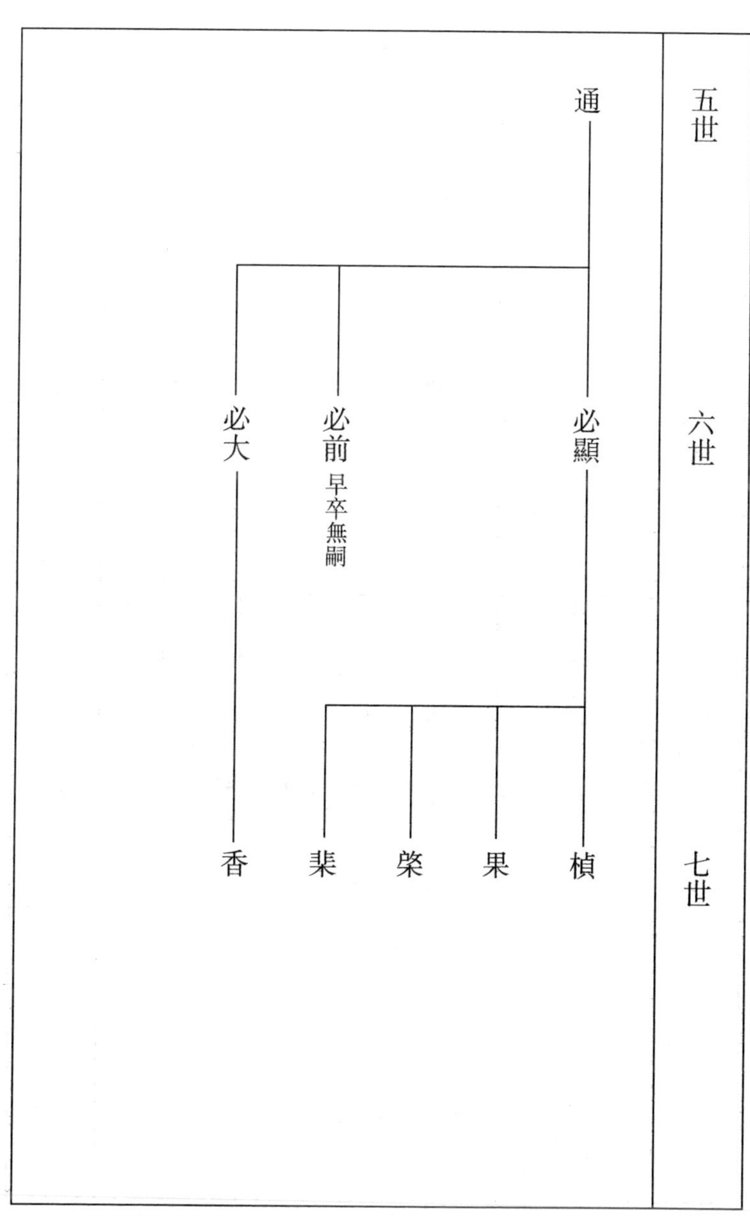
五世
六世
七世
通
必顯
必前
早卒無嗣
必大
楨
果
棨
棐
香

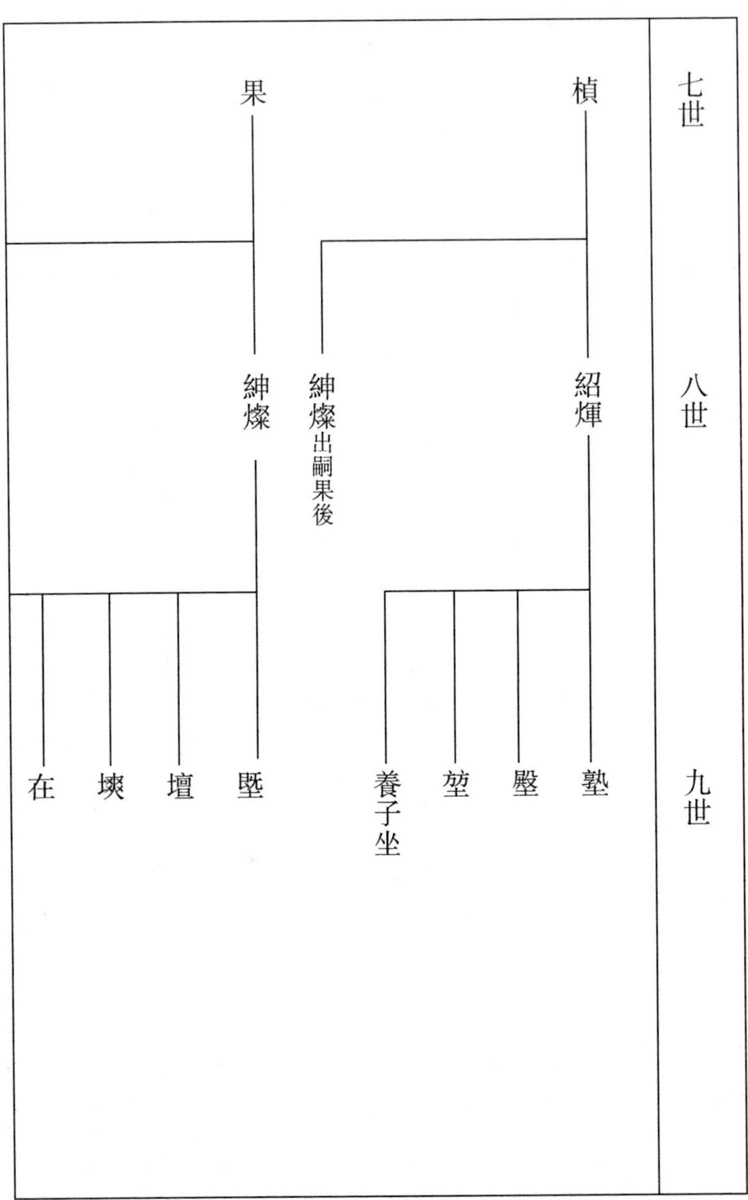
七世
八世
九世
楨
紹煇
塾
壂
堃
養子坐
紳燦出嗣果後
果
紳燦
塈
壇
塽
在

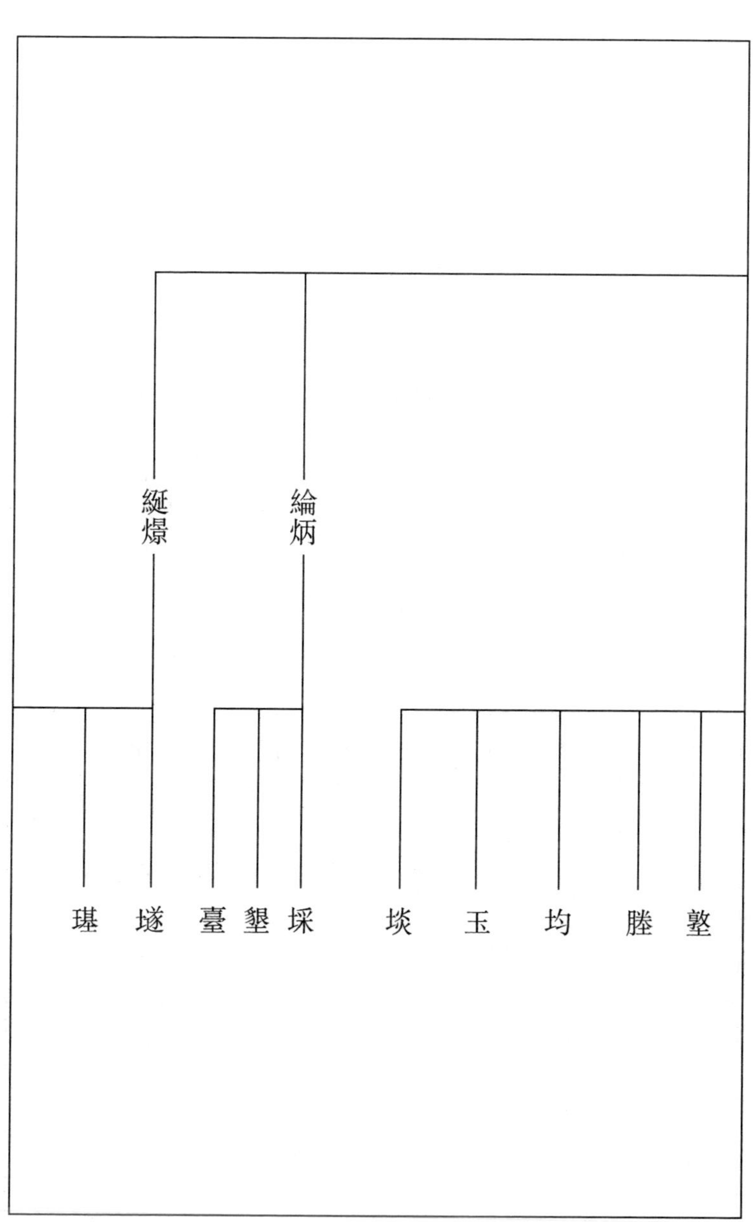
綖熑
綸炳
堪
墜
臺
墾
埰
埮
玉
均
塍
壂

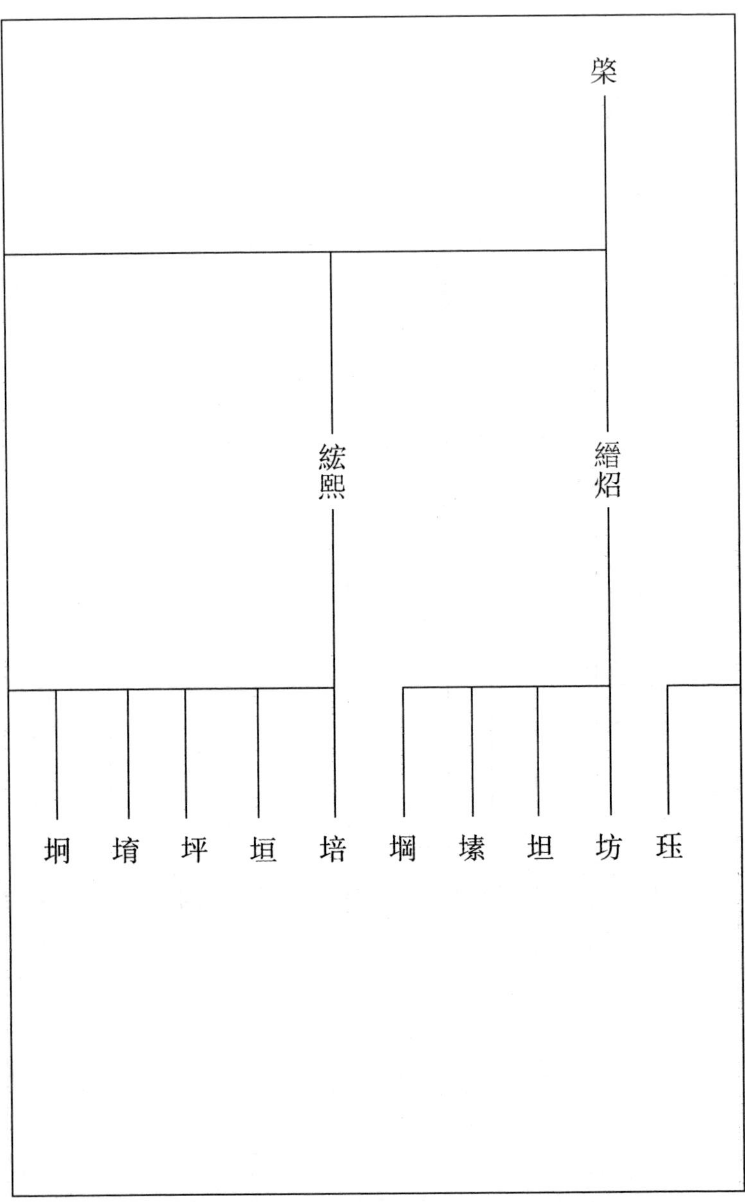
桀
縉炤
紘熙
珏
坊
坦
壈
堈
培
垣
坪
堉
坰

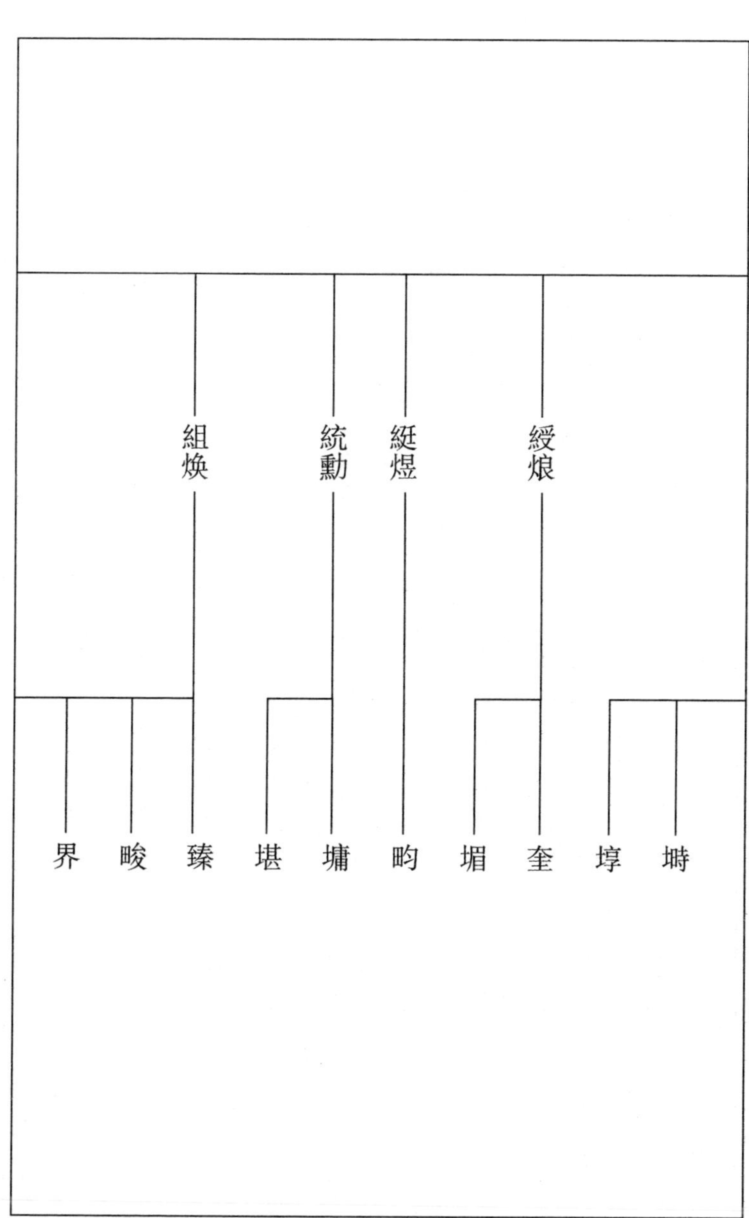
組焕
統勳
綎煜
綬烺
界
晙
臻
堪
墉
昀
堳
奎
埻
塒

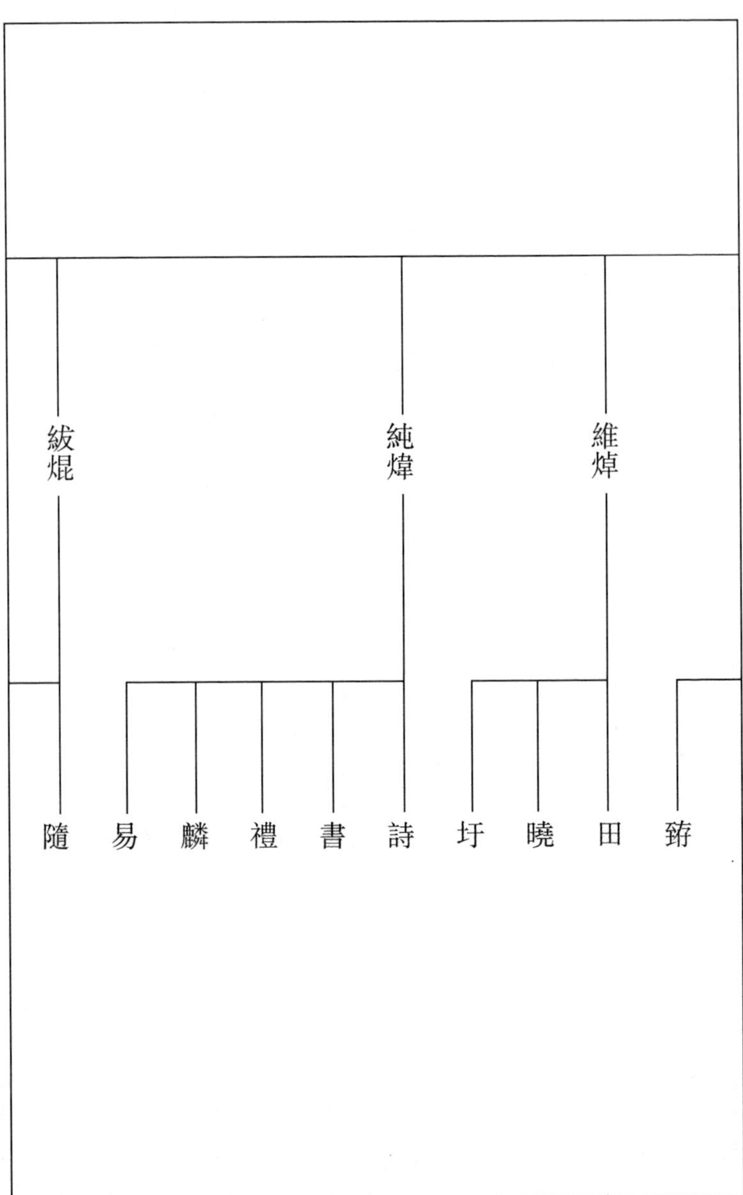
紱焜
純煒
維焯
隨
易
麟
禮
書
詩
圩
曉
田
蒶

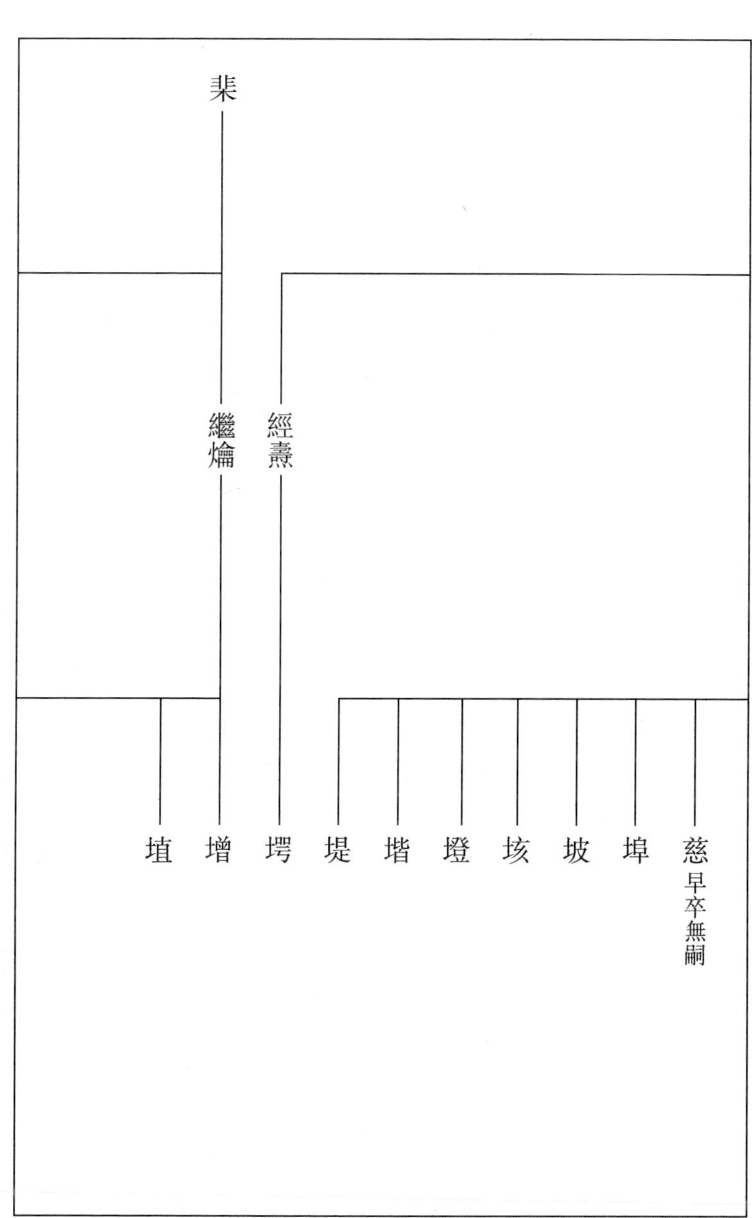
棐
繼熻
經燾
埴
增
堮
堤
堦
墱
垓
坡
埠
慈
早卒無嗣

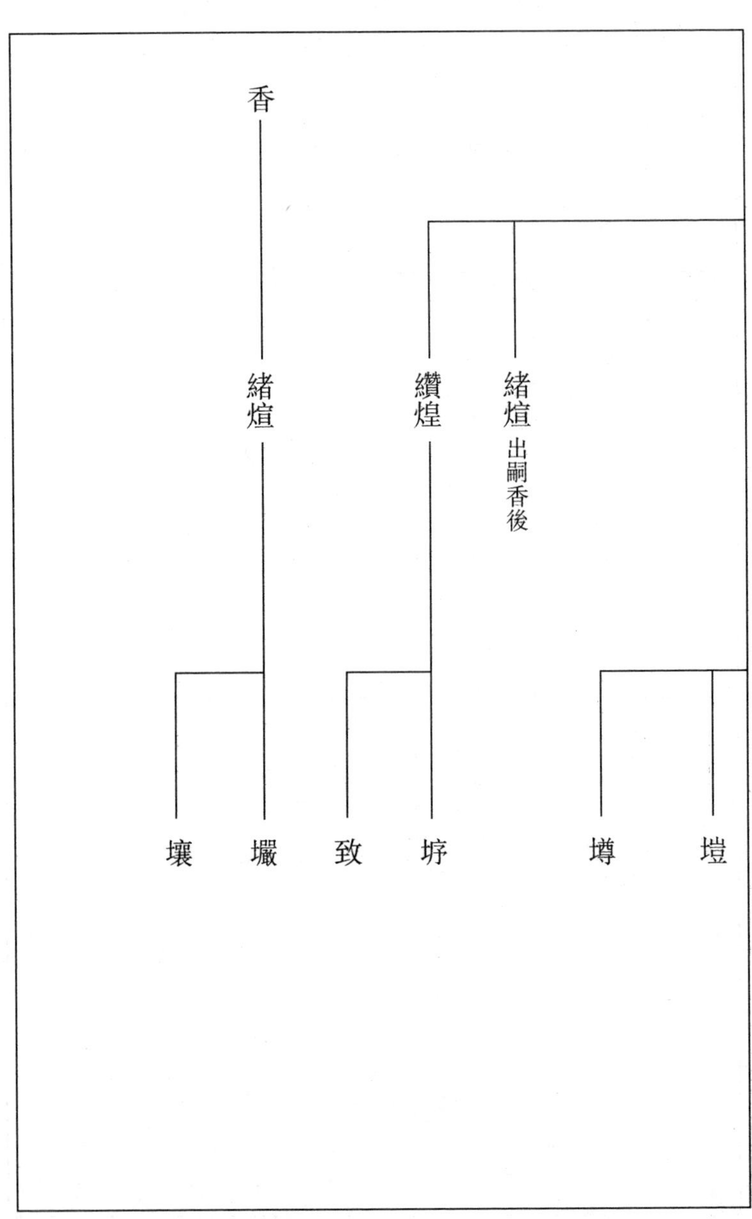
香
緒煊
纘煌
緒煊
出嗣香後
壤
壛
致
垺
墫
塏

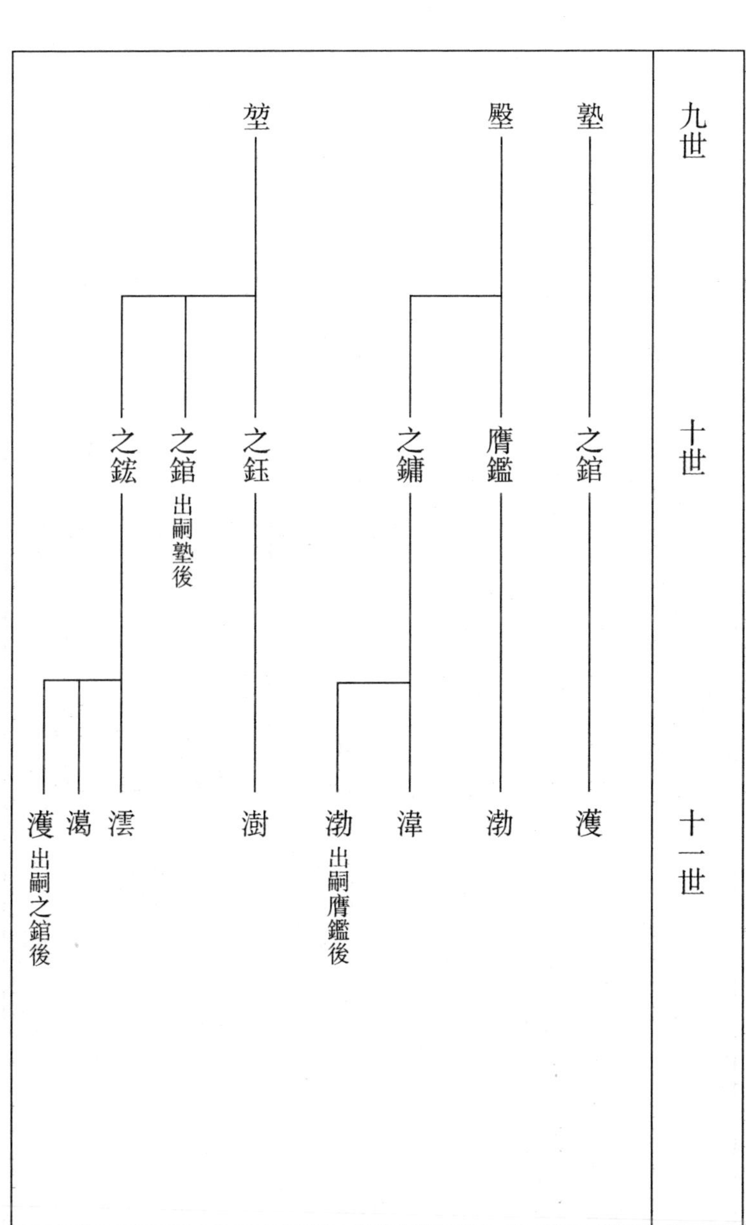

九世
十世
十一世
塾
之錧
濩
壂
膺鑑
渤
之鏞
湋
渤 出嗣膺鑑後
堃
之鈺
澍
之錧 出嗣塾後
之鋐
澐
澫
濩 出嗣之錧後

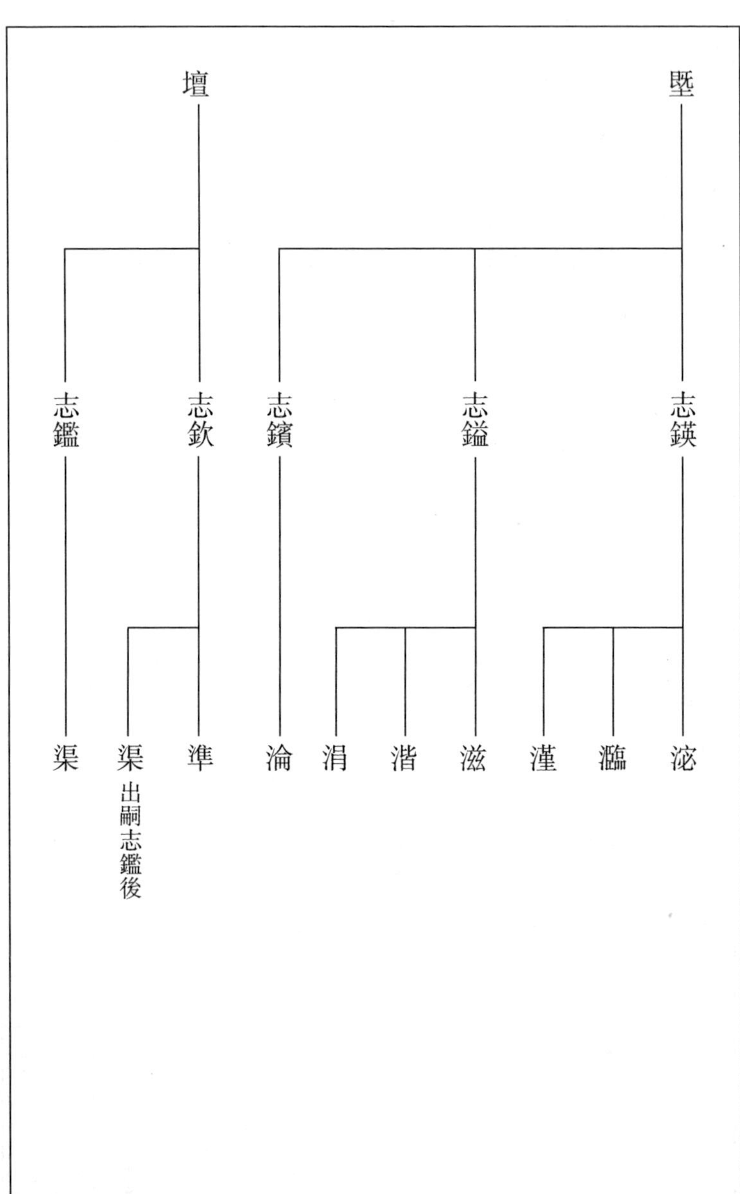
塈
壇
志鍈
志鎰
志鑌
志欽
志鑑
淧
灑
漌
滋
湝
涓
淪
準
渠
出嗣志鑑後
渠

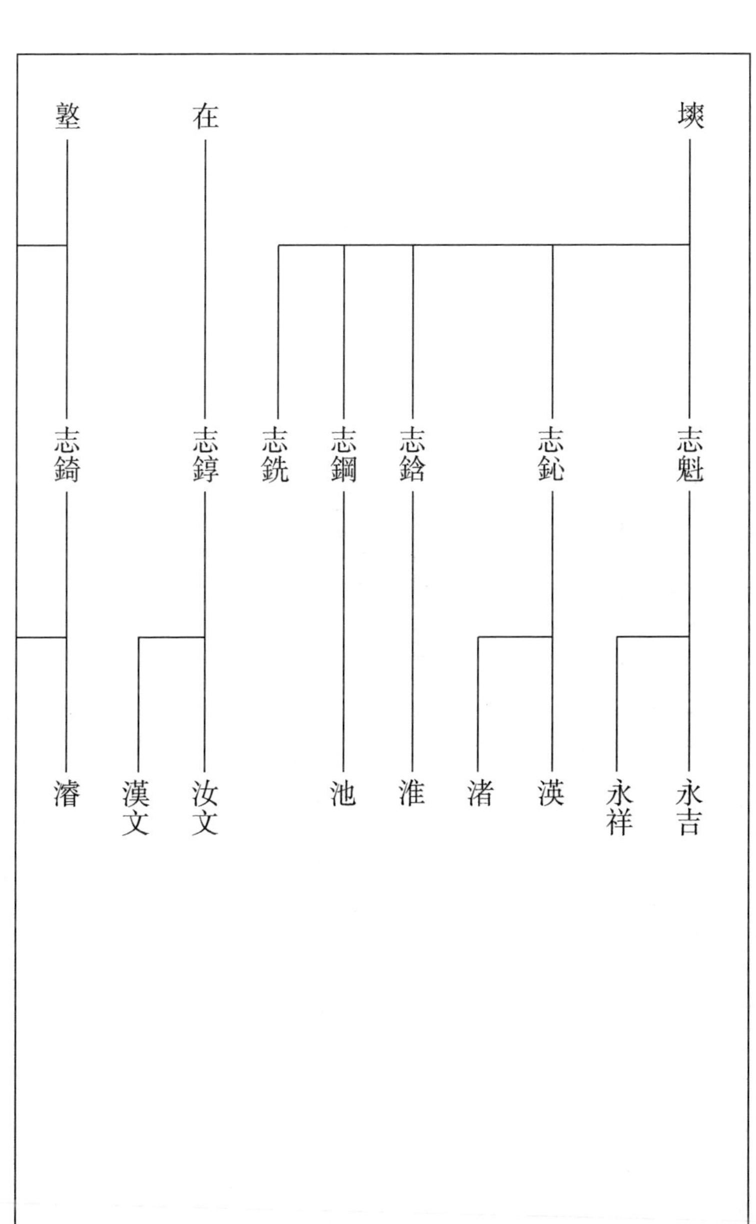
塽
志魁
永吉
永祥
志鈊
漢
渚
志鈴
淮
志鋼
池
志銑
在
志錞
汝文
漢文
塹
志錡
濬

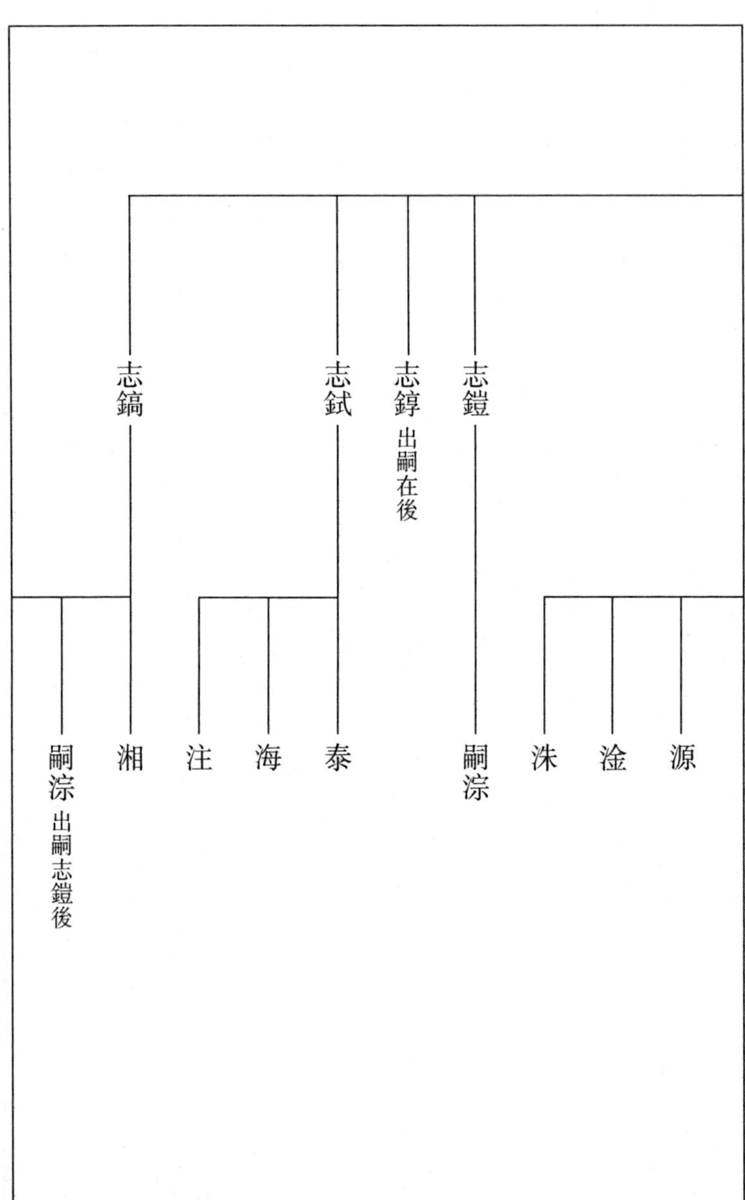
志鎧
嗣淙
洙
淦
源
志錞 出嗣在後
志鉽
泰
海
注
志鎬
湘
嗣淙 出嗣志鎧後

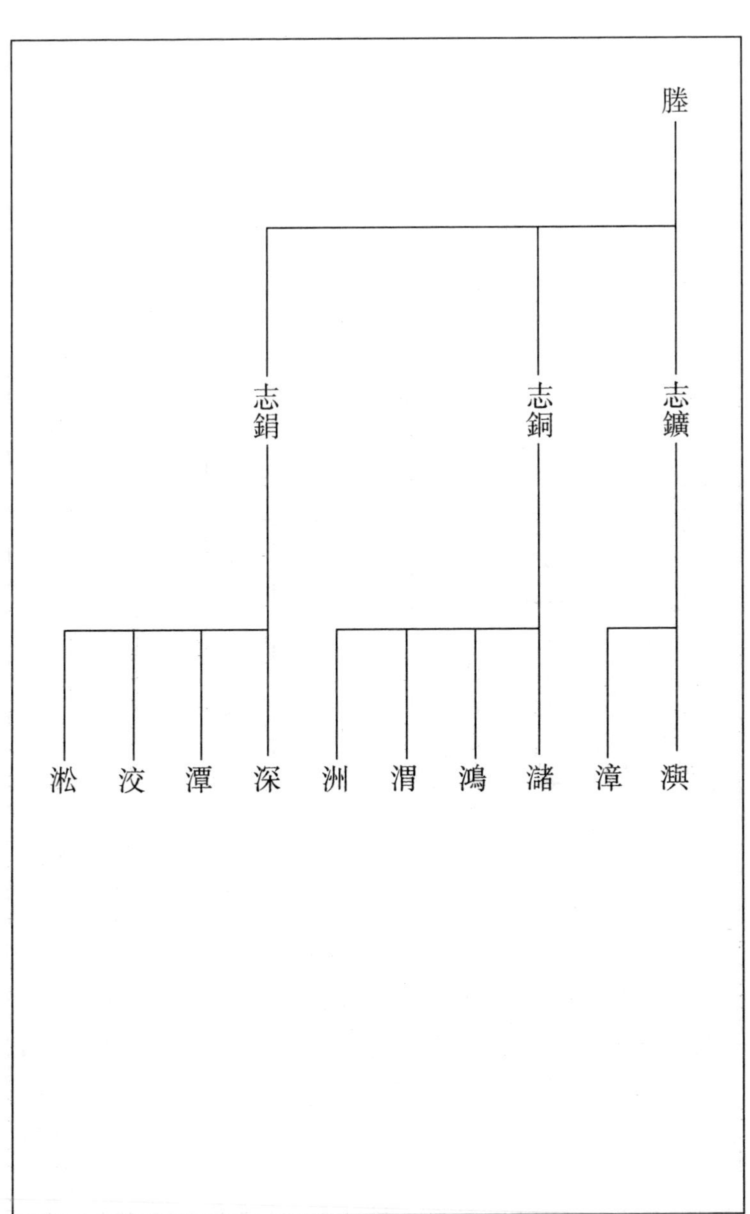

塍
志鎸
志銅
志鑛
淞
洨
潭
深
洲
渭
鴻
潴
漳
澳

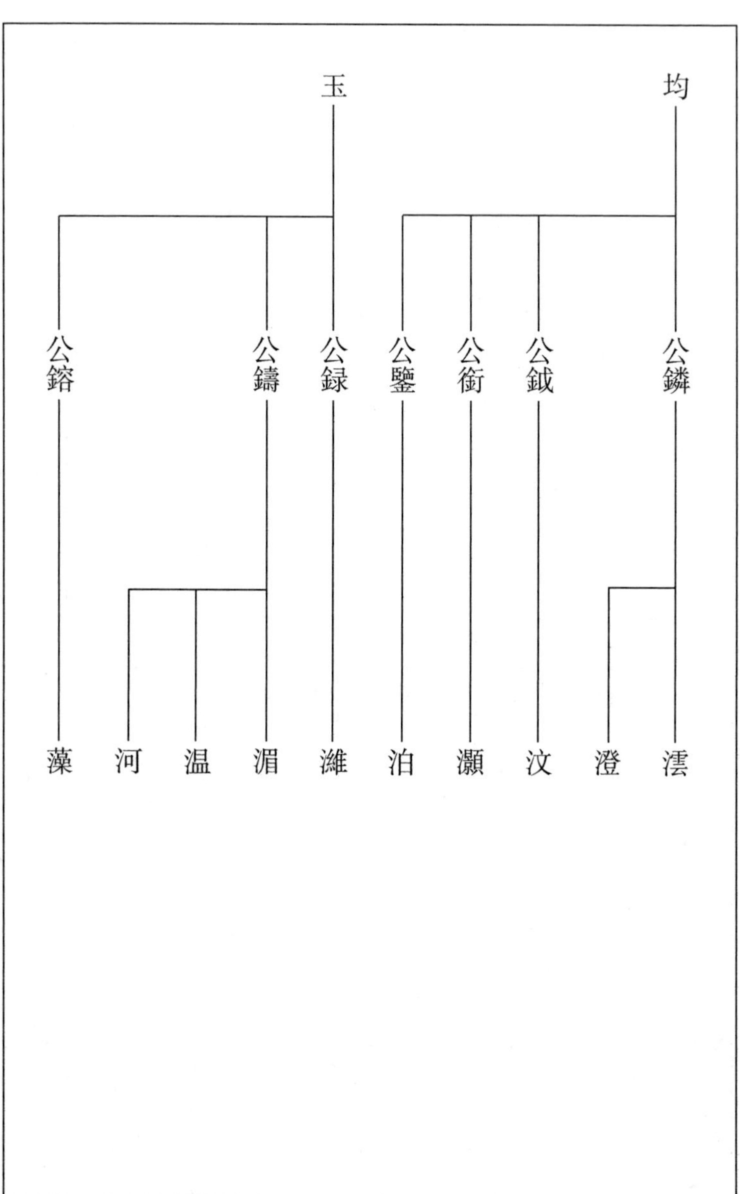
均
公鏻
澐
澄
公鉞
汶
公銜
灝
公鑒
泊
玉
公録
濰
公鑄
湄
温
河
公鎔
藻

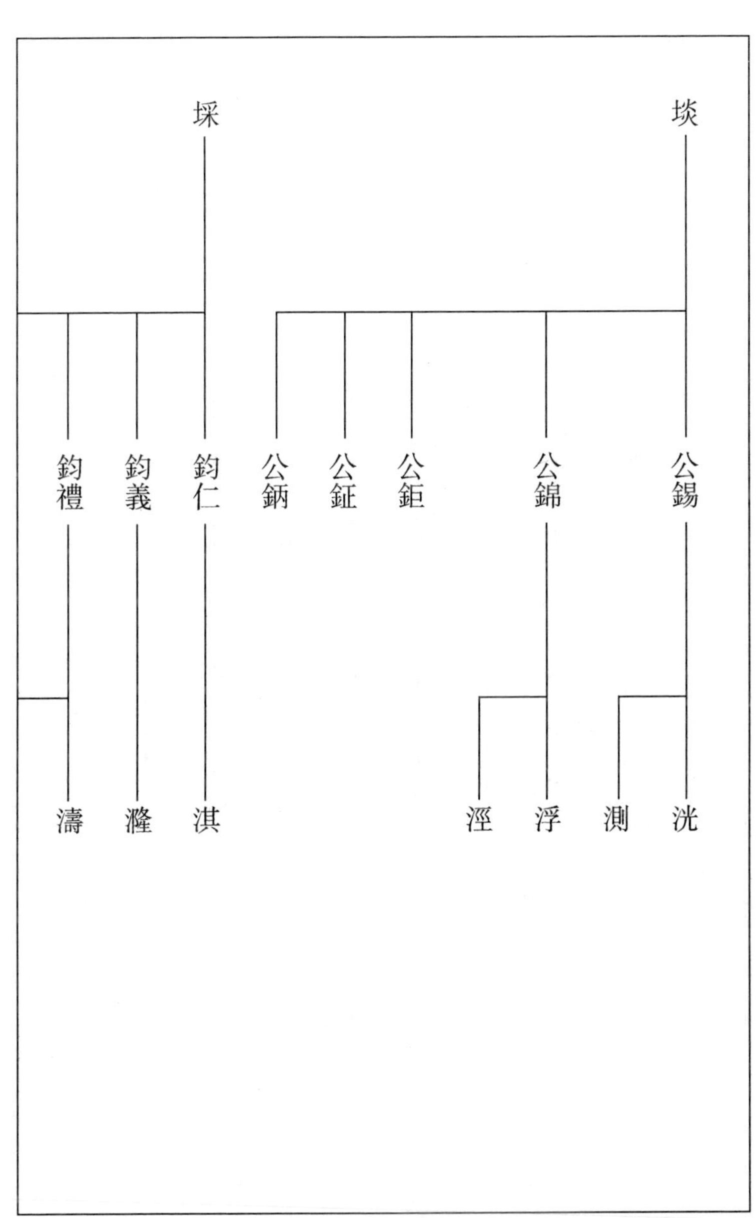
埰
錟
鈞禮
鈞義
鈞仁
公鈉
公鉦
公鉅
公錦
公錫
濤
瀡
淇
涇
浮
測
洸

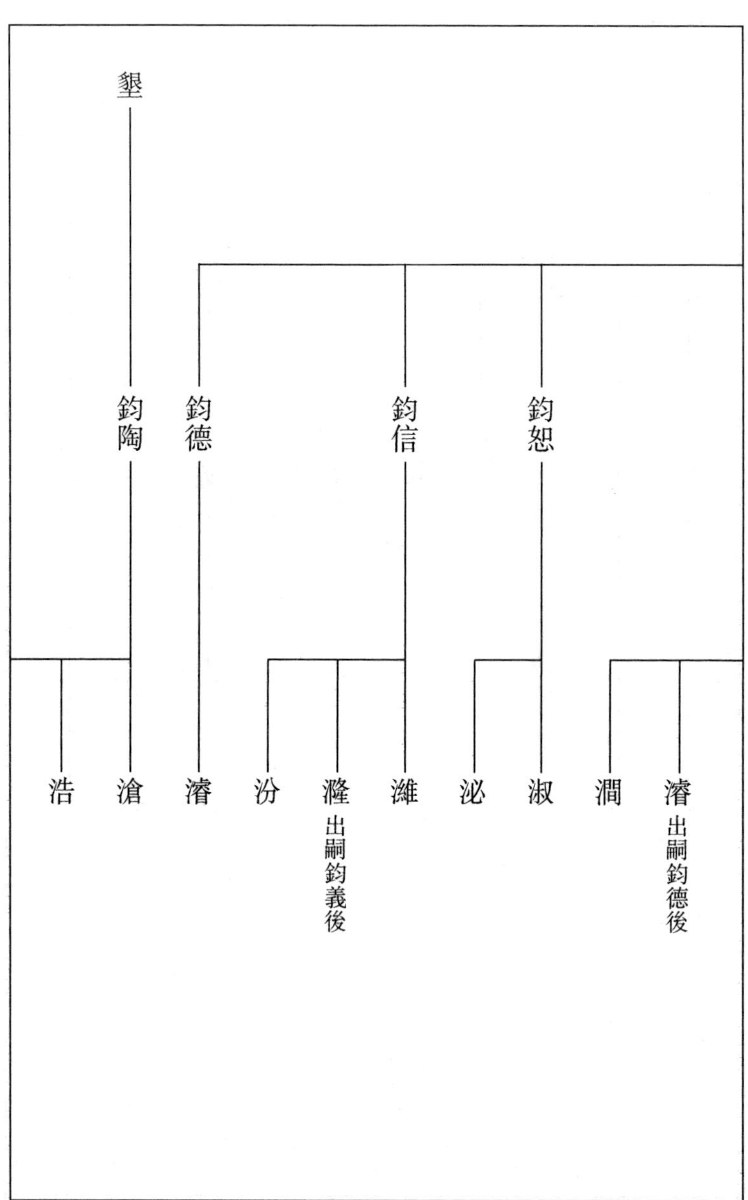
墅
鈞陶
鈞德
鈞信
鈞恕
浩
滄
濬
汾
瀧
出嗣鈞義後
潍
泌
淑
澗
濬
出嗣鈞德後

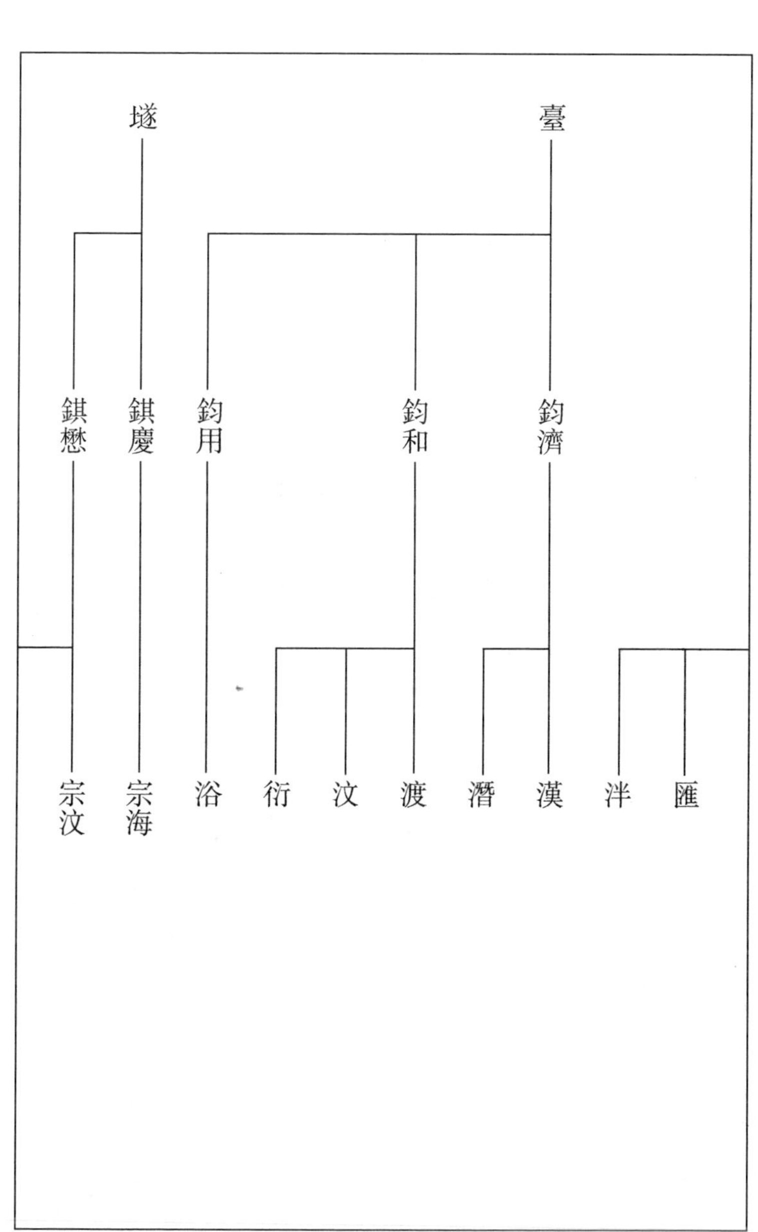

墜
臺
錤懋
錤慶
鈞用
鈞和
鈞濟
宗汶
宗海
浴
衍
汶
渡
潛
漢
泮
匯

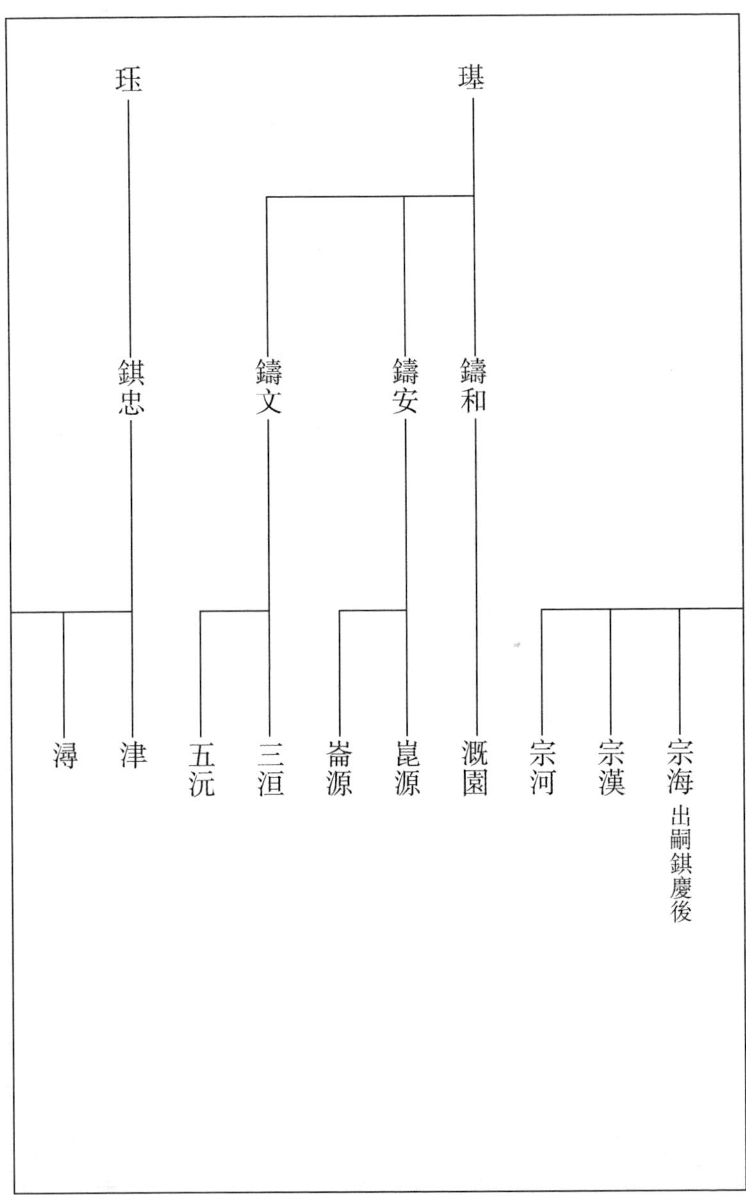
堪
鑄和
鑄安
鑄文
珏
錤忠
宗海 出嗣錤慶後
宗漢
宗河
溉園
崑源
崙源
三洹
五沅
津
潯

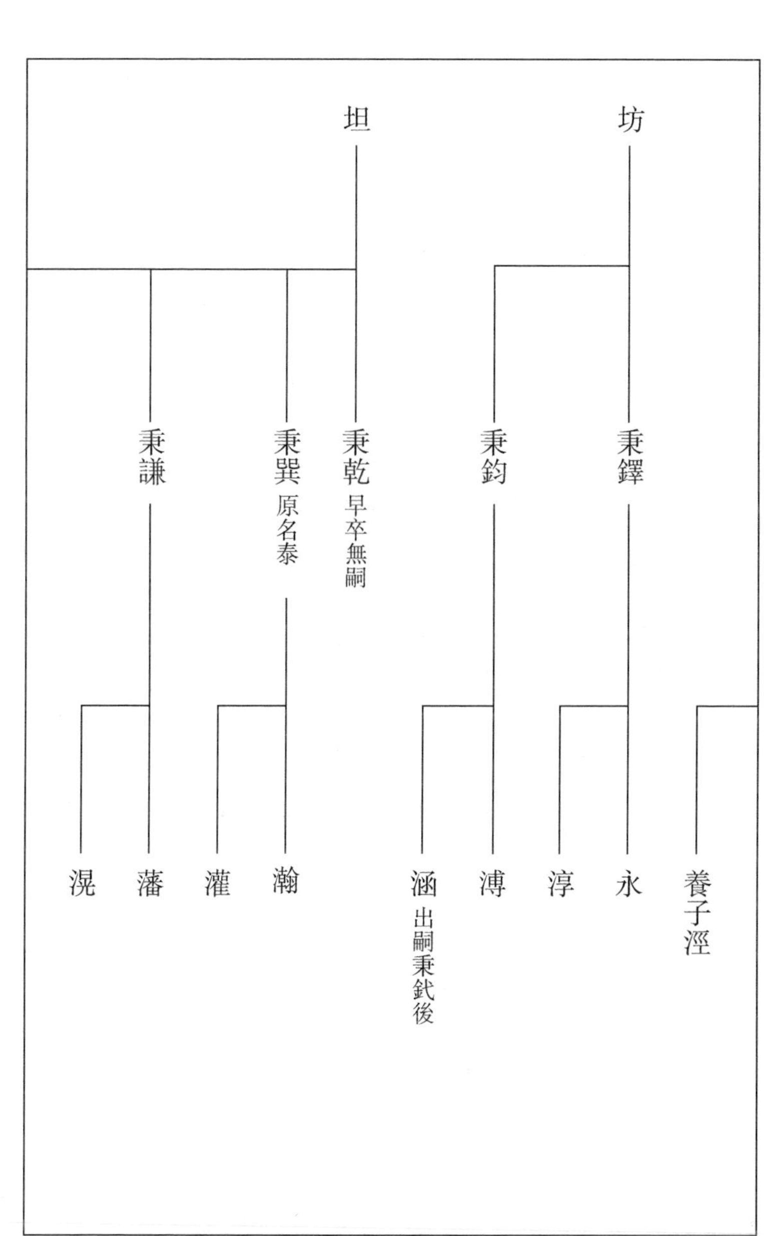
坊
坦
秉鐸
秉鈞
秉乾 早卒無嗣
秉巽 原名泰
秉謙
養子涇
永
淳
溥
涵 出嗣秉鉽後
瀚
灌
藩
滉

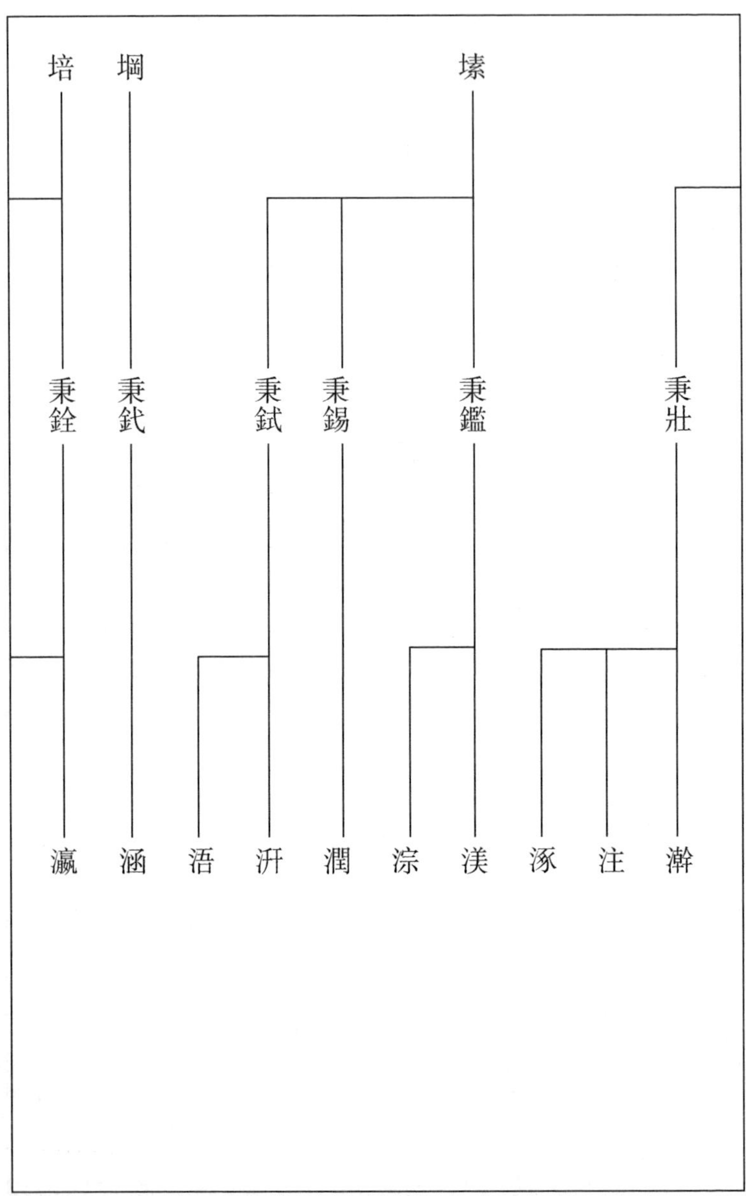
培
堈
壊
秉銓
秉鈢
秉鉽
秉錫
秉鑑
秉壯
瀛
涵
浯
汧
潤
淙
渼
涿
注
澣

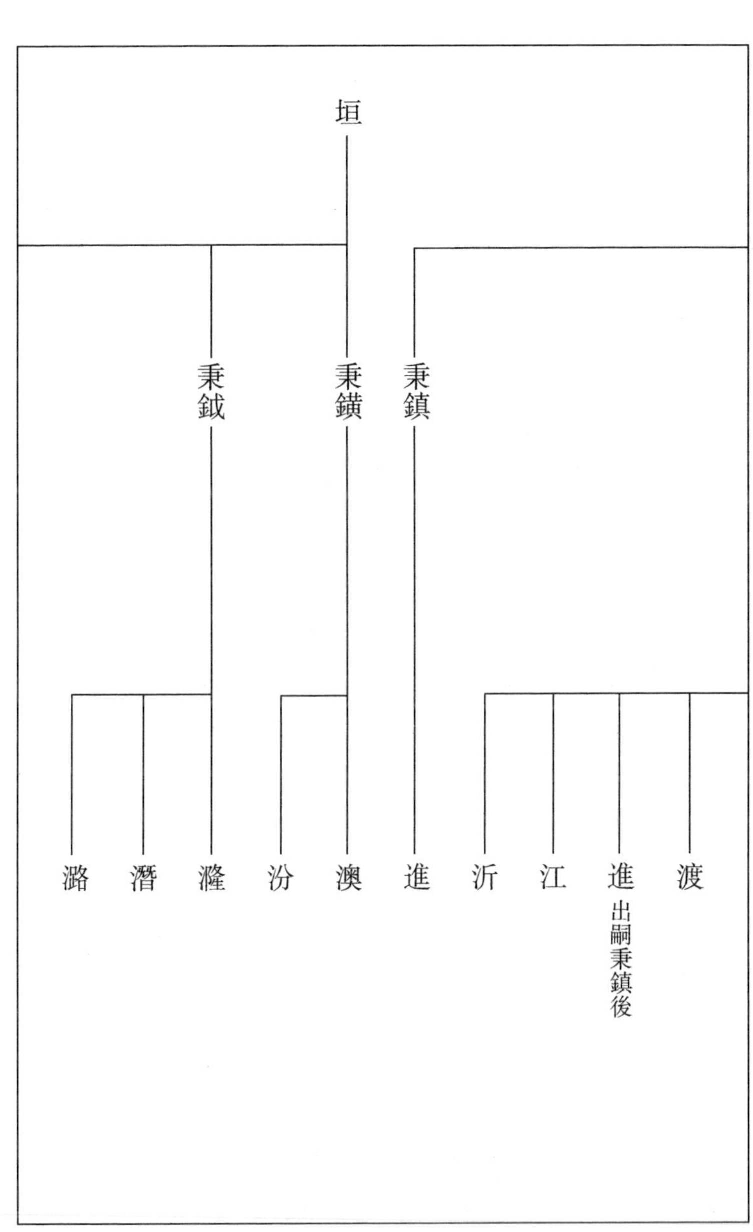

垣
秉鉞
秉鐄
秉鎮
潞
潛
瀡
汾
澳
進
沂
江
進
出嗣秉鎮後
渡

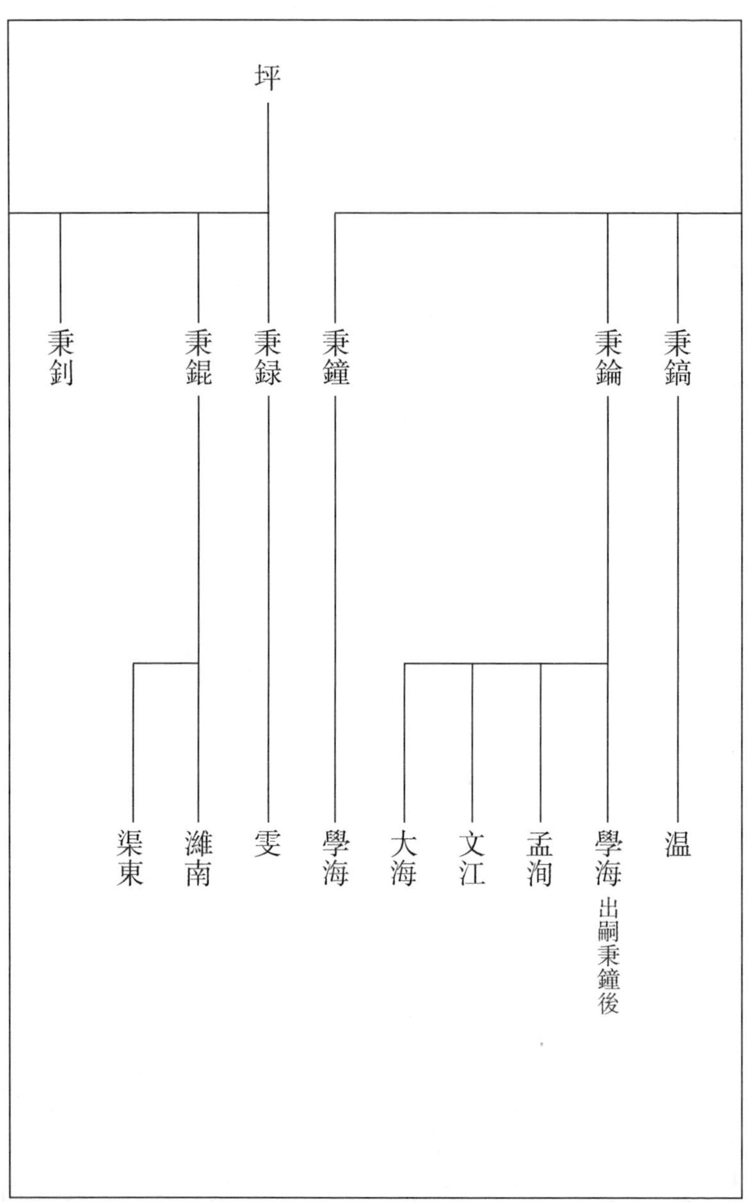
坪
秉釗
秉錕
秉録
秉鐘
秉錀
秉鎬
渠東
濰南
雯
學海
大海
文江
孟洵
學海 出嗣秉鐘後
温

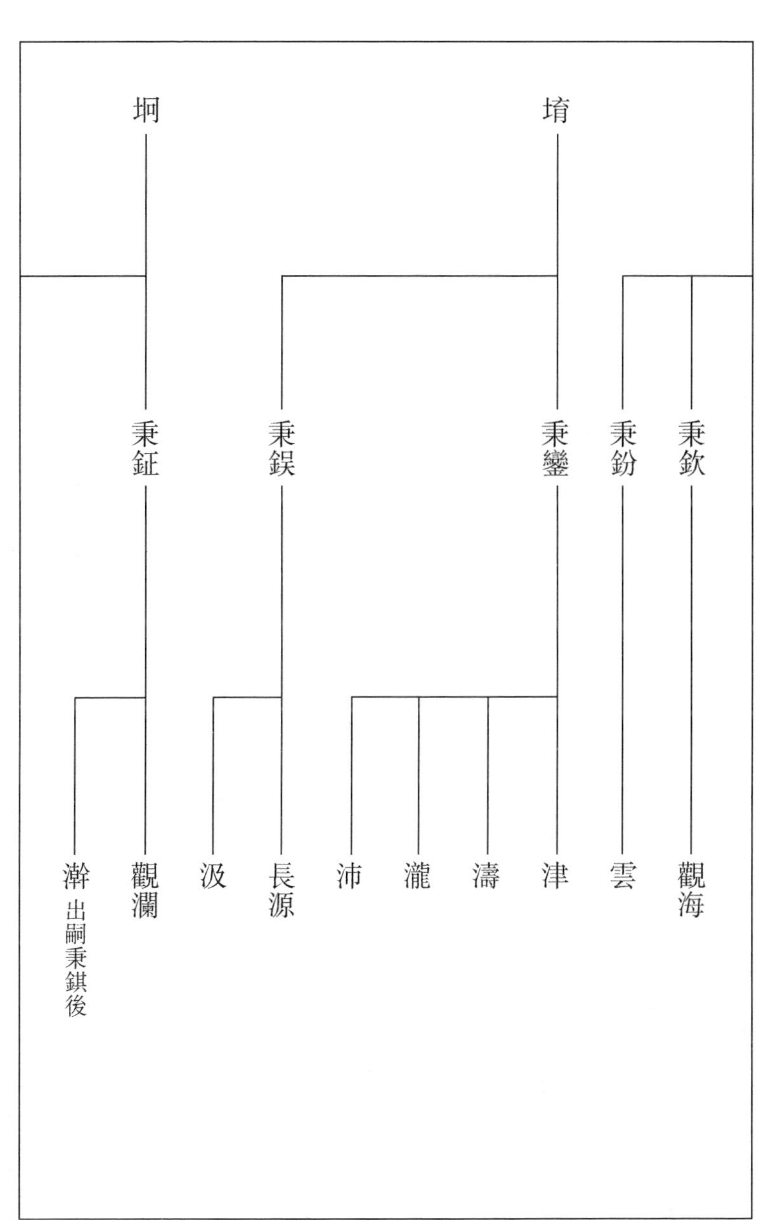
垌
堉
秉鉦
秉鋘
秉鑾
秉鈖
秉欽
澣 出嗣秉錤後
觀瀾
汲
長源
沛
瀧
濤
津
雲
觀海

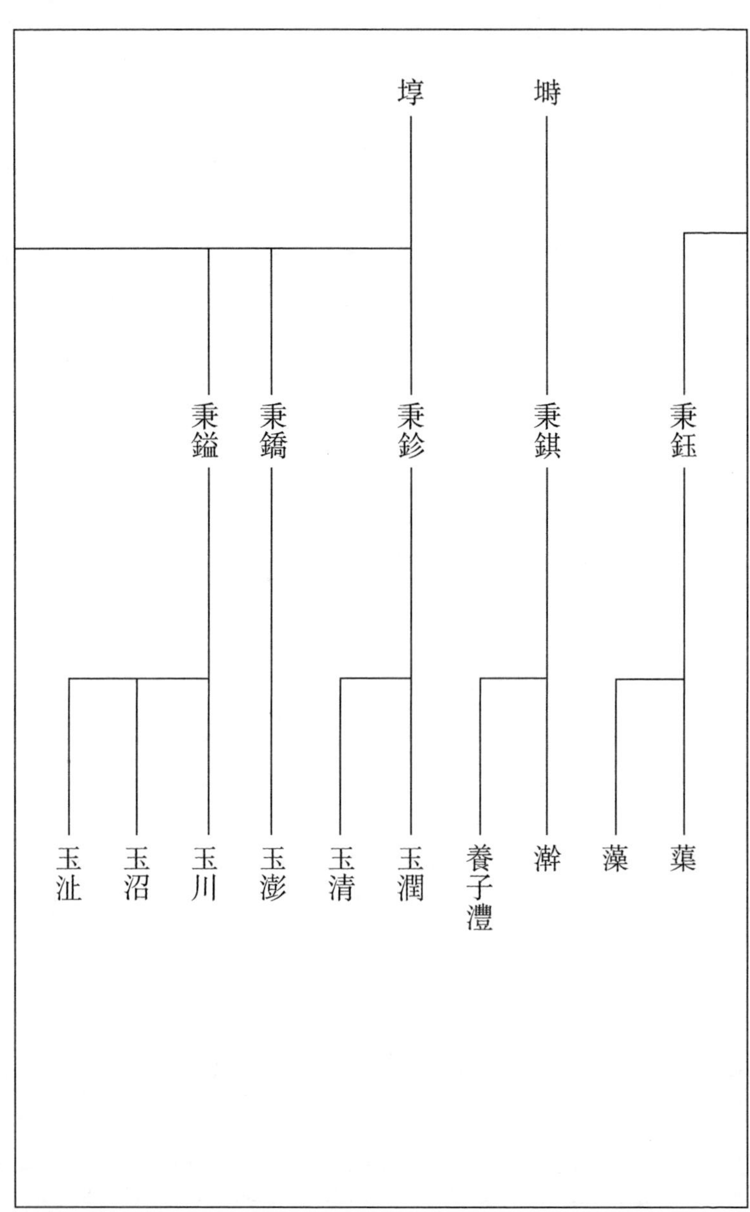

埻
塒
秉鎰
秉鐈
秉鉁
秉錤
秉鈺
玉沚
玉沼
玉川
玉澎
玉清
玉潤
養子澧
澣
藻
蕖

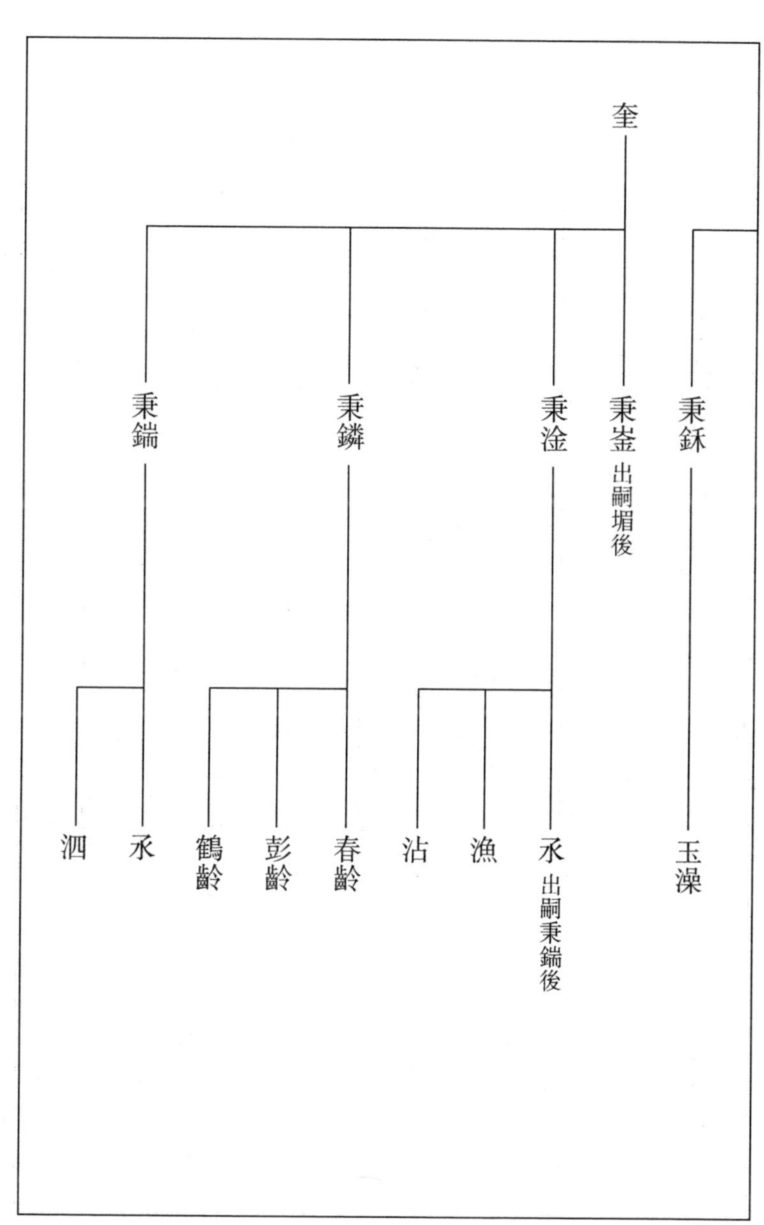
奎
秉鉌
玉澡
秉崟 出嗣堳後
秉淦
承 出嗣秉鍴後
漁
沾
秉鏻
春齡
彭齡
鶴齡
秉鍴
承
泗

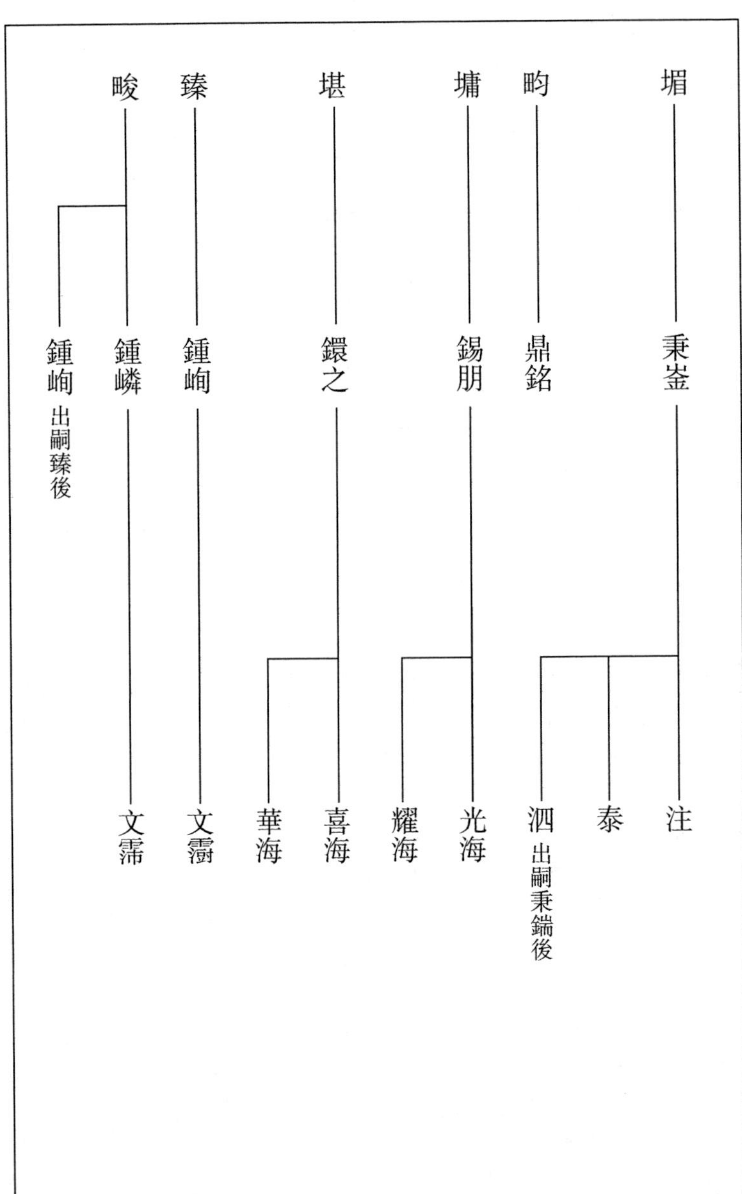
堳
秉崟
注
泰
泗 出嗣秉𨬍後
昀
鼎銘
墉
錫朋
光海
耀海
堪
鐶之
喜海
華海
臻
鍾峋
文霨
晙
鍾嶙
文霈
鍾峋 出嗣臻後

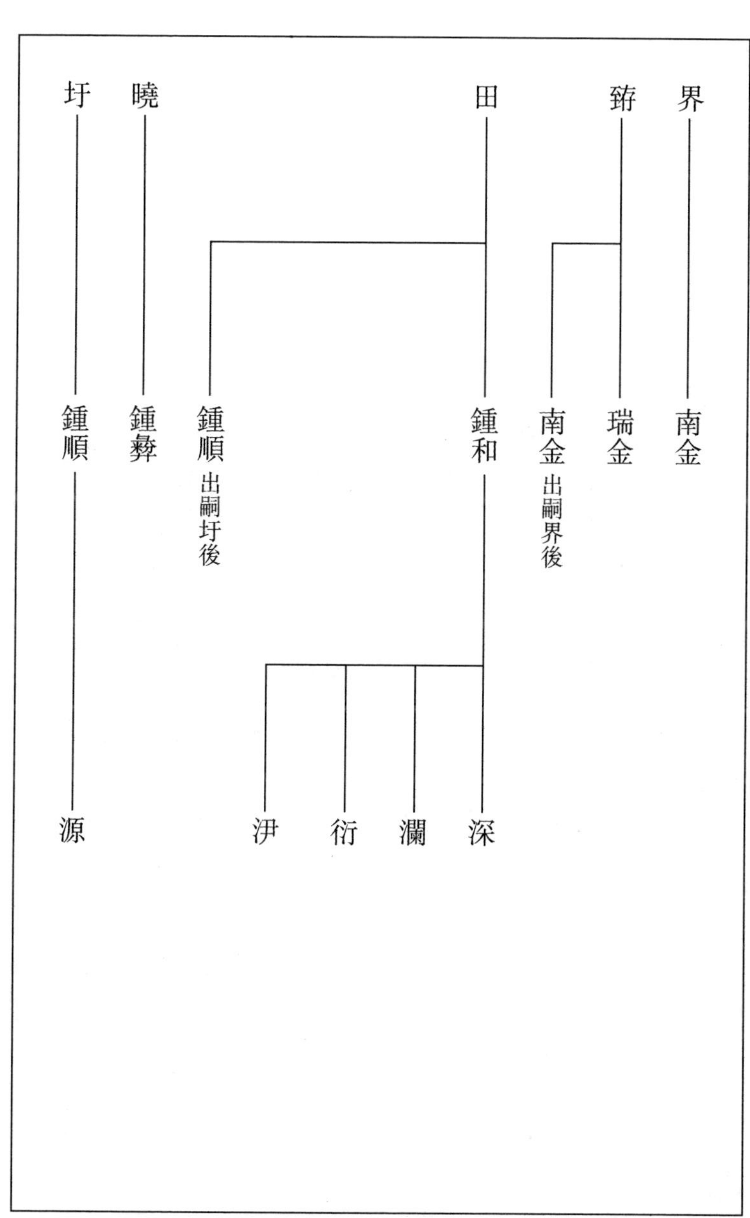

界
南金
䃒
瑞金
南金 出嗣界後
田
鍾和
深
瀾
衍
洢
鍾順 出嗣圩後
曉
鍾彝
圩
鍾順
源

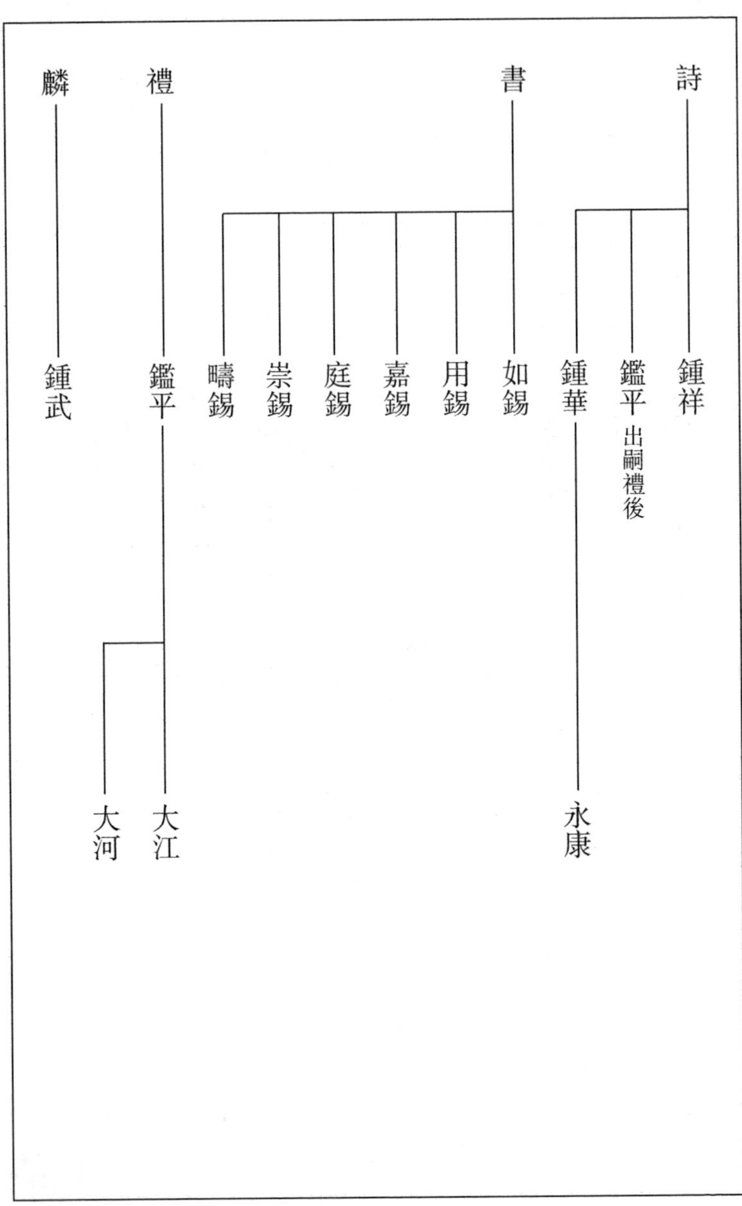

詩
書
禮
麟
鍾祥
鑑平
出嗣禮後
鍾華
如錫
用錫
嘉錫
庭錫
崇錫
疇錫
鑑平
鍾武
永康
大江
大河

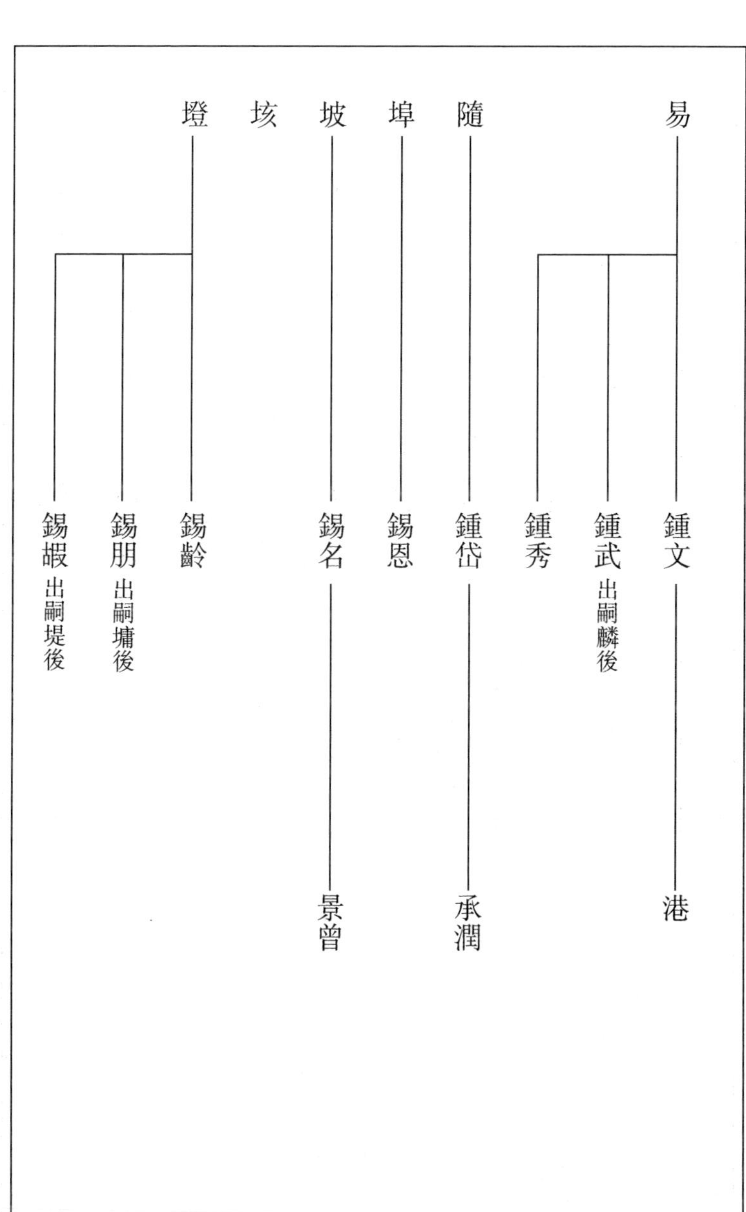
易
鍾文
港
鍾武 出嗣麟後
鍾秀
隨
鍾岱
承潤
埠
錫恩
坡
錫名
景曾
垓
墱
錫齡
錫朋 出嗣墉後
錫瑕 出嗣堤後

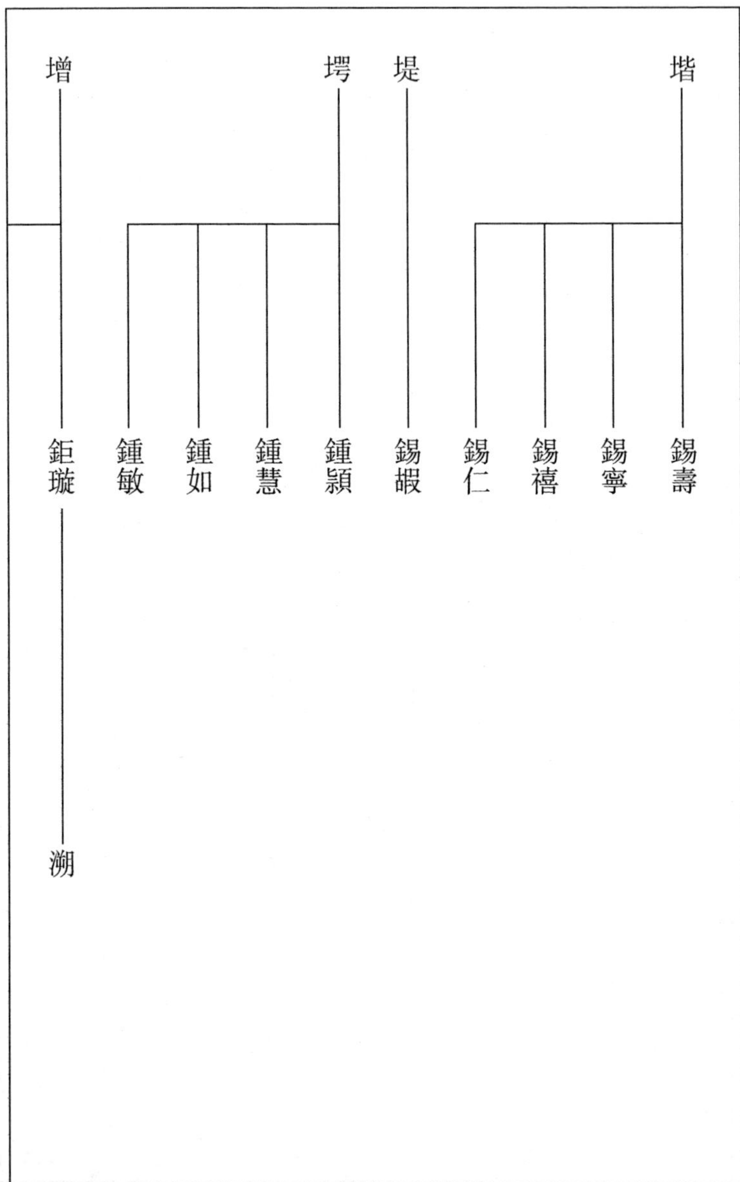
堦
錫壽
錫寧
錫禧
錫仁
堤
錫嘏
堮
鍾穎
鍾慧
鍾如
鍾敏
增
鉅璇
溯

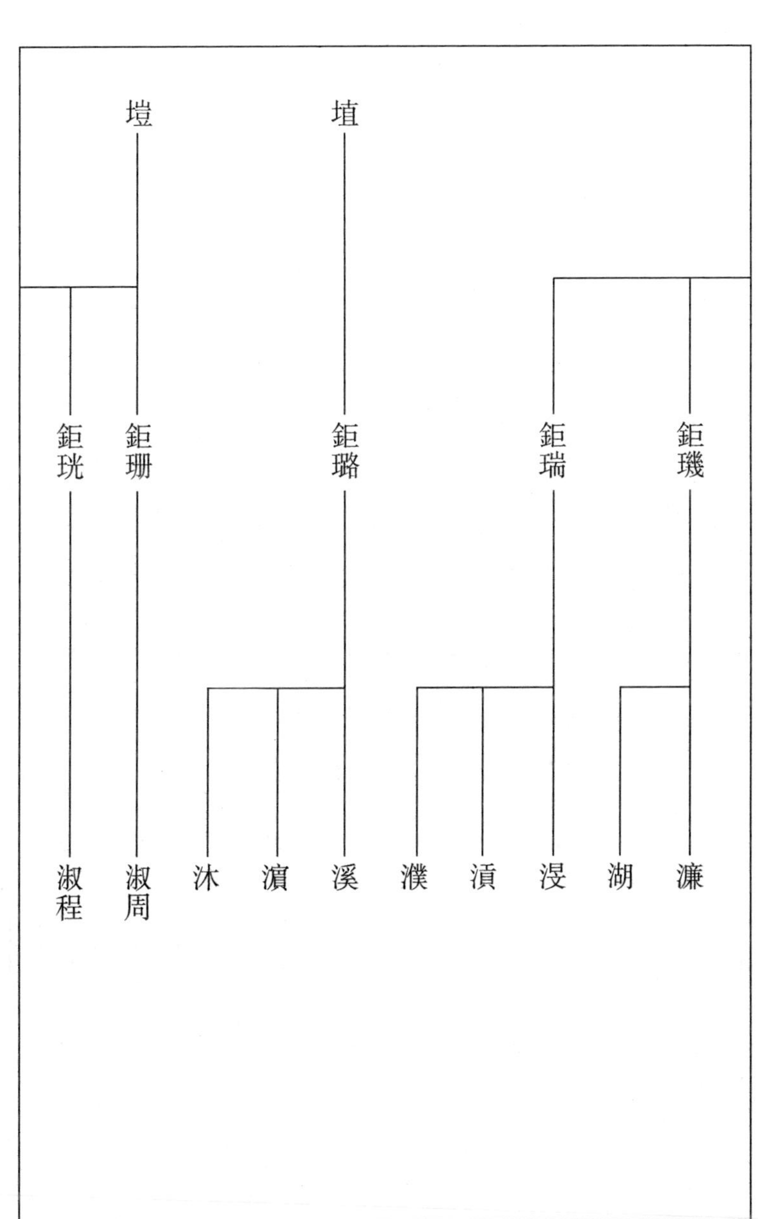
塏
埴
鉅珖
鉅珊
鉅璐
鉅瑞
鉅璣
淑程
淑周
沐
濵
溪
濮
湞
浸
湖
濂

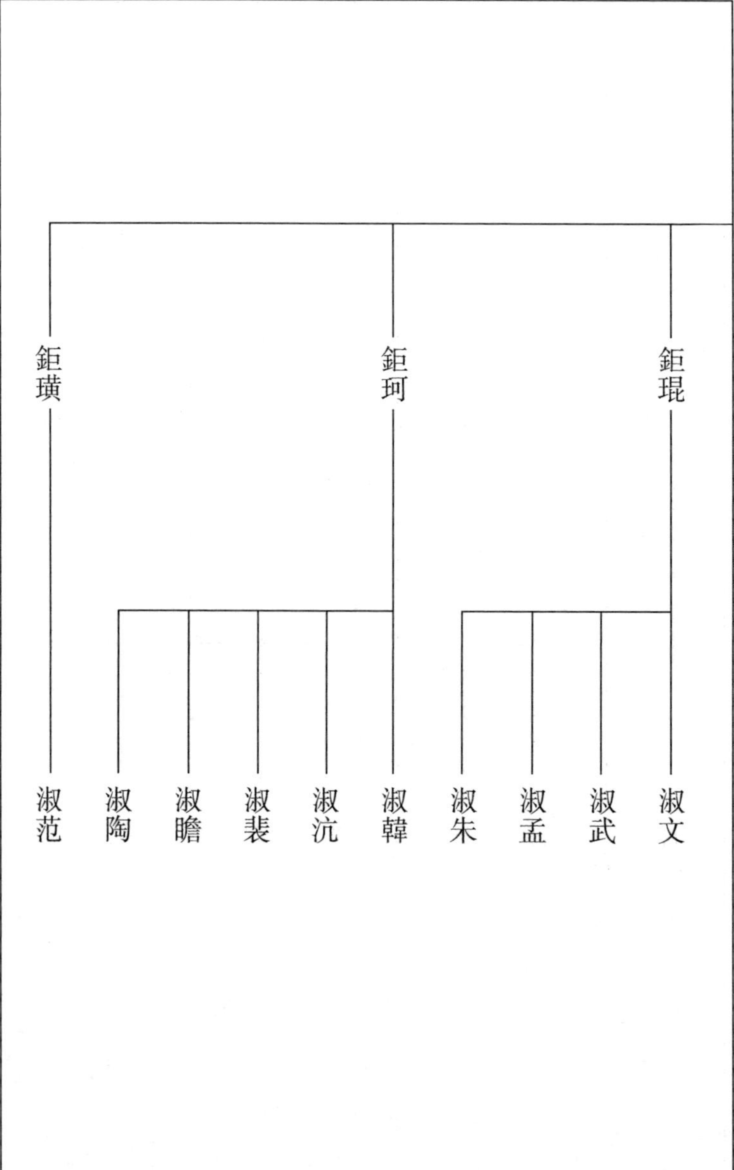
鉅瑻
鉅珂
鉅琨
淑文
淑武
淑孟
淑朱
淑韓
淑沆
淑裴
淑瞻
淑陶
淑范

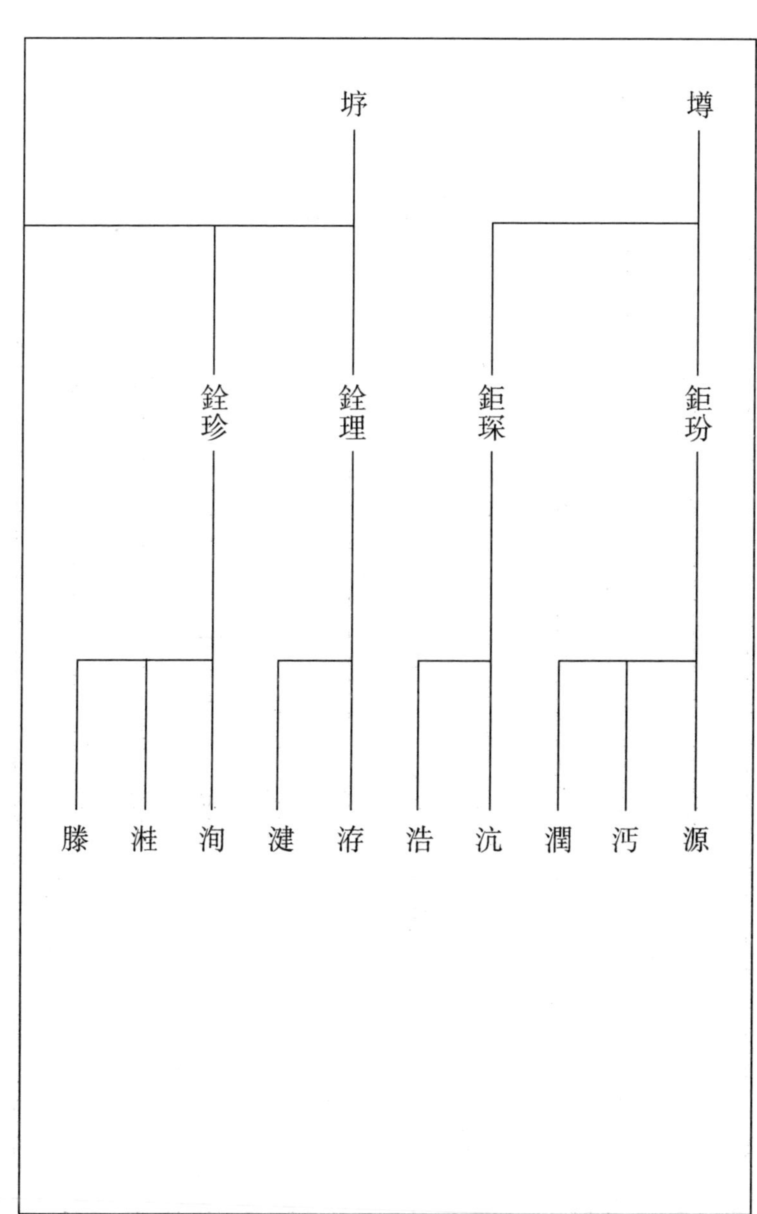
墫
垿
鉅玢
鉅琛
銓理
銓珍
源
汚
潤
沆
浩
洊
涟
洵
淮
滕

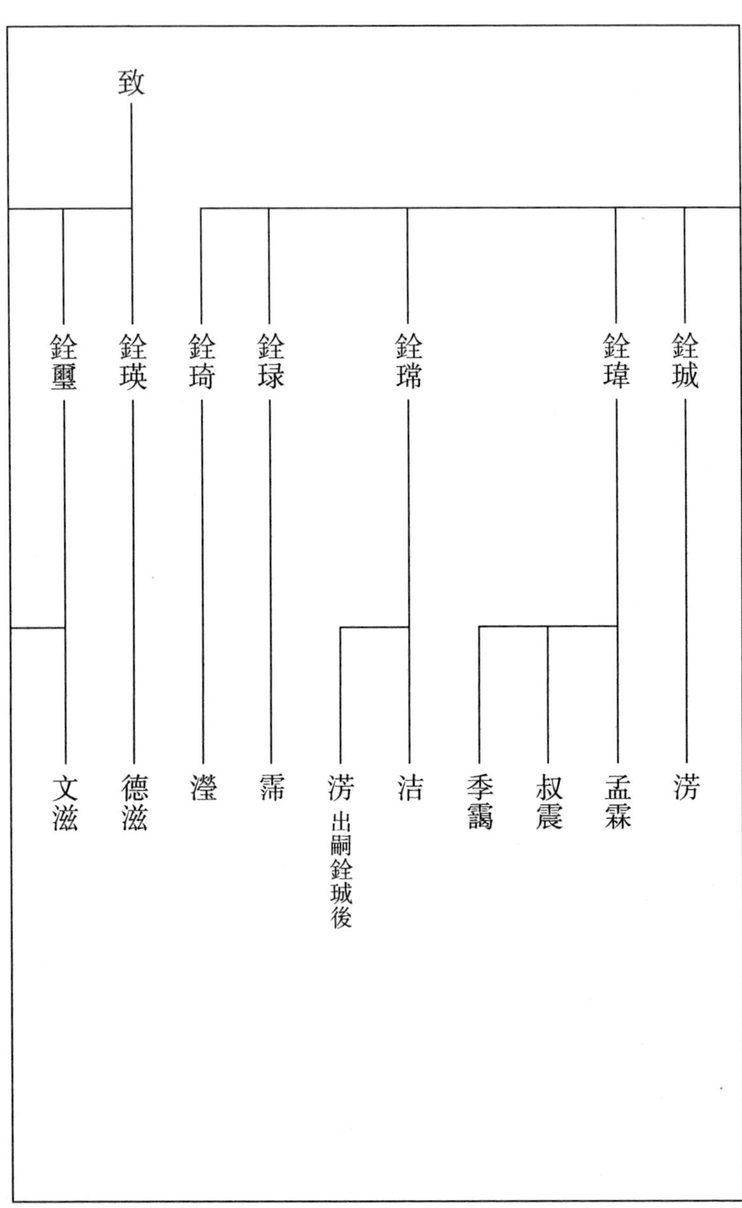
致
銓城
銓瑋
銓瑺
銓琭
銓琦
銓瑛
銓璽
滂
孟霖
叔震
季靄
洁
滂
出嗣銓城後
霈
瀅
德滋
文滋

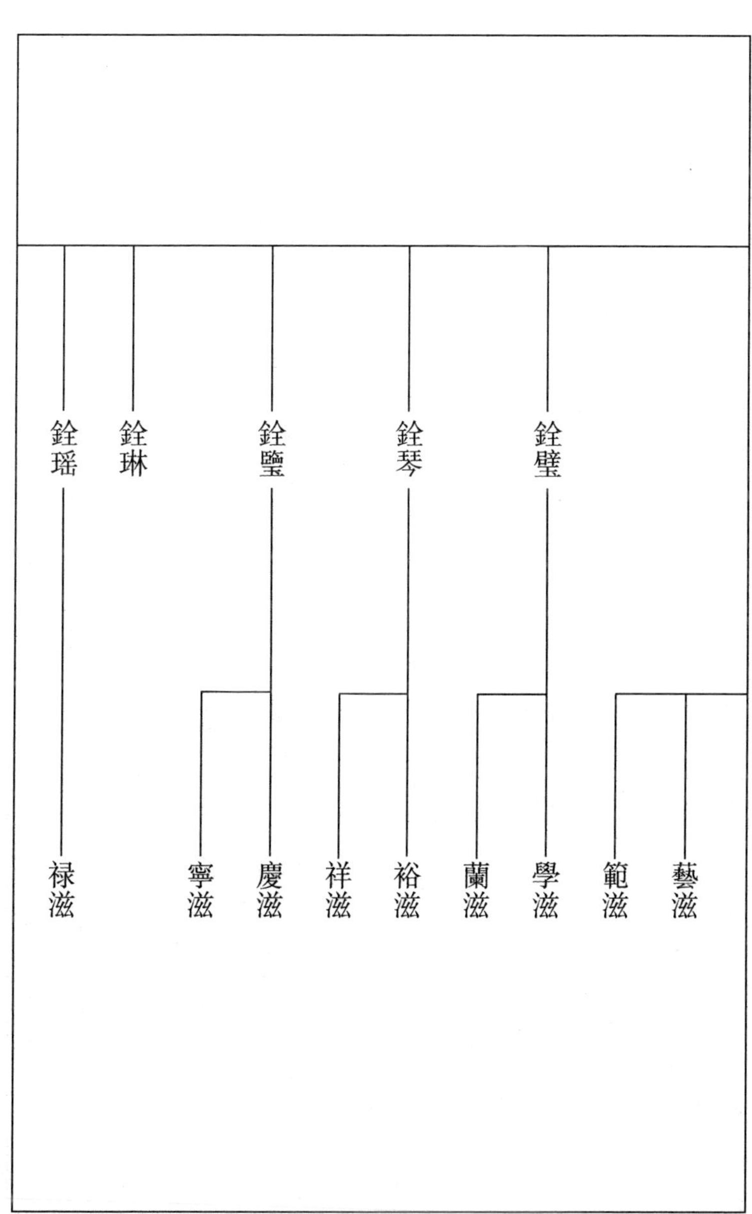
銓瑤
銓琳
銓璽
銓琴
銓璧
禄滋
寧滋
慶滋
祥滋
裕滋
蘭滋
學滋
範滋
藝滋

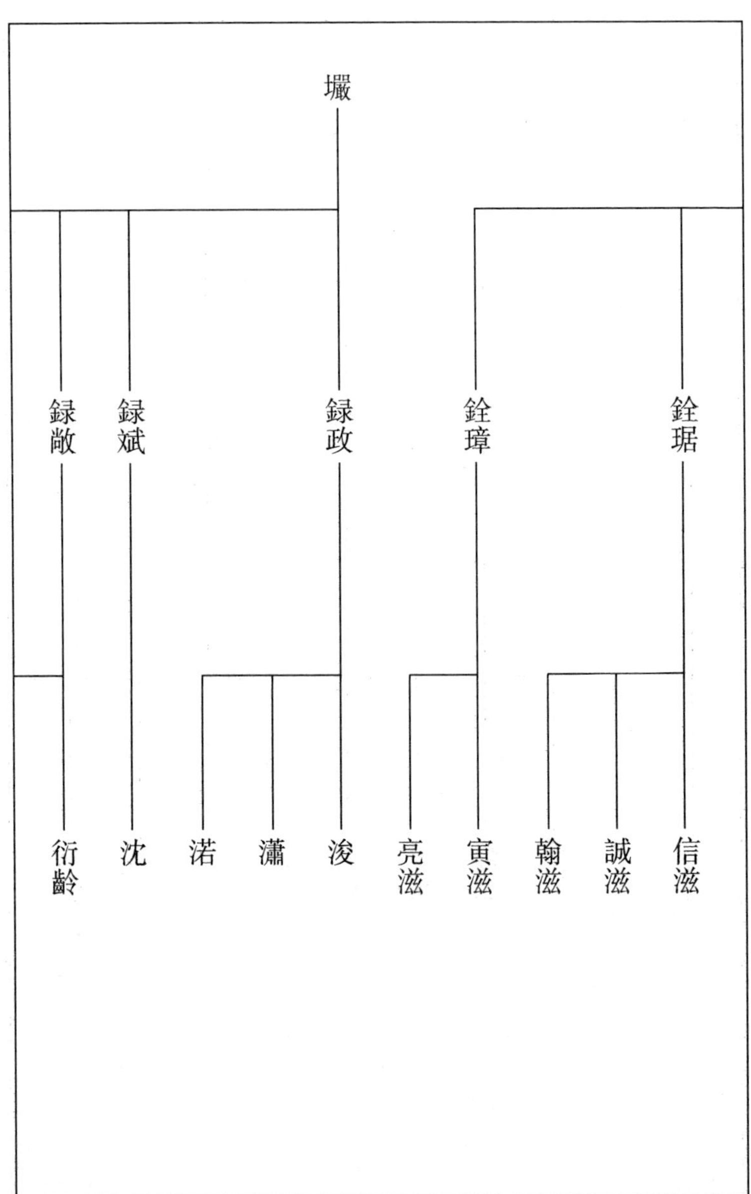

壏
録敞
録斌
録政
銓璋
銓琚
衍齡
沈
渃
瀟
浚
亮滋
寅滋
翰滋
誠滋
信滋

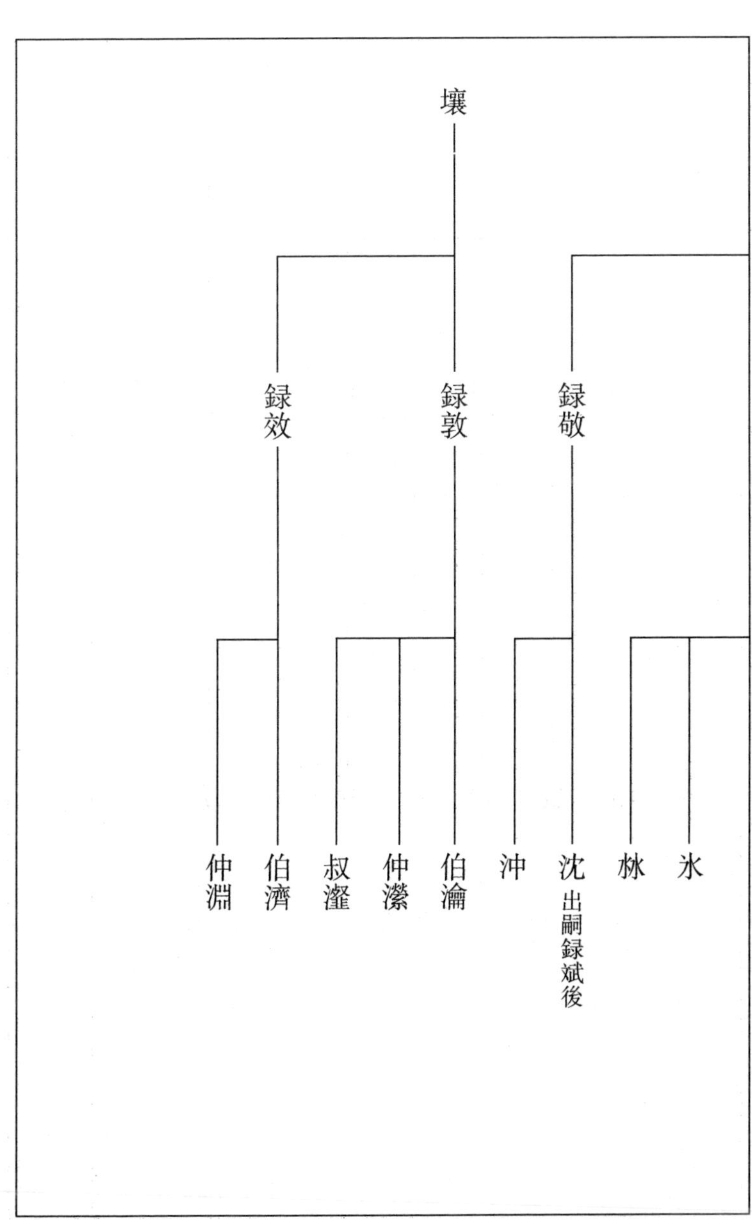
壤
録效
録敦
録敬
仲淵
伯濟
叔瀅
仲瀠
伯瀹
沖
沈
出嗣録斌後
烌
冰

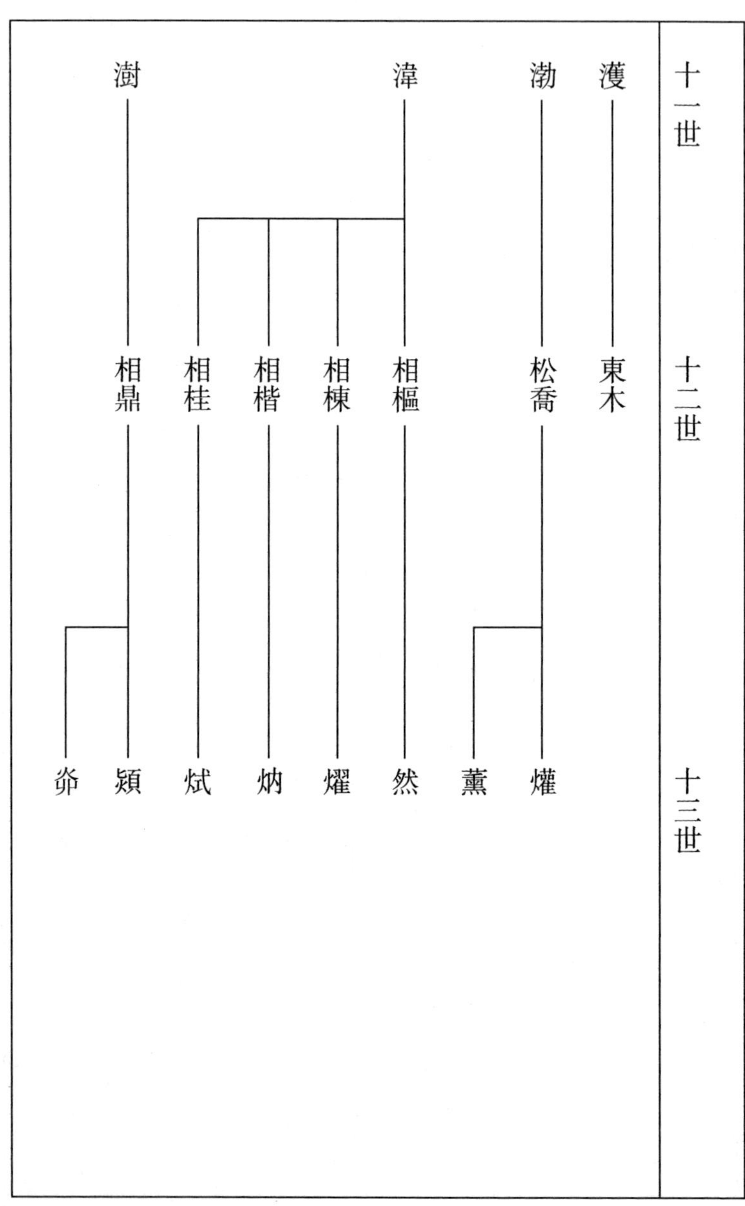
十一世
十二世
十三世
濩
東木
渤
松喬
爟
薰
湋
相樞
然
相楝
燿
相楷
焫
相桂
烒
澍
相鼎
熲
弇

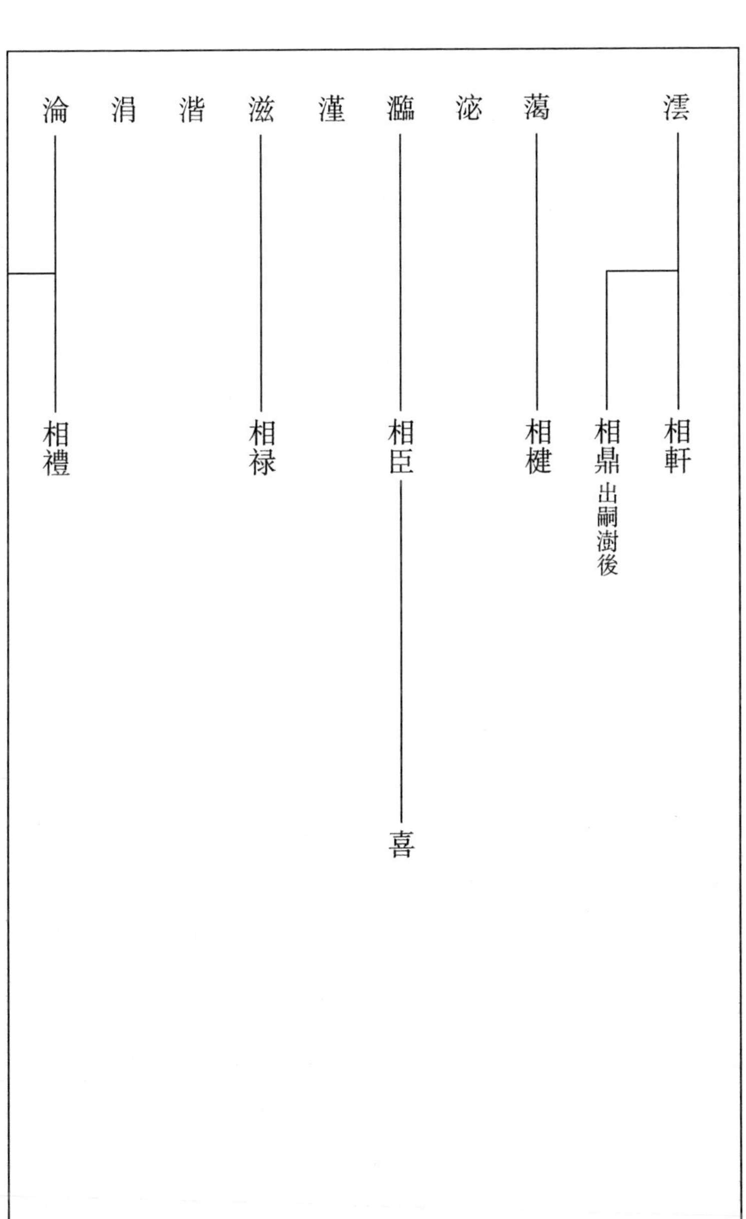
澐
相軒
相鼎
出嗣澍後
藹
相楗
淧
灑
相臣
喜
漌
滋
相禄
湝
涓
淪
相禮

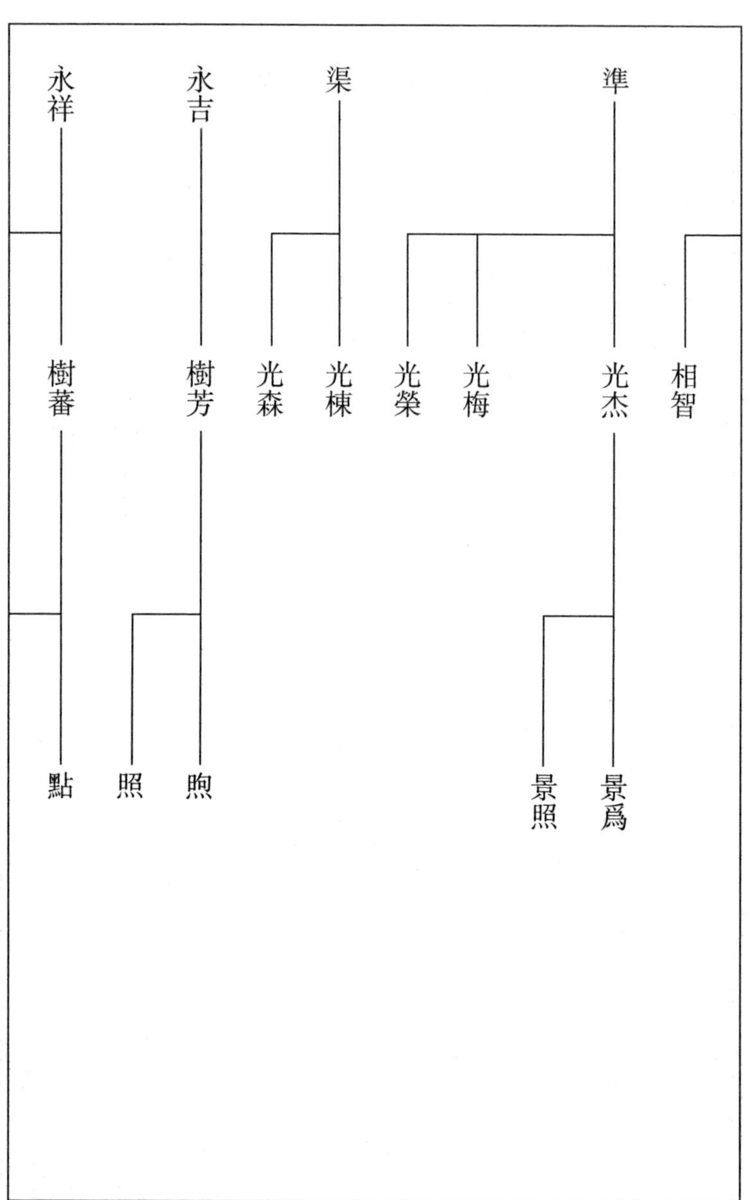

準
渠
永吉
永祥
相智
光杰
光梅
光榮
光棟
光森
樹芳
樹蕃
景爲
景照
煦
照
點

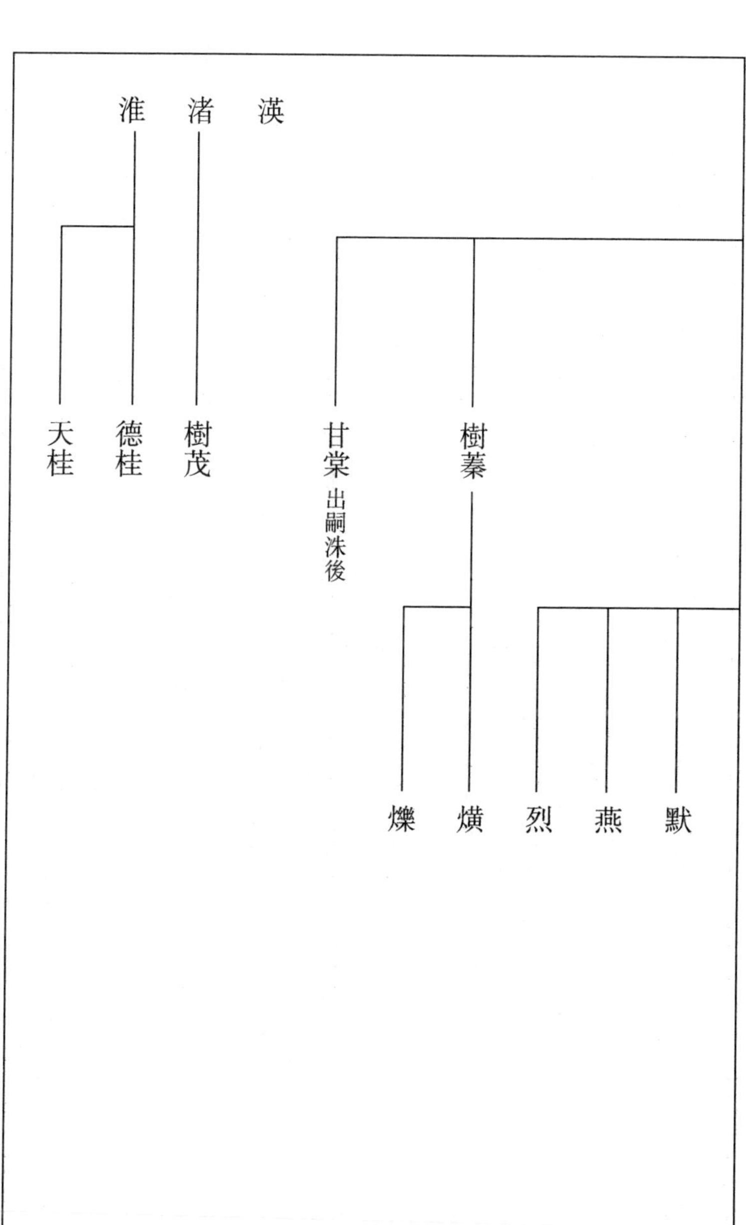

淮
渚
渶
天桂
德桂
樹茂
甘棠
出嗣洙後
樹蓁
爍
熿
烈
燕
默

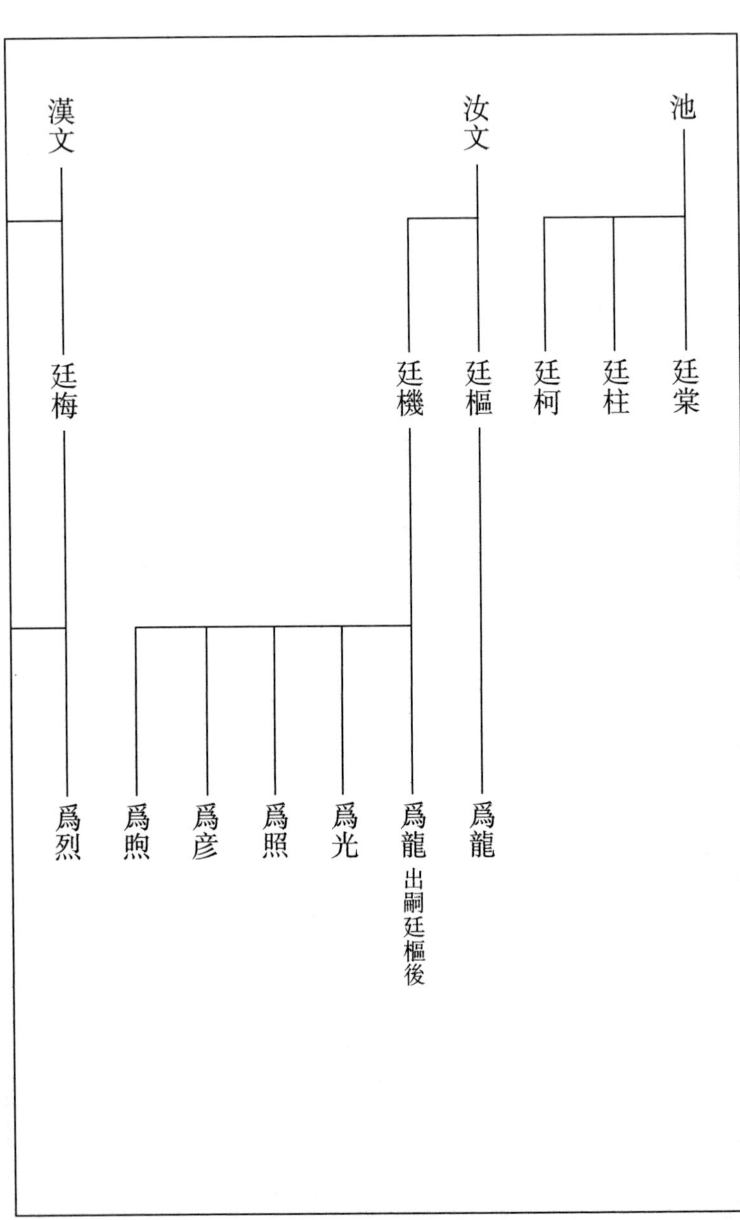
池
廷棠
廷柱
廷柯
汝文
廷樞
爲龍
廷機
爲龍 出嗣廷樞後
爲光
爲照
爲彦
爲煦
漢文
廷梅
爲烈

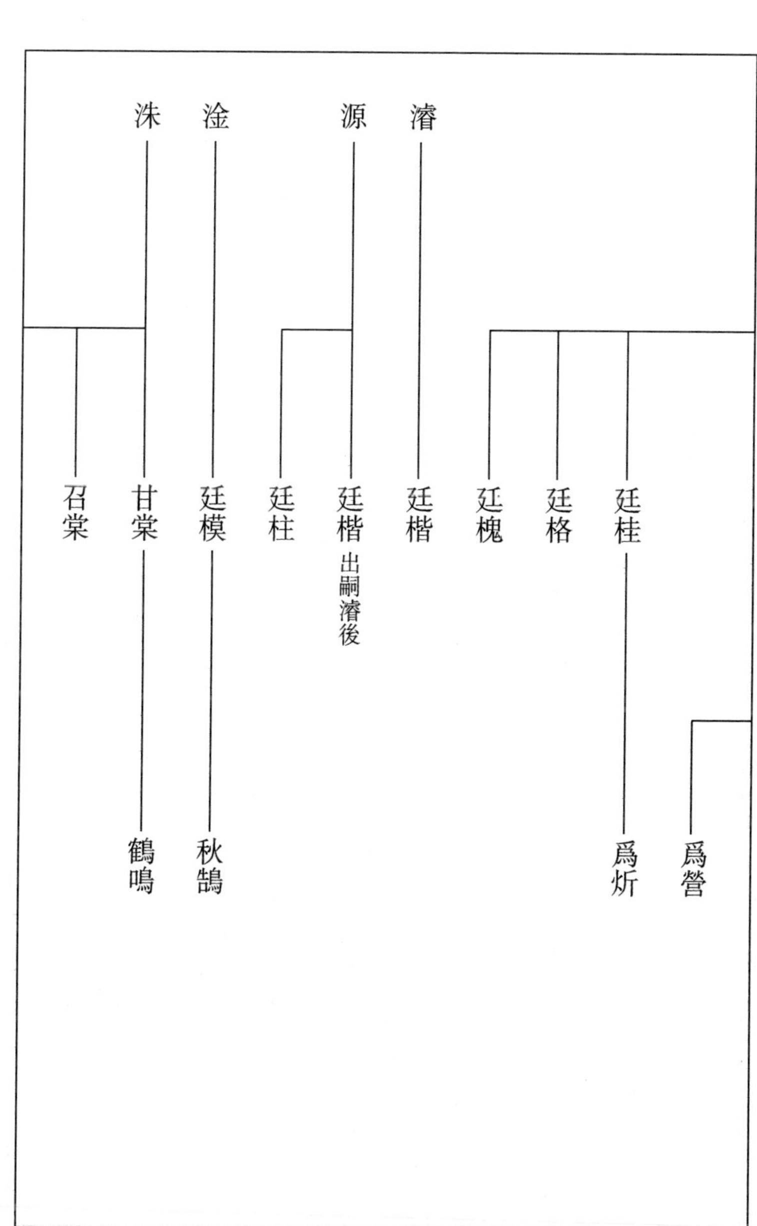
洙
淦
源
濬
召棠
甘棠
廷模
廷柱
廷楷
出嗣濬後
廷楷
廷槐
廷格
廷桂
鶴鳴
秋鵠
爲炘
爲營

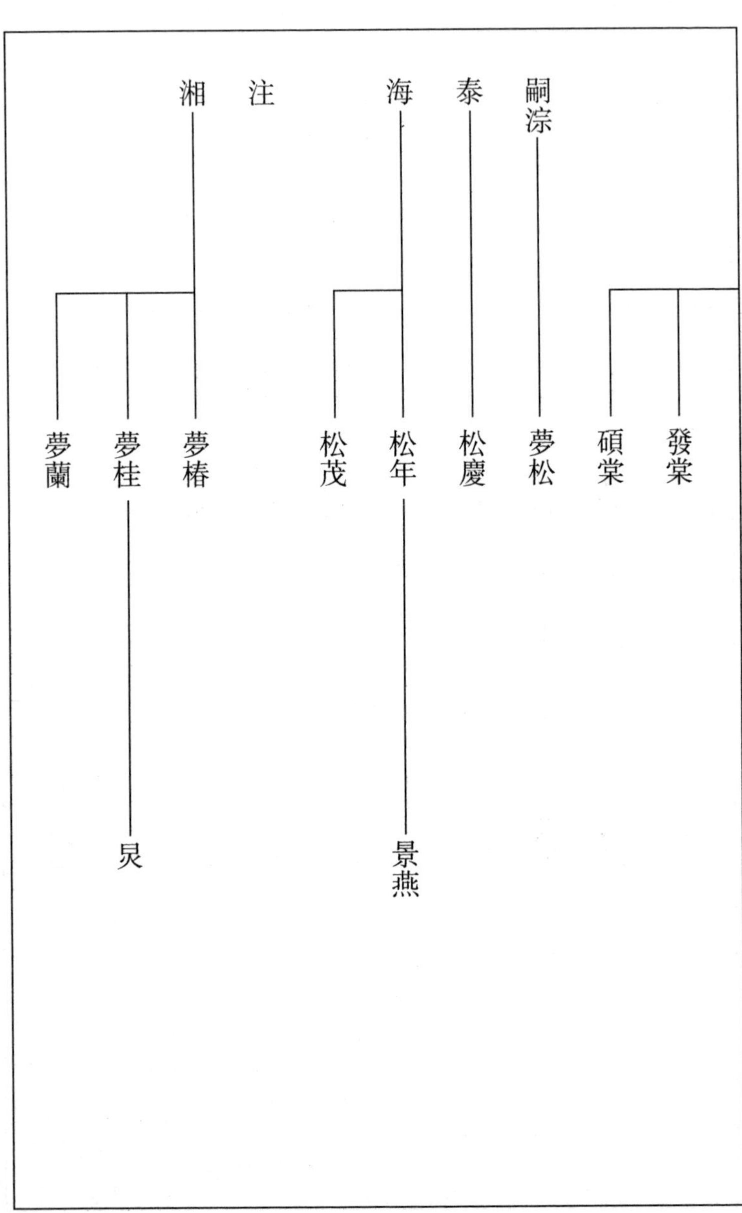
嗣淙
泰
海
注
湘
發棠
碩棠
夢松
松慶
松年
松茂
夢椿
夢桂
夢蘭
景燕
炅

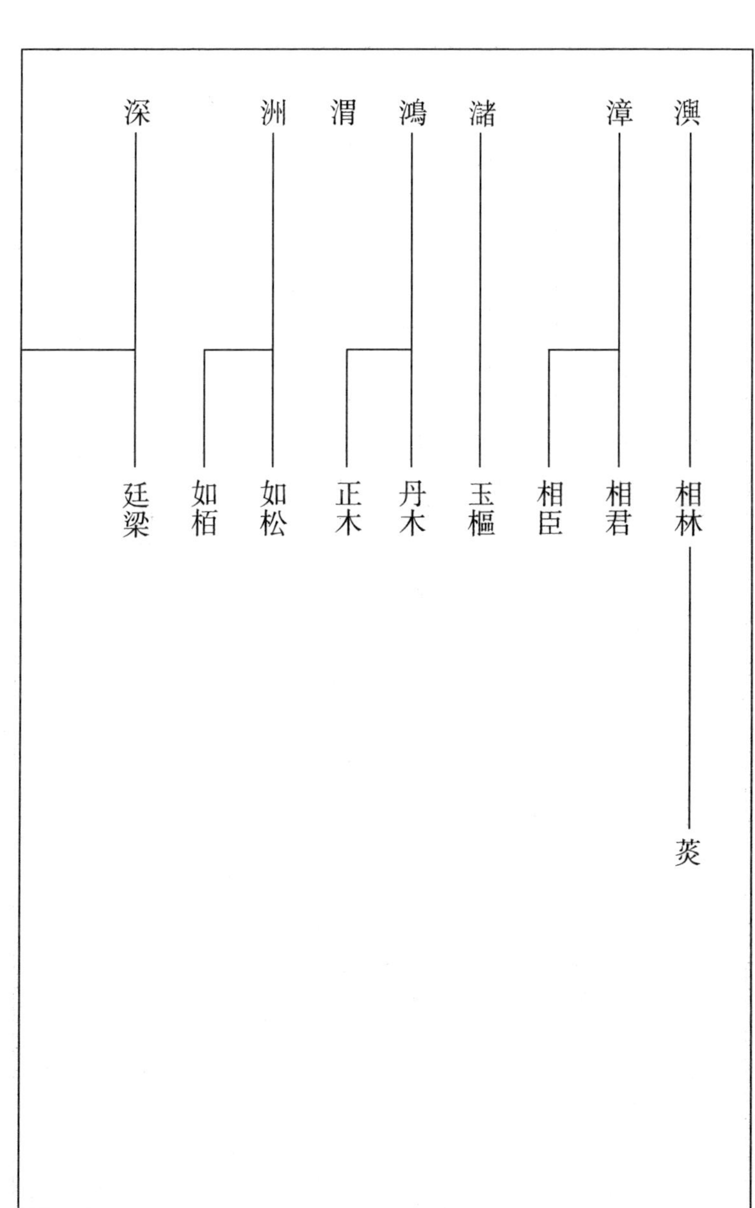
深
洲
渭
鴻
潴
漳
澳
廷梁
如栢
如松
正木
丹木
玉樞
相臣
相君
相林
茨

廷樂

潭 — 大椿

洨

淞

澐 — 相樞 — 烒

澐 — 仲樞 出嗣泊後

澄 — 殿樞

汶 — 天樞

汶 — 辰樞

灝 — 爲樞

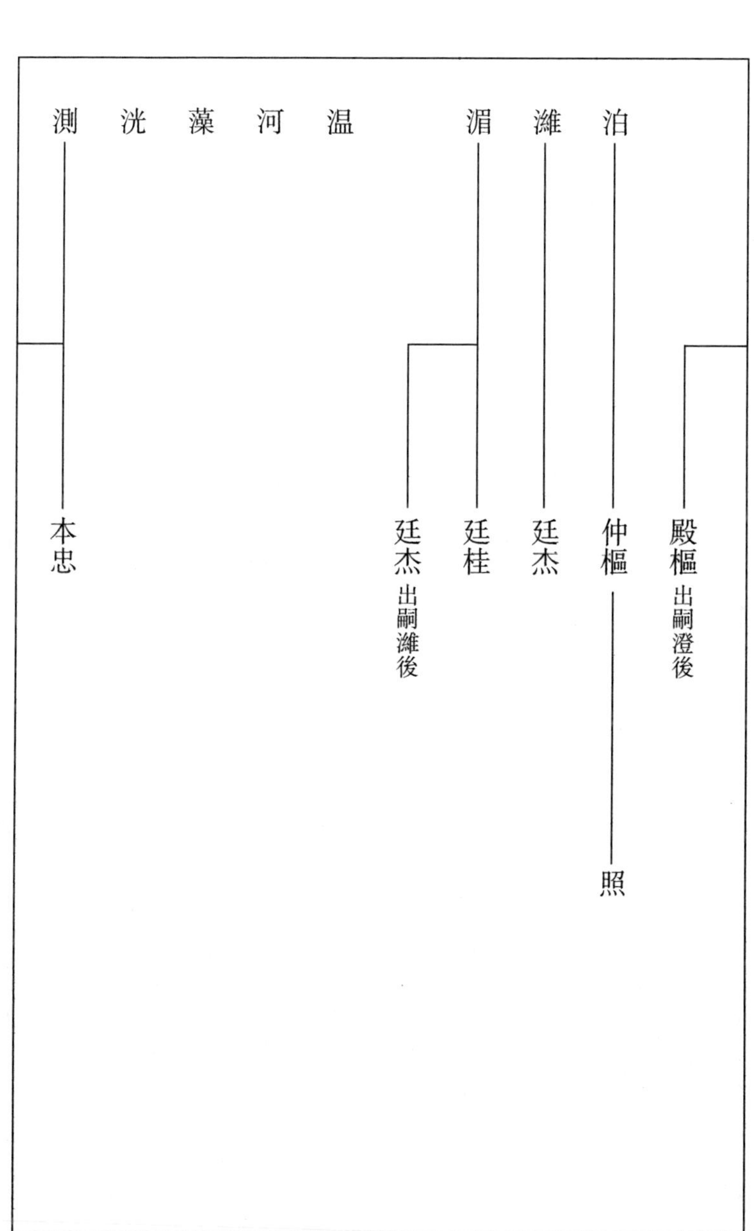
測
洸
藻
河
温
湄
滩
泊
本忠
廷杰
出嗣滩後
廷桂
廷杰
仲樞
照
殿樞
出嗣澄後

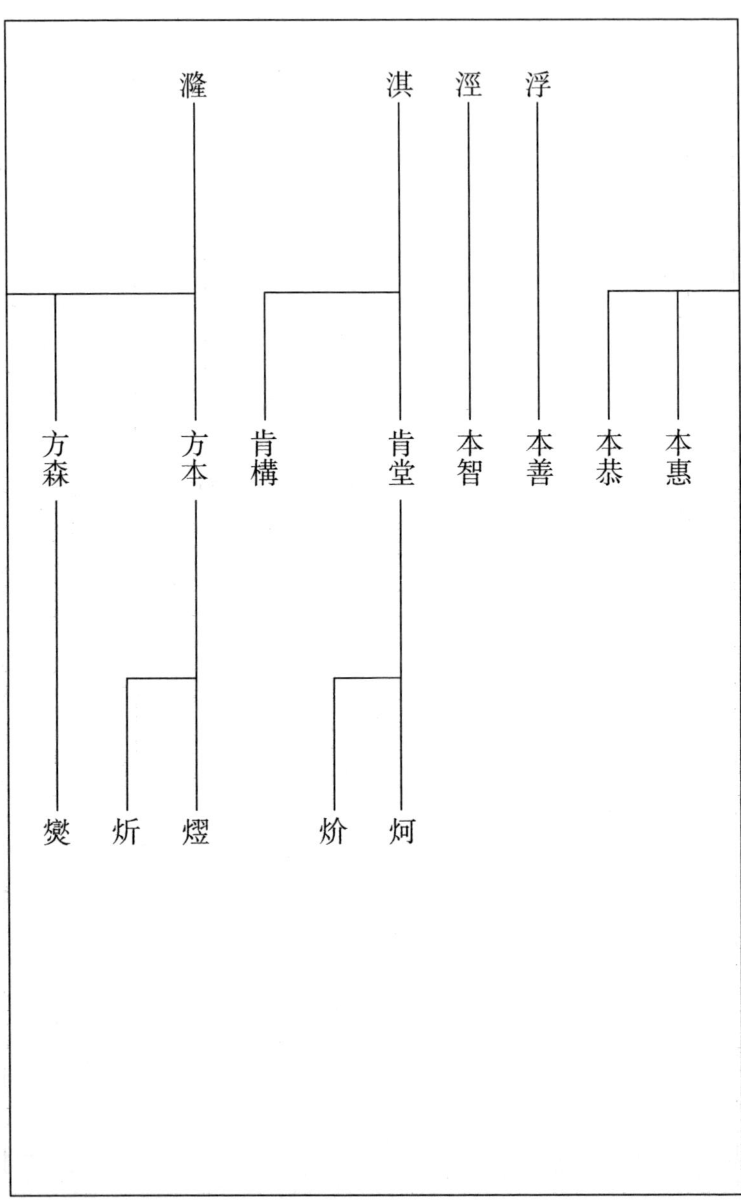

本惠
本恭
浮
本善
涇
本智
淇
肯堂
炣
炌
肯構
瀡
方本
熤
炘
方森
燚

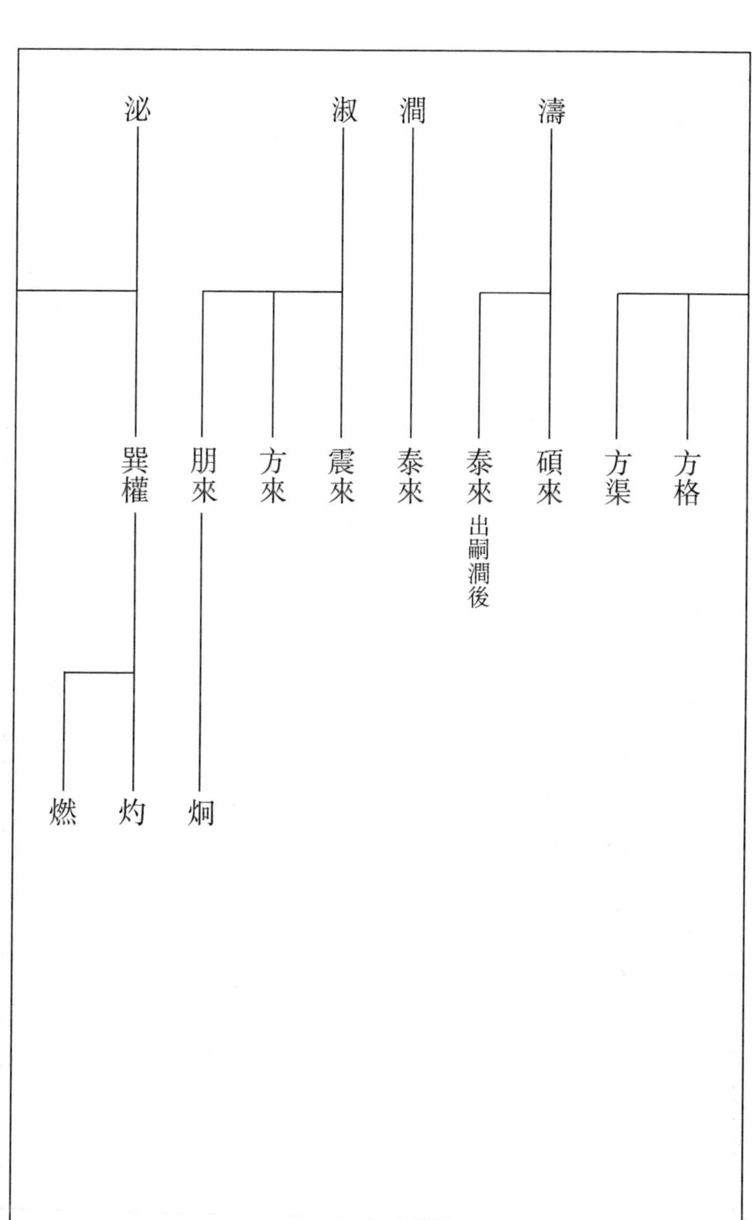
濤
澗
淑
泌
方格
方渠
碩來
泰來
出嗣澗後
泰來
震來
方來
朋來
巽權
烔
灼
燃

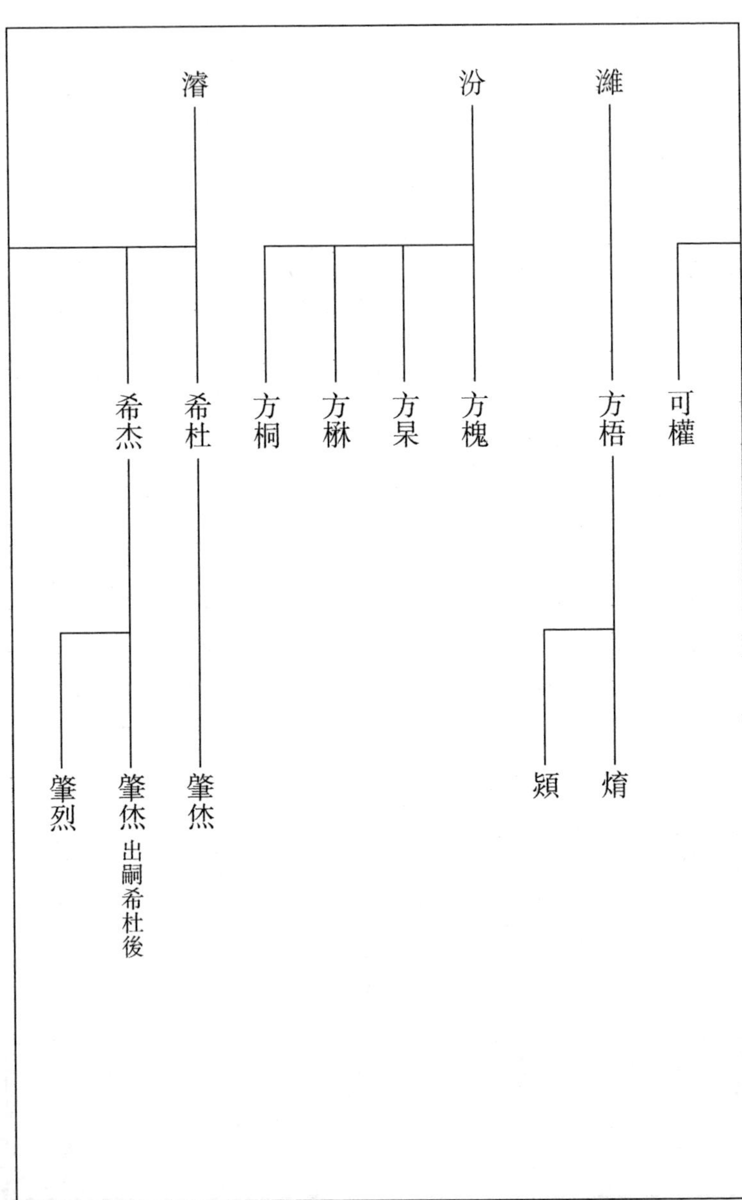
濬
汾
濰
可權
方梧
方槐
方杲
方楙
方桐
希杜
希杰
熌
熲
肇烋
肇烋 出嗣希杜後
肇烈

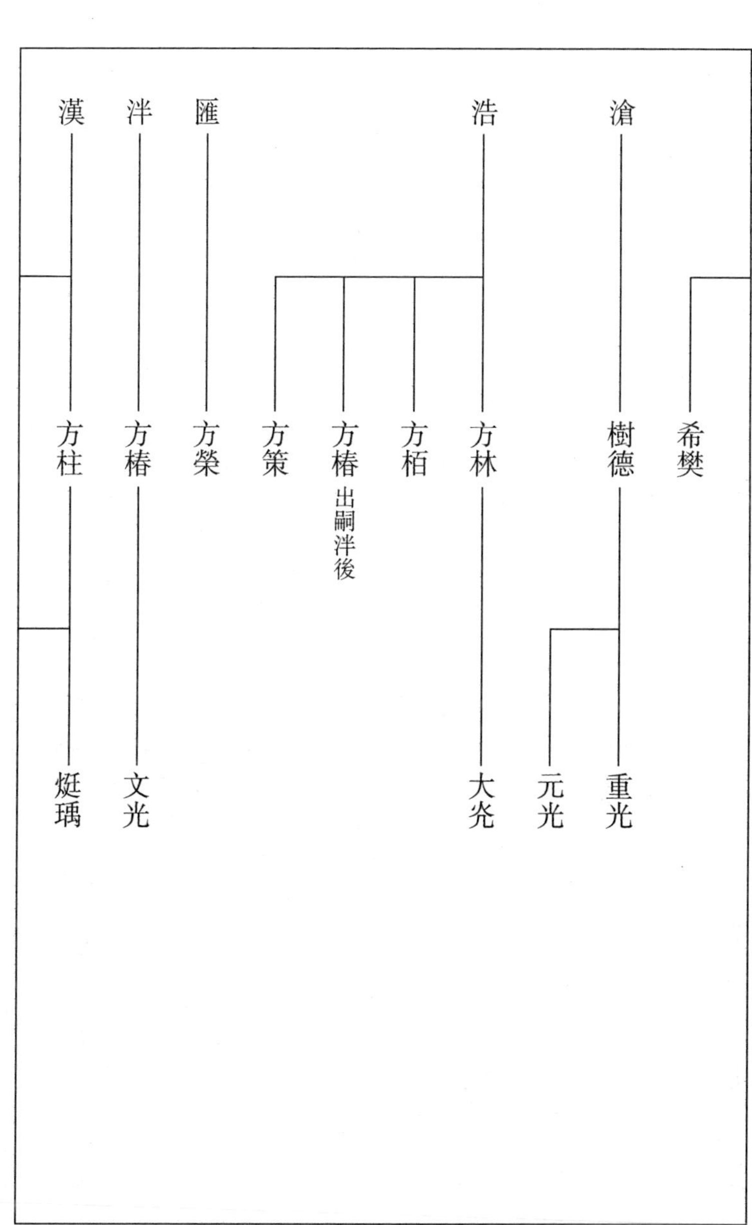
漢
泮
匯
浩
滄
方柱
方椿
方榮
方策
方椿
出嗣泮後
方栢
方林
樹德
希樊
烶瑀
文光
大尧
元光
重光

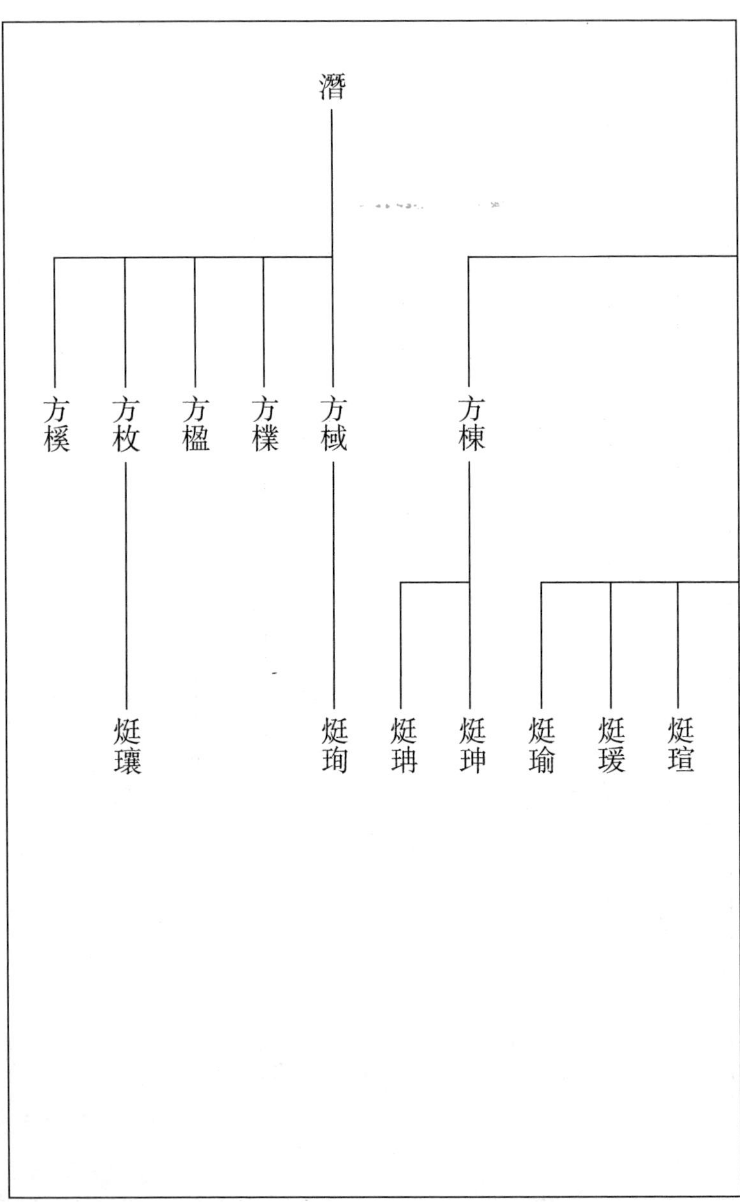
潛
方棟
方樑
方枚
方楹
方樸
方棫
方棟
熥瓖
熥珣
熥玥
熥珅
熥瑜
熥瑗
熥瑄

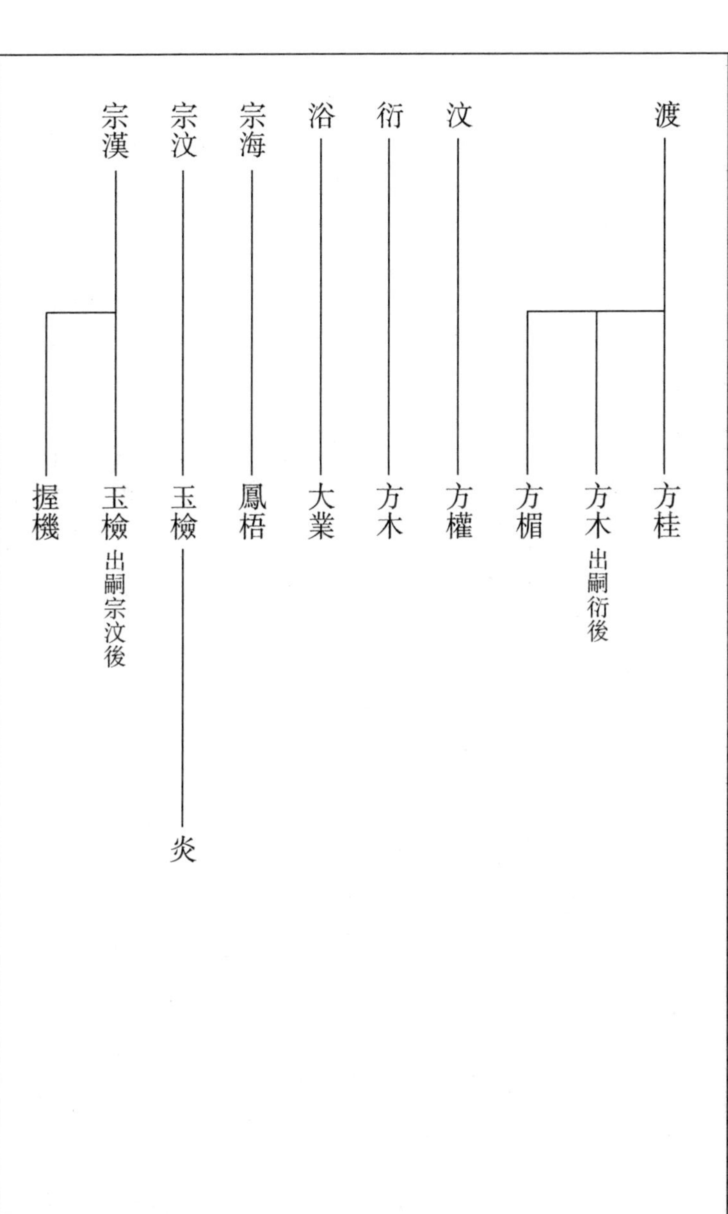
渡
方桂
方木 出嗣衍後
方楣
汶
方權
衍
方木
浴
大業
宗海
鳳梧
宗汶
玉檢
炎
宗漢
玉檢 出嗣宗汶後
握機

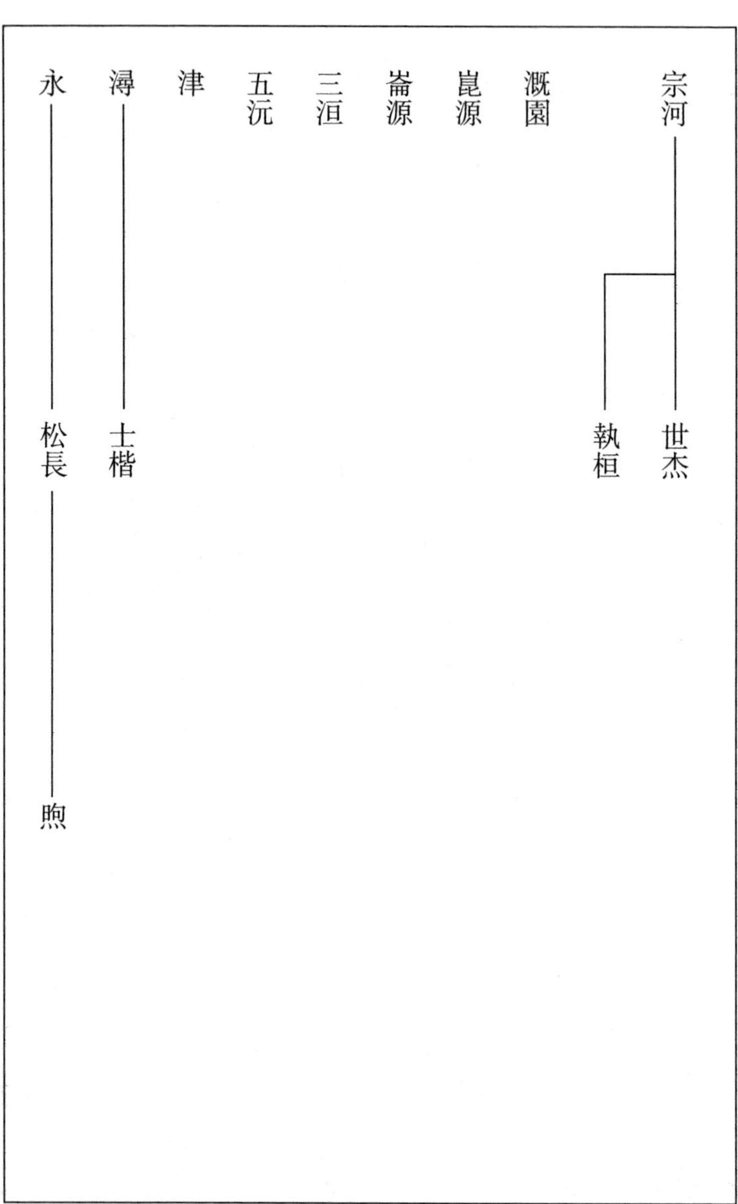
宗河
世杰
執桓
漑園
崑源
崙源
三洹
五沅
津
潯
士楷
永
松長
煦

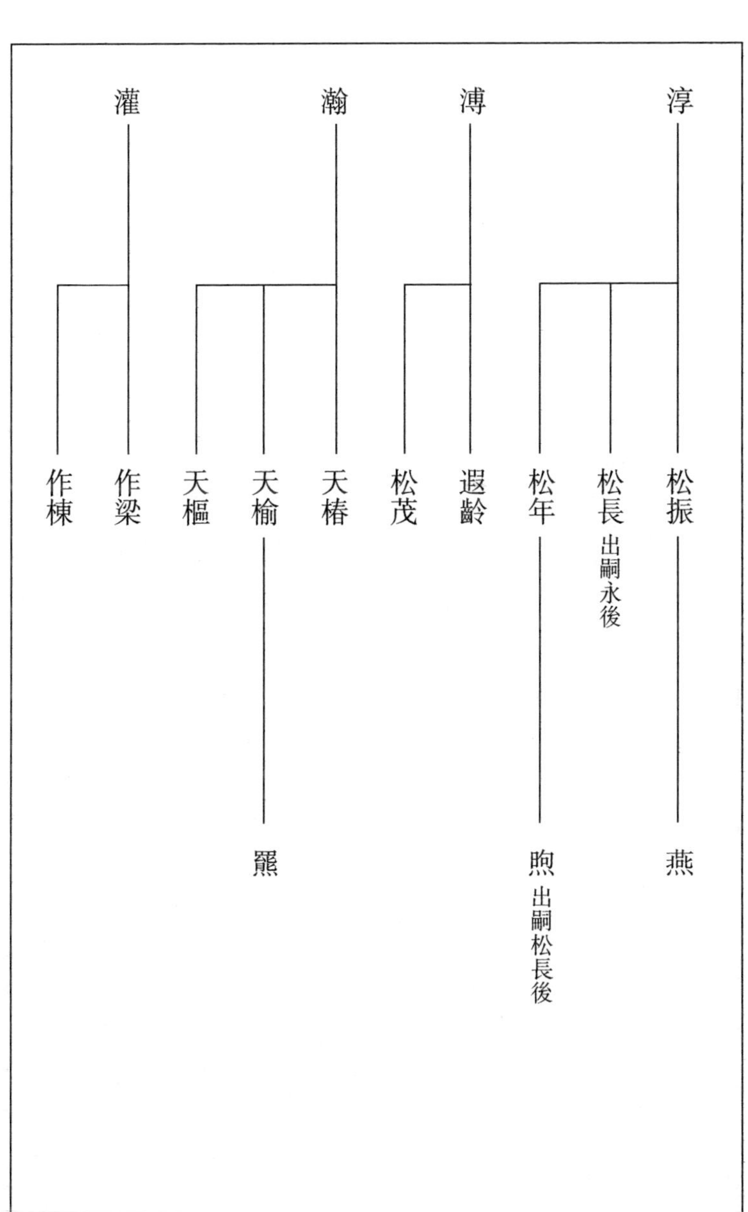
淳
松振
燕
松長 出嗣永後
松年
煦 出嗣松長後
溥
遐齡
松茂
瀚
天椿
天榆
羆
天樞
灌
作梁
作棟

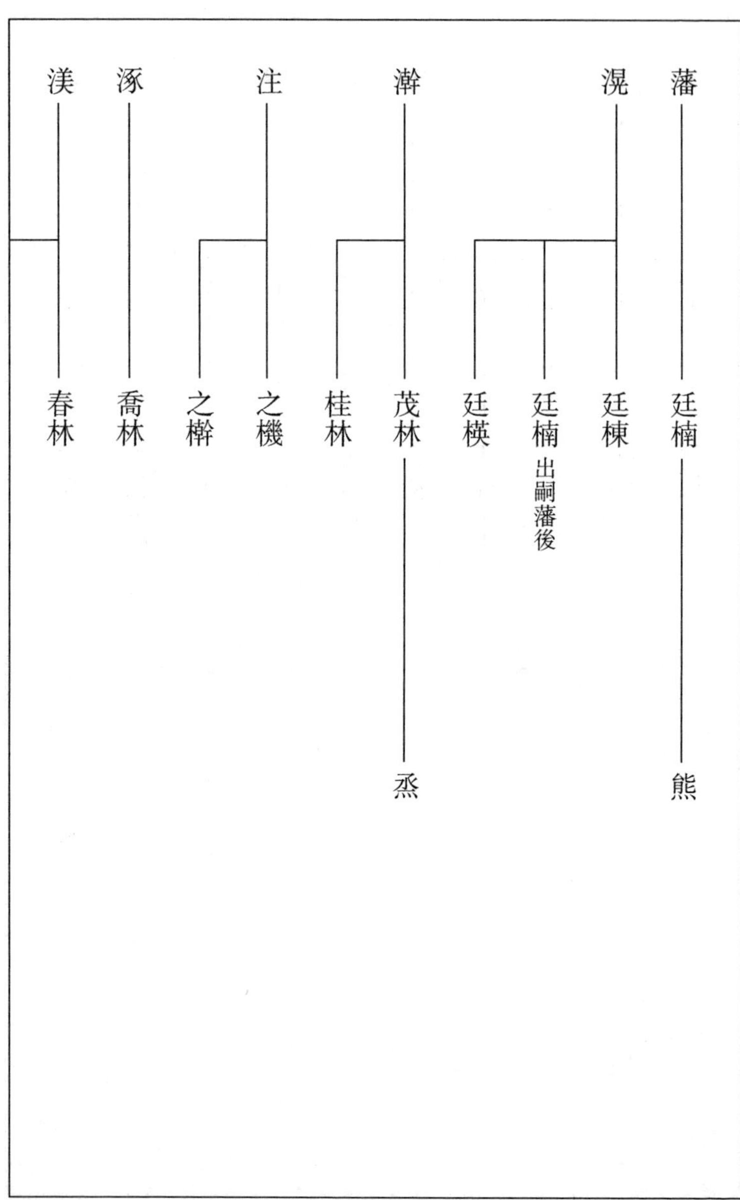
藩
廷楠
熊
滉
廷棟
廷楠 出嗣藩後
廷樸
濴
茂林
烝
桂林
注
之機
之榦
涿
喬林
渼
春林

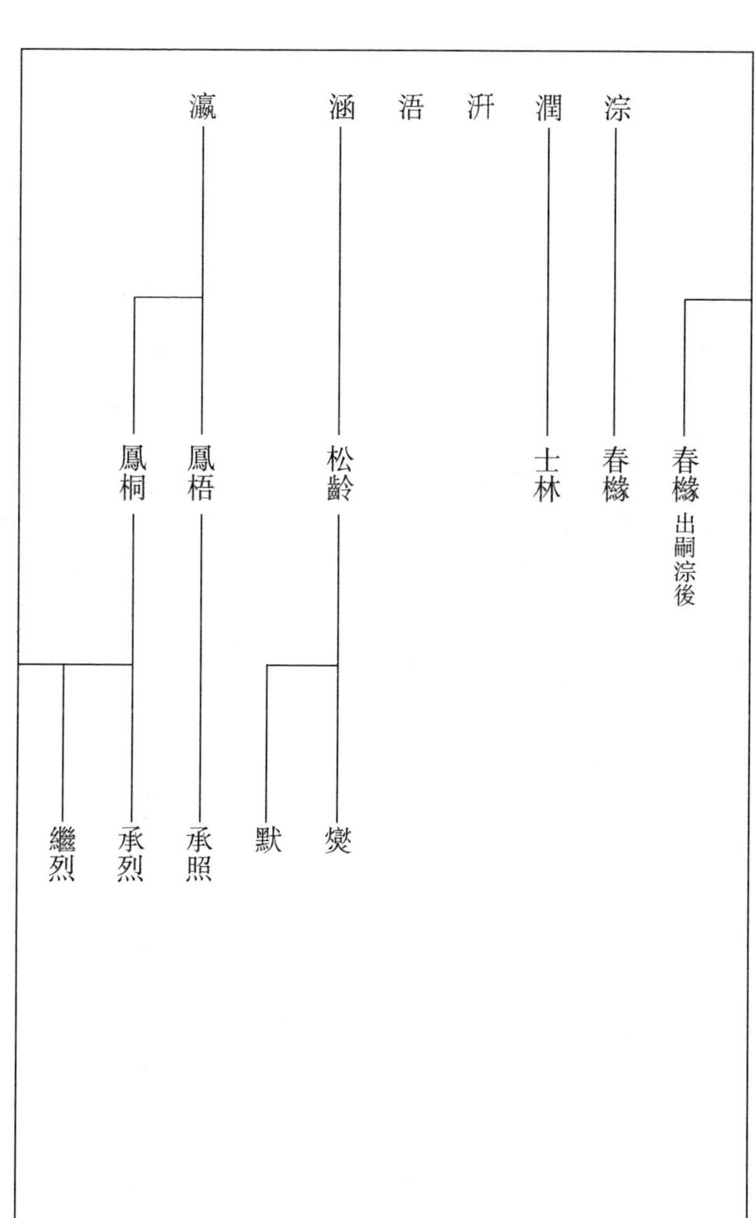

灜
涵
浯
汧
潤
淙
鳳桐
鳳梧
松齡
士林
春櫞
春櫞 出嗣淙後
繼烈
承烈
承照
默
燧

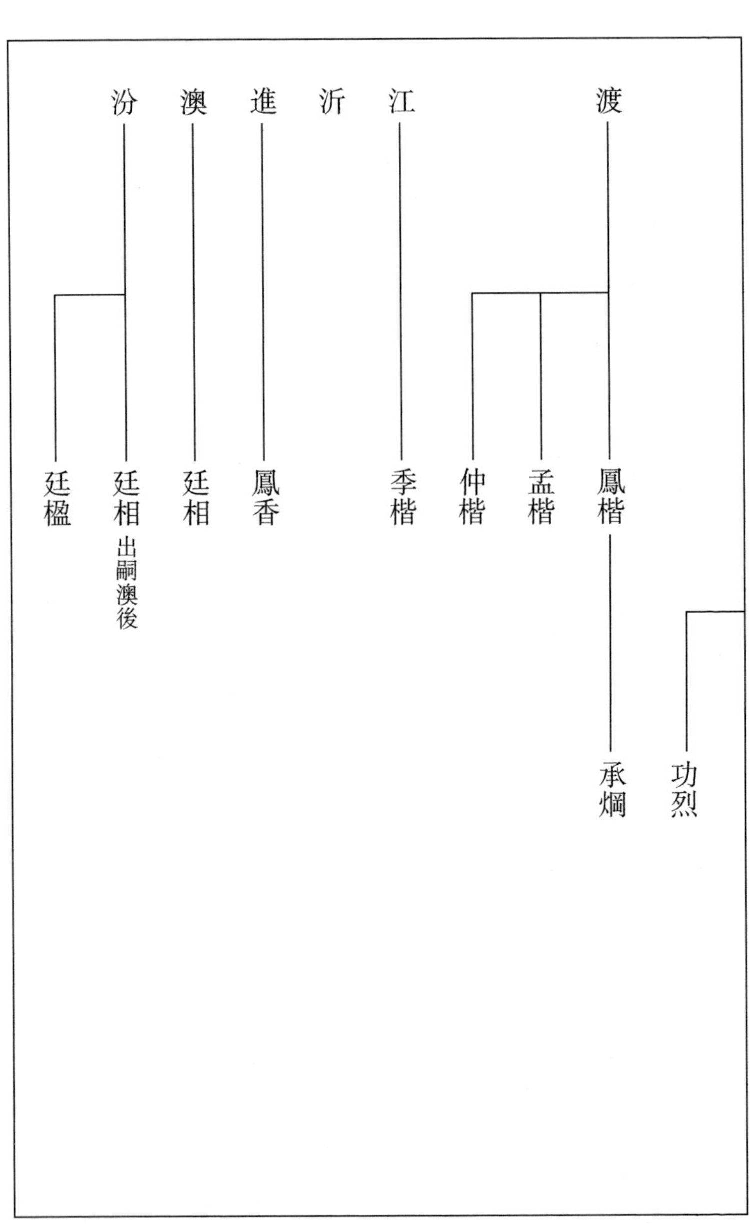

渡
江
沂
進
澳
汾
功烈
鳳楷
孟楷
仲楷
季楷
鳳香
廷相
廷相 出嗣澳後
廷楹
承烱

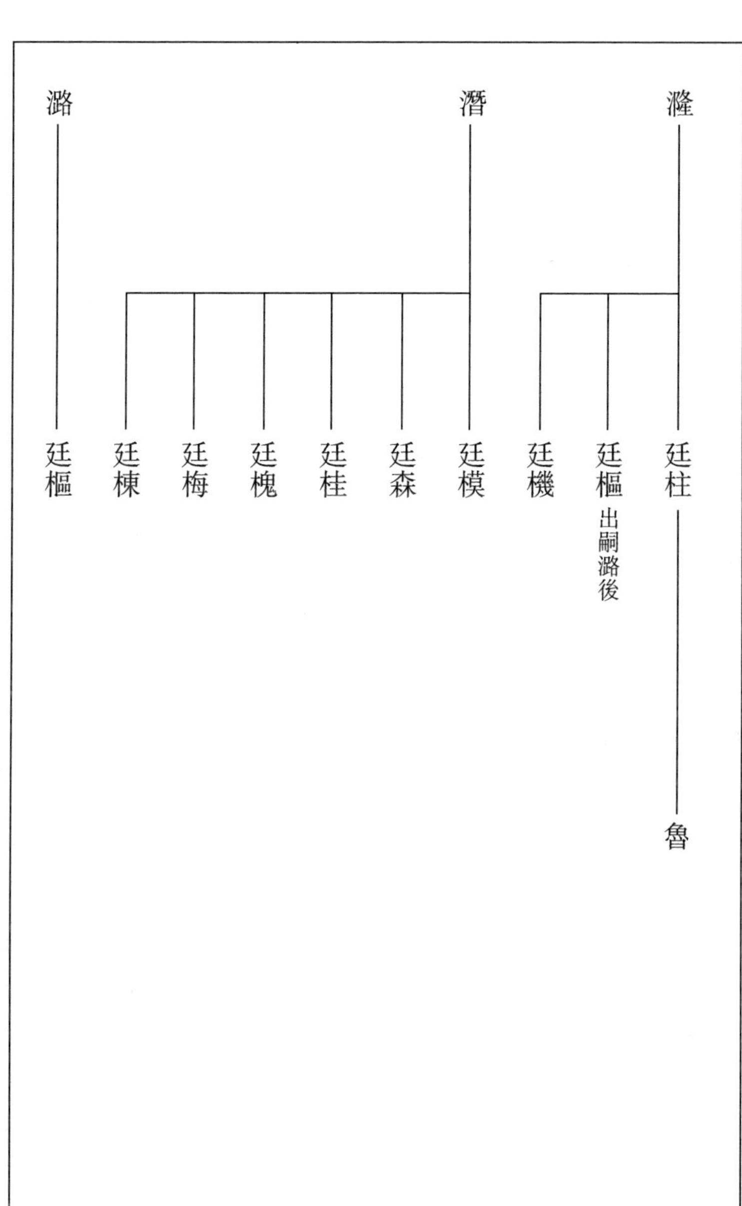
瀅
潛
潞
廷柱
廷樞
出嗣潞後
廷機
廷模
廷森
廷桂
廷槐
廷梅
廷棟
廷樞
魯

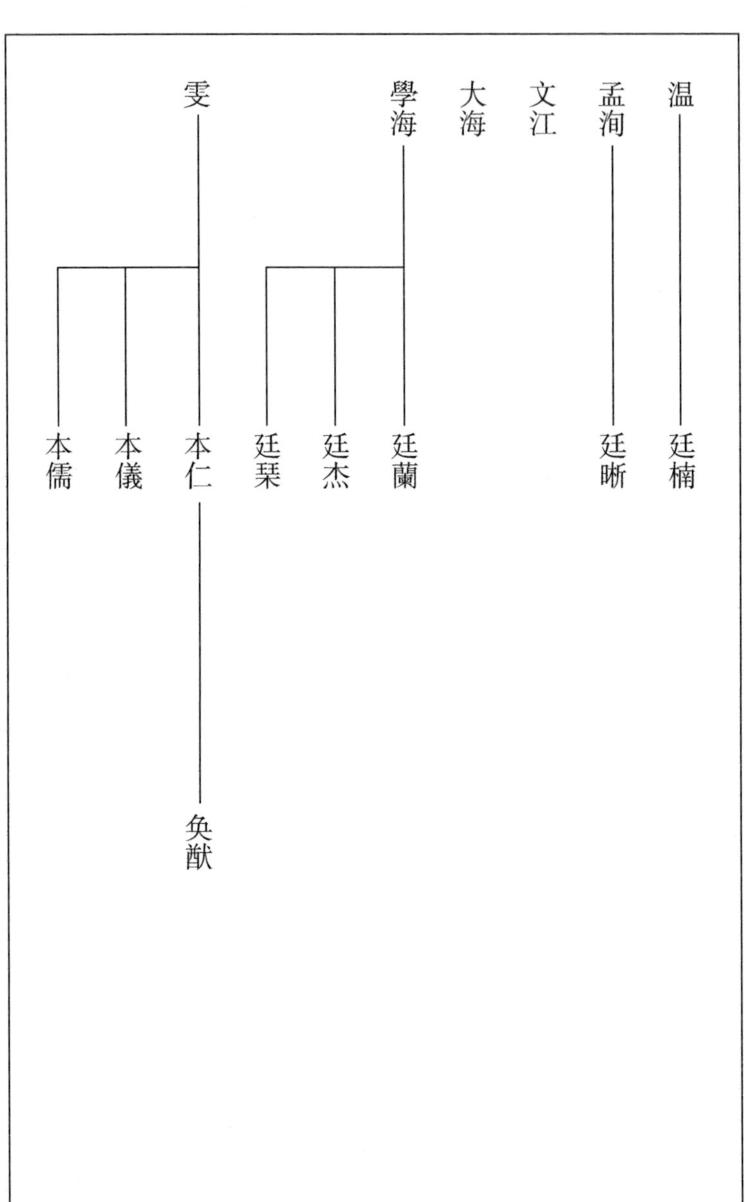
温
廷楠
孟洵
廷晰
文江
大海
學海
廷蘭
廷杰
廷栞
雯
本仁
本儀
本儒
奂猷

濰南 — 本偉

渠東 — 本伸

觀海

雲

津 — 伯林 — 煦

津 — 仲林 — 煻

濤 — 春芳

瀧 — 季林 — 熂

沛 — 桂林

長源 — 聖林

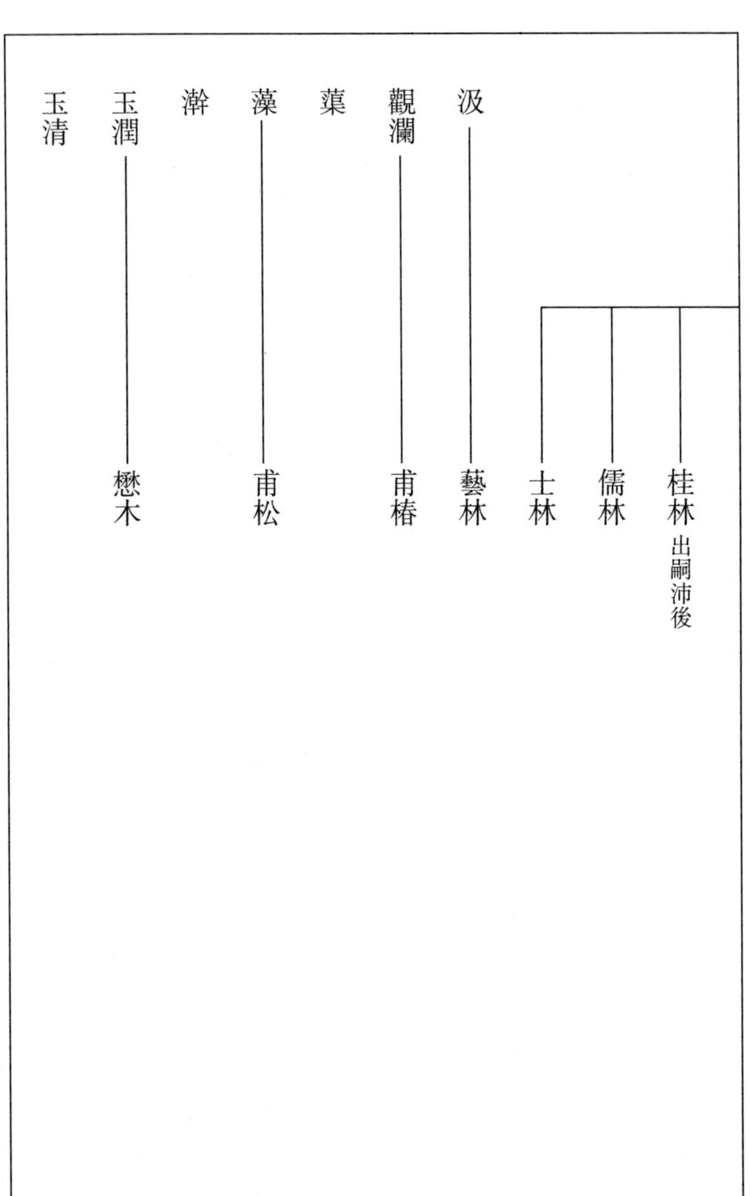
桂林
出嗣沛後
儒林
士林
汲
藝林
觀瀾
甫椿
蕖
藻
甫松
澣
玉潤
懋木
玉清

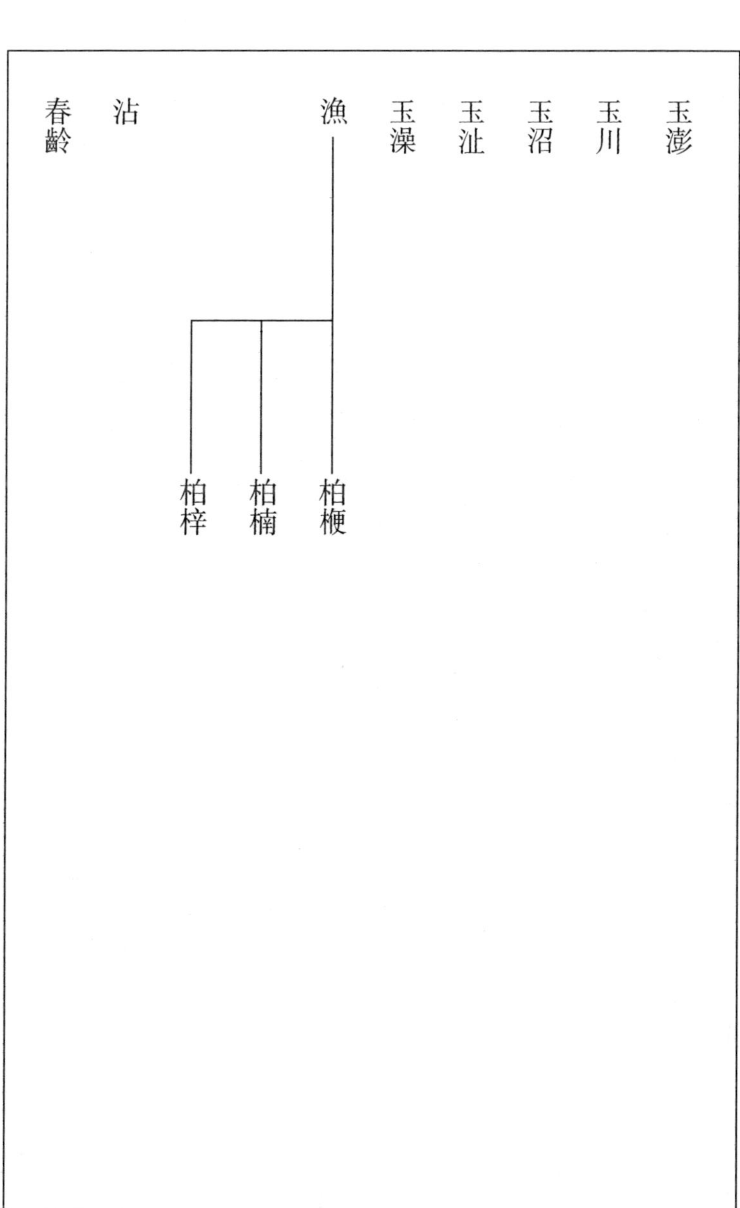

玉澎
玉川
玉沼
玉沚
玉澡
漁
柏梗
柏楠
柏梓
沾
春齡

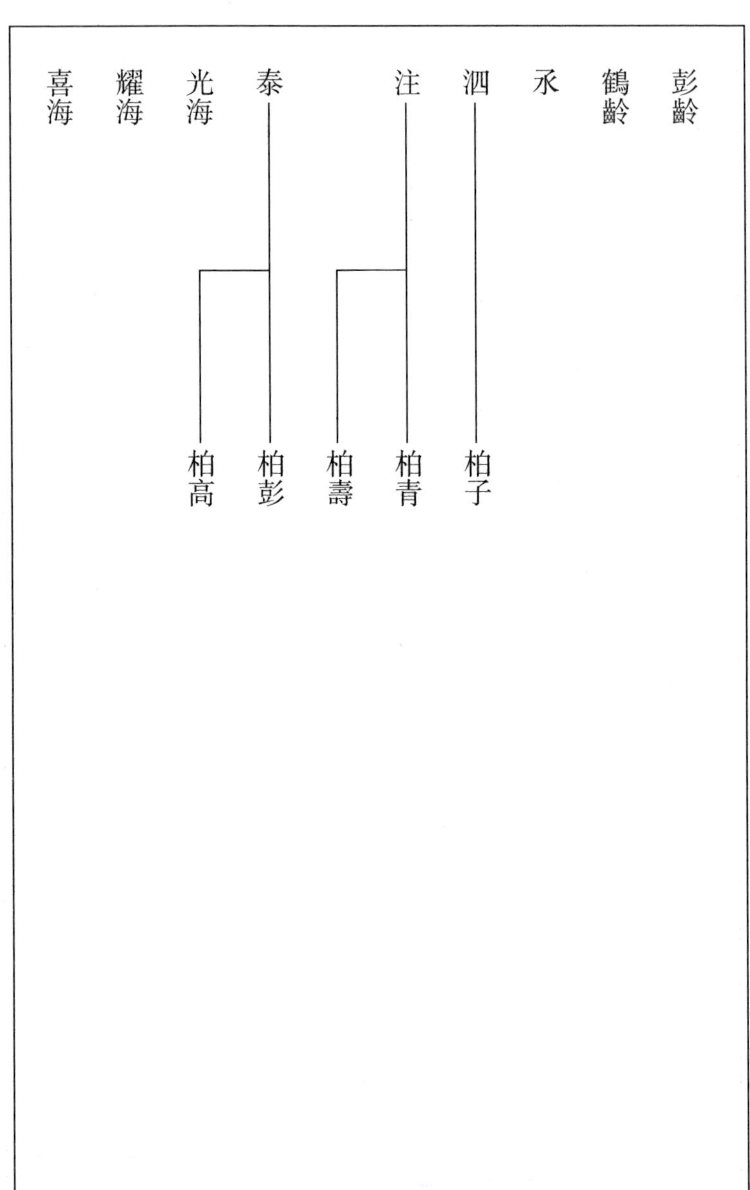
彭齡
鶴齡
丞
泗
注
泰
光海
耀海
喜海
柏子
柏青
柏壽
柏彭
柏高

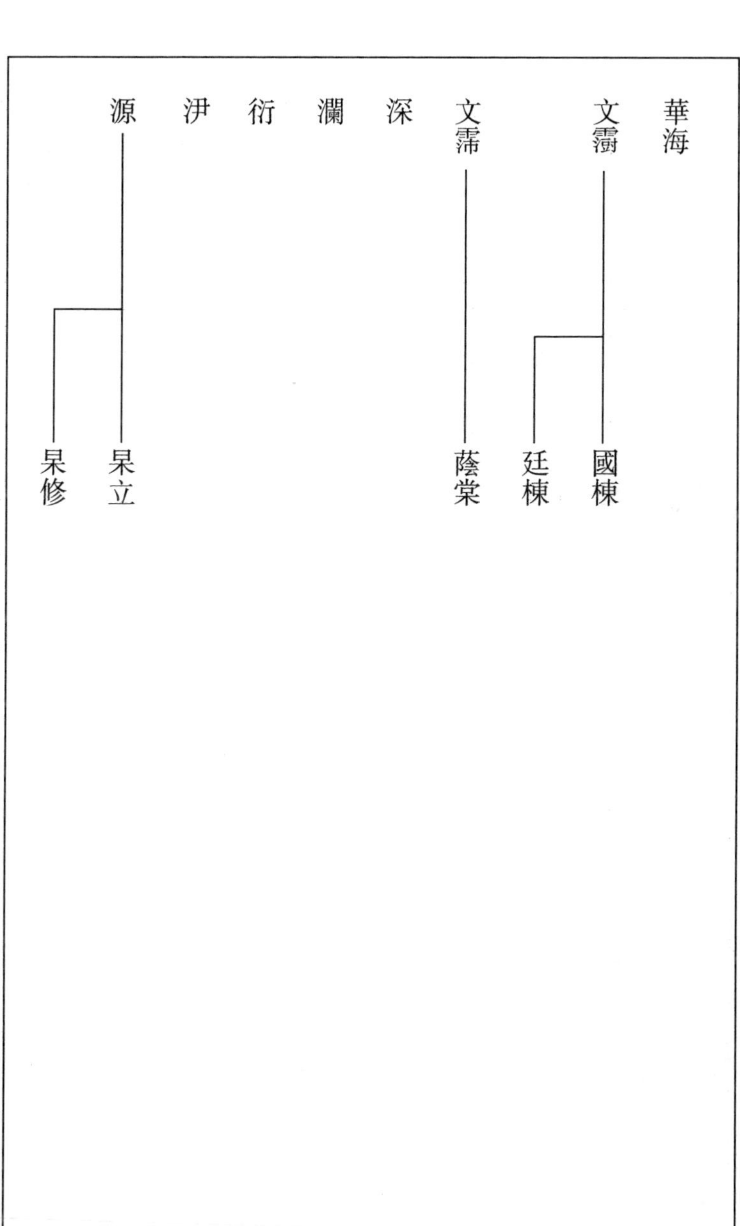
華海
文霨
國棟
廷棟
文霈
蔭棠
深
瀾
衍
洢
源
杲立
杲修

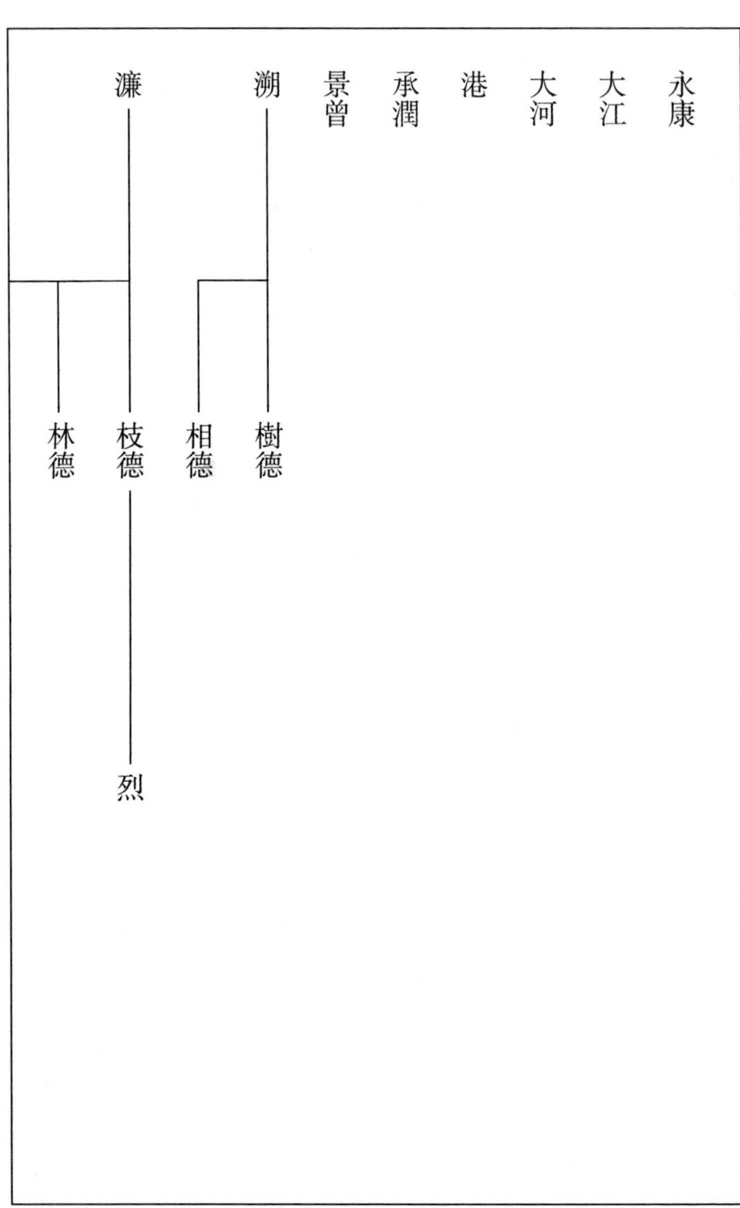
永康
大江
大河
港
承潤
景曾
溯
樹德
相德
濂
枝德
林德
烈

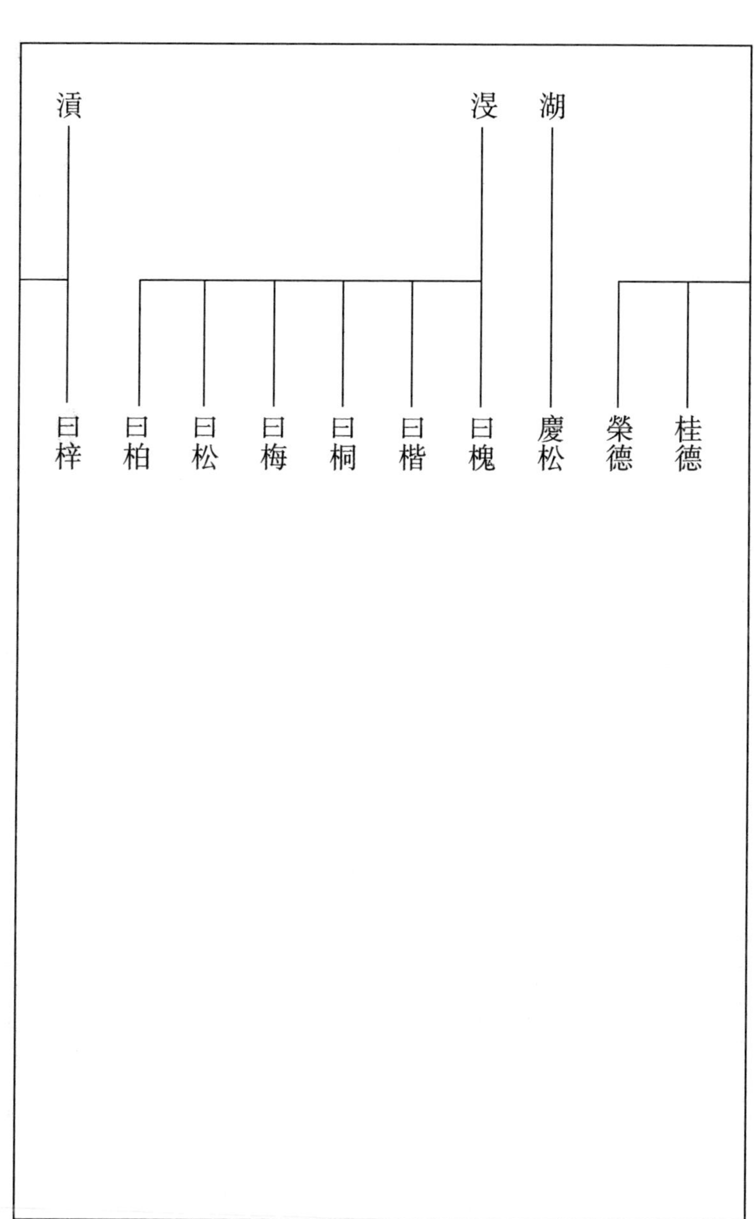
湏
浸
湖
曰梓
曰柏
曰松
曰梅
曰桐
曰楷
曰槐
慶松
榮德
桂德

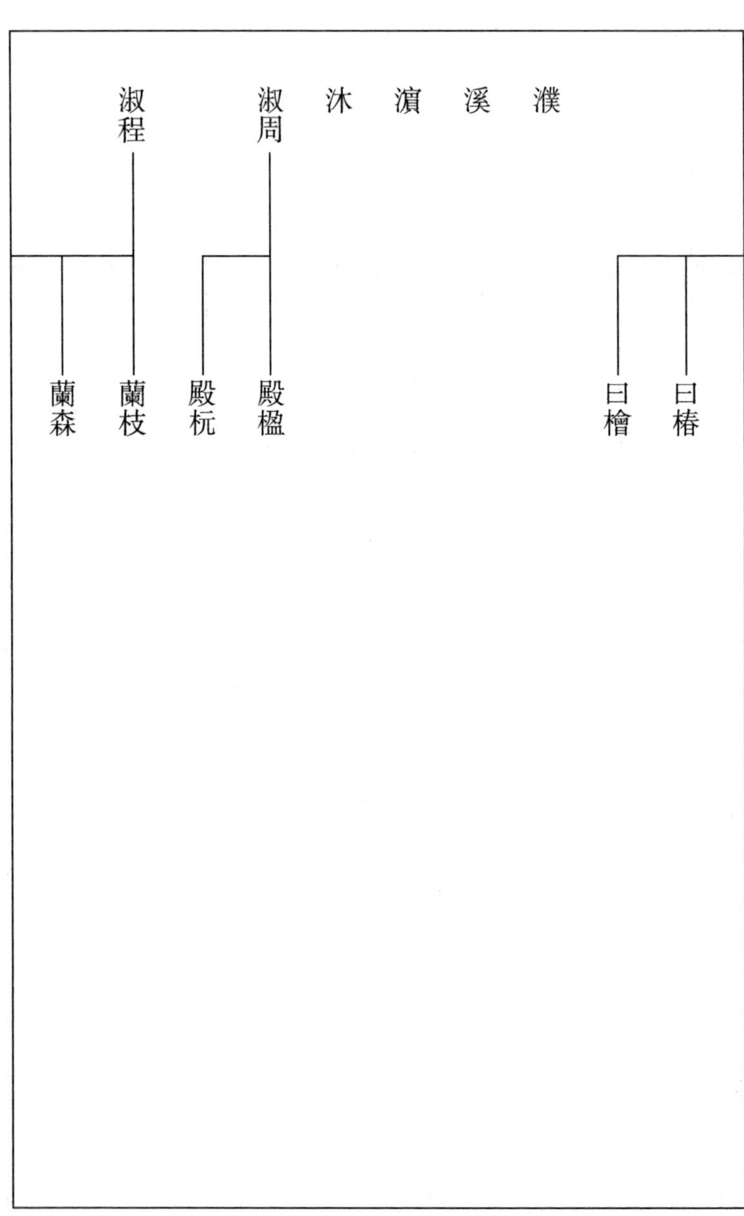
濮
溪
濵
沐
淑周
淑程
曰椿
曰檜
殿楹
殿杬
蘭枝
蘭森

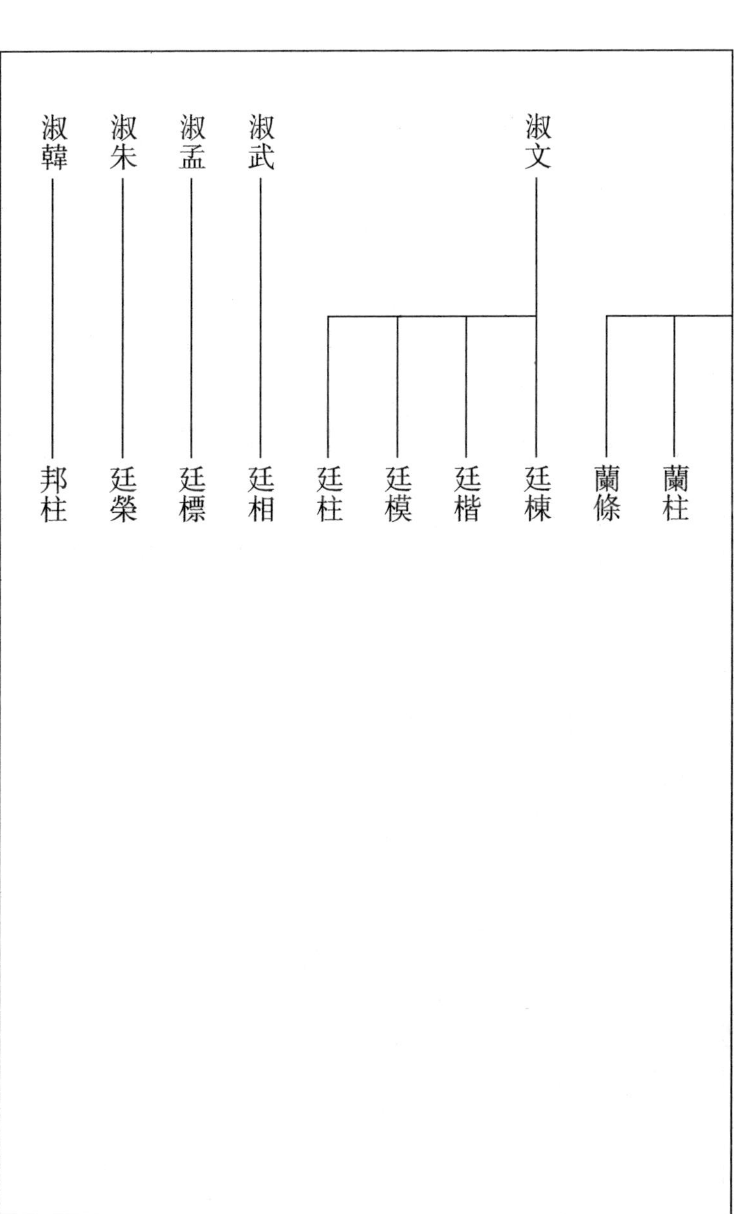
淑韓
淑朱
淑孟
淑武
淑文
邦柱
廷榮
廷標
廷相
廷柱
廷模
廷楷
廷棟
蘭條
蘭柱

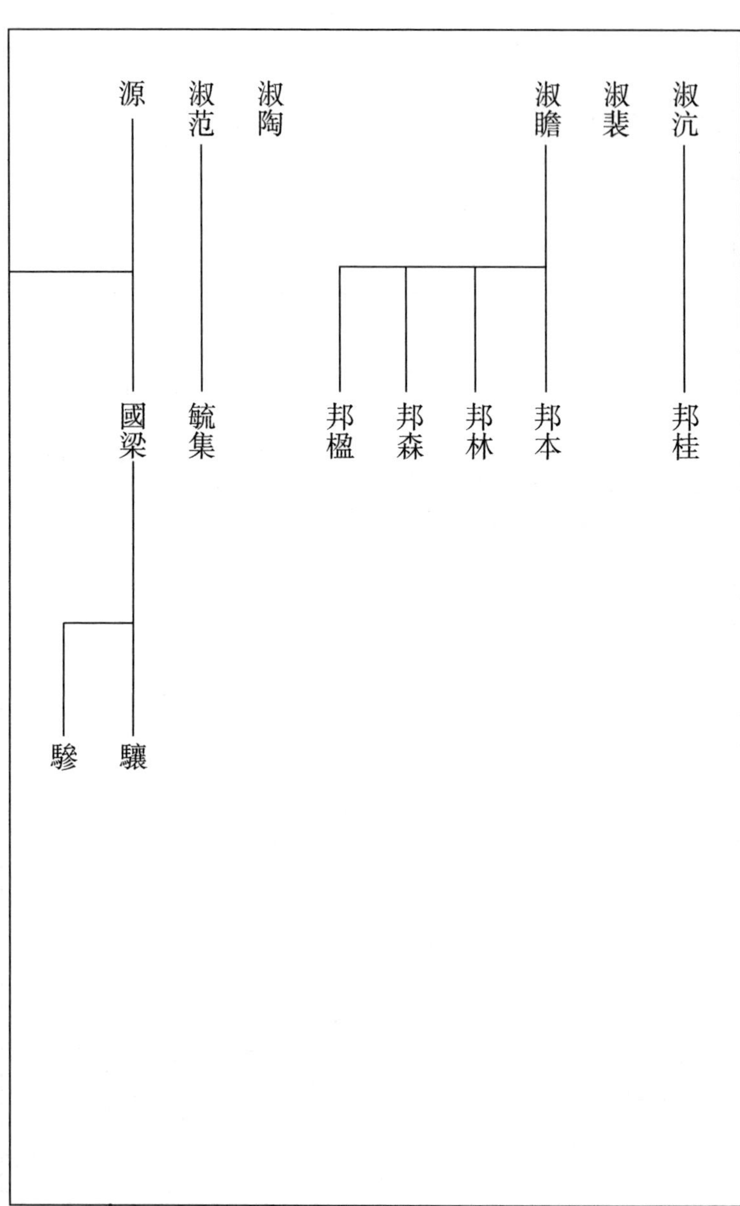
淑沆
邦桂
淑裴
淑瞻
邦本
邦林
邦森
邦楹
淑陶
淑范
毓集
源
國梁
驤
驂

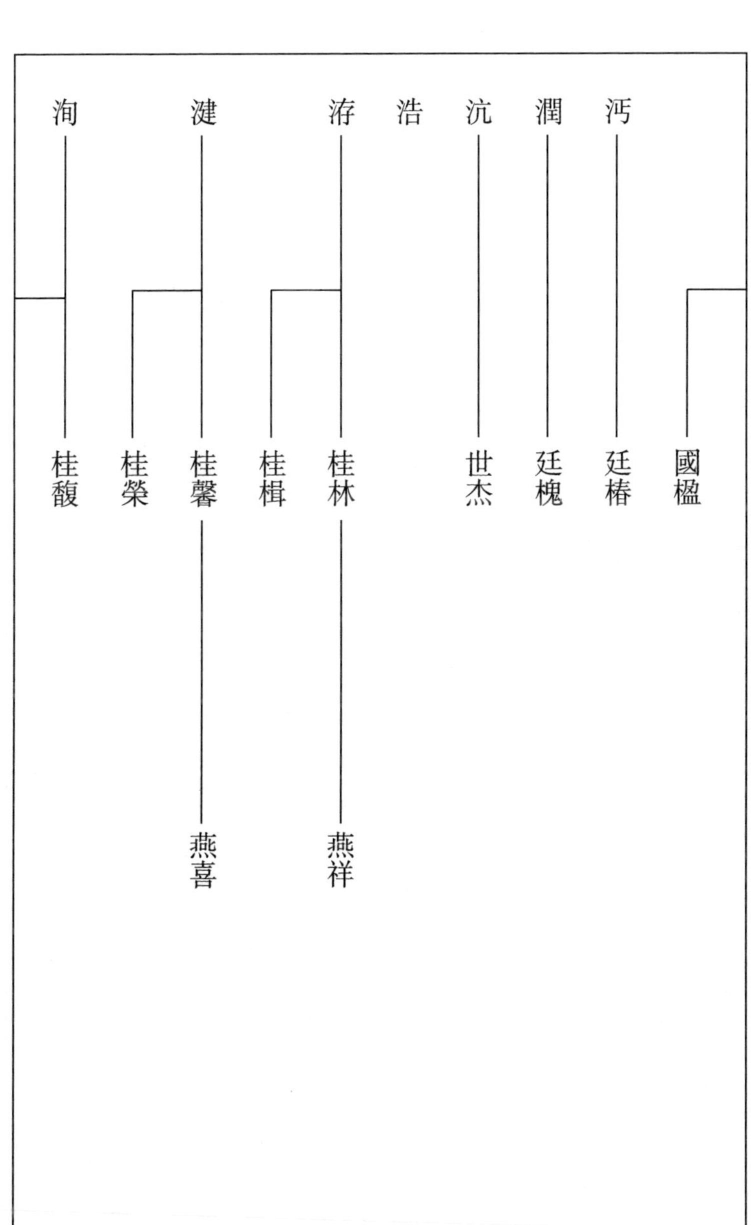

國楹
沔
廷椿
潤
廷槐
沆
世杰
浩
洊
桂林
燕祥
桂楫
漣
桂馨
燕喜
桂榮
洵
桂馥

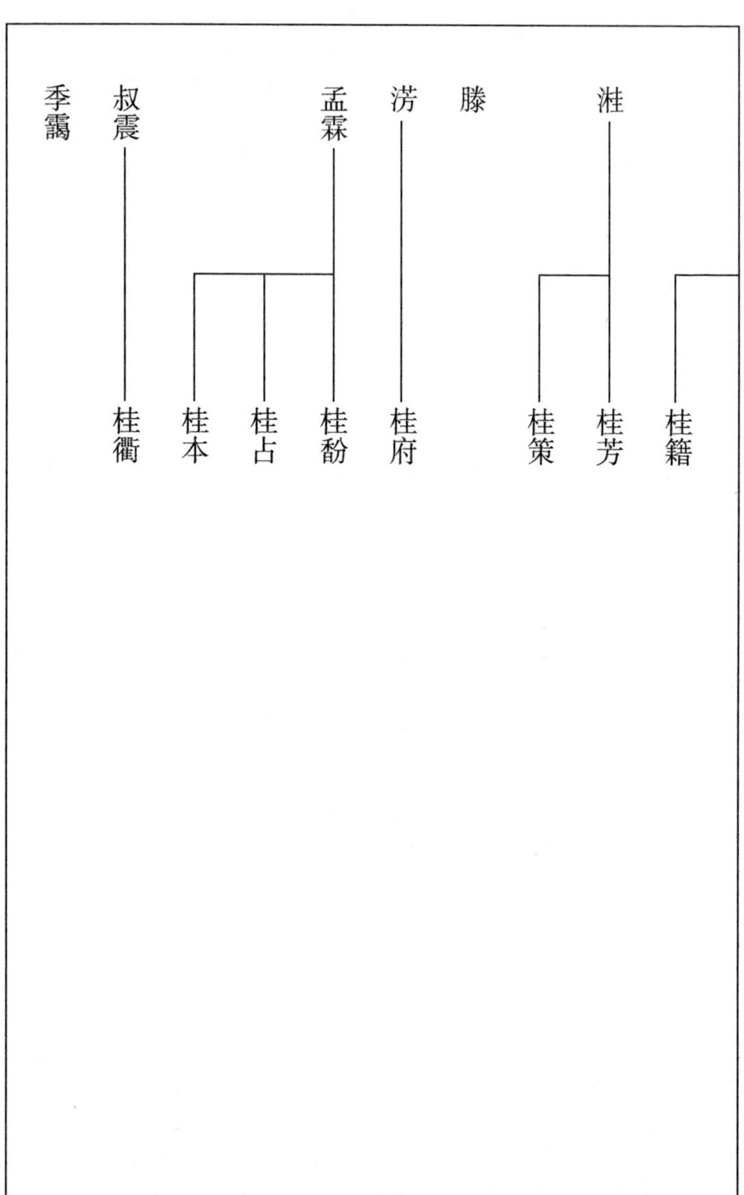
淮
滕
滂
孟霖
叔震
季靄
桂籍
桂芳
桂策
桂府
桂紛
桂占
桂本
桂衢

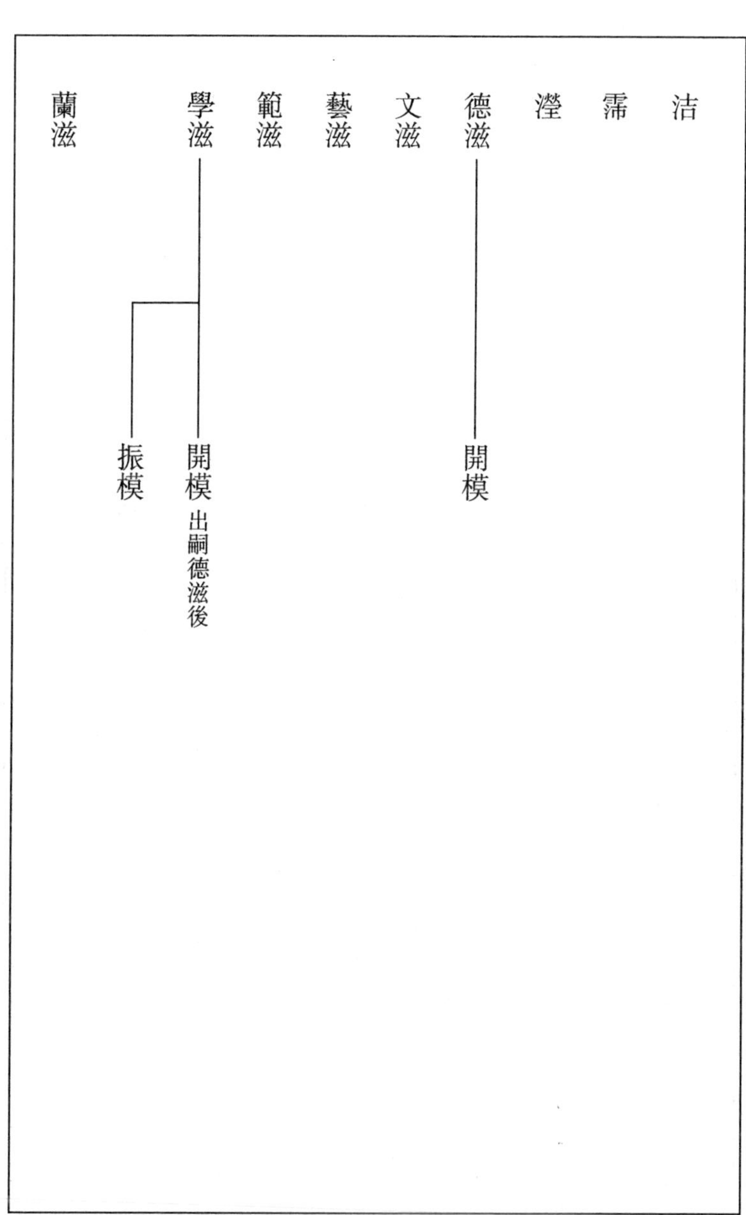
洁
霈
瀅
德滋
開模
文滋
藝滋
範滋
學滋
開模
出嗣德滋後
振模
蘭滋

裕滋

祥滋

慶滋

寧滋

禄滋

信滋

誠滋

翰滋

寅滋

亮滋

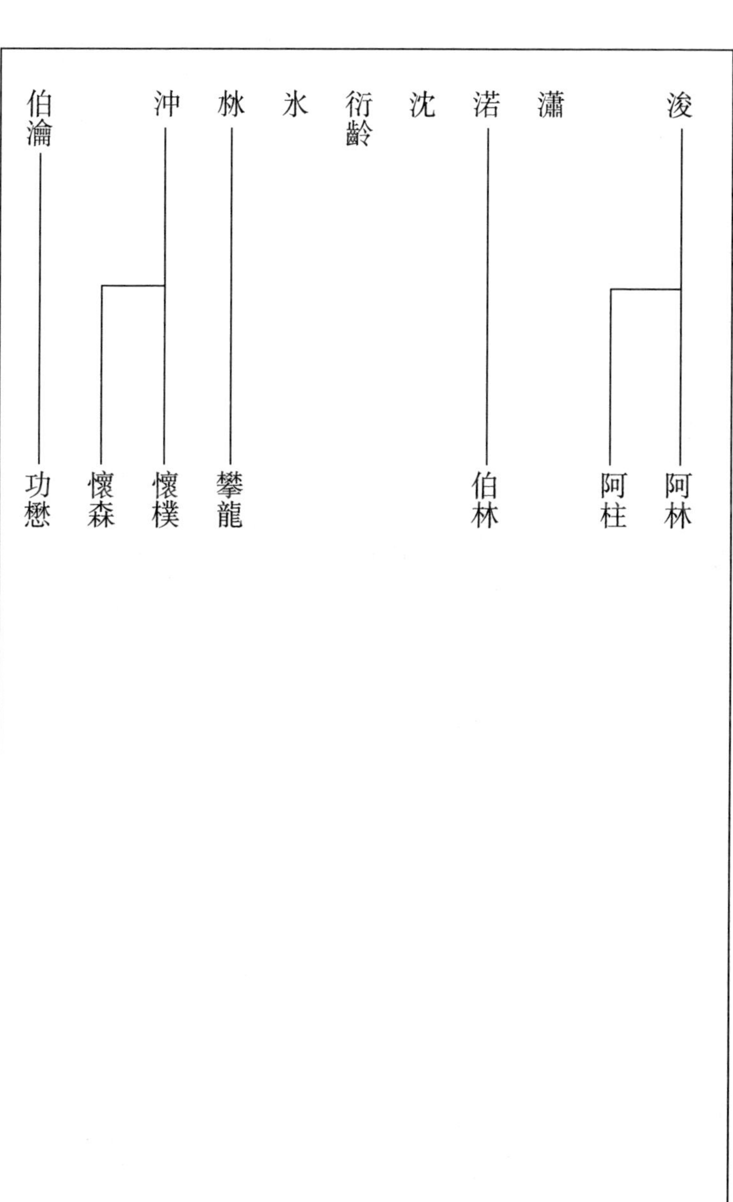
浚
瀟
渃
沈
衍齡
氷
淋
沖
伯瀹
阿林
阿柱
伯林
攀龍
懷樸
懷森
功懋

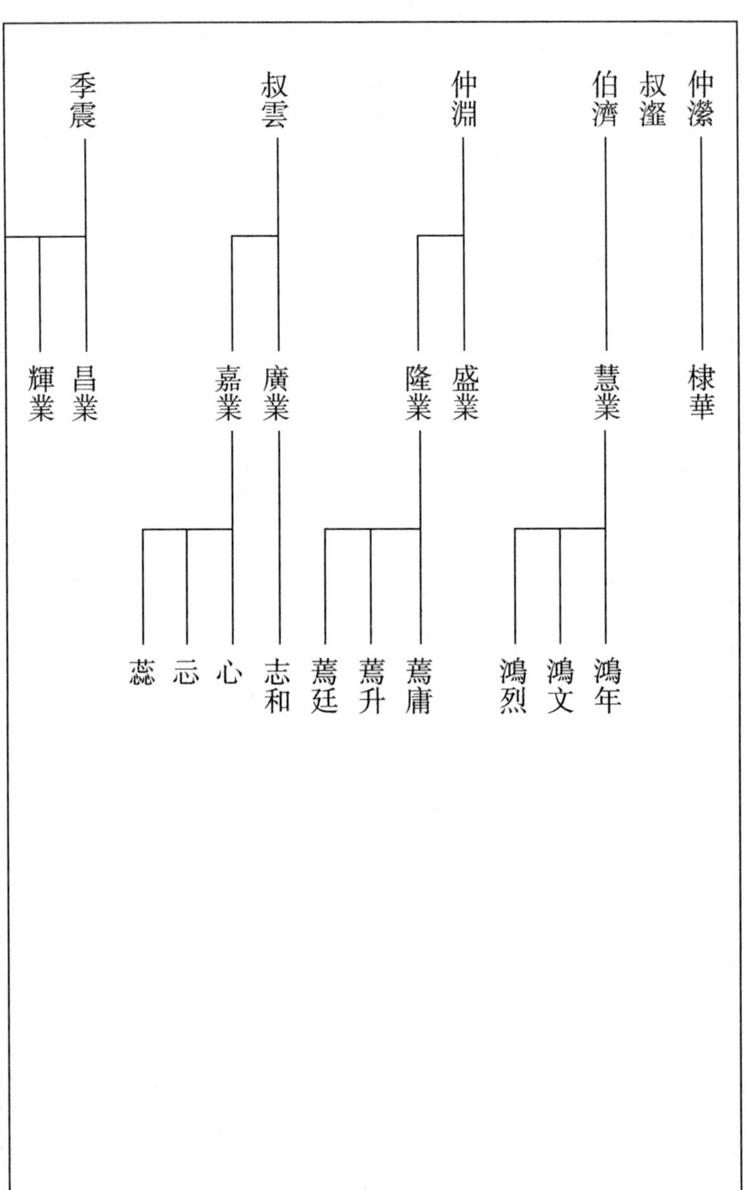
仲潆
叔瀠
伯濟
仲淵
叔雲
季震
棣華
慧業
盛業
隆業
廣業
嘉業
昌業
輝業
鴻年
鴻文
鴻烈
薦庸
薦升
薦廷
志和
心
忈
惢

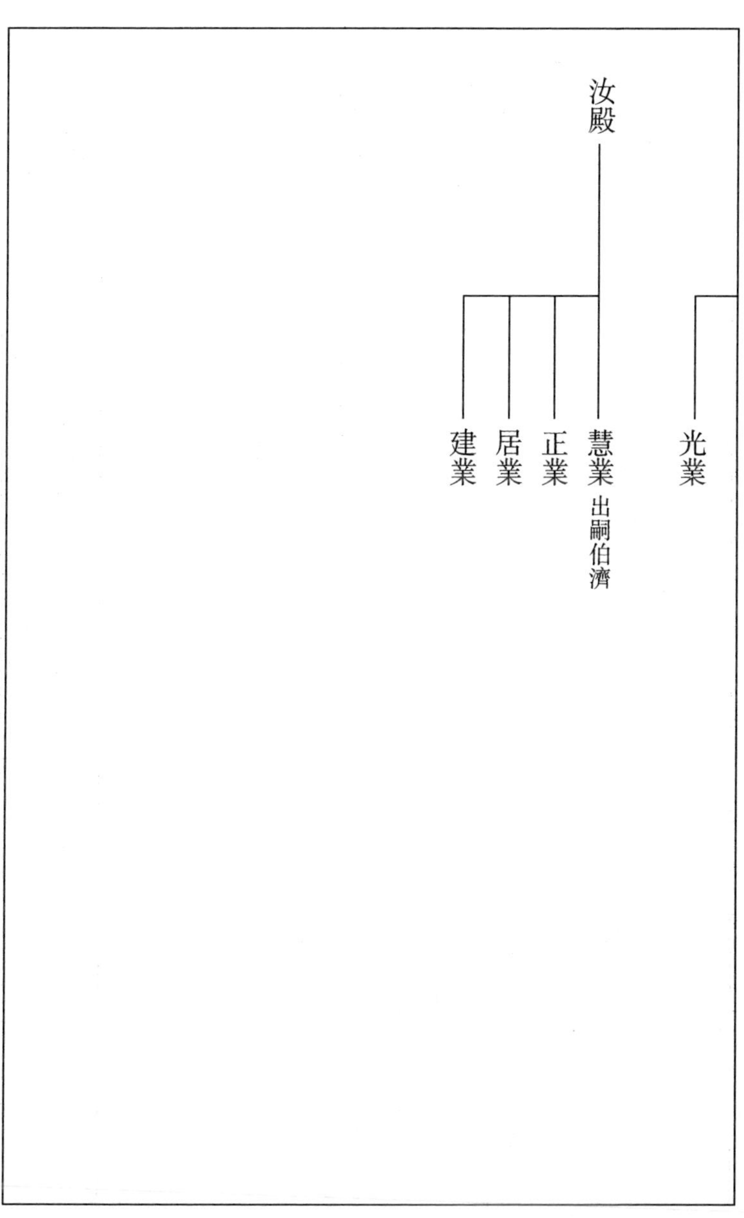
汝殿
光業
慧業
出嗣伯濟
正業
居業
建業

十三世	十四世	十五世
爟		
薰		
然	鴻逵	
燿	鴻陸	
焫		
烒		
熲		
弈		
喜		

景爲

景照

煦

照

點

默

伯垚

燕

烈

熿

爍

爲龍

爲光

爲照

爲彦

爲煦

爲烈

爲營

爲炘

秋鴿

鶴鳴

景燕

炅

菼

烒

照

炣

炌

燈

炘

爕

炯

灼

燃

焴

熲

肇烋

肇烈

重光

元光

大光

文光
烶瑀
烶瑄
烶瑗
烶瑜
烶珅
烶珃
烶珣
烶瓖
炎

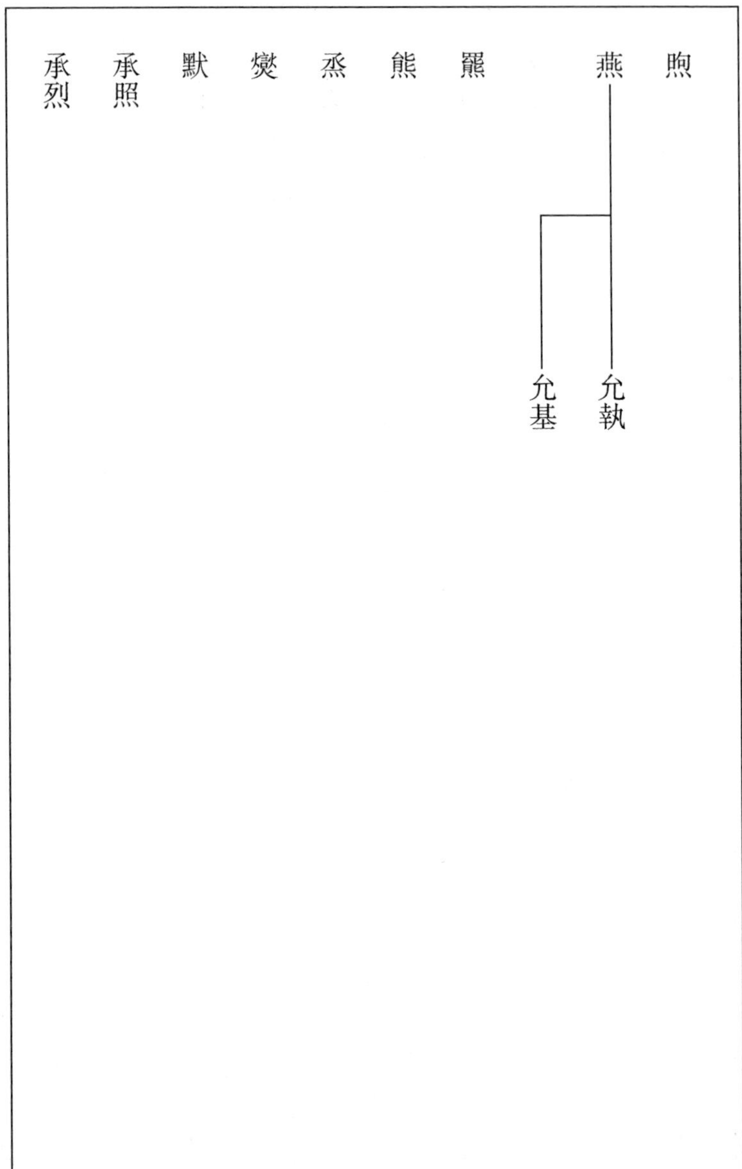
煦
燕
允執
允基
羆
熊
烝
燮
默
承照
承烈

繼烈

功烈

承烱

魯

煦

煻

熈

烈

驤——爲堅

驂

燕祥

燕喜

東武劉氏家譜(亨)

始祖

福

自前明弘治間，由江南〔一〕碭山縣大劉家村遷於山東青州府諸城縣北鄉之逄哥莊〔二〕。娶□氏〔三〕。葬逄哥莊南塋。□□□□□□恒〔四〕。字號并祖母姓氏俱失。

【校注】

〔一〕江南：清朝初期，江南省範圍大致相當於今天的江蘇省和安徽省。此處劉鐶之當依劉統勳原譜所述。

〔二〕山東青州府諸城縣北鄉之逄哥莊：清代諸城屬於青州府，逄哥莊位於諸城北鄉，一九四七年逄哥莊劃歸高密縣。後逄哥莊易名爲逄戈莊，高密撤縣升市爲高密市。

〔三〕娶□氏：因年代久遠，家譜未能傳遞下來，劉福所娶女子已不知姓氏，故依凡例用『□』表示。

〔四〕恒：恒前空六字，而未加一『子』字，說明劉統勳、劉鐶之對其所定二世祖劉恒與始祖劉福之間有無隔代情況存疑。

二世

恒

娶鹿氏。葬逄哥莊南塋。子二人：玳、瑁。字號失。〔一〕

【校注】

〔一〕字號失：此處指傳主劉恒字號缺失。下同。

三世

玳

娶范氏。葬逄哥莊南塋。子一人：思智。字號失。

瑁〔一〕

【校注】

〔一〕瑁：子嗣、字號不詳。一説遷山東茌平。

四世

思智〔一〕

字鑑宇。邑庠生。享年八十四歲。葬逄哥莊南塋。崇祀鄉賢〔二〕。娶田氏。子二人：通、遠。

【校注】

〔一〕思智：生於明嘉靖三十五年（一五五六），卒於崇禎十二年（一六三九）春。

〔二〕崇祀鄉賢：『鄉賢』一詞始於東漢，乃國家對有作爲之官員，或有崇高威望、爲社會做出重大貢獻之社會賢達，去世後予以表彰之榮譽稱號。迄於明清，各州縣均建有鄉賢祠以供奉歷代鄉賢，故形成一套完整的紀念、祭奠儀式。

五世

通〔一〕

號泰路。邑庠生。遭甲申土寇之變，罵賊死。以子必顯貴，贈文林郎、行人司行人。又以孫棨貴，贈通議大夫、江西按察使。又以曾孫統勳貴，贈光禄大夫、經筵講官、太子太保、東閣大學士兼禮部尚書、翰林院掌院學士。享年六十九歲，忌七月十三日。崇祀鄉賢。娶王氏，累贈一品夫人，享年六十九歲，忌二月十四日。葬逄哥莊南塋。子三人：必顯、必前、必大。

【校注】

〔一〕通：劉通爲劉氏家族成爲世家大族奠定重要根基。第一，首次爲劉氏家族贏得社會聲譽，被載入官修《諸城縣志》。第二，具有世家開創者的基本氣質——有不甘人下之倔强之氣：『村鄰有富而豪者，吞噬里人殆遍，文林公（劉通）獨不爲下。』第三，克服種種困難，爲劉必顯成才奠定重要基礎：『文林公游戚鄗間，閱古今文字，遇心賞者，輒録之舊紙，或書掌肱間，歸而授公，繕寫讀之。緣此，學日以富。十九歲，補府庠生。歲試以經書三執拔第一，爲十四城冠。甲子，以第六人舉於鄉。』第四，建立憐貧好義的家族道德規範：『嘗賣田園爲人息訟。崇禎十四年（一六四一），歲饑，於高密貯溝集買一婦，旋憐其夫妻生離，毀券還之，不索值。』

六世

必顯〔一〕

字微之，號西水。前明天啓甲子（一六二四）舉人，順治壬辰（一六五二）進士。初任行人司行人〔二〕，封文林郎〔三〕，升授户部河南司主事〔四〕，監督通州〔五〕中南倉，権關蕪湖〔六〕。再授廣西司員外郎〔七〕。以子果貴，封奉政大夫、刑部四川司員外郎；以子棨貴，贈通議大夫、江西按察使；又以孫統勳貴，贈光禄大夫、經筵講官、太子太保、東閣大學士兼禮部尚書、翰林院掌院學士。年九十三歲，忌八月二十七日。崇祀鄉賢。娶徐氏。繼鄭氏〔八〕，同邑相州鎮鄉耆仁卿公女，年四十歲，忌十二月二十三日。崇祀節義祠。孫氏〔九〕，安丘縣凌河莊監生如心公女，享年六十二歲，忌正月二十八日；楊氏〔十〕，益都縣進忠公女，享年六十八歲，忌正月十四日。俱累贈一品夫人。葬逄哥莊北塋。側室解氏，享年□□□歲，忌二月二十二日。葬逄哥莊北塋。子四人：楨、果、棨、棐。女二人：長適高密縣順治辛丑（一六六一）進士浙江景寧縣知縣王文煌，次適高密縣貢生贈通奉大夫直隸布政使單務衮。

【校注】

〔一〕必顯：生於明萬曆二十八年（一六〇〇）十一月二十二日申時，卒於清康熙三十一年（一六九二）八月二十七日未時。劉通之崛起，僅限於鄉里。至六世劉必顯一代，劉氏家族較之前已有根本性提升——奠定世家規模之基，有一個進士和一個舉人。劉必顯的四個兒子，進一步夯實了諸城劉氏世家之基。長子劉楨，字世卿，號石齋。貢生，考授從六品。幼即工書，能文章，唯命運不濟，數應鄉試而不第，以廪貢生終。次子劉果，順治十一年（一六五四）舉人，順治十五年（一六五八）進士。三子劉棨，康熙十四年（一六七五）舉人，康熙二十四年（一六八五）進士。四子劉棐，字非木，號念西。附監生。具體言之，劉必顯對其家族勃興具有以下引領性作用：第一，科舉立家，爲後世樹立榜樣；第二，經商致富，奠定子孫讀書的經濟基礎；第三，勤學苦讀，樹立家族學風；第四，時有吟咏，啓蒙家族愛詩風氣；第五，風裁峻整，確立家族爲官風骨；第六，謙言慎行，奠定家族處世基調；第七，高風亮節，爲家族誠信奠基。

〔二〕行人司行人：行人司，古代官署名。首置於明洪武十三年（一三八〇），設行人，正九品。

〔三〕文林郎：清朝爲正七品文官所授散官名。

〔四〕户部河南司主事：户部河南司，機構名，清代户部設立的十四個清吏司之一；職官有郎中，滿、漢各一人；員外郎，滿二人、漢一人；主事二人。主事掌核河南布政司之錢糧奏銷，帶管察哈爾之俸餉及各省動支款項報銷未結之事，爲正六品。

〔五〕通州：明代通州領有三河、武清、香河、漷縣四縣。清順治十六年（一六五九），通州領三河、武清、寶坻三縣。

〔六〕榷關：政府下令在運河交通樞紐處對過往船隻、商品徵稅所設立之專門機構。至清代，榷關所徵稅成爲繼田賦、鹽稅之後第三大國家財政收入，地位日顯重要。

〔七〕員外郎：古代職官之一，原指設於正額以外的郎官。

〔八〕鄭氏：鄭氏爲劉楨、劉果母，據《山東通志》記載，『崇禎壬午遇兵難，自縊於膠州孝苑村』。

〔九〕孙氏：孫氏在劉家廣受愛戴，詳見戴名世《孫宜人墓志銘》。

〔十〕楊氏：楊氏爲劉棨、劉棐母。

必前

字取之。娶紀氏。早卒，無嗣。葬逄哥莊東嶺。女二人：長適同邑貢生贈文林郎江西龍南縣知縣王佩，次適同邑嵇家疃嵇〔一〕。

【校注】

〔一〕嵇：此處劉必前之嵇婿失名字，後續類似者甚多。

必大

字則之，號蒲田。順治庚子（一六六〇）舉人，内閣中書〔一〕。享年八十七歲，忌三月二十六日。娶潘氏，忌二月二十六日；繼安氏，忌七月十三日。葬逄哥莊南塋。子一人：香。女一人：適同邑陸家莊監生臧振鐸。

【校注】

〔一〕内閣中書：明清官名。掌撰擬、記載、翻譯、繕寫。或舉人考授，或特賜。官階爲從七品。

七世

楨〔一〕

字世卿，號石齋。廪貢生。考授從六品。享年六十一歲，忌七月初四日。娶陳氏，同邑花園莊天啓甲子（一六二四）舉人九鼎公女，享年七十四歲，忌九月十七日；側室于氏，享年八十三歲，忌正月二十七日。葬古城南塋。子二人：紹煇、紳燦（出嗣果後）。女四人：長適同邑庠生李湑，次適同邑相州鎮康熙甲子（一六八四）舉人吏部右侍郎加銜都察院左都御史王沛憻，次適高密縣監生王自邁，次適同邑相州鎮庠生王沛愃。

【校注】

〔一〕楨：生於明天啓三年（一六二三）七月十九日寅時，卒於清康熙二十二年（一六八三）七月初四日未時。順治三年（一六四六）二十四歲，府試第一，入邑庠。順治八年（一六五一）二十九歲，科試第二名。性格剛烈，盡孝亦帶俠氣。順治元年（一六四四），清軍入關，山東地區匪亂，匪首李德齋脅迫劉通造反，遭拒後將其殺害。劉楨於戰亂中右背受傷，守護祖父尸首至夜半後，以破絮包裹粗粗埋葬，待舉家南遷避難之際，劉楨又置棺木壽衣，趁夜半土匪熟睡，爲祖父穿壽衣并置於棺內，背負疾行至大宋嶺安葬。

八世

紹煇〔一〕　居縣城内

字幾先，號赤霞。康熙丁巳（一六七七）舉人，内閣中書。享年七十歲，忌七月二十日。娶王氏，同邑相州鎮監生贈文林郎北門公女，年三十歲，忌六月十六日；繼李氏，同邑黄山前莊庠生龍藻公女，享年五十五歲，忌四月十四日；側室孫氏，年三十歲，忌三月十六日。葬昌城東塋。子三人：塾、壂、堃。養子：坐。女三人：長適同邑廩貢生李珍，次適膠州貢生王鎮，次適同邑雍正庚戌（一七三〇）進士河南南陽府通判敕授文林郎丁廷植。

【校注】

〔一〕紹煇：縣志記其『性儉樸，周恤貧匱無吝色』。

九世

塾

字學一，號雍來。庠生。以子之錧貴，贈承德郎、山西大同府通判。年三十一歲，忌三月十一日。娶李氏，同邑廪貢生敕授文林郎陝西麟游縣知縣誥贈中憲大夫濰芑公女。贈安人[一]，敕旌節孝。享年六十四歲，忌九月初八日。葬邦淇河西塋。嗣子一人：之錧。

【校注】

[一]安人：命婦的一種封號。明清時，六品官之母親或妻子封安人。

堅

字崇一。貢生。年四十五歲，忌七月二十三日。娶王氏，同邑相州鎮蔭生候補行人司司副沛源公女，年二十三歲，忌八月初三日；繼張氏，濟南府把總□□公女，年二十六歲，忌九月十九日；側室趙氏，享年七十一歲，忌九月初一日。葬城南三里莊□塋。子二人：賡鑑、之鏞。女五人：長適同邑劉博曈雍正壬子（一七三二）舉人直隸武清縣知縣丁昌平，次適同邑齊溝莊王元高，次適同邑誥授奉政大夫浙江寧波府同知李文騏，次適同邑普慶莊監生張憲瑞，次適同邑福建漈門司巡檢王承祖。

堃

字自方，號石村。乾隆丙辰（一七三六）舉人。以子之錧貴，貤封承德郎、山西大同府通判。享年六十八歲，忌十二月二十日。娶孫氏，同邑相州鎮考授從六品宣子公女，享年六十六歲，忌七月初二日； 側室單氏，享年八十歲，忌正月二十七日。俱封安人。葬姚家村□塋。子三人： 之鈺、之錧（出嗣塾後）、之鋐。女三人： 長適同邑欑牛廠莊徐，次適同邑監生李龍文，次適同邑普慶莊監生張憲璠。

七世

果〔一〕

字毅卿，號木齋。順治甲午（一六五四）舉人，戊戌（一六五八）進士。初任山西太原府推官〔二〕，改授直隸河間縣知縣，欽取升授刑部江南司主事，再升四川司員外郎，再授江南提學道〔三〕，誥授奉政大夫〔四〕。崇祀鄉賢。享年七十三歲，忌八月初五日。娶王氏，安丘縣庠生仲玉公女，年三十九歲，忌九月二十九日； 繼厲氏，日照縣庠生待聘公女，年四十六歲，忌八月二十六日。俱封宜人〔五〕。 側室孫氏，享年八十一歲，忌三月初二日； 趙氏，享年□□歲，忌□月□□日。葬逄哥莊北塋。子二人，嗣子一人： 紳燦、綸炳、綖熑。女一人： 適同邑相州鎮孫濰泳。

【校注】

〔一〕果： 劉必顯次子，鄭氏所出。生於天啓七年（一六二七），卒於康熙三十八年（一六九九）。據張貞《杞田集》卷七《誥授奉政大夫提督江南學政按察司僉事劉公墓志（并銘）》記載：『生有异徵。六歲就家塾，授以書不能讀，惟昏昏思睡。一日，有黄冠至門，索其弟子。公偶出，黄冠執手孰視，口若有所屬，忽辭去。公自是日誦數百言，終身不忘。十歲應童子試，文甚奇，受知邑令秦公。長有勇力，善馬射。時當大亂，公關弓向賊，發必應弦，緣此屢免奉政公（劉必顯）於難。』劉果的形象『神儀岸异，疏眉目，美鬚髯，人以髯仲呼之』。其爲人『居官剛勁不可撓折。與人交，初若難合，久之更樂其坦易。長於言語，謦欬作洪鐘聲，遇是非曲直，辨説揮霍，一坐盡傾。少以意氣自豪，赴人之急甚於己私。或以險難告，脱手數百金，不自顧計。尤重友朋，交游幾遍海内。出則飾衣馬，盛傔從。老來斂退，匿迹深村，出入駕秃尾草驢，長吏經年不一見其面也』。累官至刑部江西司主事後，預修《大清律》，於條例异同，多所訂正。尚書艾元徵、姚文然，每事必商之。康熙十二年（一六七三），差榷潯陽，事竣，升四川司員外郎，進浙江司郎中。康熙十八年（一六七九），擢江南按察司僉事。翦拉榛楛，斟酌爾雅，委靡油滑之習爲之頓改。歲校未周，以母憂歸。家居二十年，年七十三卒。劉果於諸城劉氏世家奠基至少有六大貢獻：第一，科舉上繼劉必顯之後考取舉人、進士，提升家族社會地位；第二，莅事嚴明，助推劉氏家族爲官風氣形成；第三，識才愛才，爲子弟衡文者奠基；第四，治聲達於宸聰，爲劉氏家族初博全國聲譽；第五，爲劉氏家族博取詩壇美譽；第六，重視孝悌，亢宗睦族。

〔二〕推官：明清爲各府的佐貳官，屬順天府、應天府的推官爲從六品，其他府的推官爲正七品，掌刑名、贊計典。

〔三〕提學道：　即學政。

〔四〕奉政大夫：　文職散官名，清奉政大夫爲正五品。

〔五〕宜人：　明、清五品官之母親或妻子封宜人。

八世

紳燦　出嗣

字敬書，號勉庭。附監生，考授州同知〔一〕。享年七十歲，忌正月二十三日。娶李氏，同邑庠生誥贈通議大夫湖北按察使調卿公女，年二十八歲，忌四月初五日；繼李氏，安丘縣庠生曉仁公女，享年五十九歲，忌十月十七日；側室李氏，享年九十歲，忌四月二十七日。葬逄哥莊南塋。子九人：塈、壇、塽、在、墪、塍、均、玉、埮。女五人：長適高密縣單，次適高密縣李仙莊張，次適同邑水西莊王，次適安丘縣張，次適安丘縣曹洙。

【校注】

〔一〕州同知：　明清時期官名。同知爲知府的副職，正五品，因事而設，每府設一至二人，無定員。

九世

塈

字茨菴。享年七十一歲，忌□月□□□日。娶馬氏，安丘縣浙江樂清縣知縣子信公〔一〕女，享年七十歲，忌□月□□□日。葬逢哥莊西塋。子三人：志鍈、志鎰、志鑌。女一人：適安丘縣曹。

【校注】

〔一〕子信公：安丘縣人，浙江樂清縣（今浙江省樂清市）知縣。

壇

字子封。享年□□□歲，忌十月初十日。娶鄭氏，同邑趙家莊□□公女，享年七十五歲，忌二月十五日。葬逢哥莊西塋。子二人：志欽、志鑑。女四人：長適同邑相州鎮孫，次適高密縣梁尹莊任，次適同邑水西莊王音，次適同邑相州鎮監生王景來。

塽

字秋圃。監生。享年七十五歲，忌□月□□□日。娶任氏，高密縣梁尹莊□□公女，享年

□□□歲，忌□月□□□日； 側室王氏，享年□□歲，忌□月□□□日。葬逄哥莊西塋。子五人： 志魁、志鈊、志鈴、志鋼、志銑。女四人： 長適同邑龍泉莊鹿，次適同邑水西莊王，次適高密縣彭旺莊監生葛繼惠，次適高密縣井溝莊荊。

在

字斯璿。監生。年□□□歲，忌正月二十八日。娶綦氏，高密縣□□公女，享年□□□歲，忌六月初四日。葬逄哥莊北塋。嗣子一人： 志錞。

墪

字斯望。監生。享年八十六歲，忌十月二十四日。娶王氏，同邑例貢生敕贈文林郎廣西臨桂縣知縣傅野公女，享年八十四歲，忌正月初四日。葬逄哥莊西塋。子五人： 志錡、志鎧、志錞（出嗣在後）、志鉽、志鎬。女一人： 適高密縣朱寒莊任湞。

塍

字界野。享年五十三歲，忌六月初四日。娶葛氏，高密縣北林莊□□公女，享年□□□歲，忌五月二十一日； 繼張氏，同邑普慶莊□□公女，享年□□□歲，忌二月初一日。葬逄哥莊西塋。子三人： 志鑛、志銅、志錩。女一人： 適高密縣八里莊傅元臣。

均

字和菴。監生。享年五十一歲，忌三月初八日。娶楊氏，同邑監生猷宏公女，享年七十四歲，忌六月十三日。葬逢哥莊北塋。子四人：公鏻、公鉞、公銜、公鑒。女一人：適高密縣朱寒莊任渟。

玉

字荆山。享年五十□歲，忌十二月初四日。娶張氏，同邑良鄉莊□□公女，享年七十七歲，忌十一月十六日。葬逢哥莊西塋。子三人：公録、公鑄、公鎔。女一人：適高密縣沙窩莊監生孫夢梅。

琰

字熙臣。年四十七歲，忌八月二十三日。娶惠氏，同邑學究莊□□公女，享年□□□歲，忌□□□□□日；繼王氏，同邑朱村莊庠生封齋公女，年四十歲，忌十一月二十一日。葬逢哥莊北塋。子五人：公錫、公錦、公鉅、公鉦、公鈉。女二人：長適同邑水西莊王錫申，次適同邑水西莊王普。

八世

綸炳　居重興莊

字德音，號遜庭。廩膳生。年三十八歲，忌六月十二日。娶王氏，同邑相州鎮貢生考授布政司經歷銓公女，享年五十七歲，忌十一月十七日；側室王氏，享年□□□歲，忌□□□□□日。葬昌城莊東北塋。子三人：堔、壂、臺。女四人：長適膠州張倉莊張亶錫，次適高密縣柏城莊王立忠，次適膠州王哥莊王，次適同邑焦家莊監生楊欽。

九世

堔

字斯受。監生。以孫泌貴，贈文林郎、雲南呈貢縣知縣。年四十九歲，忌五月初一日。娶李氏，日照縣歲貢生令甲公女，年四十五歲，忌十二月二十一日；繼丁氏，□□□□公女，年三十八歲，忌二月二十七日。俱貤贈安人。葬重興莊南塋。子六人：鈞仁、鈞義、鈞禮、鈞恕、鈞信、鈞德。女四人：長適同邑土墻莊監生臧鳳圖，次適同邑史家莊孫世珍，次適同邑齊溝莊從九職王元晉，次適同邑齊溝莊監生王元晸。

壂

字義圃。監生。享年五十八歲，忌十二月二十七日。葬重興莊東塋。娶隋氏，同邑庠生公彝公女，年二十歲，忌正月二十三日，葬河堐莊東塋；繼任氏，高密縣朱寒莊歲貢生墉公女，年二十六歲，忌十二月二十八日，葬重興莊東塋；繼臧氏，同邑候選州同知琳公女，年二十九歲，忌四月初二日，葬河堐莊東塋； 繼陳氏，浙江永嘉縣山東膠州知州明熙公女，年二十三歲，忌三月初一日，葬福勝莊北塋； 繼陳氏，浙江永嘉縣考授直隸州州判明照公女，享年八十一歲，忌十月二十六日，葬河堐莊東塋。子一人： 鈞陶。女一人： 適同邑展村莊監生臧涉。

臺

字斯超。監生。享年五十二歲，忌四月初三日。娶張氏，膠州曹汶莊紫山公女，年二十二歲，忌三月十九日； 繼臧氏，同邑康熙甲子（一六八四）武舉人瞻祖公女，享年七十六歲，忌正月初一日，葬昌城北塋； 側室李氏，享年七十二歲，忌十一月二十一日，葬重興莊東塋。子三人： 鈞濟、鈞和、鈞用。女四人： 長適同邑相州鎮誥封中憲大夫王可久，次適日照縣安家大村安炳文，次適同邑水西莊庠生王錫芾，次適同邑展村莊庠生臧洲。

八世

綖熺

字衡四。監生。以孫錤慶貴，貤贈奉直大夫布政司理問〔一〕。享年六十七歲，忌四月二十八日。娶王氏，同邑相州鎮庠生贈文林郎北門公女，貤贈宜人。享年八十一歲，忌正月初七日。葬逄哥莊西北塋。子三人：璲、璂、珏。

【校注】

〔一〕布政司理問：理問，官名。理問所，官署名，元朝始設，爲行中書省所屬機構，掌勘核刑名案件，設理問二人，爲正四品，下屬尚有副理問二人，知事一人，提控案牘一人。明清時，理問所爲布政使司所屬機構。明朝，理問所設理問一人，初爲正四品，後降爲從六品，下屬有副理問、提控案牘各一人。清朝衹有直隸、江西、江蘇、浙江、湖南等布政使司纔設理問所，理問所亦衹設從六品理問一人。

九世

璲 居老莊

字承曾。增生。以子錤慶貴，誥封奉直大夫布政司理問。享年八十四歲，忌十二月十七日。娶王氏，同邑水西莊露聞公女，誥封宜人。享年七十五歲，忌十一月初三日。葬小重興西塋。子二人：錤慶、錤懋。

璂

字貫五，號梅溪。直隸候補州吏目〔一〕，借補內丘縣典史〔二〕。享年五十九歲，忌二月初十日。

娶臧氏，同邑展村莊監生考授州同知士韞公女，年三十歲，忌三月初五日；　繼邱氏，同邑十里舖監生昭先公女，享年七十六歲，忌十月二十七日，葬西大宋新塋；　側室王氏，享年六十五歲，忌四月二十一日。葬老莊西南塋。徐氏。子三人：　鑄和、鑄安、鑄文。女七人：　長適高密縣監生王天俊，次適同邑西溝莊王景祥，次適同邑西溝莊監生王彥佶，次適高密縣廪貢生候選通判單可玉，次適同邑栗園莊監生王世綸，次適同邑徐家莊監生臧宸煒，次適同邑馬旺莊庠生王在莘。

【校注】

〔一〕吏目：　古代文官官職名，明清太醫院、五城兵馬司及明太常寺、鹽課提舉司、市舶提舉司、京衛指揮使司等皆有吏目掌文書。吏目在清朝之位階爲從八品、從九品或不入流。

〔二〕典史：　古代官名，設於州縣，爲縣令佐雜官，但不入品階。元始置，明清沿置，乃知縣下掌管緝捕、監獄的屬官。

珏

字佩斯。監生。享年六十四歲，忌五月初四日。娶郝氏，高密縣景芝鎮康熙戊子（一七〇八）副貢任蒲臺縣教諭芝南公女，享年六十七歲，忌十二月十一日。葬老莊西北塋。子一人：　錤忠。女四人：　長適同邑水西莊監生王錫祉，次適同邑水西莊監生王灝，次適同邑相州鎮監生王元熉，次適安丘縣候選州同知張振斯。

七世

棨〔一〕

字啓子，號青岑。康熙乙卯（一六七五）舉人，乙丑（一六八五）進士。初授湖南長沙縣知縣，敕授文林郎，湖廣丙子（一六九六）科鄉試同考官〔二〕，升授陝西寧羌州知州〔三〕，累升陝西寧夏中路同知〔四〕、山西平陽府知府、直隸天津道〔五〕，蒙恩賜御書『清愛堂』扁額〔六〕，升江西按察使〔七〕，誥授通議大夫〔八〕，恩蔭〔九〕一子，升四川布政使〔十〕，卒於官。以子組焕行人司行人請封，贈通奉大夫〔十一〕，四川布政使；又以子統勳貴，贈光禄大夫〔十二〕、經筵講官〔十三〕、太子太保〔十四〕、東閣大學士〔十五〕兼禮部尚書、翰林院掌院學士〔十六〕。享年六十二歲，忌五月十二日。崇祀名宦鄉賢。娶李氏，同邑古城村庠生敕贈文林郎冲斗公女，年三十六歲，忌三月初十日；繼郭氏〔十七〕，濰縣城裏戊午（一六七八）舉人江西撫州府同知一琪公女，享年六十五歲，忌五月三十日。俱累贈一品夫人〔十八〕。側室李氏，以子紱焜貴，貤贈孺人〔十九〕，年四十一歲，忌六月初三日；曾氏，享年六十七歲，忌正月十九日。葬逄哥莊南塋。子十人：縉炤、絃熙、綬烺、綎煜、統勳、組焕、維焯、純煒、紱焜、經燾。女四人：長適膠州康熙癸巳（一七一三）舉人江南高郵州州判李宫，次適漢軍正白旗四川雅州知州直隸獻縣知縣楊文彩，次適江南武進縣庠生趙倚敬，次適即墨縣張村貢生楊士鈺。

【校注】

〔一〕棨：字弢子，號青岑，劉必顯側室楊氏所出。生於清順治十四年（一六五七），卒於康熙五十七年（一七一八）。少即能文，年十一，補諸生。年十五，德州田雯奇其文。康熙十四年（一六七五），年僅十八歲中舉，十年後即康熙二十四年（一六八五）中進士，益學書，博涉子史。中進士後，劉棨與其兄劉果爲服侍年邁父親，俱未出仕。待其父卒，服除，始謁選。於康熙三十四年（一六九五）任湖南長沙縣知縣，後積官至四川布政使。劉必顯、劉果、劉棨的科舉成功與詩文成就爲劉氏家族科名、學術奠定了基礎。然劉必顯仕途品級稍低，政績在全國層面也無影響。劉果政績影響雖具有全國性，然品級不高，決定其影響程度有限。而首次使劉氏家族在政治層面産生較大影響并進入高官顯宦行列者，非劉棨莫屬。

劉棨官至布政使，從二品，是名副其實的高官。劉棨甚至還有升任巡撫之可能，此在《清史稿》中有明確記載：『（康熙）五十五年……駕幸湯泉，又以棨治狀語諸從臣，會廷推巡撫，共薦棨。上嘉納之，以四川用兵未輕調。』劉棨官聲之好，非尋常之輩可比。此由其受百姓歡迎程度不難揣知：『將去，闔縣老稚持香擁馬首塞路，越三日乃得行。及秋，洋民曰：「劉爺活我，我忍負劉爺乎？」爭赴廳倉納粟，贏故額百石。』『（康熙）五十二年，晋四川布政使，道經平陽、寧羌，父老夾路歡迎，聲震山谷。』美國人A.W.恒慕義主編之《清代名人傳略》譽其爲『當時以清廉聞名的幾位官員之一，聲望與陳鵬年相埒』。康熙四十八年（一七〇九），『九卿奉詔舉才守具足者，知府中舉劉榮與陳公鵬年以對』。康熙五十五年（一七一六），『上詢九卿，本朝清介大臣數人，求可與倫比者。九卿舉四人，榮與焉』。如此顯赫之全國性影響不僅劉必顯、劉果無法與其相比，即使在全國同級别官員中，亦少有抗衡者。正因如此，《清史稿》爲布政使立傳不多，但『循吏列傳』中劉榮之名赫然在列。《清史列傳》中亦有劉榮之傳。劉統勳、劉墉官聲雖比劉榮大，然其父子正是借力劉榮影響，纔得以上躋一流位置。由此可見，劉榮實爲諸城劉氏進入全國一流世家行列奠定了重要基礎。

〔二〕鄉試同考官：明、清鄉試中協同主考或總裁閱卷之官。因在闈中各居一房，又稱房考官，簡稱房官。

〔三〕陝西寧羌州知州：明成化二十一年（一四八五）改寧羌衛置，治今陝西省寧强縣。屬漢中府。轄境相當於今陝西省寧强、略陽兩縣地。清不轄縣，一九一三年降爲縣。知州，古代官名。宋以朝臣臨時充任各州長官，稱『權知某軍州事』，簡稱知州。『權知』意爲暫時主管，『軍』指該地廂軍，『州』指民政。明、清以知州爲正式官名，爲各州行政長官，直隸州知州地位與知府平行，散州知州地位相當於知縣。寧羌州知州品級與知縣同。

〔四〕陝西寧夏中路同知：中路，多指軍隊部署，此處不詳。同知，明清官職名，一般爲知府副職，正五品。由劉榮此後擔任知府可知，寧夏中路同知職級應爲知府副職。

〔五〕直隸天津道：天津道爲清代直隸六道之一，領天津府、河間府。

〔六〕御書『清愛堂』扁額：『清愛堂』，乃諸城劉氏祠堂堂號。康熙四十八年（一七〇九）九卿應詔舉廉能吏員，以知府被舉者，唯劉棨與陳鵬年二人。次年，劉棨擢天津道副使。於天津迎駕之時，詔許從官恭瞻。劉棨因奏其兄劉果在河間縣任知縣時受到『清廉愛民』褒獎之事，并請賜書，康熙皇帝以此爲之題寫『清愛堂』堂號，『清愛』乃『清廉愛民』之簡稱。

〔七〕按察使：按察，相當於古代的『陳臬』，以此按察使又稱『臬臺』。明朝省級地方官員分爲三司，分別爲布政使司、按察使司和都指揮使司，布政使管『民政』，按察使管『刑名』，都指揮使管『一省軍務』。清朝布政使主管民政賦稅、按察使職掌刑名不變，都指揮使廢置不設。

〔八〕通議大夫：文散官名，清朝通議大夫爲正三品。

〔九〕恩蔭：『恩蔭』又可稱爲任子、門蔭、蔭補、世賞，是一種變相的世襲制，指因上輩有功而給予下輩入學任官的待遇。廣義『恩蔭』，是指由於祖輩、父輩的地位而使得子孫後輩在入學、入仕等方面享受特殊待遇。狹義的『恩蔭』特指宋代以後出現的一種獨特的門蔭制度，稱之爲『推恩蔭補』，簡稱爲『恩蔭』。清制，文職京官四品以上，外官三品以上，武職二品以上，俱准送一子入監讀書，稱恩蔭。此外，因遇慶典而給予入監待遇的，亦屬恩蔭。

〔十〕布政使：見〔七〕『按察使』條。

〔十一〕通奉大夫：文散官名，清代通奉大夫爲從二品。

〔十二〕光禄大夫：　文散官名，清代光禄大夫爲正一品。

〔十三〕經筵講官：　經筵爲皇帝聽講經史之處，宋代以侍讀、侍講學士等官充當經筵官。明清定制，侍讀、侍講學士等爲翰林院職官之名稱，因以實際進講之官爲經筵講官，由翰林出身之大臣兼充。

〔十四〕太子太保：　清代太子太保爲從一品官，但有銜無職，爲加給重臣近臣之榮譽性官銜。

〔十五〕東閣大學士：　内閣大學士之一，正一品，掌管奉陳規誨，點檢題奏，票擬批答等職事。

〔十六〕翰林院掌院學士：　翰林院主官，總領侍讀學士以下翰林各官。康熙中，以大學士徐元文兼掌院學士，自此皆以重臣兼領。乾隆朝以後，例由皇帝於大學士、尚書、侍郎内特簡，并停止初制掌院學士皆兼禮部侍郎銜之例。

〔十七〕郭氏：　劉統勳生母。

〔十八〕一品夫人：　誥命夫人中級别最高之封號。

〔十九〕孺人：　明清時爲七品官之母親或妻子之封號。

八世

縉炤〔一〕

字書思，號愚菴。康熙辛卯（一七一一）副貢生，癸巳（一七一三）舉人。任河南固始縣知縣，卒於官。年四十九歲，忌九月十三日。娶夏氏，高密縣康熙丁未（一六六七）進士工部屯田司員外郎疇公女，享年八十一歲，忌十二月初三日。葬逢哥莊南塋。子四人：坊、坦、壉、堈。

【校注】

〔一〕縉炤：劉棨長子，劉統勳長兄，又字爾愚。出生於康熙十九年（一六八〇）十二月初六日丑時，卒於雍正六年（一七二八）九月十三日未時。其做官事迹以《諸城縣志》介紹最爲詳盡：『性嚴毅，遇事不避艱難，黠吏豪民聞風攝迹。次年秋，河水溢，縉炤立淖中指畫救援三晝夜，喉爲之瘖。急發帑賑之，民無流亡。年四十九，卒於官。』

九世

坊〔一〕

字元楷。監生。年二十三歲，忌二月十七日。娶張氏，同邑普慶莊庠生霞公女，享年八十一歲，忌四月初三日。葬逢哥莊南塋。子二人：秉鐸、秉鈞。

【校注】

〔一〕坊：劉棨孫，行一。

坦〔一〕

字砥如，號澄齋。雍正乙卯（一七三五）舉人。享年六十一歲，忌五月初三日。娶王氏，同邑相州鎮雍正癸卯（一七二三）恩貢生沛隱公女，年三十五歲，忌十一月初五日；繼任氏，高密縣梁尹莊歲貢生敕授修職郎禹城縣訓導塽公女，享年六十三歲，忌正月初八日。葬高家莊西塋。子四人：秉乾（早卒）、秉巽（原名泰）、秉謙、秉壯。女一人：適同邑侯家莊監生王詩。

【校注】

〔一〕坦：劉棨孫，行二。

壉〔一〕

字淡明，號廉園。雍正壬子（一七三二）舉人。年四十四歲，忌九月二十四日。娶王氏，同邑相州鎮康熙甲子（一六八四）舉人吏部右侍郎加銜都察院左都御史沛憻公女，享年六十九歲，忌七月二十五日。葬逄哥莊東塋。側室毛氏，享年六十五歲，忌十二月二十三日。葬逄哥莊東嶺。子三人：秉鑑、秉錫、秉鉽。女二人：長適高密縣梁尹莊監生任濟，次適同邑徐家莊從九品臧宸默。

【校注】

〔一〕壉：劉棨孫，行六。

堈[一]

字殿高，號嘉南。乾隆丙辰（一七三六）舉人。年三十六歲，忌二月初五日。娶單氏，高密縣歲貢生誥贈中憲大夫常伯公女，享年六十九歲，忌五月十七日。葬逢哥莊南塋。子一人：秉釴。

【校注】

[一]堈：劉棨孫，行七。

八世

紘熙[一]　**居槎河山莊**[二]

字爾厚，號恬園。康熙癸巳（一七一三）順天舉人。以子坰貴，貤贈文林郎、福建漳州府詔安場鹽課司大使。年三十六歲，忌四月十六日。娶李氏，安丘縣夏坡莊河南中牟縣知縣其昂公女，貤封孺人。享年七十八歲，忌五月初四日。葬槎河莊東塋。子七人：培、垣、坪、堉、坰、堺、埻。女二人：長適同邑相州鎮乾隆丙辰（一七三六）舉人四川奉節縣知縣王桂，次適同邑徐家莊臧祚豐。

【校注】

[一]紘熙：生於康熙二十七年（一六八八）三月初八辰時，卒於雍正元年（一七二三）四月十七日未

時，劉統勳二兄。

〔二〕槎河山莊：　此槎河山莊即劉必顯所置別墅，乃諸城劉氏勃興騰飛之地。劉必顯於此安度晚年期間，建學堂，聘名師，課子孫，劉統勳曾在此讀書，劉墉亦在此度過幼年時光，後回山東亦時常來此盤桓。該別墅所在地，在今山東省五蓮縣户部鄉之大劉家槎河村委會辦公室稍靠後位置。

九世

培[一]

字因伯。監生。享年六十九歲，忌六月二十七日。葬小楊家溝北塋。娶王氏，同邑相州鎮歲貢生沛惻公女，年二十九歲，忌六月十三日，葬槎河莊西塋；　繼徐氏，同邑魏家灣□□公女，享年六十九歲，忌十二月初六日，葬營馬莊東塋。子二人：　秉銓、秉鎮。女四人：　長適同邑瓦店莊管，次適同邑魏家灣徐允恕，次適同邑相州鎮王元燏，次適同邑相州鎮乾隆丙戌（一七六六）進士吏部文選司主事王元熒。

【校注】

〔一〕培：　劉棨孫，行三。

垣〔一〕

字仲三。雍正乙卯（一七三五）舉人，廣東潮州府東界場鹽課司大使。享年五十三歲，忌正月二十八日。娶單氏，高密縣湖南澧州知州，贈通奉大夫直隸布政使宏度公女，年二十六歲，忌正月十五日；繼宋氏，膠州袁家墳敕授承德郎士蘇公女，享年五十六歲，忌六月二十四日；側室王氏，享年□□□歲，忌□□□□□日；逄氏，享年□□□歲，忌三月十六日。葬槎河莊南塋。子五人：秉鑛、秉鉞、秉鎬、秉錀、秉鐘。女三人：長適同邑齊溝莊王，次適即墨縣西柳莊，次適同邑南曹村王崇良。

【校注】

〔一〕垣：劉棨孫，行四。

坪〔一〕

字敬叔，號懋亭。享年七十四歲，忌七月十五日。娶徐氏，同邑樓子莊庠生禧貞公女，年四十一歲，忌四月二十五日。葬柴埠營西北塋。子五人：秉録、秉錕、秉釗、秉欽、秉鈖。女一人：適同邑高家莊監生竇汝瑄。

【校注】

〔一〕坪：劉棨孫，行五。

埥〔一〕 **居焦哥莊**

字長菴，號南浦。乾隆辛酉（一七四一）舉人，揀選知縣。享年五十四歲，忌八月二十八日。娶邱氏，同邑高哥莊監生駿隆公女，年三十五歲，忌十月二十二日； 繼張氏，膠州東南莊庠生夢周公女，享年五十歲，忌十一月十八日。葬日照縣黄坡溝南嶺鳳凰墩塋。子二人： 秉鑾、秉鋘。女二人： 長適同邑朱家村武庠生王奇烈，次適同邑魏家灣監生徐振統。

【校注】

〔一〕埥：劉棨孫，行八。

坰〔一〕

字仰晦，號君修。乾隆辛酉（一七四一）舉人。考取景山宫教習，歷任膠州濱州學正，廣東永安縣、湖南慈利縣、沅江縣、湖北松滋縣知縣。享年八十四歲，忌十二月初十日。娶李氏，同邑六溝莊廩生官五公女，年十七歲，忌九月初六日； 繼臧氏，同邑徐家莊監生静軒公女，享年五十一歲，忌三月初九日。葬槎河莊南塋。側室趙氏、李氏。子二人：秉鉦、秉鈺。女六人：長適膠州袁家墳宋奎明，次適同邑城子莊丁詠，次適同邑楊家莊邱瑄，次適高密縣鐘家莊王，次適山西絳州居諸城縣橋西莊耿瑄，次適日照縣監生李璒。

【校注】

〔一〕坰：劉榮孫，行九，著有《寫意詩集》。據《諸城縣續志》記載，劉坰『所至有賢聲。督修江堤，以勞致疾，歸卒』。

墹〔一〕

字敬菴，號西巖。雍正乙卯（一七三五）舉人。歷任福建漳州府詔安場鹽課司大使，甘肅成縣知縣。享年五十六歲，忌八月十九日。娶李氏，安丘縣水磨頭莊廪生佳訏公女，享年六十五歲，忌六月二十四日。葬壽塔寺南台子塋。子一人：秉錤。女二人：長適同邑監生王續祖，次適同邑叩官莊候補布政司經歷王元麃。

【校注】

〔一〕墹：劉榮孫，行十，著有《海上吟》《丙戌詩草》。劉墹清廉愛民，其事迹見於《諸城縣續志》：『爲成縣知縣，有清名。歲饑，大府屬發倉庚貸民，民不能償，墹代償之。以勞致疾，卒於旅舍。貧不能歸櫬，布政使資助之以歸。』

埻〔一〕

字正甫。庠生。享年六十二歲，忌四月初二日。娶陳氏，同邑曹强村監生玉友公女，年二十八歲，忌九月十三日；繼牟氏，日照縣蓮灣村乾隆壬戌（一七四二）進士江南碭山縣知縣朝儀公女，享年七十二歲，忌十一月二十日。葬魏家溝北塋。側室丁氏，年□□□歲，忌五月二十五日，葬槎河山莊東北塋。子四人：秉鈐、秉鐈、秉鎰、秉鉌。女四人：長適同邑徐家莊監生臧宸焱，次適同邑栗園莊監生王世經，次適同邑龍門口丁煒，次適日照縣司官莊監生牟丕烈。

【校注】

〔一〕埻：劉棨孫，行十二。

八世

綬烺〔一〕 居東槎河山莊〔二〕

字爾重，號引嵐。康熙癸巳（一七一三）舉人。直隸唐縣知縣，敕封文林郎。享年五十六歲，忌八月初二日。娶薛氏，高密縣四川永寧協副將得公女，敕封孺人。享年五十一歲，忌五月十一日。葬魏家溝北塋。側室張氏。子二人：奎、堳。女一人：適安丘縣曹家樓庠生李振西。

【校注】

〔一〕綬烺：生於康熙三十一年（一六九二）三月初六未時，卒於乾隆十二年（一七四七）八月初二日丑時，劉統勳三兄。其爲官事迹分爲兩個方面：第一，有仁者之心。在唐縣知縣任上，鞫獄皆諄復開導，不假威刑，人稱『劉一板』。有兄弟構訟者，勸以骨肉至性，各流涕去。第二，積極作爲，奏修水利。唐縣舊有廣利渠，引唐河水溉田數千畝，歷久淤塞。劉綬烺遂力陳於總督，奏請疏浚、開渠、建閘，民終賴之。

〔二〕東槎河山莊：即今山東省五蓮縣户部鄉楊家峪村。

九世

奎〔一〕

字文甫，號松峯。監生。享年八十四歲，忌正月初十日。娶李氏，同邑古城莊監生則徵公女，享年五十六歲，忌八月初六日。葬東槎河莊南塋。子四人：秉崟（出嗣堳後）、秉淦、秉鏻、秉鍴〔二〕。女二人：長適同邑銀河莊鐘，次適同邑老鴉村貢生李丕恭。

【校注】

〔一〕奎：劉榮孫，行十四，詳見本書《東武劉氏四大名人》之『一代瘟疫學大家——劉奎』。

〔二〕秉鍴：疑即秉錦，如是，當爲家譜修成後所改名。劉秉錦，號濯西，享年三十二歲，卒於何年未知，然嘉慶十九年（一八一四）即已去世。劉秉錦無親生兒女，過繼長兄劉秉崟三子劉泗爲後，嘉慶十九年（一八一四）劉泗尚在世，育有一子。除劉泗外，劉秉錦還過繼二兄劉秉淦長子劉丞爲後，劉丞享年二十歲，嘉慶十九年（一八一四）已去世，未育子女。『秉錦』之名，見於《松峰説疫》《瘟疫論類編》及《疫痧二症合編》（光緒十七年善成堂石印本）作者署名，均稱『男劉秉錦濯西』。劉秉錦爲劉奎不可或缺的助手：第一，幫助劉奎對吴有性《温疫論》重新加以纂輯評釋，以《瘟疫論類編》書名刊布；第二，幫助劉奎刊刻醫學著作《松峰説疫》，於刊刻中，劉秉錦除做大量輔助性工作外，還將自己的九條疫學見解收録其中，成爲全書不可分割的一部分；第三，幫助劉奎寫作《景岳全書節文》《四大家醫粹》《松峰醫話》等書。劉秉錦獨立的醫學成就，體現在理論著述與臨床醫療兩個方面。劉秉錦的醫學理論專著有《濯西救急簡方》六卷，并在臨床醫療上展現出極高的醫學天賦與醫療水平，參見《松峰説疫》張燦玾等點校本所載劉秉錦補注。

堳〔一〕

號誠園。監生。年十八歲，忌七月十五日。葬東槎河莊北塋。嗣子一人：秉崟。

【校注】

〔一〕堉：劉棨孫，行十五。

八世

綖煜〔一〕

字爾振，號岫洲。康熙丁酉（一七一七）舉人。歷任山西興縣、鳳臺縣知縣，卒於官。享年五十九歲，忌十一月二十日。娶孔氏，曲阜縣聖裔兩廣都轉鹽運使興璉公女，年四十四歲，忌八月初一日；繼單氏，高密縣傅家莊監生務格公女，年三十四歲，忌三月初十日。葬逄哥莊南塋。子一人：昫。女一人：適高密縣庠生傅樹珽。

【校注】

〔一〕綖煜：劉棨四子，劉統勳四兄。生於康熙三十六年（一六九七），卒於乾隆二十年（一七五五）十一月二十日寅時。劉綖煜是劉氏子弟中做知縣所歷地方最多者。他始授興縣知縣，後調鳳臺，再後發往山西，歷署安邑、猗氏、曲沃、平陸諸縣，一生做過六縣知縣。劉綖煜爲官事迹，亦以《諸城縣志》記載爲詳：『舊有山徑迂回四十餘里，上官檄疏鑿，綖煜力爭乃止。以病歸，民爲立生祠。』

九世

昀[一]

字原隰，號信南。四庫全書館議叙[二]，廣西凌雲縣縣丞，升奉議州州判，卒於官。享年六十八歲，忌正月十四日。娶李氏，安丘縣曹家樓監生愹公女，年二十三歲，忌正月初一日，葬東貯溝南塋；繼單氏，高密縣窑頭莊雍正壬子（一七三二）解元、四川永川縣知縣思邁公女。子一人：鼎銘。

【校注】

[一]昀：劉榮孫，行二十二。

[二]議叙：清制於考核官吏後，對業績優良者給以議叙，以示奬勵。議叙之法有加紀和紀録。又由保舉而任用之官亦稱爲議叙，如議叙知縣等。

八世

統勳[一]

字爾鈍，號延清[二]。康熙丁酉（一七一七）舉人，雍正甲辰（一七二四）進士。由清書庶吉士，初授翰林院編修，升左春坊左中允〔三〕，累升翰林院侍讀、左春坊左庶子〔四〕，授奉政大夫、內廷供奉、詹事府詹事〔五〕、內閣學士〔六〕兼禮部侍郎、刑部左侍郎，授資政大夫、都察院左都御史、漕運總督、工部尚書、太子太傅、刑部尚書，誥授光禄大夫、翰林院掌院學士、陝甘總督、刑部尚書、河道總督、軍機大臣、吏部尚書、協辦大學士兼管兵部刑部事務、經筵講官〔七〕、太子太保、賜『贊元介景』扁額〔八〕、東閣大學士兼禮部尚書，仍兼管吏部兵部刑部事務，上書房總師傅〔九〕。雍正己酉（一七二九）科湖北鄉試正考官，庚戌（一七三〇）科會試同考官，壬子科（一七三二）河南鄉試正考官，乙卯科（一七三五）順天武闈正考官，乾隆丙辰（一七三六）科武會試副總裁，協理浙江海塘事務教習，己未（一七三九）科庶吉士，癸未（一七六三）科庶吉士，丁卯（一七四七）科順天鄉試副考官，丙子（一七五六）科順天鄉試正考官，歷充方略國史三通館正總裁官，辛未（一七五一）科會試正總裁，丁丑（一七五七）科會試正總裁，辛巳（一七六一）科會試正總裁，辛卯（一七七一）科會試正總裁，晉贈太傅，賜謚文正，諭祭葬〔十〕，入祀賢良祠〔十一〕。享年七十五歲，忌十一月十六日。娶王氏，同邑庠生宸嗣公女，累贈一品夫人，年三十九歲，忌八月二十六日；繼顔氏，順天府貢生曲陽縣訓導紹忭公女，封一品夫人。八十歲蒙恩，賜『令壽延祺』扁額。九十歲蒙恩，賜『萱暉頤祉』扁額。享年九十五歲，忌七月十一日。葬白家莊南塋。側室吴氏、秦氏。子二人：墉、堪。女一人：適高密縣誥授通奉大夫直隸布政使單功擢。

【校注】

〔一〕統勳：詳見本書《東武劉氏四大名人》之『百餘年名臣第一——劉統勳』。

〔二〕字爾鈍，號延清：劉統勳字延清，号爾鈍，此處依家譜底本録入。

〔三〕左中允：清詹事府左春坊之屬官，滿、漢各一人，正六品，漢員兼翰林院編修銜。

〔四〕左庶子：清詹事府左春坊之主官，滿、漢各一人，正五品，漢員兼翰林院侍讀銜，掌記注、撰文之事。

〔五〕詹事：詹事府主官，滿、漢各一人，正三品。

〔六〕内閣學士：内閣學士爲清代官職之一，雍正八年（一七三〇）後定爲從二品。

〔七〕經筵講官：經筵爲皇帝聽講經史之處，宋代以侍讀、侍講學士等官充當經筵官。明清定制，侍讀、侍講學士均爲翰林院職官之名稱，因以實際進講之官爲經筵講官，由翰林出身之大臣兼充。

〔八〕賜『贊元介景』扁額：乾隆三十三年（一七六八）十二月，劉統勳已近七十歲，乾隆帝特賜御書匾額『贊元介景』以示優寵。贊元，輔佐元首，多用以喻宰相；介景，祝福。題詞意思爲：『你輔佐朕乃社稷之幸，祝福你！』

〔九〕上書房總師傅：清代皇子皇孫有極其嚴格的學習制度，上書房師傅一般由品質優异的才敏之士担任。總師傅負責總的教學，多清貴大臣兼任。

〔十〕諭祭葬： 即天子下旨祭臣下，對死者進行追悼、安葬的儀式与活動。

〔十一〕入祀賢良祠： 賢良祠，清雍正八年（一七三〇）建，爲祀王公大臣之有功於國家者。最初祀王公、大學士、尚書、左都御史、都統、將軍、總督、提督、巡撫、副都統共七十八人，後又增二十一人，共祀九十九人。劉統勳、劉墉父子皆入祭，可一窺其父子國祭規格之高。

九世

墉〔一〕

字崇如，號石菴。乾隆辛酉（一七四一）舉人〔二〕，辛未（一七五一）進士。翰林院庶吉士，敕授儒林郎，授翰林院編修，誥授奉直大夫、左春坊左中允，升任侍讀，復授翰林院編修〔三〕、安徽學政、江蘇學政、山西太原府知府，升冀寧道〔四〕、國史館行走、江南江寧府知府、江西驛鹽道、陝西按察使、内閣學士兼禮部侍郎、文淵閣直閣事、户部右侍郎、吏部左侍郎、江蘇學政、湖南巡撫、都察院左都御史、禮部尚書、吏部尚書、協辦大學士。復任内閣學士兼禮部侍郎〔五〕、吏部左侍郎、都察院左都御史、禮部尚書、吏部尚書兼管國子監事務，誥授光禄大夫、恩蔭一子、經筵講官、體仁閣大學士、太子少保、内廷供奉、上書房總師傅。癸酉（一七五三）科廣東鄉試正考官，甲戌（一七五四）科會試同考官，丙子（一七五六）科廣西鄉試正考官，丁酉（一七七七）科江南鄉試正考官，癸卯（一七八三）、壬子（一七九二）科順天鄉試正考官，提督順天等處學政，癸丑（一七九三）科會試正總裁。晉贈太子太保，賜謚文清，諭祭葬，入祠賢良祠。享年八十五歲，忌十二月二十四日。娶單氏，高密縣監生仰公女，累贈一品夫人，享年五十七歲，忌六月二十六日，葬白家莊北塋。側室黃氏、柳氏。嗣子一人：錫朋〔六〕。

【校注】

〔一〕墉：劉棨孫，行十一，詳見本書《東武劉氏四大名人》之『清代帖學大家——劉墉』。

〔二〕乾隆辛酉（一七四一）舉人：今人有關劉墉撰述多言劉墉并未中舉，乃是以恩蔭舉人身份參加會試，此説疑誤。由於目前還没有發現劉墉在三十二歲以前參加科舉考試情況的有關資料，所以還不清楚他此前是否參加過科舉考試，以及參加過多少次。但較爲確定的是，他此前并没有獲得參加會試或入仕資格的舉人身份，衹是因爲他的父親劉統勳此時已身居工部尚書、翰林院掌院學士等要職，并深受皇上寵信，劉墉因恩蔭舉人身份，纔有參加會試考試的資格。

〔三〕復授翰林院編修：此處劉鐶之用語隱晦。乾隆二十年（一七五五）九月，劉統勳因辦理巴里坤哈密駐軍事附和將軍永常辦理失宜，被革職治罪。盛怒之下，乾隆帝罪及毫無干係之劉墉、劉堪。劉墉被革職入獄，後乾隆皇帝雖天意回轉，對其父子加恩釋放并授職，然劉墉并未官復原職左春坊左中允，僅官復兩年前編修一職。

〔四〕冀寧道：轄太原、汾州、潞安、澤州四府及遼、沁、平定三州。

〔五〕復任内閣學士兼禮部侍郎： 此處劉鐶之用語亦甚隱晦。乾隆五十一年（一七八六）劉墉所欲厘革之弊，触怒和珅等人，導致和珅利益集團裏應外合誣陷劉墉。後又因乾隆五十四年（一七八九）三月上書房師傅們七日未入上書房，引乾隆帝雷霆震怒，劉墉以此由吏部尚書、協辦大學士直降至此職。内閣學士兼禮部侍郎爲劉墉多年前舊職，故云『復』也。

〔六〕錫朋： 劉墉實有親生子，名杭珠（杭珠疑爲乳名，學名惜失載），十歲而夭，事見英和《哭劉文清公》一詩。男童早夭者，劉氏家譜多不載。如劉墫四哥劉圻，亦因早夭而不載。劉墉稱劉墫爲五哥，令人不知緣由何在，即其例也。

堪〔一〕

字廣如。監生。以子鐶之貴，贈中憲大夫、日講起居注官、翰林院侍講學士加一級，歷贈榮禄大夫、經筵講官、户部右侍郎、例贈光禄大夫、經筵講官、太子少保、户部尚書。年二十一歲，忌十二月二十六日〔二〕，葬逢哥莊西塋。娶趙氏，直隸天津縣北倉雍正甲辰（一七二四）進士山東登萊青海防兵備道晃公女，累封一品太夫人，七十歲蒙恩，賜『貞壽延祺』扁額。子一人：鐶之。

【校注】

〔一〕堪： 劉棨孫，行二十一。

〔二〕忌十二月二十六日： 劉堪以腹瀉不治，是日卒於胞兄劉墉太原府知府衙所。

八世

組焕〔一〕

字爾立，號桐園。蔭生。初授行人司行人，敕授徵仕郎，改補中書科中書，誥授奉直大夫，升授户部福建司主事，誥授朝議大夫〔二〕。享年六十八歲，忌五月二十三日。娶邱氏，同邑邱家大村康熙乙酉（一七〇五）舉人直隸南宫縣知縣性善公女，累贈恭人〔三〕，年三十四歲，忌三月二十六日。側室楊氏，年二十八歲，忌八月二十三日，葬白家莊南塋；謝氏〔四〕。子四人：臻、畯、界、㙻。女二人：長適同邑仉林莊監生孫秉岳，次適濰縣乾隆乙卯（一七九五）舉人貴州石阡府知府郭守璞。

【校注】

〔一〕組焕：劉統勳六弟，生於康熙四十年（一七〇一）七月十七日戌時，卒於乾隆三十三年（一七六八）五月二十日辰時。劉組焕對晚輩教育出力獨多，劉墉八歲從其讀書，後其子劉臻任碭山縣令之際，其贈詩《寄示臻兒》耐人尋味：『別來已是再經春，聞爾仁聲政克敦。心警桁楊如保赤，情殷桑梓善推恩。清勤永勵媿三异，敬慎常懷對九閽。我勉簿書兒撫字，循良家學共圖存。』

〔二〕朝議大夫：清代朝議大夫爲從四品。

〔三〕恭人：明清兩代，四品官之母親或妻子封恭人。

〔四〕謝氏：『通經史、工書算』，即通曉經史、精於工算。劉組焕去世之後，她教劉琦讀四書五經，可以口授。

九世

臻〔一〕

字凝之，號筠谷。乾隆甲子（一七四四）舉人。充咸安宫教習，初授江南碭山縣知縣，敕授文林郎、浙江嘉善縣知縣，調任定海縣知縣，再授嘉善縣知縣。享年六十六歲，忌正月二十四日。娶王氏，同邑相州鎮候選州同知沛意公女，敕封孺人。享年五十九歲，忌二月十九日。葬白家莊南塋。側室馬氏、鄭氏。嗣子一人：鍾峋。女五人：長適同邑監生丁季勳，次適同邑庠生孫學詩，次適平度州了蘭莊監生焦浙，次適高密縣庠生單鑫，次適高密縣從九品單應琨。

【校注】

〔一〕臻：劉榮孫，行十三，劉組焕長子。在碭山知縣任上，其政績最爲突出。第一，『邑瀕河，雜役多於正供，臻調劑有法，民力少紓』。第二，『碭接豫省，下游屢受曲防害。臻請兩省大吏會勘，勒石禁止，著爲令』。第三，『鄰邑河决，臻方病，聞即馳至河堤。又構薪數千斤運往，河督欲疏薦，以伯父統勳方奉命視河，力辭去官』。而由『邑人爲立德政碑』可知其深受百姓擁戴。劉臻擅詩，時評甚高。《東武劉氏詩萃》與徐世昌《晚晴簃詩匯》均收録其多首詩作，著有《筠谷詩略》《遺澤草堂集》，其中《筠谷詩略》存世。

晙〔一〕

字子喜，號默菴。監生。年三十八歲，忌正月十一日。娶邱氏，同邑邱家大村監生庭鳳公女，年三十六歲，忌七月二十二日，葬逄哥莊西塋； 繼郭氏，同邑岳水莊錦公女。子二人： 鍾嶙、鍾峋（出嗣臻後）。

【校注】

〔一〕晙： 劉棨孫，行十八。

界〔一〕

字子仁，號雲巖。候補府經歷、借補直隸祁州吏目。享年五十一歲，忌十一月初十日。娶丁氏，同邑貢生四川墊江縣知縣漣公女，年二十三歲，忌二月十六日； 繼單氏，高密縣監生僴公女，享年六十歲，忌二月二十一日。葬逄哥莊西塋。嗣子一人： 南金。

【校注】

〔一〕界：劉棨孫，行二十。劉界得補祁州吏目，待囚推善施恩，囚犯感戴勝於親人，當其生病離職之際，囚犯竟因不舍而嚎啕大哭。劉界與劉墉交好，劉墉詩《題雲巖詩稿，即以爲别，雲巖留余齋浹旬，與同年伊丹木、從甥丁文圃昕夕談宴，故末章及之》，即爲之送别而作。

琦〔一〕

字進之，號筤溪。直隸候補從九品。娶單氏，高密縣增貢生俟公女，子二人：瑞金、南金（出嗣界後）。女一人。

【校注】

〔一〕琦：劉棨孫，行三十四。

八世

維焯〔一〕

字爾癡，號見三。雍正己酉（一七二九）、庚戌（一七三〇）聯捷進士。任禮部額外主事，改補工部營繕司主事稽察、上諭處行走、欽差伴送安南使臣，以子田浙江臨安縣知縣請封，敕贈文林郎、浙江臨安縣知縣。享年七十一歲，忌九月十八日。娶郭氏，濰縣歲貢生壯基公女，年二十二歲，忌五月初八日；繼金氏，江南吴縣山東安丘縣知縣用楫公女，享年六十三歲，忌六月初九日。俱贈孺人。葬逢哥莊南塋。側室張氏。子三人：田、曉、圩。女四人：長適同邑水西莊王德鑑，次適高密縣單玫謨，次適高密縣監生單煻，次適同邑監生丁憲榮。

【校注】

〔一〕維焯：劉統勳七弟。生於康熙四十三年（一七〇四）六月二十七日巳時，卒於乾隆三十九年（一七七四）九月十八日未時。劉維焯崇節儉修，敦睦鄉里，自己取出數畝糧田用以重穋存貯，仿朱熹『社倉法』設置『豐餘倉』，以緩解鄉民糧食緊張問題。其廉潔之風亦令人心折，任工部營膳司主事時，送安南恭使回國，拒收禮物，歸來行囊中僅有一斤肉桂，劉墉贊其『但使遠人酬白雪，不聞客橐有黃金』。

九世

田〔一〕

字孟畬，號芳洲。乾隆庚寅（一七七〇）舉人。浙江臨安縣知縣，敕授文林郎，卒於官。享年六十一歲，忌八月十二日。娶李氏，安丘縣曹家樓監生愘公女，年三十三歲，忌三月二十一日；

繼宫氏，高密縣四川嘉定府知府去吝公女，年四十五歲，忌九月初三日。俱贈孺人。葬逄哥莊南塋。子二人：鍾和、鍾順（出嗣圩後）。女二人：長適同邑相州鎮監生孫用煜，次適同邑道明莊廣西候補縣丞王溥。

【校注】

〔一〕田：劉棨孫，行十六。

曉〔一〕

字仲旭，號挹清。庠生，浙江候補吏目。娶于氏，平度州古莊庠生承謨公女，年三十五歲，忌正月二十日；繼王氏，高密縣葛家橋監生清軏公女，享年五十九歲，忌十二月二十九日。葬白家莊北塋。子一人：鍾彝。女二人：長適同邑景芝鎮候補布政司理問李相敷，次適同邑姚哥莊監生王元亮。

【校注】

〔一〕曉：劉棨孫，行二十三。劉墉晚年與其交往頗多，當時在故里之堂兄弟以曉居長，爲家族領袖；其家所製豆豉味佳，深受劉墉喜愛，劉墉收其豆豉往往以書法酬謝。

圩〔一〕

字叔升，號樵村。庠生。年二十九歲，忌四月二十六日。葬白家莊南塋。娶郭氏，濰縣江南太倉州七浦司巡檢維周公女。嗣子一人：鍾順。女一人：適膠州趙雲翥。

【校注】

〔一〕圩：劉棨孫，行二十七。

八世

純煒〔一〕

字仰仲，號霽菴。雍正丙午（一七二六）舉人，乾隆己未（一七三九）進士。歷任江西分宜縣、浙江海寧縣，調平湖縣知縣。敕授文林郎，升授浙江杭州府东塘同知、杭州府知府、杭嘉湖海防兵備道、浙江布政使、内用太僕寺正卿。誥授通議大夫，升順天府府尹，復授光禄寺卿，卒於官。享年七十一歲，忌五月初八日。娶趙氏，江南武進縣戊辰（一六八八）進士、山西太原府知府鳳詔公女，累贈淑人，年四十一歲，忌三月二十二日。側室宋氏，享年六十九歲，忌五月二十二日；李氏，享年七十三歲，忌六月十二日。葬東貯溝莊西南塋。子五人：詩、書、禮、麟、易。女四人：長適曹縣田莊監生袁克箕，次適曹縣監生孫宗峋，次適萊陽縣海堤莊庠生候補府經歷貤封奉直大夫初之楣，次適海陽縣遲哥莊候補從九品胡建章。

【校注】

〔一〕純煒：劉統勳八弟。生於康熙四十七年（一七〇八）三月十七日寅時，卒於乾隆四十三年（一七七八）五月初八日巳時。劉純煒辦事果敢，清正廉明。《諸城縣續志》載：『除分宜知縣，舊令署日用所需給直，減市賈三之一。純煒至，即蠲除之。常平社倉胥吏爲奸，量有大小，出少入多，爲更定畫一，自製銘辭，刊之斗斛。俗故健訟，實奸徒教唆，廉治之，訟頓衰減。邑大旱，禱於鈐山，徒步歸。方四五里，而雨大至。鄉民相望，羅拜歡呼。邑多山谷，又當宜春、新喻諸邑之衝，匪竊多自外至者。純煒閲户籍，編次都里村落，俾守望相助，奸人莫敢入界。三年，坐法免，貧不能歸，布政使王興吾延主饒州書院。鄂容安巡撫山左，聞純煒名重之，移撫江右，至饒與談竟夕，語人曰：「德，體也；才，用也。屬吏中安有體用兼全如劉君者乎？吾當薦之。」後以事去，不果。嗣撫江右者爲長白范時綬，是年江水盛漲，各郡圩田被淹，飭修堤防。不逾時，輒壞。有言純煒識水利者，范遂專屬之。堤成，疏奏奉旨，仍以知縣用。試守海寧，調授平湖。平湖田賦浩繁，舊開徵，遣役四出，謂之莊差，民以爲苦。純煒抵任，罷之，民乃争先輸納。先是，海寧自將軍隆昇、巡撫盧焯築石壩於尖山、塌山之間，自是海潮歸中小亹，故道賴尖山一帶漲沙彌漫，擁護壩根。嗣海潮由北大亹直入中小亹，故道漸淤塞，而尖山南岸漲沙浸以坍刷，潮汐直趨壩根。純煒謂，石壩壞則蘇松七郡田廬可危。因核計壩身長短，周圍密下竹落，以當潮汐之衝。閲四十日，而功成。二十七年，帝南巡，閲所修功，嘉嘆，賜綢緞貂皮等物，晋東塘同知。東塘者，海寧塘也。赴任平湖，士民焚香送，皆依依不忍去。純煒慰勉之，謂：「我昔去海寧，邑人相送如今日。我許以數歲當復來，今果復還海寧。爾等歸休矣。我去亦不過數歲，當復此來也。」送者乃拜泣而去。遷杭州府知府，杭舊有八旗漢軍，奉旨酌爲裁汰。或轉補緑營，或出旗爲民，其未經選補，又無資業者，待哺嗷嗷。純煒相其老幼强弱，處置得宜，無一失所，軍民爲之立生祠。三十年，帝巡至浙，賜宴者再，仍賜貂皮等物，授海寧道，晋浙江布政使。坐外庫失竊，免官。旋授太僕寺卿，遷順天府尹，坐家僕盗用印紙，貶秩。授光禄寺卿。」

九世

詩[一]

字孟雅，號學三。乾隆戊子（一七六八）舉人，戊戌（一七七八）進士。歷任福建邵武縣，調晋江縣，再調臺灣彰化縣知縣，卒於官。年四十二歲，忌九月初十日。娶傅氏，高密縣考授州同知敕封承德郎四川夔州府通判信公女，年三十九歲，忌三月十三日。葬逄哥莊南塋。側室莊氏。子三人：

鍾祥、鑑平（出嗣禮後）、鍾華。

【校注】

〔一〕詩：劉棨孫，行十九。《諸城縣續志》稱之『能其官』。

書〔一〕

字仲雅，號雲樵。由四庫全書館議叙，任廣西江州州同，升山西大同府通判，江西饒州府通判，升四川石柱廳同知。娶黄氏，安徽□□、江西吉林府同知增歷公女，年□□歲，忌□□月□□日，葬□□□□。側室張氏，年□□歲，忌□□月□□日，葬□□□□□□；勵氏。子六人：如錫、用錫、嘉錫、庭錫、崇錫、疇錫。女四人。

【校注】

〔一〕書：劉棨孫，行二十四。

禮〔一〕

字叔雅，號□□。乾隆戊子（一七六八）舉人。由四庫全書館議叙，任直隸望都縣，遷安縣、山西浮山縣知縣，卒於官。年四十九歲，忌十一月二十五日。娶李氏，高密縣庠生政公女，年□□歲，忌十月二十八日；繼顧氏，江南吴縣乾隆辛未（一七五一）進士、禮部祠祭司郎中悳懋公女，年□□□歲，忌四月二十四日。葬逄哥莊西塋。側室黄氏。嗣子一人：鑑平。女三人：長適直隸灤州開平鎮候補大理寺司務鄭德昌，次適安徽宣城縣候補從九品張墀，次適同邑楊緗世。

【校注】

〔一〕禮：劉棨孫，行二十八。

麟〔二〕

字季雅，號□□。監生。年四十三歲，忌四月二十八日。葬逄哥莊西塋。娶宋氏，膠州候選兵馬司吏目克烈公女，嗣子一人：鍾武。女一人：字同邑水西莊王。

【校注】

〔一〕麟：劉棨孫，行三十。

易〔二〕

字贊之，號宜園。監生。享年五十三歲，忌四月十三日。葬東貯溝莊西南塋。娶汪氏，江南吴縣乾隆庚午（一七五〇）舉人雲南按察使圻公女。子三人：鍾文、鍾武（出嗣麟後）、鍾秀。女一人：適萊陽縣海堤莊庠生初夏齡。

【校注】

〔一〕易：劉棨孫，行三十三。

八世

紱焜〔一〕

字慎來，號善溪。雍正乙卯（一七三五）舉人。萊陽縣學教諭〔二〕，升兖州府學教授〔三〕。享年八十歲，忌二月初七日。葬西溝莊南塋。娶郭氏，濰縣户部主事崑公女，年三十二歲，忌八月初六日；繼宋氏，膠州庠生羽宸公女，年二十四歲，忌四月初三日；黄氏，即墨縣雍正癸卯（一七二三）舉人直隸涿州知州理中公女，年二十八歲，忌三月初六日。側室傅氏，年三十四歲，忌十一月十四日，葬流順莊北塋；句氏，享年五十四歲，忌五月初四日，葬東貯溝東塋；陳氏。子八人：隨、慈、埠、坡、垓、墱、堦、堤。女六人：長適益都縣堯溝莊監生郭士鋭，次適安丘縣曹單厚，次適益都縣堯溝莊郭士淦，次適同邑盧山莊候選從九品丁翕，次適歷城縣竹甸莊乾隆丙子（一七五六）舉人、廣東南海縣知縣毛圻，次適福山縣古現莊河南河工同知王文緒。

【校注】

〔一〕紱焜：劉統勳九弟。生於康熙四十八年（一七〇九）五月初四日亥時，卒於乾隆五十三年（一七八八）二月初七日亥時。劉氏家族傳世之寶『槎河山莊圖』曾由他保存并由其轉交劉墉保管，劉墉曾爲之寫詩。

〔二〕教諭：元、明、清時縣學的教官，主管文廟祭祀、教誨生員。

〔三〕教授：地方官學的教官。府設教授，州設學正，縣設教諭。

九世

隨〔一〕

字從正，號孚嘉。庠生。享年六十歲，忌七月二十九日。娶郭氏，濰縣□□公女，年□□□歲，忌八月初五日，葬流順莊北塋；繼曹氏，安丘縣□公女。子一人：鍾岱。女三人：長適同邑栗園莊江蘇丹陽縣主簿王世廉，次適膠州曹汶莊候選兵馬司吏目張曾愫，次適同邑樓子莊增生王淮。

【校注】

〔一〕隨：劉棨孫，行十七。

慈〔一〕

【校注】

〔一〕慈：劉棨孫，行二十五。早卒無嗣。

埠〔一〕

號惺齋。安徽候補從九品。娶趙氏，海陽縣濯村增生馴公女，年三十七歲，忌七月初五日，葬□□□□；繼趙氏，膠州監生斯榆公女。子一人：錫恩。女三人：長適即墨縣張村庠生楊一齋，次□□□□□□，次□□□□□□。

【校注】

〔一〕埠：劉棨孫，行二十九。

坡〔一〕

字東文，號樸園。監生。娶馬氏，安丘縣乾隆戊午（一七三八）舉人、江蘇元和縣知縣爍公女。子一人：錫名。女一人：適同邑順河莊王應級。

【校注】

〔一〕坡：劉棨孫，行三十一。

垓〔一〕

字遠甫。直隸固安縣、河工縣丞，升授通州石壩州判。娶王氏，安丘縣增生敕封承德郎悦杞公女。女一人：適壽光縣東莊候選從九品尹世恩。

【校注】

〔一〕垓：劉棨孫，行三十二。

墱〔一〕

字高文，號月岩。監生。娶王氏，福山縣古現莊太常寺少卿杲公女，年三十五歲，忌六月初八日，葬□□□□□。子三人：錫齡、錫朋（出嗣墉後）、錫椵（出嗣堤後）。女二人：長適高密縣監生單可瓚，次□□□□□□□。

【校注】

〔一〕墱：劉棨孫，行三十五。与劉墉關係親密，其二子劉錫朋出嗣劉墉爲後。

堦〔一〕

字升文，號慕善。監生。娶趙氏，海陽縣濯村增生馴公女。側室李氏。子四人：錫壽、錫寧、錫禧、錫仁。女三人：長適歷城縣竹甸莊毛式寧，次□□□□□，次□□□□□□。

【校注】

〔一〕堦：劉棨孫，行三十六。

堤〔一〕

字川文，號柳村。監生。年二十六歲，忌正月二十九日。娶孫氏，同邑仲金口莊監生彪如公女，年三十一歲，忌四月二十四日。葬東貯溝東塋。嗣子一人：錫晭。女一人。

【校注】

〔一〕堤：劉桊孫，行三十七。

八世

經燾〔一〕

字常菴。監生。享年六十一歲，忌十二月初四日。娶張氏，同邑相州鎮仁常公女，享年六十五歲，忌六月十四日。葬逄哥莊西塋。子一人：堮。女一人：適同邑候補鹽運司知事丁廷模。

【校注】

〔一〕經燾：劉統勳十弟。生於康熙五十年（一七一一）六月十一日未時，卒於乾隆三十七年（一七七二）十二月初四日午時。

九世

塄〔一〕

字峻若，號澹園。增監生。享年六十歲，忌十月二十九日。娶邱氏，同邑邱家大村監生廷鳳公女，年四十一歲，忌二月初三日，葬逄哥莊西塋。側室吴氏、王氏。子四人：鍾穎、鍾慧、鍾如、鍾敏。女三人：長適高密縣窑頭莊廩生單可蠡，次適膠州宋哥莊王覲光，次適高密縣朱郭莊監生張德淵。

【校注】

〔一〕塄：劉棨孫，行二十六，在諸兄弟中與劉墉最爲交厚，有《挹秀山房詩集》。徐世昌《晚晴簃詩匯》評其詩云：『澹園爲石菴相國從弟，唱和最多。咏物諸作，寄托深遠。石菴題其集云「神虚婉約，除煩去濫，爲最上乘。如欲雅而復艷，則所謂法不孤立，仗境方生，自有時節因緣耳。」』其語深得詩中三昧。劉塄亦甚善書。

七世

棨〔一〕

字非木，號念西。附監生。以孫埒貴，贈中憲大夫、湖南糧儲道；以孫墫貴，晉贈通奉大夫、江寧布政使。年四十七歲，忌九月初三日。娶李氏，日照縣順治辛卯（一六五一）舉人、江西浮梁縣知縣、誥封光禄大夫、内閣學士兼禮部侍郎宗周公女，累贈夫人，享年六十六歲，忌三月初三日。葬逄哥莊南塋。側室柳氏。子三人：繼爚、緒煊（出嗣香後）、纘煌。女一人：適安丘縣夏泊莊監生李愹。

【校注】

〔一〕棐：與劉榮同父同母。劉棐爲人仁慈，劉榮母喪，貧不能歸，囑托劉棐代賣瘠田，劉棐則將名下肥田賣掉爲兄籌足旅費。後遇饑荒之年，劉棐與劉榮二人一同賑災。事見《諸城縣志》：『康熙四十三年，大饑，（棐）與榮約日行村外十里，見菜色者予粟三升。榮單日出，棐雙日出，十閲月而後已。又遣人揀拾白骨瘞之隙地。』

八世

繼爚〔一〕

字爾耻，號同莊。康熙甲午（一七一四）舉人。以子墫貴，贈通奉大夫、江寧布政使。年三十五歲，忌正月二十一日。娶李氏，同邑古城莊康熙戊午（一六七八）舉人、山西臨汾縣知縣玉林公女，贈夫人。享年六十五歲，忌九月十四日。葬逄哥莊北塋。子四人：增、埴、塏、墫。女二人：

長適同邑孟家店子監生王枰，次適高密縣庠生單敬謨。

【校注】

〔一〕繼爚： 劉繼爚曾在村裏設置義塾，延請塾師，『使族黨及佃户子弟可造者皆學焉』。

九世

增　居東張哥莊

字益其，號慵菴，一號東村。監生。享年六十三歲，忌四月初八日。娶王氏，同邑相州鎮庠生沛植公女，年二十四歲，忌七月二十七日； 繼王氏，同邑水西莊康熙丁酉（一七一七）舉人奇猷公女，年二十六歲，忌十二月二十八日； 繼陳氏，浙江永嘉縣候選同知雁湖公女，享年八十一歲，忌十二月初一日。葬東張哥莊南塋。子三人： 鉅璇、鉅璣、鉅瑞。女五人： 長適同邑相州鎮王元美，次適同邑水西莊□〔一〕生王錫田，次適同邑蓮池莊監生王元瑩，次適同邑齊溝莊監生王正式，次適同邑順河莊附貢生王辛祚。

【校注】

〔一〕此處空一格，應是對王錫生員身份情況不明所致。

埴〔一〕 居西張哥莊

字工陶，號梧川。乾隆戊午（一七三八）舉人。歷任江西上饒縣、弋陽縣、安徽定遠縣知縣，升授通政司經歷，敕授文林郎。享年六十八歲，忌正月二十日。娶單氏，高密縣貢生湖南澧州知州宏度公女，年二十八歲，忌三月初十日；繼臧氏，同邑徐家莊增生球公女，年四十二歲，忌十二月初五日，俱封孺人；繼趙氏，萊陽縣康熙甲午（一七一四）舉人、廣西天河縣知縣榮西公女，享年八十三歲，忌五月十四日。葬東張哥莊南塋。側室孫氏、錢氏。子一人：鉅璐。女一人：適即墨縣東園莊王璥。

【校注】

〔一〕埴：劉棐孫，劉繼爚次子，劉塼次兄。乾隆三年（一七三八）舉人。劉埴歷任江西上饒縣、弋陽縣、安徽定遠縣知縣，升授通政司經歷，敕授文林郎。享年六十八歲。劉埴在知縣任上『人以比明之況鐘。以卓异舉』，政績十分突出。事見《諸城縣續志》：『由舉人爲弋陽知縣，調上饒。聽斷詳審，平冤獄，人以比明之況鐘。以卓异舉，復爲定遠令，遷通政司經歷。』

塏〔一〕 居西張哥莊

字仲堂，號容菴。歲貢生。由八旗官學教習，歷任江西建昌縣、贛縣知縣，敕授文林郎。享年七十三歲，忌五月初九日。娶王氏，同邑相州鎮歲貢生、鄉謚良惠沛德公女，年三十歲，忌十一月初一日；繼孫氏，高密縣王朱莊庠生維彫公女，享年八十八歲，忌十二月十六日，俱封孺人。葬西大宋北塋。子五人：鉅珊、鉅珖、鉅琨、鉅珂、鉅璜。女一人：適同邑乾隆庚辰（一七六〇）舉人、曹縣教諭王國勳。

【校注】

〔一〕塏：劉棐孫，劉繼爚三子，劉壿三兄。劉塏德才兼備，在建昌知縣任上，『直大水，報灾後，應候勘。塏曰：「往返數十日，百姓餓且死，吾何惜一官而視群黎之轉溝壑乎！」發倉粟振之』。調繁贛縣後，『塏長於聽斷，旁縣疑獄，時委讞，多所平反』。劉塏與劉壿、劉埴爲親兄弟，一門三杰，足可稱雄於一地。可惜劉塏與劉埴均非翰林，未能在更高舞臺上展示自己的才華。

壿〔一〕　**居西張哥莊**

字象山，號松巖，一號慎齋。乾隆戊午（一七三八）副貢生，癸酉（一七五三）舉人。任國子監學正，庚辰（一七六〇）進士，翰林院庶吉士，改授吏部稽勳司主事兼文選司主事，乙酉（一七六五）廣東副考官，升授吏部文選司員外郎、禮部精膳司郎中、陝甘學政、江南安徽寧池太廣德兵備道、督理蕪湖鈔關、陝西按察使、江寧布政使、鴻臚寺正卿，誥授通奉大夫。享年八十五歲，忌三月初十日。娶臧氏，同邑□生候選州同知琳公女，誥贈夫人。享年五十六歲，忌七月十五日。葬孫家巴山東塋。子二人：鉅玢、鉅琛。女一人：適高密縣廪貢生候選兵馬司副指揮王清梧。

【校注】

〔一〕墉：長劉墉三歲，爲劉墉從兄，劉墉家書中稱之五哥者即劉墉。劉墉祖父劉棨，與劉墉祖父劉棨同父同母且關係極其親密，因此其後代關係較其他支脉兄弟亦見親密。以在京時間久，劉墉與劉墉關係尤爲親密，時常與其討論一些有趣問題，甚至讓劉墉爲自己代筆，至情緒高漲之時還曾爲劉墉扇面題跋。劉墉因與劉墉在京關係格外親密，後二人到外地做官後通信也最多，劉墉詩集《劉文清公遺集》中即有數首詩寫與劉墉。在諸城劉氏九世一代，劉墉乃是劉墉外最具祖風特點之官員，他爲民請命之激烈程度，一般人無法比擬。乾隆四十六年（一七八一），黄河决口，徐州灾民無家可歸，露處大堤之上，江蘇巡撫無意賑濟。劉墉時爲江寧布政使，在制府面前與其奮力鬥争，直至灾民各安其所方告罷休。乾隆五十年（一七八五）大旱，稻秧不能按時供插，灾害即在眼前，巡撫仍無所介懷。劉墉聞總督在河上，便撇開巡撫，單獨往見，陳述旱情，遂與總督同奏，及時收到賑恤旨意，免除了百姓灾難。以劉墉與己屢屢作對，巡撫無法忍受，遂奏劉墉既老且病。於是爲調和矛盾，乾隆五十二年（一七八七）春，劉墉改任鴻臚寺卿，後乞告歸里，結束了自己的仕宦生涯。

八世

緒煊 出嗣

八世

纘煌

字爾恂，號載武，一號麓原。雍正甲辰（一七二四）舉人。以子埻貴，誥贈奉政大夫、雲南昭通府同知，晋贈中憲大夫、湖南糧儲道。年三十歲，忌八月十三日。娶單氏，高密縣康熙甲子（一六八四）舉人、江西雩都縣知縣，誥贈朝議大夫、直隸廣平府知府梧崗公女，累贈恭人。享年七十四歲，忌十二月初一日。葬東大宋北嶺東塋。子二人：埻，致。女二人：長適高密縣乾隆己未（一七七五）進士、湖北荆門州知州單言揚，次適高密縣候選從九品單煊。

九世

埻

字亦仲，號松崟。貢生。歷任雲南大理府、昭通府同知，升授廣西桂林府、江寧松江府知府、湖南糧儲道，誥授中憲大夫。享年五十四歲，忌九月初六日。娶孫氏，同邑相州鎮歲貢生、舉孝廉方正、誥贈朝議大夫、山西太原府知府濰湜公女，年二十八歲，忌五月初六日，誥贈恭人，葬東大宋北嶺西塋；　繼楊氏，同邑叓哥莊監生嘉璋公女，誥封恭人。側室常氏，以子銓珹貴，贈恭人，年四十歲，忌八月十四日；　宫氏，以撫養子銓珹貴，贈恭人，享年六十二歲，忌十月初六日，葬東大宋北嶺西塋。子七人：　銓理、銓珍、銓珹、銓瑋、銓瑺、銓琭、銓琦。女六人：　長適同邑相州鎮監生王元衡，次適同邑監生臧栝，次適膠州曹汶莊監生張元佐，次適高密縣候選從九品李枚敷，次適同邑橡家溝丁裕勳，次適同邑宋家村監生王元薦。

致　居大行寺莊

字一齋，號竹湄。監生。以胞侄銓珍貴，貤贈奉直大夫、直隸保安州知州。享年七十三歲，忌六月三十日。娶丁氏，日照縣歲貢生考授州同知士起公女，貤贈宜人，年三十四歲，忌五月十四日，葬東大宋北嶺西塋；　繼單氏，高密縣庠生雲孫公女，貤封宜人。側室徐氏，年四十九歲，忌八月十四日，葬東大宋北嶺西塋。子九人：　銓瑛、銓璽、銓璧、銓琴、銓璺、銓琳、銓瑶、銓琚、銓璋。女十人：　長適同邑黄家窑臧宸烺，次適同邑磨台子莊候選州吏目王元烶，次適同邑庠生丁叔炆，次適同邑九台莊王元候，次適同邑宋崗莊貢生王元厚，次適高密縣監生李大勳，次適同邑鐵溝莊監生李桓，次適濰縣候選州同知田起嵋，次適同邑庠生丁聯珠，次適膠州廩生王瓆。

七世

香

早卒，未娶。嗣子一人：緒煊。

八世

緒煊

字爾健，一字振遠，號東溪。雍正壬子（一七三二）舉人。乾隆癸酉（一七五三）舉鄉飲介賓[一]，鄉謚和靖，以本生胞侄壿貴，貤贈中憲大夫、安徽寧池太廣德兵備道。享年七十歲，忌七月初四日。娶丁氏，日照縣石梁頭莊歲貢生候選訓導雲青公女，貤贈恭人，享年五十一歲，忌三月二十四日。側室王氏，年四十七歲，忌二月初十日；丁氏，享年六十八歲，忌十一月初五日。葬逄哥莊東塋。子二人：壛、壤。女二人：長適日照縣丁家樓丁希曾，次適同邑徐家莊臧祚彦。

【校注】

〔一〕鄉飲介賓：周制，鄉飲酒禮，舉鄉里處士之賢者爲『賓』，次爲『介』，又次爲『衆賓』。其後歷代相沿，名稱不盡相同。明清時又有『賓』（亦稱『大賓』）『僎賓』『介賓』『三賓』『衆賓』等名號，統稱『鄉飲賓』。民衆推治家有方、内睦宗族、外和鄉里、義舉社會、享崇高社會威望之人爲『鄉飲大賓』。每年農曆正月十五與十月初一，縣府黎明時殺猪宰羊，於明禮堂内置辦豐盛酒宴。屆時，鄉飲大賓按牒送時辰赴會，縣令率僚屬人員提前至明禮堂門外相迎，對前來的大賓們行三揖三讓禮，明禮堂内升堂再行拜禮後方入座。大賓們坐西北席，僎賓坐東北席，有特殊貢獻之介賓坐西南席，主人坐東南席。三賓各就位之後，賓主相揖，執事授觶於司儀，司儀舉酒致辭。此種習俗，有益於敦親睦族、止惡揚善，故人們均以被選爲鄉飲大賓爲一種巨大榮耀。

九世

壥

字漢聲，號柳塘。貢生。任安徽虹縣知縣，以子録政貴，贈登仕郎、江蘇太倉州吏目。享年六十五歲，忌九月初五日。娶單氏，高密縣增貢生湖南布庫大使誥贈通奉大夫鳳文公女，敕贈孺人，享年六十歲，忌五月初七日。葬逄哥莊東塋。子四人：録政、録斌、録敞、録敬。女一人：適河南蘭陽縣廩生范蕙叢。

壤〔一〕

字仲襄，號南墅。監生。享年五十三歲，忌四月十五日。娶丁氏，同邑貢生四川墊江縣知縣漣公女，年二十六歲，忌二月十五日；繼張氏，濰縣□□公女，年三十四歲，忌三月十五日。葬西溝莊東塋。側室楊氏。子二人：録敦、録效。

【校注】

〔一〕壤：以孝友聞名。兄壣爲虹縣知縣，坐法被劾，賣己田三百畝爲兄贖罪。

東武劉氏家譜（利）

諱紹輝公後

九世

塾派

十世

之錧〔一〕

字鍵宗，號挹清〔二〕。山西大同府通判，借補湖南湘潭縣知縣，敕授承德郎。年四十七歲，忌十月十五日。娶孫氏，同邑相州鎮授奉政大夫福建建寧府同知元相公女，年三十三歲，忌九月初六日；繼童氏，浙江□□縣□□公女，年四十八歲，忌八月二十四日。俱封安人。葬泆淇河西塋。嗣子一人：濩。女三人：長適同邑相州鎮贈儒林郎孫祼墉，次適同邑大村莊監生王總墀，次適浙江□□縣朱塏。

【校注】

〔一〕之錧：據劉鏡如編著《東武劉氏家乘》云：『（之錧）曾祖楨，祖父紹煇，父埶。』

〔二〕號挹清：九世劉曉亦號挹清。

十一世

濩〔一〕

字布齋，號松源。監生。娶王氏，同邑宋家莊子乾隆辛酉（一七四一）舉人、山西徐溝縣知縣、授文林郎庚祺公女。子一人：東木。女一人：適同邑李肇海。

【校注】

〔一〕濩：據劉鏡如編著《東武劉氏家乘》云：『（濩）高祖楨，曾祖紹煇，祖父塾，父之館。』

十二世

東木〔一〕

字春延，號青圃。監生。娶王氏，同邑相州鎮候選州同知垂紱公女，年二十三歲，忌十二月初四日，葬城西楊家莊塋；繼李氏，同邑監生葦公女。女二人。

【校注】

〔一〕東木：據劉鏡如編著《東武劉氏家乘》云：『（東木）七世楨後，高祖紹煇，曾祖父塾，祖父之館，父濩。』

九世

壂派

十世

膺鑑〔一〕

字□□。年十九歲，忌十二月十二日。娶惠氏，同邑學究莊監生澍公女，以節孝入縣志，享年八十三歲，忌三月初五日，葬李子園南塋。嗣子一人：渤。女一人：適同邑相州鎮王維藩。

【校注】

〔一〕膺鑑：據劉鏡如編著《東武劉氏家乘》云：『(膺鑑)曾祖楨，祖父紹煇，父壂。』

十一世

渤〔一〕　**居李子園莊**

字東溟。監生。享年五十七歲，忌十一月二十六日。娶李氏，同邑監生經文公女，年四十六歲，忌四月初一日。側室趙氏，年四十一歲，忌十月初一日，葬李子園南塋；任氏。子一人：松喬。女三人：長適同邑相州鎮王鉅裬，次適同邑劉博疃監生丁紉瓏，次適同邑監生臧延聲。

【校注】

〔一〕渤：據劉鏡如編著《東武劉氏家乘》云：『（渤）高祖楨，曾祖紹煇，祖父壂，父膺鑑。』

十二世

松喬

字石南。娶王氏，同邑大村莊監生總墀公女。子二人：爟、薰。女四人：長□□□□□□□，次字同邑黃疃莊臧，次□□□□□，次□□□□□。

十世

之鏞〔一〕　居城南李子園莊

字衆聲。監生。享年五十一歲，忌三月初六日。娶王氏，同邑相州鎮贈儒林郎歲貢生彦木公女，享年七十七歲，忌六月初七日，葬展村北原。子二人：漳、渤（出嗣膺鑑後）。女二人：長適同邑乾隆壬午（一七六二）副貢生丁宏祚，次適同邑相州鎮優生孫紱墀。

【校注】

〔一〕之鏞：據劉鏡如編著《東武劉氏家乘》云：『（之鏞）曾祖楨，祖父紹煇，父壂。』

十一世

湋〔一〕

字韋川。監生。享年六十五歲，忌十月初一日。娶王氏，同邑王璘莊郡庠生其旋公女，年三十六歲，忌正月二十四日；繼任氏，高密縣梁尹莊監生澤長公女，享年五十五歲，忌八月十一日。葬展村北塋。子四人：相樞、相棟、相楷、相桂。女四人：長適同邑西原莊王紹曾，次適同邑范家嶺莊范維坊，次適同邑孫家樓子莊武庠生孫萬青，次適同邑浯河莊孫淑銘。

【校注】

〔一〕湋：據劉鏡如編著《東武劉氏家乘》云：『（湋）高祖楨，曾祖父紹煇，祖父壂，父之鏞。』

十二世

相樞〔一〕

字振北。娶王氏，同邑王富莊監生嗣孝公女。子一人：然。女三人：長適同邑榆林莊監生楊夢儼，次適同邑桃園莊王洪秀，次□□□□□□□。

【校注】

〔一〕相樞：據劉鏡如編著《東武劉氏家乘》云：『（相樞）七世祖楨，八世祖紹煇，九世祖壂，十世祖之鏞，父湋。』

相棟

字中吉。娶丁氏，同邑紹祚公女，年四十六歲，忌十二月二十七日，葬李子園東原；繼王氏，同邑高樂埠莊陽公女。子一人：燿。女二人：長適同邑楊家嶺莊楊森瑶，次□□□□□□□。

相楷

字聖木。娶王氏，同邑臨浯莊繫均公女。子一人：炳。女一人。

相桂

字岩青。娶王氏，同邑監生文灝公女，年二十九歲，忌六月二十七日，葬展村北塋；繼孫氏，同邑相州鎮候選布政司經歷景福公女。子一人：烒。女三人：長適同邑後壽塔寺莊王振磬，次□□□□□□□，次□□□□□□□。

十一世

渤 出嗣

九世

塋派

十世

之鈺〔一〕

字其相，號禹山。庠生。享年六十五歲，忌十一月十一日。娶張氏，同邑普慶莊廩貢生左黄公女，年四十六歲，忌十二月初七日，葬昌城東塋。子一人：澍。女二人：長適同邑玉皇廟莊監生臧程，次適同邑監生李藻。

【校注】

〔一〕之鈺：據劉鏡如編著《東武劉氏家乘》云：『（之鈺）曾祖楨，祖父紹煇，父堃。』

十一世

澍〔一〕

字沛霖。庠生。年四十八歲，忌十月二十一日。娶王氏，同邑王璊莊安徽蕪湖縣巡檢椿亭公女，享年六十三歲，忌四月初九日，葬古城南塋。嗣子一人：相鼎。

【校注】

〔一〕澍：據劉鏡如編著《東武劉氏家乘》云：『（澍）高祖楨，曾祖紹煇，祖父堃，父之鈺。』

十二世

相鼎

字荆墅。娶王氏，同邑江南桃源縣主簿訥齋公女。子二人：頫、頎。女二人。

十世

之錧 出嗣

十世

之鋐〔一〕 居後壽塔寺莊

字心遠，號允淑，一號約亭。廩生。享年六十歲，忌三月初二日。娶李氏，同邑誥授中憲大夫湖南衡永郴桂道藴輝公女，享年七十二歲，忌六月十四日，葬後壽塔寺北原。子三人：澐、澫、濩（出嗣之錧後）。女四人：長適同邑監生臧肇基，次適同邑□□臧□，次適同邑監生王文灝，次適同邑王家樓子莊監生王紓增。

【校注】

〔一〕之鉉：據劉鏡如編著《東武劉氏家乘》云：『（之鉉）曾祖楨，祖父紹輝，父堃。』

十一世

澐〔一〕

字任舟，號郑南。監生。娶王氏，同邑王瑀莊乾隆乙卯（一七九五）舉人授奉直大夫雲南雲龍州知州儀亭公女，享年六十二歲，忌八月十七日。葬後壽塔寺北原。子二人：相軒、相鼎（出嗣澍後）。女三人：長適同邑相州鎮庠生王朝夔，次適同邑王家樓子莊監生王朝勷，次適同邑賈悦東莊廪生丁錫麟。

【校注】

〔一〕澐：據劉鏡如編著《東武劉氏家乘》云：『（澐）高祖楨，曾祖紹煇，祖父堃，父之鉉。』

十二世

相軒

字曰西。娶臧氏，同邑玉皇廟莊監生心齋公女。女三人：長適同邑岳旺莊王學游，次適同邑後壽塔寺莊王振鷺，次適同邑劉博疃丁延錫。

相鼎 出嗣

十一世

藹〔一〕

字澂川。監生。年四十五歲，忌正月初五日。葬後壽塔寺北塋。娶王氏，同邑齊溝莊曉山公女。側室任氏。子一人：相楗。女四人：長適同邑李清韶，次適同邑只溝鎮張師坤，次適同邑曹鄉莊陳景謨，次適同邑飲馬莊鄭懋修。

【校注】

〔一〕蕩：據劉鏡如編著《東武劉氏家乘》云：『（蕩）高祖楨，曾祖紹煇，祖父堃，父之鉉。』

漊 出嗣

十二世

相楗

字猗齋。娶王氏，同邑齊溝莊□□公女。女一人。

諱紳爍公後

九世

塈派

十世

志鍈 居賈哥莊

字□□。享年八十二歲，忌十二月十九日。娶張氏，昌邑縣監生培基公女，享年六十八歲，忌二月二十六日，葬賈哥莊東塋。子三人：淴、瀶、漌。

十一世

淴

娶楊氏。

十一世

瀶

娶李氏，安丘縣甘泉莊□□公女。子一人：相岦。

十二世

相臣

娶李氏。子一人：喜。

十一世

瑾

娶楚氏。

十世

志鎰　居西旺莊

享年六十四歲，忌七月十四日。娶王氏。葬西旺莊西原。子三人：滋、湝、涓。女二人：長適□□□□□□王，次適□□□□□□孫。

十一世

滋

娶孫氏。子一人：相禄。女一人：適□□□□□高。

十二世

相禄

娶王氏。

十一世

湝

娶王氏，繼李氏。

十一世

涓

娶范氏。

十世

志鑌 居西旺莊

年二十五歲，忌三月十六日。娶李氏。葬西旺莊西原。子一人：淪。女二人：長適□□□□□王，次適□□□□□李。

十一世

淪

娶王氏。子二人：相禮、相智。

十二世

相禮

相智

九世

壇派

十世

志欽

字廷儀。享年七十五歲，忌正月初六日。娶管氏，同邑瓦店莊□公女，享年八十歲，忌三月初十日。葬逄哥莊西塋。子二人：準、渠（出嗣志鑑後）。女五人：長適同邑麻溝莊孫，次適同邑高家莊臧，次適高密縣山甫莊陳，次適高密縣□□單，次適膠州宋家莊明。

十一世

準

字孟語。享年六十五歲，忌□□□日。娶王氏，高密縣城律莊□公女，享年五十四歲，忌四月二十二日。葬逄哥莊西塋。子三人：光杰、光梅、光榮。女二人：長適高密縣城律莊王，次適同邑百尺河莊考授從九品莊季倫。

渠 出嗣

十二世

光杰

娶王氏，高密縣城律莊□公女。子二人：景爲、景照。

光梅

光榮

聘王氏。

十世

志鑑

字月亭。享年六十歲，忌正月初十日。娶楊氏，同邑□□公女，享年六十三歲，忌十二月二十八日，葬逢哥莊西塋。嗣子一人：渠。女一人：適□□□□楊家埠楊。

十一世

渠

娶趙氏，同邑鬥雞台□□公女，年二十九歲，忌二月初八日。葬逢哥莊西塋。繼張氏，高密縣張家沙窩□□公女。子二人：光棟、光森。女四人：長適同邑呂兑莊王，次適同邑高直莊王，次適高密縣梁台莊禚鳳喈，次□□□□□□。

十二世

光棟

娶王氏。

光森

九世

壊派

十世

志魁〔一〕 **一名魁**

字光斗。庠生。享年八十四歲，忌九月二十八日。娶王氏，同邑柿園莊□□公女，享年七十六歲，忌二月十五日。葬逄哥莊西塋。子二人：永吉、永祥。女二人：長適同邑後高直莊武庠生王繼愚，次適同邑趙家莊鄭其釗。

【校注】

〔一〕志魁：據劉鏡如編著《東武劉氏家乘》云：『（志魁）曾祖果，祖父紳爍，父壊。』

十一世

永吉

字慶菴。娶曹氏，同邑蓮池莊焜公女，享年七十五歲，忌十一月二十二日。葬逢哥莊西塋。子一人：樹芳。

十二世

樹芳

娶孫氏，同邑老吳村份公女，年二十四歲，忌七月十六日。葬逢哥莊西塋；繼孫氏，□□彭家莊明顯公女。子二人：煦、照。女二人。

十一世

永祥

字瑞菴。享年七十二歲，忌十月二十八日。娶王氏，同邑店子莊聘公女，享年六十六歲，忌四月十三日。葬逢哥莊西塋。子三人：樹蕃、樹蓁、甘棠（出嗣洙後）。

十二世

樹蕃

娶孫氏，同邑孫家巴山莊庠生申緒公女。子四人：點、默、燕、烈。

樹蓁

娶禚氏，高密縣曹町莊思欽公女，年二十四歲，忌九月初一日。葬逄哥莊西塋。繼孫氏，同邑楊家嶺莊培心公女。子二人：熿、爍。

甘棠 出嗣

十世

志鈊

享年七十歲，忌□□□□□日。娶王氏，同邑相州鎮□公女，享年□□□歲，忌□□□□□日。葬逄哥莊西塋。子二人：漢、渚。

十一世

漢

渚

娶韓氏。子一人：樹茂。女一人：適□□□□□□管。

十二世

樹茂

十世

志銓

享年□□□歲，忌□□□□□□日。娶台氏，繼王氏。子一人：淮。女一人：適同邑水西莊王。

十一世

淮

娶孫氏，高密縣高哥莊長公女。子二人：德桂、天桂。女三人：長適高密縣柴家莊錢爲，次適高密縣高哥莊于，次□□□□□□。

十二世

德桂

天桂

娶禚氏。女一人。

十世

志鋼

享年□□□歲，忌□□□□□□日。娶邱氏。子一人：池。

十一世

池

享年六十歲，忌□□□□□日。葬于哥莊北原。娶李氏，□□澇窪莊□□公女。子三人：廷棠、廷柱、廷柯。

十二世

廷棠

廷柱娶管氏。

廷柯

十世

志銑娶張氏。

九世

在派

十世

志錞[一]

字警菴。監生。享年六十六歲，忌正月初十日。娶丁氏，□□□□歲，忌四月十六日；繼李氏，高密縣□□公女，享年□□□歲，忌四月十四日。葬逄哥莊西北塋。子二人：汝文、漢文。

【校注】

〔一〕志錞：據劉鏡如編著《東武劉氏家乘》云：『（志錞）曾祖果，祖父紳燦，父在。』

十一世

汝文

字南谷。享年□□□歲，忌□□□□□日。娶任氏，享年□□□歲，忌□□□□□日。葬芝龍莊南塋。子二人：廷樞、廷機。

十二世

廷樞

年二十一歲，忌□□□□□日。葬逢哥莊西北塋。娶鄭氏。嗣子一人：爲龍。

廷機

娶任氏。子五人：爲龍（出嗣廷樞後）、爲光、爲照、爲彦、爲煦。

十一世

漢文

字雲章。年四十二歲，忌十一月十一日。葬逢哥莊西北塋。娶莊氏。子四人：廷梅、廷桂、廷格、廷槐。

十二世

廷梅

娶任氏。子二人：爲烈、爲營。女一人。

廷桂

娶孫氏。子一人：爲炘。女一人。

廷格

娶邱氏。女一人。

廷槐

娶鄭氏。

九世

塈派

十世

志錡〔一〕

字惠亭。例授登仕郎。享年八十六歲，忌四月二十日。娶王氏，同邑潘家莊山西澤州府同知份公女，享年七十六歲，忌十二月十五日。葬逄哥莊西塋。子四人：濬、源、淦、洙。

【校注】

〔一〕志錡：據劉鏡如編著《東武劉氏家乘》云：『（志錡）曾祖果，祖父紳燦，父銴。』

十一世

濬

娶王氏，繼李氏。嗣子一人：廷楷。女三人：長適同邑學究莊惠，次適□□□□□韓，次適同邑苑家莊苑景雲。

十二世

廷楷

娶袁氏，繼王氏。

十一世

源〔一〕

娶趙氏，昌邑縣克蘭莊□公女。側室王氏。子二人：廷楷（出嗣濬後）、廷柱。女五人：長適高密縣伏崗莊李貢，次適高密縣田莊李，次適同邑相州鎮王，次適□□□小莊劉，次適同邑相州鎮王。

【校注】

〔一〕源：據劉鏡如編著《東武劉氏家乘》云：『（源）高祖果，曾祖紳燦，祖父墼，父志錡。』

十二世

廷楷　出嗣

廷柱

十一世

淦

年三十二歲，忌五月初四日。葬逄哥莊西塋。娶任氏，繼邱氏、王氏、孫氏。子一人：廷模。

十二世

廷模

娶王氏。子一人：秋鵠。

十一世

洙

娶潘氏，同邑潘家村□□公女。側室陳氏。嗣子一人，子四人：甘棠、召棠、發棠、碩棠。女二人。

十二世

甘棠

娶王氏，繼孫氏。子一人：鶴鳴。

召棠

發棠

碩棠

十世

志鎧

字勗文。享年六十七歲，忌三月二十六日。葬逄哥莊北塋。娶鄭氏，同邑趙家莊□公女。嗣子一人：嗣淙。女三人：長適同邑三槐坡莊王，次適同邑河套莊莊，次適高密縣朱郭莊張。

十一世

嗣淙

娶宋氏，同邑宋家泊莊時中公女；繼王氏，同邑水西莊普公女。子一人：夢松。女四人：長適高密縣大洪莊候選從九品王培元，次□□□□□□□，次□□□□□□□，次□□□□□□□。

十二世

夢松

聘莊氏。

十世

志錞 出嗣

十世

志鉽

字西亭。享年六十八歲，忌十一月十七日。娶王氏，□□□王哥莊□公女，享年□□□歲，忌□□□□日。葬逄哥莊西塋。子三人：泰、海、注。女一人：適高密縣孫家沙窩莊孫。

十一世

泰

字東嶽。娶祝氏，同邑大埠屯□□公女。側室王氏。子一人：松慶。女二人：長適同邑相州鎮王，次適同邑朱村莊王殿枚。

十二世

松慶

娶王氏，同邑相州鎮□公女。

十一世

海

年三十七歲，忌九月十九日。娶任氏，年二十二歲，忌九月二十日，葬逢哥莊西塋； 繼王氏。

子二人： 松年、松茂。

十二世

松年

娶王氏，子一人： 景燕。女一人。

松茂

娶王氏。

十一世

注

娶王氏，同邑西溝莊景祥公女。女一人。

十世

志鎬

字赤亭。年三十九歲，忌十月初八日。娶張氏，同邑普慶莊□□公女，年二十歲，忌八月二十二日；繼王氏，同邑小王原莊雍正丙午（一七二六）舉人江南碭山縣知縣倌公女，享年五十八歲，忌九月二十三日。葬逄哥莊北塋。子二人：湘、嗣淙（出嗣志鎧後）。女三人：長適高密縣朱寒莊任廷杰，次適同邑巴山莊孫佩塘，次適高密縣河流莊史鐸。

十一世

湘

字楚江。年□□□歲，忌□□□□□日。葬□□□□□。娶隋氏，同邑隋家沙嶺莊臻公女。

子三人：夢椿、夢桂、夢蘭。女七人：長適同邑道明莊王德欽，次適同邑道明莊王銓衡，次□□□□□□□□，次□□□□□□□，次□□□□□□□，次字同邑宋家泊莊宋曰聰，次字同邑沙嶺子莊隋漣。

十二世

夢椿

娶隋氏，同邑沙嶺子莊廣東候補從九品大發公女。女一人。

夢桂

娶丁氏，同邑小黄町莊乾隆己酉（一七六五）舉人曲阜縣教諭西軒公女。子一人：炅。

夢蘭

十一世

嗣淙　出嗣

九世

塍派

十世

志鑛

字□□。享年六十五歲，忌六月二十五日。娶丁氏，享年八十一歲，忌十二月二十一日。葬逄哥莊東嶺。子二人：淏、漳。女三人：長適同邑馬哥莊劉汝存，次適高密縣雙羊店于，次適同邑相州鎮王垂訓。

十一世

淏

年四十三歲，忌□□□□□日。葬逄哥莊西塋。娶王氏，同邑水西莊□□公女；繼王氏，高密縣王家莊□□公女。子一人：相林。女一人：適同邑巴山莊庠生王嵩慶。

十二世

相林

年二十七歲，忌正月初五日。葬逢哥莊東嶺。娶王氏，同邑曹家泊莊夢琪公女。子一人：茨。

十一世

漳

年四十五歲，忌□□□□日。葬逢哥莊東嶺。娶丁氏。子二人：相君、相臣。

十二世

相君

娶王氏，同邑水西莊汝基公女。

相臣

十世

志銅

字昆吾。享年六十六歲，忌六月十六日。娶邱氏，同邑馬旺莊□□公女，年三十二歲，忌三月初一日；繼鹿氏，同邑上口莊□□公女，享年六十四歲，忌二月二十八日。葬逄哥莊西塋。子四人：瀦、鴻、渭、洲。女五人：長適安丘縣高家圈高學魯，次適同邑史家莊孫淇岳，次適高密縣代滸莊曹文忠，次適同邑官莊王佳璽，次適高密縣尚家莊王漣志。

十一世

瀦

字鴻飛。娶王氏，同邑相州鎮元泰公女。子一人：玉樞。女一人：適高密縣沙窩莊孫汝驥。

十二世

玉樞

字辰垣。娶曹氏，高密縣代滸莊文忠公女，年二十三歲，忌八月二十六日。葬逄哥莊西塋。

十一世

鴻

享年五十八歲，忌七月二十日。葬逄哥莊西塋。娶王氏，高密縣城律莊繹曾公女，年二十一歲，忌四月十六日，葬逄哥莊西塋； 繼傅氏，高密縣□公女。子二人： 丹木、正木。女五人： 長適同邑李家莊喬士祥，次適同邑馬哥莊劉，次□□□□□□□，次□□□□□□□，次□□□□□□□。

十二世

丹木

娶王氏，同邑水西莊汝基公女。女一人。

正木

娶王氏，高密縣貯溝莊自樂公女。

十一世

渭

字南谷。娶邱氏，同邑劉哥莊監生士範公女。側室李氏。女一人。

十一世

洲

娶王氏，同邑樓子莊□□公女。子二人：如松、如栢。女三人：長適同邑樓子莊王，次字高密縣韓家曈莊王，次字同邑李家莊張。

十二世

如松

如栢

十世

志鋗

享年六十二歲，忌□□□□日。葬逄哥莊東嶺。娶邱氏，同邑柴溝莊□□公女。側室楊氏。子四人：深、潭、洨、淞。女二人：長適膠州宋家莊明發秀，次適同邑李家莊張。

十一世

深

享年五十二歲，忌□□□日。葬逄哥莊東嶺。娶王氏。子二人：廷梁、廷樂。女二人：長適同邑相州鎮王，次□□□□□□□。

十二世

廷梁

廷樂

十一世

潭

娶竇氏，同邑竇家營□□公女。子一人：大椿。

十二世

大椿

十一世

洨

娶趙氏，同邑鬥雞台□□公女。女一人。

十一世

淞

九世

均派

十世

公鏻

字健行。享年七十歲，忌十月初十日。娶邱氏，同邑十里舖莊庠生孝承公女，年二十四歲，忌正月二十六日；繼傅氏，高密縣八里莊□□公女，享年五十一歲，忌十二月二十一日。葬逄哥莊北塋。子二人：澐、澄。女二人：長適安丘縣李家大莊李禮臧，次適同邑水西莊王。

十一世

澐

享年五十五歲，忌□□□□日。娶傅氏，同邑白家嶺莊□□公女，年□□□歲，忌□□□□□日。葬逄哥莊東嶺。子二人：相樞、仲樞（出嗣泊後）。女二人：長適同邑水西莊王汝賓，次適高密縣單喬齡。

十二世

相樞

娶王氏，同邑王家樓子莊□□公女。子一人：烒。女三人。

仲樞 出嗣

十一世

澄

娶鹿氏，同邑常家疃□□公女。嗣子一人：殿樞。女二人：長適同邑楊家屯李，次適高密縣代滸莊田鳳喈。

十二世

殿樞

聘葛氏，高密縣彭旺莊監生堉公女。

十世

公鉞

字西堂。娶王氏，同邑水西莊乾隆戊午（一七三八）舉人四川達州州同知仕公女。子一人：汶。女六人：長適高密縣李仙莊監生張權，次適高密縣庠生單爲猷，次適高密縣柏城莊王，次適高密縣從九品單渠，次適高密縣朱寒莊任，次適同邑高家河堐莊高。

十一世

汶

娶傅氏，高密縣□□公女；繼竇氏，同邑竇家營□公女。子二人：天樞、辰樞。

十二世

天樞

辰樞

十世

公衡

字槐村。娶邱氏，同邑劉哥莊近仁公女。子一人：灝。女一人：適高密縣監生單純嘏。

十一世

灝〔一〕

字漢川，從九品職。娶曹氏，高密縣代滸莊日烈公女。子二人：爲樞、殿樞（出嗣澄後）。女二人。

【校注】

〔一〕灝：據劉鏡如編著《東武劉氏家乘》云：『（灝）高祖果，曾祖绅燦，祖父均，父公衡。』

十二世

爲樞

字壽莊。娶蔡氏，高密縣貯溝莊從九職榕齡公女。

殿樞 出嗣

十世

公鑒

娶衣氏，棲霞縣□□公女。子一人：泊。女一人：適□□□□□□李。

十一世

泊

年十九歲，忌□□□□日。嗣子一人：仲樞。

十二世

仲樞

字雁亭。娶郭氏，□□郭家莊□□公女。子一人：照。女三人：長適安丘縣李家大莊李，次□□□□□□□，次□□□□□□□。

九世

玉派

十世

公録

享年七十四歲，忌六月初三日。娶葛氏，高密縣北林莊□□公女，享年七十六歲，忌六月二十一日。葬逄哥莊西塋。子一人：濰。

十一世

濰

娶竇氏，同邑竇家營□□公女；側室王氏。嗣子一人：廷杰。

十二世

廷杰

娶滕氏。

十世

公鑄

享年五十歲，忌四月十六日。娶孫氏，同邑巴山莊□□公女，享年□□□歲，忌□□□□□日，葬逢哥莊西塋，繼喬氏。子三人：湄、温、河。

十一世

湄

娶秦氏，側室臧氏。子二人：廷桂、廷杰（出嗣濰後）。女一人。

十二世

廷桂

廷杰　出嗣

十一世

温

娶李氏。女一人。

河

十世

公鎔

年四十歲，忌六月二十八日。娶王氏，高密縣井溝莊□□公女，年□□□□歲，忌五月初五日。葬逄哥莊西塋。子一人：藻。女二人：長適高密縣沙窩莊丁，次適同邑水西莊庠生王斫。

十一世

藻

娶劉氏，□□小劉家莊□公女。女一人。

九世

琰派

十世

公錫

享年七十一歲，忌十二月二十日。娶王氏，同邑水西莊豸文公女，享年六十□歲，忌正月十九日。葬逄哥莊北塋。子二人：洸、測。女三人：長適同邑柴溝莊邱，次適高密縣王家莊游，次適同邑水西莊王塤。

十一世

洸

測

娶王氏，高密縣伏崮莊□□公女。子三人：本忠、本惠、本恭。

十二世

本忠

聘禚氏。

本惠

本恭

十世

公錦

娶王氏，同邑北哥莊□□公女，年四十三歲，忌七月十三日。葬逄哥莊北塋。子二人：浮、涇。

十一世

浮

年四十二歲，忌十二月二十八日。葬逄哥莊北塋。娶孫氏，同邑巴山莊□公女。子一人：

本善。

十二世

本善

十一世

涇

娶周氏，□□周家莊□□公女。子一人：本智。女一人。

十二世

本智

聘李氏。

十世

公鉅

享年五十歲，忌□□□□□□日。葬逢哥莊北塋。

十世

公鉦

年二十四歲，忌□□□□日。葬逄哥莊北塋。娶王氏，同邑西溝莊乾隆庚辰（一七六〇）舉人載道公女。

十世

公鈵

年二十二歲，忌□□□□□日。葬逄哥莊北塋。娶王氏，同邑水西莊汾公女。

諱綸炳公後

九世

琛派

十世

鈞仁

字公溥。享年六十七歲，忌十一月二十七日。娶王氏，同邑王瑀莊增監生引栻公女，享年七十歲，忌七月初一日。葬重興莊南塋。子一人：淇。女一人。

十一世

淇

字猗亭。娶丁氏，同邑丁家莊武庠生士琦公女，享年五十九歲，忌六月初五日。葬重興莊南莊。子二人：肯堂、肯構。女一人：適同邑相谷莊王琚。

十二世

肯堂

娶隋氏。子二人：炣、炌。

肯構

娶李氏。

十世

鈞義

字和西。享年五十七歲，忌三月十一日。娶王氏，同邑相州鎮增生樟公女，享年六十八歲，忌五月二十九日。葬重興莊河東塋。嗣子一人：瀠。女一人：適□□□□□曹。

十一世

瀠

字泊然。娶丁氏，同邑潘旺莊書則公女，年三十二歲，忌六月初九日；繼王氏，同邑下崮莊元象公女，年四十二歲，忌四月十四日。葬重興莊南塋。子四人：方本、方森、方格、方渠。女一人：適同邑官莊隋凌靄。

十二世

方本

字道生。娶高氏，同邑西院莊永安公女，年四十歲，忌三月初五日。葬重興莊河東塋。子二人：熤、炘。

方森

字岫林。娶邱氏，同邑十里舖莊廩生錫琳公女。子一人：燓。

方格

字子正。娶徐氏，同邑齊溝莊元福公女。

方渠

字淡如。聘王氏，同邑齊溝莊垂瑜公女。

十世

鈞禮

字節菴。享年七十二歲，忌九月初九日。娶王氏，同邑相州鎮候選行人司司副贈奉直大夫樏公女，享年八十二歲，忌八月十八日。葬重興莊南塋。子三人：濤、濬（出嗣鈞德後）、澗。女一人：適高密縣柏城莊王寧燾。

十一世

濤

娶崔氏，繼鄭氏。子二人：碩來、泰來（出嗣澗後）。女四人：長適同邑相州鎮王鑑遠，次適同邑相谷莊王岩，次適同邑杜家嶺羅琛。

十二世

碩來

泰來 出嗣

娶苑氏，同邑小官莊良輔公女。

十一世

濬 出嗣

十一世

澗

字南濵。娶楊氏。嗣子一人：泰來。女二人：長適高密縣朱寒莊任昕，次適同邑學究莊惠□垺。

十二世

泰來

娶王氏，同邑朱村莊芳盛公女。

十世

鈞恕〔一〕

字如心。直隸四旗廳土城巡檢，贈文林郎，雲南呈貢縣知縣。享年五十一歲，忌七月三十日。娶任氏，高密縣梁尹莊增貢生候選州同知南金公女，贈安人，年三十四歲，忌十二月初八日，葬重興莊河東塋；繼于氏，平度州古莊監生知顯公女，封安人。子二人：淑、泌。女二人：長適高密縣朱寒莊任廷機，次適同邑庠生丁同理。

【校注】

〔一〕鈞恕：據劉鏡如編著《東武劉氏家乘》云：『（鈞恕）曾祖果，祖父綸炳，父埰。』

十一世

淑〔一〕

字陶軒。優增生。享年五十五歲，忌二月初七日。葬重興莊東塋。娶吴氏，浙江□□縣□公女。子三人：震來、方來、朋來。女三人：長適同邑相州鎮嘉慶辛酉（一八〇一）進士、翰林院編修、河南道御史、甘肅慶陽府知府王鍾古，次適同邑桃園莊王綸錫，次適同邑桃園莊王綸麟。

【校注】

〔一〕淑：據劉鏡如編著《東武劉氏家乘》云：『（淑）高祖果，曾祖綸炳，祖父埰，父鈞恕。』

十二世

震來

監生。娶任氏，高密縣梁尹莊乾隆丁酉（一七七七）副貢生陝西三原縣知縣天桂公女。

方來

娶王氏，□□□□庠生熙采公女。

朋來

娶任氏，高密縣梁尹莊世著公女。子一人：炯。

十一世

泌〔一〕

字衛川。乾隆戊申（一七八八）、己酉（一七八九）聯捷進士，雲南呈貢縣知縣，授文林郎。享年五十一歲，忌十月二十日。葬重興莊東塋。娶隋氏，同邑富山莊書聲公女，例封孺人。子二人：巽權、可權。女三人：長適高密縣梁尹莊任延照，次適同邑賈悦莊廩生丁錫麟，次適同邑王畿。

【校注】

〔一〕泌：據劉鏡如編著《東武劉氏家乘》云：『（泌）祖果，曾祖綸炳，祖父埰，父鈞恕。』

十二世

巽權

娶張氏，莒州井坵莊□□鹽課大使治仁公女。子二人：灼、燃。女二人：長□□□□□□□，次字同邑相州鎮王。

可權

娶王氏，同邑侯家莊直隸冀州吏目鴻耀公女。

十世

鈞信

字中孚。年四十一歲，忌三月十一日。娶張氏，同邑普慶莊監生鄉謚康定曜初公女，享年五十七歲，忌十一月二十日。葬重興莊南原。子三人：濰、瀊（出嗣鈞義後）、汾。女二人：長適同邑齊溝莊王垂荐，次適同邑相州鎮監生王嗣給。

十一世

濰

字豫川。年三十八歲，忌二月二十四日。葬重興莊南塋。娶王氏，□□□老村莊純嘏公女。子一人：方梧。女二人：長適同邑普慶莊庠生張九韶，次適同邑兩河莊詹。

十二世

方梧

娶丁氏，同邑潘旺莊□公女。子二人：焴、頲。

十一世

漨 出嗣

汾

字晉川。娶李氏，葬重興莊南塋右偏；繼王氏，同邑齊溝莊元晨公女。子四人：方槐、方杲、方楙、方桐。女三人：長適同邑齊溝莊王鑑毅，次□□□□□□□，次□□□□□□□。

十二世

方槐

娶王氏，同邑齊溝莊垂瑜公女。

方杲

娶王氏，同邑齊溝莊垂璣公女。

方楙

娶王氏，同邑齊溝莊垂□公女。子一人。

方桐

十世

鈞德

字道充。年十九歲，忌九月初三日。葬重興莊南塋。娶丁氏。嗣子一人：濬。

十一世

濬

字哲堂。娶鄭氏，同邑老莊汝聰公女。子三人：希杜、希杰、希樊。

十二世

希杜

年二十四歲，忌六月二十日。葬重興莊西原。娶邱氏，同邑芝龍莊文遠公女。嗣子一人：肇烋。

希杰

字興士。娶任氏，高密縣梁尹莊垂業公女。子二人：肇烋（出嗣希杜後）、肇烈。女一人。

希樊

字芸圃。娶王氏，同邑相州鎮□□公女。女二人。

九世

壆派

十世

鈞陶

字建唐。年三十八歲，忌五月二十九日。娶任氏，高密縣朱寒莊雍正癸卯（一七二三）舉人貴州普安縣知縣士鋕公女，享年七十六歲，忌五月十八日。葬重興莊東原。子四人：滄、浩、滙、泮。

十一世

滄

字孟海。享年六十六歲，忌四月初二日。葬伏勝莊北原。娶張氏，同邑普慶莊憲瑞公女。子一人：樹德。女一人：適同邑王璊莊王應午。

十二世

樹德

字慎齋。娶徐氏，同邑齊溝莊元福公女。子二人：重光、元光。女一人。

十一世

浩

字充如。娶任氏，高密縣朱寒莊景注公女。子四人：方林、方栢、方椿（出嗣泮後）、方策。女一人：適高密縣梁尹莊任國勳。

十二世

方林

字平野。年□□□歲，忌□□□□日。娶王氏，同邑齊溝莊垂丙公女，年三十八歲，忌八月十五日；繼王氏，同邑高直莊監生垂壎公女，年□□□歲，忌□□□□日，□旌表節。葬□□□塋。子一人：大光。

方栢

字新甫。娶葉氏，同邑曹村莊永恩公女，年二十一歲，忌十二月十五日，葬河堐莊東原；繼徐氏，同邑鄭家莊福清公女。

方椿 出嗣

方策〔一〕

字效周，邑庠生。娶王氏，同邑朱村莊芳盛公女。女一人。

【校注】

〔一〕方策：據劉鏡如編著《東武劉氏家乘》云：『（方策）七世祖果之後，高祖綸炳，曾祖壂，祖父鈞陶，父浩。』

十一世

滙

字巨川。娶王氏，同邑齊溝莊元書公女，年三十五歲，忌七月十二日，葬河堐莊東原；繼王氏，高密縣栢城莊清城公女。子一人：方榮。女三人：長適同邑相州鎮王卜年，次適同邑慕容莊楊煦，次適同邑壽塔寺莊監生王維綱。

十一世

方榮

字向亭。年二十三歲，忌二月二十九日。娶李氏，同邑德洛公女，年二十一歲，忌二月二十九日，葬河堐莊東原；繼王氏，同邑相州鎮維麟公女。

十一世

泮

字樂斯。年四十歲，忌十一月二十日。娶丁氏，同邑十字路玉獅公女，年四十二歲，忌正月十四日。葬河堐莊東原。嗣子一人：方椿。

十二世

方椿

字大木。娶竇氏，同邑潘旺莊光裕公女。子一人：文光。

九世

臺派

十世

鈞濟[一]

字悦舟。監生。享年五十六歲，忌二月十二日。娶張氏，同邑普慶莊晒初公女，享年八十七歲，忌正月二十二日。葬昌城莊北塋。子二人：漢、濬。女三人：長適高密縣梁尹莊任世幹，次適同邑巴山莊庠生孫正式，次適同邑黄疃莊范文龍。

【校注】

〔一〕鈞濟：據劉鏡如編著《東武劉氏家乘》云：『（鈞濟）曾祖果，祖父綸炳，父臺。』

十一世

漢

字洛友。年四十四歲，忌五月初二日。娶王氏，同邑齊溝莊元美公女，享年六十三歲，忌八月初八日。葬昌城莊北塋。子二人：方柱、方棟。女一人：適同邑普慶莊張九衢。

十二世

方柱

娶楊氏，同邑楊家莊崑公女。子四人：烶瑀、烶瑄、烶瑗、烶瑜。女二人：長適□□大莊陳，次□□□□□□□。

方棟

娶楊氏，同邑楊家莊崑公女。子二人：烶珅、烶玥。女一人：字同邑李。

十一世

潛

字孔昭。娶范氏，同邑黄町莊倧佑公女。子五人：方棫、方樸、方楹、方枚、方棙。

十二世

方棫

娶遲氏，膠州舖上莊獻廷公女。子一人：烶珣。女二人。

方樸

娶許氏，同邑北河堐莊庠生泰雲公女。女二人：長適同邑高直莊王經文，次□□□□□□□。

方楹

娶王氏，同邑馬家莊潤公女。

方枚

娶范氏，同邑黃町莊椿齡公女。子一人：⿰火疑瓖。

方榽

聘王氏，同邑齊溝莊垂璣公女。

十世

鈞和

字介石。享年六十九歲，忌二月二十九日。娶丁氏，同邑沙哥莊□□同知覲輝公女，年四十七歲，忌三月二十四日。葬昌城莊北塋。側室史氏，享年六十九歲，忌十月十三日。葬重興莊西北塋。子三人：渡、汶、衍。女四人：長適同邑邱家莊高熙，次適膠州曹汶莊張維庸，次適同邑蓮池莊王麟堦，次適同邑郝家莊郝。

十一世

渡

字伯川。娶丁氏，同邑相家溝練公女。子三人：方桂、方木（出嗣衍後）、方楣。女一人：適同邑小行寺莊相景坊。

十二世

方桂

娶于氏。女一人。

方木 出嗣

方楣

十一世

汶

字汶川。娶楊氏，同邑維曾公女。年四十八歲，忌二月十六日。葬重興莊西北塋。子一人：

方權。女一人：適同邑小王璊莊王。

十二世

方權

娶范氏。年十九歲，忌十月十三日。葬重興莊西北塋。

十一世

衍

年三十三歲，忌九月二十日。娶李氏，同邑浙江寧波府同知文騏公女，年四十九歲，忌七月初一日。葬重興莊西北塋。嗣子一人：方木。

十二世

方木

十世

鈞用

字□□。年四十五歲，忌六月初四日。葬重興莊東嶺。娶于氏，平度州古莊監生知顯公女。子一人：浴。女三人：長適同邑史家莊孫九思，次適同邑相州鎮王維屏，次適同邑西大宋莊孫維理。

十一世

浴

娶鄭氏，同邑老莊汝葰公女，年二十二歲，忌二月十二日，葬重興莊東嶺；繼王氏，同邑滂哥莊澶公女。子一人：大業。女二人。

十二世

大業

諱綎熼公後

九世

遂派

十世

錤慶[一]

字以地。候選布政司理問加二級。享年六十三歲，忌二月二十日。娶孫氏，同邑相州鎮福建福清縣縣丞舟相公女，享年五十一歲，忌十二月初四日；繼吴氏，同邑蘆水莊士珍公女，年四十四歲，忌九月初二日。葬老莊西北塋。嗣子一人：宗海。

【校注】

〔一〕錤慶：據劉鏡如編著《東武劉氏家乘》云：『（錤慶）曾祖果，祖父綎熼，父遂。』

十一世

宗海[一]

字百川。候選縣丞。享年五十二歲，忌□□□□□日。葬老莊□□塋。娶鍾氏，同邑仁和莊貢生嶽公女。子一人：鳳梧。女二人：長適同邑蓮池莊監生王書鑑，次字膠州□□楊堉。

【校注】

[一]宗海：據劉鏡如編著《東武劉氏家乘》云：『（宗海）高祖果，曾祖綖燝，祖父墜，父錤慶。』

十二世

鳳梧

十世

錤懋[一]

字功賞。監生。享年六十二歲，忌五月十七日。娶王氏，同邑王家巴山康熙甲午（一七一四）舉人、甘肅寧夏府西路同知、贈朝議大夫、户部陝西司郎中伸公女，年三十一歲，忌十月二十六日；繼祝氏，同邑祝家樓附貢生君壽公女，年三十三歲，忌五月初三日；繼李氏，高密縣林甡公女，享年□□歲，忌十一月二十二日。葬老莊東南塋。子四人：宗汶、宗海（出嗣錤慶後）、宗漢、宗河。

【校注】

〔一〕錤懋：據劉鏡如編著《東武劉氏家乘》云：『（錤懋）曾祖果，祖父綖爆，父墜。』

十一世

宗汶〔一〕

字魯川。候選布政司理問。享年五十一歲，忌五月十九日。娶王氏，同邑邱家莊監生元駿公女，年二十五歲，忌正月二十二日，葬老莊□塋；繼工氏，元駿公次女。嗣子一人：玉檢。

【校注】

〔一〕宗汶：據劉鏡如編著《東武劉氏家乘》云：『（宗汶）高祖果，曾祖綖爆，祖父墜，父錤懋。』

十二世

玉檢

字子封。監生。娶王氏，同邑高直莊庠生垂疆公女。子一人：炎。

十一世

宗海 出嗣

十一世

宗漢〔一〕

字荆川。候選布政司經歷。娶王氏，同邑相州鎮監生元鰲公女。子二人：玉檢（出嗣宗汶後）、握機。女三人：長適同邑葛河頭莊監生王錫壽，次□□□□□□，次字膠州楊埒。

【校注】

〔一〕宗漢：據劉鏡如編著《東武劉氏家乘》云：『（宗漢）高祖果，曾祖綖爆，祖父璲，父錤懋。』

十二世

玉檢 出嗣

握機

十一世

宗河〔一〕

字星源。候選布政司經歷。年三十三歲，忌九月初三日。葬老莊南塋。娶葛氏，同邑芝盤莊監生繼惠公女。子二人：世杰、執桓。女二人：長□□□□□□□，次□□□□□□□。

【校注】

〔一〕宗河：據劉鏡如編著《東武劉氏家乘》云：『（宗河）高祖果，曾祖綖爆，祖父墜，父錤懋。』

十二世

世杰

娶臧氏，同邑候選布政司理問鳳兆公女。

執桓

聘王氏，同邑宋家莊子乾隆壬子（一七九二）舉人内閣中書宸公女。

九世

堪派

十世

鑄和〔一〕

字禹功，號歌亭。監生。娶臧氏，同邑徐家莊監生祚彦公女，年□□歲，忌□□□□□日，葬□□□□□□；繼王氏，高密縣庠生立憪公女。子一人：溉園。女四人：長適同邑道明莊王垂纘，次適同邑栗園莊王文杰，次□□□□□□，次□□□□□□。

【校注】

〔一〕鑄和：據劉鏡如編著《東武劉氏家乘》云：『（鑄和）曾祖果，祖父綎爆，父堪。』

十一世

溉園

十世

鑄安[一]

字易序，號静菴。監生。娶臧氏，同邑徐家莊祚豐公女，年□□□歲，忌二月二十二日。葬西大宋北嶺新塋。子二人：崑源、崙源。女一人：適同邑相州鎮王垂緒。

【校注】

〔一〕鑄安：據劉鏡如編著《東武劉氏家乘》云：『（鑄安）曾祖果，祖父綖爆，父堪。』

十一世

崑源

娶王氏，同邑栗園莊世綸公女。

崙源

娶孫氏，同邑巴山莊守敬公女。

十世

鑄文

字彬如，號章園。娶邱氏，同邑十里舖莊武庠生儀英公女，年三十四歲，忌正月二十七日。葬西大宋新塋。側室陳氏。子二人：三洹、五沅。女一人：字同邑劉哥莊邱。

十一世

三洹

娶任氏，高密縣梁尹莊□公女。年□□□□歲，忌□□□□□日，葬□□□□□□；繼王氏，高密縣寧馴公女。

五沅

娶邱氏，同邑劉哥莊□□公女。

九世

珏派

十世

錤忠[一]

字心傳。監生。娶史氏，高密縣河流莊庠生書亭公女。子二人：養子涇、津、溽。

【校注】

[一]錤忠：據劉鏡如編著《東武劉氏家乘》云：『（錤忠）曾祖果，祖父綖煤，父珏。』

十一世

津

字仲問。娶臧氏，同邑徐家莊監生宸傑公女，年十九歲，忌□□□□日，葬小莊新阡；繼范氏，同邑黄町莊武庠生偕稱公女。

潯

字玉川。娶魏氏，同邑魏家莊倫公女。子一人：士楷。

十二世

士楷

諱縉炤公後

九世

坊派

十世

秉鐸

字儀封。年二十二歲，忌二月十五日。娶丁氏，同邑廣東興寧縣知縣芳植公女，享年六十六歲，忌十月二十九日。葬高家莊西南塋。子二人：永、淳。女一人：適同邑姚哥莊王熙純。

十一世

永

字漢章。享年五十歲，忌二月初七日。娶王氏，同邑潘家莊乾隆丙辰（一七三六）舉人辛祁公女，享年七十八歲，忌七月十七日。葬高家莊南塋。嗣子一人：松長。女一人：適同邑百尺河莊莊淑灝。

十二世

松長

字壽山。年四十七歲，忌正月十九日。葬高家莊西南塋。側室石氏。嗣子一人：煦。女二人：長適同邑百尺河莊莊宗培，次□□□□□□□。

十一世

淳

字康濟。享年六十七歲，忌十月初八日。娶王氏，同邑相州鎮元爲公女，享年七十五歲，忌二月二十六日。葬高家莊西南塋。子三人：松振、松長（出嗣永後）、松年。女一人：適同邑草營莊楊在璣。

十二世

松振

字震菴。娶任氏，高密縣梁尹莊掬公女。子一人：燕。女一人：適高密縣卞家莊儀葆光。

松長 出嗣

松年

字鶴菴。娶薛氏，同邑方市莊子紋公女。年二十二歲，忌二月初八日，葬高家莊西南塋；繼孫氏，同邑姚哥莊宗緒公女。子一人：煦（出嗣松長後）。女一人。

十世

秉鈞〔一〕

字中實。庠生。享年六十歲，忌八月二十七日。娶臧氏，同邑廷樞公女，享年六十八歲，忌二月二十三日。葬高家莊西塋。子二人：溥、涵（出嗣秉鈛後）。女四人：長適同邑史家莊歲貢生孫倬，次適同邑水西莊歲貢生王紳旦，次適同邑王璊莊廩生王肇熊，次適同邑程哥莊監生王延鼎。

【校注】

〔一〕秉鈞：據劉鏡如編著《東武劉氏家乘》云：『（秉鈞）曾祖棨，祖父緡炤，父坊。』

十一世

溥〔一〕

字裕周。武庠生。娶管氏，同邑林家村永宗公女，享年五十二歲，忌九月二十八日。葬高家莊西塋。側室李氏。子二人：遐齡、松茂。女四人：長適同邑學究莊惠來，次適同邑史家莊孫汝紹，次適同邑張璊莊孟長和，次□□□□□□□。

【校注】

〔一〕溥：據劉鏡如編著《東武劉氏家乘》云：『（溥）高祖棨，曾祖緡炤，祖父坊，父秉鈞。』

十二世

遐齡

字廷幹。年二十六歲，忌三月十三日。葬高家莊西塋。娶孫氏，同邑史家莊信公女。女一人。

松茂

十一世

字鶴亭。娶王氏，同邑郝家樓子莊文梓公女。

涵 出嗣

九世

坦派

十世

秉乾

年十六歲，忌八月二十六日。葬高家莊西塋。

十世

秉巽 原名泰

字保干。享年五十一歲，忌正月二十九日。娶范氏，同邑范家嶺莊乾隆丙辰（一七三六）進士、福建道監察御史、户科給事中、江西按察使廷楷公女，享年七十歲，忌十月二十九日。葬高家莊西塋。子二人：瀚、灌。女三人：長適莒州拔貢生于學謐，次適同邑仲家莊村台，次□□□□□□□。

十一世

瀚〔一〕

字中柱，號北海。嘉慶戊辰（一八〇八）科歲貢生。娶李氏，高密縣景芝鎮候選州同文英公女，年二十七歲，忌三月十四日，葬高家莊西塋；繼王氏，同邑李二莊監生元煜公女。子三人：天椿、天榆、天樞。女一人：適同邑曹家窪莊從九品趙大本。

【校注】

〔一〕瀚：據劉鏡如編著《東武劉氏家乘》云：『（瀚）高祖桀，曾祖縉炤，祖父坦，父秉巽（原名泰）。』

十二世

天椿

年二十歲，忌三月初七日。葬李二莊東塋。

天榆

字星齋。娶王氏，同邑賈悦莊鏊公女。子一人：羆。

天樞

十一世

灌

年三十六歲，忌十二月二十九日。葬高家莊西塋。娶孫氏，同邑孫家巴山莊讓公女。子二人：作梁、作楝。女二人：長適高密縣郭莊曹，次□□□□□□。

十二世

作梁

作楝

十世

秉謙

字吉人。享年五十二歲，忌十月十三日。娶張氏，膠州曹汶莊直隸磁州知州夢璋公女，享年五十六歲，忌十二月十二日。葬高家莊東塋。子二人：藩、滉。女一人：適同邑李爹。

十一世

藩

字軾東。娶王氏，同邑水西莊日昇公女。嗣子一人：廷楠。女二人：長適同邑學究莊惠元奎，次□□□□□□。

十二世

廷楠

字□□。娶孫氏，同邑姚哥莊維昇公女。子一人：熊。女一人。

十一世

滉

字鏡齋。娶孫氏，同邑姚哥莊啟註公女。子三人：廷棟、廷楠（出嗣藩後）、廷模。女四人：長適同邑水西莊王梁，次適安丘縣王家杭莊王論之，次字同邑姚哥莊孫，次字同邑蓮池莊王廷釗。

十二世

廷棟

字□□。娶張氏，膠州曹汶莊維基公女，年二十三歲，忌四月十一日，葬高家莊西塋；繼曹氏，高密縣代滸莊維理公女。

廷楠　出嗣

廷楧

字□□。娶孫氏，同邑史家莊維瑛公女，年二十歲，忌正月初五日，葬高家莊東塋； 繼孫氏，同邑姚哥莊在公女。

十世

秉壯〔一〕

字大輶，號健齋。監生。享年五十九歲，忌十月初二日。娶王氏，同邑相州鎮雍正癸卯（一七二三）舉人江蘇寶應縣知縣般木公女，年四十四歲，忌五月十八日。葬高家莊西北塋。側室曹氏。子三人： 澣、注、涿。女二人： 長適同邑普慶莊張象綬，次適高密縣代家莊曹佩綱。

【校注】

〔一〕秉壯： 據劉鏡如編著《東武劉氏家乘》云： 『（秉壯）曾祖棨，祖父縉炤，父坦。』

十一世

澣

字文潔。娶單氏，高密縣襄櫐公女。子二人： 茂林、桂林。女三人： 長□□□□□，次字同邑孫家巴山莊孫，次□□□□□□。

十二世

茂林

字□□。娶徐氏，高密縣徐家樓子士璋公女。子一人：烝。

桂林

娶孫氏，同邑巴山莊□□公女。

十一世

注[一]

字海客。從九品。娶單氏，高密縣監生襄楏公女，年二十九歲，忌十月二十一日，葬高家莊西塋；繼台氏，同邑仲家村廷森公女。子二人：之機、之榦。女二人。

【校注】

[一]注：據劉鏡如編著《東武劉氏家乘》云：『（注）高祖桀，曾祖縉炤，祖父坦，父秉壯。』

十二世

之機

之榦

十一世

涿

字松亭。娶荆氏，高密縣井溝莊監生鑑公女，年二十一歲，忌十二月十六日，葬高家莊西塋；繼王氏，高密縣尚家莊琚公女。子一人：喬林。

十二世

喬林

九世

壕派

十世

秉鑑[一]

字玉氷。直隸唐山縣典史。年四十歲，忌三月十二日。娶王氏，同邑水西莊雍正甲辰（一七二四）舉人贈儒林郎翰林院編修壽公女，年二十四歲，忌四月十二日，葬逄哥莊西塋；繼王氏，膠州廪貢生以讚公女。側室韓氏，年四十九歲，忌八月初七日，附葬。子二人：渼、淙。女一人：適同邑相州鎮監生孫德琳。

【校注】

〔一〕秉鑑：據劉鏡如編著《東武劉氏家乘》云：『（秉鑑）曾祖棨，祖父縉炤，父𡑞。』

十一世

渼

字文川。娶王氏，同邑相州鎮雍正甲辰（一七二四）舉人貴州清鎮縣知縣元炅公女，年二十八歲，忌九月初八日，葬逄哥莊東塋；繼綦氏，高密縣庠生振興公女。子二人：春林、春橡（出嗣淙後）。女三人：長適同邑道明莊王若欽，次適高密縣沙嶺子莊薛文荷，次□□□□□□。

十二世

春林

字□□。聘鞠氏，高密縣武庠生德純公女。

十一世

春橼 出嗣

淙

年二十歲，忌八月初七日。葬逄哥莊西塋。嗣子一人：春橼。

十二世

春橼

十世

秉錫

字純嘏。享年五十七歲，忌五月初六日。葬逄哥莊西塋。娶王氏，同邑水西莊湖北鶴峯州州判豫公女。子一人：潤。女二人：長適高密縣彭旺莊葛承烈，次適膠州宋至。

十一世

潤

字□□。娶王氏，同邑相州鎮監生元駟公女，年二十八歲，忌十二月初八日。葬逄哥莊西塋。子一人：士林。

十二世

士林

十世

秉鉽

字□□。享年六十二歲，忌二月初十日。葬逄哥莊西塋。娶丁氏，同邑徐家莊監生龍樹公女；側室張氏。子二人：汧、浯。女一人：適高密縣圈裡莊田嘉謨。

十一世

汧

年十九歲，忌正月二十八日。

浯

九世

堈派

十世

秉鉽

字元調。年十四歲，忌十月二十日。葬逄哥莊南塋。嗣子一人：涵。

十一世

涵[一]

字文潛，號雲菴。監生。娶單氏，高密縣監生襄樘公女，享年五十三歲，忌二月十七日。葬高家莊西塋。子一人：松齡。

【校注】

〔一〕涵：據劉鏡如編著《東武劉氏家乘》云：『（涵）高祖桀，曾祖縉炤，祖父堈，父秉鈛。』

十二世

松齡

字鶴朋，號東溪。監生。娶王氏，同邑姚哥莊庠生堵公女。子二人：燮、默。女一人。

諱紘熙公後

九世

培派

十世

秉銓〔一〕

字玉理。庠生。享年七十歲，忌三月初六日。娶王氏，同邑道明莊康熙庚子（一七二〇）舉人、光禄寺正卿，授中議大夫棠公女，年四十七歲，忌六月初五日。葬丁家莊□塋。側室吴氏，年四十八歲，忌□□□□□日，附葬。子五人：瀛、渡、進（出嗣秉鎮後）、江、沂。女一人：適同邑仲家村台。

【校注】

〔一〕秉銓：據劉鏡如編著《東武劉氏家乘》云：『（秉銓）曾祖棠，祖父紘熙，父培。』

十一世

瀛〔一〕

字東鰲。監生。娶王氏，同邑相州鎮贈奉直大夫元庶公女，年二十六歲，忌五月二十二日，葬營馬莊西塋；繼王氏，同邑相州鎮元烇公女。子二人：鳳梧、鳳桐。女一人：適沂水縣安上莊李。

【校注】

〔一〕瀛：據劉鏡如編著《東武劉氏家乘》云：『（瀛）高祖棠，曾祖紘熙，祖父培，父秉銓。』

十二世

鳳梧

字振崗。娶管氏，同邑瓦店莊監生坦公女，年三十七歲，忌七月十六日，葬營馬莊西塋；繼任氏，高密縣梁尹莊廷模公女。子一人：承照。女四人：長□□□□□□□，次□□□□□□□，次□□□□□□□，次□□□□□□□。

鳳桐

年四十二歲，忌二月十四日。娶王氏，同邑北營馬莊秉衡公女，年三十七歲，忌正月十二日。葬營馬莊西塋。側室范氏。子三人：承烈、繼烈、功烈。女二人：長□□□□□□□，次□□□□□□□。

十一世

渡

字濟川。娶李氏，安丘縣管公莊監生坊公女。子三人：鳳楷、孟楷、仲楷。女二人：長適同邑相州鎮監生孫啟運，次適同邑西原莊王。

十二世

鳳楷

字□□。娶徐氏，同邑魏家灣監生繼公女。子一人：承焗。女一人。

孟楷

字□□。娶楊氏，同邑焦家莊岩相公女。

仲楷

字□□。聘牛氏，同邑婁哥莊問仁公女。

十一世

進 出嗣

十一世

江

字導岷。娶牛氏，同邑婁哥莊思瑛公女。年二十一歲，忌正月二十八日。葬營馬莊東塋。子一人：季楷。

十二世

季楷

十一世

沂

字嶧東。聘張氏，同邑普慶莊象桂公女。

十世

秉鎮〔一〕

字岳方。增生。娶徐氏，同邑秋齊園莊監生玠公女，年二十六歲，忌六月十三日，葬小楊家溝北塋；繼張氏，莒州庠生允中公女。嗣子一人：進。女一人：適同邑井上莊邊耀祖。

【校注】

〔一〕秉鎮：據劉鏡如編著《東武劉氏家乘》云：『（秉鎮）曾祖棨，祖父紘熙，父培。』

十一世

進[一]

字爲山。庠生。娶徐氏，同邑徐家樓子莊監生振宗公女。子一人：鳳香。女一人。

【校注】

[一]進：據劉鏡如編著《東武劉氏家乘》云：『（進）高祖棨，曾祖紘熙，祖父培，父秉銓。』

十二世

鳳香

九世

垣派

十世

秉鐄

字思讓。享年五十九歲，忌十月初十日。娶高氏，同邑李吴官莊監生太華公女，享年五十八歲，忌十一月二十三日。葬小亮馬莊西塋。子二人：澳、汾。

十一世

澳

字衛瞻，號竹軒。娶張氏，同邑普慶莊監生憲瑞公女，年二十四歲，忌十月十六日；繼丁氏，同邑馬家莊□□公女，年二十六歲，忌四月初六日，葬□□□□□；繼殷氏，同邑兩城莊有乾公女。嗣子一人：廷相。女二人：長適同邑陳家屯陳，次適同邑李吴官莊高照宇。

十二世

廷相

字□□。娶□氏，膠州；繼周氏，同邑豹子嶺律公女。

十一世

汾

字晉西。娶李氏，同邑浙江寧波府同知文騏公女，年□□□歲，忌四月二十八日。葬

□□□□。子二人：廷相（出嗣澳後）、廷楹。女一人：適日照縣落鶴前莊安怡友。

十二世

廷相 出嗣

廷楹

字□□。娶王氏，同邑朱村□□□公女。

十世

秉鉞

號芳麓。享年六十六歲，忌十月初十日。娶李氏，安丘縣水磨頭莊廩生魯亭公女，享年五十五歲，忌正月初八日。葬槎河莊南塋。子三人：瀧、潛、潞。女一人：適同邑水西莊王綖煇。

十一世

瀧

字文瀾。享年五十一歲，忌十月十八日。葬□□□□□。娶李氏，安丘縣新莊監生坰公女。

子三人：廷柱、廷樞（出嗣潞後）、廷機。女一人：適安丘縣管公莊李。

十二世

廷柱

字華東。娶楊氏，同邑郝官莊鍾松公女。子一人：魯。女三人。

廷樞 出嗣

廷機

字雲錦。娶王氏，同邑大村□□公女。

十一世

潛

字仲昭。娶張氏，同邑普慶莊象栻公女，年□□□歲，忌□□□□□日，葬□□□□□；繼周氏，安丘縣西門口□□公女。子六人：廷模、廷森、廷桂、廷槐、廷梅、廷棟。女二人：長適同邑橡檟溝丁，次適同邑程子莊丁欽。

十二世

廷模

字道齋。娶陳氏，同邑花園子莊料公女。

廷森

字茂林。娶王氏，同邑王璊莊肇煒公女。女一人。

廷桂

字月軒。

廷槐

字蔭亭。娶張氏，同邑馬家崖頭鶴鳴公女。

廷梅

字清軒。

廷楝

字崇軒。

十一世

潞

字黨川。娶李氏，同邑許孟莊祥園公女。嗣子一人：廷樞。

十二世

廷樞

字玉璣。娶張氏，膠州丙村昆望公女。女一人。

十世

秉鎬〔一〕

號和軒。廩生。年二十六歲，忌九月二十五日，葬□□□□。娶李氏，安丘縣水磨頭廩生魯亭公女。子一人：温。

【校注】

〔一〕秉鎬：據劉鏡如編著《東武劉氏家乘》云：『（秉鎬）曾祖棨，祖父紘熙，父垣。』

十一世

温

字德基。娶王氏，同邑齊溝莊元普公女，年四十五歲，忌□□□□□□，葬□□□□□□；繼孫氏，同邑相州鎮爾炳公女。子一人：廷柄。女一人。

十二世

廷柄

字□□。娶楊氏，同邑郝官莊福禄公女。

十世

秉錀〔一〕

字金圃。庠生。娶安氏，日照縣安家村庠生瑩光公女，年三十一歲，忌八月初四日；繼王氏，同邑河北莊從九品紹勳公女，享年五十五歲，忌五月二十九日。葬□□□□□。子四人：學海（出嗣秉鐘後）、孟洵、文江、大海。女二人：長適同邑樂坡莊丁，次適日照縣蓮灣村牟懷益。

【校注】

〔一〕秉鑰：據劉鏡如編著《東武劉氏家乘》云：『（秉鑰）曾祖棨，祖父絃熙，父垣。』

十一世

學海 出嗣

十一世

孟洵

字景蘇。年三十九歲，忌五月初九日，葬□□□□□。娶臧氏，同邑黃家窑□□公女。子一人：廷哲。女三人：長適同邑郭家埠王念徵，次□□□□□□，次字同邑朱家村楊斯。

十二世

廷哲

十一世

文江

字□□。娶李氏，同邑高家莊基公女。女一人。

大海

字寧波。

十世

秉鐘

字省菴。年二十三歲，忌十一月初九日。葬□□□□□。娶王氏，膠州廩貢生□□公女。嗣子一人：學海。

十一世

學海〔一〕

字作舟，號望亭。庠生。娶安氏，日照縣安家村庠生景元公女，年二十六歲，忌四月初六日，葬□□□□□；娶丁氏，同邑蕭王町子明公女。子三人：廷蘭、廷杰、廷栞。

【校注】

〔一〕學海：據劉鏡如編著《東武劉氏家乘》云：『（學海）高祖棨，曾祖紘熙，祖父垣，父秉錀。』

十二世

廷蘭

字雅齋。娶楊氏，同邑朱家村堉公女。女一人。

廷杰

字子剛。聘丁氏，同邑蕭王町焜公女。

廷栞

字虞音。

九世

坪派

十世

秉録[一]

字伯實，號德園。監生。享年六十二歲，忌六月初一日。娶徐氏，同邑臭臍園莊監生玠公女，享年六十三歲，忌三月十六日。葬柴埠營北塋。子一人：雯。女二人：長適同邑展村臧盛桂，次適高密縣草泊莊捐貢生張景房。

【校注】

[一]秉録：據劉鏡如編著《東武劉氏家乘》云：『（秉録）曾祖榮，祖父紘熙，父坪。』

十一世

雯

字子章，號雨文。娶陳氏，同邑柳林村監生光紱公女。子三人：本仁、本儀、本儒。女三人：長適高密縣鞏家莊庠生張聚奎，次適高密縣鞏家莊張其煒，次字同邑管家莊管均。

十二世

本仁

字汝勇，號長善。年二十九歲，忌三月初六日，葬□□□□□。娶鄭氏，同邑趙家莊□□公女。子一人：奂猷。

本儀

字汝宜，號學方。娶臧氏，同邑徐家莊從九品塾公女。

本儒

字汝崇，號帶經。娶陳氏，同邑玉皇廟莊諮公女。

十世

秉錕〔一〕

字仲顥，號冶園。庠生。享年六十八歲，忌四月初四日。娶邊氏，同邑井上莊鴻裔公女，享年七十三歲，忌三月初十日。葬柴埠營西北塋。側室林氏。子二人：濰南、渠東。女四人：長適同邑朱家村庠生楊坊，次適同邑高哥莊監生王奮衢，次適同邑只哥莊武庠生祝廷驤，次□□□□□□□。

【校注】

〔一〕秉錕：據劉鏡如編著《東武劉氏家乘》云：『（秉錕）曾祖棨，祖父紘熙，父坪。』

十一世

濰南

字子道，號維青。娶楊氏，同邑婁哥莊監生廷桾公女。子一人：本偉。女一人。

十二世

本偉

十一世

渠東

字子開，號方塘。娶吴氏，同邑盧水莊漳公女。子一人：本伸。

十二世

本伸

十世

秉釗

字叔勉，號景齋。享年五十歲，忌五月初七日。娶邱氏，同邑三官廟庠生進公女，年二十三歲，忌正月二十三日，葬□□□□□□；繼臧氏，同邑韓哥莊須炘公女。女一人：適同邑古城子莊李伯壎。

十世

秉欽〔一〕

字季明，號心齋。庠生。享年五十四歲，忌二月初十日。娶秦氏，日照縣黄家莊監生衍公女，享年五十六歲，忌六月十二日。葬槎河莊東南塋。子一人：觀海。

【校注】

〔一〕秉欽：據劉鏡如編著《東武劉氏家乘》云：『（秉欽）曾祖棨，祖父紘熙，父坪。』

十一世

觀海〔一〕

字子巨，號筆瀾。監生。年三十六歲，忌十月十二日，葬□□□□□□。娶丁氏，日照縣將帥溝庠生延驤公女。

【校注】

〔一〕觀海：據劉鏡如編著《東武劉氏家乘》云：『（觀海）高祖棨，曾祖紘熙，祖父坪，父秉欽。』

十世

秉鈖〔一〕

字季方，號玉齋。乾隆戊子（一七六八）副貢生。年四十六歲，忌五月初六日。娶李氏，同邑呂標莊庠生綏公女，年四十八歲，忌七月十三日。葬柴埠營北塋。子一人：雲。

【校注】

〔一〕秉鈖：據劉鏡如編著《東武劉氏家乘》云：『（秉鈖）曾祖棨，祖父紘熙，父坪。』

十一世

雲

字子吉，號春岩。庠生。娶王氏，同邑王瑀莊乾隆己卯（一七五九）舉人雲南雲龍州知州鳳文公女，年二十九歲，忌正月二十七日，葬□□□□□；繼吴氏，同邑盧水莊從九品漣公女。

九世

堉派

十世

秉鑾〔一〕

字臨軒。庠生。享年七十一歲，忌六月二十二日，葬□□□□。娶邱氏，同邑高哥莊監生廸公女。子四人：津、濤、瀧、沛。女一人：適同邑徐家莊臧峩。

【校注】

〔一〕秉鑾：據劉鏡如編著《東武劉氏家乘》云：『（秉鑾）曾祖棨，祖父紘熙，父堉。』

十一世

津

字清溪，號晴川。娶丁氏，同邑橡櫃溝監生詩公女，年四十歲，忌五月初四日。葬□□□□□□。子二人：伯林、仲林。

十二世

伯林

字岱松。娶高氏，同邑小兩河莊武庠生振鎬公女，年二十九歲，忌三月初八日，葬□□□□；繼范氏，同邑丹土村監生文謨公女。子一人：煦。女三人。

仲林

字景甫。庠生。娶臧氏，同邑展村盛橒公女。側室董氏。子一人：煻。

十一世

濤[一]

字無波。監生。娶楊氏，同邑婁哥莊監生廷棍公女。子一人：春芳。女三人：長適同邑陳家莊丁龍紱，次字同邑婁哥莊楊，次適同邑魏家灣徐。

【校注】

[一]濤：據劉鏡如編著《東武劉氏家乘》云：『（濤）高祖棨，曾祖綋熙，祖父堉，父秉鑾。』

十二世

春芳

字廷美。聘王氏，同邑時家溝增生旼公女。

十一世

瀧

字韶川。年二十五歲，忌十二月二十八日。葬□□□□□。娶高氏，同邑韓家莊垛公女。子一人：季林。女一人：字同邑車村范。

十二世

季林

字景隨。娶王氏，同邑道明莊監生垂維公女。子一人：熿。

十一世

沛

字漢亭。年二十四歲，忌十月二十六日，葬□□□□□。娶丁氏，同邑松園莊監生烒公女。嗣子一人：桂林。女一人：字同邑唐家莊丁。

十二世

桂林

字馥園。娶王氏，同邑時家溝乾隆甲寅（一七九四）副貢生喚公女。

十世

秉鋘

字仲鏊。娶楊氏，同邑朱家村監生贈修職郎淮公女，享年七十三歲，忌十月初四日。葬□□□□□。側室申氏。子二人：長源、汲。女一人，適膠州王家樓監生張壽稽。

十一世

長源〔一〕

字崙清。庠生。娶張氏，膠州丙村監生兆琮公女。子四人：聖林、桂林（出嗣沛後）、儒林、士林。

【校注】

〔一〕長源：嘉庆丙子（一八一六）举人。據劉鏡如編著《東武劉氏家乘》云：『（長源）高祖棨，曾祖紘熙，祖父堉，父秉鋘。』

十二世

聖林

字□□。娶王氏，同邑龍灣頭潤公女。

桂林 出嗣

儒林

字□□。聘王氏，同邑時家溝增生旼公女。

士林

十一世

汲

字漢愚。娶耿氏，山西絳州現居同邑橋西莊暄公女。子一人：藝林。

十二世

藝林

字子才。

九世

坰派

十世

秉鉦〔一〕

號樹初。監生。娶郝氏，高密縣景芝鎮廪貢生君實公女。子二人：觀瀾、澣（出嗣秉錤後）。女三人：長適同邑朱家村楊心田，次字同邑仁蘭莊臧伯杠，次□□□□□□。

【校注】

〔一〕秉鉦：據劉鏡如編著《東武劉氏家乘》云：『（秉鉦）曾祖棨，祖父紘熙，父坰。』

十一世

觀瀾

號歷亭。娶丁氏，日照縣竹園莊監生紱來公女。子一人：甫椿。女二人：長字日照縣安曰經，次□□□□□□□。

十二世

甫椿

十一世

澣 出嗣

十世

秉鈺[一]

號其相。監生。娶王氏，高密縣鍾家莊監生天禄公女，年二十三歲，忌八月初一日，葬□□□□□□；繼李氏，同邑橋上莊清麟公女。子二人：蕖、藻。

【校注】

[一]秉鈺：據劉鏡如編著《東武劉氏家乘》云：『（秉鈺）曾祖棨，祖父紘熙，父坰。』

十一世

蘘

號蔋齋。娶丁氏，同邑橡櫝溝芳臣公女。年□□□歲，忌□□□□□日。葬□□□□□。

女一人。

十一世

藻

號文軒。娶丁氏，同邑橡櫝溝藜青公女。子一人：甫松。女二人：長字同邑大村王，次字同邑朱家村楊。

十二世

甫松

九世

堺派

十世

秉錤〔一〕

字守齋。監生。享年六十九歲，忌七月二十五日。娶臧氏，同邑展村乾隆丙辰（一七三六）舉人江西弋陽縣知縣鳳標公女，享年七十歲，忌二月十四日。葬壽塔寺南台子塋。嗣子一人：澣。養子澧。女二人：長適同邑老鴉村李鉞，次字同邑長林莊孫。

【校注】

〔一〕秉錤：據劉鏡如編著《東武劉氏家乘》云：『（秉錤）曾祖棨，祖父紘熙，父墹。』

十一世

澣

號心齋。娶徐氏，同邑魏家灣監生監三公女。女二人。

九世

埻派

十世

秉鈴

字緘齋。娶牟氏，日照縣蓮灣村監生鳴臯公女。側室孔氏。子二人：玉潤、玉清。女二人：長適同邑户部嶺莊監生王旭，次適同邑朱家村楊春田。

十一世

玉潤

字含章。娶徐氏，同邑樓子莊振紀公女，年二十一歲，忌十二月初九日，葬□□□□□；繼王氏，同邑鐵溝莊琅公女。子一人：懋木。

十二世

懋木

十一世

玉清

字太時。娶王氏，同邑王璊莊庠生成勳公女。

十世

秉鐈

字飪亭。娶李氏，同邑古城莊庠生琚公女；側室趙氏。子一人：玉澎。

十一世

玉澎

十世

秉鎰

字琢璞，號廉亭。娶王氏，同邑侯家莊雍正乙卯（一七三五）舉人廷儁公女。子三人：玉川、玉沼、玉沚。

十一世

玉川

字蕴珠。娶臧氏，同邑展村監生江公女。

玉沼

玉沚

字曲波，號鳳液。庠生。娶安氏，日照縣安家村庠生建輝公女。

十世

秉鉌

字衡端。庠生。娶徐氏，同邑魏家灣監生璉公女。子一人：玉澡。

十一世

玉澡

諱綬烺公後

九世

奎派

十世

秉崟 出嗣

十世

秉淦

號鏡瀓。享年六十二歲，忌五月十九日。娶王氏，同邑相州鎮湖北荆州府同知文木公女，享年□□□歲，忌□□□□□日。葬東槎河南塋。側室張氏。子三人：氶（出嗣秉錨後）、漁、沾。女四人：長適同邑菴上莊王宗岱，次適同邑户部嶺莊庠生王䃴，次□□□□□□，次□□□□□□。

十一世

氶 出嗣

十一世

漁

號樵友。監生。娶邱氏，同邑三官廟莊監生維公女。子三人：柏梗、柏楠、柏梓。

十二世

柏梗

柏楠

柏梓

十一世

沾

字□□。聘竇氏，同邑蘭子莊廷桂公女。

十世

秉鏻

號建亭。監生。娶王氏，同邑户部嶺莊監生貤贈承德郎琮公女。側室韓氏。子三人：春齡、彭齡、鶴齡。女七人：長適同邑時家溝乾隆甲寅（一七九四）副貢生王晚，次適同邑婁哥莊楊燕，次適同邑龍灣頭監生王昭，次適同邑三官廟莊邱蘭昇，次字同邑程子莊丁，次□□□□□□，次□□□□□□。

十一世

春齡

號新野。娶馮氏，同邑馮家莊監生恭公女。

彭齡

號聖思。娶王氏，同邑竹園莊監生細基公女。

鶴齡

號鳴皋。聘邱氏，同邑楊家莊監生琯公女。

十世

秉鍴

號濯西。年三十二歲，忌七月二十一日。娶王氏，同邑鐘金泊監生曾公女，享年五十一歲，忌四月十一日。葬東槎河南塋。嗣子二人：氶、泗。

十一世

氶

字□□。年二十歲，忌十二月二十五日。娶董氏，同邑瓦家溝元欽公女，年二十歲，忌□□□□□日。葬東槎河□塋。

泗

字聖源。娶王氏，同邑竹園莊監生宏基公女。子一人：柏子。

十二世

柏子

九世

堳派

十世

秉崟

號峻岩。享年五十九歲，忌三月十九日。娶王氏，同邑竹園莊監生照公女，享年六十四歲，忌六月初十日。葬東槎河南塋。子三人：注、泰、泗（出嗣秉鍴後）。女二人：長適同邑竹園莊監生王錦，次適同邑竹園莊王鎧。

十一世

注

號巨川。娶丁氏，同邑橡櫝溝監生詩公女。子二人：柏青、柏壽。女二人：長適同邑韓莊高灃，次□□□□□□□。

十二世

柏青

號冠五。從九品。娶王氏，同邑竹園莊鎧公女。

柏壽

十一世

泰〔一〕

號魯瞻，監生。娶丁氏，同邑柳溝莊庠生偉公女；側室汪氏、胡氏。子二人：柏彭、柏高。

【校注】

〔一〕泰：據劉鏡如編著《東武劉氏家乘》云：『（泰）高祖棨，曾祖綬烺，祖父埛，父秉崟。』

十二世

柏彭

字□□。從九品。娶王氏，同邑竹園莊鎧公女。

柏高

字□□。聘趙氏，同邑田家莊監生光大公女。

東武劉氏家譜（貞）

諱綎煜公後

九世

昀派

十世

鼎銘

字禹功，號澄園。娶王氏，膠州監生松年公女。女二人：長□□□□□□□，次□□□□□□□。

諱統勳公後

九世

墉派

十世

錫朋〔一〕

字菁士，號莪中。恩蔭員外郎，分發刑部行走。娶管氏，江蘇陽湖縣乾隆丙戌（一七六六）進士漕運總督幹珍公女。子二人：光海、耀海。

【校注】

〔一〕錫朋：據劉鏡如編著《東武劉氏家乘》云：『（錫朋）曾祖棨，祖父統勳，父墉。子三人：光海、耀海、原海。』按：錫朋爲劉墉嗣子，見前『劉墉』條。『原海』家譜所不載，疑劉鐶之修譜時劉原海尚未出生。

十一世

光海〔一〕

【校注】

〔一〕光海：據劉鏡如編著《東武劉氏家乘》云：『（光海）監生。高祖棨，曾祖統勳，祖父墉，父錫朋。』

耀海〔一〕

【校注】

〔一〕耀海：據劉鏡如編著《東武劉氏家乘》云：『（耀海）監生。高祖棨，曾祖統勳，祖父墉，父錫朋。』

原海〔一〕

【校注】

〔一〕原海：疑劉鐶之修譜時劉原海尚未出生，故家譜所不載。今據劉鏡如編著《東武劉氏家乘》云：『（原海）號蘭泉。安徽通縣候補知縣，保舉寧國府知府。高祖棨，曾祖統勳，祖父墉，父錫朋。』

九世

堪派

十世

鐶之〔一〕

字佩循，號信芳。乾隆己亥（一七七九）欽賜舉人，己酉（一七八九）進士。由清書庶吉士，改授翰林院檢討，升翰林院侍讀，誥授奉直大夫、翰林院侍講學士，授中憲大夫、恩蔭一子、翰林院侍讀學士。甲寅（一七九四）科順天武鄉試副考官，乙卯（一七九五）科鄉試同考官、內廷國史纂修，戊午（一七九八）科順天武鄉試副考官、浙江學政、詹事府正詹事，授資政大夫、内閣學士兼禮部侍郎、兵部右侍郎、吏部右侍郎、江蘇學政，歷授榮禄大夫、經筵講官、户部右侍郎兼管錢法堂事務、直隸學政，庚午（一八一〇）科浙江正考官、江蘇學政、兵部尚書、太子少保，署刑部尚書兼管順天府府尹事務，調任户部尚書。娶王氏，同邑道明莊廣東鹽運使槩公女，累封一品夫人，年四十七歲，忌正月十一日，葬白家莊南塋； 側室周氏。子二人： 喜海、華海。

【校注】

〔一〕鐶之： 據劉鏡如編著《東武劉氏家乘》云： 『（鐶之）曾祖棨，祖父統勳，父墉。』劉鐶之是諸城劉氏除劉統勳、劉墉外官職最高之子弟，官至吏部尚書、光禄大夫，爲正一品官員。 享年六十歲，卒於官，諭祭葬，予謚『文恭』。 由此，劉鐶之遂與劉統勳、劉墉造就諸城劉氏後裔所盛稱之『三世一品，三世得謚』的鼎盛局面。 諸城劉氏祠堂『清愛堂』所供奉的三人即爲劉統勳、劉墉、劉鐶之，後人尊稱其爲『三公』。 此處未説劉鐶之官至吏部尚書，是因劉鐶之修譜時尚未担任吏部尚書一職。

十一世

喜海〔一〕

字吉甫，號燕庭。 恩蔭監生。 娶吴氏，河南光州嘉慶壬戌（一八〇二）進士吏部主事現任〔二〕

陝西邠州直隸州玉堂公女，年十九歲，忌四月初八日； 繼丁氏，浙江山陰縣乾隆甲辰（一七八四）進士山東鹽運司堦公女，年十九歲，忌六月初五日； 繼馬氏，山西介休縣原任陝西驛鹽道署按察司使權公女。

【校注】

〔一〕喜海： 嘉慶丙子（一八一六）舉人。 據劉鏡如編著《東武劉氏家乘》云：『高祖棨，曾祖統勳，祖父堪，父鐶之。』劉喜海歷官兵部員外郎、户部郎中、福建汀州知府（有善政，當地百姓自發爲其立生祠）、陝西鞏秦階道、陝西延榆綏道巡道、四川按察使、浙江布政使并兼署浙江巡撫。 後爲人彈劾耽於考古，以四品頂帶休致。 劉喜海乃諸城劉氏最爲杰出之學者，爲清道、咸間著名金石學家、古泉學家、藏書家。 其對翁樹培《古泉彙考》傾三年心力，將原本無法辨識的原稿謄清、加兩萬多字補注并向學界推廣，嘉惠後世泉學研究甚深。 其著作《古泉苑》與《金石苑》是晚清古泉學與金石學界重要代表作。 除古泉學與金石學外，他對古籍之收藏考評、批校整理，亦堪稱一代大家。其對金石、錢幣等諸多方面的開創式貢獻，迄今仍惠施學界而人多不知。 以此言之，譽其爲晚清古泉學、金石學、古籍鑒藏的集大成式人物，當不爲過。

〔二〕現任： 即劉鐶之嘉慶十九年（一八一四）修譜之時。

華海〔一〕

字實甫，號禹庭。聘李氏，濟寧州工部屯田司主事沅公女。

【校注】

〔一〕華海：道光辛巳（一八二一）欽賜舉人，浙江候補知縣。據劉鏡如編著《東武劉氏家乘》云：『（華海）高祖棨，曾祖統勳，祖父堪，父鐶之。』

諱組焕公後

九世

臻派

十世

鍾峋

字秀峰，號楷園。年二十七歲，忌六月十二日。葬逄哥莊西塋。娶曹氏，安丘縣監生其僎公女。子一人：文霨。女一人：適同邑王期。

十一世

文霨〔一〕

字雨亭，號普甘。候選從九品。娶王氏，同邑相州鎮監生元鯨公女，年二十二歲，忌正月二十三日，葬逄哥莊西塋；繼張氏，膠州曹汶莊從九品曾𢡟公女。子二人：國棟、廷棟。

【校注】

〔一〕文霨：據劉鏡如編著《東武劉氏家乘》云：『（文霨）高祖棨，曾祖組煥，祖父臻，父鍾峋。』

十二世

國棟〔一〕

字柱菴。聘李氏同邑□□公女。

【校注】

〔一〕國棟：據劉鏡如編著《東武劉氏家乘》云：『（國棟）七世祖棨之後，高祖組煥，曾祖臻，祖父鍾峋，父文霨。』

廷棟

字輔臣。

九世

晙派

十世

鍾嶙〔一〕

字汝慧，號在嵐。監生。年三十四歲，忌五月初八日。葬逢哥莊西塋。娶王氏，同邑水西莊江西興國縣衣錦司巡檢正邦公女。子一人：文霈。女一人。

【校注】

〔一〕鍾嶙：據劉鏡如編著《東武劉氏家乘》云：『（鍾嶙）曾祖榮，祖父組焕，父晙。』

十一世

文霈

字伯時，號若菴。娶孫氏，同邑我樂莊監生用熠公女。子一人：蔭棠。

十二世

蔭棠

字化南，一字召亭，號普齋。

十世

鍾峋 出嗣

九世

界派

十世

南金

字貢甫。聘宋氏，膠州庠生韓公女。

九世

竧派

十世

瑞金

字芝三。娶郭氏，濰縣乾隆己卯（一七五九）舉人貴州石阡府知府守璞公女。

南金　出嗣

諱維焯公後

九世

田派

十世

鍾和〔一〕

字斯美，號怡軒。監生。年四十七歲，忌正月十一日。葬貯溝莊北塋。娶王氏，同邑相州鎮監生梶公女；側室王氏。子四人：深、瀾、衍、浖。女二人：長適高密縣李月桂，次字同邑辛家窑莊臧。

【校注】

〔一〕鍾和：據劉鏡如編著《東武劉氏家乘》云：『（鍾和）曾祖棨，祖父維焯，父田。』

十一世

深〔一〕

字資源，號巨川。增生。娶王氏，同邑監生純勳公女，年三十九歲，忌二月二十五日，葬貯溝莊北塋；繼李氏，高密縣庠生青田公女。

【校注】

〔一〕深：據劉鏡如編著《東武劉氏家乘》云：『（深）高祖棨，曾祖維焯，祖父田，父鍾和。』

瀾〔一〕

字觀海，號玉川。庠生。娶孫氏，同邑我樂莊監生用煊公女。

【校注】

〔一〕瀾：據劉鏡如編著《東武劉氏家乘》云：『（瀾）高祖棨，曾祖維焯，祖父田，父鍾和。』

衍

字慶遠，號濟川。聘孫氏，同邑巴山莊鍔公女。

泋

字□□，號季川。

十世

鍾順 出嗣

九世

曉派

十世

鍾彝〔一〕

字守原，號山甫。候選從九品。娶丁氏，同邑監生憲榮公女。女一人。

【校注】

〔一〕鍾彝：據劉鏡如編著《東武劉氏家乘》云：『（鍾彝）曾祖棨，祖父維焯，父曉。』

九世

圩派

十世

鍾順[一]

字斯承，號循軒。監生。娶王氏，同邑道明莊廣東鹽運使槩公女。子一人：源。女二人：長適同邑景芝鎮郝如頤，次□□□□□□□。

【校注】

[一]鍾順：據劉鏡如編著《東武劉氏家乘》云：『（鍾順）曾祖棨，祖父維焯，父圩。』

十一世

源

字立本，號萬川。娶傅氏，高密縣監生璉芳公女。子二人：杲立、杲修。

十二世

杲立

字自菴，號日昇。

杲修

字祥菴，號日華。

諱純煒公後

九世

詩派

十世

鍾祥〔一〕

字瑞菴，號雲亭。娶李氏，壽光縣董家莊江蘇候補州同知坰公女；側室柳氏。女一人。

【校注】

〔一〕鍾祥：據劉鏡如編著《東武劉氏家乘》云：『（鍾祥）曾祖棨，祖父純煒，父詩。』

十世

鑑平 出嗣

十世

鍾華〔一〕

字希彬，號翼亭。年□□歲，忌□□□□□。葬□□□□□。娶鄔氏，順天大興縣福建建寧府知府維肅公女。子一人：永康。

【校注】

〔一〕鍾華：據劉鏡如編著《東武劉氏家乘》云：『（鍾華）曾祖棨，祖父純煒，父詩。』

十一世

永康

九世

書派

十世

如錫[一]

字伯鑫。監生。年三十八歲，忌□月□□日。娶張氏，湖北安鄉縣廣西西林縣知縣光曾公女。

【校注】

［一］如錫：據劉鏡如編著《東武劉氏家乘》云：『（如錫）曾祖棨，祖父純煒，父書。』

用錫[二]

字麗泉。監生。娶彭氏，湖北江夏縣江西撫州府通判嘉公女。

【校注】

〔一〕用錫：據劉鏡如編著《東武劉氏家乘》云：『(用錫)曾祖棨，祖父純煒，父書。』

嘉錫〔一〕

字□□。聘扶氏，江西大庾縣饒州府教授寵訓公女。

【校注】

〔一〕嘉錫：據劉鏡如編著《東武劉氏家乘》云：『(嘉錫)曾祖棨，祖父純煒，父書。』

庭錫〔一〕

【校注】

〔一〕庭錫：據劉鏡如編著《東武劉氏家乘》云：『(庭錫)字拜九。監生。曾祖棨，祖父純煒，父書。享年三十歲。』

崇錫〔一〕

【校注】

〔一〕崇錫：據劉鏡如編著《東武劉氏家乘》云：『(崇錫)字慶三。監生。曾祖棨，祖父純煒，父書。』

疇錫

九世

禮派

十世

鑑平〔一〕

字印川，號蘇齋。候選州同知。娶郭氏，濰縣乾隆己卯（一七五九）舉人貴州石阡府知府守璞公女；側室沈氏。子二人：大江、大河。女一人：字濰縣郭兆奎。

【校注】

〔一〕鑑平：據劉鏡如編著《東武劉氏家乘》云：『（鑑平）曾祖棨，祖父純煒，父詩。』

十一世

大江〔一〕

字□□。監生。娶郭氏，濰縣庠生子駜公女。女一人。

【校注】

〔一〕大江：據劉鏡如編著《東武劉氏家乘》云：『（大江）高祖棨，曾祖純煒，祖父禮，父鑑平。』

大河〔一〕

字□□。聘郭氏，濰縣監生子騏公女。

【校注】

〔一〕大河：據劉鏡如編著《東武劉氏家乘》云：『（大河）高祖棨，曾祖純煒，祖父詩，父鍾祥嗣子（大河係禮之孫，鑑平次子）。』

九世

麟派

十世

鍾武

字治堂。

九世

易派

十世

鍾文〔一〕

號裴然。娶丁氏，同邑王家大村監生嘉榮公女，年二十一歲，忌二月初四日，葬東貯溝莊南塋；繼臧氏，同邑孟家店子監生□□公女。子一人：港。

【校注】

〔一〕鍾文：據劉鏡如編著《東武劉氏家乘》云：『（鍾文）曾祖棨，祖父純煒，父易。』

十一世

港

十世

鍾武 出嗣

十世

鍾秀〔一〕

字升菴。聘陳氏，同邑咸方公女。

【校注】

〔一〕鍾秀：據劉鏡如編著《東武劉氏家乘》云：『（鍾秀）曾祖棨，祖父純煒，父易。』

九世

諱紱焜公後

隨派

十世

鍾岱

字代山。年二十六歲，忌九月初八日。葬□□莊北塋。娶王氏，同邑寨裡莊□□公女。子一人：承潤。

十一世

承潤

九世

埠派

十世

錫恩

字春帆。年二十歲，忌十一月初一日。娶李氏，濱州乾隆辛卯（一七七一）副貢生、四川仁壽縣知縣、候選同知勗公女。

九世

坡派

十世

錫名

字□□。娶王氏，同邑水西莊本淞公女。子一人：景曾。

十一世

景曾

九世

坟派

九世

墱派

十世

錫齡〔一〕

字□□。監生。娶法氏，膠州庠生□齡公女，年□□□□□□；繼李氏，高密縣乾隆□□□□□欽賜舉人廣西歸順州知州憲喬公女。女一人。

【校注】

〔一〕錫齡：據劉鏡如編著《東武劉氏家乘》云：『（錫齡）曾祖棨，祖父紱焜，父墱。』

錫朋 出嗣

錫椵 出嗣

九世

堦派

十世

錫壽

字松喬。娶丁氏，同邑盧山莊從九品翕公女。

錫寧

字一齋。聘姜氏，昌邑縣陝西甘泉縣知縣松華公女。

錫禧

錫仁

九世

堤派

十世

錫嘏

字□□。聘王氏，福山縣古現莊候選州同知寧緒公女。

九世

塄派

諱經燾公後

十世

鍾頴

字嘉禾，號雲軒。娶史氏，高密縣河流莊典公女，年二十五歲，忌二月十七日，葬逄哥莊西塋；繼栗氏，高密縣高哥莊四德公女。

鍾慧

字省因。

鍾如

字性存。

鍾敏

字遜斯。

諱繼爚公後

九世

增派

十世

鉅璇〔一〕

字升岩。附監生。享年五十五歲，忌十二月二十六日。娶王氏，膠州王哥莊□□□公女，享年五十一歲，忌八月二十八日。葬東張哥莊南嶺。子一人：溯。女三人：長適同邑巴山莊監生王應萃，次適同邑水西莊從九品王源泗，次適同邑順河莊監生王應秀。

【校注】

〔一〕鉅璇：據劉鏡如編著《東武劉氏家乘》云：『（鉅璇）曾祖棐，祖父繼煒，父增。』

十一世

溯

字源長，號魯川。娶王氏，同邑西溝莊陝西道倉大使彥颺公女，年二十六歲，忌二月二十四日；繼宫氏，高密縣提東莊庠生汶公女，年二十七歲，忌三月初十日；繼王氏，同邑百尺河莊貢生元羆公女，年三十三歲，忌四月初八日，葬東張哥莊南塋；繼單氏，高密縣監生襄棟公女。子二人：樹德、相德。

十二世

樹德

字□□。娶傅氏，高密縣景宗公女。

相德

十世

鉅璣〔一〕

字樞辰，號玉衡。貢生。娶王氏，同邑王瑀莊乾隆丁丑（一七五七）進士四川石柱廳同知縈緒公女，享年五十四歲，忌六月十六日。葬東張哥莊西南塋。子二人：濂、湖。

【校注】

〔一〕鉅璣：據劉鏡如編著《東武劉氏家乘》云：『（鉅璣）曾祖棐，祖父繼煸，父增。』

十一世

濂〔一〕

字仰周。庠生。年四十六歲，忌八月二十五日。娶王氏，同邑相州鎮監生元鵬公女，年二十七歲，忌六月初六日，葬東張哥莊南塋；繼王氏，同邑相州鎮庠生元驥公女。子四人：枝德、林德、桂德、榮德。女四人：長適同邑王瑀莊王繼誠，次適高密縣張志漢，次□□□□□，次□□□□□□□。

【校注】

〔一〕漮：據劉鏡如編著《東武劉氏家乘》云：『（漮）高祖棐，曾祖繼爚，祖父塏，父鉅璣。』

十二世

枝德

娶王氏，同邑小王璊莊綏基公女。子一人：烈。女一人。

林德

娶邱氏，同邑十里舖熙泰公女。

桂德

榮德

十一世

湖

字鏡心。娶王氏，同邑王璊莊恩貢生麒文公女。子一人：慶松。女一人：適同邑辛莊鄒。

十二世

慶松

娶王氏，同邑相州鎮監生其縉公女。

十世

鉅瑞〔一〕

字輯五，號芝亭。監生。享年六十一歲，忌正月十二日。娶王氏，同邑相州鎮康熙乙酉（一七〇五）副貢生福建汀州府知府相公女，年二十七歲，忌正月二十三日；繼王氏，同邑相州鎮從九品朱公女，年二十七歲，忌十一月十七日，葬東張哥莊東塋；側室楊氏。子三人：浸、濆、濮。女三人：長適同邑水西莊王源澄，次字同邑沙河頭莊王汝恒，次□□□□□□□。

【校注】

〔一〕鉅瑞：據劉鏡如編著《東武劉氏家乘》云：『（鉅瑞）曾祖棐，祖父繼爚，父增。』

十一世

浸

字界魯。娶王氏，同邑相州鎮乾隆丙子（一七五六）舉人河南温縣知縣元鷺公女。子六人：曰槐、曰楷、曰桐、曰梅、曰松、曰栢。女一人：適同邑巴山莊邱均。

十二世

曰槐

曰楷

曰桐

曰梅

曰松

曰栢

十一世

濆

字□□。娶邱氏，同邑河套莊棡公女。子三人：曰梓、曰椿、曰檜。女二人。

十二世

曰梓

曰椿

曰檜

十一世

濮

娶李氏，安丘縣峰山莊□公女。

九世

埴派

十世

鉅璐[一]

字逵青。監生。娶王氏，福山縣乾隆丙辰（一七三六）進士安徽布政使顯緒公女，年二十九歲，忌六月二十八日，葬張哥莊南塋； 繼傅氏，高密縣監生邦庶公女。子三人： 溪、濱、沐。

【校注】

〔一〕鉅璐： 據劉鏡如編著《東武劉氏家乘》云： 『（鉅璐）曾祖渠，祖父繼煸，父塏。』

十一世

溪

聘傅氏，高密縣庠生逵鴻公女。

濱

聘王氏，即墨縣棗園莊璥公女。

沐

九世

塏派

十世

鉅珊〔一〕

字獻亭。廩生。享年五十九歲，忌十月二十九日。娶祝氏，同邑祝家樓監生奮甲公女，年二十九歲，忌正月二十三日；繼臧氏，高密縣王屋莊自信公女，年三十歲，忌七月十三日；繼王氏，同邑高直莊監生榶公女，享年□□歲，忌□□□□日。葬張哥莊東南塋。子一人：淑周。

【校注】

〔一〕鉅珊：據劉鏡如編著《東武劉氏家乘》云：『（鉅珊）曾祖棐，祖父繼爚，父塏。』

十一世

淑周

字蓮洲。享年五十八歲，忌八月二十四日。娶王氏，同邑朱村莊監生文公女，年二十九歲，忌九月初七日，葬張哥莊西嶺；繼鄭氏，同邑車村子原公女；側室郝氏。子二人：殿楹、殿杭。女二人：長適同邑朱村莊王苑松，次□□□□□□。

十二世

殿楹

字□□。娶邱氏，同邑劉哥莊巨鷺公女。

殿杭

十世

鉅珖〔一〕

字耀亭，號藍圃。附監生。享年五十七歲，忌七月二十六日。娶臧氏，同邑徐家莊雲南按察司經歷祚衍公女，享年五十四歲，忌十一月二十二日。葬張哥莊西塋。子一人：淑程。

【校注】

〔一〕鉅珖：據劉鏡如編著《東武劉氏家乘》云：『（鉅珖）曾祖粜，祖父繼熻，父壋。』

十一世

淑程〔一〕

字景伊，號芸軒。庠生。娶丁氏，同邑監生璠公女，享年五十五歲，忌十一月二十一日，葬□□□□□；側室張氏。子四人：蘭枝、蘭森、蘭柱、蘭條。女三人：長適同邑水西莊王叔顥，次□□□□□，次□□□□□。

【校注】

〔一〕淑程：據劉鏡如編著《東武劉氏家乘》云：『（淑程）高祖棐，曾祖繼煸，祖父塏，父鉅珖。』

十二世

蘭枝〔一〕

字毓畹。庠生。娶任氏，高密縣梁尹莊從九品崇本公女。

【校注】

〔一〕蘭枝：據劉鏡如編著《東武劉氏家乘》云：『（蘭枝）七世祖棐之後，高祖繼煸，曾祖塏，祖父鉅珧，父淑程。』

蘭森

字春芳。娶王氏，同邑相州鎮庠生衍奎公女。

蘭柱

字□□。娶王氏，同邑王家官莊佳璽公女。

蘭條

十世

鉅琨〔一〕

字耀文，號華齋。監生。娶王氏，同邑王璊莊乾隆丙子（一七五六）舉人引梓公女，享年六十四歲，忌十二月二十八日。葬張哥莊西塋。子四人：淑文、淑武、淑孟、淑朱。

【校注】

〔一〕鉅琨：據劉鏡如編著《東武劉氏家乘》云：『（鉅琨）曾祖棐，祖父繼熻，父塏。』

十一世

淑文

字景豐。娶王氏，同邑王瑞莊監生垂勳公女，年□□□歲，忌□□□□□日，葬□□□□；側室周氏。子四人：廷棟、廷楷、廷模、廷柱。

十二世

廷棟

廷楷

廷模

廷柱

十一世

淑武

字景鎬。娶趙氏，□□□田家莊浙江歸安縣典史附青公女；側室張氏。子一人：廷相。

女四人：長適同邑相州鎮王。

十二世

廷相

十一世

淑孟

字望鄒。娶王氏，同邑水西莊監生錫祉公女。子一人：廷標。女三人。

十二世

廷標

十一世

淑朱

字景安。娶王氏，同邑王璊莊熺公女，年二十七歲，忌八月十五日。葬張哥莊東南嶺。子一人：廷榮。女一人。

十二世

廷榮

十世

鉅珂〔一〕

字佩之，號耐圃。監生。河南候補從九品。享年七十三歲，忌九月二十八日。葬□□□□□。娶王氏，同邑道口莊直隸懷來縣典史希華公女；側室曹氏。子五人：淑韓、淑沆、淑裴、淑瞻、淑陶。

【校注】

〔一〕鉅珂：據劉鏡如編著《東武劉氏家乘》云：『（鉅珂）曾祖棐，祖父繼爚，父塏。』

十一世

淑韓

字慕昌。娶馮氏，同邑河西莊山東富國塲鹽大使宣公女，年二十四歲，忌三月初八日，葬張哥莊南原；繼惠氏，同邑學究莊渤公女。子一人：邦柱。

十二世

邦柱

十一世

淑沆

字慕李。娶張氏，安丘縣庠生嵦公女，年□□□歲，忌十一月初三日，葬張哥莊西原；繼李氏，高密縣詒礽公女。子一人：邦桂。女一人。

十二世

邦桂

十一世

淑裴

字景度。娶傅氏，高密縣庠生日宣公女，年四十四歲，忌八月二十九日，葬張哥莊南原；繼管氏，同邑管家大村景軒公女。

十一世

淑瞻

字景蘇。娶孫氏，同邑仉林莊熙公女。子四人：邦本、邦林、邦森、邦楹。女一人。

十二世

邦本

邦林

邦森

邦楹

十一世

淑陶

十世

鉅璜[一]

字應文。貢生。娶邱氏，同邑西店莊附貢生宸公女，年二十二歲，忌八月初七日，葬張哥莊□□□；繼邱氏，宸公女。子一人：淑范。女三人：長適同邑小王瑀莊江寧候補同知王端筠，次適高密縣單景洛，次適同邑齊溝莊監生王垂苐。

【校注】

〔一〕鉅璜：據劉鏡如編著《東武劉氏家乘》云：『（鉅璜）曾祖棐，祖父繼煃，父塏。』

十一世

淑范

字汝正，號淹洲。娶王氏，同邑相州鎮從九品可傳公女。子一人：毓集。女二人：長適同邑相州鎮王鉅賢，次□□□□□□□。

十二世

毓集

九世

墫派

十世

鉅玢〔一〕

字守玉，號竹亭。監生。娶王氏，同邑候選州同知希參公女。子三人：源、沔、潤。女一人：適同邑監生李岊。

【校注】

〔一〕鉅玢：據劉鏡如編著《東武劉氏家乘》云：『（鉅玢）曾祖棐，祖父繼煔，父墫。』

十一世

源〔一〕

字臨東，號静軒。監生。享年□□□歲，忌六月□□日。浮厝張哥莊東原。娶臧氏，同邑黄町莊宸煦公女，年三十六歲，忌二月初七日，葬西溝路南塋；繼丁氏，同邑劉家村監生伯焜公女。子二人：國梁、國楹。女四人：長適同邑黄町莊臧若士，次適同邑宋家莊子王，次□□□□□□□，次□□□□□□□。

【校注】

〔一〕源：據劉鏡如編著《東武劉氏家乘》云：『（源）高祖棐，曾祖繼煔，祖父墫，父鉅玢。』

十二世

國梁〔一〕

字□□。庠生。年二十一歲，忌四月初十日。葬平市莊西原。娶王氏，同邑王富莊浙江候補同知垂翰公女。子二人：驤、驂。

【校注】

〔一〕國梁：據劉鏡如編著《東武劉氏家乘》云：『（國梁）七世祖棐之後，高祖繼爚，曾祖墫，祖父鉅玢，父源。』

國楹

十一世

沔〔一〕

字宗海，號楚江。庠生。娶單氏，高密縣乾隆辛丑（一七八一）進士廣東揭陽縣知縣可基公女；側室張氏。子一人：廷椿。女二人：長適濰縣田名健。

【校注】

〔一〕沔：據劉鏡如編著《東武劉氏家乘》云：『（沔）高祖棐，曾祖繼爚，祖父墫，父鉅玢。』

十二世

廷椿

十一世

潤〔一〕

字東里，號惠人。增生。娶王氏，同邑相州鎮乾隆丙子（一七五六）舉人河南温縣知縣元鷺公女。子一人：廷槐。女一人。

【校注】

〔一〕潤：據劉鏡如編著《東武劉氏家乘》云：『（潤）高祖棐，曾祖繼爚，祖父墫，父鉅玢。』

十二世

廷槐

字長青。娶王氏，同邑候選主簿廷璽公女。

十世

鉅琛〔一〕

字公甫，一字獻夫，號青岩。附貢生。娶任氏，高密縣梁尹莊監生士鈿公女，年二十二歲，忌正月十四日；繼王氏，同邑貢生候選中書科中書棓公女，年三十四歲，忌五月十九日；繼傅氏，高密縣庠生允植公女，享年五十六歲，忌三月二十日，葬孫家巴山東嶺；側室趙氏。子二人：沆、浩。

【校注】

〔一〕鉅琛：據劉鏡如編著《東武劉氏家乘》云：『（鉅琛）曾祖棐，祖父繼爚，父壿。』

十一世

沆[一]

字孟李，號清臣，一號雨峯。乾隆戊申（一七八八）順天舉人，江蘇候補知縣。娶李氏，安丘縣輝渠莊陝西布庫大使長茹公女。子一人：世杰。女二人：長適同邑巴山莊監生王廷慶，次適高密縣李。

【校注】

〔一〕沆：據劉鏡如編著《東武劉氏家乘》云：『（沆）高祖棐，曾祖繼爚，祖父墫，父鉅琛。』

十二世

世杰

字冠英，號偉卿。娶王氏，同邑王富莊浙江候補同知垂翰公女，年十八歲，忌十二月二十八日，葬平市莊西原；繼李氏，同邑無忌莊燮公女。

十一世

浩

字仲瀛，號蘭溪。娶王氏，同邑道明莊從九品元敏公女。

諱纘煌公後

九世

埻派

十世

銓理〔一〕　**徙居郝家樓子莊**

字調元，號和軒，一號耐村。附貢生。安徽望江縣知縣，敕授文林郎加四級，誥授奉政大夫。享年五十四歲，忌八月初七日。娶單氏，高密縣監生清裴公女，敕封孺人，誥封宜人，享年七十四歲，忌十月十八日，葬東大宋北嶺西塋；側室尹氏。子二人：洊、漣。女五人：長適同邑趙家莊子候選縣丞加一級王垂綬，次適同邑蓮池莊江蘇候補通判王仲簡，次適同邑道明莊王垂纓，次適同邑相州鎮王增壽，次適同邑監生王任璽。

【校注】

〔一〕銓理：據劉鏡如編著《東武劉氏家乘》云：『（銓理）祖棐，祖父纘煌，父垿。』

十一世

洊〔一〕 原名渟

字孟平，號對山，一字習之，號止齋。廪貢生。候補訓導。娶王氏，同邑巴山莊乾隆癸酉（一七五三）舉人、寧海州學正、贈朝議大夫、陝西興安府知府癸祥公女，年三十九歲，忌十一月十六日，葬□□□□□□；繼王氏，同邑高直莊直隸候補州吏目憲藎公女；側室周氏。子二人：桂林、桂楫。女一人。

【校注】

〔一〕洊：據劉鏡如編著《東武劉氏家乘》云：『（洊）高祖棐，曾祖纘煌，祖父垿，父銓理。』

十二世

桂林〔一〕

字丹木，號香巖。從九職。娶王氏，同邑巴山莊乾隆庚戌（一七九〇）進士、陝西榆林縣知縣、候補直隸州知州應垣公女，年二十五歲，忌二月二十日，葬□□□□□□；繼王氏，高密縣庠生式後公女。子一人：燕祥。女二人：長字同邑臧鄣。

【校注】

〔一〕桂林：據劉鏡如編著《東武劉氏家乘》云：『（桂林）七世祖棐之後，高祖纘煌，曾祖埒，祖父銓理，父溶。』

桂楫

字道濟，號作舟。聘王氏，同邑相州鎮乾隆乙酉（一七六五）舉人湖北江陵縣知縣垂紀公女。

十一世

漣〔一〕

字西海，號南川。監生。年三十六歲，忌三月二十三日，葬□□□□□□。娶周氏，萊陽縣乾隆辛巳（一七六一）進士安徽宿松縣知縣珹公女。子二人：桂馨、桂榮。女二人：長適同邑宋家莊子候選主簿王雲瑞，次□□□□□□□。

【校注】

〔一〕漣：據劉鏡如編著《東武劉氏家乘》云：『（漣）高祖棐，曾祖纘煌，祖父垿，父銓理。』

十二世

桂馨

字德馨。娶任氏，高密縣朱寒莊廷機公女。子一人：燕喜。

桂榮

字德清。聘王氏，同邑吉林莊德坊公女。

十世

銓珍〔一〕　**徙居郝家樓子莊**

字子上，一字握中，號環山。附貢生。直隸候補布政司經歷，借補按察司經歷，升保安州知州，誥授奉直大夫。享年六十二歲，忌五月二十四日。娶臧氏，同邑候選州同知廷徵公女，誥贈宜人，年二十五歲，忌七月二十九日，葬東大宋北嶺西塋； 繼王氏，同邑相州鎮順天府北路同知模公女，誥封宜人； 側室辛氏，年□□歲，忌十月十九日。葬東大宋北嶺西塋。子三人： 洵、湝、滕。女一人： 適同邑王瑀莊監生王世璞。

【校注】

〔一〕銓珍： 據劉鏡如編著《東武劉氏家乘》云：『（銓珍）曾祖棐，祖父纘煌，父埣。』

十一世

洵〔一〕 **一名洵文**

字誠齋，號步泉。候選主簿。娶單氏，高密縣附貢生貤贈文林郎河南商城縣知縣可地公女，年三十歲，忌五月二十日； 繼王氏，同邑栗園莊監生世經公女，年三十一歲，忌九月初八日； 繼綦氏，高密縣監生振輿公女，年二十歲，忌三月二十九日，葬□□□□； 繼綦氏，振輿公女； 側室李氏。子二人： 桂馥、桂籍。女三人。

【校注】

〔一〕洵：據劉鏡如編著《東武劉氏家乘》云：『（洵）高祖棐，曾祖纘煌，祖父埓，父銓珍。』

十二世

桂馥

字□□。娶王氏，同邑相州鎮候選府經歷垂繗公女。

桂籍

十一世

湝〔一〕 一名洵行

字桂岩，號滙東。候選從九品。娶王氏，同邑蓮池莊監生元瓅公女。子二人：桂芳、桂策。女二人。

【校注】

〔一〕湝：據劉鏡如編著《東武劉氏家乘》云：『（湝）高祖棐，曾祖纘煌，祖父埓，父銓珍。』

十二世

桂芳

字□□。娶王氏，同邑相州鎮監生增馨公女。女一人。

桂策

十一世

滕

字超浦。娶王氏，同邑相州鎮候選州同知元焻公女。

十世

銓城〔一〕　徙居柿園莊

字子默，號琪園。候選都司，封昭武都尉。年四十四歲，忌九月二十二日。葬東大宋北嶺西塋。娶李氏，膠州庠生清鳳公女，誥封恭人。嗣子一人：滂。

【校注】

〔一〕銓城：據劉鏡如編著《東武劉氏家乘》云：『（銓城）曾祖棐，祖父纘煌，父塛。』

十一世

澇〔一〕

字芸亭，號箕源。監生。娶丁氏，同邑橡櫝溝裕勳公女。子一人：桂府。

【校注】

〔一〕澇：據劉鏡如編著《東武劉氏家乘》云：『（澇）高祖棐，曾祖纘煌，祖父塛，父銓瑺，出嗣銓城後。』

十二世

桂府

字雲階，號天衢。

十世

銓璋〔一〕　**徙居東大宋莊**

字子韋，號顧溪。嘉慶戊午（一七九八）舉人，候選教諭。享年六十歲，忌四月十二日。娶馬氏，齊河縣乾隆辛巳（一七六一）進士、福建道監察御史、禮部郎中人龍公女，年二十六歲，忌十二月初五日，葬東大宋北嶺西塋；繼李氏，高密縣庠生林旭公女；側室鄭氏。子三人：孟霖、叔震、季靄。女一人：適安丘縣宋官頭莊王菡。

【校注】

〔一〕銓璋：據劉鏡如編著《東武劉氏家乘》云：『（銓璋）曾祖棐，祖父纘煌，父垿。』

十一世

孟霖〔一〕　**原名溧**

字雨林，號晴川，一字商霖。邑庠生。娶張氏，高密縣郡增生書紳公女。年四十歲，忌十月二十二日，葬東大宋北嶺；繼單氏，高密縣監生可嵎公女；側室□氏。子三人：桂硆、桂占、桂本。

【校注】

〔一〕孟霖：據劉鏡如編著《東武劉氏家乘》云：『（孟霖）高祖棐，曾祖纘煌，祖父垿，父銓瑋。』

十二世

桂䜫

字清馥，號蘭友。聘李氏，同邑高家莊從九品嵐公女。

桂占

字協夢，號筠友。聘王氏，安丘縣宋官頭莊從九品莘公女。

桂本

十一世

叔震〔一〕

字起東，號慎岩。監生。娶單氏，高密縣候選翰林院待詔可臻公女。子一人：桂衢。女二人。

【校注】

〔一〕叔震：據劉鏡如編著《東武劉氏家乘》云：『（叔震）高祖棐，曾祖纘煌，祖父埓，父銓瑋。』

十二世

桂衢

字步雲。

十一世

季霱

字春圃，號雲岩。娶王氏，同邑宋家村監生元薦公女。

十世

銓瑋〔一〕

字子常，號守圃。附監生。四川龍安府經歷，升通江縣知縣，奉□□□□旨列名軍功第一。

享年五十一歲，忌八月十二日。娶孫氏，同邑相州鎮監生鄉謚端慤先生枚相公女，享年五十一歲，忌十月初八日。葬東大宋北嶺西塋南隅。子二人：洁、涝（出嗣銓珹後）。女二人：長適膠州曹汶莊張翥之，次適同邑潘家莊候選主簿王應詩。

【校注】

〔一〕銓瑺：據劉鏡如編著《東武劉氏家乘》云：『（銓瑺）曾祖棐，祖父纘煌，父埒。』

十一世

洁〔一〕

字吉甫，號鑑亭。候選從九品。娶李氏，膠州瀛公女。女二人。

【校注】

〔一〕洁：據劉鏡如編著《東武劉氏家乘》云：『（洁）高祖棐，曾祖纘煌，祖父埒，父銓瑺。』

涝　出嗣

十世

銓琭[一] 徙居東大宋莊

字子玉，號玉如。候選州同知。娶王氏，同邑相州鎮雍正甲辰（一七二四）舉人河南道監察御史柯公女，年三十七歲，忌二月初一日，葬東大宋西北塋；繼王氏，同邑栗園莊候選按察司經歷立賢公女。子一人：霈。女五人：長適高密縣庠生李昶，次適同邑相州鎮監生孫德琬，次適同邑臧際焯，次字同邑泊子莊臧洪，次□□□□□□□。

【校注】

〔一〕銓琭：據劉鏡如編著《東武劉氏家乘》云：『（銓琭）曾祖棐，祖父纘煌，父埁。』

十一世

霈

聘張氏，膠州曹汶莊監生元佐公女。

十世

銓琦 徙居朱村

字子奇，号玉田。候選從九品。娶王氏，同邑宋家村乾隆丙辰（一七三六）舉人四川奉節縣知縣封奉直大夫桂公女。子一人：瀅。女一人：字高密縣單爲。

十一世

瀅

聘王氏，同邑郝家樓子莊增生淮公女。

九世

致派

十世

銓瑛〔一〕

字修五，號敦甫。監生。由四庫全書館議叙，分發安徽候補州同知，借補當塗縣縣丞。享年五十歲，忌六月初二日。娶臧氏，同邑監生宗澗公女，年二十歲，忌□□日；繼單氏，高密縣乾隆己未（一七三九）進士湖北荆門州知州言揚[二]公女，年十八歲，忌□□□□日，葬東大宋東北嶺；繼王氏，膠州廩貢生以讚公女；側室□氏、谷氏。子一人：德滋。女三人：長適膠州居即墨縣棗園莊王端士，次適同邑王世琦，次適高密縣單。

【校注】

〔一〕銓瑛：據劉鏡如編著《東武劉氏家乘》云：『（銓瑛）曾祖棐，祖父纘煌，父致。』

〔二〕言揚：《東武劉氏家譜》原文如此，此處所言之單言揚并未中乾隆己未進士，此年中進士的是高密單烺。但家譜又確實如此記載，不知何故，此事待考。

十一世

德滋 徙居史家莊

字樹棠。年十九歲，忌十二月十二日。葬東大宋東北嶺。娶楊氏，同邑楊家莊景魁公女。嗣子一人：開模。女一人。

十二世

開模

十世

銓璽 徙居孫家莊

字子信，號篆文。娶李氏，高密縣監生敬治公女。子三人：文滋、藝滋、範滋。女二人：長適安丘縣宋官頭莊王葵，次適同邑道明莊王垂佶。

十一世

文滋

字儒章。娶魏氏，同邑道口莊櫂公女。女一人。

藝滋

字儒才。娶王氏，同邑監生續祖公女。

範滋

十世

銓璧

字子和，號室東。娶王氏，膠州附貢生山西大同府通判以諫公女。子二人：學滋、蘭滋。女二人：長適膠州從九品紀敏撰，次適同邑五里鋪王鈺。

十一世

學滋

字友文。娶王氏，同邑齊溝莊元昱公女，年□□□□□□□；繼臧氏，同邑黄家窑莊宸炬公女。子二人：開模（出嗣德滋後）、振模。

十二世

開模 出嗣

振模

十一世

蘭滋[一]

字坤田。監生。娶王氏，同邑解留莊奮中公女。

【校注】

[一]蘭滋：據劉鏡如編著《東武劉氏家乘》云：『（蘭滋）高祖棐，曾祖纘煌，祖父致，父銓璧。』

十世

銓琴

字子徽。娶邱氏，同邑西店莊附貢生宸公女。子二人：裕滋、祥滋。女三人：長適同邑齊溝莊王垂琚，次適同邑橡櫝溝丁增亮，次適同邑宋崗莊王垂价。

十一世

裕滋

娶宋氏，同邑盧河莊□□公女。

祥滋

字吉人。

十世

銓鑒

字純菴。娶王氏，同邑相州鎮監生梶公女，年三十八歲，忌十二月十三日，葬東大宋莊北嶺西塋；繼邱氏，同邑劉哥莊依仁公女。子二人：慶滋、寧滋。女三人：長適同邑展村臧，次□同邑展村臧盛樟，次□□□□□□□。

十一世

慶滋

字善餘。娶王氏，同邑齊溝莊元皓公女。年□□歲，忌□□□□□□□，葬行寺莊北嶺；繼楊氏，同邑楊家莊景魁公女。子一人。

寧滋

字静夫。

十世

銓琳 徙居曹村

字玉林。娶孫氏，同邑相州鎮監生枚相公女。女一人。

十世

銓瑶

字碧山，號雲亭。娶臺氏，同邑臺家大村効能公女。子一人：禄滋。

十一世

禄滋

字六文。□范氏，同邑柴溝莊立遠公女。

十世

銓琚

字佩中，號正方。娶單氏，高密縣庠生勉基公女，年二十六歲，忌十二月初四日，葬大行寺莊北原；側室孫氏。子三人：信滋、誠滋、翰滋。女二人。

十一世

信滋

字君實。娶臧氏，同邑郝家村楨公女。

誠滋

字敬之。娶楊氏，同邑婁哥莊廷棣公女。年十六歲，忌八月十三日，葬□□□□□；繼丁氏，同邑橡櫝溝庠生藹公女。

翰滋

字墨林。

十世

銓璋

字聘先，號福疇。監生。娶丁氏，同邑監生憲榮公女。子二人：寅滋、亮滋。女二人。

十一世

寅滋

亮滋

字敬臣。

諱緒煊公後

九世

壥派

十世

録政〔一〕

字拱辰，號荷亭。監生。直隸撫寧縣典史，江蘇太倉州吏目。享年六十一歲，忌九月初二日。娶王氏，同邑道明莊康熙庚子（一七二〇）舉人光禄寺正卿鄉棠公女，年二十八歲，忌八月十二日；繼單氏，高密縣乾隆丙辰（一七三六）進士安徽池州府同知作哲公女，年二十五歲，忌八月十四日，葬逄哥莊東嶺；繼楊氏，正白旗漢軍乾隆□□武舉湖北襄陽衛守備毓芳公女；側室楊氏。子三人：浚、瀟、渃。女二人：長適高密縣傅恒貞，次適同邑宋家莊子貢生王宏。

【校注】

〔一〕録政：據劉鏡如編著《東武劉氏家乘》云：『（録政）曾祖香，祖父緒煊，父墄。』

十一世

浚〔一〕

字瞻旗，號導之。監生。年□□歲，忌□□□□□。葬□□□□□。娶臧氏，同邑徐家莊宸杰公女。子二人：阿林、阿杜。

【校注】

〔一〕浚：據劉鏡如編著《東武劉氏家乘》云：『（浚）高祖香，曾祖緒煊，祖父墄，父録政。』

十二世

阿林

阿柱

十一世

瀟

字衡南，娶李氏，高密縣景芝鎮監生夢祥公女。

十一世

渃

字若水。娶張氏，高密縣揚公女，年□□□歲，忌□□□□日，葬□□□□□；繼李氏，高密縣獻廷公女。子一人：伯林。

十二世

伯林

十世

録斌〔一〕

字静菴，號筠谿。監生。享年五十八歲，忌十一月初二日。娶臧氏，同邑黄疃莊雍正乙卯（一七三五）舉人浙江杭州府同知祚鞏公女，年□□□歲，忌八月二十三日；繼單氏，高密縣監生章美公女，享年五十三歲，忌九月十四日。葬逄哥莊東嶺。嗣子一人：沉。

【校注】

〔一〕録斌：據劉鏡如編著《東武劉氏家乘》云：『（録斌）曾祖香，祖父緒煊，父壎。』

十一世

沉

字潛齋。娶孫氏，同邑紅土廟莊庠生學詩公女。

十世

録敞[一]

字平野，號曠齋。監生。娶單氏，高密縣乾隆己未（一七三九）進士湖北荆門州知州言楊公女。子三人：衍齡、氷、烣。女二人：長適高密縣李書，次適高密縣後宋崗莊王繗琮。

【校注】

[一]録敞：據劉鏡如編著《東武劉氏家乘》云：「（録敞）曾祖香，祖父緒煊，父壛。」

十一世

衍齡

字百年。年十九歲，忌□□□日。葬□□□□□。娶王氏，同邑水西莊普公女。

氷

字瑩然。娶王氏，安丘縣宋官頭莊元長公女；□□□□□□；繼邱氏，同邑劉哥莊作邦公女。

沝

字雙水。娶傅氏，高密縣隆祥公女。子一人：攀龍。女一人。

十二世

攀龍〔一〕

【校注】

〔一〕攀龍：家譜未詳載。據劉鏡如編著《東武劉氏家乘》云：『（攀龍）字梅生，號黄臣，又號廷飛。道光癸卯（一八四三）舉人，縣教諭。七世祖香之後，高祖緒煊，曾祖㵶，祖父録敞，父沝。』

十世

録敬〔一〕　一名誾

字肅堂，號敬亭。浙江候補府經歷。享年五十一歲，忌六月十七日。娶單氏，高密縣貢生直隸布政使功擢公女，享年五十七歲，忌七月十二日。葬逄哥莊西塋。子二人：沈（出嗣録斌後）、沖。女一人：適直隸南皮縣箔頭莊高拱寅。

【校注】

〔一〕録敬：據劉鏡如編著《東武劉氏家乘》云：『（録敬）曾祖香，祖父緒煊，父壧。』

十一世

沈 出嗣

沖

字華三。娶傅氏，高密縣雲龍公女。

九世

壤派

十世

録敦

字禮堂，號大山。娶孫氏，同邑相州鎮監生枚相公女，年二十三歲，忌八月初四日；繼楊氏，同邑□□公女，年二十三歲，忌二月十三日，葬西溝莊東塋；繼張氏，高密縣朱郭莊監生應昌公女。子三人：伯瀹、仲瀠、叔瀣。

十一世

伯瀹

仲瀠

叔瀣

十世

録效〔一〕

字仰龍，號翼亭。娶侯氏，高密縣提東莊監生錫庸公女。子五人：伯濟、仲淵、叔雲、季震、汝殿。女一人。

【校注】

〔一〕録效：道光乙酉（一八二五）举人。

十一世

伯濟〔一〕　改名伯淳

【校注】

〔一〕伯濟：據劉鏡如編著《東武劉氏家乘》云：『（伯濟）更名伯淳，一名汝綱。庠生。高祖香，曾祖緒煊，祖父壞，父録效。』

十二世

慧業

十一世

仲淵〔一〕　改名仲霨

娶王氏、任氏。

【校注】

〔一〕仲淵：據劉鏡如編著《東武劉氏家乘》云：『（仲淵）又名仲爵。庠生。高祖香，曾祖緒煊，祖父壤，父録效。』

十二世

盛業

娶常家町台氏。

隆業

十一世

叔雲

字子卿，號望坡。壽五十五歲，光緒三年（一八七七）十二月廿五日終。娶昌邑陳家町麟圖公長女，壽九十三歲。葬東塋。子二人：廣業、嘉業。女三人。

十二世

廣業

字子勤。壽五十四歲，宣統二年（一九一〇）終。娶任氏，壽八十。子一人：志和。女五人。

嘉業

字子美，號參生。壽七十九歲，民國卅五年（一九四六）十二月十四日終。娶邱氏，壽七十一歲，民國卅年十二月六日終。子三人：心、忐、惢。女二人。

十一世

季震

字位東，號雨辰。壽六十九歲，光緒十九年（一八九三）八月二十日終。娶王氏，姚戈莊元惠長女，年四十八歲，同治十一年（一八七二）十一月十一日終；側室王氏。子三人：昌業、輝業、光業。女二人。

十一世

汝殿

字全之，號蘭谷。壽七十歲，光緒三十一年（一九〇五）八月十三日終。娶曾氏，諸城紹儀公女，壽七十三歲，光緒三十二年（一九〇六）閏四月十一日終。子四人：慧業、居業、正業、建業。女二人。

十二世

壂曾孫松喬派

十三世

爟

聘楊氏。

薰

十二世

相樞派

十三世

然

十四世

字慎諾。娶王氏，同邑相州鎮監生松年公女。子一人：鴻逵。女四人。

鴻逵

十二世

相棟派

十三世

燿

字景輝。娶王氏，同邑臨浯莊朝庸公女。子一人：鴻陸。

十四世

鴻陸

十二世

相楷派

十三世

焫

十二世

相桂派

十四世

烒

字□□。聘王氏。

十二世

堃曾孫相鼎派

十三世

頬

聘王氏。

峁

十二世

堅曾孫相臣派

十三世

喜

聘薛氏。

十二世

壇曾孫光杰派

十三世

景爲

景照

十二世

堎曾孫樹芳派

十三世

煦

聘邱氏，同邑王家巴山莊繼泰公女。

照

十二世

樹蕃派

十三世

點

娶孫氏，同邑孫家巴山廷璇公女，年二十九歲，忌二月二十三日。葬逄哥莊西塋。

十三世

默

聘王氏，同邑朱村莊維城公女。子一人：伯垚。

十四世

伯垚

十三世

燕

烈

十二世

樹蓁派

十三世

熿

爍

十二世

在曾孫廷樞派

十三世

爲龍

娶鄭氏，同邑趙家莊子樂安公女。子一人。

十二世

廷機派

十三世

爲龍 出嗣

爲光

爲照

爲彦

爲煦

十二世

廷梅派

十三世

爲烈

爲營

十二世

廷桂派

十三世

爲炘

十二世

塈曾孫廷模派

十三世

秋鵠

十二世

甘棠派

十三世

鶴鳴

十二世

松年派

十三世

景燕

十二世

蓦桂派

十三世

炅

十二世

塍曾孫相林派

十三世

焱

十二世

均曾孫相樞派

十三世

烒

十二世

仲樞派

十三世

照

十二世

埰曾孫肯堂派

十三世

炣

炌

十二世

方本派

十三世

燈

聘殷氏，同邑于家莊□公女。

炘

十二世

方森派

十三世

燮

聘盧氏，同邑黄疃莊緗公女。

十二世

朋來派

十三世

烔

十二世

巽權派

十三世

灼

娶王氏，同邑相州鎮燕慶公女。

燃

十二世

方梧派

十三世

熇

熲

十二世

希杜派

十三世

肇烋

十二世

希杰派

十三世

肇烋 出嗣

肇烈

十二世

㙻曾孫樹德派

十三世

重光

聘管氏，同邑瓦店莊象山公女。

元光

十二世

方林派

十三世

大光

聘王氏，同邑曹鎮莊垂綸公女。

十二世

方椿派

十三世

文光

十二世

臺曾孫方柱派

十三世

烶瑀

烶瑄

烶瑗

烶瑜

十二世

方棟派

十三世

烶珅

烶瑀

十二世

方棫派

十三世

烶珣

十二世

方枚派

十三世

烶瓖

十一世

墜曾孫玉檢派〔一〕

【校注】

〔一〕玉檢：據劉鏡如編著《東武劉氏家乘》云：『（玉檢）字子封。監生。七世祖果之後，高祖綎爆，曾祖墜，祖父錤懋，父宗汶。』

十二世

炎

聘王氏，同邑栗行莊文珩公女。

十一世

坊曾孫松長派

十三世

煦

十二世

松振派

十三世

燕

字拱宸。娶丁氏，同邑毛家村桂公女。子二人：允執、允基。

十四世

允執

允基

十二世

松年派

十三世

煦 出嗣

十二世

坦曾孫天榆派

十三世

羆

十二世

廷楠派

十三世

熊

十二世

茂林派

十三世

烝

十二世

堌曾孫松齡派〔一〕

【校注】

〔一〕松齡：據劉鏡如編著《東武劉氏家乘》云：『（松齡）字鶴鵬，號東溪。監生。七世祖棨之後，高祖縉炤，曾祖堈，祖父秉釴，父涵。』

十三世

燮

字相司。

默

十二世

培曾孫鳳梧派

十三世

承照

十二世

鳳桐派

十三世

承烈

繼烈

功烈

十二世

鳳楷派

十三世

承烱

十二世

垣曾孫廷柱派

十三世

魯

十二世

坪曾孫本仁派

十三世

奐

猷

十二世

埥曾孫伯林派

十三世

煦

十二世

仲林派[一]

【校注】

[一]仲林：據劉鏡如編著《東武劉氏家乘》云：『（仲林）字景甫。庠生。七世祖棨之後，高祖紘熙，曾祖堉，祖父秉鑾，父津。』

十三世

煻

十二世

季林派

十三世

熷

十二世

增曾孫枝德派

十三世

烈

十二世

墫曾孫國梁派

十三世

驤

娶李氏，同邑清獻公女。子一人：爲堅。

十四世

爲堅

十三世

驂

聘管氏，同邑林家村浙江候补□□盛斯公女。

十二世

埗曾孫桂林派

十三世

燕祥

十二世

桂馨派

十三世

燕喜

東武劉氏家族研究

一、東武劉氏家族科舉之路

康熙三十一年（一六九二），安丘著名文人張貞在其《杞田集》中，對諸城劉氏前幾世之生存狀態有如此評述：『自處士公諱福者，徙山東之諸城，家焉，數傳皆力田孝弟。至大父諱思智，始以文學補邑庠生。』[一] 由此可知，諸城劉氏始祖劉福率子孫初至諸城逄哥莊，家境蕭寒，無力讀書，以務農爲生，自劉福起至少三世没有任何科名。直至劉玳，家境纔稍見寬裕，四世劉思智也因此得以脱農求學。至六世劉必顯方中進士，其後世子孫相繼蟾宫折桂，科第聯捷，考中十一位進士、四十二位舉人，蔚成諸城科舉奇觀。爲叙述方便，我們將諸城劉氏科舉之路分爲奠基期、鼎盛期、晚期三個時期。

（一）奠基期（一世至七世）

諸城劉氏到四世劉思智（字鑑宇）一輩，纔開始出現讀書人，劉思智本人成爲在地方上有一定聲望的邑庠生。到五世劉通一代，劉家方開始真正轉型。劉通雖然也是邑庠生，但對劉氏家族所起的作用與劉思智已有很大不同。一是他第一次爲劉氏贏得了社會聲譽，被載入官修《諸城縣志》。[二]二是他有一股不甘人下之倔强之氣：『村鄰有富而豪者，吞噬里人殆遍，文林公獨不爲下。』[三]衹有不甘人下，方有崛起可能，這是世家開創者的一種基本氣質。三是他克服了自身家庭條件方面的種種不足，爲劉必顯成才奠定了重要基礎。『文林公游戚鄙間，閲古今文字，遇心賞者，輒録之舊紙，或書掌肱間，歸而授公，繕寫讀之。緣此，學日以富。十九歲，補府庠生。歲試以經書三執拔第一，爲十四城冠。甲子，以第六人舉於鄉。』[四]然而，劉通的崛起僅僅限於鄉里，此時劉氏家族還衹是層次很低的秀才人家。但到了六世劉必顯一代，劉氏家族纔較之前有了根本性提升，奠定了世家規模之基，出現了進士和舉人。劉必顯，明天啓四年（一六二四）舉人，清順治九年（一六五二）進士。劉必顯幼弟劉必大（字則之），順治十七年（一六六〇）舉人。劉必顯的四個兒子則進一步夯實了諸城劉氏世家之基。長子劉楨，字世卿，號石齋，貢生，考授從六品。幼即工書，能文章，唯命運不濟，數應鄉試而不第，以廩貢生終。次子劉果，順治十一年（一六五四）舉人，順治十五年（一六五八）進士。三子劉棨，康熙十四年（一六七五）舉人，康熙二十四年（一六八五）進士。四子劉棐，字非木，號念西，附監生。

諸城劉氏家族之所以會涌現出如此多的舉人、進士，劉必顯居功厥偉。首先，劉必顯對科舉高度重視。他二十五歲中舉後，功名之路一直不順，在明朝數應會試不第，但他并没有氣餒，爲立榜樣於子孫之間，他堅韌不拔，終在中舉二十多年之後，於五十三歲考中清順治九年（一六五二）進士。

張貞在《杞田集》中對此有具體描述：

> 甲子，以第六人舉於鄉。時公文譽久著，士林指數，皆謂當立陟上第。乃困頓公車幾三十載，又倔强成性，耻事干謁，遂至家徒四壁立。或勸以禄仕，公愀然曰：『嘻！豈知我者哉！余性傲急，且無宦情，惟思得進士二字，啓牖後人耳。』以青袍致臺鼎，非其好也，自是坎坷百罹，終不廢讀，遂登順治壬辰進士，殿試二甲，授行人司行人。旋捧詔偏沅。[五]

『余性傲急，且無宦情，惟思得進士二字，啓牖後人耳』，劉必顯在此清楚地闡明了孜孜不休於考取進士的緣由。

重功名、課子孫，確是劉必顯極爲看重的事情。在張貞及劉氏家族所聘塾師李瀠筆下，也不乏此類描述：

> 尋假歸里門，惟聚子孫一堂，教以耕讀，不及世事也。[六]

> 贈公晚年置槎河山莊，愛之，親課僮僕，經理者數載。方伯捷南宮，即以與之，曰：『用

獎汝志，且以勵後人之讀書者。』〔七〕

劉必顯對科舉高度重視，爲其子弟指明了人生努力的方向，而榜樣的力量是無窮的。劉必顯通過言傳身教，爲劉氏家族成爲科舉世家奠定了堅實的基礎。次子劉果、三子劉棨，後均成爲進士，就是很好的例證。劉果，順治十一年（一六五四）中舉人，與其父中進士的時間僅間隔兩年；順治十五年（一六五八）中進士，與其父中進士的時間僅相距六年，就更能説明問題了。

在中舉後科名不順的時間裏，劉必顯以經商致富，爲劉氏家族崛起奠定了較爲雄厚的經濟基礎，這爲劉氏後世子孫專心於科舉考試提供了重要保障。其財産情况，我們可以從乾隆二十年（一七五五）劉統勳被抄家時的清單加以推測。

該清單是由山東巡撫、登萊青道及諸城知縣聯合署名上呈乾隆帝的。時劉氏財産詳情如下：

居住房屋一所——磚樓房上下九間，有廳房三間，草房六十一間。再細查諸城縣糧户印册，劉統勳之子劉墉名下糧田二頃五十三畝零，伊胞兄劉綖煜、胞弟劉組焕、劉維焯、劉純煒、劉紱焜、劉經燾等名下諸城、高密二縣糧田共三十九頃一畝零。以上七人名下糧田共四十一頃七十畝零。〔八〕

雖然劉統勳、劉堪名下都没有土地，劉墉所占糧田數量約是七人總量的二十分之一，但是劉氏家族的土地總量還是不少的，若折算成市畝合糧田四千多畝。上文清單中提到的僅是劉棨一支七子的田産、房産，如加上劉棨另外三子及劉楨、劉果、劉棐三支的田産、房産，數量將會更加驚人。雖然這些家財并非由劉必顯一人創置，但主要根基由他奠定應是没有疑問的。

另外，劉必顯還購置了槎河山莊別墅（原屬諸城市，現屬於日照市五蓮縣户部鄉）。此別墅爲諸城劉氏子弟讀書處所。

劉必顯本身刻苦爲學的习慣感染了其後世子孫。關於他少時刻苦讀書的事迹，《鄉園憶舊録》中有這樣的記載：『公名必顯，官員外郎。年少與民避亂山中，衆方喧鬨，忽聞讀書聲，迹之，則公於石上攤書朗讀。』[九]能够在戰亂之際，不顧性命安危，於石上攤書朗讀，劉必顯可謂勤學苦讀的典範。

張貞在《杞田集》中給我們提供了另一側面的描述：

十二歲，從叔祖某讀書遠村。塾中多村豎，惟知摴蒱嬉戲，殊無切磋益。公嘆曰：『辭親遠出，期上達耳，若然何必去鄉井爲哉！』獨正襟危坐，讀書不輟。諸豎百計誘之，弗顧也。[一〇]

我們從其後人事迹中抽取數事，不難看出劉必顯這種刻苦爲學的习慣對後世子孫以及諸城劉氏家學成就的影響。《諸城縣志》載劉果自金陵『歸里，發憤爲學』[一一]，在短短六年裏就中舉、中進士，完成了他人生的重大跨越。康熙帝幾次面見劉棨，認爲其文章甚好[一二]，這是劉棨努力揣摩宋人著作的結果。『每治事暇，喜讀宋儒書，曰：「吾晚讀此等書，轉益有味。」』[一三]劉棨在康熙二十四年（一六八五）中進士後，『益學書，博涉子史』[一四]。其曾孫劉墉詩歌清新超悟，這也是他在繁重的政務之餘，辛勤經營『三餘』時間的結果。『書生不廢吟哦功，袖書懷筆肩輿中』[一五]，便是劉墉的自述。他的元孫劉喜海能够成爲古泉學大家、金石學家、藏書家，其原因就是手不停披、筆不停揮。

在劉必顯的有意經營下，諸城劉氏在奠基期（前七世），共出了三個進士、四個舉人（含三個進士）、兩個監生（含一個貢生）、兩個邑庠生。對於一個傳承七世的家族而言，衹擁有十一個科名，數量顯然不多，但我們不能小覷劉氏家族所獲的這些功名。諸城劉氏正是借科舉的初步成功，轉换布衣門庭，進入政界，同時廣泛獲取社會贊譽、增加科名數量、提高科名品質、積累人才、儲蓄社會資望、形成家風，并不斷積澱家族學術成果，最終將劉氏家族推向全國一流世家地位。

（二）鼎盛期（八世至十世）

諸城劉氏家族前七世爲其後世子孫的科考成功奠定了重要基礎，故在其八世、九世、十世迎來了科舉的鼎盛期。從這一時期劉氏子弟所博取科名種類之多，即不難看出諸城劉氏家族在其鼎盛期的科名之盛。劉氏子弟所博取的科名種類有：進士、明通榜、舉人、副貢生、監生、貢生、庠生等。而所有考中進士者均隱含一個前提條件，即他們需要先考中貢士，纔有資格參加進士考試，換言之進士都已經擁有貢士科名。這樣來説，劉氏子弟所博取的科名幾乎占据了清代科名的全部種類。而在每一種科名之中，劉氏子弟又幾乎擁有全部的種類。如監生一共有四類，劉氏子弟就曾獲監生〔一六〕、蔭監生、附監生、增監生四種；又如貢生，劉氏子弟曾獲貢生、歲貢生、副貢生、廩貢生、附貢生五種；又如庠生，劉氏子弟曾獲廩生、增生、優增生、邑庠生、郡庠生、武庠生六種。劉氏子弟所獲科名繁多，毫不誇張地説，足可稱爲清代家族科考典範。

諸城劉氏家族在科舉上所獲得的成功，使其子弟紛紛進入社會上層，科名優异者成爲社會統治階層的重要成員，這些人不斷爲諸城劉氏積累社會資本，終使其家族成爲清代著名的世家大族。

我們衹要略作統計，就不難看到該家族在科名方面繁花似錦的局面：從四世至十三世，諸城劉氏家族共有進士十一人，舉人四十二人（含進士十一人），監生一百五十二人（含貢生十八人），庠生五十九人，共二百六十四人獲得科名。

劉氏家族從始祖劉福到十三世，據劉鐶之所修劉氏家譜載，男丁衹有八百二十二人〔一七〕，考取科名的人數占男丁人口總数的比例約爲百分之三十二。而在諸城劉氏家族鼎盛期，即八世、九世、十世三世，有進士七人，舉人三十人（含進士七人），監生八十九人（含貢生十三人），庠生二十一人，共一百四十七個科名。諸城劉氏家族八世至十世，譜載男丁總人數爲二百三十五人，科名數約占同時期劉氏家族男丁人口總數的百分之六十二。這是一個很驚人的數據，因爲這意味着鼎盛期的劉氏家族不到兩個人就擁有一個科名，這是在其他世家大族中很少見到的一種科舉盛況。其具體統計結果如下（按世次）：

八世：　進士三人，舉人十二人（含進士三人），監生五人（含貢生一人），庠生一人。

九世：　進士三人，舉人十五人（含進士三人），監生三十六人（含貢生六人），庠生五人。

十世：　進士一人，舉人三人（含進士一人），監生四十八人（含貢生六人），庠生十五人。

八世中最突出的是劉棨的十個兒子。康熙五十二年（一七一三），長子劉縉炤山東鄉試中式第三十七名舉人，次子劉紘熙順天鄉試中式第一百九十三名舉人，三子劉綬烺與長兄同榜中式第四十二名舉人，六子劉組煥以父蔭入監讀書。康熙五十六年（一七一七），四子劉綎煜山東鄉試中式第六十九名舉人，五子劉統勳山東鄉試中式第三十六名舉人。雍正二年（一七二四），五子劉統勳會試中式第二百二十二名，殿試二甲十七名進士，改庶吉士。雍正四年（一七二六），八子劉純煒山東鄉試中式第七十一名舉人。雍正七年（一七二九），七子劉維焯山東鄉試中式第三十一名舉人。雍正八年（一七三〇），七子劉維焯又聯捷中式第一百零一名進士，八子劉純煒中式明通榜。雍正十三年（一七三五），九子劉紱焜山東鄉試中式第十五名舉人。乾隆四年（一七三九），八子劉純煒中式第一百三十九名進士。從一七一三年到一七三九年，短短二十六年間，劉棨的十子中就有八人考中舉人，僅康熙五十二年（一七一三）一年就有三人中舉。四年後，也就是康熙五十六年（一七一七），又有兩子同榜中舉。雍正八年（一七三〇），一子聯捷中進士，一子中式明通榜。

自一七二四年到一七三九年，十五年時間内，有三子得中進士。其科名之盛、科名之高、爆發力之足，都足以讓人艷羡不已。

我們再分列一下劉氏家族鼎盛期科名數量占家族科名總量的比例，從而看其科舉品質。經過統計，劉氏家族在鼎盛期所取得的科名總數約占家族科名總量的百分之五十六，進士約占總量的百分之六十四，舉人約占總量的百分之七十一，監生約占總量的百分之五十九，庠生約占總量的百分之三十六。

從統計數據看，鼎盛期的劉氏家族除了科名中層次最低的庠生所占比例不足百分之五十，其他科名所占比例均在百分之五十以上，這説明諸城劉氏家族鼎盛期的科舉中式情況與其他時期相比，不僅量大，而且質優。這種量大質優的科舉盛況，爲諸城劉氏子弟鋪平了仕宦道路，爲諸城劉氏家族成員登上清王朝臣位之尊、建立不朽功業，奠定了重要基礎。

（三）晚期（十世之後）

任何一個家族似乎都無力擺脱由盛轉衰這一歷史規律。到劉鐶之這一代，曾建立并制定了清朝諸多勛業與大政方針的劉氏家族已初顯蕭條景象，到劉喜海一代終于敗落。

劉氏家族崛起緣於科舉之盛，其衰落也與家族成員科舉狀況不景氣密切相關。

十一世、十二世、十三世是諸城劉氏家族的衰落期。在此期間，劉氏家族中僅産生進士一名、舉人七名（含進士一名）、監生六十一名（含貢生四名）、庠生三十六名，共一百零五個科名。雖然科名數量比奠基期多，但科名品質上的下滑是再明顯不過的事實。科舉品質最主要的指標，是進士數量，因爲衹有進士纔是最受社會重視且最容易步入政壇的新生力量。舉人以下的科名，在人們心目中的地位和進士相比，有雲泥之别。不同時期進士的能力也有巨大差别，劉氏家族奠基期的三個進士均可稱爲人杰，而衰落期的進士劉泌還令人感到惋惜，不僅不勝方面之任，而且年齡不大就弃世了，其政績還不如一個普通的知縣。在諸城劉氏家族衰落期，衹有秉承祖蔭的劉喜海在政界、學界産生了較大影響。衰落期的劉氏家族，隨着職務最高的劉喜海被罷免，就基本退出了清王朝的政界舞臺，而其學術影響隨着劉喜海的去世，幾乎一世而斬，令人扼腕。

《儒林外史》雖是小説，但其反映的科舉考試之難是符合史實的。因此，在讀過《儒林外史》『范進中舉』一節後，我們就會體會到，劉氏家族子弟能够在同一年份四人同上榜一次，三人同上榜兩次，兩人同上榜六次，是多麽令人稱羨的科舉業績！

【注】

〔一〕〔清〕張貞：《杞田集》，《四庫未收書輯刊》第七輯册二八，北京出版社二〇〇〇年版，第六八四頁。

〔二〕事見〔清〕宫懋讓修，李文藻纂：《諸城縣志》，《中國方志叢書》册三八四，臺灣成文出版社一九七六年版，第一一〇四頁。

〔三〕〔清〕張貞：《杞田集》，第六八五頁。

〔四〕〔清〕張貞：《杞田集》，第六八五頁。

〔五〕〔清〕張貞：《杞田集》，第六八五頁。

〔六〕〔清〕張貞：《杞田集》，第六八五—六八六頁。

〔七〕〔清〕李澄：《質庵文集》，《四庫未收書輯刊》第九輯册二九，北京出版社二〇〇〇年版，第四八二頁。

〔八〕見清單圖片。

〔九〕〔清〕王培荀：《鄉園憶舊録》卷四，齊魯書社一九九三年版，第二三四頁。

〔一〇〕〔清〕張貞：《杞田集》，第六八五頁。

〔一一〕〔清〕宫懋讓修，李文藻纂：《諸城縣志》，第九九八頁。

〔一二〕〔清〕宫懋讓修，李文藻纂：《諸城縣志》，第一〇〇一頁。原文爲：『粲居官甚好，未知學問何如，因試四書文一篇，蒙褒賞。』

〔一三〕〔清〕李元度：《國朝先正事略》卷五〇，《續修四庫全書》册五三九，上海古籍出版社二〇〇二年版，第一九一頁。

〔一四〕〔清〕宫懋讓修，李文藻纂：《諸城縣志》，第一〇〇〇頁。

〔一五〕〔清〕劉墉：《劉文清公遺集》卷一六，道光六年東武劉氏味經書屋刊本。

〔一六〕監生本爲屬概念，含有附監生等種概念，但因監生有除以上三種以外的種類，故此處并列而言。

〔一七〕〔清〕阮元：《諸城劉氏家譜序》，劉鐶之修：《東武劉氏家譜》，嘉慶甲戌年（一八一四）本。

諸城劉氏家族舉人、進士年表

說明：

第一，本年表所言世次均以劉鐶之所修《東武劉氏家譜》世次爲準。

第二，本年表中英文字母所對應文獻如下：

A《東武劉氏家譜》，B《東武劉氏家乘》，C《清代硃卷集成——山東鄉試硃卷道光癸卯科》，D《諸城縣志》，E《諸城縣續志》，F光緒《增修諸城縣續志》，G《東武劉氏詩萃》，H《東武詩存》，I光緒《山東通志》，J《清史列傳》，K《清實録》，L《清史稿》，M《清鑒綱目》，N《劉氏貢舉文集》，O《劉統勳、劉墉、劉鐶之三公年表》，P《劉文清公遺集》，Q《劉喜海年譜》，R《晚晴簃詩匯》，S《鄉園憶舊録》，T《日照舉人録》，U《松峰説疫》（人民衛生出版社一九八七年版），V《清史稿藝文志拾遺》，W《内蒙古自治區綫裝古籍聯合目録》。

世次	序號	姓名	中舉時間	中進士時間	資料來源
六世	1	劉必顯	明天啓甲子（一六二四）	清順治壬辰（一六五二）	ABCDGN
	2	劉必大	順治庚子（一六六〇）		ABCDN
七世	3	劉果	順治甲午（一六五四）	順治戊戌（一六五八）	ABCDGN
	4	劉棨	康熙乙卯（一六七五）	康熙乙丑（一六八五）	ABCDGN
八世	5	劉紹煇	康熙丁巳（一六七七）		ABCDN
	6	劉縉炤	康熙癸巳（一七一三）		ABCDN
	7	劉綋熙	康熙癸巳（一七一三）		ABCGN
	8	劉綬烺	康熙癸巳（一七一三）		ABCDN
	9	劉綎煜	康熙丁酉（一七一七）		ABCDGN
	10	劉統勳	康熙丁酉（一七一七）	雍正甲辰（一七二四）	ABCGNO
	11	劉維焯	雍正己酉（一七二九）	雍正庚戌（一七三〇）【聯捷】	ABCGN
	12	劉純煒	雍正丙午（一七二六）	乾隆己未（一七三九）	ABCGN
	13	劉紱焜	雍正乙卯（一七三五）		ABCGN
	14	劉繼爚	康熙甲午（一七一四）		ABCN

（續表）

世次	序號	姓名	中舉時間	中進士時間	資料來源
八世	15	劉纘煌	雍正甲辰（一七二四）		ABCDN
	16	劉緒煊	雍正壬子（一七三二）		ABCDN
九世	17	劉坊	乾隆丙辰（一七三六）		ABCDN
	18	劉坦	雍正乙卯（一七三五）		ABCDN
	19	劉壉	雍正壬子（一七三二）		ABCDN
	20	劉埛	乾隆丙辰（一七三六）		ABCDN
	21	劉垣	雍正乙卯（一七三五）		ABCDN
	22	劉埥	乾隆辛酉（一七四一）		ABCDGN
	23	劉垌	乾隆辛酉（一七四一）		ABCDGN
	24	劉埘	雍正乙卯（一七三五）		ABCDGN
	25	劉墉	乾隆辛酉（一七四一）	乾隆辛未（一七五一）	ABCDGNO
	26	劉臻	乾隆甲子（一七四四）		ABCDGN

（續表）

世次	序號	姓名	中舉時間	中進士時間	資料來源
九世	27	劉田	乾隆庚寅（一七七〇）		ABCFGHN
	28	劉詩	乾隆戊子（一七六八）	乾隆戊戌（一七七八）	ABCFGH
	29	劉禮	乾隆戊子（一七六八）		ABCFN
	30	劉埴	乾隆戊午（一七三八）		ABCDN
	31	劉墫	乾隆癸酉（一七五三）	乾隆庚辰（一七六〇）	ABCDGN
十世	32	劉鐶之	乾隆己亥（一七七九）【欽賜】	乾隆己酉（一七八九）	ABCEGNO
	33	劉銓瑋	嘉慶戊午（一七九八）		ABCDGN
	34	劉録效	道光乙酉（一八二五）		BCEN
十一世	35	劉泌	乾隆戊申（一七八八）	乾隆己酉（一七八九）【聯捷】	ABCEGN
	36	劉長源	嘉慶丙子（一八一六）		BCEGN
	37	劉喜海	嘉慶丙子（一八一六）		BCEIN
	38	劉華海	道光辛巳（一八二一）【欽賜】		BCFJ
	39	劉沆	乾隆戊申（一七八八）		ABCN

（續表）

世次	序號	姓名	中舉時間	中進士時間	資料來源
十二世	40	劉攀龍	道光癸卯（一八四三）		BG
	41	劉振采	咸豐戊午（一八五八）		F
	42	劉雲根	光緒壬寅（一九〇二）		T

二、東武劉氏家族仕宦盛況

（一）清廉愛民父子——劉必顯與劉果

父親劉必顯

張貞在《杞田集》中對劉必顯形象的描述爲：『公生而臞，膚不藏骨，一準隆然，望其眉宇，知非常人。』[一]而張貞對劉必顯少時异禀的介紹，也給人留下深刻印象：

> 甫能言，文林公（劉通）抱之立門外。村鄰有富而豪者，呑噬里人殆遍，文林公獨不爲下。適盛傔從而過，呼公小字，戲焉。公觸其忌，直斥之，豪大沮去。文林公陽謝其人而心竊异公

矣。稍長，出就外傅，授之書，讀一再過即成誦〔二〕。

張貞的這段文字極生動傳神，劉必顯時雖年幼，話還講得不够流暢，但天性中有一股懾人的氣勢，纔使横行鄉里、僕從衆多的富豪『大沮去』。

劉必顯與其後人相比，官位不算顯赫，僅做到從五品員外郎，但他正直有膽識，爲官清廉，澤及百姓，爲後世晚輩的成才建立了有益規範。

劉必顯在固山司理任上遇到一件棘手案子。時有民人爲巴結一個旗人，以家産進獻。這個旗人十分貪婪，看到獻産者的兩位兄弟家境殷實，就企圖將二人家産一并收到自己名下，并將他們的家眷没爲奴。案件將定，獻産者的兩位兄弟對此極爲不滿。劉必顯在處理這一問題時，雖然受到威脅，但他仍然敢於主持公道——將不合理的文書做了更正，使願獨立生活者免受覊紲之累。在當時這一特殊時期，敢做并能成就其事，説明劉必顯是一個正義感與膽識兼備的人物。對此張貞《杞田集》有文：

市兒有賚産投身旗下者，其兩弟家亦饒，主人將并没其産而奴其人。案將定，公不從。或以利害懾之，亦弗爲動。其家竟完〔三〕。

在被差往通州督理中南倉時，他『地處脂膏，未嘗以毛髮自潤』〔四〕，甚至連鄉人所送禮物也一概拒絶：

運弁某者，鄉人也，以無核棗及銀卮爲餉。公訶曰：『故人宜知我，乃反以此相污邪？』

弁曰：『可，不須危，棗爲鄉味，似無害。』公曰：『凡自外入者，皆非義也。』立却之。〔五〕許多官員貪腐正是因不能防微杜漸，纔由小貪而跌入大貪陷阱的。劉必顯可謂心明眼亮，定力十足。

當他去偏沅頒詔時，其清廉之舉受到人們的普遍贊頌。唯此事《諸城縣志》所記與張貞《杞田集》所記略有出入。因《諸城縣志》影響甚廣，近二十年來，研究劉氏家族的學者多采納此説，但細究之，則有其不通之處，故筆者在此予以指出，以正視聽。《諸城縣志》是如此記載的：

> 必顯……頒詔偏沅。適馬某謀取郴州，巡撫袁使出金爲必顯饋贐。問所從來，則貸於營弁而得之者，必顯不受，令持金還弁，勉之爲清白吏。〔六〕

此處所言『貸於營弁而得之者』，應是貸款給士卒所獲利息。至看到張貞《封奉政大夫刑部四川司員外郎加一級原户部廣西司員外郎劉公墓碑（并銘）》一文後，方更加明確。原來，是《諸城縣志》誤抄之故。張貞是這樣寫的：

> 適金陵馬生謀署柳州同知，撫軍袁公許之，而俾出金爲公壽。問資所從來，則其友人質妻孥於營將得之者。公曰：『汝以利債累友朋，能自飲冰茹蘗乎？汝去爲廉吏，即我拜當事之惠矣。』擲金令還之。營將聞風，亦納金而捐其息。公竟垂橐歸。〔七〕

馬生欲謀取柳州同知這一官位，袁巡撫在滿足其願望後，讓其出資爲劉必顯祝壽。劉必顯問其資金來自何處，他回答説是其朋友將妻、子質於營將得到的。劉必顯聞聽此言，將其痛斥一番，擲還其金。營將聽説之後，趕緊改正錯誤。劉必顯最終空手而歸。

此事還有一個出人意料的結局。

劉必顯辦完公事打道回府之前，僕人給他闖下了彌天大禍。因爲射麻雀時不够小心，僕人竟射中了一位軍人的幼子。結果，『一軍盡甲噪於行署』，情勢十分危急。却因前述劉必顯正直之舉所獲良好口碑，最終化險爲夷。事亦見張貞《杞田集》：

> 將行，從人射雀，誤中兵家稚子。一軍盡甲噪於行署。子之父喘汗崩奔，急止之曰：『射者誤也，死者數也，劉使君豈縱僕傷人者哉？』與之金市斂具，亦不受。所至爲人信服如此。〔八〕

人命關天，當自己的孩子被射死以後，父親之悲痛可想而知。當『一軍盡甲噪於行署』時，情勢之危，可謂千鈞一髮。但這位父親得知凶信後的表現不是怒火衝天、興師問罪，而是『喘汗崩奔』，大汗淋漓、上氣不接下氣地跑來爲劉必顯主僕解圍。他不僅不追究劉必顯主僕的責任，甚至連劉必顯送上的喪葬之費也不收。原因是什麽？孩子的父親解釋説：『射者誤也，死者數也，劉使君豈縱僕傷人者哉？』前半句『射者誤也，死者數也』，是爲劉必顯主僕解圍；後半句『劉使君豈縱僕傷人者哉』，纔是孩子父親不顧巨大悲痛而爲劉必顯主僕解圍的關鍵原因。這可能是劉必顯擲還不義之財的高風亮節，感動了這位軍人。也正因如此，張貞纔感慨道：『所至爲人信服如此。』由此我們可知，劉必顯對家族美譽度的築基，可謂迴出時流所能了。

《諸城縣志》評劉必顯的爲官之道云『必顯前後在官不及十年，然風裁峻著，不可以私干，教子孫亦以厲廉隅爲吏治之本』[九]，可謂得言。

次子劉果

劉果一生充滿傳奇色彩。

生有异徵。六歲就家塾，授以書不能讀，惟昏昏思睡。一日，有黄冠至門，索其弟子。公偶出，黄冠執手孰視，口若有所屬，忽辭去。公自是日誦數百言，終身不忘。十歲應童子試，文甚奇，受知邑令秦公。長有勇力，善馬射。時當大亂，公關弓向賊，發必應弦，緣此屢免奉政公於難。[一〇]

劉果的形象大异常人：『公神儀岸异，疏眉目，美鬚髯，人以髯仲呼之。』[一一]其爲人也絶非庸俗者所能比擬：『居官剛勁不可撓折。與人交，初若難合，久之更樂其坦易。長於言語，謦欬作洪鐘聲，遇是非曲直，辨説揮霍，一坐盡傾。少以意氣自豪，赴人之急甚於己私。或以險難告，脱手數百金，不自顧計。尤重友朋，交游幾遍海内。出則飾衣馬，盛傔從。老來斂退，匿迹深村，出入駕禿尾草驢，長吏經年不一見其面也。』[一二]

劉果給諸城劉氏帶來的最重要精神遺産還是清廉愛民。劉果初任太原推官，即恪遵其父劉必顯爲官之道，莅事嚴明，無所假借。有件趣事可證劉果風裁峻整、莅事嚴明的爲官作風。

富人某，訟産先饋黄金五百，做黄鼠以進，劉果峻却之。當時謡曰：『死黄鼠瞞不過活青天。』〔一三〕

即便如此，劉果仍怕自己定力不够，於是『録《瀧岡阡表》「夜燭治官書」一段於壁，每判一囚，必讀一過，故獄無冤滯』〔一四〕。

據《太原府志》記載，在太原府推官之任上，劉果政績不俗，爲人傳頌者非止一端。如：捐俸修文廟；立義學以課山谷秀民；太原榆次諸縣引汾水溉田，民争訟，劉果勤勘驗詳教條，争乃息；傅青山等盤踞葫蘆峪，出没無常，劉果授計趙令曰『當以剿爲撫』，群盗後先授首。〔一五〕又如前述却黄鼠不可私干，被當地百姓譽爲『劉青天』。

治聲達於宸聰，爲劉氏初博全國聲譽，乃劉果一生最爲得意之筆。

康熙六年（一六六七），裁天下推官，劉果改補河間知縣。《諸城縣志》云：『河間繁劇多盗，果一化以仁慈。又力行保甲法，頌聲洋溢，達於宸聰。』〔一六〕『頌聲洋溢，達於宸聰』，可謂非同小可。以七品知縣之任，讓治下百姓的『頌聲』傳到康熙帝那裏，誠非易事，然而豪氣過人的劉果做到了。這就讓諸城劉氏超越了地方局限，初次博取了全國性的聲譽。此事見於張貞《杞田集》：

庚戌，皇上時巡畿甸，未至河間百餘里，微行田舍，問守令孰賢，村民以河間令對。入境，上復微行，憩卧佛寺，見一老儒，問如前。老儒曰：『我生七十年，從未見賢如劉令者。』頃之，扈從畢集，羽林佽飛之衆，震耀禪扉，始知其爲上也。老儒仆地不能起，上令扶去之。即日召對，公俯伏駕前。上命騎馬後隨，以便顧問。先問年次、問出身，次問歷俸，次問河間徭糧條目。公奏對稱旨。從行十餘里，又問：『汝平遷應得何秩？優擢應得何秩？』天語温文，不殊家人。又從行十里，命回縣辦事。旋諭吏部云：『朕田獵畿南，訪知河間知縣清廉愛民，才具優長，著從優議叙。』部議以臺省用，緣承緝前案未結，格於例，擬以主事用，遂升刑部江西司，莅任即以才能推擇修《大清律》。〔一七〕

康熙皇帝對劉果清廉愛民爲官作風的肯定，不僅是對劉果一人的認可，而且是對整個諸城劉氏家族爲官者的巨大鼓舞，以至於劉棨請康熙皇帝賜翰之際，仍要提及次兄劉果河間事，方請得康熙皇帝親洒『清愛堂』這一宸翰。『清愛』兩字即清廉愛民的簡省。家祭大典與前人清廉愛民的故事，對造就諸城劉氏清廉愛民的家風所産生的重要作用，是不言而喻的。

（二）循吏榜樣——布政使劉棨

劉棨官至從二品布政使，是名副其實的高官。其實，劉棨甚至有升任巡撫的可能，這在《清史稿》中有明確的記載：『（康熙）五十五年……駕幸湯泉，又以棨治狀語諸從臣，會廷推巡撫，共薦棨。上嘉納之，以四川用兵未輕調。』〔一八〕劉棨官聲之好，非尋常之輩可比。這由他受百姓歡迎的程度即不難看出：『將去，闔縣老稚持香擁馬首塞路，越三日乃得行。及秋，洋民曰：「劉爺活我，我忍負劉爺乎？」争赴廳倉納粟，贏故額百石。』〔一九〕『（康熙）五十二年，晋四川布政使，道經平陽、寧羌，父老夾路歡迎，聲震山谷。』[二〇]而其受百姓喜愛與敬重的事迹不止上述兩端，我們在下文中還會論及。美國人A.W.恒慕義主編的《清代名人傳略》就稱譽他『是當時以清廉聞名的幾位官員之一，聲望與陳鵬年[二一]相埒』[二二]。康熙四十八年（一七〇九），『九卿奉詔舉才守具足者，知府中舉劉棨與陳公鵬年以對』[二三]。『五十五年，上詢九卿，本朝清介大臣數人，求可與倫比者。九卿舉四人，棨與焉。』[二四]在由康熙皇帝親自主持的兩次全國性官員評比中，劉棨均榜上有名。這樣的全國性影響不僅劉必顯、劉果無法與之相比，在全國同級别的官員中，也少有可與之抗衡者。大概正因如此，《清史稿》爲布政使立傳不多，但《循吏列傳》中劉棨之名赫然在列，《清史列傳》中亦有劉棨之傳。劉統勳、劉墉的官聲當然比劉棨大得多，但他們父子恰是在劉棨的影響下，纔上躋一流位置的。由此可見，劉棨在官職與官聲方面的成功爲諸城劉氏進入全國一流世家行列，夯實了重要基礎。

劉必顯、劉果的爲官作風中包含清廉愛民的成分，但以『風裁峻整』爲主要傾向。劉棨爲官，當然有其風裁峻整的一面，但因其能力超群，擅於應變，一般情况下，既不會和上下級産生矛盾，又能將事情處理得極爲圓滿，是一個備受上下級、同僚稱譽的能員，故其爲官主要以清廉愛民爲主導傾向。劉必顯、劉果、劉棨三人爲官特點合之，即爲諸城劉氏後裔爲官的基本原則——清廉愛民、風裁峻整，故我們稱劉棨爲夯實諸城劉氏爲官風氣最爲關鍵的人物。

劉棨初入宦途便突遇一次事變，其中顯示出他超人的應變能力。彼時有人訛言裁兵，巡撫標營千餘人環轅門示威，巡撫不敢出。劉棨向示威人群陳述大義，預給三月軍餉，并明確表示無裁兵之意，方使一場一觸即發的兵變得以化解。

康熙三十七年（一六九八），劉棨擢陝西寧羌州知州。劉棨到任之時，恰逢關中大饑，漢南尤甚，州内無糧可賑。劉棨即拜謁監司丁珩，請借廳倉，獲准。但寧羌處秦巴腹地，山巒起伏較大，府州之間相距三百餘里，難於轉運糧食。對於其險絶狀況，曾身歷其境的王培荀在《鄉園憶舊録》中有如下描述：『州居萬山中，土瘠民貧，爲秦蜀孔道。憶來川時，過五丁峽宿此，明日過閔家坡，上下十五里，越澗登七盤嶺，路甚崎嶇。吴梅村《送人守寧羌》云：「七盤遮駱谷，十口隔陳倉。」狀其險阻，民之生計可知矣。』[二二五] 李白《蜀道難》中所云『西當太白有鳥道，可以横絶峨眉巔，地崩山摧壯士死，然後天梯石棧相鈎連』，所指也是這一地區。針對如此局面，劉棨創造性地解決了這一難題：他發動饑民運糧，凡運一斗者給糧三升。結果不到十日，即運糧三千石。第二年春天，劉棨到府衙時，丁珩對劉棨講：『吾欲依君法以賑一府，而洋縣地廣人衆，今年老，思以累君。』意思是説：我也想按照你的辦法賑濟闔府饑民，但洋縣很特殊，地廣人多，我年紀大了，想麻煩你代勞。劉棨回説：『方春，民困以急。必欲見委者，請假以重權乃可。』[二二六] 李元度《國朝先正事略》對此事記載頗爲詳盡：『監司即授以檄，役數十人從。君即持檄發粟，從水運，令役持檄分調諸縣丞簿，而己單騎至洋，先遍歷郊野，驗户口多寡已。入城，語洋令曰：「吾發官粟至此，必春貸秋還。倘秋不熟，我兩人可代任之。縱以此破家，所獲多矣。」令曰：「諾。」遂分遣丞簿，按户發粟，數日而畢。』〔二七〕劉棨辦事態度的認真，如『君即持檄發粟，從水運，令役持檄分調諸縣丞簿，而己單騎至洋，先遍歷郊野，驗户口多寡已』，雖然在官場中比較少見，但有良知的官員還是容易做到的；而『吾發官粟至此，必春貸秋還。倘秋不熟，我兩人可代任之。縱以此破家，所獲多矣』這種救民出水火的精神，無論在哪個朝代都是不多見的。劉棨在做這樣的壯舉時，却像做一件再平常不過的事情，没有任何矯飾，聞之不由令人氣壯。

救灾後，劉棨又投入到緊張的均田賦、代民完逋賦、補棧道、修旅舍等工作中去。一年之後，所轄之處，治況有了顯著改觀。他不僅熱情地扶貧，而且熱心地幫助當地百姓脱貧。當他發現寧羌山多槲樹，宜養桑蠶却尚未利用後，便派人回老家收購蠶種，請師傅傳授當地人民養蠶、抽絲、織綢的技術。老百姓當年便從中得到了實惠，感激之餘，爲紀念劉棨的恩德，便將所織的綢子命名爲『劉公綢』。王培荀做官之地距此地較近，對此事聞聽較詳，其記載當然也較爲可信：『公登山見栩葉，謂可以蠶。以鄉之繭種分給里下，刻版曉示，教以飼蠶、抽絲、紡織諸法。民習其業，繭綢與山東争價。山多漆，教以按時取漆，并蒔黍穄、種蹲鴟、修棧道……百姓呼爲劉父，每飯祀之。』〔二八〕此事除王培荀《鄉園憶舊録》有記載外，李元度《國朝先正事略》《諸城縣志》、余金《熙朝新語》也有載録。《國朝先正事略》《熙朝新語》的記載與諸書大致相同，唯此處略有差异：『寧羌民貧，多逋税，（劉棨）遂聽民便，蜜粟笋蕨悉充税，而其賣家中田代之輸。』〔二九〕由此更可見劉棨的愛民之心。

劉棨開發地利、發展經濟、惠及百姓的做法，不僅使當地百姓受益，而且使後來爲官者效仿，播惠百姓。〔三〇〕王培荀就發現了這一點，他講：『康中丞基田，山西人。念其處田土窄狹，人寡生計，招蘇州刺繡者教鄉里，獲厚利，此爲福於桑梓者也。吾東程君爲黔中正安州牧，教民養山蠶，後人爲立祠。先有行之者，則諸城青岑劉公也。』〔三一〕

與此同時，劉棨還在任地設立書肆，建立義塾，發展教育，有時甚至親自授課，使三百年未出過舉人的寧羌之地，有兩人中舉。一心爲民的劉棨可謂爲官一任，愛民有心，益民有術，化民有方。三年之後的考核，總督、巡撫交薦其能。

康熙四十一年（一七〇二），劉棨升寧夏中路同知，未及赴任，其母楊氏卒，因替百姓完逋賦之故，負債不能治行。劉棨寫信向四弟劉棐求援，請他代爲變賣自己的田産。善良厚道的劉棐因劉棨之田産貧瘠不易出手，遂將自己的良田賣掉爲劉棨籌資。在變賣家産時還出現了這樣一個局面：迫於没有買主，劉棐跑到浙江服官的至戚處告急方纔將田産售出。劉棐將銀兩送至寧羌後，劉棨纔有能力回家奔母喪。百姓聞知後，皆爲之下泪，紛紛捐錢捐物，劉棨一概不受。此事在多種史料中都有記載，《國朝先正事略》對此叙述較爲詳細：『（康熙）四十一年（一七〇二），遷寧夏中路同知，未行，丁母憂。負債不能歸，致書其弟，令亟賣所遺田。弟曰：「兄田已去大半，所餘瘠土直幾何？吾不忍袖手視。」乃益以己田，擇其腴者，易金致兄所。寧羌人聞之，争輸金爲助。君示以家書曰：「吾田已去矣，無及也。」乃止。』[三二] 一個五品知州，竟然貧窮到沒有回鄉的盤纏，靠兄弟出賣田產纔能回籍奔喪，劉棨的清廉守正，可謂感人至深。

劉棨既清廉正直，又能救民於水深火熱之中，同時富民有術，開化教養有方，爲後世子弟樹立了一個絶佳的榜樣，繼父親劉必顯、次兄劉果之後真正夯實了諸城劉氏家族清廉愛民爲官風氣的根基。

（三）德才兼備——布政使劉純煒

劉純煒是諸城劉氏八世子孫中，除劉統勳以外最有作爲的一個人物，他的政績分爲地方任職與水利兩個方面。

地方任職

劉純煒的第一個職務是山西壺關縣知縣，就任後因乾隆帝接見，很快調任分宜縣知縣。因在壺關縣任職時間極短，其政績不詳。但在分宜縣任知縣時，劉純煒可謂政績斐然。

在劉純煒擔任該縣知縣前，知縣衙門内日用所需給值，比市價少三分之一，純屬巧取豪奪行爲。劉純煒到任後，立即制止了這項行爲。

他將常平社的斗斛整齊劃一，堵塞了奸猾社鼠們肆虐的漏洞。所謂常平社，就是民辦糧食社倉。社倉是傳統社會備荒倉儲體系的重要組成部分，起源於隋朝所設義倉。社倉不特指某個糧倉，而是一種儲糧制度。社倉内一般没有專門的倉庫，而是在祠堂廟宇儲藏糧食。糧食來源於勸捐或募捐，存豐補欠，以借貸的形式周轉，一般春放秋收，利息爲十分之二。宋孝宗乾道四年（一一六八），建寧府（今福建建甌）大饑。當時在崇安（今武夷山）開耀鄉的朱熹，記録了同鄉紳劉如愚向知府借常平米六百石賑貸饑民。貸米在冬天歸還，收息百分之二十，小歉利息減半，大饑全免。若息米之價相當於原本十倍時，不再收息，每石衹收耗米三升。至淳熙八年（一一八一）建寧府社倉已積有倉米三千一百石。這一年，朱熹將《社倉事目》上奏，孝宗『頒其法於四方』，予以推廣。朱熹立社倉法，爲後世沿用。清朝曾於雍乾年間大力推行社倉建設，但旋興旋廢。立社倉本爲善舉，但吏治腐敗加速了社倉衰敗。由此可見，社倉衰敗的關鍵原因是吏治腐敗。應該説，劉純煒對此問題的處理切中要害，因爲『常平社倉胥吏爲奸，量有大小，出少入多』，劉純煒就『爲更定畫一，自製銘辭，刊之斗斛』〔三三〕，從而杜絶了胥吏爲奸的可能，可謂能吏。

他在分宜縣打擊奸邪，使民風重歸淳樸。分宜縣『俗故健訟，實奸徒教唆』，劉純煒遂『廉治之，訟頓衰減』〔三四〕，民風重歸淳樸。

他在分宜縣平靖匪賊之患，令百姓安居樂業。分宜縣『邑多山谷，又當宜春、新喻諸邑之衝，匪竊多自外至者。純煒閲户籍，編次都里村落，俾守望相助，奸人莫敢入界』〔三五〕，遂使分宜縣重回安寧之境，百姓得安居樂業之惠。

此外，他在平湖知縣任上，因革除舊弊深獲民望。『平湖田賦浩繁，舊開徵，遣役四出，謂之莊差，民以爲苦。純煒抵任，罷之，民乃争先輸納。』〔三六〕在杭州知府任上，他妥善解决了棘手難題，時『杭舊有八旗漢軍，奉旨酌爲裁汰。或轉補绿營，或出旗爲民，其未經選補，又無資業者，待哺嗷嗷』，結果『純煒相其老幼强弱，處置得宜，無一失所，軍民爲之立生祠』〔三七〕。

水利

劉純煒坐法免官後，貧不能歸，主饒州書院。在這期間當地『江水盛漲，各郡圩田被淹，飭修堤防。不逾時，輒壞』〔三八〕。其時范時綬爲江西巡撫，對此無計可施。有人説劉純煒『識水利』，范時綬遂讓劉純煒全權負責此事，將堤壩按要求及時修好。范時綬對劉純煒很滿意，遂上疏舉薦，最終劉純煒奉旨仍以知縣用。

『海寧自將軍隆昇、巡撫盧焯築石壩於尖山、塌山之間』，潮汐直趨壩根。劉純煒認爲，石壩壞則蘇松七郡田廬可危。他核計壩身長短，在壩周圍布下密集竹落，以當潮汐之衝，四十天後，大功告成。『（乾隆）二十七年（一七六二），帝南巡，閲所修功，嘉嘆，賜綢緞貂皮等物，晋東塘同知。』『（乾隆）三十年，帝巡至浙，賜宴者再，仍賜貂皮等物，授海寧道，晋浙江布政使。』〔三九〕

由此我們不難感知到劉純煒在水利工程方面的成功，應是一種非同尋常的成功。乾隆帝一生的功業不僅包含下旨編修《四庫全書》，還有軍事與水利上的成功。我們讀《清高宗實録》，可知乾隆帝對興修水利之事頗通，他在『閲所修功』後，對劉純煒『所修功』『嘉嘆』，實在難得。先是於乾隆二十七年『嘉嘆』，『三十年，帝巡至浙，賜宴者再』，可見劉純煒海寧海塘工程之好，在乾隆帝心目中占有非常重要的位置。

除政績外，劉純煒還享有較高的社會聲望。乾隆三年（一七三八），劉純煒坐法免官，貧不能歸，布政使王興吾延主饒州書院。『鄂容安巡撫山左，聞純煒名重之，移撫江右，至饒與談竟夕，語人曰：「德，體也；才，用也。屬吏中安有體用兼全如劉君者乎？吾當薦之。」』〔四〇〕鄂容安未及舉薦，因擢兩江總督離開江西，劉純煒就没能及時官復原職。我們再看其民望。除了在杭州知府任上，『軍民爲之立生祠』之外，他在其他任，也深受百姓擁戴：『赴任平湖，士民焚香送，皆依依不忍去。純煒慰勉之，謂：「我昔去海寧，邑人相送如今日。我許以數歲當復來，今果復還海寧。爾等歸休矣。我去亦不過數歲，當復此來也。」送者乃拜泣而去。』〔四一〕

（四）亢直愛民——布政使劉墫

在諸城劉氏九世一代，劉墫是除劉墉外最有祖風的一位官員，他爲民請命的激烈程度一般人無法比擬。乾隆四十六年（一七八一），黄河决口，徐州灾民無家可歸，露處大堤之上。江蘇巡撫無意賑濟，時爲江寧布政使的劉墫在制府前與其争執起來。時和珅受寵，官場風氣每況愈下。在這樣一種官場中，官員衹考慮自己的仕途，對百姓的疾苦根本不放在心上。雖然劉墫開罪於巡撫，爲自己日後的仕途埋下了禍根，但處於水深火熱之中的老百姓因此得到了救濟。劉墫活民無數，善莫大焉。第二年，黄河又决口，劉墫親自到灾區巡察撫恤，灾民無一失所。乾隆五十年（一七八五）大旱，稻秧不能按時供插，灾害即在眼前，巡撫仍然無所介懷。劉墫聽説總督在河上，便撇開巡撫，單獨往見，陳述旱情，遂與總督同奏，後得到賑恤旨意，免除了百姓灾難。巡撫但覺劉墫處處與自己作對，無法忍受，遂劾奏劉墫既老且病。爲調和矛盾，乾隆五十二年春，劉墫改任鴻臚寺卿，後乞告歸里，結束了自己的仕宦生涯。

（五）明白敢言——吏部尚書劉鐶之

劉鐶之，劉必顯玄孫，劉棨曾孫，劉統勳孫，劉墉侄，劉堪子，字佩循，號信芳。生於乾隆二十七年（一七六二）七月十八日戌時，卒於道光元年（一八二一）十二月十七日，享年六十歲。墓址不詳。劉鐶之乾隆四十四年（一七七九）欽賜舉人，乾隆五十四年（一七八九）會試中式進士第四十九名，殿試三甲第二十三名。改翰林院清書庶吉士。

劉鐶之雖係劉堪之子，但因劉堪在劉鐶之三歲時即弃世，故其自幼賴伯父劉墉撫育。乾隆四十一年（一七七六），劉鐶之十五歲，劉墉便請當時名家竇光鼐爲劉鐶之授業。劉鐶之二十歲時，劉墉親自教授他功課。在伯父劉墉的呵護下，劉鐶之受到了一流教育。他不負家族所望，雖然舉人出於欽賜，但考取進士是自己努力學習的結果。在庶常館的考察中，劉鐶之成績驕人，與其同時的翁方綱之子翁樹培則常常墊底、受罰，同劉鐶之的優异表現形成了鮮明對比。

乾隆五十五年（一七九〇），劉鐶之在庶常館散館後，表現也極爲搶眼。他由從七品的檢討一職，至嘉慶四年（一七九九）正月即已位至正三品的詹事府詹事，提拔可謂神速。嘉慶五年即由正三品晋升至從二品，兼正二品銜。

劉墉對劉鐶之寄予厚望，毫不掩飾喜愛之情，對其嗣子劉錫朋則較冷淡，曾説『錫朋俟其交運』〔四二〕。劉墉在家書中，經常與諸城親族談到的孩子便是劉鐶之，由此可見劉墉器重劉鐶之之一斑。譬如在寫於嘉慶四年五月十八日的家書中，首句提到『浙中、京中俱安好』〔四三〕，這雖有顔太夫人在彼之故，但細究全文即知原因未必全在於此。在信末，劉墉寫道：『鐶之叠蒙温旨奬其學政做得好，庶可稍稍放心。』〔四四〕又用小字寫道：『（鐶之）信來自言要吃補藥，求鹿茸，此却不放心。』〔四五〕再看劉墉寫於嘉慶四年十月的一封家書：『浙信常通，極好。鐶之升官時蒙諭他學政做得好，家中尊長可放心矣。』〔四六〕再看一信：『……鐶之受恩兼署吏部，墉毫無出力之處，乃荷慈綸，嘉其輕健，不敢不勉也。』〔四七〕

對於劉鐶之任學政時的從政風格，王瑞履在《重論文齋筆録》中這樣評價：

嘉慶庚午（一八一〇），余忝膺鄉薦。主司爲諸城劉文恭公（鐶之），今大學士滿洲穆公（彰阿），關防嚴肅，弊絶風清。〔四八〕

清代，在江浙這樣素稱人文淵藪、易生科考弊端之處，能够達到『關防嚴肅，弊絶風清』，説明劉鐶之大有劉統勳和劉墉的正氣之風，其可謂克紹家聲者。

劉鐶之在學政任上的表現，於官方史料上極難見到。所幸劉墉在家書中無意間爲我們保留了一些珍貴史料，使我們得知劉鐶之在學政任上『叠蒙温旨獎其學政做得好』。劉鐶之得署吏部侍郎之職，并非因爲劉墉關照，而是他政績突出、正常晋升的結果。可見，劉鐶之在兼署吏部右侍郎前，他在嘉慶皇帝心目中已是一個官聲與能力俱優的官員。

嘉慶九年（一八〇四）十二月劉墉去世後，劉鐶之奉敕赴京料理喪事。嘉慶十年（一八〇五），劉鐶之奉敕將伯父劉墉的書法作品搜集後刻成《清愛堂法帖》。嘉慶十二年（一八〇七），劉鐶之任順天學政。嘉慶十五年（一八一〇）六月，充浙江鄉試正考官，八月提督江蘇學政。次年，擢兵部尚書。也就是説，劉鐶之年僅四十九歲即已位至兵部最高領導，須知劉墉六十一歲纔位至從二品湖南巡撫。换言之，劉鐶之被提拔速度之快，遠遠超過伯父劉墉。嘉慶十八年（一八一三）劉鐶之署刑部尚書兼順天府尹。兼任不久，大興人林清領導人員潛入北京，由太監接應攻入皇宫，因力單失敗。此事發生後，部議劉鐶之失察，應降職，皇帝加恩留任。隨後，劉鐶之所上奏摺均因對地方政務有益，下部議行。又於嘉慶十八年十二月，緝捕到一些未被捉住的林清一派人員而立功，加『太子少保』銜。嘉慶十九年（一八一四）劉鐶之調任户部尚書。嘉慶二十二年（一八一七），嘉慶皇帝自熱河秋獮回京，劉鐶之入見，皇帝先詰問：『爲何奏事不多？』又問：『怎麼不及時捕教匪？』〔四九〕皆不能對。皇帝責其玩愒，降爲侍郎候補。嘉慶二十三年（一八一八）十月，福建同安縣的一件糾衆仇殺案因涉衆面廣、極難處理，懸之十九年未能結案，上控至都察院。劉鐶之往鞫，治罪如律，各方滿意，顯示出他不俗的辦案能力。嘉慶帝對此十分滿意，遂又任命劉鐶之爲都察院左都御史，仍兼順天府尹。嘉慶二十五年（一八二〇）春，復任兵部尚書。

總體來看，嘉慶帝一直將劉鐶之當作精幹之員使用。如學政任職之地浙江、江蘇、順天，均是科場重鎮。而在浙江、江蘇學政任上，劉鐶之能够將請托之風盛行、冒濫作弊層出不窮的江浙科場整治得弊絶風清，可謂不負嘉慶帝重托。因此嘉慶帝連連稱贊他學政做得好，而一再提拔他。做京官後，劉鐶之兼任或分管順天府尹多年。順天府尹，身處京畿要地、天子脚下，既要讓皇帝安枕無憂，又要使各方勢力規矩行事，實是繁難之任。歷代皇帝選擇此官職人選，均不敢掉以輕心：對人品不放心、能力不信任者不敢任命，對人望不足、責任心弱者同樣不敢任命。滿足諸如此類的嚴苛要求者，必須是出類拔萃之人，皇帝纔敢委以重任。由此看，嘉慶帝對劉鐶之在這些方面的優勢都是高度認可的，否則不會一而再地讓劉鐶之兼任此職。劉鐶之在嘉慶一朝擔任過兵部尚書、户部尚書、左都御史等位高權重的職位，更能説明嘉慶帝對劉鐶之管理能力的認可。

道光皇帝嗣統後，劉鐶之調任吏部尚書，加太子少保。道光皇帝要求群臣廣開言路，舉賢薦能，劉鐶之推舉了理學家唐鑒〔五〇〕。唐鑒乃一代人杰曾國藩之師，對曾國藩公忠體國、深謀遠慮品格的養成，具有教化之功。曾氏是清代中興氣象形成的關鍵人物，以此視角來看，劉鐶之亦實有功於清朝中興之業。

劉鐶之卒於道光元年（一八二一）。『諭曰：「吏部尚書劉鐶之由翰林洊陟正卿，蒙皇考任用有年。上年朕御極之初，特調授吏部尚書。每召對之時，見其人頗明白，遇事亦尚敢言。所管吏部、順天府事務，均各妥協。昨因染患痢疾，兩次給假，俾令安心調理，冀其速就痊癒，委任方長。遽聞溘逝，深爲悼惜！著加恩賞給陀羅經被，派散秩大臣一員帶領侍衛十員，前往賜奠。并賞内庫銀五百兩，經理喪事。伊長子兵部員外郎劉喜海，俟服闋後，著以郎中補用；次子劉華海，著賞給舉人，准其一體會試。所有任内一切處分，悉予開復。應得恤典，該衙門察例具奏。」尋賜祭葬，予謚文恭。』〔五一〕

光緒《山東通志》對劉鐶之評價比較中肯：

> 鐶之席累世勛舊之澤，四督學政，再典鄉試，歷順天、浙江、江蘇三省，前後兼尹近十年，廉静自飭，門可羅雀，無赫赫之名。遺疏入，上謂其明白敢言，深爲悼惜，而章奏多不聞於外，蓋古之所謂良顯者矣。〔五二〕

總體來看，劉鐶之在各級任上雖然官做得很大，也深得皇帝寵信，但時運不濟，朝廷上下實心任事者愈來愈少，他也就難以脱俗，和其上幾代人相比，就顯得平庸許多，這是諸城劉氏家族衰微與時代衰敝相互作用的結果。

（六）敢作敢爲——布政使兼署巡撫銜劉喜海

劉喜海，字吉甫，號燕庭，又作燕亭、硯庭，别號三巴子。室名嘉蔭簃、味經書屋、十七樹梅花山館、來鳳堂等。劉喜海爲劉棨玄孫，劉統勳曾孫，劉墉侄孫，劉鐶之長子。生於乾隆五十八年（一七九三），卒於咸豐三年（一八五三），享年六十一歲。劉喜海於嘉慶二十一年（一八一六）中舉，歷任兵部員外郎、户部郎中，道光十三年（一八三三）外放福建汀州知府（一八三三—一八三八），其後歷任陝西延榆綏道巡道（一八四一—一八四五），四川按察使（一八四五—一八四七），浙江布政使（一八四七—一八四九）。在浙江布政使任上，他還兼署過浙江巡撫。道光二十九年（一八四九），借劉喜海應召入京期間，浙江巡撫密參其終日耽於考古，荒廢職守。劉喜海因此被奪官，仕宦生涯就此結束。諸城劉氏家族從此再未出現官職較高的人，劉氏的繁榮昌盛局面可以説就此畫上了句號。

其實，如果我們就手頭有限的資料考察劉喜海的任職情況，會一改浙江巡撫帶給我們的錯覺——劉喜海衹是一個耽於考古、一無政績可言的庸官。事實上，劉喜海在爲期五年的汀州知府任上就做了不少得民心、順民意的善政，當地百姓爲感激他而爲其立的生祠，應該説是很好的證據。他在四川按察使任上，對當時的『嘓嚕』勇於任事而惹人争議，這牽扯到評價他人品政績的重要方面，故在此加以較爲詳細的闡發。在《正續蝶階外史》一書中有一段記載，我們不可不知。其中有關劉喜海的史料如下：

蜀嘓匪數百人爲隊，居山洞，劫人於途，勒贖逾期即淫殺，凶慘萬狀，官無如何也。劉燕庭先生陳臬川中，逾數月，嘓匪之有案者數十處，已訊定大辟，其餘尚多，復廉得爲首者若干人，確迹縶以待。謁制君寶獻山相國，先將有案諸人，請王命正法，復陳一紙曰：『此數十人，皆匪首，已訪明確，不盡翦除，民不聊生，請一并正法。』相國云：『人死王法，罪無可辭，既無控者，憑我等意見，致人於死，來生冤債我弗結也。』廉訪（劉喜海）云：『此等事，中堂既不做主，本司尚能肩任。』出乘肩輿，輿夫請進止，曰：『赴城隍廟。』并傳皂隸，持大杖，往至廟所。有匪徒立斃杖下，合城歡呼如雷。市肆居民，人炷瓣香，各奉茜帛一匹，擲輿頂。擲既多，輿夫足下縈繞，牽曳不得行。又人持火鞭迎輿燃之，由廟至署，儼如火龍一尾云。〔五三〕

這是對劉喜海稱頌者所言，他的後任張集馨之評説則與此相反，不僅不對其稱頌，反而對其詬污不堪。我們且看張集馨《道咸宦海見聞録》的評述：

前任劉燕庭廉訪，凡各屬解到嘓匪，不問真僞，先責小板四百，然後訊供，其中供情不得，而罪名莫定，即於大堂杖斃。後因大堂黑夜鬼嘯，差役每被迷惑，因將犯人押至東門大街城隍廟，於神前擲茭，若陽茭則免死，若陰茭則立斃。官踞於上，犯詈於下，嚴刑慘酷，腦裂骨折者不知凡幾，嗚呼慘矣！委員希奉臬臺意，每問案無不刑求。川省刑法極重，各委員更以意爲高下，真所謂三木之下，何求不得也。厥後委員如史璜等皆爲鬼捉去，無不大叫一聲而絶，想亦如《左傳》所云：『吾得請於帝矣。』人命至重，草菅如是，天道何能容乎？余每戒委員曰：『汝等問官，總要爲爐鳴漏盡，一燈熒然時地也。余固不敢以劉爲法，諸君子亦當以史令諸員爲戒。』〔五四〕

初看兩條尖鋭對立的史料，對劉喜海四川按察使一任之臧否委實令人難下結論。但如深入研求，則會感到張集馨對劉喜海之貶斥難掩劉喜海能吏本色。理由如下：

首先，大膽懲治『嘓匪』既是劉喜海職責相關之事，也是他盡職盡責、保民平安的良吏表現。由於『嘓匪』横行無忌，劉喜海莅任四川按察使之際，四川已是當時全國較亂的地方。即使到了張集馨時期，『嘓匪』的作惡多端仍然駭人聽聞。我們且看張集馨的描述：

> 匪首楊黑騾子、王老冬、向大耶、汪鑵子炮等數十人，各挾黨羽數千，横行劫殺，捉人勒贖，逼近省城。營兵、縣役内外勾結，地方官莫敢誰何。甚至衿紳、武弁亦做窩主，希圖分贜，緝捕大是難事。〔五五〕

我們祇要略加分析，就不難體會到當時『嘓嚕』危害之嚴重。『數十人，各挾黨羽數千』，這就意味着『嘓嚕』起碼有數萬人。如此之多的人馬，『横行劫殺，捉人勒贖』，又兼營兵、縣役、縉紳等助紂爲虐，當地老百姓怎能安居樂業呢？

根據張集馨所記，當時『百姓村居者思入城，城居者又思入村，迄無善地』〔五六〕，問題之嚴重，可想而知！

面對犯罪氣焰如此囂張的民間勢力，作爲一省按察使的劉喜海豈能袖手旁觀！

由此來看，劉喜海大膽懲處『嘓匪』，不僅是職責所關，而且是慰民心、順民意的正義之舉。

其次，與當時四川總督寶興漠視民事、專務粉飾、養癰貽害的行徑相比，劉喜海勇於任事，可謂難能可貴。

既然四川『嘓嚕』危害如此嚴重，四川地方政府理應承擔起保民平安的責任纔對。然而，四川總督寶興做得如何呢？我們且看張集馨初至四川上任時所作調查的結果：

> 地方嘓匪横行，殺人於市，擄搶勒贖之案，無日無之，逼近省城，肆無忌憚。前任寶相（寶興）諸事廢弛，而於地方公事，漠不留心。遂至署中材官，亦皆通匪；一經緝捕，盜已先知，養癰貽害，不止一年。甚至行香拜廟，非以重兵圍護，不敢出署。〔五七〕

由此，我們可知劉喜海緝捕『嘓匪』的困難，不僅來自『嘓匪』本身，還來自他的頂頭上司，以及在這位上司的暗示下故意不作爲的官僚網絡。雖然寶興本人也被『嘓匪』搞得十分緊張，『甚至行香拜廟，非以重兵圍護，不敢出署』，但是寶興仍然對『嘓匪』抱以『慈悲』之心。其中緣故，被張集馨一語道破。他説：『是時獻山相國督蜀，專務粉飾，屬吏仰體上意，率多諱匿，是以盜賊充斥，生民塗炭。』〔五八〕寶興爲什麼專務粉飾？是因爲想要躋攀高位，没有政績不行，而要作出真正的政績，寶與又無此本領，所以祇好僞造政績，或者至少使表面上看起來平安無事，未出治安問題。這樣一來，一旦所轄之地出了問題，此類昏官不僅諱疾忌醫，還會拼命地捂蓋子。劉喜海是聰明人，當然明白寶興的心事；劉喜海更是一個有良知、敢作敢爲的人，所以他能説出：『此等事，中堂既不做主，本司尚能肩任。』正因爲劉喜海不與寶興等人同流合污，敢於爲民除害，纔赢得《正續蝶階外史》所描繪的那種深受人民擁戴的場面。

再次，既然劉喜海在四川按察使任上深受百姓愛戴，張集馨爲什麽要詬污於他呢？如果我們通讀了《道咸宦海見聞録》一書，就不難發現張集馨其人評人與自評差异甚大，頗有些對人苛求、對己文過飾非的感覺。從其對親族評價來講，令其滿意者少，而詬污與不滿者甚多。他做官之時，同僚能得其高評者甚少，即使評價某人有何優點，亦多摻以不足污之。像左宗棠這樣的人杰，亦難免遭其貶低，其他人可想而知。像他的同年徐有壬，《清史稿》稱徐有壬雖奇謀應變爲短，但仍不失爲循良廉吏之器，但在張集馨的筆下徐有壬儼然是一個不堪入目的齷齪人物。如他説徐有壬捉到『嘓匪』後，不問真僞先責小板一兩千下，殘忍較之劉喜海有過之而無不及。他談及徐有壬不被琦善欣賞時，語氣十分陰冷，頗有幸灾樂禍之意。後當徐戰死，他出於嫉妒，作爲同年不僅毫無悲傷之情，反覺徐理應早死。劉喜海、徐有壬衹不過是張集馨刻薄之筆下的兩位代表人物而已。張集馨在其著作中每每稱許自己清廉正直，我們且看丁名楠對該人假道學面目的揭露：

張集馨説糧道陋規實衹六萬餘兩，看來没有説實話，這不過是縮小了的數字。他去陝西就任前，爲了出京留别，告貸了一萬七千餘兩。任糧道一年，不但本利全部清償，還寄回儀征老家一萬多兩銀子，單是這兩項合計就有三萬兩左右。〔五九〕

而除此次陝西糧道留别外，他還有幾次留别經歷也讓人駭心動目：

> 四川臬司出京留别，一萬三四千金。貴州藩司出京一萬一千餘金，調任河南藩司出京一萬二三千金，而年節應酬以及紅白事體，尚不在其內。〔六〇〕

由此可見，乾嘉時期，部分官員侵損公款嚴重，張集馨亦在其列。其同僚升任雲貴總督時，『同人饋贈概行辭却，惟收余（張集馨）燕窩四斤、高麗參四斤，而以坐馬一匹、《五經》一部留别。』〔六一〕他當時充其量是一個四品官員，但他一次所送禮品竟能如此貴重。張氏如此不堪，竟還處處標榜自己是個清官，其僞君子的面目可謂暴露無遺。

最后，即使在張集馨筆下，劉喜海的形象相對來講也還是好的：既不貪財，又不漁色；既不鄙俗，又不陰險，甚至講求倫理。而這些缺點往往是張集馨對很多時人的寫照。

張集馨對劉喜海攻擊最力的大概是兩件事。其一是劉喜海對犯人使用重刑，其二是劉喜海草菅人命。第一條，我們從他給皇帝所呈話語中就可知道，他并非不知四川當時動亂需用重典，『查蜀省五方雜處，民氣素浮，訟獄繁滋，甲於海內；加以嘓匪竄伏，擾害閭閻，治蜀宜嚴，自應力求整頓。臣固不敢意存姑息，博長厚之虛名』〔六二〕。我們再看他對劉喜海的攻擊，就不難看出他所使用的雙重標準及其滑稽可笑之處。第二條，他指責劉喜海草菅人命，主要是指劉喜海以算卦決定犯人生死一事。對此筆者感到張集馨所言似乎并不可靠。恰如前述，張集馨爲了襯托自己的不同凡俗，往往不擇手段地以貶低自己前、後任的方式抬高自己；劉喜海以算卦決定犯人生死之事，張集馨并未親見，而他爲證明確有其事的證據『史璜等皆爲鬼捉去』，可謂荒誕不經，令人難以置信。此外，他説劉喜海草率動刑，將協從者杖斃，與《正續蝶階外史》所云『嘓匪之有案者數十處，已訊定大辟，其餘尚多，復廉得爲首者若干人，確迹縶以待』完全相反。在瞭解到張集馨對劉喜海的評價中摻有一定的主觀因素後，筆者寧願相信第三者所撰《正續蝶階外史》的説法。

綜上所述，我們不妨對劉喜海在四川按察使任上的政績，做一個比較保守的評價，即劉喜海至少是一位敢於負責、忠於職守、勤政愛民的好官。

（七）所至有賢聲——劉氏基層官員

知縣是封建社會官僚體制中非常重要的一級，身肩上傳下達之任。知縣面對治下的尖鋭問題，無法回避，也不容回避，必須適時拿出解決方案。因此，一個人能够勝任知縣之任，在一定程度上説明這個人的從政素質達到了相當水準。正因如此，唐代名相張九齡提出『不歷州縣，不擬臺省』的選官原則。

雖然諸城劉氏做知縣之人在任上大多中規中矩，但仍有一些卓异人才在知縣任上將才幹發揮得淋漓盡致。由於時代久遠，加之知縣品級低、爲人關注不多，留下的相關史料不够豐富，我們無法還原劉氏這些子弟在知縣任上叱吒風雲的事迹，衹能就現有可靠史料做一點追憶的工作。

劉縉炤

劉縉炤，字書思，號愚菴，劉棨長子，劉統勳長兄。康熙五十年（一七一一）副貢生，康熙五十二年（一七一三）舉人。雍正三年（一七二五），授固始縣知縣。其做官事迹以《諸城縣志》記載最爲詳盡：『性嚴毅，遇事不避艱難，黠吏豪民聞風攝迹。次年秋，河水溢，縉炤立淖中指畫救援三晝夜，喉爲之喑。急發帑賑之，民無流亡。年四十九，卒於官。』〔六四〕『性嚴毅，遇事不避艱難，黠吏豪民聞風攝迹』，以此來看劉縉炤身上依稀有劉必顯、劉果嚴毅的影子，有劉棨遇事不避艱難的影子。治下『黠吏豪民聞風攝迹』，説明劉縉炤不僅風裁峻整，而且能力超群。在諸城劉氏八世中齒序較長的劉縉炤，以『立淖中指畫救援三晝夜，喉爲之喑』的忘我工作精神，爲族中兄弟樹立了榜樣。劉統勳即頗有其長兄的風度。

劉綬烺

劉綬烺，字爾重，號引嵐。劉棨子，劉統勳三兄。康熙五十二年（一七一三）舉人。卒於官，年五十六歲。其爲官事迹分爲兩個方面：第一是有仁者之心。在唐縣知縣任上，『鞫獄皆諄復開導，不假威刑，人稱劉一板。有兄弟構訟者，勸以骨肉至性，各流涕去。』〔六五〕第二是積極作爲，興修水利。『縣舊有廣利渠，引唐河水溉田數千畝，歷久淤塞。劉綬烺遂力陳於總督，奏請疏浚、開渠、建閘，民終賴之。』〔六六〕

劉綎煜

劉綎煜，字爾振，號岫洲。劉棨子，劉統勳四兄。康熙五十六年（一七一七）舉人。父喪，居盧三年。劉綎煜是劉氏子弟中做知縣所歷地方最多的成員。他始授興縣知縣，後調鳳臺，再後發往山西，歷署安邑、猗氏、曲沃、平陸諸縣，一生做過六個縣的知縣。劉綎煜的爲官事迹，亦以《諸城縣志》記載爲詳：『舊有山徑迂回四十餘里，上官檄疏鑿，綎煜力争乃止。以病歸，民爲立生祠。』〔六七〕能讓老百姓爲之立生祠，説明劉綎煜在知縣任上的所作所爲深得百姓之心。爲了百姓利益，劉綎煜不惜得罪上司，是諸城劉氏奠基期、鼎盛期家族成員共有的特徵。

劉坰

劉坰，字仰晦，號君修。劉棨孫，行九。劉綋熙五子。乾隆六年（一七四一）舉人，考取景山宫教習。歷任膠州、濱州學正，廣東永安縣，湖南慈利縣、沅江縣，湖北松滋縣知縣，享年八十四歲，著有《寫意集》〔六八〕。據《諸城縣續志》載，劉坰『所至有賢聲。督修江堤，以勞致疾，歸卒』〔六九〕。

劉臻

劉臻，字凝之，號筠谷。劉棨孫，行十三。劉組焕長子。乾隆九年（一七四四）舉人，充咸安宫教習，初授碭山縣知縣，敕授文林郎、浙江嘉善縣知縣，調任定海縣知縣，再授嘉善縣知縣。享年六十六歲。

在碭山知縣任上，其政績突出。『邑瀕河，雜役多於正供，臻調劑有法，民力少紓。』〔七〇〕『碭接豫省，下游屢受曲防害。臻請兩省大吏會勘，勒石禁止，著爲令。』〔七一〕『鄰邑河決，臻方病，聞即馳至河堤。又構薪數千斤運往，河督欲疏薦，以伯父統勳方奉命視河，力辭去官。』〔七二〕由『邑人爲立德政碑』〔七三〕可知，他是深受百姓擁戴的。因碭山縣是諸城劉氏的祖籍，所以劉臻在碭山的表現深牽長輩之心。在獲知劉臻政聲不錯的消息後，其父劉組煥深爲欣慰，還寫了一首詩給他。詩云：『別來已是再經春，聞爾仁聲政克敦。心警桁楊如保赤，情殷桑梓善推恩。清勤永勵媿三异，敬慎常懷對九閽。我勉簿書兒撫字，循良家學共圖存。』〔七四〕詩中有對祖籍的深情懷念，有對劉臻的期望與囑托，還有堅守循良家風的勉勵。這是諸城劉氏注重家風較爲典型的一處體現。劉臻是諸城劉氏最有詩才的子弟之一，時人對他評價很高，《東武劉氏詩萃》與徐世昌《晚晴簃詩匯》都收録了他不少詩作。著有《筠谷詩略》《遺澤草堂集》，其中《筠谷詩略》存世。

劉禮

劉禮，字叔雅，劉棨孫，行二十八。劉純煒三子。乾隆三十三年（一七六八）舉人，由四庫全書館議叙，任直隸望都縣、遷安縣、山西浮山縣知縣，卒於官，享年四十九歲。劉禮之事迹不太明確，但《諸城縣續志》講他『能其官』〔七五〕，説明他不僅是一個稱職的官員，而且是一位能員。在劉墉的家書中，兩次提到劉禮：一次是説劉禮得浮山縣之缺甚好，有爲他高興的意思〔七六〕；一次是給劉塄修淡園時談到劉禮，説他『好事』〔七七〕。第二次提及處褒貶不知，但從劉墉前後話語的語境中可知，他認爲劉禮是一個主意很多而非老實巴交之人。這樣的看法似乎可爲劉禮『能其官』轉一注脚。

劉埴

劉埴，字工陶，號梧川。劉棐孫，劉繼爚次子。劉墫次兄。乾隆三年（一七三八）舉人。歷任江西弋陽縣、上饒縣、安徽定遠縣知縣，升授通政司經歷，敕授文林郎，享年六十八歲。

劉埴在知縣任上時，『人以比明之況鍾。以卓异舉』〔七八〕，是一個政績十分突出的人物。《諸城縣續志》載：『由舉人爲弋陽知縣，調上饒。聽斷詳審，平冤獄，人以比明之況鍾。以卓异舉，復爲定遠令，遷通政司經歷。』〔七九〕

劉塏

劉塏，字仲堂，號容菴。劉棐孫，劉繼爚三子，劉墫三兄，歲貢生。由八旗官學教習，歷任江西建昌縣、贛縣知縣，敕授文林郎，享年七十三歲。

劉塏是一個德才兼備的知縣。他在建昌知縣任上時，『直大水，報灾後，應候勘。塏曰：「往返數十日，百姓餓且死，吾何惜一官而視群黎之轉溝壑乎！」發倉粟振之。』〔八〇〕此種精神與當年劉棨救民出水火的精神何其相似！其德操之高潔，由此一事即可窺一斑而知全豹。調贛縣後，『塏長於聽斷，旁縣疑獄，時委讞，多所平反』〔八一〕。『聽斷』是明清時期知縣最爲重要的日常工作，劉塏長於聽斷，顯見在斷案方面才華横溢。正因如此，『旁縣疑獄，時委讞』；而『多所平反』，足以證明他不僅深孚衆望，而且確實能够秉公辦案。劉塏與劉塼、劉埴爲親兄弟，一門出此三杰，亦足可稱雄於一地了。可惜劉塏與劉埴不是翰林，受科名限制，未能在更高的政治舞臺上展示自己的才華。不然，他們憑借自己出衆的吏治之才，很可能會青雲直上，做出更大的業績。

劉塒

劉塒，字敬菴，號西岩。劉棨孫，劉紘熙五子。雍正十三年（一七三五）舉人，歷任福建漳州府詔安場鹽課司大使，甘肅成縣知縣，享年五十六歲，著有《海上吟》《丙戌詩草》[八二]。

劉塒的官聲得於清廉愛民，事迹同樣見於《諸城縣續志》：『爲成縣知縣，有清名。歲饑，大府屬發倉庾貸民，民不能償，塒代償之。以勞致疾，卒於旅舍。貧不能歸櫬，布政使資助之以歸。』[八三]從『有清名』『民不能償，塒代償之』『以勞致疾，卒於旅舍』，我們都可以看到劉棨的影子。諸城劉氏的爲官子弟許多都是『以勞致疾』，鞠躬盡瘁，爲清王朝、爲老百姓堅持到生命的最後一刻，如劉棨、劉統勳、劉縉炤、劉綬烺、劉坰、劉禮等人均是如此。由『貧不能歸櫬，布政使資助之以歸』可見，其清廉之狀，奚復待言！

【注】

［一］［清］張貞：《杞田集》，《四庫未收書輯刊》第七辑册二八，北京出版社二〇〇〇年版，第六八

四—六八五頁。

〔二〕〔清〕張貞：《杞田集》，第六八五頁。

〔三〕〔清〕張貞：《杞田集》，第六八五頁。

〔四〕〔清〕張貞：《杞田集》，第六八五頁。

〔五〕〔清〕張貞：《杞田集》，第六八五頁。

〔六〕〔清〕宫懋讓修，李文藻纂：《諸城縣志》，臺灣成文出版社一九七六年版，第九九五—九九六頁。

〔七〕〔清〕張貞：《杞田集》，第六八五頁。

〔八〕〔清〕張貞：《杞田集》，第六八五頁。

〔九〕〔清〕宫懋讓修，李文藻纂：《諸城縣志》，第九九六頁。

〔一〇〕〔清〕張貞：《杞田集》，第六五〇頁。

〔一一〕〔清〕張貞：《杞田集》，第六五二頁。

〔一二〕〔清〕張貞：《杞田集》，第六五二頁。

〔一三〕〔清〕費淳、沈樹聲纂修：《太原府志》，北京圖書館出版社一九八九年版，第五一九頁。

〔一四〕〔清〕宫懋讓修，李文藻纂：《諸城縣志》，第九九八頁。

〔一五〕詳見〔清〕費淳、沈樹聲纂修：《太原府志》，第五一九頁。

〔一六〕〔清〕宫懋讓修，李文藻纂：《諸城縣志》，第九九八—九九九頁。

〔一七〕〔清〕張貞：《杞田集》，第六五一頁。

〔一八〕趙爾巽：《清史稿》下册，《二十五史》（百衲本），浙江古籍出版社一九九八年版，第一四八八頁。

〔一九〕〔清〕李元度：《國朝先正事略》卷五〇，《續修四庫全書》册五三九，上海古籍出版社二〇〇二年版，第一九一頁。

〔二〇〕〔清〕宫懋讓修，李文藻纂：《諸城縣志》，第一〇〇二頁。

〔二一〕陳鵬年：湖南湘潭人，康熙三十年（一六九一）進士，三十五年至三十七年任浙江西安（衢縣）知縣。他爲官三年，爲衢縣人民辦了許多好事。《大清一統志》《浙江通志》、民國《衢縣志》等，對其政績均有記載。

〔二二〕〔美〕A.W.恒慕義主編：《清代名人傳略》（中），青海人民出版社一九九五年版，第八〇頁。

〔二三〕〔清〕李元度：《國朝先正事略》卷五〇，《續修四庫全書》册五三九，第一九一頁。

〔二四〕〔清〕趙爾巽：《清史稿》下册，《二十五史》（百衲本），第一四八八頁。

〔二五〕〔清〕王培荀：《鄉園憶舊録》卷七，齊魯書社一九九四年版，第三八〇—三八一頁。

〔二六〕〔清〕李元度：《國朝先正事略》卷五〇，《續修四庫全書》册五三九，第一九一頁。

〔二七〕〔清〕李元度：《國朝先正事略》卷五〇，《續修四庫全書》册五三九，第一九一頁。

〔二八〕〔清〕王培荀：《鄉園憶舊録》卷七，第三八一頁。

〔二九〕〔清〕李元度：《國朝先正事略》卷五〇，《續修四庫全書》册五三九，第一九一頁。

〔三〇〕〔清〕王培荀：《鄉園憶舊録》卷七，第三八〇頁。

〔三一〕〔清〕王培荀：《鄉園憶舊録》卷七，第三八〇頁。

〔三二〕〔清〕李元度：《國朝先正事略》卷五〇，《續修四庫全書》册五三九，第一九一頁。

〔三三〕〔清〕劉光斗修，朱學海纂：《諸城縣續志》，道光十四年（一八三四）刊本，臺灣成文出版社一九八七年版，第三一二頁。

〔三四〕〔清〕劉光斗修，朱學海纂：《諸城縣續志》，第三一二頁。

〔三五〕〔清〕劉光斗修，朱學海纂：《諸城縣續志》，第三一二頁。

〔三六〕〔清〕劉光斗修，朱學海纂：《諸城縣續志》，第三一三頁。

〔三七〕〔清〕劉光斗修，朱學海纂：《諸城縣續志》，第三一五頁。

〔三八〕〔清〕劉光斗修，朱學海纂：《諸城縣續志》，第三一三頁。

〔三九〕〔清〕劉光斗修，朱學海纂：《諸城縣續志》，第三一四—三一五頁。

〔四〇〕〔清〕劉光斗修，朱學海纂：《諸城縣續志》，第三一二—三一三頁。

〔四一〕〔清〕劉光斗修，朱學海纂：《諸城縣續志》，第三一四頁。

〔四二〕劉大同：《劉石菴公家書真迹》，臺灣文海出版社一九九二年版，第七三頁。

〔四三〕劉大同：《劉石菴公家書真迹》，第四六頁。

〔四四〕劉大同：《劉石菴公家書真迹》，第四六頁。

〔四五〕劉大同：《劉石菴公家書真迹》，第四六頁。

〔四六〕劉大同：《劉石菴公家書真迹》，第四八頁。

〔四七〕劉大同：《劉石菴公家書真迹》，第七三頁。

〔四八〕［清］王瑞履：《重論文齋筆録》卷一，《續修四庫全書》册一一六二，北京出版社一九九八年版，第五一八頁。

〔四九〕趙爾巽：《清史稿》下册，《二十五史》（百衲本），第一一七六頁。原文爲：『嘉慶二十二年（一八一七），上自熱河還京師，鐶之入見。上以順天府奏事稀、捕教匪不時得詰，鐶之不能對，但言方旱灾不敢急捕賊。』

〔五〇〕［清］陳康祺：《郎潛紀聞》卷六，《續修四庫全書》册一一八二，北京出版社一九九八年版，第二二一頁。

〔五一〕王鍾翰點校：《清史列傳》卷二六，中華書局一九八七年版，第一九九二頁。

〔五二〕［清］楊士驤纂修，孫葆田等纂：《山東通志》，上海商務印書館一九三四年影印民國四年《山東通志》刊印局鉛印本。

〔五三〕寄泉：《正續蝶階外史》，大達圖書供應社一九三五年版，第二三—二四頁。

〔五四〕［清］張集馨撰：《道咸宦海見聞録》，中華書局一九八一年版，第九六—九七頁。

〔五五〕〔清〕張集馨撰：《道咸宦海見聞録》，第九六頁。
〔五六〕〔清〕張集馨撰：《道咸宦海見聞録》，第九三—九四頁。
〔五七〕〔清〕張集馨撰：《道咸宦海見聞録》，第九一頁。
〔五八〕〔清〕張集馨撰：《道咸宦海見聞録》，第一一二頁。
〔五九〕〔清〕丁名楠：《道咸宦海見聞録》序，〔清〕張集馨撰：《道咸宦海見聞録》，第八頁。
〔六〇〕〔清〕丁名楠：《道咸宦海見聞録》序，〔清〕張集馨撰：《道咸宦海見聞録》，第七頁。
〔六一〕〔清〕張集馨撰：《道咸宦海見聞録》，第八五頁。
〔六二〕〔清〕張集馨撰：《道咸宦海見聞録》，第八五頁。
〔六三〕〔清〕張集馨撰：《道咸宦海見聞録》，第九〇—九一頁。
〔六四〕〔清〕宫懋讓修，李文藻纂：《諸城縣志》，第一〇〇三頁。
〔六五〕〔清〕宫懋讓修，李文藻纂：《諸城縣志》，第一〇〇三頁。
〔六六〕〔清〕宫懋讓修，李文藻纂：《諸城縣志》，第一〇〇三—一〇〇四頁。
〔六七〕〔清〕宫懋讓修，李文藻纂：《諸城縣志》，第一〇〇四頁。
〔六八〕見〔清〕劉延圻輯：《東武劉氏詩萃》，劉氏愛聞簃石印本一九二四年版。
〔六九〕〔清〕劉光斗修，朱學海纂：《諸城縣續志》，第三一六頁。
〔七〇〕〔清〕劉光斗修，朱學海纂：《諸城縣續志》，第三〇九頁。

〔七一〕〔清〕劉光斗修，朱學海纂：《諸城縣續志》，第三〇九—三一〇頁。
〔七二〕〔清〕劉光斗修，朱學海纂：《諸城縣續志》，第三一〇頁。
〔七三〕〔清〕劉光斗修，朱學海纂：《諸城縣續志》，第三一〇頁。
〔七四〕〔清〕劉組焕：《寄示臻兒》（時令江南碭山縣），〔清〕劉延圻輯：《東武劉氏詩萃》，劉氏愛聞簃石印本一九二四年版。
〔七五〕〔清〕劉光斗修，朱學海纂：《諸城縣續志》，第三一五頁。
〔七六〕劉大同：《劉石菴公家書真迹》，第五七頁。
〔七七〕劉大同：《劉石菴公家書真迹》，第五七頁。
〔七八〕〔清〕劉光斗修，朱學海纂：《諸城縣續志》，第三一六頁。
〔七九〕〔清〕劉光斗修，朱學海纂：《諸城縣續志》，第三一六—三一七頁。
〔八〇〕〔清〕劉光斗修，朱學海纂：《諸城縣續志》，第三一七頁。
〔八一〕〔清〕劉光斗修，朱學海纂：《諸城縣續志》，第三一七頁。
〔八二〕見〔清〕劉延圻輯：《東武劉氏詩萃》，劉氏愛聞簃石印本一九二四年版。
〔八三〕〔清〕劉光斗修，朱學海纂：《諸城縣續志》，第三一六頁。

東武劉氏四大名人

一、百餘年名臣第一——劉統勳

劉統勳是中國古代歷史上偉大的政治家之一。他以深具遠見的政治智慧、强烈的責任感與憂患意識，全心全意地輔佐君主，隨時獻納，推賢黜佞，調鼎鹽梅，讞大獄，督大工，整頓吏治，在治國的多個領域都取得了傲人的成就，爲我國歷史上康乾盛世之乾隆盛世的到來做出了不可磨滅的貢獻。

劉統勳字『延清』，在這裏，『延』無二義，祇有『延續』一解；『清』則既可以理解爲『清正』『清剛』等道德意味的『清』，也可以理解爲大清國號之『清』。由此我們可以揣知，『延清』二字的擇取，既體現了劉統勳對自身道德『清正』『清剛』等的内在要求，又含有志在延續大清國祚的意義。而與此密切相關的是，在劉統勳生活的時代，『夷我之辨』的氣氛已經發生了根本性的改變。

清初，對前朝的留戀、恪守氣節的民族主義情結、對當朝統治者的不滿，彌漫在廣袤的中原大地上。漢族士人在日常交際、文學創作諸方面時常流露着這樣一種情緒，并熱衷於譏諷朝政。然而，隨着時間的推移，清朝統治者制定的一系列正確措施不斷落實，如清廷册封孔子爲『大成至聖文宣先師』，封孔子後代孔允植爲衍聖公，且讓孔允植進京朝賀皇帝。這就向所有漢族士人表明，清朝統治者自認是孔子的學生，非常尊重漢文化，已將儒學作爲治國的指導理念。讓孔子的化身——衍聖公孔允植進京朝賀，則表明代表孔子的衍聖公孔允植已承認了清王朝對中原統治的合法性。與此同時，清王朝還恢復了科舉制度，與漢族士人合作執政，從而在更大範圍内消除了漢族士人對新政權的抵觸心理。其後，康熙皇帝以其超强的政治才能與文治武功，塑造了一代英明君主的形象，使清王朝的國勢日漸强大，使其統治日益贏得民心。狹隘的民族主義在這樣一種環境中，已經喪失了繼續存在的社會基礎。天下一家，滿漢一體，基本上成爲全國輿論的共識。因此，漢族士人對清政權的態度也由原來的反對逐漸變爲支持，連排滿最爲激烈的前明遺老黄宗羲等人也開始轉變態度，以多種方式與清政權合作。由此可見，『延清』二字的擇取，證明劉統勳與其父祖輩已極爲敏感地把握到了時代的脉搏，并且他最終順應時代潮流，以過人品質與出色的業績，完成了『延清』這一歷史使命。

在劉統勳等股肱輔弼之臣的幫助下，乾隆皇帝延續了其祖、父積極强勢的治國大政方針，且在文治武功上均有新的開拓。在劉統勳輔政時期，朝廷上下『進者無私感，退者安其命』，這是官場上曠世難遇的情境，是一種公平的用人風氣。乾隆帝和他君臣相合，帶領一班賢能有爲的文武官員，共同創造出一個集大成式的盛世。這是我國封建社會最後一個也是最爲富庶强盛繁榮的一個盛世。國家財富以前所未有的方式增長，人口數量也比歷史上任何一個時期龐大，文化事業碩果累累，軍事實力日益强大，國家版圖雖然比不上唐、元幅員遼闊，但也是中國歷史上版圖較大的時期之一，足以稱得上當時世界上的超級大國。

劉統勳於乾隆三十八年（一七七三）去世後，于敏中繼任首輔，結果奔競之風大啓，使劉統勳苦心經營的風清弊絶的朝廷風氣痛遭敗壞。加之乾隆帝晚年日益昏耄，寵幸和珅，致使驕奢淫逸之風愈演愈烈，朝綱紊亂，貪污賄賂公行，盗賊蜂起，以白蓮教爲首的各地農民起義不斷，一時間整個清王朝處於風雨飄摇之中。不到二十年時間，一個曾經在世界上强大無比的清王朝遂由盛轉衰，一蹶不振，最終走向窮途末路，其昔日的輝煌成了人們記憶中一道日益遥遠的風景。

（一）流光溢彩的政治生涯

劉統勳，字延清，號爾鈍。康熙三十八年（一六九九）十二月二十三日戌時生，乾隆三十八年（一七七三）十一月十六日卯時卒於官，享年七十五歲，晋贈太傅，賜謚『文正』，諭祭葬，入祀賢良祠，次年葬白家莊南塋。娶諸城庠生王宸嗣女（劉墉母），王氏累贈一品夫人，年三十九卒，忌八月二十六日。繼娶順天府貢生曲陽縣訓導顔紹忭女（劉堪母），顔氏封一品夫人，八十歲蒙恩賜『令壽延祺』匾額，九十歲蒙恩賜『萱暉頤祉』匾額，享年九十五歲，忌七月十一日，葬白家莊南塋。側室吴氏、秦氏。子二人：劉墉、劉堪。女一人，嫁高密縣誥授通奉大夫直隸布政使單功擢。

劉統勳的政治生涯

劉統勳自雍正二年（一七二四）春中進士改清書庶吉士，三年散館後授翰林院編修，開始正式踏入仕途，至乾隆三十八年（一七七三）十一月十六日卯時殞於上朝途中，在宦海中度過四十多年流光溢彩的時光。在這四十多年的政治生涯中，他由一名編修做起，在諸多領域立下不世之功，而且一生幾乎没有大的過失，最終位極人臣，成爲乾隆帝心目中的真宰相，更成爲萬衆矚目的『一代完人』。其生平業績不僅值得其族人引以爲傲，也非常值得歷史加以深刻銘記。

劉統勳在十九歲（康熙五十六年，一七一七）時，就與四兄劉綎煜同榜中式第三十六名舉人。十九歲中舉，在當時絶對稱得上少年得志。七年後，他年僅二十六歲，又於雍正二年（一七二四）中會試第二百二十二名、殿試二甲十七名進士，改庶吉士，成爲諸城劉氏家族史上第一個翰林。散館後，他就以編修之職『即直南書房』。五十多年後，乾隆帝在其《五閣臣五首》詩序中云：『（劉統勳）雍正甲辰（一七二四）翰林，甫受職，即直南書房，官至庶子。』[一] 由此可見，雍正帝對劉統勳非常賞識，而此事又給乾隆帝留下了深刻的印象。劉統勳由此成爲諸城劉氏第一個在天子身邊當值之人。

因爲雍正皇帝的賞識，他每一次晋升都没有被耽擱，成爲雍正時期仕途穩步上升的青年官員之一。

劉統勳比乾隆皇帝年長十多歲，乾隆帝還是皇子之時，就因《國朝循吏傳》一書與劉統勳結下了不解之緣。因爲《國朝循吏傳》的作者朱栻、蔡世遠是弘曆的上書房師傅，在教讀弘曆之時，《國朝循吏傳》即爲他們所教授的重要内容之一。劉統勳之父劉棨既廣受百姓擁戴，又受上司器重，同時被同僚敬重，不僅業績上達天聽，本人也蒙恩被康熙帝多次召見。劉棨屢受康熙帝褒獎的事迹，多被記載於《國朝循吏傳》中，給少年弘曆留下了深刻印象。加上青年乾隆皇帝爲了制衡老臣，需要提拔一批年輕臣子以供自己驅遣，而劉統勳在雍正朝又有相當優异的表現，這些都給具有雄才大略而且亟盼一展宏圖大志的乾隆帝以巨大的想象空間。因此，弘曆甫登基，就立即對劉統勳提拔重用，而且連連超擢。乾隆帝在《五閣臣五首》詩序中云：『余即位初，擢（劉統勳）任詹事，旋遷内閣學士。』[二] 劉統勳年僅三十七歲已是正三品大員，擔任詹事府詹事，不到半年，又被乾隆帝提拔爲從二品的内閣學士兼禮部侍郎，其年他纔三十八歲。在同年八月、十月，乾隆帝又將他放到了其一生中特别出彩的兩個位置上，一是署刑部右侍郎，一是巡視浙江海塘。劉統勳既是清王朝一流的刑名大臣，又是一流的水利大臣，其發軔正自這兩個職務開始。乾隆帝知人善任，劉統勳精明强幹不負聖望，遂鑄就了一段君臣佳話。

乾隆六年（一七四一），劉統勳剛剛服闋，便被乾隆帝提拔爲從一品大員都察院左都御史，從而進入國家重臣行列。

在言官左都御史之任，他連上幾道驚天動地的奏疏，疏奏督撫提鎮，彈劾張廷玉、訥親。在短短的一年時間裏，劉統勳完成了許多其他大臣無法想象的『言官』職責，爲乾隆朝早中期吏治風氣的整頓做出了重要貢獻，他本人也由此獲得了全國性的聲望。

自乾隆十一年（一七四六）三月署漕運總督開始，至乾隆三十四年（一七六九），他爲乾隆朝中前期水利工程的統籌、督修、管理等立下了汗馬功勞，成爲當時水利領域内最爲杰出的名臣、乾隆帝所倚任的中流砥柱。

自乾隆十五年（一七五〇），劉統勳奉命往廣東會鞫粮驛道明福事，得授刑部尚書，此後他秉公辦理了一系列大案、要案、難案，成爲乾隆帝在刑名方面最爲倚任的股肱之臣。

劉統勳的宦途也不完全是一帆風順的，曾遭遇多次挫折，其中最主要的有四次。第一次是乾隆十七年（一七五二）三月，即他五十四歲時，因未能及時發現通州三倉之米短少，被詔革職從寬留任。第二次是乾隆十八年（一七五三）四月，以審擬懦怯僨事之把總謝又榮罪名錯謬，部議革任，詔免之。第三次是乾隆二十年（一七五五），作爲陝甘總督的劉統勳因未發現四川省供給甘肅軍需之銀有『青潮』，折算缺銀兩千一百一十八兩，被削去官銜降一級，仍被從寬留任。而最嚴重的一次同樣發生在乾隆二十年（一七五五），劉統勳因附和將軍永常議弃巴里坤，惹得乾隆帝龍顔大怒而被嚴懲。劉統勳本人被革職，初欲逮其至北京治罪，後被改爲軍前效力。長子劉墉被革職，進刑部大獄，次子劉堪一并被逮至刑部大獄。所有本旗籍及任所資財一并查出，爲償補軍需馬匹之用。

但是總體來看，在清王朝政壇上，劉統勳還是仕途最爲順利的官員之一，也是萬衆景仰、位高權重的乾隆朝重臣、名臣。

乾隆二十四年（一七五九），劉統勳六十一歲時獲授協辦大學士，乾隆二十六年（一七六一）六十三歲時拜東閣大學士，成爲學士領班大臣[三]，乾隆三十六年（一七七一）七十三歲時，成爲首席軍機大臣[四]。而早在乾隆十七年（一七五二），劉統勳就已是清代自雍正以來權力最重的軍機大臣之一，其於乾隆三十六年（一七七一）成爲首席軍機大臣，開啓了漢族官員擔任首席軍機大臣的先例。

另外，劉統勳自雍正七年（一七二九）充湖北鄉試正考官開始，多次擔任鄉試正副考官、會試正總裁、會試同考官、殿試讀卷大臣、武鄉試正考官、武會試副總裁等。除此以外，劉統勳曾擔任翰林院掌院學士、吏部尚書、兵部尚書、刑部尚書、工部尚書、都察院左都御史、河道總督、漕運總督、陝甘總督等實職，兼管過吏部、刑部、禮部、兵部、翰林院等的事務，還擔任過四庫全書館正總裁、三通館正總裁、會典館正總裁、上書房總師傅、太子太傅、經筵講官等清貴職務。

到了晚年，劉統勳就不再頻繁外調，而是坐鎮朝堂，輔佐乾隆帝，調鼎鹽梅，致氣中和，使清朝的權力中樞運轉無礙，直至乾隆三十八年（一七七三）十一月十六日卯時殞於上朝途中，走完了他波瀾壯闊的一生。

乾隆帝對劉統勳的賞賜

在劉統勳生前，乾隆帝除了提拔重用他，還經常加以賞賜。按乾隆帝對劉統勳的賞識程度推測，這些賞賜應該很多，但因缺乏可靠史料記載，我們衹查閱到以下七次重要的賞賜。雖然次數不多，但都很有分量。

一是賜劉統勳御書『贊元介景』匾額。時在乾隆三十三年（一七六八）十二月，劉統勳當年七十歲。『贊元介景』題詞的意思是：『你輔佐朕是社稷之幸，祝福你！』由此不難看出乾隆帝對劉統勳輔佐之功的充分肯定。

二是乾隆三十六年（一七七一），皇太后八旬萬壽，賜三班九老宴游香山。第二天，乾隆帝命畫工艾啓蒙將其繪成圖像，以垂久遠。文職九老爲：顯親王衍潢、恒親王崇志、大學士劉統勳等。〔五〕在九老中，除了兩位親王，劉統勳在大學士中排第一，其位置之高，令人不難想見。這是永垂史册之舉，在極看重歷史地位的古人心目中，這應是千載難逢的一次機遇，難怪時人評曰『此國家崇禧之曠典，亦山靈未有之奇遭也』。

三是賜單眼花翎。昭槤曾記載：

定制，外任文臣無賜花翎者……惟劉文正公督陝時，特賜花翎，公回京時即日繳還，上亦

優容，不加厚責也。〔六〕

四是賜第。賜第應是對於人臣的优厚恩遇，故被時人艷羨爲『一時之榮遇』。劉統勳曾被乾隆帝賜第於東四牌樓：

定制：漢員僑寓南城外，地勢湫溢，凡賃屋時，皆高其值，京官咸以爲苦。又聚集一方，人情諈諉，勢所不免。列聖咸知其弊，故漢閣臣多有賜第内城者，如張文和賜第護國寺胡同……劉文正賜第東四牌樓……皆一時之榮遇也。〔七〕

五是賜園於海淀。除了賜第，乾隆帝還在張廷玉之後將澄懷園賜予劉統勳。朱家溍所捐獻劉墉書法長卷上有劉墉的落款，即署澄懷園，可旁證此事。劉統勳此項恩遇見載於吴長元《宸垣識略》：

澄懷園在海淀，大學士張廷玉賜園，繼大學士劉統勳居之，毁於火，後爲内廷翰林公寓。〔八〕

六是賜衣。在《清高宗實録》中，乾隆三十八年（一七七三）十月的諭旨裏有如下記載：『大學士劉統勳前經賞給青狐端罩，著另賞黑狐端罩。』〔九〕這説明乾隆帝曾兩次賞給劉統勳端罩。端罩，滿語叫『打呼』，清代服飾名。在清代服飾制度中，端罩是一種皇帝、諸王、高級官員等人在冬季時替代衮服、補褂，套穿在朝袍、吉服袍等袍服外的圓領、對襟、平袖、長及膝、左右垂帶的翻毛外褂。

按照《大清會典》的記載，端罩有黑狐、紫貂、青狐、貂皮、猞猁猻、紅豹皮、黄狐皮等幾種；按質地、皮色的好壞及其裏、帶的顏色等，又分爲八個等級，以此來區别穿戴者的身份、地位。皇帝的端罩有黑狐皮與紫貂皮兩種，皇太子用黑狐皮端罩，皇子用紫貂皮端罩，親王、親王世子等用青狐皮端罩。由此可知，乾隆帝首次賜劉統勳之端罩是親王一級待遇，第二次所賜黑狐皮端罩則爲皇太子甚至是皇帝級别的待遇，其所示恩寵程度可想而知。

另外，還有賞書、賞銀、賞一年正俸等記載。

雖然我們不能盡知乾隆帝在劉統勳生前對其賞賜的全部情況，但好在劉統勳去世之後，乾隆帝對其感念，被各種史料記載了下來，爲後人考察這對君臣的相契之深提供了無限方便。

一生一死，乃見交情。劉統勳於乾隆三十八年（一七七三）去世後，如喪股肱的乾隆帝悲從中來，毫不掩飾對劉統勳的眷戀倚畀之情。清代史料中有多處提及此事，我們不妨縷述如下。

《清史稿》記載：

三十八年（一七七三）十一月，（統勳）卒。是日夜漏盡，入朝，至東華門外，輿微側，啓帷則已瞑。上聞，遣尚書福隆安賫藥馳視，已無及。贈太傅，祀賢良祠，謚文正。上臨其喪，見其儉素，爲之慟。回蹕至乾清門，流涕謂諸臣曰：『朕失一股肱！』既而曰：『如統勳乃不愧真宰相。』〔一〇〕

王培荀在《鄉園憶舊録》中追憶至此仍唏嘘不已：

諸城劉文正公，一代名臣，勛業在國史。薨時無病，上朝坐化輿中，玉箸下垂。上聞震悼，親臨賜奠，入門即哭，回蹕，輦中猶聞哭聲，至東華門始止。自古君臣相契之深，生前魚水，殁後傷悼，未有過於斯者。〔一一〕

余金在《熙朝新語》中所記角度微有不同：

高宗震悼輟朝，即日聖駕親至東直門賜邸臨其喪。時文正子墉，官江西按察使未歸，上撫其孫慰之，諸大臣勸上回蹕，上哭至乾清門，流涕謂軍機大臣曰：『朕失一股肱矣。』可想見聖主賢臣，明良契合之盛。〔一二〕

王端履在《重論文齋筆録》中轉録劉鐶之當時的感受云：

文恭公言：『凡君臨臣喪，則移尸柩於北面，而其子孫吉服出迎，此定例也（或又云，須繪一死者跪像，主喪者捧之，迎於門外，未知然否，文恭公未及言之）。惟吾文正公薨，高宗聞信，即趣命駕。時文清公巡撫陝西，家中止我一人，年尚童稚，不諳定例，諸事未經預備，惟聞傳呼接駕，即喪服倉皇趨出，而駕已抵門。進内又不敢隨入，惟聞門内哭聲震地（定例：凡上哭，則隨侍之人無不隨哭）而已。少頃，又傳呼送駕，予甫伏地，而駕已出門。顧予問曰：『是某孫耶？料此孩子詎能辦大事，快叫劉墉。』玉音甫畢，而鑾輿已行數十步矣。〔一三〕

王端履的轉述讓人有如臨其境的感覺。『惟聞門内哭聲震地（定例：凡上哭，則隨侍之人無不隨哭）』展現了乾隆帝的悲從中來之感。『顧予問曰：「是某孫耶？料此孩子詎能辦大事，快叫劉墉。」』則體現了乾隆帝因劉統勳後事所産生的焦慮。劉統勳逝後，乾隆帝緊鑼密鼓地安排了以下諸事，以慰劉統勳。

下諭旨曰：『著加恩晋贈太傅，入祀賢良祠。朕即日親臨奠醊，并賞内庫銀二千兩，經理喪事。其任内革職、降級之案，概予開復。伊子西安按察使劉墉，著諭令即馳驛來京治喪守制。應得恤典，仍著該部察例具奏。』[一四] 這是乾隆朝漢臣諭祭葬的最高規格之一。

賜謚『文正』。這是人臣中之最高美謚，亦即最高評價。

再下諭旨云：『故大學士劉統勳，其子於月内扶櫬歸里，著照從前史貽直之例，沿途文武官弁在二十里以内者，均至櫬前吊奠，并遣人護送，俾長途妥穩遄行，以示優眷故臣之意。』[一五] 這是終乾隆一朝，祇有史貽直與劉統勳兩人享受到的殊榮。

又下諭旨説：『大學士舒赫德、于敏中各賞《古今圖書集成》一部，俾其收藏，傳付子孫，守而弗失。故大學士劉統勳原欲一體賞給，不意其猝爾身故，未及身預。因念伊子劉墉尚克世其業，亦著加恩賞給一部。』[一六] 這也是滿漢大臣中處於頂尖位置的三位臣子享受到的寵遇。

甚至在劉統勳去世六年之後，乾隆帝仍然念念不忘，在作《懷舊詩二十三首》時，將劉統勳列入五閣臣，并在詩前長序中對劉統勳予以極高的評價。其詩云：『從來舉大事，要欲衆志定。小利亦何慶，小失亦何病？阿逆之初叛，衆論已紛競。統勳督陝甘，儲需任所勝。欲弃巴里坤，是殆亂軍令。治罪易廷桂，并命隨軍進。五年大功成，釋罪重從政。賞罰寓經權，順應自取聽。十餘年黄閣，總兼部務仍。遇事既神敏，秉性原剛勁。進者無私感，退者安其命。得古大臣風，終身不失正。』〔一七〕在劉統勳輔政時期，朝廷上下『進者無私感，退者安其命』，這是官場上曠世難遇的情境，是一種較爲公平、合理的用人風氣。在于敏中任首輔之後，奔競之風大啓，使劉統勳輔政時期形成的風清弊絶的官場風氣遭到破壞。在和珅當政後，更是貪污賄賂公行，朝綱紊亂至極，國勢遂不堪收拾。我們由此詩可以看到，乾隆帝認識到并肯定了劉統勳在吏治方面取得的成果，但并没有真正認識到這些成果對延續清朝國祚的深層意義。當然，即使他認識到了，没有劉統勳這樣的一代名臣，恐怕乾隆前期的大好局面也難以爲繼。因此，朱珪感嘆説：『嗚呼，惟公正色立朝，一心格主，天下倚之爲泰山，天子豗之爲心膂。贊刑賞，秉鈞樞，宣一人之德，端士大夫之趨。其清風剛氣，凛乎不可撓；而敷與萬物，寬然而有餘。』〔一八〕

最後一件事就是乾隆四十四年（一七七九），恩賜劉統勳之孫劉鐶之爲舉人。

這些事中的每一件幾乎都是對人臣的最高禮遇，尤其是賜謚『文正』。封建王朝的賜謚是對人臣的蓋棺定論，因此异常重要。其他謚號均由禮部擬定，唯有『文正』一謚因是所有謚號中級别最高的，禮部無權過問，衹有皇帝方可親自授予。終乾隆一朝，大臣中衹有劉統勳一人獲此謚號。由此我們不難推知，劉統勳在乾隆帝心目中的位置極高。

(二)剛正恢弘的宰相氣度

劉統勳生前爲一朝之棟梁、乾隆皇帝的左膀右臂,去世六年之後,乾隆帝以《故大學士劉統勳》爲題作詩,稱其個性爲『遇事既神敏,秉性原剛勁』,而對其人品之正直無私以『進者無私感,退者安其命。得古大臣風,終身不失正』論之。而劉統勳的宰相氣度,除了神敏剛勁、正直無私以外,還有寵辱不驚的寬宏與堅忍。

神敏『超人』——『真宰相』之『神』性

封建社會,君臣關係乃重中之重。乾隆帝與劉統勳的關係,可以作爲清代明君與名臣的一則典型案例來看待。劉統勳一生凡四次受挫,不下五次受到批評。然而,他在清代勇於任事的乾隆朝重臣中,已是受挫、受批評最少的一人。因此,劉統勳最終都能安然克服挫折,并且以其杰出的宰相氣度,贏得了乾隆帝的傾心敬服。在黄鴻壽的《清史紀事本末》中,我們能看到劉統勳在乾隆朝所獨享的尊崇地位:

墉父統勳,遇事神敏,性復剛勁,有古大臣風,高宗頗敬憚之。乾隆朝大臣,其始終未曾一入刑部獄者,勳一人而已。卒謚文正。〔一九〕

由此可知,在乾隆朝所有大臣中,唯獨劉統勳未下過刑部大獄。劉統勳最嚴重的一次受罰是因主張巴里坤撤兵，形式爲貶官隨軍，而非入獄。乾隆帝作爲一代英主，皇權在握，威柄不移，在位六十年，唯有對劉統勳『頗敬憚之』，始終存有一種敬畏之情，不敢輕侮；且他極少稱贊臣子，在《五閣臣五首》詩中却接連稱贊劉統勳『神敏』『剛勁』，需知大臣能得到如此評價殊爲不易。在乾隆帝一生中，用『神』字稱贊大臣，這大概屬於絶無僅有的一次，而讓乾隆帝用『剛』字稱贊，又當是何等之難。『神』『剛』二字，乾隆帝在評價劉統勳時竟然都用上了，稱其既『神敏』，又『剛勁』，進退得宜，有古大臣之風，作爲宰相，終身正直，進賢黜佞。這在歷史上皇帝對臣子的稱譽中，恐怕極少有比這更高的贊譽了。乾隆帝反對將大學士稱爲宰相，認爲大學士『備位綸扉，不過委蛇奉職，領袖班聯』而已，但在劉統勳去世時，他悲痛欲絶，放聲大慟，情不自禁地説『如統勳乃不愧真宰相』，并教左右效法之。可見，乾隆帝本人作爲一國之君，是深深爲劉統勳一代大國名相的氣度所折服的。

乾隆帝對劉統勳『神敏』的評價，更多的是基於劉統勳超群的辦事能力。乾隆帝在《五閣臣五首》詩序中寫道：

漢大學士之足資倚任者，張廷玉而後有劉統勳。……統勳練達端方，秉公持正，朝臣罕有其比。故凡讞大獄，督大工，悉命往莅事，無勿治者。〔二〇〕

觀《清高宗實録》，我們就會發現，乾隆帝不僅精力過人，而且識見、魄力、腕力超人，心思縝密、周密機敏更是遠超常人。因此，能贏得他的信任和敬重，得到他給予的種種超規格禮遇實屬不易。劉統勳能讓乾隆帝對他如此敬重，究其原因，除人品高尚、朝廷上下莫不敬服以外，他過人的膽識、斷大事定大計的能力也是重要因素。乾隆帝指出劉統勳『命往莅事，無勿治者』的一個重要原因是『練達端方，秉公持正』，具有了這種『朝臣罕有其比』的能力與作風，纔能快速凝聚人心，使得上下一體，提高辦事效率。劉統勳『讞大獄』，即審辦大案、要案、疑案，多料事如神，所斷之案均爲鐵案；『督大工』，則指其無論是治海塘工程，還是治江河水利，均能『妥速』，讓乾隆帝放心滿意。其他大臣『讞大獄』『督大工』的能力均無法與之匹敵，於是劉統勳生前的『妥速』，在乾隆帝的感受中，自然就變成了『神敏』。

有一則乾隆帝與劉統勳對答的記録，我們從中不難體會到在日常生活中劉統勳所具有的神敏過人的能力：

> 乾隆中，有人稱上『老頭子』，爲上所知，問曰：『何解？』劉文正公從容對曰：『萬壽無疆曰老，首出庶物曰頭，父天母地曰子。』上爲之粲然。〔二一〕

在這一則故事中，君臣二人一問一答，風趣幽默，令人忍俊不禁。

劉統勳不僅在乾隆帝心目中占有非同尋常的位置，在時人心目中同樣具有他人難以企及的崇高地位。於此，趙慎畛《榆巢雜識》轉述的侍御皂麟的感受就很有代表性：

> 侍御皂梅坪（麟）言，猶及見劉文正公丰範嚴正，如對神人，數十年中，目中并未見有此等氣象者。〔二二〕

侍御口中數十年未見的『此等氣象』，指的正是劉統勳恢弘磅礴的名相氣度。相較於此，機敏幹練的飽學之士王昶對劉統勳的評價更具有生活氣息，讓人感同身受：

公光明正直，燭照幾先。事之可否，微發其端，至一二十年後，始服其精識。士有賢不肖，亦洞見其將來，不可得而親，亦不可得而疏也。〔二三〕

王昶的評價，堪稱侍御皂麟對劉統勳之所以產生『神人』感受的解釋。對於一件事情的未來走向，劉統勳預測神準，對國家的疑難大事往往能一擊即中，這是他『光明正直，燭照幾先』的結果。他所説的話，一二十年後基本都會得到驗證。能鑒别人才，又深具慧眼，這讓身邊知道某些事情來龍去脉的人特别佩服他。『不可得而親，亦不可得而疏』，王昶認爲以這兩句話概括劉統勳爲人的『氣象』再合適不過。因爲劉統勳時時恭謹自持，公私分明，素絲自勵，同時他識才、愛才、薦才，深謀遠慮，公忠體國，因此，有軍國大事乃至人生要事，上至皇帝下到臣屬都願意向他請教、訴説。這爲劉統勳身上所具有的『神』性與人性的高度統一，下了一個極好的注脚。

清剛正氣——『真宰相』之『剛』性

劉統勳之所以能『命往莅事』神敏且『無勿治者』，其清廉剛勁的優秀品質實是最重要的保證之一。此中祇要稍稍間有私心，哪怕不是因爲求取金錢與高位，僅僅是考慮自己的人身安危，很多關鍵之事可能就前功盡弃了。而關於這一點，劉統勳的門生紀昀看得十分清楚。紀昀一生最爲佩服的師長就是劉統勳，而他最敬重劉統勳之處正是劉統勳具有的一種理學家所秉持的人生境界：

士大夫必有毅然任事之心，而後可集事；必無所牽就附合，而後能毅然任事；又必一塵不染，一念不私，而後能無所牽就附合。至於仕宦升沉，則有數焉，君子弗論也。[二四]

在此基礎上，其清廉與剛勁纔能發揮其威力，否則一旦患得患失，瞻前顧後，必首鼠兩端，大事難成。

其『清』，一是指不管任何人，劉統勳與其没有任何私干，甚至連那些能够給自己透露皇帝行踪的太監，他也絶對按規矩往來，不越雷池半步。他在軍機處當值時，總是閉目而坐，極少參與同僚之間的私下討論，衹有聽到别人出現閃失時，纔會睁開眼睛指出對方錯誤。内侍傳賜食物，他也衹是『謝恩衹領』，從不與内侍交談。後來宦官高雲從因泄露硃批被乾隆皇帝『力正刑辟』時，因劉統勳平日與内侍毫無關涉，得以獨善其身，時人方醒悟他『端嚴慎密』之功的高明。

二是清廉，即對行賄者毫不通融，一芥不取。昭槤在其《嘯亭雜録》中對此評議道：

劉文正公當乾隆中久居相位，頗爲上所倚任。公性簡傲，不蹈科名積習，立朝侃然，有古大臣風。嘗有世家子任楚撫者，歲暮饋以千金，公呼其僕入，正色告曰：『汝主以世誼通問候，其名甚正。然余承乏政府，尚不需此，汝可歸告汝主，贈諸故舊之貧窶者可也。』有貲郎昏夜扣門，公拒不見。次早至政事堂，呼其人至，責曰：『昏夜叩門，賢者不爲。汝有何禀告，

可衆前言之，雖老夫過失，亦可箴規也。』其人囁嚅而退。〔二五〕

一個在湖北擔任巡撫的老朋友的孩子，借過年之機送給劉統勳一千兩銀子，結果不僅被拒絶，還被劉統勳嚴肅地教育了一通。還有一個家境富有、靠出錢買官的人，深夜來叩劉統勳的家門。對於這樣出身不正的人，劉統勳十分警覺，不僅當晚拒而不見，第二天一早還把那人叫到政事堂，教訓了一通：『昏夜叩門，賢者不爲。汝有何禀告，可衆前言之，雖老夫過失，亦可箴規也。』昏夜叩門之人本想悄悄囑托劉統勳的私話豈敢當面説出，因此在劉統勳面前吞吞吐吐不敢講。如此，那些心懷鬼胎之人，在正氣凛然的劉統勳面前，便打消了對其行賄之心。如劉統勳這種清剛之人，恐怕無人敢於糾纏，從而直接規避了向其行賄的可能。久而久之，劉統勳清正之名朝野遍知，不僅讓鑽營者束手無策，而且警醒同僚，對嚴肅朝野風氣大有裨益。

其『剛』，則表現於對上和對下兩個方面。對上，他一貫盡忠致敬、『毅然任事』，至於『仕宦升沉』，他認爲『則有數焉，君子弗論也』。因此，他對皇帝没有任何奢求，衹求做事，從而真正從内心做到寵辱不驚。對下，他不受賄，故無所遷就，誠所謂『無欲則剛』，則無人敢於糾纏；無糾纏之人，做事自能當斷則斷，收立竿見影之效。反之，先被欲望俘虜，再被行賄之人糾纏，若還想高效做事，豈非痴人説夢？

清廉之氣既然在胸，再毫無顧忌地使出『剛勁』手段，自然邪惡伏地，正氣暢行。洪亮吉所記劉統勳督察河南楊橋漫工的一則軼事，就很能説明這一問題：

乾隆二十六年（一七六一），河決開封楊橋，公以大學士奉命臨視，決口久不得塞。一日日昃，公張秋氈笠、御大藺袍，微行出公廨，至決河口，見數十步外秸料山積，牛馬雜遝，繫車轅下，人則或立或坐，或臥復起，皆戚戚聚語，甚有泣者。公訝之，招老成者問故，則并云：『來已數日，遠或四五百里、二三百里不等，一車或四牛、或三兩牛、或雜贏馬，一日口食及牛馬麩草，至減得銀兩許，日久費無所出，復不知何日得返，是以懼且泣耳。』曰：『何不交官？』則雜曰：『此岸秸料，某縣丞主之，每車索使費賒，衆無以應故也。』公怒甚，回廨，即諭傳巡撫恭請王命，并縛某縣丞，限時刻至決口。諭一出，河堤使者亦失色。

夜將半，巡撫倉皇縛某縣丞來，跽轅外。公怒甚，出坐堂皇，受巡撫禮謁，因大聲曰：『口一日不塞，則聖心一日不安，河南北萬姓亦一日不寧。塞口所恃者秸料，今秸料山積，某縣丞以勒索不遂，稽留要工，罪死不赦！今先斬若，徐專摺參撫司道耳。』巡撫股栗，叩首堂皇下不止，天且曙不解。同公出使滿尚書某，起爲緩頰，久乃釋，即命褫縣丞職，枷示決口。甫半日，南北岸秸料車無一在者，又二日而決口塞。公臨事剛斷，不假借若此。〔二六〕

如果劉統勳沒有使出『剛勁』手段——『恭請王命』，欲斬縣丞、參劾巡撫司道，恐怕『決口久不得塞』的情況還要繼續下去。但是，劉統勳使出『剛勁』手段，『甫半日，南北岸秸料車無一在者，又二日而決口塞』，其神速足以讓人惊嘆。此種潛能，衹有清廉、謀略、果敢手段兼備的賢能大員方能激活，從而興邦治國，爲百姓造福。而這些賢能大員就成爲國人心目中『爲天地立心，爲生民立命，爲往聖繼絶學，爲萬世開太平』的民族脊梁。劉統勳應該就是這樣一位無愧於民族脊梁稱號的名臣。

相比之下，劉統勳去世以後的第四年，洪亮吉親遇一類似場景，結果却完全相反。看到老叟無奈之極下的幽默，與因懷念劉統勳不覺『泣下』的悲傷，我們不難感到一代名相『神敏』『剛勁』的可貴：

猶憶乾隆四十二年（一七七七），睢州河亦决，時余客河南，以事數至河上，見老柳下一蒼白叟嘆咤不止，旁繫兩牛一車。叟，滎澤人，距决口三百里外，問其故，曰：『十日前，以兩牛一車駝秸料抵工所，某主簿監收，索重費不得遂，痛抑秸料斤兩，云止九十七斤，余不敢争也。』叟故詼諧，因指二牛曰：『豢養若數年，日食料數升、秸數束，不意恇弱至此，駝不及百斤也。』蓋河員之肆横藐法至此。而重臣視河，及河堤使者，又類皆養威重，不輕出，一任其慘肆荼毒，及縻費國帑，以爲固然，甚或借以漁利。老人年七八十者，述文正視河時事，爲余泣也。〔二七〕

孔子在《論語·子路》中講：『其身正，不令而行；其身不正，雖令不從。』可謂聖人論治名言。以劉統勳在當時所具有的崇高威望，他的一言一行，都會對社會風氣産生深遠影響，所以他剛正不阿、善惡分明、激濁揚善，在有意與無意之間，引導官場風氣向公正清白、耻奔競、重才幹、嚴正不阿、愛民而賢能、士當有益於世、對官場子弟戒『姑息之愛』等方向發展。而劉統勳的繼任者于敏中則恰好相反，大開奔競之風，兼以乾隆帝對和珅大開幸進之門，遂使乾隆朝前中期整肅的吏治風氣被破壞殆盡。治河官員如此猖獗地聚斂財物、侵吞國帑，清王朝大厦之將傾，在此已經埋下了不可逆轉的伏筆。

力回天聽——『真宰相』決疑定計之能

無論乾隆帝如何英明，乾綱獨斷，也有煩懣無計、進退不得、不得不向臣下請教之時。據清代史料，乾隆帝因煩懣無計向大臣請教者，唯有劉統勳一人而已。既然如此，乾隆帝就不得不把劉統勳視爲真正的帝師而加以尊崇。在此，我們鈎稽二事以明之。

一是筆帖式事件。李元度的《國朝先正事略》中是這樣記載的：

西疆甫定，户部奏天下州縣府庫多空闕，高宗震怒，欲盡罷州縣之不職者，而以筆帖式等官代之。召公對，諭以此事，且曰：『朕思之三日矣。汝意云何？』公默不言。上變色詰責，公徐曰：『聖聰思至三日，臣昏耄，誠不敢遽對。容退而熟審之。』翌日入對，頓首言曰：『州縣治百姓者也，當使身爲百姓者爲之。』語未竟，上霽顔曰：『然。』事遂寢。當公進説時，同列皆灑晰變色，而公進趨，凝然若無事。其能斷大事，力回天聽，多類此。〔二八〕

筆帖式是滿語，是指在衙門中處理文書的官員。他們是八旗出身，不需要經過爲漢族士人而設的科舉考試即可出任政府官員。當時西北邊疆剛剛平定，户部奏天下州縣財庫糧倉多有虧空，乾隆帝震怒，想要盡數罷免州縣長官，而用筆帖式等代替。但事關重大，因爲州縣是整個王朝統治的基礎，筆帖式又多横行不法，且膽大包天，可能比科舉出身的漢族文官爲禍更甚，一旦社會基礎不牢，整個王朝便會地動山摇。因此乾隆帝猶豫不決，很想傾聽一下劉統勳的意見。劉統勳聽完事情的來龍去脉以後，深知一旦乾隆帝因一時之怒而産生糊塗念頭，社稷蒼生將會蒙受巨大灾難，因此在没有理清思路、拿出對策之前，不管乾隆帝如何暴躁不安，他就是不表態，這可謂其『剛』性在乾隆帝心目中的切身感受。但當乾隆帝怒責之時，劉統勳也不是一直置之不理，而是用了一條看似平淡但功力極爲深厚的緩兵之計，説：『聖聰思至三日，臣昏耄，誠不敢遽對。容退而熟審之。』這是劉統勳剛柔相濟之處。第二天入對，已經想得十分通透的劉統勳頓首説道：『州縣治百姓者也，當使身爲百姓者爲之。』州縣官員是朝廷用來治理百姓的人，應當讓那些真正爲百姓利益着想的人去充當。滿族人也好，漢族人也罷，劉統勳没有給出具有傾向性的答案，而是一切以蒼生的利益爲念。因此，他話還没説完，乾隆帝就愁眉頓展。筆帖式事件就十分平淡地被劉統勳平息了。柳詒徵在《中國文化史》中評及此事時説：『乾隆時，嘗欲盡用旗人爲知縣，賴劉文正一言而止……』[二九]從柳詒徵的評述中不難揣見，此事看似不大，其實所關至巨。而劉統勳衹用了半句話就力回天聽，令人對其超衆的説服能力拍案叫絶。

二是大小金川之戰，在《洪北江詩文集》中洪亮吉是這樣講的：

方金川之用兵，每召對，公屢主撤兵議，純皇帝頷之，然不遽撤也。

一日，純皇帝在熱河，公留京辦事，兼上書房總師傅上行走。天暑甚，公適在三天中，檢視諸皇子日課。忽廷寄至，令公一日半馳詣熱河。公至澄懷園，索肩輿即行。馳到，日已過午，即時召對。曰：『昨軍報至，木果木僨事，温福已陣亡，朕煩懣，主意不定，用兵乎？撤兵乎？』公即對曰：『日前兵可撤，今則斷不可撤。』復問曰：『誰可任？』公又對曰：『臣料阿桂必能竣事，乞專任之。』純皇帝良久曰：『汝言是，朕意决矣。留京事重，汝即日回可也。』蓋公晚年，純皇帝眷注益隆，信任益篤，事或有待公而决者，即此一事可見。〔三〇〕

大小金川乃彈丸之地，物産有限，但山林茂密、瘴癘彌漫、道路崎嶇、山洞叢集、易守難攻，若要攻取，必將耗銀無數。第一次開戰，因爲戰事不順，乾隆帝殺重臣訥親及封疆大吏張廣泗，抓文臣張照，最後草草了事。因此，第二次開戰前，劉統勳竭力反對戰事。然而乾隆帝爲了鞏固政權，提出治藏必先治川，若使川藏大道暢通無阻，首先要使四川各土司相安無事。然而金川土司莎羅奔屢生事端，無視四川總督的調解，多次與清廷干戈相見。以此，乾隆帝不同意劉統勳的意見，依然堅持發動戰爭。事實果如劉統勳所言，費時五年，調兵約二十萬，耗銀七千餘萬兩，這至少是乾隆時清政府一年的財政收入。相較而下，南北疆幅員遼闊，物産豐富，戰役所耗亦不過七千萬兩。雖然當時正當國家最富庶的時期，但如此大的開銷，仍然會對國民經濟産生巨大影響。須知，劉統勳力諫是有過沉痛教訓的。如前所述，乾隆二十年（一七五五），他就是因爲議弃巴里坤而遭受一生中的一大挫折，不僅自己被撤官查辦，命懸一綫，兩個兒子也被逮捕入獄，全部家産被抄以抵軍需。如果他接受教訓，十緘其口，以君心爲己心，在大小金川之事上附合乾隆帝意見，則無需承擔任何風險。但劉統勳盡職盡責，絶不計較個人安危，依然直言進諫。要打大的戰役，就要做戰争動員。兵馬未動，糧草先行，乾隆帝集結三路大軍，調動糧草輜重、人員，耗費了大量的人力物力，結果却一戰即潰，將軍温福戰死，三軍衹有阿桂一軍獨完，損失十分慘重。燥熱的天氣，遇挫的戰事，使乾隆帝坐卧不安，想退兵又不甘心，一向精明强幹的乾隆皇帝竟然煩懣無計。這時候他想要求助的人，正是之前反對開戰的劉統勳。當時他身在熱河，而劉統勳留京代理國務。因此，乾隆帝六百里廷寄，急招劉統勳一日半馳詣熱河決疑定計。劉統勳拖着七十五歲高齡的身軀，連夜疾馳，趕到乾隆帝身邊。劉統勳以其遠見卓識，不僅清醒地意識到『日前兵可撤，今則斷不可撤』，而且斷定『阿桂必能竣事』，并『乞專任之』。戰局果然一如劉統勳所言，數年後，清軍在阿桂的統領下經過多次血戰，取得了戰争的徹底勝利，爲乾隆帝的十全武功添上了濃重的一筆。爲乾隆帝決疑之後，劉統勳當年就去世了，或許這是他爲乾隆帝所定下的最後一條重大決策。所幸，這次疾馳六百里換來的計策，使戰事在困難時期步入順境，不然，錢糧廢掉，戰事再敗，局面將會變得不堪收拾，可見對於乾隆帝而言劉統勳具有多麽重要的作用。

徐世昌對此深有感慨，說：

> 文正强直勵清節，高宗任信甚篤，決疑定計，多所翊贊……其倚重至矣。〔三一〕

這兩件事既説明劉統勳能斷大事、力挽狂瀾，又展現出他真心爲民的宰相心腸。筆帖式事件顯示出他在朝廷中中流砥柱的名相本色，而大小金川之戰展現了他的戇直忠君之心與見微知著之才。

洪亮吉認爲乾隆帝之所以對劉統勳如此倚畀，是因爲：

> 公自奉極儉……蓋始終倚畀之厚，朝臣無有過者。實公之蓋誠有以致之也。〔三二〕

乾隆帝之所以對劉統勳『始終倚畀之厚，朝臣無有過者』『實公之藎誠有以致之也』，洪亮吉此言可謂一語破的。其實，每一個時代都有智術上的杰出人才，但智術必須與忠誠相結合，纔能造就一代國之棟梁。實心而論，有清一代，固然劉統勳智術超人，恐亦有足以與之比肩者，但最後他們的功業無法與劉統勳相提并論，恐怕最主要的原因就是缺少了劉統勳精誠爲國、公忠亮直的品格。

得君行道，剛柔并濟——『真宰相』之名相氣局

在清人心目中，漢代的王陵與汲黯是具得古大臣之風的典範。乾隆帝稱劉統勳『得古大臣風』，劉統勳也被時人視爲集王陵、汲黯兩人優點的化身。清人評價劉統勳有兩句名言，一時爲人廣泛傳頌：

> 人憚王陵之戇，天憐汲黯之忠。〔三三〕

但是，如果我們仔細推究，在劉統勳和王陵、汲黯之間還不能簡單地畫等號。因爲和清代其

他官員比起來，劉統勳的剛勁不撓與西漢之王陵、汲黯確實酷肖，但和衹知剛勁不撓的王陵、汲黯相比，劉統勳又比他們更懂得講究策略。劉統勳剛柔并施，得君行道，上下和衷，故在朝廷事務中，上可影響帝王，下可團結調動部屬，即使條件不利，也可通過自己的調度引導事情往好的一面發展。

爲了更好地理解劉統勳氣局的合理性，我們不妨通過『人憚王陵之戇，天憐汲黯之忠』這兩句話略做一下探討。

『戇』有兩個意思：①gàng，去聲，傻，楞，如戇頭戇腦；②zhuàng，去聲，剛直，如戇直。句中之『戇』所采用的是第二個意思，即剛直之義。王陵助漢高祖劉邦取得天下後，被封爲安國侯，爲人任氣、好直言，劉邦以爲他可繼任相國。高祖死後，吕后欲封諸吕爲王，王陵直言不可。吕后大怒，就將王陵遷爲太傅，王陵不妥協，直至謝病不朝。事見《史記·高祖本紀》《漢書·張陳王周傳第十》，後世遂以『王陵戇』謂大臣剛直不阿。汲黯，漢武帝時任東海太守，繼爲主爵都尉，以直言切諫聞名。汲黯認爲，皇帝設三公九卿、百官來協助治理天下，如果臣僚們都順情説好話，討皇帝一時歡喜，到頭來衹能把皇帝引到錯誤的道路上去；大臣們如果處處都爲自己的榮辱去留考慮，天下就會遭殃。因此，他向皇帝進諫時，耿直敢言，往往言辭十分激烈。然而皇帝越發敬重他，知道他這樣做正是忠誠使然。故後世以『汲黯之諫』謂大臣之忠君愛國。

劉統勳之戇直敢言，在乾隆初年即已顯現出來。他剛剛擔任都察院左都御史一職，便接連參奏胥吏代作封奏與督撫提鎮私用中軍一事，緊接着更是彈劾當時朝廷權勢最大的兩大重臣張廷玉和訥親。其後，他勸阻乾隆帝欲以筆帖式代天下州縣官之謬見，反對大小金川之戰，無一不是頂着巨大的壓力。此間，劉統勳之戇直忠誠一點也不遜色於王陵與汲黯。劉統勳雖有王陵之戇、汲黯之忠，但比二人具有更爲恢弘的宰相氣度。對王陵，他取其直，而去其不合作，能够得君行道；對汲黯，他取其忠，去其孤傲自負，得以團結部屬。劉統勳麾下的名士如盧文弨與王昶，對劉統勳的這一人格特點均有深刻感受。盧文弨在談到自己的親身感受時云：

> 公在朝，介然獨立，皭然不滓，人多憚其嚴正。而延接士大夫，又未嘗不藹然其可親也。〔三四〕

王昶則從內外臣工的視角來看：

> 內外臣工，無不仰其剛果，而情意肫然，不欲過爲嚴峻。〔三五〕

實事求是地講，作爲一代名相，如果像王陵那樣因爲與最高統治者見解不同便拂袖而去，體現的肯定不是宰相氣度；如果像忠君的汲黯那樣孤傲自負，就脱離了大小臣工，更難以調動部下的工作積極性。因此，劉統勳既有對皇帝戇直盡忠、對大小臣工絶對不可以私干的冰雪情操，又能在向皇上進諫時講究方式方法，對大小臣工藹然可親。祇有這樣，纔能對上更好地輔弼乾隆皇帝，對下更好地組織協調下屬們的工作事務。劉統勳戇直盡忠既有自己的特色，又能顧全大局，講究策略，堪稱一代名相。

再如，劉統勳拂乾隆帝之意，勸阻開四庫全書館，在同僚中也被視爲戇直盡忠的典範。近代思想家梁啓超在其《中國近三百年學術史》中寫道：『當朱筠（漢學家）初奏請開四庫館時，劉統勳（宋學家）極力反對，結果還是朱説實行。此中消息，研究學術史者，不可輕放過也。』〔三六〕但通覽全書，梁啓超并未探究劉統勳的學術淵源，將其歸爲宋學家的原因大概即在於其『極力反對』開四庫全書館，因爲在梁氏看來『四庫館就是漢學家大本營』〔三七〕。梁氏没有指出的是，劉統勳曾擔任四庫館正總裁，四庫館的籌備以及創立初期的各項工作，均出於他的籌劃安排，他去世後，于敏中纔開始主持館務。假若劉統勳堅決反對建館、完全排斥漢學，乾隆皇帝爲何將此重任交付於他，他又爲何盡心竭力籌備館務、舉薦名士？所以，劉統勳反對修建四庫館并非因爲簡單的門派之争。他反對建館的原因可概括爲四點：第一，在當時的情況下，修書并非急務；第二，四處搜訪遺書，容易滋擾百姓；第三，擔心乾隆皇帝借機大興文字獄；第四，擔心朝野文人學士因之再起朋黨之争。〔三八〕劉統勳的這些擔憂，事後竟然都被應驗：借修《四庫全書》之機，清代文字獄達到新的高峰；民間藏書被悉數延攬，不符合清王朝統治利益的被篡改或者直接焚毁；漢學登堂入室、宋學日漸衰微，兩派的口誅筆伐由學術分歧甚至演變到人身攻擊……單説漢宋之争，劉統勳在任時，尚能對漢宋兩派學者平衡調和，四庫館中既有以紀昀爲代表的漢學家，也有宋學大儒姚鼐。但劉統勳去世之後，姚鼐被排擠出四庫館，宋學失去砥柱，遂徹底被漢學壓制。

我們看到，當無法改變局面時，劉統勳也不會一意孤行，而是極力將事情向積極的一面加以引導。因此，四庫全書館設立之後，劉統勳積極主動地肩負起組織編纂《四庫全書》的重任。前述紀昀所録劉統勳名言『士大夫必有毅然任事之心，而後可集事；必無所牽就附合，而後能毅然任事；又必一塵不染，一念不私，而後能無所牽就附合。至於仕宦升沉，則有數焉，君子弗論也』〔三九〕，極爲典型地折射出了劉統勳的做事心態，劉統勳的名相氣度在這短短數語中得到了淋漓盡致的體現。

古來名臣，均把『得君行道』視爲自己的幸運。俯察歷史，我們不難發現，具備宰相才能者衆，但能真正實現自己抱負、爲國爲民貢獻巨力者寡。這是因爲要成就此一局面，不僅要求臣子本人具備賢良美德、大才遠見和極高的處世智慧，還必須適逢一位明君，風雲際會。從這一方面來講，劉統勳能够淋漓盡致地展現其宰相氣度與治國之才，還要得益於乾隆帝在其早中期的奮發有爲。在乾隆帝晚年主政的阿桂就没有劉統勳的幸運了；而劉墉同樣因爲乾隆帝晚年的倦政與昏耄，能力的發揮受到了諸多限制，雖也是一代名相，但業績已與劉統勳不可相提并論。這讓我們在爲劉統勳拍案稱絶的同時，又不得不爲阿桂與劉墉扼腕嘆息。

（三）對乾隆朝早中期吏治的貢獻

乾隆一朝，在中期以前，君臣勵精圖治，顯示出一派蒸蒸日上的進取氣象，屬黄金時期，也是整個清代社會風氣最好的一個歷史階段。對於這一黄金時期的形成，劉統勳可謂居功厥偉，他通過正身率屬、激揚良善、參奏彈劾邪惡人事等有效手段，爲乾隆朝中期以前的吏治風氣做出了不朽貢獻。

正身率屬，激揚良善

孔子所講『其身正，不令而行；其身不正，雖令不從』〔四〇〕，可謂不刊之論。而社會風氣好壞，實關社稷安危，此絶非危言聳聽。我們祇要認真體會一下洪亮吉在其《洪北江詩文集》中留下的這一條史料，就不難認識到：

公（劉統勳）屢奉使遠出，所挈祇二奴，用驛馬不過六七匹。抵行館，即使二奴居後廨，公處其前，卧亦如之。公食畢，呼二奴食，奴退，徹者乃入，不使見一人。有所需，則州縣之承應者，傳以出入焉。乾隆中葉後，親信重臣出使，無有逾公者，然究未嘗於令甲外有所加也。厥後奉使者不然，空驛馬不足給之，遂有役民裸民馬者矣，有數州縣津貼一縣者矣，有跕規、有門包、有鈔牌過站禮，州縣官惴惴惕息，謹厚者費以千計，稍厲威嚴，及侈輿馬、厨傳者以萬計、以數萬計矣。大率一方倉庫虧缺，多由驛站，驛站縻費，多由重臣出使。州縣官窘急無計，則大吏爲調劑法以救目前。於是調腹内州縣，疊處衝途，又告乏，則又調員，不十年而州縣倉庫無有不虧缺者矣。使皆如公挈二奴、用馬六七，又事事不過令甲，則民生吏治，困壞豈至此哉？〔四一〕

『令甲』即法律、法令，『未嘗於令甲外有所加也』指恪守國家法令。劉統勳是乾隆朝出差最多的大臣之一，初看洪亮吉所述其舉止，我們可能大惑不解，感到他似乎不近人情。但劉統勳不愧爲一代名相，深謀遠慮，公忠體國，在出差接待這等貌似小事但實關『民生吏治』的細節上，以冰雪之操，周密安排，嚴守法令，正身率屬，匡正社會人心風俗，爲各級官員做出了榜樣。

爲了更加深入地瞭解劉統勳出差嚴守法令的意義，我們不妨從洪亮吉所述入手，對他與其他出差者做一下對比。

『乾隆中葉後，親信重臣出使，無有逾公者』，説明級别没有超過劉統勳的，但這些官員出差對地方的騷擾异常嚴重。劉統勳所用驛馬不過六七匹，但那些官員則完全不同，除要將驛站全部馬匹供他專用以外，還要調配許多百姓的馬匹爲他們當差。據張正樺《清代前期驛傳財政初探》一文介紹，我們可知每一『驛站所備馬匹數量不衹一、二，少則數十匹，多則上百匹』[四二]，由此可見劉統勳寒素作風和他身後其他大臣窮奢極欲之態相比，二者之間實有霄壤之别。劉統勳出差，風清弊絶，不僅自己一身清風，僕人在其嚴密防範下，也没有任何招摇撞騙的機會。但乾隆朝中葉之後，不僅大臣自養威重，而且僕役爪牙也狐假虎威。因頻繁接待官員，一縣財政對驛站的補貼不足敷用，就需要周邊數州縣一起貼補。不僅接待本身花費極多，而且還要付給這些作威作福者名目繁多的錢財，『有跕規、有門包、有鈔牌過站禮』等，其中『門包』即給大臣僕役爪牙之費。州縣官員在接待時惴惴不安，有的生怕得罪這些掌握自己命運的高級官員，有的趁機高攀，所以皆不惜花費重金。當時即使應付爲官謹厚的上級官員，也需花費一千兩左右的銀子，而要打發驕横跋扈者，就不得不滿足這些人的無端需索，往往需要花費數萬兩的白銀。

這樣做的結果就是洪亮吉所講的多米諾骨牌效應：『大率一方倉庫虧缺，多由驛站，驛站縻費，多由重臣出使。州縣官窘急無計，則大吏爲調劑法以救目前。於是調腹内州縣，叠處衝途，又告乏，則又調員，不十年而州縣倉庫無有不虧缺者矣。』洪亮吉由表及裏的層層剖析，足以讓我們觸目驚心。

國庫是調劑民生社稷之本。洪亮吉在此所説的『倉庫』就是國庫。國庫虧空，是乾隆帝一生最爲重視的治國問題之一。爲國庫虧空，乾隆帝曾斬殺許多貪官污吏。但是，這貌似小事的『出差』與『接待』，竟然掏空了國庫。這可能是乾隆帝没有意識到，或者是意識到也極難制止的一大行政弊端。得益於劉統勳以身垂範、正身率屬，以及對貪腐等大案要案的公正審理，再加上乾隆帝其時尚能勵精圖治，乾隆二十四年（一七五九）至乾隆三十八年（一七七三）期間的官場風氣可謂官清吏正。也正因此，纔出現王昶夜到大學士劉綸家衹有白棗數枚佐酒的佳話。〔四三〕乾隆朝中葉以後則大相徑庭，由此我們不難體會到劉統勳在其間所起的重要作用。難怪親身經歷這一歷史變遷的洪亮吉發出如此的感喟：『使皆如公挈二奴、用馬六七，又事事不過令甲，則民生吏治，困壞豈至此哉？』

正身率屬、以身作則，是爲下屬官員樹立榜樣，激揚良善則會導引人心向善。前者屬於縱向影響，後者屬於横向上展開的全社會推廣。兩種舉措共同實施，方能對整個社會風氣起到由表及裏、由點到面的推動作用。因此，前者固然重要，後者也絶不可忽視。劉統勳當然深諳此中款竅，所以作爲一代名相，他從没忽略後一種治理手段的使用。

俞蛟《夢廠雜著》評價劉統勳時云：

劉公剛正不阿，凡經其許可者，一字之褒，榮於華衮，而顔君顧被簡拔獎借，則其人豈尋常佗佗勇夫、射御不違者所可擬哉？〔四四〕

可見劉統勳在當時所具有的崇高威望，他的一言一行，都會對社會風氣産生深遠影響。劉統勳剛正不阿，善惡分明，激濁揚善，在有意與無意之間，引導官風向公正清白、耻奔競、重才幹、嚴正不阿、愛民而賢能，士當有益於世、對官場子弟戒『姑息之愛』等方向發展。

劉統勳對陳永齋公正舉薦的欣賞，事見錢大昕《潛研堂文集》：

（乾隆）三十八年（一七七三），詔開四庫館，公復與修纂。每校一書畢，即條其撰述本旨，評論當否，悉中肯綮。時館臣例得薦謄録生數人，公（陳永齋）所舉皆寒素士，總裁諸城劉文正公、新建裘文達公，咸嘆其公正。〔四五〕

陳永齋，江蘇吴縣人，乾隆二十四年（一七五九）進士，官至翰林院修撰。和劉統勳這些國家重臣比起來，陳永齋可謂位卑名微，劉統勳却不因此而廢其嘉言懿行。劉統勳的嘆賞，既是對陳永齋本人的充分肯定，也是對官場正氣的導引，對嚴正不阿學人、官員的真心推崇與敬重。

孫嘉淦言人君有『三習一弊』。所謂『三習一弊』即『耳習於所聞，則喜諛而惡直』『目習於所見，則喜柔而惡剛』『心習於所是，則喜從而惡違』，這三種習慣形成後，就會産生喜小人而厭君子的弊病。其實孫嘉淦指出的不僅僅是人君弱點，而且是人性的弱點。但是，劉統勳境界高卓，超越了這一人生局限。他不止一次地對不阿順自己的學人、官員表達敬意，真心實意地與他們結交，并對他們嚴正不阿的作風予以推揚。

李斗《揚州畫舫録》爲我們保留了這樣一條史料：

> 李道南，字晴山，江都人，進士，性嚴正不阿。在京時友人醵五百金贈之，却不受。見劉文正公，文正偶欠伸，李揖求退。文正曰：『方坐未一言，而退何也？』李曰：『《禮》有之：「君子欠伸，侍坐者請退。」故未言而去也。』文正以是重之，書張横渠『學顔子之學，志伊尹之志』二語贈之。歸而授徒於家，生徒數百人，郡中文學之士，半出其門。著《寸草録》《四書集解》。〔四六〕

劉統勳日理萬機，精神疲憊之際，身體偶有欠伸，既是可以理解的一件事情，又應是讓李道南感動的一種禮遇。因爲劉統勳儘管疲勞不堪，仍能在百忙之中破例接見，應是超規格的一種禮遇。但理學出身的李道南對劉統勳的『偶欠伸』十分較真，竟因此告退，連劉統勳本人似乎也没有意識到問題所在，因此不解地問：『方坐未一言，而退何也？』當得知緣由後，劉統勳不僅没有對李道南表示任何不滿，反而予以高度重視，不然就不會親自書寫『學顔子之學，志伊尹之志』贈送於他。非常之人，方能行非常之事，信然。

《紀曉嵐文集》則載録了劉統勳對不阿順自己的蔣綸的真心推揚：

公姓蔣氏，諱曰綸，字金門，霽園其别號也……辛巳，散館授職，充國史館纂修官。所撰列傳，有爲總裁劉文正公簽商者，可從則從，不可從必反復考辨，疏通證明，無一字之遷就。文正公反以此重之……丙戌，保送御史，初未及公。劉文正公曰：『是嘗斷斷與我争者，真御史才也。』獨舉公第一。〔四七〕

劉統勳對袁守侗由先『拂衣竟去』到很快『遣人來請』，尤見其高風亮節——對堅持正確意見、不阿順自己的官員不僅不加以傷害反而大相知愛。

長山袁愚谷守侗，直隸及東河總督。居喪猶命理事，受眷之深如是。後官刑部尚書。爲刑部侍郎時，劉文正公以大學士管部事，一案俱畫押矣，惟公不肯。請曰：『此案尚須斟酌。』文正怫然，曰：『予理刑部多年，不及君耶？』拂衣竟去。公亦隨行，未至公第，已遣人來請。公親出迎，曰：『予誤矣！君言是也。』自此大相知愛。〔四八〕

劉統勳對下屬尹均醇厚做人、清白家風遺子孫的事迹十分嘆賞，以其『一字之褒，榮於華衮』〔四九〕的影響力對尹均的精神加以推揚。

公諱均，字佐平，先世河南懷慶人……鄉人落魄無所依及旅櫬未返者，輒爲區畫，得生還歸葬者甚多。好飲豆湯，每月必命數設，呼子若孫共啖，曰：『此吾鄉味，若曹即富貴，慎勿

忘也。』公與閣學同官京師，父子入直，常共載一車。諸城劉文正公聞而嘆曰：『尹舍人可謂以清白遺子孫矣！』〔五〇〕

劉統勳對賢能者的肯定還表現在内舉不避親。王槩是劉統勳的姻親，賢能清廉，劉統勳在乾隆帝徵求對王槩的看法時，實事求是地對王槩之賢能予以充分肯定。

（王）槩，字成木，前志都御史沛憻子。貢生，以貲爲刑部員外郎，數决疑獄，上以爲能。授松茂道，歲饑，出倉粟振民，兼請運米濟糶，皆先行後報。總督是之，奏奉諭旨。凡八年，一飲食不擾民，公事多自出私財，家以是大貧……授廣東鹽運使，忤上官被劾免，旋復原官。引見，卒於途。上問槩於大學士劉統勳，統勳言其賢。〔五一〕

劉統勳對愛民能吏嚴長明的倚重，見諸於姚鼐《惜抱軒文集》：

君在軍機凡七年，通古今，多智，又工於奏牘，諸城劉文正公最奇其才。户部奏天下雜項錢糧，名目煩多，請去其名，而以其數并入地丁徵收。君曰：『今之雜項，古正供也。今法折徵銀，若去其名，他日吏忘之，謂其物官所需民當供，且舉再徵之，是使民重困也。』文正曰：『善。』乃奏已之。〔五二〕

劉統勳對『耻奔競』名士的敬重，主要體現在對耻於奔競名士朱筠的敬重上：

朱筠……少曾館於劉統勳家，及統勳爲大學士，筠不通謁，統勳遇於朝，詢之。筠曰：『非公事，不敢謁貴人。』統勳嘆息稱善。〔五三〕

劉統勳對官場子弟戒『姑息之愛』，他與孫嘉淦關係極好，史稱『最相得』〔五四〕。孫嘉淦的兒子爲劉統勳下屬，劉統勳對孫嘉淦的兒子要求極嚴，『曹事悉以委之，至廢寢食』。有一次孫嘉淦偶然提及此事，意在尋求劉統勳關照，劉統勳就很不客氣地批評孫嘉淦『此姑息之愛也』〔五五〕。聯繫到諸城劉氏所聘家庭教師李瀶親身所見劉必顯督子甚嚴，而劉棨督子之嚴尤過之〔五六〕，則知劉統勳對孫嘉淦之子是愛之以其道，是對好友之子的一種大愛。

劉統勳對士當有益於世價值觀多有推舉：

辛卯恩科會試，劉文正公爲考官。值軍機事有當關白。君（嚴長明）撾鼓入闈得見，既而出，同考官朱學士筠曰：『甚哉，冬友不自就試，而屑屑治吏事爲。』文正曰：『士亦視有益於世否耳。即試成進士，何足貴。』當是時，軍機有數大案，賴君在直任其勞，獲成議。而雲南糧道，以分賠屬員虧銀不完，將死。去限期十日，君具奏入請，文正奏寬之，乃生。其年遂擢侍讀。〔五七〕

劉統勳着眼於獲取功名的最終目標是有益於當世，正因如此，當獲取個人功名與有益於當世發生矛盾時，他寧願輕功名、益當世，而不重功名、輕世務。通過前文劉統勳對嚴長明與朱筠的評價，我們可以感受到他的價值觀在當時足以振聾發聵，對當時『士』的價值趨向產生深遠影響。

上述僅是劉統勳偶然被記録下來的一些嘉言懿行，其實際所爲肯定遠超於此。劉統勳以其片言可動天下的影響力，對良善風氣予以推揚，這對當時的社會人心起到了不可小覷的作用。

參奏彈劾，匡正官場風氣

乾隆朝中期以前的官場風氣之所以會風清弊絶，既與劉統勳以身垂範、自覺遵守國家法令、激揚良善的正面引導有關，更與他在乾隆帝支持下對敗壞官場風氣的官員、處於萌芽狀態的不良態勢及時加以參奏彈劾有關。

劉統勳參奏違例干謁者，維護人心風俗。乾隆三年（一七三八），丁憂御史毛之玉回籍守制期間不知讀禮家居，乃往浙江違例干謁，被劉統勳參奏。本來，乾隆二年（一七三七），朝廷剛剛下令禁止丁憂官員易衣拜官、送禮赴席，并對這些不守規制官員在其補官之時降三級調用，以示懲戒。規定頒布後的第二年，毛之玉便頂風犯案。劉統勳對其參奏的意義表現在：清朝以孝治天下，丁憂期間專心追悼父母方是盡孝本分。不顧對父母孝心，而到處招摇干謁，自是違背以孝治天下的大原則。故趙慎畛《榆巢雜識》評及此事云：『此維持人心之大者，故記之。』〔五八〕這對頂風作案者是當頭棒喝，維護了國家法令的尊嚴，對所有敢於以身試法者是一次警示，唯有全國官員心中警鐘長鳴，方能恪守律條，遵紀守法，社會風氣纔能得以好轉。

劉統勳參學政拔貢敷衍者，樹國家掄才大典之威。乾隆七年（一七四二），時爲左都御史的劉統勳，在與有關人員共同校閲拔貢試卷時，發現山西學政對拔貢敷衍，所舉拔貢生員毛清奇十分

荒謬，竟連題旨都理解錯誤，遂對之參奏，并奏請不准毛清奇拔貢，發回本學肄業。〔五九〕

乾隆對劉統勳奏摺的批復，很能説明此次參奏的意義：

此番進呈各省拔貢試卷，朕看取在一等者，文理即屬平常，則其餘更可知矣。至毛清奇將《論語》本文，竟爾錯記，尤爲荒謬。夫拔貢乃造就人才之典，今各省所取，淺陋如此，何以振起文風？司衡鑒者不得辭其責！嗣後務須矢公矢慎，遴選出衆之材，以鼓勵多士。毋得苟且塞責，自干嚴譴。〔六〇〕

乾隆帝的處理意見是：山西毛清奇不准拔貢，該學政交部嚴加議處。清制，有過失的官吏交吏部擬定處罰辦法，稱爲『議處』。如係吏部官員，則交都察院議處。其情節輕微者，則稱『察議』。由此可知，乾隆帝對山西學政於拔貢敷衍之事十分惱怒，對其懲處也頗爲嚴厲。對山西學政的處罰，其實是對所有類似敷衍者的一次警示。因此，劉統勳當時的參奏，對引起各地學政的重視、振起文風、爲國家儲備人才，都具有深遠意義。

對杜絶封疆大臣偏袒之陋習，糾正政體綱常之紊亂，乾隆二年（一七三七）劉統勳所上奏摺具有重要作用。劉統勳是這樣講的：

臣伏見：新任督撫提鎮，往往奏請隨帶人員，以備委用。在封疆大吏，平日親知灼見，自應有幹練之才，足收指臂之益。惟是先寄耳目於數人，即付腹心以要缺。補用不循資格，輿論指爲私交。更相仿效，滋弊多端。嗣後請文員除河工效力，武員除軍前效力外，概停其隨帶。如本省本標人員，不敷任用，則奏請由部揀發。若調任之後，於屬員内果有才能出衆之人，則據實保奏。仰候皇上諭部引見，量才任使。如此可以杜封疆大臣偏袒之陋習、才能人員鑽營之故智。似於政體官常，均爲允當。〔六一〕

結果是吏部議准『從之』。

乾隆二年（一七三七），劉統勳時年三十九歲，但已顯示出名臣、重臣器局，能從大處着眼，深諳吏治乃政體根本。從後來的參奏胥吏代作封奏之事、落實保密制度以除積弊，到疏奏重臣張廷玉、訥親，一封封奏疏深契乾隆帝之心，也使劉統勳迅速成爲清朝政壇上備受矚目的政治明星。

劉統勳參胥吏代作封奏，除多年積弊。《清實録》載有劉統勳乾隆六年（一七四一）十二月初三的奏疏：

九卿議奏：左都御史劉統勳奏稱，封奏之章，有令胥吏代作者。挾嫌懷私、黨援報復，以及招摇漏泄等弊，皆從此起。查定例内未見吏胥代作封章之條，是以未便參奏。請敕下吏部詳悉定議等語。查臣工章奏，原宜各抒所見，毋得互爲商酌。今左都御史劉統勳請定令書吏代作以致泄漏之處分，應照漏泄應密公文例，重者降一級留任，輕者罰俸九個月。若致有懷私挾嫌、黨援報復之處，應照司道衙門一切案件，假手書吏致蠹書作奸者，照溺職例革職，仍將書吏分别按律治罪。得旨允行。〔六二〕

封奏，即密封奏章。清初沿襲明制，大臣奏事用本章，由通政司轉内閣呈送皇帝。雍正年間設奏事處，命大臣奏事皆用奏摺，各賜黄綾糊木匣，外加小鎖，有二鑰，一存内廷，一賜本官，凡有奏摺，皆裝入匣内封鎖呈進，由皇帝親自開鎖。如御史等有密奏，即以奏摺裝入封簡封固，外加奏匣，稱封奏。

封奏是密奏，由皇帝親自開鎖，説明其級别應是絶密。但許多行政官員假手胥吏代作封奏之章，滋生出諸多弊端。時任左都御史的劉統勳對此洞若觀火，他在參奏中指出：『挾嫌懷私、黨援報復，以及招摇漏泄等弊，皆從此起。』

但劉統勳上奏之時，『查定例内未見吏胥代作封章之條，是以未便參奏』。這説明，當時清王朝對封奏制度的管理，有明顯的漏洞。有感於此，劉統勳纔上奏乾隆皇帝。經九卿議奏後，吏部做出如下規定：令書吏代作以致泄漏者，『照漏泄應密公文例，重者降一級留任，輕者罰俸九個月』；『若致有懷私挾嫌、黨援報復之處，應照司道衙門一切案件，假手書吏致蠹書作奸者，照溺職例革職，仍將書吏分别按律治罪』。至此，因爲劉統勳的努力，封奏制度得以完善，剔除了封奏實際執行過程中所産生的招摇泄密、挾嫌懷私、黨援報復等諸多弊端。

劉統勳參督撫提鎮『中軍』私用積弊，明統屬體制的奏疏見載於《清實録》：

兵部議覆：左都御史劉統勳奏稱，直省督撫提鎮，例設中軍一員，承辦公務，支發錢糧，以爲各營領袖，原非上司服役之私屬。竊見督撫提鎮有事出署，中軍跬步相隨。夫馬船隻，皆親身料理。督撫提鎮往往以柴炭米鹽，付托中軍代爲籌畫。道府州縣等官至省，未悉督撫動履，則先往候中軍，宴會往來，伺候消息。或藉端營私，廣通聲氣。又見外省每遇歲時令節，督撫提鎮衙門張燈開宴，中軍曲意經營，即以兵丁子弟充優伶雜戲。至於醫卜星相、棋師琴客出入督撫衙門者，皆藉中軍爲梯援。種種弊風，宜行查革。應如所奏，令各督撫提鎮，不得以奔走米鹽之事付托中軍。如中軍有宴會營私者，立即指參。其中軍有仍前曲事督撫、引進伶優等人者，即以不謹例議處。其中軍缺出，除欽授推補外，其應行題補之缺，著各督撫提鎮務選端方勤練之人。如有不稱，照濫舉匪人例議處。從之。〔六三〕

『督』，是總督；『撫』，是巡撫；『提』，是提督；『鎮』，是總兵的别稱。這四類官員，均爲直隸及外省文武大員。地方治理狀况如何，與這四類官員關係最大。

由劉統勳疏奏可知，本來『中軍』在督撫提鎮之府各設一名，其職責按規定是『承辦公務，支發錢糧，以爲各營領袖』，絶非督撫提鎮等『上司服役之私屬』。但乾隆初年，實際情况與原先規定大相徑庭。中軍成了督撫提鎮的私屬：督撫提鎮有事出署，中軍跬步相隨，夫馬船隻皆親身料理；督撫提鎮往往以柴炭米鹽，付托中軍代爲籌劃。正因爲中軍成爲督撫提鎮等大員的私人心腹，結果滋生以下弊端：第一，道、府、州、縣等官至省，不知道總督、巡撫等的行踪動静，就先去拜會中軍，通过宴會往來探聽消息。第二，有的中軍與道、府、州、縣等官藉端營私、廣通聲氣。第三，外省每遇歲時令節，督撫提鎮衙門張燈開宴，中軍曲意經營，即以兵丁子弟充優伶雜戲，以致體統有虧。第四，醫卜星相、棋師琴客出入督撫衙門者，皆藉中軍爲梯援。

這些弊端，足以導致一省風氣不正，民不聊生。而弊端之根源，就在於督撫提鎮等大員化公爲私，將中軍收作私人心腹，從而借端營私。

劉統勳一天兩上奏疏，從小事入手，解決了一個全國範圍内的大問題。劉統勳的高明之處還在於，他不僅在兩次奏疏中均切中乾隆朝政治體制弊端，而且所提出的均是可以立即動手解決的重要問題。

令人遺憾的是，劉統勳的兩道奏疏雖對乾隆早期吏治起了防微杜漸的作用，但在乾隆晚期，却因乾隆帝自身對和珅大開幸進之門，遂使中前期整肅之吏治被破壞殆盡。據《朝鮮李朝實録》，乾隆五十七年（一七九二），『皇帝若有咳唾之時，和珅以溺器進之，紀綱可知』[六四]。由於和珅的行爲被乾隆帝默認甚至賞識，不正之風便八面而來，使乾隆晚期吏治到了江河日下、不堪收拾的地步。嘉慶初年雖求振作，但面對和珅造成的千瘡百孔的局面已無能爲力。可見劉統勳兩道奏疏之上達，確有深謀遠慮，體現了他超於衆人的見微知著的判斷能力。

劉統勳參奏督撫提鎮等直隸及外省地方文武大員『中軍』私用之積弊，在全國政壇已是一次不小的震動，但此次奏疏還祇是一個序曲，真正震動朝野上下、讓後來史官們屢記不厭的，是同年十二月份劉統勳針對乾隆朝初年兩位重要的大臣——張廷玉和訥親，所上的兩道彈劾奏摺。

在第一道奏疏中，劉統勳寫道：

> 大學士張廷玉，歷事三朝，遭逢極盛，然而晚節當慎，責備恒多。臣竊聞，輿論動云桐城

張姚兩姓占却半部搢紳。今張氏登仕版者，有張廷璐等十九人。姚氏與張氏世姻，仕宦者有姚孔鋠等十人。雖二姓本係桐城巨族，得官之由或科目薦舉，或襲蔭議叙，日增月益，以至於今，未便遽議裁汰。惟稍抑其升遷之路，使知戒滿引嫌，即所以保全而造就之也。〔六五〕

在第二道奏疏中，劉統勳又道：

尚書公訥親，年未强仕，統理吏户兩部，入典宿衛，參贊中樞，兼以出納王言，時蒙召對，向用方隆。我皇上用人行政，無非出於至公，訥親之居心行事，當亦極圖報稱。但臣慮訥親以一人之身，承辦事務太多，或有疏失；又任事過鋭，恐逢迎者漸衆。〔六六〕

兩道奏疏一上，乾隆帝受到極大震動，從『朕心轉以爲喜』等字句看，批閲兩道奏疏後，其内心經歷了一番複雜的思想鬥爭。他對此十分重視，不再將兩道奏疏如同一般奏摺交由部議，而是由自己親自辦理。這位日理萬機的皇帝，專門爲兩道奏疏所下的諭旨，竟達四百多字。諭旨極盡委婉曲折，而又含無限威嚴；既欲發揮其於朝廷政體、吏治有益之處，又要免除其潛在之弊；既要保護言官的人身安危，又要保全倚任重臣的體面。在對待一代名臣的兩道奏疏上，一代明君乾隆帝早期極爲精警幹練的帝王之才得以體現。諭旨是這樣寫的：

朕思張廷玉、訥親若果聲勢赫奕，擅作威福，劉統勳必不敢如此陳奏。今既有此奏，則二臣并無聲勢，可以鉗制僚寀可知，此國家之祥瑞也，朕心轉以爲喜。且大臣辦公，責任綦重，原不能免人之指摘。即伊等辦事，亦豈能竟無差錯？聞過而喜，古人所尚。大臣爲衆所觀瞻，見人直陳己過，惟當深加警惕，所謂有則改之，無則加勉。若有幾微芥蒂於胸臆間，則非大臣之度矣。大學士張廷玉，親族人衆，因而登仕籍者亦多，此固家運使然。然其親族子弟等，或有矜肆之念，爲上司者或有瞻顧之情，則非大學士所及料也。今一經查議，人人皆知謹飭，轉於張廷玉有益。至訥親身爲尚書，若於本部之事，稍涉推諉，不肯擔當，則模棱成習，公事何由辦理？但所辦之事，其中未協之處，亦所不免。況朕時加教誨，戒其自滿自足，年來已知恪遵朕訓矣。今見此奏，益當留心自勉，至於職掌太多，如有可減之處，候朕酌量降旨。近來參劾大臣者，每多過當，殊不知以今日之勢論之，若有擅權營私者，朕必洞照隱微，斷無不能覺察而陷於不知之理。彈劾大臣，有關國體，此等奏摺，若不發出，宵小無知者，必且以參大臣爲幸進之階，其爲害人心風俗，實非淺鮮，著將二摺發出，諭衆知之。〔六七〕

劉統勳雖是言官，上此兩道奏疏爲分内之事，而且實關國計政體，評語持正，但冒着相當大的風險。如乾隆帝不是『轉以爲喜』，那後果就很難想象了。如乾隆帝無法鉗制重臣，那麼即使他不想傷害劉統勳，恐怕劉統勳也難以逃脱張廷玉與訥親的排擠。所幸張廷玉是一個較爲謹慎的大臣，而訥親私心不多。然而張廷玉雖然早年一直敬慎有加，晚年却日益昏耄，接連受到乾隆帝的嚴厲指斥。《清鑒綱目》評論此事説：『其後廷玉以世宗遺旨令其配享太廟爲請，帝斥爲要挾，削去伯爵，以原銜致仕，幾至恩禮不終，一如統勳所言。』〔六八〕劉統勳彈劾兩位重臣，并非出於攻擊，而是出於公心，他首先是期望保全兩位重臣名節，然後是暗示乾隆帝勿由對兩位重臣任用不當而造成政綱人心的紊亂，最後是爲皇帝駕馭重臣提供了利器。這三層意思，乾隆帝都捕捉得很準，所以采取的措施十分得力。

劉統勳的這兩道奏疏後來被清人從不同角度加以解讀，昭槤在其《嘯亭雜録》中以劉統勳爲侃侃正論的典範：

國朝懲明代之失，罔許言官挾私言事，紊亂綱紀。然遇骨鯁之士彈劾權要，列聖必立加獎勸，以旌其直。如郭華野之劾明、余二相及王、高諸人，劉文正公之劾果毅、勤宣，皆侃侃正論有足取者。〔六九〕

陳康祺在其《郎潛紀聞初筆二筆三筆》中認爲此番上奏是劉統勳愛人以德的表現：

桐城張氏父子繼相，兄弟多登九列者。文和長軍機時，其子姓宗族及姻黨姚氏，占仕籍者至數十人，時爲之語曰：『張、姚兩姓，占却半部搢紳。』劉文正公統勳以聞，請量加裁抑，三年内停其升轉，高宗從之。文正與文和故交，此奏可謂愛人以德。〔七〇〕

陳康祺緊接以按語云：

按：文正摺中并奏尚書公訥親，以一人之身兼理數處，任事過鋭，非懷謙集益之道，請旨訓示。上亦如所請，訥亦同領機務者。〔七一〕

戴璐與黃鴻壽分别在《藤蔭雜記》〔七二〕《清史紀事本末》〔七三〕中對劉統勳驚人的預見能力欽佩不已，此不贅述。

而劉統勳此次彈劾，在某種程度上爲後世曾國藩借鑒者更多。劉統勳所言張廷玉遭逢極盛而晚節當慎、責備恒多的處境，在平定太平天國起義之後的曾國藩這裏，可能也是感同身受。曾國藩深知盈滿之候與傾覆之機間的微妙關係，故將戒滿攻闕作爲日常生活的基本功。對攻入金陵而過於貪婪不識進退的胞弟曾國荃，他諄諄告誡千萬要謹慎；爲了消除皇帝的猜疑，他主動裁撤了自己創建的湘軍。種種心迹，皆合劉統勳彈劾重臣的精意。劉統勳對張廷玉、訥親的彈劾，竟爲成就後世曾國藩的盛名發揮了如此重要的作用，應是劉統勳本人也很難想到的一件事情。

劉統勳嚴漏泄章奏之禁，杜專閫僭越之端。他在乾隆六年（一七四一）參奏督撫提鎮『中軍』私用積弊之後，乾隆八年（一七四三）又一次將糾察的矛頭對準地方大員督撫藩臬漏泄章奏、專閫僭越之弊，進一步改善了地方官場的風氣。

督撫藩臬，是地方高級政府官員的簡稱。督撫，前文已述。『藩』是布政使的別稱，『臬』是按察使的別稱。

身爲左都御史的劉統勳奏稱：

> 查督撫藩臬，陳奏密封事件，關係重大，尤宜慎密！如陳奏既用密封，而又彼此關通商酌，若非扶同掩飾，即屬故意欺蒙。自應分別查議，以示懲戒。嗣後凡密奏事件，未經發出之先，即上司屬員，概不得互相計議參酌。如有漏泄通同，一經發覺，按其情事輕重，分別

治罪。〔七四〕

這是規範督撫藩臬封奏制度、杜絶泄密乃至扶同掩飾、故意欺蒙情弊的。

下面則是專門嚴禁督撫妄自尊大、專擅僭越的：

再查《會典》内，惟開督撫見文武屬員儀注及旗槍等執事。至於燕閑談笑之頃，坐位作何朝向；飲酒看山之際，屬員作何祗候，原無禮制可稽。而代天巡狩之牌、黄衣短褂之從、護衛班房之名，更無原委可考。或因舊習而不知改，或改除而不能盡，以致形迹涉於侈肆，趨承過於卑諂，殊非大吏謹慎威儀、小心翼翼之度。應通行直省督撫，嗣後儀從器仗，各遵《會典》；周旋儀度，各凜寅畏。其妄爲尊大、有乖定制之條，自行除去。如被指摘糾參，照違制例議處。從之。〔七五〕

此處劉統勳鋒鏑甚鋭。一方面，他明確指出，督撫『燕閑談笑之頃，坐位作何朝向；飲酒看山之際，屬員作何祗候』，《會典》一概没有規定。但是有的督撫竟然在這些細節上别出心裁地加以規定，使其出席的場面因此顯得隆重，以便自高位置。而於『代天巡狩之牌』『黄衣短褂之從』『護衛班房之名』，有的督撫爲了抬高自己，竟將這些排場都僭越擅設。中國是一個禮制國家，所謂『禮』，在某種程度上就是對人等級身份的限定。規格不能逾越，逾越便被稱爲『僭越』。作爲忠君愛國的忠臣，劉統勳看到這種專擅僭越之弊，以其遠見卓識，深知對這類現象姑息縱容的嚴重後果。劉統勳在指出督撫專擅僭越的同時，還是非常注意分寸的——意在警告封疆大吏本分守禮，而非網羅罪名。故對這些現象，他給出解釋云『或因舊習而不知改，或改除而不能盡』。但他馬上嚴正指出，此種『形迹涉於侈肆，趨承過於卑諂，殊非大吏謹慎威儀、小心翼翼之度』。劉統勳提出解決方案：『應通行直省督撫，嗣後儀從器仗，各遵《會典》；周旋儀度，各凛寅畏。其妄爲尊大、有乖定制之條，自行除去。如被指摘糾參，照違制例議處。』

這兩道奏疏都事關地方政事大局，尤其後者關係皇權的安危。乾隆帝深悉其中利害，故對劉統勳所議，他完全同意，史稱『從之』。

由此我們可以看到，劉統勳通過對地方大員等的彈劾、對保密制度的落實，爲肅清當時的吏治風氣起到了足够的震懾作用。而對掄才大典權威性的維護、對違例干謁者的參奏，足以維護人心之大者，誠爲『致君堯舜上，再使風俗淳』的賢者所爲。

昭槤通過『恭王』的視角，也讓我們看到了劉統勳維持社會人心的分量：

> 先恭王性剛直，某相國當權時，與余邸爲姻戚，先王惡其人，與之絕交。又當時譽鄂文端公相業，先王頗不以爲然，曰：『居相位者，當有相度，西林偏袒鄉黨，非持平天下之道也。』素喜劉文正、裘文達、曹文恪諸公，每訓槤必以諸城爲式。〔七六〕

宋代以來，黨争之禍爲害日熾。門户黨争，無朝無之。乾隆一朝，昭槤之父『恭王』對鄂爾泰的相業不以爲然，以其『偏袒鄉黨，非持平天下之道也』。劉統勳去世以後的于敏忠，尤其是乾隆朝晚期的和珅，大啓奔競之風，利益集團沆瀣一氣、同流合污，朝政敗壞，民生凋敝，清王朝的太平盛世氣象因此危機四伏，日趨衰落。而劉統勳主政之時，正如朱珪所盛贊的那樣，『嗚呼，惟公正色立朝，一心格主，天下倚之爲泰山，天子毗之爲心膂。贊刑賞，秉鈞樞，宣一人之德，端士大夫之趨。其清風剛氣，凛乎不可撓；而敷與萬物，寬然而有餘』〔七七〕。其時士子無需奔趨逢迎，誠如乾隆帝在詩中對劉統勳相業的評價：『進者無私感，退者安其命。』〔七八〕

正因爲劉統勳的清剛之氣得到了朝野上下的一致認可，所以還出現了一件『廉能絶物議，公不畏人疑』的事情：

（嚴）長明内直日久，諳悉典故，尤務持平允。雲南糧儲道羅長浩虧銅廠銀萬一千兩，又分賠屬員汪大鏞銀一千兩，有旨加罰十倍，逾限即正法。羅已納十有一萬矣，仍有分賠六萬未完，而限垂滿。羅呈乞展限，詔下軍機大臣與刑部查辦。時劉文正公掌刑部，方主會試入闈。諸公相視莫能決。適有行在宣諭軍機大臣事，長明即詣貢院，撾鼓求見劉公。宣諭畢，因從容曰：『羅觀察之限已迫，俟公出闈已無及矣。其所欠者，分賠屬員之項，昨見吏部檔，汪大鏞捐復赴補直隸。屬員既邀寬釋，且得官，而上司乃坐極刑，可乎？』即於袖中出請寬限稿，求畫押。劉公義而許之。長明出以示諸公，列銜會奏，果奉諭旨，令汪大鏞分繳欠項，而羅得出獄矣。〔七九〕

一位重臣，其品格能够得到社會的高度信任，其對人心風俗的影響力量可謂大矣哉！因此，人稱劉統勳『朝野風氣繫於一身』，確非虚言。

（四）水利成就

水是生命之源，水利是農業社會的經濟基礎和命脉。中國長期以農業立國，水利對中國社會的政治、經濟、文化、社會生活等方面具有非常重要的影響，歷代統治者都會把水利置於極其重要的地位加以對待。康熙十六年（一六七七）康熙帝任命靳輔爲河督時，曾把『三藩、河務、漕運』列爲三大事，書於宫中柱上，用以時時提醒自己，而其中的『河務、漕運』均歸於水利。由此，我們不難體會到水利在清王朝最高統治者心目中所占有的位置。乾隆皇帝自以爲文治武功蓋世，但其真正業績還是體現在水利與軍事上。

諸城劉氏，七世以前，似乎在水利方面没有很多值得注意的作爲。但自八世開始，突然與水利産生了許多關聯。先是劉統勳的三兄劉綬烺在水利工程上有了一定的作爲，受到時人好評，然後是劉統勳、劉純煒在水利方面皆有所成就。至九世劉墉、劉墫、劉臻、劉界、劉炯、劉塏等，形成了諸城劉氏家族史上有關水利實務的第二次高潮，但業績仍以劉統勳最爲突出。他不僅在家族内部成就最突出，而且在整個清代水利史上也是具有一流影響力的人物。

一代水利名臣

乾隆元年（一七三六）到乾隆三十四年（一七六九），《清高宗實録》中收録水利方面的諭旨近五萬字，其中有二百多次提到劉統勳的名字。這是兩個非常驚人的數字。需知乾隆朝名人在《清高宗實録》中出現的頻率極低，許多耳熟能詳的人在其中甚至連名字都没有機會出現。因爲除了布政使、按察使、學政以上的官員，除非極其特殊的情況，其名字按規格是不能被《清高宗實録》收入的，即使被收入，也往往是在被差遣時提及而已，其奏摺仍然極難被收入。而在《清高宗實録》中，劉統勳的名字總共出現過八百一十四次，其中因水利被提到的比例約占四分之一。從數字統計的角度看，水利在劉統勳的政績中所占比重確實很大。

自乾隆元年（一七三六）十月，乾隆帝命其隨大學士嵇曾筠學習海塘、河道工程事務，至乾隆三十四年（一七六九）最後一次出差辦理漕運事務，劉統勳在三十多年的時間裏，將大量的精力投入到乾隆朝的海塘、賑務、河工、漕運、水利法規和制度建設、革除河工弊端等水利事業中，成爲當時最爲乾隆帝倚任的水利名臣。三十多年的時間裏，劉統勳參與的水利事務可以劃分爲四個階段：第一階段是乾隆元年（一七三六）十月至乾隆七年（一七四二），主要是學習并參與海塘工程。第二階段是乾隆十一年（一七四六）三月至乾隆十八年（一七五三）九月，主要是查辦河工與賑務，即查辦河工方面的貪瀆、虧空、積案以及爲河工立法除弊等。第三階段是乾隆十八年（一七五三）九月至乾隆二十七年（一七六二）五月，是劉統勳董率衆人防洪搶險，被乾隆帝接連表彰、獎勵，最爲倚任之時。第四階段是乾隆三十三年（一七六八）至乾隆三十四年（一七六九），劉統勳主要抓漕運事務。劉統勳不但在水利方面參與的時間之長、才能之全面與建樹之卓越，爲許多河臣所不能及，而且其對水利事務參與面之廣，在清代也罕有能及者。與劉統勳同時的水利大臣，如策楞，雖然組織能力不錯，但可惜不懂水利業務。乾隆帝岳父高斌，雖懂業務，但管理不善，致使貪瀆之風在水利領域愈演愈烈，惹得乾隆皇帝龍顏大怒，甚至采取了將其陪綁刑場，在被嚇癱之後，纔宣布對其免除死刑以觀後效的極端措施。再如高晋，亦是乾隆帝看重的水利名臣，但是其河道規劃的奏摺被乾隆帝批爲『非獨不知辦工緩急次第，且於事理全無體會』〔八〇〕。張師載追隨水利名臣高斌多年，以通曉水利聞名，但其所陳黄河奪溜賈魯河之事，接連被乾隆帝批爲『續報漫溢處所，及缺口淤閉情形一摺，所奏殊未明晰』〔八一〕『張師載亦臨事茫無端緒』〔八二〕『張師載奏，籌辦堵築漫工一摺，總未達治河緊要關鍵』〔八三〕。至於一時名臣尹繼善，其所做所爲多愜乾隆帝之心，但乾隆帝對其所辦河務的表揚亦僅是『具見留心』〔八四〕。同樣被乾隆帝作爲水利大臣重點培養的富勒赫，我們從乾隆帝在其有關孫家集漫工的一道諭旨中，不難體會到乾隆皇帝對他的失望與不滿。乾隆帝講：『從前富勒赫學習河務時，參奏南河積弊尚似能實心任事。朕冀其有剔弊厘奸之能，是以即令署理河督。乃年來所辦諸事，不過尋常供職，漫無實在整頓。即如孫家集地方，向來不設堤工，留爲減泄黄水盛漲，冬令復行堵築，歷年俱如此辦理。乃去歲旁溢之處，漸露河槽，富勒赫并不先事豫防。及今秋水勢衝漫，大溜漸移，亦未將情形據實入告，不過含糊具奏。現據劉統勳參奏，交部嚴加議處。若仍留總河之任，於河防重務，恐有貽誤。』〔八五〕相反，在乾隆帝有關劉統勳奏摺批復的諭旨中，我們不難看到『所見甚是』〔八六〕『於辦事爲優』〔八七〕『劉統勳等奏報徐州張家馬路堤工於十二月十三日辰時合龍，堵閉斷流，黄河大溜全復故道等語。朕心深爲嘉悦』[八八]『昨據劉統勳等奏報，銅山漫口合龍、黄河復歸故道，今二閘漫口，適又同日告成。奏績之神速，若有默相。而諸臣之克體朕懷，協力同心，亦於兹可見。從此運道民生，均資利賴，朕心實爲嘉悦』[八九]『欽差尚書舒赫德、劉統勳等奏……得旨。此次乃非常之灾，自不宜照常例料理。爾等不辭辛苦，諸事留心，朕實嘉慰。但願常堅此志，速成巨工，以慰懸切耳』[九〇]『劉統勳一人足資辦理』[九一]『辦理迅速，甚屬可嘉』[九二]『開挖引河掣挽大溜以殺水勢，尤爲切中窾要』[九三]『董率有方』[九四]等評語。而事實上，乾隆帝對劉統勳并非是一味寵信褒揚。在此之前，乾隆帝對劉統勳奏摺所批諭旨客觀理性，未見很多褒揚之詞，多是『知道了』『從之』『覽奏悉知』等批語。如乾隆七年（一七四二），劉統勳學習海塘工程已經接近七年時間，其所擬海塘方案與閩浙總督德沛意見相左，乾隆帝尚不能專信劉統勳，而是由劉統勳與德沛等人組成調查班子，重新實地考察，根據調查結果，纔决定海塘的修築方案。日後，在相當長的一段時期之内，雖然伴隨着對劉統勳的瞭解逐漸深入，乾隆帝對劉統勳的工作能力、公正無私的精神境界以及勇於任事的工作作風日漸欣賞，但是仍然没有把劉統勳看作是水利工程方面的一流專業人才，更没有後期諭旨中那種溢於言表的興奮與誇奬。乾隆十八年（一七五三）八月的一道諭旨中，在比較策楞與劉統勳時，乾隆帝認爲策楞不懂河務，劉統勳比策楞内行[九五]。但在同年十月的一道諭旨中，策楞等『於辦事爲優』，『練習河務，講明有素，白鐘山較爲熟悉』[九六]。這説明乾隆帝認爲劉統勳在河務方面還是不及白鐘山内行。雖然在同年九月的一道諭旨中，乾隆帝認爲劉統勳仍然抵不上白鐘山在河務專業上的熟練度，但從此以後對劉統勳却是越來越信任，差遣也越來越多。到同年十一月，乾隆帝對劉統勳在河務上的信任度明顯地比以前有了提高。在此諭旨中，他將四位河臣分工，一路是舒赫德、劉統勳，一路是策楞、高斌。舒赫德與策楞均非河務專業上的行家，乾隆帝以高斌幫助策楞，以劉統勳幫助舒赫德，説明此時他已將劉統勳在河務上的專業程度與高斌等量齊觀，而高斌則是乾隆帝心目中素習河務者。在以前的諭旨中，劉統勳多排在策楞或舒赫德之後，日後纔逐漸以劉統勳爲主帥。具體來講，乾隆十八年（一七五三）銅山大決口，乾隆皇帝心急如焚，正是在這次重大危機關頭，劉統勳中流砥柱式的表現得到自乾隆帝至諸河臣的一致認可。乾隆帝因此還得出『蓋治水非他政務可比。必卓識遠慮，明於全局，又不執己見，廣咨博采，而能應機決策，其委用河汛員弁，則一本大公，好惡毫無偏徇。備此數者，庶或有濟』[九七]的結論，而劉統勳恰恰是最符合這些條件的人。乾隆帝在楊橋工程結束之後的總結也在表明，他心目中的劉統勳正是這樣一個難得的帥才！『看來此次劉統勳等所辦楊橋工程，較之從前張家馬路漫工，竣事更爲迅速。可見大工之集，全在董理得人，則事半功倍。非必帑費工多，始堪奏效也。』[九八]在乾隆二十六年（一七六一），乾隆帝對劉統勳已是非常信賴的態度，越是險工、大工等緊要之處，就越安排劉統勳爲主要負責人。這樣的安排在乾隆二十六年（一七六一）的諭旨中多次出現，如『黄河奪溜一事，於河道民生，最關緊要。現派大學士劉統勳、協辦大學士公兆惠，馳驛前赴該處』[九九]『是豫省決口要工，實係全河要害。凡身任河防之責者，自難稍分畛域也。昨常鈞等報到，已有旨令劉統勳等前往董辦』〔一〇〇〕『已有旨令劉統勳等前往董率查勘』〔一〇一〕等。

研習海塘工程

乾隆元年（一七三六），劉統勳隨嵇曾筠來到浙江，學習海塘河道工程事務。時隔一年，劉統勳給乾隆帝上了一道奏摺。經過一年時間的學習，劉統勳對海塘工程已經有了比較深入的瞭解。他的收獲可分爲以下四個方面：

第一，在深入調查的基礎上，對浙江海塘事務有了比較全面的瞭解。

> 惟朱軾所建五百丈，至今堅固。其餘舊塘，俱難經久。〔一〇二〕

第二，學習、掌握了兩項重要的海塘工程技術。其一是建築魚鱗大石塘的技術——密簽長樁，平鋪巨石，灌以米汁灰漿，扣以鐵釘鐵鋦。其二是海塘傳統保固技術——於塘外簽樁鋪石，層累而上，作爲坡陀之形，名爲坦水。

第三，已有能力辨明工程是否可以上馬。

因水利工程耗資巨大，如不能準確判斷工程能否上馬，就會給國家帶來巨大經濟損失。而他依據自己掌握的情況與海塘知識，認爲嵇曾筠改挖引河建魚鱗大石塘的做法是切實可行的，因爲『堵築尖山，開挖引河，費用浩繁，成功難必』，同時認爲『坦水』技術仍值得在海塘保固工程中繼續推廣使用。

第四，對海塘與河工的區别有了深入的瞭解：

竊計海塘與河工，形勢迥不相侔。河工有應築、應開、應浚之不同，即有不得不築、必不可築之异。海塘之内，皆屬寸土寸金之地。一有衝决，民命攸關。且滷水一入，數年之内，必致顆粒無收。既議築塘捍衛，自不容有兩歧之議。〔一〇三〕

乾隆七年（一七四二），劉統勳再上奏摺。在這一奏摺中，劉統勳作爲河臣的一些重要素質再次顯示出來。

草塘之改建不必過急，而南北兩岸之塘工，有不宜緩者。蓋海塘之在浙省，莫衝於海鹽，莫要於仁和、錢塘。而今督臣奏改之四千二百餘丈，則北岸塘工數大段中之一段也。前此南漲北坍，勢甚危險。自建築草塘及北岸沙淤之後，前撫臣盧焯奏停歲修，堤岸平穩，待水勢北歸，再籌捍禦，尚未爲晚。至論通塘形勢，海寧之潮，猶屬往來滌蕩，而海鹽之潮，則對面直來。其大石塘建自明季，歲時既久，罅漏已成。若不及早補苴，將來費用不啻萬計。仁、錢兩縣江塘，逼近城垣，增修歲歲不免。〔一〇四〕

劉統勳對閩浙總督德沛錯誤建議的訂正，是他比德沛更具有全局觀念的體現。德沛建議改建海寧老鹽倉西至仁和章家庵一帶草塘爲石塘，其長度爲四千二百餘丈。劉統勳則一針見血地指出，德沛將草塘改爲石塘的大工不必過急。雖然原來此處海塘『南漲北坍，勢甚危險』，但由於

『堤岸平穩』，『自建築草塘及北岸沙淤之後，前撫臣盧焯奏停歲修』，因此此項工程不是當務之急。如要改良此段工程，『待水勢北歸，再籌捍禦』不遲。對水利建設十分瞭解的乾隆帝，在此次批復中對劉統勳建議的正確性給予了充分肯定。他認爲：

至所稱改建石塘，乃係經久之圖。惟現在試樁艱澀，夫價必增，不免偷減。請豫備物料，俟水緩沙停，乘機興築。〔一〇五〕

然而劉統勳的高明，不僅體現在他指出了德沛建議的非合理性，更重要的是從統攬全局的高度，提出了『蓋海塘之在浙省，莫衝於海鹽，莫要於仁和、錢塘』這一問題的根本所在，并提出了兩項刻不容緩的海塘工程：第一，海寧之潮猶屬往來滌蕩，而海鹽之潮則屬對面直來。其大石塘建自明季，歲時既久，罅漏已成，若不及早補苴，將來費用不啻萬計。第二，仁、錢兩縣江塘，逼近城垣，增修歲歲不免。

同時，在此次奏摺中，他還洞見了塘工中的一些弊端及其日後可能出現的危害：

蠹役奸匠，將塘身石料，或拆舊爲新，鑿大成小。有增修之名，而轉有卑薄之實。又風潮之後，水勢南歸，既由北而中，必將由中而南，山、會、蕭、虞諸縣南岸居民，將來必紛紛告急。〔一〇六〕

但是，劉統勳對自己的錯誤并不諱言。在進一步的考察中，他發現雖然德沛改四千二百餘丈的草塘爲石塘的奏議有其全局性的缺陷，但是此工程自老鹽倉以西至觀音堂略西一帶，確實存在問題。此處或因『護沙灘盡無存』，或因『漲沙僅存數丈，或數十丈以至數百丈不等』，較之以前『漲沙綿亘，塘堤平穩之時，已迴不相同』，因此劉統勳提議抓緊將此段草塘改爲石塘。

自乾隆元年（一七三六）至乾隆七年（一七四二），七年時間的海塘工程學習與實踐，爲劉統勳日後成爲一名重要河臣奠定了堅實的基礎：其一是全局性觀念的建立，其二是對水利工程輕重緩急觀念的建立，其三是對技術的學習、掌握，其四是對水利工程弊端的留心注意，其五是對浙省海塘狀況的真切瞭解與體察。與此同時，由於參與水利工程，劉統勳對物料準備過程中的若干環節也越來越熟悉。

大用前預演

乾隆十三年（一七四八），乾隆帝下了一道關於山東河道的諭旨云：

江南淮、海一帶州縣，近年屢被災傷。推原其故，皆由山東沂、郯等處，上游雨水盛漲，建瓴而下，河道不能容納，遂直注駱馬湖、衝决六塘河兩岸子堰、淹浸民田，以海、沭爲歸宿。小民蕩析離居，甚屬可憫。〔一〇七〕

劉統勳因此奉旨牽頭勘察山東河道。在踏勘結束之後，劉統勳就致患之由、解决措施向乾隆帝做了詳細報告。

致患之由：山東十府内，登州地處海濱，少有水患。青、萊二府，距海不遠，宣泄亦易。曹州府境内，間有汊河支港，偶須疏浚，皆係一隅，無宣泄形勢可議。武定府屬，除大清河爲鹽艘經由應隨時疏浚外，餘多濱海，水有歸宿，無庸疏浚。

濟南、東昌、兖州、沂州、泰安五府河道俱與運道有關。自北計之：初受漳衛之水，次資汶泗之水，又次接沂河之水，下注淮黄。河身兩旁，承以諸湖，束以長堤。水小則開湖以濟運，水大則借湖以受水。遞年以來，因雨水過多，加以湖河急溜，無地可容，以致成灾。

至沂河受患之處，尤在通京大路之江楓口。岸本平漫，復經衝刷寬深。每遇水發，下注芙蓉、燕子等河，不能容納，民田往往被淹。

解决措施：沂、蘭等河，現在開浚。以工代賑，并加給全價。酌議於江楓口建壩二處，以防衝刷，均俟伏秋後再相機辦理。

劉統勳對山東水道的統籌規劃，可除多年積弊，去多年之害，極吝贊詞的乾隆帝甚至有『從此運道民生，均資利賴』的高度贊揚。這次山東之行，實是乾隆帝欲對劉統勳在水利方面予以重用的一次預演。而劉統勳在分析致患之由與提出解决措施方面顯示出的良好大局觀，給這次預演交出了一份令乾隆帝十分滿意的答卷。

三戰洪水

劉統勳第一次治理洪水是銅山漫口。乾隆十八年（一七五三）九月十日，風雨大作。九月十一日銅山縣張家馬路堤工水勢凶猛，湍急洪流衝漫内外堤壩七八十丈。不久，徐州銅山縣段黃河告急，衝開縷堤越堤一百四十餘丈，溜勢全行掣過。黃河滚滚，濁浪滔天，如被激怒的蛟龍衝漫堤壩奪道而出，乾隆帝焦急萬分地説『水勢已十分險急』。

乾隆帝一面檢查大溜漫口、黃河奪道的原因，一面派劉統勳火速到現場齊聚人力，找出對策。劉統勳先是針對『漫水半由五壩泄入高寶諸湖，過運河西堤，東注下河』的情勢，提出『此時不應堵閉二閘』的建議，原因是水勢趨下，若先塞其去路，則滉漾衝激無法堵禦。即使施工，亦不能堅固。乾隆帝十分贊同劉統勳的建議，認爲『所見甚是』〔一〇八〕。

然後，針對黃河流經洪澤湖挾清水東入運河情勢，劉統勳擬議堵閉漫口，『清江以下河底，可冀刷深』，被乾隆帝批爲『此亦無聊之極思耳』〔一〇九〕。

劉統勳馬上又遇到物料供應不上的問題。大水之後，物料損失嚴重，又加道路泥濘，挽運維艱。徐州所産秸料樁石等項，和堵築大工所需物料相比，『勢不敷用』。劉統勳迅速采取對策，讓臨近的河南、山東兩省采辦。

十月，全綫告急，洪澤湖滚壩水位飆升至六尺一寸，滚壩岌岌可危。而與此同時，銅山南岸黃河漫決未及施工。淮揚一帶的安危本來仰仗高堰石堤，現在高堰石堤也危機四伏。

大險面前，乾隆帝不敢有絲毫疏忽，他反復盤算，認爲高斌、張師載獲罪之餘，益加昏憒，不值得倚任。劉統勳、舒赫德、策楞等於辦事爲優，但熟習河務，講明有素，還是當推白鐘山。因此乾隆帝囑咐劉統勳協調，調動各方積極性，共赴大工。劉統勳經過集議，采取『開河引溜』的正確措施，將河身北股開挖至淮揚等處。

懸切不安的乾隆帝，不能親見現場，總覺不踏實，遂命劉統勳進京面陳。時年五十五歲的劉統勳身體還算硬朗，不到半月時間，他由徐州趕赴北京，向乾隆帝面陳後又趕回工地。返回工地後，劉統勳與舒赫德分駐漫口東西，督率進埽。半個多月以後，劉統勳等奏報徐州張家馬路堤工於十二月十二日辰時合龍，堵閉斷流，黃河大溜全復故道。乾隆帝興奮不已，不禁大發感慨：

> 今年江南因秋雨過多，河湖昇漲，銅山決口，奪溜南趨，非尋常漫溢可比。朕夙夜焦勞，特命大臣協力堵禦。仰賴上蒼垂佑，迅速奏功，河流順軌。從前河工積弊，因循怠玩，牢不可破。此番若非專遣重臣到工督率，將恐曠日經年，未克奏績。今在事諸臣，俱能體朕宵旰之心，實心奮勉，晝夜急公。而員弁等遂各知踴躍趨事，工成不日，可見事在人爲。此於政治實有關係，朕心深爲喜悦。〔一一〇〕

然後乾隆帝對舒赫德、劉統勳等大加獎勵：

> 舒赫德、劉統勳、策楞等在工專辦日久，宣力居多，著從優議叙。向來外省辦理災賑，亦率視爲奉行故事。非失之過嚴，使澤不下逮；即失之過濫，俾吏書土棍，侵漁中飽。鄂容安、莊有恭、衛哲治不辭勞瘁，身親董辦賑恤事宜，俱屬妥協。復往來催辦物料，以副大工之

需，俱著交部議叙。所有在事員弁，著劉統勳等分别等次，送部議叙，該部即遵諭行。〔一一一〕

最後，由策楞、高斌、尹繼善督率的二閘也於同日合龍，喜訊傳來，乾隆帝更是興奮難抑，再一次對有功人員大加獎勵：

諭曰：策楞等奏二閘漫口，於本月十二日卯時合龍，運河之水暢流南注，工甚平穩等語。昨據劉統勳等奏報，銅山漫口合龍，黄河復歸故道，今二閘漫口，適又同日告成。奏績之神速，若有默相。而諸臣之克體朕懷，協力同心，亦於兹可見。從此運道民生，均資利賴，朕心實爲嘉悦。舒赫德、劉統勳、策楞昨已降旨，交部從優議叙。尹繼善、富勒赫、白鐘山著交部一體議叙。所有堵閉二閘漫口在工員弁，如參將厲鑛等，俱能奮勉出力，并著策楞等分别等次送部議叙，以示鼓勵。〔一一二〕

劉統勳第二次治理洪水是孫家集漫口。乾隆二十一年（一七五六）十月因富勒赫事先不加以預防，事後不據實入奏，任憑河水衝漫匯聚，結果水勢宏大的大溜以摧枯拉朽之勢，在孫家集形成漫口。漫口是危害最大的一種水灾，是洪水肆虐的代名詞。盛怒之下的乾隆帝，一面將富勒赫撤職交部嚴加議處，一面連發數道諭旨催促劉統勳抓緊前往，一面奏聞一面辦理。同時乾隆帝要求富勒赫、白鐘山、河標副將朱一智全力配合劉統勳，同心協力堵築漫口；然後又急催愛必達、圖勒炳阿等人即速前往，按劉統勳要求，將所需物料從山東、河南等地剋期運送，毋得稍有遲誤，一面辦理一面奏聞。爲了取得督撫的支持，乾隆帝又特意囑咐『可即傳諭該督撫等知之』，不久又下諭旨云：『孫家集工程，需料孔亟！自應大員督率……所有現在堵築之處，尤當上緊督理，勿致稍有遲滯。俾漫水消涸，不誤春耕。於山東、江南兩省農事，所關甚巨。可速行傳諭知之。』〔一一三〕

我們從乾隆帝諭旨語氣的焦急程度，不難意識到孫家集漫口的危害之大；而在劉統勳采取了一系列舉措之後，事情很快有了轉機。在此之際，劉統勳奏道：

臣等親赴工次，見霜降後平地漫漲之水漸涸。黃河正溜因閘壩堵閉，日漸加增。徐州城外河面寬抵兩岸，水深處一丈有餘。孫工已築一百十餘丈，未築八十餘丈。現辦料物，隨到隨築。約期十月中旬，料物雲集，即可剋期竣事。〔一一四〕

深知其中利害的乾隆帝得奏後，急如火燎地催促劉統勳：『以速爲要，不然則誤春耕矣。』〔一一五〕

經過近一個月的奮戰，在該年十一月，堤壩終於大功告成，乾隆帝龍心大悦，遂下旨云：

孫家集漫口，水勢泛溢，於運道及徐沛等州縣田畝，均有關係，因特差劉統勳會同白鐘山辦理。今據奏，已於十月二十九日，堵閉合龍。河流順軌，下游田地消涸，不誤春耕。辦理迅速，甚屬可嘉！劉統勳、白鐘山俱交部議敘。其在工員弁，著該署督等查明奏聞，交部議敘。〔一一六〕

劉統勳第三次治理洪水是楊橋大溜漫口。乾隆二十六年（一七六一）八月，河南黃河漫口，由尉氏縣賈魯河奪溜南趨，水勢甚大，若不及時堵截，後果將非常嚴重。其嚴重程度，從乾隆帝短短幾天時間内連頒十道諭旨，就不難體會這次事件的非同尋常，因爲這在過去是極爲罕見的。而在這十道諭旨中的前三道，『最關緊要』重復三次：『斯於河防最關緊要，著大學士劉統勳、協辦大學士公兆惠，星速馳驛赴豫督率查辦。』〔一一七〕『豫省黄河現在奪溜趨賈魯河，此事最關緊要，已派劉統勳、兆惠前往督辦。』〔一一八〕『但黄河奪溜一事，於河道民生，最關緊要。現派大學士劉統勳、協辦大學士公兆惠，馳驛前赴該處，將引溜歸槽之事，專司督辦。』〔一一九〕而在這十道諭旨中，不乏因對其他臣子不懂河務而産生的無奈與煩悶：『張師載續報漫溢處所及缺口淤閉情形一摺，所奏殊未明晰……看來此番水勢甚大，非人力所能自主。張師載惟應會同常鈞、阿爾泰悉心相度，實力經理，不得過事張皇，轉致失措。至張師載此摺，既限日行六百里，則應由驛遞馳奏，何以……殊屬糊塗。』〔一二〇〕『常鈞奏籌畫各處决口事宜一摺，於河道源流、辦理挈要之處，全無定見，已於摺内批示……此語尤爲大謬。曾不思各漫口盡行補築，則大溜勢益湍急，全趨缺口，工程更難措手。此尋常情理所易曉，而常鈞於河道情形，既未諳悉。張師載亦臨事茫無端緒……常鈞等……今爲時將近一月，而於河流之起徑歸宿，及現今决口緩急若何，大溜現抵何處各情形，摺内并無一語剖晰。此等大工，其將何以集事？』〔一二一〕『張師載奏籌辦堵築漫工一摺，總未達治河緊要關鍵。』〔一二二〕

劉統勳到工地後，事情立即有了轉機，他有關『開挖引河掣挽大溜以殺水勢』〔一二三〕的第一道奏摺，便被乾隆帝大贊『尤爲切中窾要』〔一二四〕。

而在劉統勳到位之前，乾隆帝已遣水利名臣裘曰修前往辦理。但比較之下，裘曰修還是不及劉統勳勤慎。這在乾隆帝九月的一道諭旨中説得很明白：『昨劉統勳摺内，聲明裘曰修現赴歸德、陳州一路，查勘該處一切河渠疏泄事宜。裘曰修自應審度源流，通盤籌辦，但一切工程緩急及應行撫恤事宜，亦當隨勘隨奏以慰廑懷。今劉統勳等到工以來，已摺奏數次，而裘曰修自八月中旬奏事後，何以迄今未見奏到？著傳諭裘曰修，將所有查勘過各處水利，現在作何商辦？并各地方官經理賑務是否妥協之處，一并詳悉速奏。』〔一二五〕

劉統勳統籌得宜，他迅速、合宜的施工措施，使乾隆帝對楊橋漫工大放其心。乾隆帝深有感觸地説：『看來此次劉統勳等所辦楊橋工程，較之從前張家馬路漫工，竣事更爲迅速。可見大工之集，全在董理得人，則事半功倍，非必帑費工多，始堪奏效也。』〔一二六〕而正是在這次河務工程的對比中，一直被乾隆帝看重的高晋，和劉統勳相比，其籌劃能力則無法相提并論。乾隆帝對此生氣地講：『昨者高晋摺奏南河善後工程，概議增高培厚，甚至估需銀四十餘萬，非獨不知辦工緩急次第，且於事理全無體會。必如高晋所奏，因一處漫口，全河并須興作，則現在自楊橋而下，綿亘數千里，直至雲梯關入海，其將何所措手？若以尋常修防，動費帑金數十萬，勢又安可爲繼？與其以此妄費於下游無事之處，更何如用濟楊橋急工之爲得乎？想劉統勳等亦必聞其言而非笑之。前寄尹繼善諭旨，已極明悉。可一并鈔寄劉統勳等閲看，令其面詢高晋，伊將何以自解？』〔一二七〕

經過兩個多月的艱苦奮戰，楊橋漫工終於合龍。乾隆帝充滿感情地總結道：『楊橋漫水奪溜，工程重大。朕特派大臣前往督同堵築。今大工告竣，爲期迅速。固由在工諸臣，奮勉集事。而風日晴和，安瀾順軌，覽奏欣感，允宜上答神佑，永衛民生。著照所請，即於工所建立河神專祠，歲時祭享。落成時，該撫奏請御書扁額，以展誠敬。大學士劉統勳、協辦大學士公兆惠、河道總督高晋、張師載、巡撫胡寶瑔，董率有方，刻期竣事，俱著交部議叙。侍郎裘曰修往來查勘通省各工，亦屬勤勞，并著交部議叙。所有在工文武各員弁，俱著查明交部一體議叙，以示鼓勵。』[一二八] 因爲感覺特别滿意，乾隆帝又一次獎勵有功人員——『諭：今歲豫省楊橋等處大工，所有下椿進埽及看守工料各兵夫，雖經大學士劉統勳等量加犒獎，但念伊等晝夜供役，甚屬勞力。現已合龍，工程迅速，著該督撫等查明，再爲酌量賞賚，以示鼓勵。』[一二九] 這應是破格待遇。

劉統勳的這次楊橋大溜漫決堵御大工，不僅當下大功告成，而且還爲後世類似工程提供了可資借鑒的施工經驗——『船錨下埽法』。在十七年後，也就是乾隆四十三年（一七七八）八月，高晋等築壩下埽時，乾隆帝因擔心其施工困難，遂在御旨中通過軍機大臣告知高晋曰：

> 引河既分段陸續挑挖，成功自可望迅速，而攔河壩移上，挑溜亦更爲得力。至東西兩壩，現在趕做壩臺。一俟壩臺辦成，料物應手，自即上緊下埽。惟日盼高晋等，將進埽情形奏到，以慰懸念耳。至初下埽時，貼近東西壩臺，且兩旁底水亦淺，施工自尚省力。若進埽既多，口門日漸收小，溜勢更急，河底更深，下埽較爲不易。前者楊橋漫工，遣大學士劉統勳、兆惠前

往堵築，裘曰修亦同差往。聞其回京時，曾向人言：『下埽漸近中泓，頗難著力，因思埽在水內，其質輕浮。遂設法每埽繫以船上大鐵錨八支，便得直墜到底。自此下一埽即得一埽之益，不復有漂走者。其說似爲近理。』但楊橋之事，距今已十八年，未必有能記憶者，著傳諭高晋等下埽至口門收小時，水深溜緊，或可以其法試之。所需鐵錨，若僅買之大船，尚恐不能敷用。即可仿其式成造，所費有限，而所全實多。高晋等當妥酌爲之。今天氣既晴，節令將届寒露，水力漸緩。可望施工穩妥，迅速合龍，惟額手以祈神佑耳。仍將運料能否迅速，每日下埽若干，迅速由驛覆奏。〔一三〇〕

在嘉慶十九年（一八一四）二月，嘉慶皇帝又重提劉統勳發明的『船錨下埽法』，以爲施工之助。其御旨云：

諭軍機大臣等：前因睢州漫工亟宜堵合，又慮大汛長發以前，工程不能辦竣，則帑項皆歸虛擲。降旨令吴璥等詳議具奏。本日朕恭閲皇考高宗純皇帝實録，內載乾隆四十三年八月派高晋等堵築儀封等處漫工之時。欽奉諭旨：『前者楊橋漫工，劉統勳、兆惠前往堵築，裘曰修亦同差往。回京時曾向人言，下埽漸近中泓，頗難著力，因思埽在水內，其質輕浮，遂設法繫以船上大鐵錨八支，便得直墜到底。自此下一埽即得一埽之益，不復有漂走者。其說似爲近理。著傳諭高晋等，口門收小時，水深溜緊，或可以其法試之。所需鐵錨，若僅買之大船，恐不敷用，即可仿式成造等。因欽此。』仰見我皇考廑念，河防慎重埽工之至意。其時高晋等如何遵辦，是否因此得益，豫省必有成案。此次辦理大工之時，著吴璥、方受疇詳查舊制。如果用以下埽，即可追壓到底，則料物可無漂失之虞。所費有限，而得力不如後來進占之穩實，亦即據實覆奏。再此次堵築漫工，關係下游災區，難以再緩。但一切物料如何籌辦不致缺少，以及挑河築壩等事，能否確有把握，可於大汛前合龍之處。伊等自己會商，斟酌萬全，迅速奏聞，以慰廑注。將此諭令知之。〔一三一〕

此誠可謂一日發明，數代受益。

查辦河工與賑務

客觀地講，在清代，作爲對水利建設做出巨大貢獻的乾隆帝，是歷代皇帝中對河工之弊認識最爲深刻的君主之一。在其御旨中他曾明確指出：『河工向屬弊藪，惟在董其事者實力督察，嚴查冒濫積弊，方能於工程有益。不然，帑雖增而工不實，安可以有用之脂膏，飽無窮之溪壑耶？』『向來河工最爲弊藪，久被不肖工員，相沿蒙混，特未經發覺耳。今南河積弊，甫一查核，立即敗露，是其明驗。其河東及直隸各工，此等虧料侵帑情弊，舉所不免。不但顧琮易於欺蔽，大概有工即有弊。不可不逐一徹底清查，庶嗣後可使帑歸實用。』〔一三二〕這些觀點，應該説深切河工之弊。但這些認識再深刻，乾隆帝囿於高墻，難以步出皇宫，無法親臨一綫，所以許多真實情況，如無忠誠可靠的官員爲其探明真相，這些認識也衹能猶如紙上談兵，落不到實處。

由《清實録》與《清史列傳》可知，劉統勳參與了十幾次河弊案的查辦。而在乾隆十一年至乾隆十九年（一七四六——一七五四）間發生的河弊大案，他也曾作爲主要欽差大臣參與辦理。

劉統勳是一位懲弊糾錯、奬優罰劣，使河工得到真正能够董理其事的水利名臣。『懲弊』，是指凡有弊竇者，均得到應有的懲罰。『糾錯』，不僅是要糾正官員的失誤與錯誤認識，而且更爲重要的是，這促使被蒙蔽尚且懵然不知的乾隆帝，改變了對不稱職官員的錯誤認識。『使河工得到真正能够董理其事的水利名臣』，是指通過糾正乾隆帝對不稱職水利大臣的錯誤認識，爲乾隆帝安排更加得力的水利大臣人選奠定基礎。通過研究這段史實，我們不難發現，正是通過對高斌的處分，乾隆帝纔讓水利名臣劉統勳、嵇璜走上水利一綫。

在此，我們僅選取河弊案查辦前後，乾隆帝對水利大臣高斌看法産生的巨變，來體會一下河弊案查辦所具有的重要意義。

在查辦河工諸弊之前，乾隆帝爲高斌蒙蔽之深，遠超我們的想象。當陝西道監察御史蔣元益奏『河防官員於一應河務事宜，皆須親身查勘、先事豫防。近聞河道總督高斌、顧琮俱已抱疾，步履艱難。或遇异漲險工，恐不能輕騎疾馳，親往調度。應請敕令解任』時，乾隆帝竟然認爲『御史蔣元益請敕令高斌、顧琮解任一摺，所奏甚屬取巧』〔一三三〕，是蔣元益『此不過見策楞、劉統勳奉差江南。現有查辦之事，度其必爲河臣而發。是以豫行陳奏，以沽建白之名』〔一三四〕，并頗有些剛愎自用地吹噓云『其揣度迎合之私心，又何能逃朕洞鑒耶』〔一三五〕。接着他又講了他對高斌的一貫印象：

高斌未任河道以前，向有足疾，衆所共知。以其老成練達、熟悉河務，是以簡任南河總督。伊莅任以來，數載辛勤，毫無貽誤。豈以不能輕騎疾馳遂足爲累耶？且協辦則有張師載，學習則有富勒赫。即地方遼闊，亦不待高斌之輕騎疾馳也。〔一三六〕

『老成練達、熟悉河務』『數載辛勤，毫無貽誤』，這可均是乾隆帝親口所講。然而在查辦後，我們再看乾隆帝對高斌的怒斥：

策楞、劉統勳查參河員虧帑誤工一摺，閲之竟致駭然！高斌深受恩遇，委以全河重任。張師載因其歷任河員，加恩擢受巡撫，協辦河務……富勒赫初奏時，意高斌等爲屬員所蒙蔽，咎在失察。及閲高斌摺奏，竟屬故縱。今據策楞等查出浮冒蒙混、種種滋弊，如外河同知陳克浚、海防同知王德宣虧缺皆至二三萬。高斌等豈竟毫無覺察，乃置之不問。其視虧帑爲應然，彌補爲故智，二人之罪，其可逭乎？至通判周冕，應辦物料，全無貯備，以致二閘被衝，束手無策，仍不據實題參拿問，僅稱誤事徹回，另委接辦，此尤其乖謬之甚者！若非策楞等前往，則該員竟致漏網。高斌等之居心，尚可問乎？富勒赫來京陛見，朕意其尚可隨高斌學習河務。初無成見，令其前往厘剔也。乃富勒赫到工後，高斌等内不自安，始拮據查辦。逮富勒赫奏聞，方稱有查出虧空九萬之多，亦并未指名彈劾。今經策楞等徹底查出，而高斌等負恩溺職，捏飾徇縱，竟爲天道所不容，其敗露有不期然而然者！此而從寬，則各省督撫孰不

效尤？政令其可問乎？[一三七]

今又續據查出核減未完、辦料未交各廳員，多至十餘萬。此皆高斌、張師載積年徇縱，不行實力清查所致。由此觀之，各省督撫之徇縱屬員者，當不乏人。其謂功令森嚴并無虧空者，尚可信耶？論高斌、張師載之罪，即拿問重治其罪，亦所應得。[一三八]

乾隆帝對高斌始稱頌後暴怒，始信任有加後恨不對其就地正法的態度大轉變，其重要原因就是高斌隱瞞的河弊案被徹查。而正因爲乾隆帝不再爲高斌所蒙蔽，纔將劉統勳、嵇璜等水利名臣推向一綫，而名臣到位，『帑歸實用』，河弊纔會得以革除。由此可見，劉統勳與策楞對河弊案的徹查，對乾隆帝水利用人大政的推動具有非常重要的作用。

而除了大學士高斌以外，還有東河總督顧琮、巡撫張師載受到革職分賠。處罰河庫道姚廷棟、葉存仁、何煟、李宏等一并革職，交部從重治罪。嚴重如銅沛廳李焞、河營守備張賓等被就地正法，還對虧帑之員予以了『革職拿問，勒限一年賠付，如限滿不完，即行正法』的懲處。周冕著革職鎖押，一閘漫口虧空物料，勒限半年完項。其限内不能全完者，俱即於該處正法。没有具體錯誤的兩江總督尹繼善也被一并交部嚴察議處。甚至對自己的岳父、原先信任的大學士高斌，惱羞成怒的乾隆帝采取了將他縛押至刑場、在嚇昏醒來後纔告知其被赦免的極端措施。這一系列舉措，極大地震懾了犯罪分子，使河工這一領域内『玩忽職守成習』『視侵虧爲分所當然』『彌補爲故智』的積弊爲之一清。

劉統勳使河工人、財、物制度的建設步入了正途。各河道應設多少人數編制，是一個不可忽視的問題。河工多餘人員到工之後，因屬自備資斧（旅費盤纏、財物），無所獲利，『勢必競事欺蒙，指平爲險，惟冀添築工程，慫其浮冒，是誤工虧帑皆若輩爲之』。劉統勳等人經詳細調研後，確定了一個比較合理的數據：『南河效力人員，向係任意收録，雖經減定一百二十人，仍屬過多。查估驗工程物料，應河臣暨該管道員親身督率，修防工程係廳員專責，均不應委之效力人員。現在河工額設同知、通判及巡檢、閘官共九十五員，效力人員差遣備用。應請以六十人爲率，如遇緊要工程，數不敷用，再請揀發。但效力廳員，必明白幹練，方收實用。嗣後需用，同知、通判應飭部於候補及曾任河員內，請旨揀發。』當劉統勳等人的奏摺奏達後，經吏部研究，規定各河道人員編制爲：『河工效力定額江南一百二十員、直隸七十員、河東六十員，人數過多。應如所奏江南定以六十員，直隸裁爲三十五員，河東三十員。』

至於工料虧帑漏洞所在，劉統勳調研得更加清楚。他從兩個層面分析了積弊出現的原因。

劉統勳分析的第一個層面是『牽前扯後』之弊，共包含有四個節點：第一是以一廳論之，每年冬，河臣核減錢糧，并不勒追補項，即令留爲辦料之用。次年核減，仍復如是。惟指工段消彌了局，此本廳本任牽前扯後之弊也。第二是其調任、升任仍屬河員者，所欠錢糧，并不實交，復帶至新任，稟請別廳交料。其收料之員，輒報收料若干，用在某工，便可完結。此廳員虛報牽前扯後之弊也。第三是廳員升任他處，如平越府知府施廷瑞離任已久，所欠核減帑項數千，尚待補苴。此升任官員牽前扯後之弊也。第四是緣事離任之員，河臣查明欠項，僅咨追而不參奏，致歷年虧欠至九萬兩之多。此緣事離任官員牽前扯後之弊也。

劉統勳分析的第二個層面是挪新掩舊，陋弊相沿。各廳庫（工料）貯少者至數千，多者至數萬，舊料塵積，復領新料，本年未銷，又領次年，廳員請領款項，不由道詳，河臣約計歷年之數給發，有無核減，俱不詳查，致挪新掩舊，陋弊相沿。

針對以上問題，劉統勳提出了具體的整改措施，堵塞了漏洞。

欽差尚書劉統勳等奏，遵旨查辦河工積弊，擬定條款：一、河工次年料物，向係上年發銀購辦，以致各廳庫年積月累，那新掩舊。臣等酌議如上游、鹽河二項，應於開閘時購買蕩柴。請嗣後定於七月内，按照工程酌量給發，限十月内運料到工。其頭關十月内給發，冬底辦料到工。二關十一月内給發，次年二月辦料到工。刀草雜料等項，隨時請領，勒限到工。一、河工有歲修搶修之分。請嗣後每年秋防告竣後，各廳營將所管工程查勘，以逼臨大溜、當衝最險者爲一等，次險者爲一等，并將應用工料確估，册送該道覆核，限十月底彙齊。轉詳河臣，委該管河道、參、游，照册踏勘，核實飭辦。限正月内興工，三月内完竣。其運河工程，向無歲修，有應豫爲修築者，亦照此辦理。至伏秋搶護，難以豫定，應令該管文武大員，不時巡查。遇有搶修工程，廳營一面動料修築，一面核實具詳，該管大員親行查驗。再黄河水勢，變遷靡定。如係新生大工，不在歲搶修之内者，必須該管道員，會同參、游確估。河臣親行覆勘，一面題估，一面動支庫銀，委員趕辦。工竣，核實造册題銷。一、廳員辦運料物，修築工程，出入數目，向雖按月申報，然必俟料齊工竣，方行驗收。請嗣後令該營守備汛弁，一體稽查。將運到料物若干，按十日一次，所做工程若干、用料若干，按一月一次，分晰據實摺報。一、各廳銷算錢糧，向係河臣按照水大水小，約計准銷。其核減之項，仍令辦下年工程料物。請嗣後銷算時，有經河臣核減者，定限年内完交，年清年款。如限滿不完，查參。得旨：不過如此定法，行之則在人。若更滋弊不妨，有尹繼善在。〔一三九〕

劉統勳從防止挪新掩舊、牽前扯後、大小工程通同冒混、指虚爲實任意浮開諸方面，以專人、專責、限時驗收完結的辦法，堵塞了以前工料方面存在的諸多漏洞。

從乾隆帝其後的幾道諭旨我們可以知道，河弊案導致的數十萬兩國庫損失得到賠補，這也應是劉統勳查辦河弊案後的一個不小的收獲。

劉統勳對河弊案的徹查，不僅震懾了河弊案的不法分子，懲處了企圖僥幸蒙混過關者，挽回了巨大經濟損失，而且更重要的是理順了河工的人、財、物關係，爲河工官員建立了可供遵循的良規，從而保障了乾隆朝中期近二十年原本『向屬弊藪』的河工事務基本上没再出現嚴重的貪腐案件。同時，劉統勳的有力舉措，爲後來水灾的減少，起到了掃除障礙、振刷陳腐觀念、激蕩人心、凝心聚力的巨大作用。這就不僅使『帑得實用』，而且還爲洪水泛濫地區的人民帶來了福祉。相比乾隆帝晚年，以至更加不堪的嘉慶、道光時期及以後的河工貪腐，劉統勳在這一方面做出的貢獻，就顯得愈加珍貴。

劉統勳參與的賑務查辦，亦有多次。在此，我們不妨舉出以下查辦爲例：乾隆十三年（一七四八）三月與大學士高斌查辦山東賑務；乾隆十七年（一七五二）偕策楞查訪淮、揚、徐、海四地被水賑恤情形；乾隆十八年（一七五三）以莊有恭摺報稱高、寶水灾較乾隆七年（一七四二）爲重，亦有人稱較乾隆七年（一七四二）爲輕，由是乾隆帝不得要領，遂命劉統勳等查探實情，以便確定賑灾方案；接旨查淮揚被灾之處是否需要截留漕米以放賑。

這些有關賑務的查辦與查探，深諳其中利害的乾隆帝，對其目的的規劃極爲明確：『如果較之七年更重屬實，即當照前辦理。雖多費帑金，而灾黎可以不致失所。若係小民因灾藉口，冀邀格外之恩，或地方有司，及奸胥蠹吏，借以張大其事，希圖乘機中飽，則此風亦不可長。』『亦不可豫存成見，謂必不似七年灾重也。如此則必有諱灾之意，百姓不免失所矣。』從中我們不難感受到，其時正奮發有爲的乾隆皇帝，確實無愧於一代明君的稱號。

而從一份言簡意賅的奏報中，我們不難感受到劉統勳等人在籌辦賑恤事宜中認真踏實的付出：

一、勘灾查賑，責成道府大員督率稽查。一、成灾扁圖，應賑户口宜核對順莊烟户各册，以杜捏冒。一、撫恤修費，分別緩急酌給。一、今冬普賑應遵旨全以銀折。一、淮、徐、海歷年帶徵漕米，懇酌留湊用。一、隆冬塞洹，酌量設廠煮粥。一、積水宜急籌宣泄，貧民宜酌給工

本。一、民間圩岸、堤埝，宜飭及時修整。一、越境謀食貧民，應聽自便。得旨，著照所請行。〔一四〇〕

這一方案，雖然文字不長，但從宏觀到微觀，從杜防虛冒到真心賑恤，從銀兩折算到懇留漕米，從隆冬粥場的設立到積水宣泄貧民宜酌給工本，從民間圩岸、堤埝及時修整的提議到越境謀食貧民應聽其自便的建議，我們都不難看到劉統勳等人一片愛民恤民之心。在當時得遇如此明君良臣，淮揚一帶被災百姓應該説是非常幸運的。

漕運管理

自乾隆二十六年（一七六一）楊橋漫工竣工之後，劉統勳即已逐漸淡出水利領域，最終由漕運領域淡出。劉統勳淡出的原因，第一是他已經年迈，乾隆三十三年（一七六八）時他已經七十歲，五年後他就去世了；第二是被乾隆帝視爲心腹大患的割辮案需要劉統勳辦理；第三是自乾隆二十六年（一七六一）劉統勳被擢爲大學士以後，需要他主持朝廷日常事務。漕運上的主要事務，他分别在乾隆十九年（一七五四）、乾隆二十二年（一七五七）、乾隆三十三年（一七六八）與乾隆三十四年（一七六九）辦理。乾隆三十四年（一七六九）以後，他就未再承擔水利事務。

乾隆二十年（一七五五）欽差裘曰修等向乾隆帝禀報：

臣與張師載由南旺至張秋鎮及運河南下，逐段相度，水勢稍退。然南陽至韓莊閘，東西三百餘里，尚一望無涯。南北堤岸斷續，仍有數十里全無縴道者。轉瞬重運北上，誠慮趕辦不及。臣夢麟、臣蔣洲先後俱到，悉心籌畫。西岸堤工，縴道經由之處，現已微露堤形三千餘丈。應請先行趕辦，期於河水未凍之先竣事。其有堤根坍入水中，工人無從立脚者，必俟伊河開放，水勢大消，始可估辦。然數百里水面，猶恐宣泄不能立待。伏查南旺舊制，三分南行，七分北行。今大溜南趨，倍於往昔。臣張師載現於分水口兩岸，接長南壩，收短北壩，切去灘嘴，俾順勢北行。臣等更擬於糧艘回空後，嚴閉南閘，盡啓北閘，暫使汶水全往北流。俟伊河放水，運河下段堤岸盡出，不能施工之處，可以次第興舉。至明春正月中旬以後，接續動工，并日趲力。一切縴路，三月中旬竣事重運遄行，不致遲誤。至南陽以上，水勢已落。惟查堤岸殘缺，閘座坍損涵洞淤塞者分別增修，及時辦理。〔一四一〕

結果，因乾隆帝慮及裘曰修等分身不及，遂命劉統勳前往『專司運河一切工程』。

乾隆二十二年（一七五七）九月，楊錫紱奏請修運河墊縴路、整理閘座民埝并挑浚淤淺各事宜。乾隆帝因考慮到這不僅是所應辦之事，而且更爲重要的是，需要對運河加以通盤籌算、綜合治理纔能真正解決問題，而不至陷於顧此失彼的局面。他是這樣審度的：

運河連年漫溢，輓運維艱。今年復遇异漲，遂至阻滯。非大加修築挑浚，其何以濟。且目前因積水過多，惟是講求宣泄。第宣泄太過，設遇水少之年，又不免流淺膠舟。此豈可但爲一時權宜，而不籌及經久。即如微山湖等處縴路，既經淹浸日久，則堤土必多卸入河身，淤墊積高，較舊河底相去不知其幾。必當實力挑浚，非僅照常按年大挑，所可草率告竣者。又如前此方觀承等奏，於臨清之八里廟建設石壩，張師載奏湖口閘不必於閘門較量廣狹，以及尹繼善等，奏將沂水入運之盧口壩留寬口門三十丈各事宜，皆當通盤籌算，悉心查辦，期於有利無弊。且該漕督所奏，祇就運河之在東省者而言，其自臨清以下至江南境，亦應一體經理。〔一四二〕

因此事非張師載一人所能獨任，遂命劉統勳馳驛前往山東、江南一路相度，會同河臣等辦理。乾隆三十三年（一七六八），因楊錫紱奏報，乾隆帝知道因楊家莊口門外黃水淤灘，回空糧艘，不能迅渡；又擔心因本年王家田頭漫溢，將來黃、運兩河水道變淺阻礙糧船暢通，貽誤來年春季運輸任務；同時又考慮到高晋等人不能依靠，因此纔特地派遣劉統勳前往勘工。因爲朝廷若干大事需要他主持，劉統勳在工地不能久留，乾隆帝就要求他帶着徒弟期成額前往工地，現場指導、培訓期成額，一旦事情有了頭緒，劉統勳馬上趕回北京。

乾隆三十四年（一七六九），劉統勳又按乾隆帝要求，會同有關人員承辦挑挖運河之事，以暢糧道。事見《清高宗實録》：

諭：前經軍機大臣會同工部議覆，范宜賓奏挑挖運河一摺，以河工形勢，不便懸擬請旨，特派大臣於霜降水涸後，會同辦理。今據吴嗣爵奏到，現在回空糧艘，全出東境，必須早爲勘定，庶可不誤挑工等語。著派大學士劉統勳、侍郎德成馳驛前往，會同吴嗣爵、富明安詳

加履勘，悉心籌畫，據實核議奏聞，妥協辦理，務期於河道運務，俱有裨益。〔一四三〕

這兩次水利事務的辦理，因爲不像河道漫口那樣緊張揪心，所以從容得多。劉統勳衹是作爲乾隆帝最爲倚任的水利名臣，到現場經過實地勘探，提出施工方案即可。因此，這兩項水利工程没有留下太多的史料。我們衹是知道，自乾隆三十四年（一七六九）之後，劉統勳便淡出了水利工程領域，爲自己的水利事業畫上了一個圓滿的句號。

儘管劉統勳爲清王朝所做的貢獻不僅限於水利一域，但他對乾隆朝中前期水利事務所做出的巨大貢獻，既有利於國計民生，又足以提升一個家族的社會地位，確實無愧於一代水利名臣的稱譽。

（五）刑名業績

前命未復　後命又至

在乾隆帝心目中，劉統勳乃是最爲得力的辦案大臣，在其諭旨中，類似於『非劉統勳不可』或『差尚書劉統勳前往徹底清查，自必水落石出』等高度信任的語句并不少見。而在乾隆三十五年（一七七〇）的一道諭旨中，乾隆帝則徑言『至劉統勳任大學士已久，刑名又其專責』，説明經過數十年考察，劉統勳是他心目中對『刑名』最爲專業的一位大臣。劉統勳精通大清律法，撰修過《大清律例》，又秉公持正，不憚辛勞，實事求是，因此在辦大案、讞大獄方面爲乾隆帝所倚任。所以，每當有大案要案發生，乾隆帝總是讓劉統勳暫時放下其他工作，奔波於辦案一綫。有時前命未復，後命又至。因此，劉統勳所辦案件不僅數量多難度大，而且完成質量高。乾隆一朝，終劉統勳生前，未有能出其右者。

辦案數量驚人

劉統勳先後辦理了許多案件。如：乾隆三年（一七三八）、乾隆四年（一七三九）各六、七件，乾隆八年（一七四三）五十餘件，加上南河工程告竣所剩『飯銀』五萬六千餘兩被任意開銷一案，合計近六十件。乾隆帝要求劉統勳逐案清查，勒限完結。

劉統勳主審或參與的大案要案有：南河河工虧帑誤工案；陳大受參奏丁憂糧驛道明福案；孫嘉淦僞奏稿案；甘肅省積欠茶銀五十餘萬兩清查案；郭一裕奏總督恒文短價市金案；塔永寧奏山西布政使蔣洲虧帑二萬金案；將軍保德、同知呼世圖挪移庫項、通同掩飾及普喜骫法婪贜案；蘇崇阿奏稱藩庫被書吏侵蝕七十萬兩案；御史奏順天科場情弊案；兩淮鹽引案；段興邦逼死佃户五人案；辮匪案。一般來講，收入《清實録》的案件均爲大案要案，但如果按照這一標準，劉統勳所辦大案要案遠非以上十二個案子。

『讞大獄無勿治者』

乾隆帝稱贊劉統勳『讞大獄無勿治者』，其破案神速并能不枉不縱的一個重要原因，就是他對案件的審理從來不憚其煩，認認真真、踏踏實實地去做第一手的調查，從不做表面文章。所以，他之所言、所判，均能以事實爲依據，以法律爲準繩，保證涉案人員及案件得到公平處置。如在查辦乾隆十八年（一七五三）發生的南河虧帑誤工大案時，他就與策楞將江南河道總督所轄之十七廳，遍歷查勘。庫，則逐一彈兑；料，則赴廠逐一盤驗。正因爲細節掌握到位，情況摸排透徹，涉案人員就『斷不能絲毫掩飾』〔一四四〕。再如在審辦乾隆二十五年（一七六〇）發生的蘇崇阿奏稱藩庫被書吏侵蝕七十萬兩案時，他的做法就與蘇崇阿迥然不同。蘇崇阿衹對賬，不願勞神盤點庫存，結果製造了一場風波，并導致一個書吏因此自殺。劉統勳則一如既往，踏踏實實地調閱賬單，同時又親盤藩庫，結果發現庫存國帑并無短少，及時讞定了這樁可能牽涉許多人性命的大案〔一四五〕。又如乾隆二十四年（一七五九）十二月接旨盤查海運倉米實數後，他就逐廒盤查，最終説明倉庫實無短缺情弊〔一四六〕，這和後來和珅查國泰虧帑案的表現可謂天淵之別。和珅到藩庫抽取數封，發現無缺，便回驛館去了。如果不是劉墉、錢灃兩人堅持鬥争，又善於鬥争，貪腐巡撫國泰可能就會蒙混過關，正直御史錢灃反而會如曹錫寶、尹壯圖那樣被置於被動尷尬之境。一個無枉無縱，一個黑白混淆。難怪劉統勳輔弼乾隆皇帝之時，天下清平；和珅隨侍乾隆帝之際，則紀綱廢弛，朝政混亂。

辦案高效

劉統勳辦案效率之高，我們從其辦案時間跨度與案件難易程度上不難推斷出來。

如前述，乾隆十八年（一七五三）十二月，乾隆帝交給劉統勳處理的南河案件就有近六十件，但僅用了一年多的時間，他就逐案清查完畢，勒限完結。其效率之高，堪稱神速。

再如他審辦的『陳大受參奏丁憂糧驛道明福案』。此案有一定難度，表現在以下七點：第一是主犯貪污數量巨大，實多折收米價銀兩萬五千三百二十一兩八錢九分，又侵收水手曠缺工食銀一千二百四十二兩零；第二是犯案人員數量衆多；第三是歷時久遠長達十年；第四是涉案人員身份複雜，既有滿族官員，又有漢族官員；第五是要求追查的涉案人員極多，既牽扯到對前任巡撫清查不力的調查，又牽扯到對全省州縣官員陽奉陰違、通同蒙混醜行的徹底追究；第六是乾隆帝對辦案的要求很高；第七是因爲第一次單獨審辦大案，劉統勳經驗不足。

然而劉統勳除去途中所用時間，僅用三個月左右，就讓這起异常複雜的案件水落石出，并依據大清律法提出了讓乾隆帝非常滿意的擬辦意見。

劉統勳之所以辦案高效，原因有以下幾點：首先是對大清律法熟悉，連乾隆帝都説『刑名乃其專責』，我們就不難推知他應是當時大清律法的專家；其次是辦案途中没有耽擱時間的應酬，如前述洪亮吉所講之情形；然後是辦案時對案情調研深入認真；最後是既講究統籌規劃，分出層次，又講究先後順序，迅速找到突破口，帶動整個案件的審理。如查辦南河虧帑誤工案時，他就在給乾隆帝彙報時講過：『臣等商酌查辦之法，先將高斌所稱從前核減已定，未及參出之銀九萬餘兩，逐案行查。一面調取總河衙門奏銷清册，一面飭取河庫道自十七年核减定數後，所有發給各廳及現存道庫錢糧實册，并飭委各道飛飭各廳，將今歲工程段落迅詳，該道照例核减，加結具報，以憑查核。』有了這四條得力措施，劉統勳審案就不會久拖不决了。

謹慎定案　無枉無縱

『枉』是冤枉，『縱』是逃脱。『無枉無縱』是指辦案時不冤枉好人，也不讓壞人逃脱懲罰。更進一步來講，則是好人有錯誤，也要得到追究；壞人没有的錯誤，也不會强加於其身。劉統勳辦案就達到了這一公正水平。

如乾隆三十五年(一七七〇)三月他奉旨所查之董希堯編造謡詞一案，就實事求是地解除了董希堯的冤獄，保住了董氏的性命。

再如孫嘉淦僞奏稿案中的施家父子、兄弟冤案，劉統勳對案件的審理就很符合以事實爲依據、以法律爲準繩的科學辦案模式。

孫嘉淦僞奏稿案，是一場曠日持久、牽扯十七個省、涉案人員多達兩千餘人的大案。奏稿僞托忠臣孫嘉淦的口吻，對乾隆帝朝政提出了『五不可解十大過』，内容遍劾乾隆帝執政以來的主要失政之處，攻擊對象遍及滿朝權貴，言辭犀利尖刻。孫嘉淦僞奏稿案於乾隆十五年(一七五〇)夏秋之交出現，乾隆十六年(一七五一)被乾隆帝發現，在乾隆帝親自嚴厲督促之下，下令全國追查。因案情極其複雜，在審案過程中，嫌犯或輾轉誣攀，或委之已故之人搪塞脱罪，或因屈打成招，或因徇私舞弊請托開罪，或因各省互相推諉敷衍塞責，使真相越來越難審問清楚。正因如此，其中出現了不少冤案。如江西施奕度傳抄僞稿案，就是典型的冤案。在審辦此案時，乾隆帝見其他大臣審辦不力，在乾隆十七年（一七五二）八月二十六日下旨『著派劉統勳會同嚴審』，并警示『劉統勳係特派承審，若亦附和推諉，豈任用之大臣舉不肯出力耶』。乾隆帝指示劉統勳對嫌犯『尤應嚴加鞫訊，即堅執不承，亦當設法嚴審』，而且還暗示劉統勳『自來審鞫重案，亦豈有到案即可成招者』，意思是没有嚴刑拷打，嫌犯就不會輕易吐露實情。乾隆帝還數落舒赫德説：『况此案發覺日久，伊等串通供詞自應如此，豈可據爲確供？此皆易想到者，而舒赫德竟想不到。無他，不過一難辦之心横於中耳。』儘管乾隆帝有如此嚴令，劉統勳對乾隆帝忠心耿耿，但在審案過程中，他還是實事求是，不枉不縱，在審訊後，給乾隆帝彙報道：

臣等審訊施奕源、施皂保傳稿寄信各情節。該犯等秉性游移，一味茹刑狡賴。臣等細閲督臣尹繼善、撫臣鄂昌所取施奕學、廖以權等供詞，究至施氏兄弟，别無徑路可尋。現在多方根究，斷不敢畏難推諉。至施廷皋父子，與張廣泗查無關涉之處。〔一四七〕

乾隆帝最大疑點就是施廷皋的兒子施奕源，另外就是張廣泗的同情者，劉統勳對此十分清楚。但他審案時十分冷静，『細閲』供詞然後提審嫌犯，儘管得出的結論與乾隆帝的願望大相徑庭，他還是跟乾隆帝據實上奏，而不是秉承乾隆帝之意，對嫌犯嚴刑拷打，以致屈打成招。事實證明，他的辦案因爲持平公正，不僅没有在原來冤案的基礎上變本加厲地錯下去，而且在某種程度上改變了原來辦案者在乾隆帝誤導下所犯的錯誤。

劉統勳的持平公正還體現在不畏權貴、公正執法方面。乾隆十八年（一七五三）發生的南河虧帑誤工大案的主角是乾隆帝的岳父高斌，高斌不僅身份特殊，而且以其諳於河工、爲人精明老道，深受乾隆帝寵信。但儘管如此，劉統勳與策楞毫不手軟，依然秉公查案，將案情一一查明後毫無保留地回奏給乾隆帝，致使乾隆帝看到奏摺後，自稱『閱之駭然』！其驚心駭目之處，虧帑數額高達二十萬兩，是河員玩忽職守到了非常嚴重的程度。南河大案的發生致使乾隆帝痛下手段，處死周冕，勒令高斌等賠補，撤職查辦大批官員，甚至押解高斌陪赴刑場以致嚇昏在地，極大地震懾了河工虧帑誤工人員。

劉統勳對被皇帝惡意猜測的官員，也是秉持公正，實事求是，甚至對待罪之員，也不强加錯誤。乾隆皇帝在乾隆十八年（一七五三）九月十八日所發諭旨，先入爲主，對李焞極不信任，但劉統勳不因爲皇帝的惡意猜測就不顧客觀事實，去羅織涉案官員的罪名。

在這道諭旨中，乾隆帝大有殺掉李焞之意：

據鄂容安奏，銅山縣張家馬路堤工，於九月十一日，溜勢猛急，風雨大作，衝漫內外堤壩七八十丈等語。目下秋汛已過，何至尚有風濤衝決之患？看來必係在工之員，自知河工弊竇，現在徹底清查，將來萬難掩飾，故令堤工漫決，希冀工料無從查核，以爲巧於脱卸之計。果爾，則人心之壞，更爲可恨！著傳諭策楞、劉統勳嚴行查察。如上年銅沛同知，即係李焞。

曾經承辦堤工，則情弊更屬顯然。李焞現已降旨革職拿問。若果有此種情弊，即一面奏聞，一面將李焞於該處先行正法，以爲虧空誤工者戒！〔一四八〕

劉統勳經調查後給乾隆帝回奏云：

> 臣遵旨親到工所，細加察訪。所有堤工漫决，實係秋汛异漲，并無他故。并查淮、徐各廳錢糧尚無侵虧，而附近居民，亦未聞有人盜决之語。〔一四九〕

雖然李焞最終還是因耽誤河工而被正法，但此次漫决確實與他無關，劉統勳就實事求是地爲其洗掉此處罪名，不然李焞當時就會被殺。

再如在審辦蘇崇阿所禀江蘇藩庫被書吏侵蝕七十餘萬兩案中，劉統勳同樣體現出『實事求是』這一辦案人員最爲重要的素質。

如此案屬實，將是驚天大案。劉統勳審理此案前，書吏顧涵業已供認，乾隆帝因此將其視爲要犯，并表揚蘇崇阿在全國布政使中屬於才幹突出者。但劉統勳到後親盤藩庫，并無短少，同時發現這是蘇崇阿製造的一件冤案。蘇崇阿因奏報與存貯數目多有不符，便心疑書吏作弊，遂嚴刑追究，書吏等畏刑誣認，人爲製造了一件震動天下的假案、冤案，導致涉案書吏顧涵自殺，使得乾隆帝非常被動，怒斥蘇崇阿荒唐之甚。

又如乾隆二十七年（一七六二）九月二十六日劉統勳奉旨查審御史戈濤奏順天科場情弊案時，也同樣如此。

查審結束，劉統勳實事求是地回奏道：『奉旨派臣等勘閱各卷，實無害换之弊。惟落卷内查出改塗太多、形迹可疑者三本，應交刑部傳訊。查科場例内原有卷尾自注改塗字數之條，近日多不奉行，請敕禮部酌議。請旨遵行。』結果，乾隆帝批示：『從之。』

科場舞弊案一旦坐實便是大案，涉及人數之多、處罰之重，均會令一時文壇血雨腥風。而此次劉統勳實事求是，否決了科場情弊案，則少了若干株連，避免了一些冤假錯案的發生。

但對貪腐犯罪分子，劉統勳却從不手軟，如對姚廷棟、葉存仁、何煟、李宏等河庫道官員的彈劾即是如此。

針對專司出納之員的河庫道，擅動公帑而不報部，有時則任由下屬侵虧也不追究，劉統勳拍案而起，彈劾道：

河庫錢糧，各有款項，絲毫難容侵那。而庫道系專司出納之員，更宜慎重辦理。查十餘年來，該道等或擅行私動，數至盈千累萬而不報部；或任屬侵虧，竟至無著，亦不查揭。殊屬玩愒徇縱！請將十年以後之河庫道姚廷棟、葉存仁、何煟、李宏等，一并革職，交部從重治罪。〔一五〇〕

而尤顯其光明正直、公正無私辦案風格的是劉統勳不以人情廢法。

在審辦盧見曾隱匿寄頓財産案中，劉統勳有幾個特别欣賞的年輕人，特别是才華横溢的紀昀與王昶，與劉統勳感情都不錯，但不幸的是，二人均以泄密罪被捲入此案中。雖然劉統勳很同情二位年輕人，但還是不以人情廢法，堅持原則，予以判罰。他的判罰非常公正，紀昀、王昶二人雖然都被判處遠徙，但對劉統勳都很恭敬，絶無半點詆毁之語。由此可知，劉統勳對案件當事人的判罰不枉不縱，令當事人心服口服。而後來四庫全書開館之際，劉統勳又舉薦紀昀爲《四庫全書》的總纂官，從而爲紀昀流芳百世提供了一個重要平臺。劉統勳可謂光明正直、愛人以德的典範。

（六）衡才薦才業績

劉統勳被乾隆帝推崇爲『真宰相』，不僅是因爲劉統勳去世時家庭寒素過於常人，而且他督大工、讞大獄無勿治者。儘管這都是一代宰相卓越才能的體現，但宰相既要有宰相之才，又要有宰相之德，德才兼備纔堪稱真宰相。劉統勳雖然在辭藻風采上過於常人，但不願與文人争名，也不欲以文章見長，同時又最愛才賢之士，以舉賢任能爲人生至樂，這纔是他處萬人之上而不孤獨、大公無私不講情面而不遭人嫉恨的宰相人格力量的體現。也正因如此，乾隆帝纔會對其放手任用而無顧忌。相比而言，有宰相之才的于敏中常受指斥，恰恰就是其『公忠亮直』[一五二]方面欠缺的緣故。

叠掌文衡　爲國掄才

在科舉時代，從個人成才角度來講，科舉考試是一個人鯉魚躍龍門、完成人生質變的重要平臺。中國人受儒學影響很重，講究學而優則仕。一個人要做武將，還可另尋捷徑，但文官起點最低是貢生，舉人也要等機會『大挑』纔有可能成爲官員。真正的跨越是進士這一臺階，一旦考到進士，則人便可爲官，一生至少是七品官員。唐人裴皞在其《示門生馬侍郎胤孫》一詩中就曾一語破的：『宦途最重是文衡。』〔一五二〕從國家掄才大計而言，科舉則關係到國家人才選拔，關係到安邦治國的戰略格局。因此自隋朝開科取士以來，歷代帝王都十分重視科舉考試。

劉統勳在乾隆朝中前期是參與和主持鄉、會試最多的大臣之一。在阮葵生《茶餘客話》中曾有如此評議：

前明主會試三次者王元美，推爲盛事。我朝熊孝感相公五主會試……劉文正、介受祉宗伯凡四爲總裁。〔一五三〕

阮葵生的統計僅限於會試正總裁，其實，劉統勳所擔任的有關科舉人才選拔的職務數量遠超我們的想象。茲據《清實録》所載統計如下：

雍正七年（一七二九）八月，充湖北鄉試正考官。

雍正八年（一七三〇）三月，充會試同考官。

雍正十年（一七三二）八月，充河南鄉試正考官。

雍正十三年（一七三五）十月，充順天武鄉試正考官。

乾隆元年（一七三六）八月，閲順天鄉試回避子弟試卷。

乾隆元年（一七三六）九月，充武會試副總裁官。
乾隆四年（一七三九）二月，參與閲會試回避卷。
乾隆十年（一七四五）四月，充殿試讀卷大臣。
乾隆十二年（一七四七）八月，充順天鄉試副考官。
乾隆十六年（一七五一）三月，充會試正總裁官。
乾隆十七年（一七五二）三月，參與揀選下第舉人。
乾隆十九年（一七五四）四月，充殿試讀卷大臣。
乾隆二十一年（一七五六）八月，充順天鄉試正考官。
乾隆二十二年（一七五七）三月，充會試正總裁官。
乾隆二十六年（一七六一）三月，充會試正總裁官。
乾隆二十六年（一七六一）四月，充殿試讀卷大臣。
乾隆二十八年（一七六三）四月，充殿試讀卷大臣。
乾隆三十一年（一七六六）三月，參與揀選歷科舉人。
乾隆三十一年（一七六六）四月，充殿試讀卷大臣。
乾隆三十四年（一七六九）四月，充殿試讀卷大臣。
乾隆三十六年（一七七一）三月，充會試正總裁官。

乾隆三十六年(一七七一)四月,充殿試讀卷大臣。

乾隆三十七年(一七七二)四月,充殿試讀卷大臣。

分類統計如下:

做有關科舉人才選拔的職務總計二十三次。

會試正總裁官四次。

殿試讀卷大臣九次。

武會試副總裁官一次。

會試同考官一次。

鄉試(含武鄉試)正考官四次。

鄉試副考官一次。

閱鄉試回避試卷一次。

閱會試回避試卷一次。

參與揀選舉人兩次。

劉統勳幾乎參加過所有有關高級科舉人才選拔的活動,甚至有四年他一年參加了兩次。因此,我們稱其爲『疊掌文衡』,劉統勳可謂當之無愧。

在劉統勳擔任正考官的四次鄉試中,乾隆十二年(一七四七)八月,他與正考官阿克敦等主持的順天鄉試最稱得人，後來被稱爲『清朝第一才子』的紀昀與謚號爲『文正』的嘉慶朝大學士朱珪均出此科，紀昀第一，朱珪第六。朱珪後來追憶此事時，還寫下了如下文字：

> （紀昀）年二十四，乾隆丁卯科遂發解。初，闈中擬珪首卷。得公卷同書經，二場表儷語冠場，乃定公第一，珪第六。主試阿文勤公、劉文正公。榜發，皆以得人賀。二公復命，遂以兩人姓名上聞，故公與珪皆早受特達之知，所由來也。〔一五四〕

紀昀的才學不用說，没有紀昀，也就不會有《四庫全書》如此之高的編纂質量。而朱珪的才學，其實并不亞於紀昀。祇不過是朱珪忙於政務，而紀昀耽於學術，纔使二人在世人心目中拉開距離。事實上，紀昀在學術上取得了巨大成功，而朱珪官拜大學士，謚號爲『文正』，成功培育出了嘉慶皇帝，且贏得嘉慶皇帝的异常敬重，其事業亦堪稱具有清代政界一流地位。難怪此科鄉試，被譽爲『得人』！

因除會試材料能够找到以外，其他有關人才選拔的史料極難尋覓，因此在這裏祇能重點介紹劉統勳參與主持的會試情況，分别是雍正八年（一七三〇）庚戌科、乾隆十六年（一七五一）辛未科、乾隆二十六年（一七六一）辛巳恩科、乾隆二十八年（一七六三）癸未科、乾隆三十六年（一七七一）辛卯科。在雍正八年（一七三〇）庚戌科有三個大學士，他們分别是嵇璜、梁詩正、蔣溥。嵇璜，字尚佐，晚號拙修，江南無錫縣人，清代水利名臣。積官至文淵閣大學士，加太子太保。梁詩正，字養仲，號薌林。積官至東閣大學士，加太子太傅。謚文莊。梁詩正工書法，編《三希堂法帖》，又受命撰《唐宋詩醇》。蔣溥，字質甫，又字哲甫，號恒軒。曾任户部、禮部、吏部三部尚書，積官至東閣大學士。去世前，乾隆帝曾兩次親往視疾。贈太子太保，謚文恪。另如周範蓮、沈孟堅、吴應造、陳兆倫、胡彦升、何夢瑶、陳玉友等，在政治、文學、醫學等領域，均有深厚造詣。乾隆十六年（一七五一）辛未科進士杰出者以劉墉爲代表，其他如湯先甲以甄選人才、文事、爲官正直著稱，孫洙以文事擅長，其選編的《唐詩三百首》影響很大。其他學者、詩人、書法家等，《清史稿》亦收有多人傳記。乾隆二十二年（一七五七）丁丑科杰出者有彭元瑞、蔣士銓、曹錫寶等。彭元瑞，字掌仍，一字輯五，號芸楣（一作雲楣），江西南昌人，歷任禮、工、户、兵、吏五部尚書，官至協辦大學士。彭元瑞博學强記，時有令譽。乾隆帝手諭嘉獎他爲『异想逸材』，屬於神敏多謀之士。彭元瑞精於古代器物、書畫的鑒定，先後編成《秘殿珠林》《石渠寶笈》《西清古鑒》《寧壽鑒古》《天禄琳琅書目》等圖籍、目録。他的詩文有《恩餘堂輯稿》《經進文稿》《宋四六話》《知聖道齋讀書跋》等。蔣士銓，字心餘、苕生，號藏園，又號清容居士，晚號定甫，鉛山人，清代詩人、戲曲家。乾隆帝稱蔣士銓與彭元瑞爲『江右兩名士』，蔣士銓與袁枚、趙翼并稱爲『乾隆三大家』。蔣士銓所著《忠雅堂詩集》存詩兩千五百六十九首，存於稿本的未刊詩達數千首，其戲曲創作存《紅雪樓九種曲》等四十九種。王昶論其詩，標爲『當代之首』；李調元評其曲，論爲『近時第一』。高麗使臣曾以重金求其樂府詩，以誇榮於東國。近代梁啓超説他是『中國詞曲界之最豪者』，日本青木正兒稱其爲『中國戲曲史上的殿軍』。今人錢仲聯説：『蔣士銓以詩曲成就雙雙得到同時著名評論家的充分認識和最高評價，這在整個清文學史上恐怕不得不指爲絶無僅有的一家。』曹錫寶，字鴻書，一字劍亭，江南上海人，以敢言知名。和珅家奴劉全恃勢營私，衣服、車馬、居室皆逾制。曹錫寶將論劾，爲吴省欽所泄，遂遭和珅構陷，十分被動。仁宗親政，誅和珅，并籍全家，乃追思曹錫寶直言，諭曰：『故御史曹錫寶，嘗劾和珅、奴劉全倚勢營私，家資豐厚。彼時和珅聲勢熏灼，舉朝無一人敢於糾劾，而錫寶獨能抗辭執奏，不愧諍臣。今和珅治罪後，并籍全家，資産至二十餘萬。是錫寶所劾不虚，宜加優獎，以旌直言。』乾隆二十六年（一七六一）辛巳恩科可謂人才濟濟：王杰、孫士毅均爲軍機大臣、大學士，乃國家中流砥柱；胡高望亦政事顯赫；趙翼則以史學與詩歌創作爲一代之杰；陸錫熊以《四庫全書》總纂官揚名學林；另如李文藻、謝啓昆、余廷燦、彭紹升等均在各自領域有不凡表現。乾隆二十八年（一七六三）癸未科同樣人才濟濟，出姚鼐、費淳與董誥。董誥爲文華殿大學士，費淳爲體仁閣大學士；姚鼐則爲一代文宗，是桐城派的一面旗幟。乾隆三十六年（一七七一）辛卯科則以得學者、藝術家著稱：邵晋涵精於經學，尤以史學著稱，爲一代之冠；周永年則以子部最爲人稱道；程晋芳爲著名經學家，一生著述甚豐；錢澧不僅是一代大書法家，而且是清朝有名的鐵面御史，極受乾隆帝信任；至於王爾烈則爲聞名遐邇的遼東才子。

除此以外，劉統勳還充任过一次武會試副總裁，即乾隆元年（一七三六）三十八歲時所擔任的武會試副總裁官。文武相對，文科考試是衡文，武科考試儘管也考文化，但以衡武爲主。不管文科還是武科，其目的均是爲國掄才，因而在此附綴數語，以明其事。

文科科舉世人盡知，武舉則知者甚罕。文科科舉始於隋代，武舉則始於唐代。《新唐書》記載：『武舉，蓋其起於武后之時。長安二年（七〇二），始置武舉。其制有長垜、馬射、步射、平射、筒射，又有馬槍、翹關、負重、身材之選。』宋代也有武舉，先閲騎射，而以策定去留，弓定高下。明代成化十四年（一四七八）始設武鄉試、武會試。武舉六年一試，先策略，後弓馬，後來改爲三年一試，崇禎四年（一六三一）開始舉行武科殿試。清代沿襲了『武科』科舉制度，武會試由兵部主持，鄉試由督撫主持，武科試由學政主持。武試分内外兩場，外場考試科目爲馬射、步射、弓、刀、石，内場考試科目爲默寫《武經》，外場考試及格者方能進入内場考試。院試、鄉試、會試、殿試及童生、生員、舉人、進士、狀元等名目都與文科相同，但加『武』字，以示區别。明代軍官多出於世襲家族，清代武舉對補充軍隊高級將領起到了重要作用。劉統勳發現的人才顔鳴臯，就是以武舉而成爲水兵將領的。

劉墉常嘆鄉、會試主持者之難。三年一次的考試，如千軍萬馬過獨木橋，每位考生背後的辛酸更是令人難以想象。主持者之難，首先是摒退部分具有各種勢力的考生及其親屬千方百計的接近；其次是每天都在所有考生審視的目光中工作，一旦有何閃失便被輿論指斥，輕則議處，重則罷官。而會試參與者，僅組織考試的人員就多達一百四十多人，任何工作人員的失誤，都會牽連到考試主持者。但劉統勳主持掄才大典，公正無私，輿論鮮有指斥，誠所謂『進者無私感，退者安其命』，保證了考生間的公平競爭。相反，在道光朝，穆彰阿至少兩次奉旨整頓科場考風，但他却經常自己授考生以關節，大行不正之風。如對門生聶雨帆，穆彰阿就百般關照，在其禮部試届期，穆彰阿就親自遍囑四總裁、十八同考官照顧聶氏，爲輿論詬病。

陳康祺從門下賓友科舉被斥但却毫無怨言的角度，對劉統勳的公正公平精神表示欽服，他講：

劉文正累主會試及順天鄉試，門下賓友，往往以暗中被擯，人無怨言。所得士雖已列仕版，公多不識其面。康祺按：科場通榜，自問非宣公昌黎，不容援古人以自解，蓋無以別於因緣聲利者也。若舉主門生，誼同師弟，則唐宋以來積成風俗久矣，而持正如公，自不可及。〔一五五〕

陳康祺之所以欽服劉統勳、考生之所以没有怨言，是劉統勳在主持鄉會試時，從來都鐵面無私，與考生并無瓜葛。與穆彰阿相比，劉統勳的大公無私，就顯得彌足珍貴。

有容才之量　具薦舉之誠

宰相有一項很重要的職能，就是熟悉各種人才的情况，隨時爲皇帝舉賢薦能，以解决各種繁難問題。賢能宰相均能以舉賢薦能爲己任，但并不是所有的宰相都有容才之量。劉統勳則既有宰相容才之量，又以舉賢薦能爲己任，固當爲賢宰相。

人才固然重要，但人才多有己見，而不會輕易隨人俯仰。尤其是狷介耿直之士，其性情之不近常人更非一般人所能接受。但劉統勳對於耿直之士，向來擁有宰相之度、包容之量，故士人皆樂於爲之用。

如清中葉的一代名士朱筠，就是典型的耿直之士。他崇尚理學，修身立世，有自己的一定之規，不可以勢力屈之。劉統勳視朱筠爲『疏俊奇士』，這在姚鼐《惜抱軒文集》中有記載：

朱竹君先生，名筠，大興人，字美叔，又字竹君，與其弟石君珪，少皆以能文有名。先生中乾隆十九年進士，授編修，進至日講起居注官，翰林院侍讀學士，督安徽學政，以過降級，復爲編修。先生初爲諸城劉文正公所知，以爲疏俊奇士。〔一五六〕

朱筠確實與衆不同，還是姚鼐在其《惜抱軒文集》中有此補充記叙：

先生入京師，居館中纂修《日下舊聞》。未幾，文正卒，文襄總裁館事，尤重先生。先生顧不造謁，又時以持館中事與意忤，文襄大憾。一日見上，語及先生，上遽稱許朱筠學問文章殊過人，文襄默不得發，先生以是獲安。〔一五七〕

文襄即于敏中。于敏中繼劉統勳爲領班大學士、首席軍機大臣，在劉統勳去世後『總裁館事』。朱筠在于敏中對他特別看重的情況下，也不到于敏中處造謁，而且『時以持館中事與意忤』，這讓于敏中極不滿意。我們由『一日見上，語及先生，上遽稱許朱筠學問文章殊過人，文襄默不得發，先生以是獲安』一語可知，如果不是乾隆帝對朱筠特別看好，于敏中是預備中傷他的。由『先生以是獲安』可知，朋友們是替朱筠捏一把汗的。李元度《國朝先正事略》也言及此事，我們通過他的叙説可以瞭解一些更深入的細節：

時文正薨，金壇總裁館事，尤重先生。會以館書稿本往復辨析，欲先生往就見，而先生執翰林故事，總裁、纂修相見於館所，無往見禮。又時以持館中事與意忤，金壇大憾。一日見上，語及先生。上遽稱許朱筠學問文章殊過人，金壇默不得發，第言朱筠辦書頗遲。上曰：『可令蔣賜棨趣之。』時蔣方以舊侍郎直武英殿也。〔一五八〕

由此可知，姚鼐所言朱筠對于敏中顧不復見一事，乃是『會以館書稿本往復辨析，欲先生往就見，而先生執翰林故事，總裁、纂修相見於館所，無往見禮』。站在一般人的立場上，朱筠之『狂悖』，當然令人難以忍受；但朱筠重氣節，對上不趨附是其有氣節的表現，這也是名士可貴之處。于敏中因此對朱筠憾之在骨，不僅對其不寬容，而且因爲朱筠『時以持館中事與意忤』而對之惱怒且欲置之罪。幸朱筠爲乾隆帝賞識，于敏中投鼠忌器，但仍然以『第言朱筠辦書頗遲』加以詆毁。同樣是大學士、軍機大臣，在遇到朱筠同樣的行爲時，劉統勳的處理方式絶然不同，此事見蔡冠洛《清代七百名人傳》：

朱筠……少曾館於劉統勳家，及統勳爲大學士，筠不通謁，統勳遇於朝，詢之。筠曰：『非公事，不敢謁貴人。』統勳嘆息稱善。〔一五九〕

劉統勳對朱筠有知遇之恩，因修《盛京志》〔一六〇〕有深厚的交情，等到劉統勳拜大學士後，朱筠應該經常拜訪他，但朱筠以氣節自重，以奔競爲耻，不趨附劉統勳。劉統勳對朱筠不但不怪罪，反而『嘆息稱善』，以博大的胸懷和欣賞的眼光包容看待他。按常規，劉統勳方正剛毅，容易得罪；于敏中圓滑通融，不易開罪。但朱筠以其重氣節、耻奔競，在劉統勳處被『嘆息稱善』，在于敏中處則險被暗算。這不是劉統勳與于敏中修養層面的問題，而是薰蕕不能同器之故。在羅繼祖《朱笥河先生年譜》中不難見到這樣的史料：

> 會試中式……初，先生主劉文正公家，公每參决大政，多咨訪先生，從容諷公以古大臣之事，公頷之。至是先生入翰林，公喜謂曰：『君無復以古大臣責我，老夫無能爲，望君努力耳。』〔一六一〕

這是一種相互共勉、相期爲國的情懷。正因如此，他們不僅能够和諧相處，而且還會一起公忠體國。在羅繼祖《朱笥河先生年譜》中有此記載：

> （朱筠）充會試同考官，振興古學，得士稱盛。總裁劉文正公得一卷，五策淵奥，以示先生。先生曰：『此餘姚邵晋涵也，故知名士。』力贊公拔居第一。及拆卷，果邵名。公問何以知之，先生曰：『今士之績學者，某莫不與之游，讀其文如覿其面，寧或失之耶？』〔一六二〕

在李元度《國朝先正事略》中，我們則可以看到劉統勳與朱筠的合作之舉：

> 四庫館開，劉文正公、朱竹君（筠）學士咸薦先生（姚鼐），遂爲纂修官。〔一六三〕

劉統勳與朱筠一起掄才薦才，猶如魚水之和諧；而于敏中却與朱筠方枘圓鑿，無法共事。

事實上，不僅朱筠對于敏中耻以奔競，而且姚鼐也是如此，事見陳康祺《燕下鄉脞録》：

惜抱先生纂修秘書時，于文襄雅重之，欲一出其門，竟不往。書竣，當議遷官。劉文正公以御史薦，已記名矣。未授而公薨，先生遂決計去。既退歸，梁階平相國，屬所親傳語曰：『姚君若出，吾當特薦，可得殊擢。』先生婉謝之。集中所謂《復張君書》也。……設非邃於義理，安能出處光明，萬流仰鏡若斯乎？〔一六四〕

姚鼐與朱筠均對劉統勳略無間言，這不能不說是劉統勳的人格魅力使然。尤其是姚鼐因劉統勳去世而毅然決然放弃京華一切的態度，足以令人唏嘘不已。劉統勳之所以能贏得姚、朱的傾心推服，不僅是因爲劉統勳對他們二人予以特别關愛，更是劉統勳對賢能之士予以理解和包容的緣故。譬如對馮廷丞，劉統勳就因其『廉不受請托』『用法持平』的長處而『獨心善焉』，在京『事無大小，悉以咨之』，在外省『所奏請無不當，故君得行其志』，不因爲他不善周旋使得『刑部諸司皆怒』而中傷之，體現出了一位正直大臣的恢弘氣度。在汪中《述學》中可見相關記載：

君諱廷丞，字君弼……遷大理寺寺丞，故事，大理於三法司，主平反，刑部權日重，大理不得舉其職。君在官，於罪名出入，數有糾駁，刑部諸司皆怒，而大學士劉文正，兼刑部尚書，獨心善焉。未幾，遷刑部廣西司員外郎。既謁文正，文正傾心禮遇，事無大小，悉以咨之。逾年，遷廣東司郎中，君公廉不受請托，然用法持平，多所矜恕。是時文正方得政，所奏請無不當，故君得行其志。〔一六五〕

再如對衹重事實、從不奉迎自己的國史館纂修官蔣綸，劉統勳亦大加贊賞，獨舉第一。事見紀昀《紀曉嵐文集》：

公姓蔣氏，諱曰綸，字金門，霽園其別號也……辛巳，散館授職，充國史館纂修官。所撰列傳，有爲總裁劉文正公簽商者，可從則從，不從必反復考辨，疏通證明，無一字之遷就。文正公反以此重之……丙戌，保送御史，初未及公。劉文正公曰：『是嘗齗齗與我爭者，真御史才也。』獨舉公第一。〔一六六〕

劉統勳正是以一種公忠亮直的境界、博大包容的胸懷，識才、容才、惜才、愛才、用才，纔贏得世人的敬畏之心。

劉統勳不僅有容才之量，更具薦舉之誠。劉統勳所呵護、舉薦的人才信手枚舉如阿桂、王杰、董誥、朱珪、沈初、孫士毅、紀昀、曹竹虛、姚鼐、彭元瑞、趙翼、翁方綱、陸錫熊、邵晉涵、周永年等，均可稱爲一代人杰。阿桂，領班大學士、首席軍機大臣，可稱乾隆朝後期朝臣第一，無論武功、相業、刑名均足以炳彪史册。王杰、董誥，均爲大學士、軍機大臣。朱珪，由謚號『文正』可知其在嘉慶帝心目中的位置，嘉慶帝的仁愛之心，由其化育而成，爲世所公認。孫士毅爲大學士、軍機大臣，文武全才，戰功顯赫；沈初爲一代名臣；曹竹虛官至尚書，爲從一品大員。紀昀、姚鼐、彭元瑞均爲一代文宗，陸錫熊、翁方綱、邵晉涵、周永年均爲一代大學者。趙翼既爲一代大詩人，又是一代大史學家。

阿桂真正名聲大震始於第二次大小金川之戰，他之所以能够臨危受命成爲三軍統帥，從而鑄

就不朽功勛，其根基實由劉統勳片言定之。〔一六七〕

王杰、孫士毅均爲劉統勳門生，他們能够進入朝堂，其根基之奠定亦與劉統勳密切相關。

董誥、沈初、彭元瑞、曹竹虚，是以劉統勳爲首的内廷諸臣向乾隆帝推薦的，事見沈初《西清筆記》：

> 乾隆丁亥十一月，上命内廷諸臣舉翰林數人以進。劉文正公、于文襄公、裘文達公、王文莊公聯名奏今大司空彭雲湄、宫保曹竹虚兩前輩。大司農董蔗林同年與余四人，翌日命入直懋勤殿，十二月與彭大司空同日得日講起居注官。〔一六八〕

朱珪則在青年時代即受劉統勳舉薦，在昭槤《嘯亭雜録》中可以見到如下記載：

> 公諱珪，大興人，年八歲，即操觚爲文，文體倔聱蒼古，與兄竹君學士筠齊名。年十九登進士……劉文正公復薦於朝曰：『北直之士，多椎魯少文，而珪、筠兄弟與紀昀、翁方綱等，皆學問淵博，實應昌期而生者。』〔一六九〕

趙翼則是在孤苦無助時，得到劉統勳青睞成爲其門下士，從而與劉氏家族劉統勳、劉墉、劉鐶之三代産生深厚友誼〔一七〇〕。

劉統勳不僅對以上賢能之士呵護關心薦舉，而且對中下層官員中的賢能之士，也竭盡信任、呵護、關愛之所能。

劉統勳對錢大昕、沈業富的關愛，事見錢大昕《十駕齋養新録》與阮元《揅經室二集》：

乾隆三十二年丁亥，年四十歲……六月，妻王恭人歿於京邸，居士幼多疾，不任勞劇。病後精力覺不支，重以伉儷之戚，益有歸田之志。其秋遂以病乞假。掌院劉文正公勉留之，固辭。十月，始得准假之旨，乃買舟南下，冬至後始抵家。〔一七一〕

運使沈公，諱業富，字既堂……庚辰充江西副考官，壬午充山西副考官，乙酉分校順天鄉試，皆以先正法衡文，得士爲盛。尤屏絶聲氣，關節不通，館譽重之。前後充國史館、續文獻通考館纂修官。乙酉冬，補安徽太平府知府。掌院劉文正公曰：『纂書之勤，無如君者。』欲留公京秩，未果。〔一七二〕

劉統勳對嚴長明、趙文哲、王士棻的賞識與信任，見諸李元度《國朝先正事略》、紀昀《紀曉嵐文集》等。

君（嚴長明）在軍機凡七年，通古今，工於奏牘。劉文正公最奇其才。户部奏天下雜項錢糧，名目繁多，請去其名，并入地丁徵收。君曰：『雜項既經折色，即爲正供。若并去其名目，他日吏忘之，謂其物官所需，必且再徵，是重民困也。』文正曰：『善。』乃奏寢之。〔一七三〕

損之，姓趙氏，諱文哲，號璞函，上海人。乾隆壬午，上幸江南，進詩。召試，賜舉人，授中書，直軍機處。劉文正公統勳、文定公綸皆嗟异其才。〔一七四〕

公（王士棻）司刑名三四十年，所平反不可以縷數。官刑部時，鞫獄定讞，雖小事必虚公周密。庚子，纂修律例，斟酌損益，或累日精思。諸城劉文正公於人介介少許可，獨稱公爲

『少年老吏』。〔一七五〕

劉統勳對賢能者王延年、伊朝棟的舉薦，則見於趙爾巽《清史稿》與姚鼐《惜抱軒文集》：

王延年，字介眉，錢塘人，雍正四年舉人……晚年大學士蔣溥、劉統勳皆以經學薦，又自進呈所著書，上嘉許焉。〔一七六〕

公諱朝棟，字用侯，汀州府寧化伊氏也……以拔貢生中乾隆二十四年己卯科鄉試，己丑科成進士。其間嘗處極困，將會試而無資。邑令方重公，有富子被逮，請公一言解之而酬百金，公執必不可。既成進士，分試刑部，補安徽司主事。諸城劉文正公最賢公，欲薦舉，而文正歿。其後歷員外郎、郎中，皆計俸須次而僅得之。公治曹事甚勤恪，不求人知，獄有不平，必與同僚上官力争之，人或説或不，而公不爲易，故自分發刑部二十年，乃擢浙江道御史。爲御史一年，轉户科給事中。嘗奏對，純皇帝知其賢，於是五轉至光禄寺卿，且將重用之，而公遽病偏枯，以乾隆五十七年去職，年六十有五矣。〔一七七〕

稍具良知者，就應該會對劉統勳衡才之公、愛才之切、容才氣局之大、薦才之不拘一格予以極高的敬意。士之有才不難，但『學成文武藝，貨與帝王家』時，却因千里馬常有而伯樂不常有，以致報國無門。此間之關鍵，在於能否得遇識才、愛才、薦才之高官。得遇雖不一定飛黄騰達，但多事業有成，青史留名；不得遇，則如千里馬老死於槽櫪之間，一無出息。由此再來看《諸城縣續志》對劉統勳的評價『剛毅篤棐，久值機密，襄贊綸扉，隨事獻納，推賢黜佞，爲百餘年名臣第一』〔一七八〕，就會爲之產生一種深深的感動。

至此，我們祇要回想一下劉統勳在朝廷上下的巍德箴言與不朽勛業，就不難感受到他的一生堪稱立德、立言、立功『三不朽』之一代偉人。而推究其成功的根本原因，竊以爲是他身體力行《大學》『三綱』（明德、親民、止於至善）與『八目』（格物、致知、誠意、正心、修身、齊家、治國、平天下）的結果。作爲科舉考試必考科目，《大學》中的思想精髓，無疑會在科舉成功的士子們心目中留下深深的烙印。有的人知之僅止於知之，或爲博取功名而熟之，但不會去一意行之；有的人雖能行之，但行而未遠便中途而廢矣。劉統勳不僅僅滿足於知之熟之，而且以其仁者之心、堅韌不拔之志一生踐行之，使知、行真正合一，遂終於成就了他『百餘年名臣第一』的盛業與盛譽。此間消息，知之不難，難在行之，尤難在行之不已。果能行之不已，則凡庸之輩亦必成爲人才，聰明之人則必爲國之棟梁也。

【注】

〔一〕〔清〕弘曆：《五閣臣五首·故大學士劉統勳》，《御製詩四集》卷五八，《四庫全書》冊一三〇八，臺灣商務印書館一九八六年版，第二八七頁。

〔二〕〔清〕弘曆：《五閣臣五首·故大學士劉統勳》，《御製詩四集》卷五八，《四庫全書》冊一三〇八，第二八七頁。

〔三〕趙爾巽：《清史稿》上册，《二十五史》（百衲本），浙江古籍出版社一九九八年版，第七四六頁。

〔四〕趙爾巽：《清史稿》上册，《二十五史》（百衲本），第七五七頁。

〔五〕［清］余金：《熙朝新語》卷一三，上海書店出版社二〇〇九年版，第一九六頁。

〔六〕［清］昭槤：《嘯亭雜録》，中華書局一九八〇年版，第三八三頁。

〔七〕［清］昭槤：《嘯亭雜録》，第三八四頁。

〔八〕［清］吴長元：《宸垣識略》卷一四，《續修四庫全書》册七三〇，第五二〇頁。

〔九〕《清高宗實録》卷九四五，《清實録》册二〇，第八〇一頁。

〔一〇〕趙爾巽：《清史稿》下册，《二十五史》（百衲本），第一一七六頁。

〔一一〕［清］王培荀：《鄉園憶舊録》卷二，齊魯書社一九九三年版，第九〇頁。

〔一二〕［清］余金：《熙朝新語》卷一二，第一八八頁。

〔一三〕［清］王端履：《重論文齋筆録》卷五，《續修四庫全書》册一一六二，第五八一—五八二頁。

〔一四〕王鍾翰點校：《清史列傳》卷一八，中華書局一九八七年版，第一三九六—一三九七頁。

〔一五〕王鍾翰點校：《清史列傳》卷一八，第一三九七頁。

〔一六〕王鍾翰點校：《清史列傳》卷一八，第一三九七頁。

〔一七〕［清］弘曆：《五閣臣五首·故大學士劉統勳》，《御製詩四集》卷五八，《四庫全書》册一三〇八，第二八七—二八八頁。

〔一八〕〔清〕朱珪：《知足齋文集》卷六，《續修四庫全書》册一四五二，第三四六頁。

〔一九〕黄鴻壽：《清史紀事本末》卷三七，北京圖書館出版社二〇〇三年版，第二六三頁。

〔二〇〕〔清〕弘曆：《五閣臣五首·故大學士劉統勳》，《御製詩四集》卷五八，《四庫全書》册一三〇八，第二八七頁。

〔二一〕〔清〕鐘琦：《皇朝瑣屑録》卷六，臺灣文海出版社一九六六年版，第二四六頁。

〔二二〕〔清〕趙慎畛：《榆巢雜識》上卷，中華書局二〇〇一年版，第一二二頁。

〔二三〕〔清〕王昶：《湖海詩傳》卷三，《續修四庫全書》册一六二五，第五五九頁。

〔二四〕〔清〕紀昀：《紀曉嵐文集》卷一六，河北教育出版社一九九一年版，第三五四—三五五頁。

〔二五〕〔清〕昭槤：《嘯亭雜録》，第四九—五〇頁。

〔二六〕〔清〕洪亮吉：《洪北江詩文集·更生齋文甲集》卷四，《四部叢刊初編》本。

〔二七〕〔清〕洪亮吉：《洪北江詩文集·更生齋文甲集》卷四，《四部叢刊初編》本。

〔二八〕〔清〕李元度：《國朝先正事略》卷一六，《續修四庫全書》册五三八，第三六三頁。

〔二九〕柳詒徵：《中國文化史》，上海科學技術文獻出版社二〇〇八年版，第八二九頁。

〔三〇〕〔清〕洪亮吉：《洪北江詩文集·更生齋文甲集》卷四，《四部叢刊初編》本。

〔三一〕徐世昌：《晚晴簃詩匯》卷六六，《續修四庫全書》册一六三〇，第四一〇頁。

〔三二〕〔清〕洪亮吉：《洪北江詩文集·更生齋文甲集》卷四，《四部叢刊初編》本。

〔三三〕［清］王培荀：《鄉園憶舊録》卷二，第一二〇頁。
〔三四〕［清］盧文弨：《抱經堂文集》卷一六，《續修四庫全書》册一四三二，第六八五頁。
〔三五〕［清］王昶：《湖海詩傳》卷三，《續修四庫全書》册一六二五，第五五九頁。
〔三六〕梁啓超：《中國近三百年學術史》，天津古籍出版社二〇〇三年版，第二五頁。
〔三七〕梁啓超：《中國近三百年學術史》，第二四頁。
〔三八〕任松如：《四庫全書答問》，巴蜀書社一九九八年版，第一九頁。
〔三九〕［清］紀昀：《紀曉嵐文集》卷一六，第三五四—三五五頁。
〔四〇〕楊伯峻：《論語譯注》，中華書局一九八〇年版，第一三六頁。
〔四一〕［清］洪亮吉：《洪北江詩文集·更生齋文甲集》卷四，《四部叢刊初編》本。
〔四二〕張正樺：《清代前期驛傳財政初探》，《史耘》二〇〇九年第一三期。
〔四三〕趙爾巽：《清史稿》下册，《二十五史》（百衲本），第一一七六頁。原文爲：『侍郎王昶充軍機處章京，嘗嚴冬有急奏具草，夜半詣綸，綸起然燭，操筆點定。寒甚，呼家人具酒脯，而厨傳已空，僅得白棗十數枚侑酒。其清儉類此。』
〔四四〕［清］俞蛟：《夢廠雜著》卷三，《續修四庫全書》册一二六九，第六八〇—六八一頁。
〔四五〕［清］錢大昕：《潛研堂集》卷四四，上海古籍出版社一九八九年版，第七九二頁。
〔四六〕［清］李斗：《揚州畫舫録》卷一三，江蘇廣陵古籍刻印社一九八四年版，第二八六頁。

〔四七〕〔清〕紀昀：《紀曉嵐文集》卷一四，河北教育出版社一九九一年版，第三一七—三一八頁。

〔四八〕〔清〕王培荀：《鄉園憶舊録》卷二，第九二頁。

〔四九〕〔清〕俞蛟：《夢厰雜著》卷三，《續修四庫全書》册一二六九，第六八〇頁。

〔五〇〕〔清〕錢大昕：《潛研堂集》卷四三，第七七八—七七九頁。

〔五一〕〔清〕劉光斗修，朱學海纂：《諸城縣續志》，第三二八—三二九頁。

〔五二〕〔清〕姚鼐：《惜抱軒文集》卷一三，《續修四庫全書》册一四五三，第九六頁。

〔五三〕蔡冠洛：《清代七百名人傳》，中國書店出版社一九八四年版，第一五九二頁。

〔五四〕〔清〕陈康祺：《燕下鄉脞録》卷四，光緒七年（一八八一）刻本。

〔五五〕〔清〕陳康祺：《燕下鄉脞録》卷四，光緒七年（一八八一）刻本。

〔五六〕〔清〕陳康祺：《燕下鄉脞録》卷四，光緒七年（一八八一）刻本。

〔五七〕〔清〕姚鼐：《惜抱軒文集》卷一三，《續修四庫全書》册一四五三，第九六頁。

〔五八〕〔清〕趙慎畛：《榆巢雜識》上卷，第四二頁。

〔五九〕《清高宗實録》卷一七七，《清實録》册一一，第二七六頁。原文爲：『左都御史劉統勳等奏，考試拔貢，公同校閲，分别進呈，其山西毛清奇，誤認題指。』

〔六〇〕《清高宗實録》卷一七七，《清實録》册一一，第二七六頁。

〔六一〕《清高宗實録》卷四四，《清實録》册九，第七八一頁。

〔六二〕《清高宗實録》卷一五六，《清實録》册一〇，第一二二五頁。
〔六三〕《清高宗實録》卷一五六，《清實録》册一〇，第一二二五—一二二六頁。
〔六四〕吴晗輯：《朝鮮李朝實録中的中國史料》，中華書局一九八〇年版，第四八四〇頁。
〔六五〕〔清〕楊鍾羲：《雪橋詩話》卷五，文物出版社一九八四年版，第四頁。
〔六六〕〔清〕楊鍾羲：《雪橋詩話》卷五，第五頁。
〔六七〕蔡冠洛：《清代七百名人傳》，第一四八二頁。
〔六八〕印鸞章：《清鑒綱目》，岳麓書社一九八七年版，第三一五頁。
〔六九〕〔清〕昭槤：《嘯亭雜録》，第六三頁。
〔七〇〕〔清〕陳康祺：《郎潛紀聞初筆二筆三筆》卷二，中華書局一九八四年版，第三五二頁。
〔七一〕〔清〕陳康祺：《郎潛紀聞初筆二筆三筆》卷二，第三五二頁。
〔七二〕〔清〕戴璐：《藤陰雜記》卷三，臺灣文海出版社一九六六年版，第六三頁。
〔七三〕黄鴻壽：《清史紀事本末》卷二八，第二一二頁。
〔七四〕《清高宗實録》卷一九七，《清實録》册一一，第五三五—五三六頁。
〔七五〕《清高宗實録》卷一九七，《清實録》册一一，第五三六頁。
〔七六〕〔清〕昭槤：《嘯亭雜録》，第四一三頁。
〔七七〕〔清〕朱珪：《知足齋文集》卷六，《續修四庫全書》册一四五二，第三四六頁。

〔七八〕〔清〕弘曆：《五閣臣五首·故大學士劉統勳》，《御製詩四集》卷五八，《四庫全書》册一三〇八，第二八八頁。

〔七九〕〔清〕梁章鉅、朱智：《樞垣記略》卷二八，中華書局一九八四年版，第三四〇頁。

〔八〇〕《清高宗實録》卷六四五，《清實録》册一七，第二二三頁。

〔八一〕《清高宗實録》卷六四二，《清實録》册一七，第一七二頁。

〔八二〕《清高宗實録》卷六四二，《清實録》册一七，第一八〇頁。

〔八三〕《清高宗實録》卷六四二，《清實録》册一七，第一八一頁。

〔八四〕《清高宗實録》卷六四二，《清實録》册一七，第一七〇頁。

〔八五〕《清高宗實録》卷五二四，《清實録》册一五，第六〇二頁。

〔八六〕《清高宗實録》卷四四七，《清實録》册一四，第八一八頁。原文爲：『又諭曰：「劉統勳奏徐州下游南岸漫決情形一摺，内稱漫水半由五壩泄入高寶諸湖，過運河西堤，東注下河，此時不應堵閉二閘等語，所見甚是。」』

〔八七〕《清高宗實録》卷四四八，《清實録》册一四，第八三六頁。原文爲：『現在銅山堵築大工，需人辦理。高斌、張師載獲罪之餘，益加昏憒。舒赫德、劉統勳、策楞於辦事爲優。』

〔八八〕《清高宗實録》卷四五二，《清實録》册一四，第八九八—八九九頁。

〔八九〕《清高宗實録》卷四五三，《清實録》册一四，第九〇〇頁。

〔九〇〕《清高宗實録》卷四五三，《清實録》册一四，第九一三頁。
〔九一〕《清高宗實録》卷四五七，《清實録》册一四，第九四八頁。
〔九二〕《清高宗實録》卷五二六，《清實録》册一五，第六二三頁。
〔九三〕《清高宗實録》卷六四三，《清實録》册一七，第一九〇頁。
〔九四〕《清高宗實録》卷六四八，《清實録》册一七，第二五一頁。
〔九五〕《清高宗實録》卷四五七，《清實録》册一四，第九四八頁。原文爲：『又諭：「直隸河工事務，查勘俱已就緒，劉統勳一人足資辦理。可傳諭策楞即速來京，另候簡用。」』
〔九六〕《清高宗實録》卷四四八，《清實録》册一四，第八三六頁。
〔九七〕《清高宗實録》卷五三六，《清實録》册一五，第七六〇頁。
〔九八〕《清高宗實録》卷六四五，《清實録》册一七，第二二三頁。
〔九九〕《清高宗實録》卷六四二，《清實録》册一七，第一七一頁。
〔一〇〇〕《清高宗實録》卷六四二，《清實録》册一七，第一八二頁。
〔一〇一〕《清高宗實録》卷六四二，《清實録》册一七，第一七一頁。
〔一〇二〕《清高宗實録》卷四一，《清實録》册九，第七四五頁。
〔一〇三〕《清高宗實録》卷四一，《清實録》册九，第七四五頁。
〔一〇四〕《清高宗實録》卷一五六，《清實録》册一〇，第一二三一—一二三二頁。

〔一〇五〕《清高宗實録》卷一六七，《清實録》册一一，第一一八—一一九頁。
〔一〇六〕《清高宗實録》卷一五六，《清實録》册一〇，第一二三二頁。
〔一〇七〕《清高宗實録》卷三一四，《清實録》册一三，第一四七頁。
〔一〇八〕《清高宗實録》卷四四七，《清實録》册一四，第八一八頁。
〔一〇九〕《清高宗實録》卷四四七，《清實録》册一四，第八二二頁。
〔一一〇〕《清高宗實録》卷四五二，《清實録》册一四，第八九八頁。
〔一一一〕《清高宗實録》卷四五二，《清實録》册一四，第八九八頁。
〔一一二〕《清高宗實録》卷四五三，《清實録》册一四，第九〇〇頁。
〔一一三〕《清高宗實録》卷五二四，《清實録》册一五，第六〇九頁。
〔一一四〕《清高宗實録》卷五二五，《清實録》册一五，第六二〇頁。
〔一一五〕《清高宗實録》卷五二五，《清實録》册一五，第六二一頁。
〔一一六〕《清高宗實録》卷五二六，《清實録》册一五，第六二三頁。
〔一一七〕《清高宗實録》卷六四二，《清實録》册一七，第一六九頁。
〔一一八〕《清高宗實録》卷六四二，《清實録》册一七，第一七〇頁。
〔一一九〕《清高宗實録》卷六四二，《清實録》册一七，第一七一頁。
〔一二〇〕《清高宗實録》卷六四二，《清實録》册一七，第一七二頁。

〔一二一〕《清高宗實録》卷六四二，《清實録》册一七，第一八〇頁。
〔一二二〕《清高宗實録》卷六四二，《清實録》册一七，第一八一頁。
〔一二三〕《清高宗實録》卷六四三，《清實録》册一七，第一九〇頁。
〔一二四〕《清高宗實録》卷六四三，《清實録》册一七，第一九〇頁。
〔一二五〕《清高宗實録》卷六四四，《清實録》册一七，第二〇九頁。
〔一二六〕《清高宗實録》卷六四五，《清實録》册一七，第二二三頁。
〔一二七〕《清高宗實録》卷六四五，《清實録》册一七，第二二三頁。
〔一二八〕《清高宗實録》卷六四八，《清實録》册一七，第二五一頁。
〔一二九〕《清高宗實録》卷六四八，《清實録》册一七，第二五四頁。
〔一三〇〕《清高宗實録》卷一〇六四，《清實録》册二二，第二三二—二三三頁。
〔一三一〕《清仁宗實録》卷二八四，《清實録》册三一，第八七七—八七八頁。
〔一三二〕《清高宗實録》卷四四五，《清實録》册一四，第七九四頁。
〔一三三〕《清高宗實録》卷四四四，《清實録》册一四，第七八二頁。
〔一三四〕《清高宗實録》卷四四四，《清實録》册一四，第七八三頁。
〔一三五〕《清高宗實録》卷四四四，《清實録》册一四，第七八三頁。
〔一三六〕《清高宗實録》卷四四四，《清實録》册一四，第七八三頁。

〔一三七〕《清高宗實録》卷四四五，《清實録》册一四，第七九九頁。
〔一三八〕《清高宗實録》卷四四六，《清實録》册一四，第八〇六頁。
〔一三九〕《清高宗實録》卷四五五，《清實録》册一四，第九二三頁。
〔一四〇〕《清高宗實録》卷四四七，《清實録》册一四，第八一五—八一六頁。
〔一四一〕《清高宗實録》卷五四八，《清實録》册一五，第九七六頁。
〔一四二〕《清高宗實録》卷五四七，《清實録》册一五，第九五七頁。
〔一四三〕《清高宗實録》卷八四三，《清實録》册一九，第二六〇頁。
〔一四四〕《清高宗實録》卷四四五，《清實録》册一四，第八〇二頁。
〔一四五〕《清高宗實録》卷六二二，《清實録》册一六，第九九一頁。
〔一四六〕《清高宗實録》卷六〇二，《清實録》册一六，第七五八頁。
〔一四七〕《清高宗實録》卷四二二，《清實録》册一四，第五二七頁。
〔一四八〕《清高宗實録》卷四四七，《清實録》册一四，第八一五頁。
〔一四九〕《清高宗實録》卷四四七，《清實録》册一四，第八一五頁。
〔一五〇〕《清高宗實録》卷四五四，《清實録》册一四，第九二一—九二二頁。
〔一五一〕《續資治通鑑》卷四：『（竇）儀盛言（趙）普開國元勛，公忠亮直。』
〔一五二〕［唐］裴皞：《示門生馬侍郎胤孫》，彭定求編《全唐詩》，中華書局一九六〇年版，第七一五頁。全詩爲：『宦途最重是文衡，天與愚夫著盛名。三主禮闈年八十，門生門下見門生。』

〔一五三〕〔清〕阮葵生：《茶餘客話》卷二，上海古籍出版社二〇一二年版，第三八頁。

〔一五四〕賀治起、朱慶榮：《紀曉嵐年譜》，書目文獻出版社一九九三年版，第一〇頁。

〔一五五〕〔清〕陳康祺：《燕下鄉脞録》卷二，光緒七年（一八八一）刻本。

〔一五六〕〔清〕姚鼐：《惜抱軒文集》卷一〇，《續修四庫全書》册一四五三，第七二頁。

〔一五七〕〔清〕姚鼐：《惜抱軒文集》卷一〇，《續修四庫全書》册一四五三，第七二頁。

〔一五八〕〔清〕李元度：《國朝先正事略》卷三五，《續修四庫全書》册五三九，第二一頁。

〔一五九〕蔡冠洛：《清代七百名人傳》，第一五九二頁。

〔一六〇〕〔清〕羅繼祖：《朱筠河先生年譜》，《北京圖書館藏珍本年譜叢刊》册一〇六，北京圖書館出版社一九九九年版，第九頁。原文爲：『先生與兄垣同應鄉舉，垣中式。同考官嘉興鄭編修（虎文）薦先生卷，不售，而文名丕震。諸城劉文正公，以先生博綜群書，精核典故，乃延先生於家，修《盛京志》。』

〔一六一〕〔清〕羅繼祖：《朱筠河先生年譜》，第一〇頁。

〔一六二〕〔清〕羅繼祖：《朱筠河先生年譜》，第一六頁。

〔一六三〕〔清〕李元度：《國朝先正事略》卷三五，《續修四庫全書》册五三九，第二一頁。

〔一六四〕〔清〕陳康祺：《燕下鄉脞録》卷四，光緒七年（一八八一）刻本。

〔一六五〕〔清〕汪中：《述學》，《叢書集成新編》册七七，臺灣新文豐出版公司一九八五年版，第五四〇頁。

〔一六六〕〔清〕紀昀：《紀曉嵐文集》卷一四，第三一七—三一八頁。

〔一六七〕〔清〕洪亮吉：《洪北江詩文集·更生齋文甲集》卷四，《四部叢刊初編》本。

〔一六八〕〔清〕沈初：《西清筆記》卷一，臺灣新文豐出版公司一九八五年版，第一頁。

〔一六九〕〔清〕昭槤：《嘯亭雜録》，第一〇三頁。

〔一七〇〕張其鳳：《劉墉·史實卷》，人民日報出版社二〇〇四年版，第一六五頁。

〔一七一〕〔清〕錢大昕：《十駕齋養新録》，上海書店出版社一九八三年版，第三〇頁。

〔一七二〕〔清〕阮元：《揅經室二集》卷五，《續修四庫全書》册一四七九，第一二五頁。

〔一七三〕〔清〕李元度：《國朝先正事略》卷四二，《續修四庫全書》册五三九，第一二〇頁。

〔一七四〕〔清〕李元度：《國朝先正事略》卷四二，《續修四庫全書》册五三九，第一二一頁。

〔一七五〕〔清〕紀昀：《紀曉嵐文集》卷一六，第三五三頁。

〔一七六〕〔清〕趙爾巽：《清史稿》下册，《二十五史》(百衲本)，第一五三五頁。

〔一七七〕〔清〕姚鼐：《惜抱軒文集》後集卷八，《續修四庫全書》册一四五三，第一八三頁。

〔一七八〕〔清〕劉光斗等修，朱學海纂：《諸城縣續志》，第三〇二頁。

二、清代帖學大家——劉墉

劉墉承襲祖蔭，清廉正直，是家族『清廉愛民』優良家風公認的傳承者，在諸多方面都有自己的卓越建樹，是乾嘉兩朝重臣，與其父親劉統勳并稱賢宰相。雖然單從相業來看，劉墉與父親劉統勳相比似乎略顯遜色，但考慮到劉墉所處時代是一個賢臣極難有所作爲的時期，就不難認識到劉墉每取得一項業績，皆來之不易。劉墉不畏艱難，敢於也擅於與以和珅爲首的腐敗勢力展開各種鬥争，以朝綱爲重，反對奢靡之風，清廉愛民，在處於風雨飄摇中的乾隆朝晚期及嘉慶朝早期，成爲朝廷上下倚之爲中流砥柱的朝廷重臣。正因如此，劉墉在朝堂上纔贏得大臣們的虔心敬重——『一入班行，位著爲之肅然』，在民間纔被譽爲『三天一奏本』的『朝陽之鳳』，與包拯齊名，有『白面包公』之譽。而從本質意義上看，民間對當朝官員的評價，纔應該是最具公道人心的一種評價。因此，我們完全可以這樣講，劉墉既然廣受百姓擁戴、官員敬重，就充分説明其不僅是一代名臣，而且還是當之無愧的一代名相。而使劉墉的歷史形象更加豐滿、更加令人敬重的是，劉墉不僅是一代名相，而且還是一代書法大家，其在書法上的造詣極其精深，是清代書法走向創新局面的主要推手、清代帖學的集大成者、清代最爲杰出的書法家之一。追憶歷史，人們就不難認識到，如果没有劉墉的存在，清代書壇有可能會呈現出另外一種局面。

劉墉，字崇如，號石菴，另有東武、木菴、穆菴、青原、香岩、勖齋、溟華、日觀峰道人等號。劉墉出生於康熙五十九年（一七二〇）七月十五日亥時，乾隆六年（一七四一）山東鄉試第五十四名舉人，乾隆十六年（一七五一）會試中式進士第六十四名，殿試二甲二名，因書法、文學才能出衆，改翰林院庶常館庶吉士。散館後授翰林院編修，曾歷官左春坊左中允、侍讀、學政、知府、冀寧道、鹽驛道、按察使、內閣學士兼禮部侍郎、文淵閣直閣事、户部右侍郎、吏部左侍郎、巡撫、左都御史、工部尚書、禮部尚書、吏部尚書兼國子監祭酒、協辦大學士等，以吏部尚書兼國子監祭酒任期最久。劉墉於嘉慶二年（一七九七）被授予體仁閣大學士，誥授光禄大夫，恩蔭一子，授經筵講官、太子少保、内廷供奉、上書房總師傅，还曾出任癸酉（一七五三）科廣東鄉試正考官，甲戌（一七五四）科會試同考官，丙子（一七五六）科廣西鄉試正考官，丁酉（一七七七）科江南鄉試正考官，癸卯、壬子（一七八三、一七九二）科順天鄉試正考官，癸丑（一七九三）科會試正總裁，充四庫全書館副總裁、修《西域圖志》《日下舊聞考》總裁官等。劉墉卒於嘉慶九年（一八〇四）十二月二十四日申時，卒後晋贈太子太保，入祀賢良祠，諭祭葬，謚文清，葬回籍白家莊北塋。劉墉娶高密單仰之女爲妻，單氏比劉墉小兩歲，卒於乾隆四十三年（一七七八），享年五十七歲，忌六月二十六日，葬回籍白家莊北塋，累贈一品夫人。側室黄氏、柳氏〔一〕。黄氏即黄春曉，乃劉墉三十一歲所納之妾；柳氏適劉墉時間不詳，其名諱亦無資料可查。劉墉無女，然有親生兒子杭珠，聰慧可喜，僅十歲而夭〔二〕，無奈過繼劉墱之次子劉錫朋爲嗣子。劉錫朋，字菁士，號莪中。嘉慶元年（一七九六）以劉墉官正一品時恩詔承蔭爲蔭生，被引見給皇帝後以員外郎用。在劉墉去世時，劉錫朋年僅十八歲，嘉慶二十一年（一八一六）十二月三十歲時分籤掣刑部福建司員外郎缺[三]，爲從五品。劉錫朋一生平庸，没有事迹流傳於後，娶江蘇陽湖縣管幹貞[四]之女爲妻，生子三：光海、耀海、原海。劉光海與劉耀海均爲監生：劉光海爲詹事府主簿廳主簿，從七品官員，子嗣不詳；劉耀海爲光禄寺典簿廳典簿，從七品官員，子嗣不詳。劉原海，號蘭泉，安徽通縣候補知縣，保舉安徽寧國府知府，爲從四品，可謂劉氏衰世高官，生子二：保采、惠采。劉保采，號莒芝，候補知縣，爲正七品；劉惠采，號曉星，議叙山西典史，乃從九品下之不入流官員。其後，其子孫情况便杳没難考了。

（一）宦况政績

宦海浮沉

劉墉於乾隆十六年（一七五一）春中進士改翰林院庶吉士後，第二年散館授編修，正式踏入仕途，至嘉慶九年（一八〇四）十二月二十四日申時去世，宦海浮沉共計五十三年。其間劉墉雖然載浮載沉，歷經許多宦海風波，但總起來看，他位高權重，在朝廷得到皇帝信任，朝臣敬重；在民間則有清官令譽，與許多同朝爲臣的官員相比，已足够幸運。

初入仕途的劉墉，可謂鴻運當頭，開端良好。在乾隆十六年（一七五一）的會試中，憑借自己出色的書法與時文功底，劉墉初戰告捷，排名第六十四名。殿試中，他在二百多名進士中又高中二甲二名，名列第五，且以擅長書法、文學，改翰林院庶常館庶吉士，即俗語所云『被點了翰林』。而更讓劉墉驚喜的是，按常規，庶吉士是三年散館，如三年内遇『恩科』考試，纔有可能提前散館，這是庶吉士們夢寐以求的仕途春風。可就在劉墉入翰林院庶常館做庶吉士的第二年，也就是乾隆十七年（一七五二），全國又舉行恩科會試，通常需三年纔能完成的學業，劉墉一年就完成了，成了極少數幸運的庶吉士之一。又因他在庶常館考核中名列優等，所以甫散館，就被授予翰林院編修這一職務。好運連連的劉墉，在被授予編修後僅隔一年多，又得以『開坊』，被授予『詹事府左春坊左中允』這一非常有政治前景的職位。

清代官銜入流者，從從九品至正一品共分十八級。左春坊左中允爲正六品，劉墉在三年左右的時間裏，就迅速地完成了由庶吉士至左春坊左中允的跨躍。按清朝慣例，三年一擢，由初入館之庶吉士至正六品，每次提升皆不被超擢或阻滯，則需要九年時間，但劉墉僅用了大約三分之一的時間就完成了這一升遷，并且其職務之含金量在其中又是最高的。他的才華十分突出，深受乾隆帝賞識，再加上世家貴胄的背景，迅速晉升也順理成章。時人譽其早年是『以貴公子爲名翰林』，良非虚言。劉墉在初見其得意門生英和時，也曾説『子他日爲余作傳，當云以貴公子爲名翰林』[五]，可見他本人也頗以此自豪。

劉墉仕途雖多次因故受挫，但他愈發有所作爲。乾隆二十年（一七五五）九月，被乾隆皇帝倚爲股肱大臣的劉統勳因辦理巴里坤哈密駐軍事宜，附和將軍永常『欲弃巴里坤』獲罪，被革職。盛怒之下的乾隆帝，不僅將劉統勳治罪，而且還將劉墉、劉堪兄弟一并關進刑部大獄。

仕途本來一帆風順的劉墉，因受父親牽累，遭際了平生的第一次挫折，不僅被革職，而且還被奉旨拿交刑部。這意味着用三年多的奮鬥贏得的進步在頃刻之間化爲烏有，而且隨時都有結束政治生涯的危險。本來劉統勳辦事深得乾隆帝之心，被倚爲社稷大臣，恩寵過人，而且恰恰就在被治罪的前夕，他還剛剛獲得過乾隆帝頒賜的漢族大臣極少能得到的奬賞——賜單眼花翎。最終還是乾隆皇帝天意回轉，覺得劉統勳人才難得，雖有失誤但用心不壞，遂又對其父子加恩釋放并重新授職。但劉墉却没有官復原職，而是回到了兩年前的編修一職上。

劉墉回到翰林院以後，乾隆二十一年（一七五六）五月，充任廣西鄉試正考官，聲譽極佳，使乾隆皇帝因此涌上了一股『殷然陶鑄』劉墉之心。九月份，乾隆帝欽點劉墉以編修放安徽學政。臨行，乾隆帝還贈詩爲劉墉壯行，其贈詩中有『海岱高門第，瀛洲新翰林』名句，尤爲劉墉家族引以爲豪，劉墉因此還鎸刻了一方引首章『御賜海岱高門第』以記寵遇。

乾隆帝賜詩是這樣寫的：

海岱高門第，瀛洲新翰林。爾堪擬東箭，其善揀南金。河戒伐檀誚，薪勤芃棫心。家聲勉承繼，莫負奬期深。〔六〕

詩中『東箭』乃『東南竹箭』簡稱，喻人杰；『南金』常與『東箭』并用，亦是『人杰』之喻；

『伐檀』在此爲『貪求』之意，『芃棫』指『生滿柴草的地方』。此詩大意是：你的家族是青州很有名望的門第，你是『瀛洲』的新翰林，這是十分光彩的。你堪稱優秀人才，我很喜歡你。希望你能够既廉潔又勤政，不要讓人指責你對下盤剥，對公貪得無饜。你要永遠繼承祖上的優良家風與名揚四海的清譽，千萬不要辜負我對你的殷切期望。

乾隆帝後來在乾隆五十二年（一七八七）一道批評劉墉的諭旨中説：

朕召見諸臣，君臣之間，原如家人父子，且以劉墉係劉統勳之子，内廷行走之人，非不可與聞者，是以向其論及。〔七〕

年長劉墉十歲的乾隆帝，因爲與劉統勳心有靈犀，對器識可用的劉墉充滿了『陶鑄』之心，二人之間頗有『家人父子』的情愫，所以對劉墉的期望相較普通大臣也要更高。從當時這首賜詩來看，乾隆皇帝想要栽培劉墉之意十分明顯，對待劉墉確實如一位和藹可親又慰勉勸進的長輩。劉墉讀到賜詩後非常激動，遂作《恭和御製示安徽學政劉墉元韵》，其詩爲：

久沐恩如海，新知士有林。天章榮捧璧，雅化念追金。勖以功裘業，殷然陶鑄心。賡歌慚裏拙，濡翰頌高深。〔八〕

在詩裏，劉墉明白無誤地點出了自己多年來『久沐恩如海』的殊遇，同時也非常深刻地領會到皇帝對自己的『殷然陶鑄心』，因此要争取成爲『竹箭南金』一樣的人才。而事實上器識可用的劉墉也確實没有讓乾隆帝失望。

在安徽學政任上，劉墉奮發有爲，很快理順了工作關係，根據安徽本地實際情況，提出了一些很有針對性的措施，爲安徽學政管理工作奠定了良好的基礎。其奏章深受乾隆帝認可，并在全國層面予以推廣〔九〕。乾隆帝遂在劉墉任安徽學政三年期滿之後，又將劉墉調到更加重要的江蘇學政任上。爲此，乾隆帝又以《賜江蘇學政劉墉》爲題賜詩并以之點撥劉墉云：

皖歙嘉能職，吴淞俾董繁。先經後子史，多行寡文言。可作化裁法，毋孤簡用恩。緊予勤實政，藻頌不須煩。〔一〇〕

本詩第一、二句是因果關係：『皖歙嘉能職』，正因劉墉在安徽學政任上既『嘉』又『能』，出類拔萃，所以『吴淞俾董繁』，纔派他出任江蘇這一文教繁難之地的學政官。乾隆帝諄諄告誡劉墉在學政任上首先要突出『經』的教育地位，然後纔能讓莘莘學子去關注『子』『史』的學習內容。乾隆帝的點撥，效果應該説很明顯。劉墉在江蘇學政任上的政績可圈可點，不僅有幾道深切時弊的奏摺被乾隆帝看好〔一一〕，而且在江蘇的經學教育方面也獲得碩果。清代大經學家焦循，正是在少年時代聽從劉墉『秀才必須讀經』的規勸，纔致力於經學以致大成。

通過江蘇學政一任，乾隆帝發現劉墉頗爲留心政體，人才難得，遂又希望進一步磨練劉墉的從政才能，將其由江蘇學政調任繁難要缺——太原府知府，使其成爲獨當一面的地方大員。又因劉墉在太原府知府任内『丰裁峻整，習掌故，達政體，於吏事以勤慎著稱』〔一二〕，遂又被授予正四品冀寧道臺這一更高的地方官職。由乾隆二十一年（一七五六）的編修做起，至乾隆三十年（一七六五），九年時間，劉墉由七品編修做到了正四品的冀寧道臺，其晉升速度應該説是比較快的。而這些晉升提拔與劉墉的努力是分不開的，同時也與乾隆帝的有意栽培密切相關。

乾隆三十一年（一七六六）正月，劉墉遭遇了人生第二次重大挫折。他在太原府知府任内時的下屬陽曲縣令段成功，在江蘇婪贓被人告發，其在山西任内時爲討好山西巡撫和其衷所導致的國庫虧空事，也因此被查出。因劉墉對段成功虧空國帑之事没有檢舉，有失知府『巡歷縣治，察盤倉庫』之職，部議擬斬，因乾隆帝格外加恩，纔被發往軍臺效力。本來段成功虧空國帑，是由山西巡撫和其衷向段成功索賄而致。在段成功升任同知、和其衷要求劉墉加以彌補時，劉墉也進行過堅決的抵制，但是由於當時山西的吏治風氣十分不堪，又有和其衷親手操縱，上下左右官員聲氣相通，劉墉自知無力扭轉整個局面；又因知府任上的地方要政均需稟明巡撫，同意之後纔可施行，因此他更無力與巡撫作對。這時，劉墉可能認爲衹要自己不同流合污，能够潔身自好即可；也許正因如此，他纔没有同意執行和其衷的命令，同時彈劾與和其衷關係十分密切的段成功。然而法不容情，爲了使定案之人勿因劉墉之父劉統勳位高權重且兼管刑部事務而稍有瞻顧，乾隆帝還特别指出：『劉墉係大臣之子，若與段成功有饋送情事，尤爲罪不容誅。』〔一三〕好在劉墉并没有與段成功有饋送往來，所以在部議擬斬的情况下，乾隆帝網開一面，將劉墉發往軍臺效力。

戴罪充軍效力的劉墉，於第二年五月蒙恩，由軍臺釋放回到北京。他先在修書處工作，後又在國史館行走，官銜又重新回到十五年前的編修位置上。又過了十七個月，即乾隆三十三年（一七六八)十二月,劉墉因父受恩,被授予地位十分重要的江寧知府一職。乾隆帝諭曰:『大學士劉統勳年届七旬,止此一子,仍加恩以知府用。』[一四]這一次,劉墉由七品編修做到地位十分重要的江寧知府,應該説乾隆帝既有發揮劉墉才幹之意,也有體恤劉統勳之心。乾隆帝這一次對劉墉的任命,是一次頗有意義的特殊安排,他在劉墉赴任前夕還親自賜宴,并找來做過多年兩江總督、當時已是大學士的尹繼善作陪,其規格之高,以及他對劉墉這次重新任職的期望之高,由此也可見一斑。

劉墉出於忠直的天性,當然也是出於對乾隆皇帝的感激,在江寧知府任上表現得非常出色——『頗以清介持躬,名播海内,婦人女子無不服其品誼,至以包孝肅比之』[一五]。這次的江寧知府一任,使劉墉不僅獲得了全國性的聲譽,而且爲他能够青史留名奠定了非常堅實的基礎。僅一年之後,乾隆帝就迅速提拔劉墉爲江西鹽驛道,一年多之後又再次擢劉墉爲陝西按察使,這是在一省内除巡撫外地位略次於布政使的正三品地方高官。從乾隆三十五年(一七七〇)初至乾隆三十八年(一七七三)冬,這是劉墉步入仕途以來晋升最爲順利的階段之一。僅用了三年多的時間,劉墉就由七品編修升任知府,又升任爲正三品高官。而且他這段時間的表現,在乾隆帝看來應該是可圈可點的。這段人生經歷比起他『以貴公子爲名翰林』的輝煌歷史,更加令人贊嘆。這三年,劉墉幾乎是一年幾個臺階,崗位越來越重要,品銜越來越高,業績越來越突出,如不出意外,由正三品的按察使做到正二品的巡撫,其間距離可能僅是一步之遥。然而就在這時,劉統勳溘然長逝，而劉墉仕途的晉升也因回家守制而再次被抑制下來。

乾隆三十八年(一七七三)十一月，劉墉正處於將被提拔之際，然而父親去世後的丁憂使提拔之事遇到阻滯。

許多論者皆以爲，劉墉仕途上的成功，主要歸功於劉統勳給他奠定了一個很好的基礎。現在通過梳理史料，可以推知其實并非全然如此，因爲：其一，父親劉統勳固然爲劉墉進入仕途鋪墊了一個很好的基礎，但劉統勳清剛正直，可能不會給劉墉私下的幫助，而且乾隆帝亦十分精明，如果劉墉没有才能，乾隆帝也不會栽培他、重用他。其二，雖然乾隆皇帝在重用劉墉之時有體恤老臣劉統勳爲國盡忠的因素，但這也使得乾隆帝對劉墉的期待或要求較其他人更高，以致於犯同樣的錯誤，别人衹是受到批評，劉墉却要單獨再擔上一個更重的罪名——不孝。其三，劉墉在五十四歲之前，即乾隆三十八年(一七七三)之前，其官場上升勢頭共受到三次阻滯，而在上升勢頭迅猛之時的兩次受阻皆與其父有關，分别是受劉統勳議弃巴里坤事件牽連和劉統勳辭世。因此客觀地説，憑借劉墉的個人才能，年至五十四歲，官至三品，也并非格外施恩的結果。試比較一下同殿爲臣之人，尹繼善、和珅、王杰、董誥、梁國治等，誰不比劉墉提拔得快呢？而論才能，劉墉又比他們中的哪個人弱呢？劉墉被提升與其父的關係，其實還是心平氣和時的乾隆帝説得比較客觀全面：一是『追念統勳宣力年久』，二是『察墉器識可用』。在一次批評後來官至尚書的德保時，乾隆帝曾説他是『原屬無用之人』；但在另一處，他又將德保稱爲『中才』，而與德保一起被稱爲中才的是在清代有『第一才子』之譽的紀昀。相反，劉墉從來没有因爲才識被乾隆帝責駡過，衹是後來在和珅的挑唆下因工作態度被乾隆帝申斥過。可見被乾隆帝視爲『器識可用』，絶非一件尋常之事，這也同時説明劉墉的政治才能在乾隆帝心目中的真實位置是『大才』，而非『中才』！劉墉五十四歲纔位至三品，衹能説他的官運還并没有真正亨通。否則，如果没有這三次阻滯，劉墉此時的品銜豈止三品而已。當然，我們此處的推論衹是想説明在劉墉仕途官位的遞升方面，劉統勳對其産生的正面作用至少與負面作用可以相互抵消，劉墉在仕途上的成功主要還是靠他個人的才能與努力。

乾隆四十一年（一七七六）正月，劉墉服闋赴京。二月，詔授劉墉爲内閣學士兼禮部侍郎，官至從二品。而更爲重要的是，乾隆帝在安排劉墉職務、品銜的同時，又安排劉墉在南書房行走。南書房是乾隆帝及其近臣經常前往的地方，在此辦公，纔能被認爲是内廷行走之人，纔可以與皇帝經常見面。這説明乾隆皇帝想進一步觀察劉墉，以備大用。果然，在充任四庫全書館副總裁、江蘇學政這些過渡性職務後，乾隆帝就將『器識可用』的劉墉放在了掌管全省錢糧、刑法、軍隊的正二品湖南巡撫的重要職位上。在湖南巡撫任上僅工作了一年多，劉墉又被上調至中央都察院，成爲官至從一品、掌管全國監察彈劾及建議機關的最高長官——左都御史。在左都御史任上，劉墉奉旨查辦錢灃所劾山東巡撫國泰等貪縱營私案，處置十分得力。未及案畢回京，在協辦大學士蔡新回鄉省墓時，其吏部尚書兼國子監事務便由劉墉署理。經過考察，乾隆帝對劉墉的操守、能力與學識都比較滿意，遂讓他兼署吏部尚書并兼管國子監事務。吏部稱六部之首，掌管全國官吏的任免、考課、升降、調動等事務，國子監是全國的最高教育管理機構和最高學府。這兩個部門，是清王朝培育和管理人才的常設機構，全國人才狀況的好壞，除皇帝、軍機大臣所起作用最大以外，其次就當屬這兩個機構了。這一重要機構的負責人，應是皇帝放得下心的人纔行，因爲這兩個部門的負責人需要有過硬的操守、深厚的學識，以及行政管理方面强有力的組織能力。有知人之明的乾隆帝對此看得很明白，在這三項綜合素質方面，劉墉在當時的清廷官員中應是數一數二的，否則乾隆帝就不會如此費心地栽培劉墉。兼署，雖是短期任職，但可能是讓所任官員熟悉所要兼署的工作、臨時接替他人的工作，也可能是皇帝想讓該官員熟悉該衙門的情况，以便實授。而劉墉後來在中央政府同時擔任最久的兩個職務，便是吏部尚書與國子監祭酒。這説明乾隆帝讓劉墉兼署的真實意圖，正是爲了讓劉墉不負其所望，爲朝廷承擔起教育人才與管理人才的重任。當然，因蔡新還没有真正致仕，所以劉墉還不能立即正式上任，但劉墉的表現，使乾隆帝認爲應該授予他一個尚書的職務，纔可能與他的操守和能力相稱。於是在兼署吏部尚書兼管國子監事務的同一個月，還在山東辦案的劉墉，在原工部尚書羅原漢致仕的同時，便被授予了工部尚書這一職務。三條戰綫同時忙碌的劉墉，在此時此刻一定會感受到來自乾隆皇帝的高度信任，與因信任而帶來的巨大温暖。而僅僅過了一年，乾隆帝心目中吏部尚書的真正人選劉墉便正式走馬上任了。擔任吏部尚書大約一年之後，劉墉便在乾隆五十年（一七八五）被任命爲協辦大學士。

協辦大學士，一般是由六部尚書或總督中資歷較深的人選授，一般來講，這是遞升大學士的一個前奏。由此看，劉墉的官位已經距當時最高的職位——大學士，也就是俗稱的宰相，僅有半步之遥了。

乾隆五十一年（一七八六），劉墉欲厘革一項涉及人數衆多的糧弊案，極大地觸怒了和珅利益集團，致使自己官位的晋升受到了前所未有的阻滯。從這一年起至乾隆五十四年（一七八九）二月，三年多的時間裏劉墉未見政績却多受批評；官職應該得到的不僅得不到，反而連原來已有的也被撤銷，可謂厄運重重，官運蹇滯。其主要原因，就是受到了和珅等人的有意傾陷排擠。乾隆帝因爲和珅的挑唆，將劉墉降職并逐出了近臣圈子。劉墉被逐以後，和珅等人更加肆無忌憚，賣官鬻爵，奢侈腐敗，擾亂朝綱，無惡不作。因劉墉夙服朝野之望，乾隆帝不得不借助劉墉的威信收拾政局。僅僅過了半年，乾隆帝就將劉墉從順天招回了中央，讓劉墉先任左都御史，不及一個月又任禮部尚書，很快又讓他重新擔任了吏部尚書之職。嘉慶元年（一七九六），劉墉在傳禪之前説服乾隆帝讓出大寶，盡顯社稷大臣本色，從而獲得了嘉慶皇帝由衷的信任和倚重，將劉墉視爲定册元老。嘉慶二年（一七九七），劉墉在衆望所歸的情形下，拜體仁閣大學士，後來又助嘉慶皇帝除掉和珅，安定政局，終成一代名相。

劉墉於嘉慶九年（一八〇四）去世，晋贈太子太保，入祀賢良祠，諭祭葬，謚『文清』，葬回籍白家莊北塋。『文清』的謚號反映出他一代名相的清峻品格，是十分貼切的，與父親劉統勳的『文正』

相比也并不遜色。一個『清』字，便將他傲然不與奸臣爲伍、卓然肅清朝政的名相品格表現了出來。同時『清』又是劉氏家族『清愛堂』的第一個字，對劉氏子弟來説，這一謚號既是對個人的美譽，也是對整個家族家風的肯定，堪稱一段歷史佳話。

清官令譽

劉墉的任職，從種類看有文教、司法、吏治、漕運水利、建築工程五大類；從京官與地方官的分類上來看，他做過的地方官有學政、知府、道臺、按察使、巡撫等，京官他曾擔任吏、禮、工三部尚書、左都御史以及體仁閣大學士。劉墉兼署過兵部尚書、直隸總督，長期兼任國子監祭酒，以及禮、户、吏三部侍郎。但比較而言，劉墉一生政績主要體現在文化與教育、司法與吏治、地方政務與建築工程上。

劉墉擔任的許多職務，皆與文化教育有關。而劉墉在文化教育方面多角度、多層面的任職，使他有機會在文教方面做出貢獻。

在教育任職方面，劉墉三次担任學政，三次兼管國子監事務，多次担任上書房總師傅，還担任過鄉試正考官、會試正總裁、武會試正考官、殿試讀卷大臣。下至生員的管理、考核、學業，中到舉人、進士的資格考試，上到皇子皇孫們的讀書學習，他都管理過。

除乾隆五十四年（一七八九）在上書房總師傅任上劉墉與其他師傅一起受過處分外，在教育方面的其他任職上，劉墉還都是兢兢業業、成績斐然的。

劉墉第一次做提督學政是在安徽。乾隆二十四年（一七五九）正月至五月，不到半年的時間之内，劉墉就有兩封奏疏被《清高宗實録》收入。終乾隆帝之世，各地學政的奏摺，極少受到乾隆帝與中央主管部門的高度重視。由此可見，劉墉出任安徽學政一職時雖是初出茅廬，但成績還是比較突出的。

在第一封奏疏中，劉墉十分敏感地發現并奏報了安徽江北鳳、潁、泗三處文武生員在考試中暴露出的當地士習民風情形，引起乾隆帝的高度重視。在奏摺中，劉墉彙報説：『鳳、潁、泗三處，風俗勁悍，文武生員及捐納貢監，倚恃氣力，輕於犯法。又犯事之後，皆善脱逃，不就拘執。』〔一六〕乾隆帝認爲劉墉講的問題『所關綦重』，并進而推想到『學政考棚，既有此種惡習，恐通省劣衿，似此玩法抗官，滋事鄉里，爲學臣所不及見者，正復不少』，因此批示『著傳諭巡撫高晋，令其留心體訪，并飭所屬，遇有事犯，實力懲治。毋使敗類姑容，貽害良善，以靖地方』〔一七〕。這不僅對安徽一省的考生起到了震懾風氣、嚴肅考紀的作用，而且因乾隆帝對本省巡撫高晋的訓示，又將對安徽的司法實務建設與士習民風轉化起到積極的促進作用。而士習民風的改善，也會對考場風紀的整飭起到有力的保障作用。劉墉的這封奏摺，可謂一石數鳥，起到多方面作用。

行政管理，若要做到政通人和，其關鍵就是理順關係。初任學政的劉墉，就發現了相沿已久、歷朝學政深受其害的節點——捐納貢監在生員管理體系中的關係没有理順。他不僅發現了問題，而且還找到了具有可操作性的解決辦法。他發現并解決的問題，是一個在全國層面具有普遍性意義的問題。他在奏摺中講：『捐納貢監，向例責成教官約束，但貢監人數衆多，既不歲考，又無月課，教官勢難綜核。』也就是説，教官約束生員，最主要的手段就是歲考與月課；但因捐納貢監的功名屬捐款得來，没有安排歲考、月課，因而教官對他們就無法約束。他們的表現，有無不法情形，地方官反而比教官更瞭解，而且地方官對捐納貢監在户婚田土方面還具有很强的制約能力。因此，在捐納貢監的管理上，地方官必須參與。同時，因爲他們也是一種生員，因此教官也不能對他們放手不管。因此，劉墉建議道：『請嗣後凡貢監遇有小過撲責示懲者，州縣仍會同教官核辦。其舉報優劣，祇責成州縣辦理。』劉墉的切中肯綮之法，得到了禮部的肯定并在全國推廣：『安徽學政劉墉奏稱，捐納貢監，與生員不同，責成教官約束，不足以收實效。請飭州、縣官於户婚田土案内，隨時稽查，舉報優劣，應如所請。從之。』〔一八〕

因劉墉在安徽學政任上業績比較突出，乾隆帝遂命他出任全國最重要的學政之一——江蘇學政。

江浙一帶，自宋室南遷以來，不僅是全國最重要的商貿中心和産粮之地，而且還是全國的人文淵藪。因讀書人多，人才也多，就産生了一個很難回避的矛盾——僧多粥少，甚至連秀才這樣的功名，在江蘇都得之不易。不用説年輕人去應試，即使一些鬚髮斑白的老人，也都在爲中秀才而不得不躋身於考試大軍之中。正因如此，考試作弊在江蘇如雜草叢生，而且愈鏟愈多，且有蔓延之勢。早在乾隆十年（一七四五），江蘇教育界的這一問題即已上達天聽，乾隆帝在其訓諭中講：『江蘇地方童生應試，率皆彼此通融互考，甚且有一人冒考數處，或多做重卷數名，以爲院試時售賣之地者。』〔一九〕此時，已届乾隆二十四年（一七五九），可見此事作爲乾隆皇帝的一樁心病，誠然久矣。而與此同時，因秀才功名難中，又誘發了教學工作的諸多弊端，而且考場、書院、官場相互滲透，膽大刁鑽者得售其奸，老實正直者反受其制，而官方則爲其所欺詐。科場舞弊之危害雖在於教育，但對江蘇吏治亦産生了不可低估的消極作用。

既然『亂』是當時江蘇教育界的痼疾，因此劉墉在考核、管理中都采用了十分嚴厲的措施。諸聯曾在其《明齋小識》中回憶到：『昔劉石菴公視學江蘇，嚴肅駿厲，人多畏憚。』〔二〇〕這種『嚴肅駿厲』的餘威，在十年後劉墉按試揚州時，仍凛然可感。據史料稱，有許多作弊者，因忌憚劉墉威名，而不敢入場考試。劉墉在當時所使出手段之果決、嚴厲，由此不難想象。

江蘇學政任期結束時，劉墉所奏江蘇士習官風情形摺，爲其江蘇學政一任畫上了圓滿的句號。此摺倍受乾隆皇帝重視，乾隆皇帝認爲『劉墉所奏，實切中該省吏治惡習』，兩江總督尹繼善、江蘇巡撫陳宏謀、安徽巡撫托庸等，都因此受到乾隆皇帝聲色俱厲的訓誡。乾隆帝的訓諭雖然很長，但因對人們進一步深入理解劉墉此舉的意義具有非常重要的作用，故不避其長，抄録於下：

劉墉奏江蘇省士習官方情形一摺，内稱生監中滋事妄爲者，府縣官多所瞻顧，不加創艾。（府州縣官）既畏刁民，又畏生監，兼畏胥役。既不肯速爲審斷，又不欲太分皂白。科罪之後，應責革者并不責革，實屬闒茸不堪。訟棍吏蠹，所以互售其奸。不惟目己無學政，抑且心欲欺督撫等語，所奏實切中該省吏治惡習！江南士民風尚，多屬浮靡喜事，爲地方有司者，加以骫骳姑息，遂致漸染日深，牢不可破。故近年封疆懈弛之弊，直省中惟江南爲甚。此固非劉墉一人之私言也。尹繼善、陳宏謀在督撫中，剔歷最久，而素性好以無事爲福。且更事既多，上和下睦之風，竟成故智。其所轄，又大半往年舊屬，因瀆生玩，往往遇事姑容，甚至狡猾劣員，迴來藉口辦差，有意延擱公事者，更不一而足。積習頹靡，罔知振刷，此等情狀，即問之尹繼善、陳宏謀當亦難以自解。即托墉之在安徽，雖不如伊等年久，而自顧齒非少壯，不免人云亦云。此兩江督撫，率屬辦公，大略相同，不可不亟圖整頓者。況督撫爲庶僚表率，大吏不能振作，闔屬誰不承風？然至上行下效，惰窳之勢已成，誰任其咎？則朕仍惟於督撫是問耳。尹繼善等，當從此痛除舊習，刻自淬勵，州縣官有怠玩相沿如劉墉所奏各情節，即嚴行體察，據實參處。若不知自改，而轉以被揭尤人，更難逃朕洞鑒。〔二一〕

十八年後，劉墉再任江蘇學政時，還發掘并造就了兩個人才，一個是著名學者焦循，一個是著名詩人、書法家王芑孫。焦循原來并未習經，劉墉按試揚州，他應童子試，因詩句中使用『韞麐』二字，在復試中被劉墉點名面見，劉墉見到衣著樸素的焦循十分高興，詢問二字出處，焦循答以《文藪·桃花賦》。劉墉在欣喜之餘，得知他還未曾學經，遂教育焦循云『不學經，何以足用？爾盍以學賦者學經』，然後將他托付給負責郡學的金教授。第二天考生集體拜見劉墉時，劉墉又叮囑焦循『識之，不學經，無以爲生員也』，焦循自此『乃屏他學而學經』。後來，焦循曾入京參加會試，没有考中，遂不再執意科舉，而專心研經，終成於學無所不通、於經無所不治的經學大家。但正如焦循所言『循之學經，公之教也』，劉墉恐怕也没有想到，自己的一番鼓勵造就了一位大師。焦循對劉墉的提點銘記終身，得知劉墉去世的消息後，悲痛萬分，并寫下了七百餘字的長賦以感念劉墉對自己的提點之恩。

王芑孫，史書評價他曾『客京師，館董誥、梁詩正、王杰、劉墉、彭元瑞家……書仿劉墉，具體而微』。從中我們可知兩點，王芑孫曾館於劉墉家，而且書法模仿劉墉。兩人相識於劉墉督學江蘇期間，因志趣相投，遂成忘年交。王芑孫有《石菴先生課書齋八咏》詩，還曾在陪劉墉考察八旗士子時用蘇軾《試院煎茶》詩韵賦詩一首，可知兩人詩文往來頗爲頻繁。劉墉還曾將自己的收藏與之共享，王芑孫有長詩《觀石菴先生所藏陽明山人銅印作歌》即可爲證。劉墉也曾應王芑孫所請，爲其『楞伽山房』書《楞伽經》條幅，并爲其夫人曹秀貞的書房『寫韵軒』書寫《沉香山子賦》横披。曹秀貞是一位頗有才氣的大家閨秀，善書畫，曾與劉墉討論書法詩畫并有酬唱傳世。王芑孫夫婦後來將劉墉給他們夫妻所寫的大小作品裝裱成卷，各作詩四首作爲紀念。

另外在學政任上，劉墉還與巡撫一起上奏有關商籍學額之事，使生員考試競争更趨合理，也避免了鄉試中『冒濫』現象的發生。

劉墉在教育方面的任職，除了學政以外，就是長期兼署國子監祭酒。

要想感受到劉墉在兼署國子監事務時以清介素著服衆的分量，就需要對這一段歷史的時代背景進行必要的回顧。

劉墉三次兼署國子監時，已是乾隆朝晚期，乾隆帝因承平日久，而習於驕奢，疏遠忠直敢諫之士，喜歡溜須拍馬之徒。譬如六次南巡，因『供億煩苛』，居民實不堪其苦。而當時朝臣并非没有婉言勸諫的，但無論采用哪種方式，都會使乾隆帝不滿，并對勸諫者多加嚴譴。編修杭世駿的《論時事》中因有『巡幸所至，有司一意奉行，其流弊皆及於百姓』等語，乾隆帝看後雷霆震怒，命給以重懲，幸賴侍郎觀保苦苦勸諫方纔罷休，但杭世駿却因此被趕回原籍。尹會一從江蘇回來奏言『上兩次南巡，民間疾苦，怨聲載道』[二二]，乾隆帝就咄咄逼人地追問『汝謂民間疾苦，試指出何人疾苦。怨聲載道，試指明何人怨言』[二三]，結果勸諫未成，尹會一反被貶謫戍邊。當侍讀學士紀昀婉轉勸告：『東南財力竭矣，上當思所以救濟之』[二四]時，乾隆帝竟諷刺紀昀説『朕以汝文學尚優，故使領四庫全書館，實不過倡優蓄之，汝何敢妄談國事』[二五]，令人聞之膽寒。自此以後，朝臣皆相與吞舌結聲，罕有敢直言者。而專以溜須拍馬爲能事的和珅因此得以乘虚而入，竊權弄柄二十餘年。和珅素無學行，而唯以攬權聚財爲目的，并對异己之人利用御前大臣的特殊身份『伺隙激上怒，陷之』。各省總督、巡撫及朝廷大臣畏其傾陷，就莫不盤剥其下，而賄賂討好和珅於上，以結爲奥援，於是貪污索賄、行賄受賄之風遂遍行朝野。和珅在嘉慶四年（一七九九）被抄家時，其私産被抄者共標記有一百餘號，已估價者僅二十六號便值兩億兩千三百八十九萬兩白銀，未估者尚有八十三號。而當時清政府一年的財政收入不過五千萬兩，據有關史書推算，和珅在二十年間積聚的私産相當於清政府十年收入的一半還多，這不僅在中國史無前例，就是在世界史上也幾乎是絕無僅有。印鸞章在《清鑒綱目》中不禁喟然嘆曰：『雖以法王路易十四之强暴，史家言其私産不過二千餘萬，不及和珅四十分之一……』〔二六〕因此，民間便有了『和珅跌倒，嘉慶吃飽』的説法。

在這樣一種環境氛圍中，索賄、受賄之風盛行，劉墉能不爲利益所動，不懼風氣所迫，而特立獨行、清廉正直，在所兼署的國子監内正身率屬，實屬難得。事見《清史列傳》：

> 九月，御史祝德麟劾司業黄壽齡受賂一摺内稱，國子監考試惟劉墉、鄒炳泰二人清介素著，諸生不敢向其饋送營求。〔二七〕

劉墉卒後，清廷給其謚號爲『文清』。無論從翰林出身還是大學士之位，劉墉均應受謚爲『文』。『清』字，則是對其品行的評價。清代謚號中的『清』，其義有三端：避遠不義曰清；潔己自愛曰清；潔己奉法曰清。可見清朝統治者也把劉墉視爲清代最爲清正廉潔的代表人物之一。

由劉墉的任職，我們就不難體會到他對清代文化的貢獻：乾隆四十一年（一七七六）擔任《四庫全書》館副總裁，乾隆四十七年（一七八二）擔任三通館總裁，嘉慶四年（一七九九）擔任會典館總裁。如果我們瞭解了劉墉任職的三通館、會典館、《四庫全書》館所編纂的圖書『清三通』

《清會典》《四庫全書》及其內容的浩瀚淵博後，就不難想象到劉墉學問的淹貫古今；如果我們瞭解了這三部書都是清朝爲中國文化、尤其是爲後人所留下的一筆巨大的文化遺産，也就不難體會到劉墉在文化建設方面爲後世立下的不朽功勛。

『清三通』是以記述清朝典章制度爲主要內容的重要史籍《皇朝文獻通考》《皇朝通典》《皇朝通志》三書的通稱，是《中國大百科全書》重點介紹的清代文獻。《皇朝文獻通考》又名《清文獻通考》，集録從清初到乾隆時的各種文獻編纂而成，共三百卷。《皇朝通典》又名《清通典》，共分食貨、選舉等九門，采用《清會典》《大清律例》《大清一統志》等書爲材料編纂而成，共一百卷。《皇朝通志》又名《清通志》，內容主要有氏族、六書、七音、校讎、圖譜、金石、昆蟲草木等二十略，體例與《通志》《續通志》頗异，省去了本紀、列傳、世家、年譜等，共一百二十六卷。

《清會典》是記載清朝行政機構的政治法規及典章制度的一部重要文獻，《辭海》評價此書『爲研究清代典章制度的重要資料』。

《四庫全書》更是一部舉世矚目的大型叢書，共收入圖書三千五百餘種，七萬九千三百餘卷，三萬六千三百餘册，和明朝的《永樂大典》相比，在規模上也毫不遜色。劉墉在《四庫全書》編纂方面的貢獻，主要體現在糾錯、挖補等後期完善工作上。

除此以外，劉墉還被派辦《西域圖志》《日下舊聞考》等圖書文獻的整理、編撰，多次以協辦大學士、大學士身份主祭孔子，多次擔任禮部尚書及經筵講官。

司法吏治

在司法、監察、吏治方面，劉墉擔任的鹽驛道、按察使、刑部侍郎、左都御史，以及受乾、嘉兩代皇帝臨時差遣所辦案件時的欽差之任和吏部尚書這一特別重要的職務，皆是這三個方面的任職。另外，劉墉在擔任地方官員時，因其工作性質屬於綜合管理，所以其政務也牽涉到這三個方面；但爲了論述的方便，還是將其歸入『地方行政實務』名下，在這里專講一下上述任職内劉墉所做的工作。

劉墉的司法監察業績主要體現在以下方面。

在江西鹽驛道任上，劉墉對數量衆多的游手之徒販賣私鹽、大鹽商們借做官鹽生意夾帶私鹽、漕運中携帶走私、相鄰地區官鹽轉賣等情況，都嚴格、堅決地執行了稽查工作，從而堵塞了江西一帶販賣私鹽的漏洞，進一步保證了江西一帶鹽業制度的推行和鹽税的徵收。同時，他又盡其職責，對江西省内驛站也進行了有效稽查。

在陝西省按察使任上，劉墉表現卓异，到任不久就將積壓的陳年舊案處理完畢，當年秋審的刑名案件也提前辦妥。在此之後，他又積極主動地協助巡撫畢沅，很好地完成了對陝西境内軍臺的稽查工作，得到了乾隆皇帝的充分肯定。

在左都御史任上，劉墉辦理了一件大案，即查劾山東巡撫國泰、布政使于易簡貪縱營私案。

劉墉在乾隆四十一年（一七七六）以欽差大臣身份會同審理過的案件有兩件：其一是三月份至安徽會同巡撫查審案件，其二是四月份至湖北會同巡撫陳輝祖查審沔陽州土堤衝決案。嘉慶二年（一七九七）劉墉還辦理過一件，即按訊山東控案。在這些案件的審理中，劉墉都盡職盡責，取得了比較好的效果。

乾隆四十八年（一七八三）發生的福隆安管家富禮善指使趙文達毆斃夫役張二案，與嘉慶三年（一七九八）發生的山東武生戴雲龍控告齊河縣令侵蝕舞弊案，劉墉都能秉公執法，使真相大白，使涉案之人得到公正處理。山東武生戴雲龍控告齊河縣令侵蝕舞弊案比較有代表性，在此略做介紹。

審查山東武生戴雲龍控告齊河縣令侵蝕舞弊案時，劉墉爲主審，慶桂爲輔審。最後劉墉等查明，除修倉勒派及車輛、漕糧折價三項事出有因以外，餘爲誣告，擬如律。這一審理結果可謂還齊河縣令以清白，給武生戴雲龍以應有懲罰。

劉墉的吏治條奏與業績主要有：

乾隆四十七年（一七八二）六月十三日，劉墉上摺參『借病規避河工之知縣』。

乾隆四十八年（一七八三）一月二十一日，劉墉上摺『奏爲督撫升調揀員中，如有處分應交部核准事』。

乾隆四十八年（一七八三）一月二十三日，劉墉上摺『奏明滿州京員升選必須交清賠項事』。

乾隆四十九年(一七八四),劉墉上摺『奏爲奉旨議處廣東海豐縣民詐錢案失審官員事』。

乾隆五十年(一七八五)四月二十三日,劉墉上摺『奏爲遵旨查議禮部員外郎海升毆死伊妻事』。

乾隆五十年(一七八五)五月二日,劉墉上摺『奏請將劉鑒革職事』。

乾隆五十一年(一七八六)四月十五日,劉墉上摺『奏請將失察審案之刑部尚書等官交部察議事』。

乾隆五十一年(一七八六)十一月二十日,劉墉上摺『奏請將率行奏留推升他省官員之豫撫畢沅降級留任事』。

乾隆五十二年(一七八七)四月十八日,劉墉上摺『奏爲查議歷任湖北失察諱盗蔣竺氏被劫案官員事』。

乾隆五十二年(一七八七)四月二十六日,劉墉上摺『奏請欽定試用得缺不勝民社之員勒令休致新例事』。

乾隆五十二年(一七八七)七月十五日,劉墉上摺『奏明議駁勒保所謂理事同知缺出先盡試用人員補用事』。

乾隆五十二年(一七八七)七月十八日,劉墉上摺議奏『山東學政劉權之家眷船隻在直隸境内被劫一案查參該管各員事』。

乾隆五十二年（一七八七）十月九日，劉墉上摺『奏爲黄仕簡、任承恩應依統兵將帥致誤軍機例擬斬立决事』。

乾隆五十三年（一七八八）五月，劉墉主持制定官員處分條例。

乾隆五十三年（一七八八）七月十九日，劉墉上摺『奏請將曠班遲誤之防巡庫使革職事』。

乾隆五十三年（一七八八）八月十二日，劉墉上摺『奏詢應否將札郎阿開缺内閣事』〔二八〕。

乾隆帝晚年説劉墉『一向不肯實心辦事』『劉墉平日於銓政用人諸事，全未留心，率以模棱之詞塞責』。如此之多的奏摺，或奏『擬斬』，或奏請『勒令休致』，或奏請『交清賠項』，或奏請『革職』，或奏請『降級』，或奏請『議處』，這些開罪於人之事，劉墉幹過許多，這裏例舉的僅僅是一小部分。但僅僅這十幾款條奏也足以説明劉墉愛憎分明，堅持原則，絶非模棱之人，而這恰好也與朝野上下的輿論——『剛方正直推劉墉』『劉墉之劾奏……人稱朝陽之鳳』〔二九〕吻合起來。

劉墉在地方上的任職，除了太原知府、江寧知府、湖南巡撫、直隸總督以外，安徽學政、江蘇學政、江西鹽驛道、陝西按察使等也屬於地方官範疇，但因爲縷述内容的方便，已分别在前面所述的文化與教育、司法與吏治中言及，故不再重復論之。今衹就其太原知府、江寧知府、湖南巡撫三處任職簡述如下。

劉墉做太原知府時，知達於政體，以勤慎著稱。太原轄十縣一州，即雍正八年（一七三〇）所定格局。太原位於山西中部，地處交通要道，被視爲京師西南屏障。太原如同山西全省一樣，地力不沃，但朝廷西北、西南用兵，却常經此地，供給浩繁，又兼官場風氣不佳，故素稱難治之地。而太原知府一任上的職責，按《清史稿》所云爲：『總領屬員，宣布政教，興利除害，决訟懲奸，三歲察屬吏賢否，職事修廢，列舉上達，地方要政，白督撫，允乃行。』對照這些職責，再來看《山西通志》一書對劉墉的評價，就可知道劉墉在山西太原知府一任上，除了參劾段成功一事外，其他方面還是可圈可點的。《山西通志》云：『以翰林出爲太原知府，遷冀寧道。丰裁峻整，習掌故，達政體，於吏事以勤慎著稱。守太原時，清積案數十，購穀二萬餘石，儲爲府倉。陽曲縣令段某侵帑累萬，巡撫薦遷秩去，而以所虧金命墉分攤之屬縣，墉不可，巡撫卒自行之。後事發，并罹大辟，上特宥墉，譴戍。』[三〇]『丰裁峻整』，説明劉墉已預清官之流；『習掌故，達政體，於吏事以勤慎著稱』，表明劉墉已超越稱職層面，而有能臣幹員的風範；『清積案數十，購穀二萬餘石，儲爲府倉』，則是爲政府博得清譽，使老百姓得便利之作爲。能拒絶當時該省最高長官和其衷的非法要求，説明劉墉比一般官員更敢於堅持原則，而没有彈劾屬下段成功，使其清名『功虧一簣』，則屬令人遺憾之事。

在劉墉的地方官生涯中，最有作爲的一任就是鋤强扶弱、人比包公的江寧知府。江寧，其所轄地區大致相當於現在南京一帶，當時領有上元、江寧、句容、溧水、江浦、六合、高淳七縣。江寧又兼人才畢備，多有豪紳權貴，同時又是國家利賦淵藪，所以自清初以來，民間盛傳『三年江寧府，十年棟梁材』，非有清望者不能居官於此。由此可見，江寧知府之譽高、責大、任重，非尋常知府可比。

劉墉在江寧知府任上，奮發有爲，取得了不凡的業績。昭槤在其《嘯亭雜録》中盛贊劉墉江寧知府一任時云：『劉文清公墉爲文正之子，少時知江寧，頗以清介持躬，名播海内，婦人女子無不服其品誼，至以包孝肅比之』[三二]。作爲晚年與劉墉有過交往的一代親王，昭槤的記載應該十分可靠。而昭槤的《嘯亭雜録》在清人筆記中又素享聲譽，故其記載的真實性應該是可信的。而創作於嘉慶初年，即劉墉本人尚健在之時的説唱鼓詞《劉公案》（蒙古車王府曲本），就記載了劉墉在江寧知府任上明斷疑案、除暴安良的一些故事。此鼓詞雖屬民間文學創作範疇，但因這一鼓詞創作完成於劉墉健在時代，故其對劉墉官聲的評價，應與當時朝野上下的輿論是一致的，所記述的内容大部分符合事實。因此這部以劉墉在江寧知府任上的經歷爲素材寫成的作品，對考察劉墉江寧知府任上的政績有比較重要的參考作用。這些故事所反映的劉墉的從政風格，與當時清議對劉墉的看法能够吻合，而昭槤的記載與大詩人袁枚的稱贊等比較一致，也足以説明這一問題。現以袁枚長詩《送劉石菴觀察之江右》有關部分分析如下：

莽莽山萬重，惟嶽凌宇宙。蒼蒼樹萬枝，惟松挺堅瘦。四序雖平分，五行有獨秀。人胡獨不然，但觀所秉受。觥觥石菴公，實應金精宿。神羊不受羈，祥麟豈在囿！其剛玉莫磷，其清石可漱。初聞領丹陽，官吏齊縮脰。光風吹一年，歡戀極老幼。先聲將人奪，苦志將人救。抗上聳强肩，覆下紓緩袖。張口輒詆娸，上手多寬宥。奸豪既帖柔，狐鼠亦俯伏。救災如救焚，除弊如除垢。殷然愛才心，白首還如舊。視學上下江，所拔多薪槱。今雖卸皋比，群才猶輻湊。顧榮去未幾，鮑照來復又。

『初聞領丹陽，官吏齊縮脰』句中之『丹陽』是指江寧，脰即頸。此句是説，劉墉初到江寧上任，便使屬下官吏望風畏之，循規蹈矩，不敢有半點違法亂紀的事情。『奸豪既帖柔，狐鼠亦俯伏』是説江寧豪紳中的奸邪之輩與市井之徒們被劉墉降伏。『救灾如救焚，除弊如除垢』是説劉墉急百姓之急，革除了諸多行政弊端。『光風吹一年，歡戀極老幼』，『光風』意爲雨止日出、日麗風和的景象，比喻政治清明。此句是説，劉墉在江寧府上一年多來，政治清明，廣受人民愛戴，此與《劉公案》所講吻合。『先聲將人奪，苦志將人救。抗上聳强肩，覆下紆緩袖』兩句講得比較具體，因而與《劉公案》情節吻合程度也就更高。在《劉公案》中，『江寧府首部』『江寧府二部』『江寧府三部』『江寧府四部』『鴛鴦案五部』『鴛鴦案六部』『翠花蒼七部』『翠花蒼八部』『翠花蒼九部』『翠花蒼十部』，這十部數十回，及後面的十幾部一百多回，皆極生動形象地説明了劉墉破案時的一個特點，就是不辭勞苦，不畏艱險，甚至幾次不怕身陷奸邪之徒私牢、性命常懸繫於一絲的危險處境，最終智破疑案，使奸凶小人得到應有懲罰，使諸多百姓的不白之冤終得昭雪，此正可謂『苦志將人救』最好的注脚。『抗上聳强肩，覆下紆緩袖』所講意思與《劉公案》中『高總督嫌弃壽禮輕，劉知府難纏偏爲對』[三二]等回目中的情節亦可相互印證。由此看，《劉公案》中若干情節，都與當時劉墉所做所爲吻合，因此其大部分故事情節可以采信。而由《劉公案》、袁枚長詩、《嘯亭雜録》等時人記載可以看到，在江寧知府任上，劉墉確實可以媲美包公。

劉墉作爲封疆大吏的任職，共有兩次。一次是担任吏畏民服的湖南巡撫（實授），另一次則是因新任直隸總督劉峨自廣西赴任途中需要一個月時間，乾隆四十八年（一七八三）五月至六月劉墉兼署直隸總督。在直隸總督任内，劉墉在處理好部務的同時，也辦理了許多地方行政實務。祇因限於篇幅，不能展開講述，所以在此僅作列舉：經辦獲鹿縣生員王用中控告王琇懷交結縣官案；隨曹寅刺死試用知縣伍紹喜案；冒千總巴種化招摇撞騙案；解山東河工銀兩、督運福康安在四川所采辦之大楠木事；查辦原任天津道後任閩浙總督陳繼輝資産案；奏解偷竊通州倉穀要犯等案。

在湖南巡撫任上，劉墉所辦的地方政務就更多了，這里衹選取其中重要的，羅列如下：

劉墉上任伊始，即遭遇武岡、邵陽、黔陽水灾，劉墉立即督員搶險救灾。

所屬新化縣令有諱匿命盗案，劉墉查明之後據實上報。

對全省常平倉盤查之後，確立各常平倉必須用其平糶盈餘銀買補缺額及修補朽壞倉庫的制度。

對全省社倉進行盤查整頓，累計任内共勸捐倉穀近三十萬石。

勘修城垣，任内修理加固城市二十七座。

奏准開采湖南銅硝等礦産。

劉墉以湖南巡撫銜參奏滇省押解囚人之官員徐勉稱病落後，不實心辦事。

劉墉上奏秋審未經勾決人犯事。

整頓吏治：革除坐省家人陋習；革除承值公家筵席陋習；對當地官吏選拔制度進行適度調整改革。

在堵截、圍剿危及百姓安全的『嘓嚕』騷亂事件中，劉墉兩次因辦事思慮嚴密、采取措施果斷有力，被乾隆皇帝諭旨表揚。

劉墉摺報湖南察拿逃兵等情形。

《清史列傳》中評價劉墉在湖南巡撫任内的政績時説：『在任年餘，盤查倉庫，勘修城垣，革除坐省家人陋習，撫恤武岡等州縣灾民，至籌辦倉穀，開采銅硝，俱察例奏請，奉旨允行。』〔三三〕《湖南通志》則云：『政簡刑清，吏民畏服。』〔三四〕

劉墉擔任過工部尚書一職，因此在入京之後，他也多次主持或參與過大型工程。

如果將慶典操辦也算在内的話，那麽劉墉至少主持或參與過以下工程及一些輔助性工作：主持修建辟雍、督辦宫廷易瓦、修復盧溝橋、修復明陵，兩次參與總辦萬壽慶典事宜及督運福康安在四川所采辦之大楠木等輔助工程。總辦萬壽慶典以和珅、阿桂爲主，劉墉衹是協助，但修建辟雍、修復盧溝橋、修復明陵，劉墉却都是領銜之人。而這些古建築至今仍完好無損地被保留下來，而且皆爲國家重點保護文物。當游覽這些古代建築之時，我們應該想到，這些古建築之所以能够進入我們的視野，保持如此完美的姿態，這其中也有劉墉的一份功勞。盧溝橋、明陵的修復，在當時没有引起不好的影響，説明劉墉等人是按質按量完成了任務。至於修建辟雍，劉墉則是出色地完成了任務。乾隆帝在參觀新建辟雍之後，龍顔大悦，對劉墉、金簡、德成幾位有功人員交部議叙。乾隆皇帝還在乾隆五十年（一七八五）二月，隆重舉行了辟雍講學的典禮活動。除了講學，乾隆帝還作詩四首以記其盛，并要求群臣賡和，劉墉、紀昀均有和詩。因篇幅限制，在此不再展開討論。

漕運水利

在水利方面，劉墉做過河工規劃與漕運兩個方面的工作。劉墉第一次與河工結緣，是查辦一起既包含鄉人糾紛又包含土堤修築的案件。因其不屬於漕運水利，故略而不書。

劉墉第二次處理河工事務則是嘉慶三年（一七九八）的曹州漫工。李奉翰等人疏忽遲延導致攔水大壩被衝裂，衝裂處口門變成十一、二丈深的深塘而使大壩漫決。因大汛將至，而漫口下游一帶多係民田廬舍，如不及時采取措施，使溢水有其歸處，後果不堪設想。另外，因爲漫工未能及時堵合，也會致使漕運受到影響。嘉慶皇帝對此十分惱火，連頒三道諭旨。此時劉墉正在山東審查一起控告案，接到諭旨便立即趕赴現場查勘。劉墉先是到大壩衝裂處實地踏勘并據實上奏，秉公彈劾了李奉翰等人；然後爲籌劃疏導良策，不顧七十多歲高齡，在炎炎夏日奔赴下游踏勘運河主幹道與引河，歷時一個多月，對實情有了透徹真切的瞭解後，纔實事求是地上奏嘉慶皇帝。

至於漕運方面的事務，劉墉以老成之智，對『漕丁賣糧拆船』之弊及其成因給嘉慶皇帝所做的理性分析，具有很强的針對性，較之河工更能體現劉墉的政績。

經過詳細調查取證，『漕丁賣糧拆船』之事，劉墉燭照其弊，洞若觀火。其奏摺中，既有對州、縣舞弊情況之揭露，又有對督撫兩司不能明察之指斥；既有對懦弱貧丁的同情，又有對無賴貧丁的痛恨；既有對一家一户影響之分析，又有對國家漕運大政危害之揭示。他是這樣給嘉慶皇帝上奏『漕丁賣糧拆船』的：『漕糧起運收米，行船爲旗丁之專責。』這首先説明了『漕丁』的身份是旗丁，『而州縣僉派旗丁，或將殷實之丁索錢賣放』。至此問題顯出端倪——州縣官員們在僉派旗丁時，不是按規定辦理，而是横行不法，借機敲詐勒索富裕旗丁。官員們在中飽私囊之後，私自違犯規定，免除殷實旗丁的苦役；對無錢貧丁，則祇要官員需要，便一律强迫上船。這樣一來，其危害立顯：『貧丁若懦弱無能，或致自盡，以免累妻子，納詞狀於懷中，訴冤苦於身後，此猶一人一家之事耳。其貧丁之無賴者，不以爲苦，挈家上船，居然温飽，自水次以至通州，盗賣官糧，無復畏忌。所賣既多，或鑿船沉水，以匿其迹，或稱漕糧交兑，本不足數，抵通弊混，同歸於無可考據，卸桅拆柁，無所不賣，及至回空，僅存船底。於是新漕起運之時，船已不可復用。』其危害不僅限於一人一家，而且危及國家漕運大政！因此劉墉指斥『此亦州縣、府道不職，而督撫兩司不能察吏之一端也』，最後提出解決方案『請敕下有漕省分督撫兩司，嚴查州縣務僉殷實丁户，或一人力薄，數家幫貼，則賣糧拆船之弊可免』。嘉慶皇帝閲畢劉墉奏摺，立即下達訓諭，按劉墉所説辦理。這是劉墉在乾隆五十二年（一七八七）厘革糧弊失敗之後，對漕運大政的一次成功改革。

（二）與和珅的三次交鋒

無論是嚴肅的學術探討還是電視劇，在今日對劉墉與和珅關係的解讀上，都存有很大誤區。後者傾向於誇大兩人之間的鬥争，而前者則傾向於將二人之間的鬥争歸於虛無。實事求是地講，這兩種傾向，都有違於歷史真相。深入考察歷史就會發現，自劉墉擔任左都御史之後，就與和珅展開過國泰案審理、厘革糧弊案、争大寶三次大的鬥争。這三次交鋒總的結果是劉墉小勝，對延緩清王朝衰頽之勢本應具有更大的積極作用，但終因乾隆帝晚年的昏聵與和珅的怙寵作惡而大打折扣。這些交鋒場景，清晰地折射出清王朝自乾隆帝晚年開始無法挽回的衰頽之勢，因此也是我們在觀照乾隆嘉慶兩朝政局時不可忽視的一個視角。

第一次交鋒——國泰案審理

第一次交鋒發生在乾隆四十七年（一七八二）四月，因御史錢灃彈劾山東巡撫國泰貪縱營私，乾隆帝命劉墉與和珅一起奉旨到山東審理此案。

《清代七百名人傳》《清史稿》《嘯亭雜録》《清稗類鈔》《郎潛紀聞初筆二筆三筆》對此事細節

皆有載録，但以清人陳康祺《郎潛紀聞初筆二筆三筆》對此事來龍去脉所記最爲詳盡可信，今録之如下：

> 錢南園通政復有疏劾東撫國泰一事……其時和珅柄國，而國泰素奔走其門下者……（錢南園）及抵境，和已授意國泰彌縫，輒以危言相恫喝。幸劉文清深知其弊，常與通政密商，比到省盤查，則和先揚言不用全數彈兑，抽查至數十封，無短絀，和遽起回館舍……高宗嘉之，許爲敢言，語云：批龍鱗易，捋虎鬚難。通政是舉，若非聖君在御，賢相同舟，其不爲珅所搏噬也幾希！〔三五〕

陳康祺一開始就挑明和珅與國泰的關係：『其時和珅柄國，而國泰素奔走其門下者。』錢灃與劉墉密商提前到山東偵查，他一到山東就知道『和已授意國泰彌縫』。到省盤查時，和珅先揚言不用全數彈兑，抽查至數十封無短絀，和珅就立即起身回館舍，這明白無誤地揭露了和珅對國泰事先授意、然後設法阻撓正常勘驗的種種醜行。而由『幸劉文清深知其弊，常與通政密商……語云：批龍鱗易，捋虎鬚難。通政是舉，若非聖君在御，賢相同舟，其不爲珅所搏噬也幾希』一段可知，雖然錢灃的彈劾獲得了意外成功，但如果没有劉墉敢於主持正義，經常與之密商，并與和珅展開有效鬥争，錢灃『捋虎鬚』的後果可能就是陳康祺所云的爲和珅所搏噬。

唯此則記事中『輒以危言相恫喝』一語令人費解，但當我們看到陳康祺在同書中的補充説明，就會知道錢灃在國泰『輒以危言相恫喝』下的尷尬，纔可能進一步體會到劉墉在此事件中所扮演的角色是多麼重要，也纔能真正理解陳康祺前面所講的『若非聖君在御，賢相同舟，其不爲珅所搏噬也幾希』的深刻含義。

在『錢南園劾奏國泰之勇決』條下，陳康祺補充云：

錢南園通政爲御史時，劾東撫國泰，前筆紀之未詳。是時劉文清公偕和珅奉高宗命，往山東訊鞫，并諭御史同訊。方觀獄日，國泰忽起立詈御史曰：『汝何物，敢劾我耶？』文清大怒曰：『御史奉詔治汝，汝敢詈天使耶？』立命隸人批其頰。國泰懼而伏，珅遂不敢曲庇。〔三六〕

看來，『方讞獄日，國泰忽起立詈御史曰：「汝何物，敢劾我耶？」』就是陳氏所云的『輒以危言相恫喝』一類事件。

審案之初，國泰突然發作，對錢灃聲色俱厲地指斥道：『汝何物？敢劾我耶？』雖然錢灃是鐵面御史，但在審案現場，國泰的突然暴發，想必使他措手不及。現在的清史史料幾乎没有記載錢灃對國泰這次突然襲擊的反應，恰恰説明當時他是被動的，因此纔没有很有力的反擊，不然清史史料的作者不會漏掉這一片斷。國泰乃乾隆帝所稱的『小有才之人』，居心巧詐，在屬吏面前大施淫威，甚至連當時山東布政使于易簡見他時，都需要跪着回話〔三七〕，其凶殘與跋扈，實絶非尋常者可比。而在這千鈞一髮之際，面對咆哮公堂的國泰，劉墉大怒道：『御史奉詔治汝，汝敢詈天使耶？』這句話極有智慧！御史官小，但御史是代表天子而來，國泰辱罵天子之使，不言而喻，就是辱罵天子！這句話可謂寸鐵殺人，聽到此話，國泰終於没了脾氣。劉墉緊接着『立命隸人批其頰』，凶横的國泰纔癱軟下來。這樣一來，審案方能正常進行下去。否則，讓『小有才』的國泰咆哮公堂，加上和珅的暗中相助，恐怕審案的難度要增大許多。劉墉一招斃敵，在這次交鋒中，不僅震懾了罪犯國泰，而且對不斷阻撓正常審案的和珅也敲響了警鐘，使其對國泰不敢再曲加包庇。否則，和珅與國泰一唱一和，就像他剛到濟南時衹『查至數十封』，明顯地庇護國泰，其間劉墉如再保持中立，恐怕錢灃也難以不被和珅搏噬！

劉墉、錢灃在這一案件中的勝利，無疑是發生於乾隆朝晚期的一個重要政治事件，從而大大鼓勵了正義官員們對和珅及其黨羽們開展有力的鬥争。如乾隆五十一年（一七八六）曹錫寶告和珅家奴劉全，乾隆五十五年（一七九〇）尹壯圖上疏停罰罪銀暗斥和珅亂政，乾隆五十七年（一七九二）武億痛杖和珅鑾僕[三八]，乾隆六十年（一七九五）謝振定焚和珅妾弟違制轎車[三九]。這些有正義感的官員們，敢於與怙寵作惡的和珅交鋒，再加上朝中大臣阿桂、嵇璜、王杰等人的正直無私，形成了乾隆朝晚期一股極其難得的正氣。在這一歷史階段，如果乾隆帝公正嚴明，曹、尹善於鬥争，形成乾隆朝晚期的政治清明格局未必不可能，和珅對清王朝的危害也許就不會太大，清王朝引以爲豪的康乾盛世也許還會得以延續下去。但事實却是，敢言者如曹錫寶、尹壯圖等人缺乏鬥争藝術，在與和珅的交鋒中節節敗退，最後一個鬱悶而死，一個險些當時被殺。而武億、謝振定均因開罪和珅而丢官，朝中正直大臣劉墉、阿桂、王杰等對和珅雖十分厭惡，但因乾隆帝待之貌似公正實則包庇縱容，故無力去之。和珅的實力遂日漸壯大，大到除乾隆帝以外無人能控禦的程度，曹、尹的悲慘遭遇使朝臣們對和珅的肆意妄爲更是噤若寒蟬。至此清王朝政局痛失挽回衰頽之勢的一次重要機遇，這實是清王朝在進入乾隆朝晚期以後國勢由盛轉衰的重要節點。

第二次交鋒——『厘革糧弊』

乾隆五十一年（一七八六），表面上看起來，劉墉的官場生活似乎風平浪静，劉墉在自己的詩裏也流露出一種從容——『閑情餘事亦雍容』〔四〇〕。但是在背後，其實有一股暗流正在向劉墉襲來。這股暗流的源頭人物，就是和珅。

在擔任吏部尚書期間，清廉正直的劉墉已經彈劾了一大批官員。這在官場風氣清明的乾隆朝早期，因爲自覺有罪，這批官員恐怕不會與劉墉結怨。但在官場風氣越來越壞的乾隆朝晚期，這一大批被彈劾的官員，便是隨時對劉墉形成不利輿論的源頭所在。而劉墉在乾隆五十一年（一七八六）所欲厘革的一項涉及人數衆多的弊政，更使這股力量糾合成了足以使乾隆帝不再信任劉墉或産生不良印象的一種勢力。當時的朝鮮冬至書狀官李勉兢在給其國王所進的聞見别單中，給我們留下了這則彌足珍貴的史料。他是這樣講的：

各省常税米粟，從水路轉運，而道里遼遠，賦納千斛，船費殆過數倍，而皇城旗下放料，一朔爲累萬石，故近年以來，諸州府預送計吏帶價入京，貸買放料米穀，以充輸納之數，故價賤穀貴，民業日困。協辦大學士劉墉欲爲厘革，昨年奏請往審諸路轉運，蒙允。積年謬例，犯者實衆，各懷危懼，共囑和珅奏達皇帝，以爲荒年欽差無端擾民，皇帝即命召還云。〔四一〕

李勉兢的這段話其大意是講：國家要求各省向國家輸送的糧食，各省如從當地運來，其運費比所送糧食本身的價格還高數倍。因此諸多省的州、府就想出一條對策，在向北京交糧時，提前預算好價格，派屬吏帶錢到北京買放料米穀。這樣一來，因各地均至北京購買，北京的糧價就不斷上漲，北京的老百姓因糧價太高，大受其害，以至民業日困。在這裏，『價賤』是指外省州、府來京買糧的『價』與其從本地將糧食運過來的『價』相比更便宜，所以稱『價賤』；『穀貴』是指北京的糧食價格比以前、尤其是同北京百姓所能承受的正常價格相比顯得昂貴，所以朝鮮使者説是『穀貴』。由此我們可以瞭解到，從全國調糧至京，本是從大局出發，平衡全國市場，滿足京畿地區特殊要求，是國家政局安定的需要。而各省却不顧大局，祇顧自己局部利益，使京城這一全國政治、經濟、文化中心糧價騰漲，民生日困。正因如此，劉墉纔下定決心給予厘革。然而各省、州府節餘的錢哪裏去了？按照當時吏治松弛、貪污賄賂公行的現實，節餘充公的少，入私囊的多。而且省、州、府官員們不敢私吞，他們會用各種方式賄賂上司，以充當自己的保護傘。如是一來，總督、巡撫、藩臬兩司、道臺、知府、知州便沆瀣一氣，結成了一個禍福與共之網。而且積年謬例，官員調動頻繁，就使犯法者更多，網絡更爲龐大，這就是朝鮮使者所講『積年謬例，犯者實衆，各懷危懼』的客觀情勢。以劉墉的精明，對此內情不可能不瞭解；瞭解却要予以解決，自然就會成爲全國一大批官員的共同敵人。這批官員就達成了一種默契：自上而下，北京與外省、外省與外省之間，聲氣相通，結成了异常緊密的關係網絡。他們在地方上廣造輿論，説朝廷派欽差是無端擾民；在朝廷上與和珅勾結，由其向乾隆帝進讒言，請乾隆帝收回成命。最終他們果真達到了目的，成功地使乾隆帝收回了成命。而令多少年來乾綱獨斷的乾隆帝收回成命，在十幾年前是幾乎不可能的。還是這位李勉兢説得透徹，他向其國王彙報時説：

（乾隆）皇帝近年頗倦爲政，多涉於柔巽，處事每患於優游，恩或多濫，罰必從輕。恩濫故啓幸進之門，罰輕故成冒犯之習。文武恬嬉，法綱解弛，有識者頗以爲憂。〔四二〕

和珅成功地抓住了乾隆帝『頗倦爲政，多涉於柔巽，處事每患於優游』的弱點，終於使這位疑惑不定的老人認爲是劉墉誤導了他，於是這位已經倦政的皇帝便收回了成命。在這次交鋒中，劉墉面對的敵人太多，他明顯地處於劣勢，但以他憂國憂民的胸懷，以他『抗上聳强肩，覆下紆緩袖』『救灾如救焚，除弊如除垢』『其剛玉莫磷，其清石可漱』〔四三〕的個性，是不會善罷甘休的，日後還會爲此進行不屈不撓的鬥争，衹是限於已有的資料，無法直接證明這一點而已，否則乾隆帝就不會對劉墉做出『素好執狃』『每多議論，立异鳴高』的批評〔四四〕。朝鮮使者所云『有識者頗以爲憂』，可能正是指劉墉當時的狀態。然而不管勝負如何，京城的糧價因劉墉的厘革弊端之舉被阻而日益騰漲，老百姓也日益怨聲載道。無奈之下，乾隆帝衹好派金簡去通州查勘各糧倉是否囤積居奇，急調外省糧食入京以解燃眉之急，這恰恰從反面證明劉墉厘革此弊的必要性和緊迫性。然而在日益昏聵的乾隆帝這裏，正確的決策不被支持，錯誤的反被實施。這是繼劉墉、錢灃勝過和珅、國泰後，乾隆朝晚期國是日非的標志性事件。

在厘革糧弊失敗之後，劉墉仍然没有停止鬥争。民間所説劉墉三天一奏本，雖有些誇張，但劉墉的參奏之多，大概是在當時朝廷上下最爲突出的，不然朝鮮使者就不會説『劉墉之劾奏』在民間被稱爲『朝陽之鳳』〔四五〕『夙負朝野之望』〔四六〕。也正因此，和珅及其黨羽就一直没有停止對劉墉的誣陷。乾隆五十四年（一七八九）三月因上書房師傅們七日之久未至，乾隆帝雷霆震怒，對劉墉予以十分嚴厲的處罰，不僅免去了他的吏部尚書職務，而且從協辦大學士銜降到了侍郎銜。更爲嚴重的是，劉墉還被乾隆帝逐出了南書房，對他进行了從來未有過的怒斥——斥其不肖其父之忠勤爲不孝，爲國不盡責盡職爲不忠，即劉墉成了一個『不忠不孝』之人。而忠、孝兩字，乃劉墉一生安身立命的根基，在乾隆帝的痛斥面前，他幾十年的努力化作了烏有。實事求是地説，作爲總師傅的劉墉有管理、督查、參劾各位皇子師傅的職責，師傅們有七日之久未到書房，耽誤了皇子們的教育，而使乾隆帝龍颜大怒，劉墉實難辭咎。但總師傅不止劉墉一人，而且總師傅的督查按要求『有事則至，或月日一至，非日日入直也』〔四七〕，即通常每月一查；這次事件发生在月初，劉墉雖有責任，但也不應負全部的責任。然而對此我們又不禁會疑問，乾隆帝一生雖多次檢查上書房，但并非經常前往，這一次爲何師傅們曠工最多的一次恰巧就被他碰上？本來乾隆帝是想等部議以後再决定對劉墉的處理，爲何僅僅過了一天，不及部議就親自處罰呢？其中的原因不想自明。和珅一直隨侍乾隆帝左右，他在乾隆帝與劉墉之間設置一道鴻溝，使劉墉没有機會揭露其怙寵作惡的行爲。和珅是异常狡猾的，不然三十多歲就做軍機大臣、大學士的他就會運轉不靈。其做事的手段十分陰毒且不留痕迹，許多正直大臣被排擠都與和珅有關，却極少有史料能直接證明和珅在其間留下的具體把柄。劉墉這次所受的挫折既與自己未能盡職盡責有關，恐怕也與陰險狡詐的和珅有意排擠存有某種直接或間接的聯繫。

一氣之下，乾隆帝將劉墉的協辦大學士降爲侍郎銜，罷免劉墉吏部尚書一職，同時又將劉墉逐出了南書房。這相當於將劉墉的職位降到了十四年前的起點上，逐出了近臣的圈子，同時這也意味着將劉墉逐出了自己的近距離視野。然而僅過了半年多的時間，乾隆帝又將劉墉召回了中央。劉墉先任左都御史，未及幹滿一個月又任禮部尚書，很快又回到了吏部尚書的職位上。轉變得如此突兀，這背後的原因到底是什麽？且看朝鮮使者鄭東觀給其國王彙報時所説的一段話，我們再做結論：

閣老和珅，用事將二十年，威福由己，貪黷日甚，内而公卿，外而藩閫，皆出其門。納賂諂附者，多得清要。中立不倚者，如非抵罪，亦必潦倒。上自王公，下到輿臺，莫不側目唾駡。劉墉之劾奏，王杰之却衣，人稱朝陽之鳳。〔四八〕

再看另一位使臣給其國王的信中所云：

而和珅、福長安之用事日甚，擅弄威福，大開賂門，豪奢富麗，擬於皇室。〔四九〕

顯然，乾隆帝如此迅速地恢復劉墉職權、尤其是恢復劉墉吏部尚書這一職權的真正原因，不是乾隆帝對劉墉法外開恩，而是在於劉墉被降職之後的吏治狀況已經幾乎不堪收拾。乾隆帝要想收拾人望和政局，就不得不借助劉墉這樣清正廉潔的大臣。其時，乾隆帝晚年政局之混亂已經可以想見。

第三次交鋒——『大寶』之爭

禪位時，已在位六十年但還留戀帝王權勢的乾隆帝，在和珅的慫恿之下，想衹傳皇位而不傳大寶——皇帝玉璽，從而爲内禪製造了一出歷史鬧劇。玉璽是皇帝行使權力的印信與憑證，正是靠它發布的各種文告詔書，遠在四面八方的臣民纔能不見面而覺君王無處不在的。一世精明的乾隆皇帝，因晚年的昏聵及對權勢的留戀，尤其是和珅的操縱，竟然將自己親自選定的、寄托自己希望的接班人——顒琰（嘉慶皇帝）置於令天下昭然、毫無回旋餘地的尷尬位置上。顒琰本人還不便出面申説，其苦惱可想而知，朝政紊亂將進一步惡化也迫在眉睫。然而在乾隆皇帝的淫威面前，滿朝文武大臣都像忘了天子離不開大寶一樣，來朝賀顒琰這位没有大寶的天子！此時，滿朝文武，衹有一個人挺身而出，大聲説道：『天下安有無大寶之天子？』[五〇]斷然制止了這一幾乎不堪收拾的鬧劇。這位『膽大包天』的臣子，就是被乾隆帝經常指責爲『一味模棱』的劉墉。劉墉單獨進宮對乾隆帝説：

『陛下不能無係戀天位之心，則傳禪可已。傳禪而不與大寶，則天下聞之，謂陛下何如？』半日力争，卒得大寶而出，始行賀禮。〔五一〕

在這千鈞一髮之際，劉墉冒着激怒乾隆帝、隨時被殺的危險，擊中了處於矛盾心態中的乾隆帝的要害，挫敗了和珅的陰謀，纔使朝政没有進一步紊亂、局勢没有進一步惡化，及時挽回了嘉慶皇帝的朝廷體面。嘉慶皇帝對此由衷地感激劉墉，從此便把他視爲定册元老，以心腹相托。而劉墉在此舉中表現出來的敢於斷大事、定大局、力挽狂瀾的過人膽識與能力，在嘉慶皇帝心目中也留下了深刻印象。嘉慶四年（一七九九），嘉慶皇帝對和珅實施突然抓捕，將其拘捕後，他第一個找的大臣就是劉墉，第二個人纔是他的老師朱珪。然而朱珪此時仍在外任，并没有回到北京。這説明，在這生死存亡的危急關頭，嘉慶皇帝的心目中祇有劉墉纔是最忠誠、最可靠的大臣，纔是跟和珅鬥争最堅決、最得力的大臣，同時還是有威望與能力足以輔佐他穩定局面的社稷之臣。在這個特殊時刻，劉墉雖非軍機大臣，却比軍機大臣更爲皇帝倚信，比軍機大臣參與的决策更多，所以當時他的地位堪比首輔大臣。『疾風知勁草，板蕩識誠臣。勇夫安識義，智者必懷仁。』嘉慶元年（一七九六）的争大寶、嘉慶四年（一七九九）的捕和珅這兩件大事，使新皇帝嘉慶帝對劉墉有了其他人所没有的深度認同感。讀者閲讀至此，可能會産生些許困惑，因爲嘉慶皇帝在嘉慶元年劉墉大學士實授未成時與嘉慶二年（一七九七）補授時的訓諭中，對劉墉皆有指斥：嘉慶元年，指斥劉墉『向來不肯實心任事』『率以模棱之詞塞責，不勝綸扉』〔五二〕；嘉慶二年，仍然指斥劉墉『向來不肯實心任事，行走頗懶』〔五三〕。既然嘉慶帝如此看待劉墉，爲什麽還説嘉慶帝非常信任劉墉呢？其實在此祇要瞭解嘉慶元年至嘉慶三年年底，太上皇乾隆皇帝仍然健在，而且用他的話説『大事還是我辦』〔五四〕，尤其像大學士補授這樣的用人大事，更是必須由他纔能決定。嘉慶皇帝祇是一個見習身份，還祇是太上皇的傳聲筒。那麽就不難理解，這些指斥其實仍然是乾隆皇帝在和珅挑唆下對劉墉早已形成的看法。太上皇批評劉墉『行走頗懶』，估計原因有二：一是劉墉如晚年的阿桂一樣，對暮年時期的乾隆帝在朝政上已非常失望，將希望全部寄托在新皇帝身上，所以對老皇帝難免有些冷落；二是正如王安石所指出的那樣，孟嘗君陷到了祇有靠雞鳴狗盗之徒纔能脱險的境地，是因爲雞鳴狗盗之徒近其身而君子不近其室之故。因和珅等一批佞臣包圍着太上皇，人以群分，物以類聚，劉墉與他們冰炭不同爐，自然不願去主動地參與其間。其實我們祇要看一下《朝鮮李朝實録》所記録的這一時期的史實片斷，就可以大致上瞭解劉墉在乾隆帝處行走頗懶却不能稱爲怠政的原因：

皇帝（顒琰）平居與臨朝，沉默持重，喜怒不形。及開經筵，引接不倦，虚己聽受，故宴臣之敷奏文義者，俱得盡意。閣老劉墉之言，最多采納。皇上眷注，异於諸臣，蓋墉夙負朝野之望，爲人正直，獨不阿附於和珅云。〔五五〕

和珅專權數十年，惟王杰、劉墉……終不依附……〔五六〕

朝臣中一辭公論，剛方正直推劉墉，風流儒雅推紀昀。而墉則見其爲人視下而步徐，一

入班行，位著爲之肅然。〔五七〕

劉墉爲人峭直，隨事規箴。〔五八〕

『夙負朝野之望』『一入班行，位著爲之肅然』，説明劉墉在民間及同僚中擁有他人難及的崇高威望。可見，在嘉慶元年（一七九六）和嘉慶二年（一七九七），以嘉慶帝身份所言的乾隆帝評語既不符合嘉慶皇帝本人對劉墉的認識，也不符合朝野對劉墉真實的看法。

綜上所述，在和珅怙寵作惡的乾隆朝晚期，因少有朝臣與和珅展開有效鬥争，劉墉與其三次交鋒的勝利在乾隆朝晚期與嘉慶朝初期政局中已屬難能可貴。而這三次交鋒本應在延緩清王朝衰退的過程中起到更大的作用，但這些作用終因乾隆皇帝對和珅等佞臣姑息、縱容、包庇，而和珅等人又不知謙退，祇知一味結黨營私、怙寵爲惡，導致全國官場道德淪喪，政局敗壞，人心大亂，纔致使三次交鋒的積極作用大打折扣。到了嘉慶帝懲治和珅、自己單獨執政之際，整個清王朝，已經病入膏肓，難以承受社會大變革的衝擊，所以除對和珅等少數人加以懲治外，其他和珅黨羽嘉慶皇帝不再追察，否則整個官僚機構必將崩潰，國家將陷於長期動亂不安的局面。因此劉墉、朱珪、董誥等人在輔佐嘉慶皇帝時，祇能采取近似保守的態度以期守成，整個清王朝從此進入了真正的衰退期，結束了對外擴張、對内嚴密控制的帝國態勢。四十多年之後，即道光二十年（一八四〇），鴉片戰争爆發，清王朝終於陷入了内外交困、風雨飄摇的局面。

（三）一代帖學大家

清代書法，處於一個非常特殊的歷史時期。一方面，帝王對書法的垂青、科舉制度對書法的格外關照，使帖學的生命况味、哲學意識日益流失，形成了千人一面的館閣體。書法界一些豪杰之士，不滿於書法走向館閣體末路，遂奮然而起，力挽帖學頹波，從而形成了帖學一系一度中興的局面，出現了一批帖派名家。另一方面，清王朝施行的文字獄政策，使許多有思想的文人不再熱衷於文學創作，從而轉向音韵、訓詁、金石考據等學術活動。金石學的研究，遂使退隱幕後一千多年的碑學得以復興，以主角的身份出現於書壇之上，在清代書壇上構成了帖派與碑派踵繼爲武的特殊歷史局面。

在這樣一個特殊歷史階段，劉墉以其集帖派大成、對碑派有獨到貢獻的身份，成爲令人矚目的一代書法大家。

劉墉學書經歷了初始期（二十一年）、預備期（二十年）、過渡期（二十年）、成熟期（十五年）四個歷史階段。

初始期（九歲—三十歲）

東武劉氏家族到劉墉曾祖父一代，其在書法方面的努力即已顯示出成績。劉必顯擅書，其長子劉楨是一位不錯的書法家，衹是功名太低，聲望受到限制，未能獲取一代名家的稱號。書法水準不及劉楨的劉果，能寫一手清爽的《懷仁集聖教序》，其與他人合作之筆，亦有動人心魄之處。劉墉祖父劉棨，由今日諸城博物館所藏墨迹，我們可以看出其淳實的書法修養。到了劉統勳這一輩，他的書法已經擁有了全國性的知名度，引起了廣泛的注意與好評。在皇宫内苑等處，都不難發現劉統勳的筆墨遺踪，現在國内外收藏家手中還藏有不少劉統勳的書法真迹，也可旁證劉統勳書法至今仍有其頑强的生命力。李放的《皇清書史》專門爲劉統勳立有條目，其下有王昶、王文治、趙懷玉等人的評論。王昶説：『公常謂少時書仿趙承旨，中年慕文待詔，晚年不復求工點畫。然不求工而自工，斯天下之至工也。』〔五九〕王文治説：『劉文正師不多作書，然於書家境界甚深且備，今石菴前輩書名冠海内，諦觀之，皆自文正出也。』〔六〇〕趙懷玉則云：『今世争重劉石菴先生書，不知其先文正公，亦以書法雄一代。石菴先生自松雪入手，文正則神似松雪，學固有自來也。』〔六一〕劉統勳因爲身居高位，人品又極受時人推崇，因此對其書法的評價多有溢美之處。但客觀來講，劉統勳所寫小楷，雖有館閣體之嫌，但工穩至極，筆力驚艷，雖綫條細如游絲但仍能保持氣息淳和静穆，其功力實在非一般人所能及。劉統勳小楷的真實水準其實連劉墉都要退避三舍，這衹要看到劉統勳與劉墉父子二人的應製詩合卷就可明白。

我們從劉墉手抄本《書法菁華》自述中知道，劉墉『少小即愛書』。但『少小』是一個模糊的概念，據此很難確定劉墉學書的準確年齡。好在我們有兩個準確的數字可以對此加以界定。一是根據劉墉家族的家規，劉氏子弟『六歲就外傅』[六二]，即劉墉六歲就應該離開母親到學堂跟老師讀書，要讀書就必須接觸筆墨。但是接觸筆墨與寫書法還有所不同，尤其是與主動學書更有不同。我們在劉墉《學書偶成三十首》中的最後一首，可以得到劉墉本人提供的準確年齡。此詩第一句爲『總角塗鴉弄筆狂』（女八歲男九歲爲總角之年），由此我們可知，劉墉自九歲開始對書法産生熱愛之情，并從而步入書法殿堂。但是有一點，雖然他自六歲接觸筆墨，九歲愛上書法，但其三十歲以前的書法作品却極爲罕見。其實，這不僅是劉墉一個人作品的存世狀態，而是一個藝術史規律，即歷史上許多書法大家成名前的作品存世數量都會極少（因當時還没有名氣，收藏界不重視），而能存世者幾乎都是成名後的作品。劉墉是一個大氣晚成的書法家，在這方面的表現就更爲明顯。他現在能被看到的作品主要寫於七十歲以後，而要研究一個書家的成長，早年作品又絶對不可缺少，尤其像劉墉更是如此。這就給人物個案研究設置了一個很難逾越的障礙，但是不跨越這一障礙，人物的分期研究就無從談起，對人物早期成長經歷加以深入研究就是一句空話，如果没有分期研究，就衹能集中於對人物成名後的作品風格做描述性研究。如此研究，失却了對書法家書法成長各個階段的關注與分析，得出的結論極易陷於概念化窠臼。因此，搜集劉墉初始期的作品，對我們的當前研究無疑至關重要。

然而劉墉三十歲以前的作品，筆者搜集近二十年，纔搜檢到他爲考進士抄録的《經史藝文》手稿。此手稿先是爲劉統勳的忘年交、劉墉好友朱筠收藏，後來朱筠將此手稿交給其子朱錫庚收藏，朱錫庚在收藏期間曾讓劉墉本人補充題跋，後來又在手稿重新裝幀修整并轉贈劉墉侄孫劉喜海時各補充了一段題跋。劉喜海收到此書後，喜不自勝，遂題『從孫喜海謹藏』六字以志紀念。後來此書爲朱文均收藏，今爲國家圖書館庋藏。此書之藏者、劉墉之跋、劉喜海之題記均真實可靠，且流傳遞藏有序，乃至劉墉與朱筠交集時間與劉墉應考時間均較爲準確，因此此抄本爲劉墉真迹，當較爲確定。唯一存疑之處，爲劉墉首則題跋自云此書是『四十年前』所抄録，其時間跨度比較大。因爲此跋書法風格，與朱錫庚所云嘉慶六年（一八〇一）劉墉書寫特徵相符，也就是説劉墉此跋題應寫於嘉慶六年。嘉慶六年劉墉八十二歲，若此題跋是四十年前所書，則與《經史藝文》衹適用於科舉考試的功用不符，因此應以朱錫庚所言爲是。如是，此書應是劉墉三十二歲中進士前所書。按常理推測，劉墉在考試前工楷抄録篇幅如此之長的《經史藝文》一書根本來不及，至少也要提前一兩年准备，因此此書書寫時間應在劉墉三十歲左右爲宜。由此可見，該抄本對劉墉書法初期的研究便具有了極佳的樣本意義。

爲什麽劉墉在中進士後，便被選爲以書法文學擅長的翰林院庶常館庶吉士？見此小楷抄本後，答案自明。經過二十多年的磨練，劉墉的館閣體書法功底已經爐火純青。他的這本小楷《經史藝文》與明代趙秉忠的狀元卷相比，不僅毫無遜色，而且讓人産生其作品略占上風之感。因爲狀元卷雖然是在考試現場寫成的，劉墉《經史藝文》是在自己所能掌握的時間裏從容完成的，但狀元卷篇幅僅千餘字，《經史藝文》篇幅却很長，抄有數十篇古文。其中《戴記》《公羊氏》《左氏傳》

合三十篇，《南華經》《漢書》《史記》合十八篇，唐、宋雜文合六篇。狀元卷無一錯漏塗抹之處，而《經史藝文》亦無一錯漏塗抹之處，其難度之高奚待何言？該册書寫所擇狼毫應是硬狼毫，不然縱使書家再有能力，書寫如此剛勁之筆劃也難勝其勞。而該册文章的抄録，自始至終無一懈筆、鈍筆、弱筆和失控之筆，觀後令人感到驚嘆。我們對劉墉此作的驚嘆，在於對其控筆穩定狀態的佩服，對其結體自始至終工整如一的感喟。但我們在驚嘆之餘，認爲劉墉的這件作品除了其整飭感令人震驚以外，缺少了罄露的天性、豐富的筆法變化，以及由實入虛又由虛返實的意境之美。整個作品穩定多變化少，剛多柔少，巧多拙少，實多虛少，整齊多參差少，缺少了書法被視爲藝術的最重要的趣味。這顯然是科舉考試常見的一種書法樣式，劉墉此一時期的書法，無疑屬於科舉考試所用的上乘館閣體了。當然，跟普通的館閣體極不相同的是，劉墉此一時期的書法，其綫條的細勁、清剛之氣還是非常高妙的，這是劉墉作爲一代大家不可磨滅的書法天資，是尋常冬烘者難以企及的。劉墉此件作品的細勁清剛之氣，除了天禀以外還應有一部分源自庭詰，王文治、趙懷玉等人認爲劉墉書法受其父劉統勳的影響，應是知情者所言。祇要比較一下劉統勳的應製詩墨迹與劉墉的此件作品，其中父子相傳的筆墨心緒就凸顯出来了。當然，劉統勳對劉墉的影響僅局限在劉墉書法的初始期。如果説劉墉書法的預備期與其父親還有一些聯繫，那麽過渡期與成熟期的劉墉書法就已經真正做到由『他相』入『自相』了。不僅對其父親如此，即使對董其昌、趙孟頫甚至蘇軾、顔真卿、虞世南、『二王』、鍾繇等他師法的對象，也莫不如此，這也是劉墉作爲一個時代最爲杰出的代表性書法家需要達到的一種境界。正因如此，王文治、趙懷玉對劉墉師法其父劉統勳的指認，祇能局限於其初始期，而不能不分時段地誤指其他三個時期，否則就有違於歷史真相了。

綜上可知，館閣體的盛行與書法備受重視的社會風尚，是劉墉書法起步伊始的大環境；而家庭長輩對書法的看中與代有擅書者的家庭氛圍，則是環繞劉墉書法學習的小環境。正是在這雙重作用下，劉墉爲了科舉上的成功，用了二十幾年時間，在館閣體上達到了令人驚嘆的高度。這既爲其日後對筆性、結體的熟悉奠定了堅實的基礎，同時也爲其日後藝術化書法的追求帶來了俗累。

預備期（三十一歲—五十歲）

劉墉在青少年時期便享有一定的聲譽，有『貴公子』之譽。三十二歲中進士點翰林後，於三十七歲外放安徽學正，被乾隆帝稱爲『瀛洲新翰林』，因此又被時人譽爲『名翰林』。劉墉在可以擺脱館閣體之際，其所師法的對象仍然是清人館閣體的祖師趙孟頫與董其昌，這從清人文獻的角度就不難看出。有幸與劉墉有過交接的包世臣在其《藝舟雙楫》中講：『諸城劉文清相國，少習香光，壯遷坡老。』楊守敬以其親身經歷在其《學書邇言》中述及：『余嘗見其少作，實從松雪入手。』徐珂則在《清稗類鈔》中講得十分周詳：『蓋其自入詞館以迄登臺閣，體格屢變，神妙莫測。其少年時爲趙體，珠圓玉潤，如美女簪花。中年以後筆力雄健，局勢堂皇。迨入臺閣，則炫爛歸於平淡，而臻爐火純青之境矣。』

也就是説，包、楊、徐三家説法雖不盡相同，但其基本觀點却是一致的，那就是劉墉書法早年以趙、董爲師。那么劉墉學趙、董是否與常人一樣？他這一時期的書法跟自己過去的館閣體有無剥離？文獻對其書法風格的評議與他此一時期的真迹是否相符？然而劉墉預備期存世的墨迹稀如星鳳，目前所能見到的劉墉三十歲至五十歲二十年間的作品衹有四件可以知道準確的時間。第一件爲《硯説録存册》，第二件爲《行書跋蘭亭》，第三件爲劉墉致劉墫家書册中的《劉墉在軍臺致劉墫書》，第四件是青島博物館所藏劉墉《楷書雜録詩文册》。第一件書於三十七歲，第二件書於四十一歲，第三、四件均書於四十八歲。除第二件爲印刷品模糊不清外，其他三件均能使我們清楚地看到劉墉書法的真實面目。

《硯説録存册》是劉墉傳世墨迹中年代最早的一件行草作品。該册使用的書寫工具，據日本學者中田勇次郎考證爲瘦狼毫。該册不僅筆劃尖細，而且字形大小對比强烈，字態險夷變化很大，行筆節奏忽暢忽澀，雖個别筆劃與個别字的結體尚顯生硬，但通篇來看，難掩其清新俊雅之氣。其審美情調與館閣體方正匀平、狀如算子之相有雲泥之别。再次，此件作品由尖細筆觸所形成的清新雅健的情調與晚年含蓄雍容、雄渾大氣的風格反差極大，初看不似出自一人之手。然如仔細推敲，則會發現其中不僅許多字形已略顯晚年風韵，如『青』『古』等字，而且首開筆勢盤旋迂動結體方式的先河，這與晚年書作的蒼渾遒勁、盤旋鬱勃的結構特徵可謂一脉相承。而其尖峭的用筆固然與瘦狼毫這一書寫工具相關，也與他館閣體《經史藝文》中體現的細勁、清剛之氣有關。但是這裏的細筆與《經史藝文》中的細筆最大的不同是，《經史藝文》中的細筆始終如一，粗細極其均勻；而此處的細筆從不孤出，總是與粗筆相伴而生，即以細筆爲主，講究粗細搭配。從館閣體用筆筆調中走出來的劉墉，此種筆觸的使用或選擇，更多的是在一種發現與驚喜的心態中完成的。而勁細筆劃在這件作品中雖爲主導性語素，但在劉墉晚年書法作品對比懸殊的粗細筆劃中，似乎也很難否定那些做爲輔助性語素出現的極爲靈動的綫條不是濫觴於此的。當我們探究此册頁筆劃取法淵源時還會發現，趙、董這兩個當時流行書風的源頭，也都在這裏彙聚。這裏稱彙聚而不稱融合，是因爲在這個時期，劉墉對筆力的駕馭能力和對趙、董各自特徵的消化能力，顯然不足以完成這個問題。册頁首開結體主要胎息於董其昌，至末開，結體又神似趙孟頫了。雖然劉墉駕馭行草的用筆能力還不完備，但他切入的方向還是直指趙、董兩個源頭。劉墉并没有受到康熙帝和乾隆帝導向館閣體的影響，這使他與當時被流行書風裹挾進去的芸芸衆生有着根本的區别。

乾隆三十一年（一七六六）四月，劉墉四十七歲時，因在太原府知府任内對屬下陽曲縣令段成功貪侵公帑事未能舉報，兼管刑部事務的劉統勳將其革職擬死，因乾隆帝加恩得以詔免，但仍被發往軍臺效力。來年正月，因在軍臺公務稀少，時間充裕，劉墉遂給其五兄劉墫寫信。此札是他這一時期學習趙孟頫書法的重要憑證。劉墉書寫此札時態度十分認真，在劉墉早期作品中是一個特殊的存在。這表現在：其一是主要以趙體風神爲攝取對象；其二是雍容閑静，又帶着自己未來書法風格的特徵；其三是落款處『新正』二字與董其昌尚有親密關係；其四是劉墉書風與趙孟頫書風距離本來很大，但在此札中二者却水乳交融，體現了劉墉極爲高超的協調融合能力。

乾隆三十二年（一七六七）五月，劉墉由軍臺蒙恩釋放，授翰林院編修，回京在修書處行走。六月，又授命在國史館行走。蒙恩釋放，心情舒暢，劉墉書法也由軍臺效力時的緊斂局促一變而爲回宫任職時的閑雅空靈。如果劉墉由嫻熟的館閣體向藝術化楷書轉化時不成熟的作品以《劉墉在軍臺致劉墫書》爲代表，而書於丁亥月的《楷書雜録詩文册》就應該是他這一時期成功轉型後的楷書代表作。這一件小楷雖仍有趙孟頫式的精美之姿，但其體勢與許多筆觸已向蘇軾轉化，説明這一時間段是劉墉由趙、董向蘇靠近的一個節點。由優越閑適的翰林生涯向政務繁雜的艱難歲月過渡，十二年内，劉墉并没有放弃他在書法藝術上的進取。尤其是在軍臺效力期間，可能因爲公文稀少、政務不多、應酬斷絶，爲排遣鬱悶與孤獨，劉墉反而得以潜心向藝。一旦回到京城生活，遂將此間的積累一發而釋放爲《楷書雜録詩文册》的成熟樣態，而其行楷《與夢瑛禪書》，觀其筆意當爲此時楷書溢而爲行書的得意之作。

由文獻與圖像對勘的結果，我們可以總結劉墉書法預備期的特點爲：其一是他此一時期書風秀麗；其二是趙孟頫、董其昌爲他主要的師法對象，在四十八歲左右開始向蘇軾的趣味靠近；其三是他已逐漸擺脱館閣體的束縛，筆下已明顯地展現出對藝術趣味的重視；其四是他早期創作即已使用狼毫，在使用過程中，由尖細之綫條逐漸向粗厚之綫條轉化，即由忠實於狼毫的直接效果向羊毫的豐肥效果轉化。

過渡期（五十一歲—七十歲）

『人生七十古來稀』，古人壽至七十已爲稀有，因此對於古代一般書家而言，五十至七十歲，應該屬於創作分期的晚期階段，但是劉墉書法創作的情况比較特殊。劉墉壽至八十六歲，七十歲以後，他的書法作品纔筋通脉順、味厚神藏，真正進入人書俱老的化境。尤其是八十歲以後的行草書，形散神聚，如『浮天鶴響，大化無方』，達到了隨心所欲而不逾矩的極高境界。而五十歲至七十歲之間的作品，明顯處於過渡時期。此時創作，小楷雖已接近最成熟階段，但距離巔峰狀態仍有一段距離；至於行、草書過渡之痕迹就更爲明顯。雖然劉墉此時已完全與當時的時尚脱鈎，個性面目已基本具備，且筋、脉已在其筆下能够十分輕鬆地交代出來，但『筋摇脉聚』的高度還不能達到。筋脉不順，神涣形散，體勢、筆勢生硬的硬傷，此時劉墉還没有足够的能力對此加以完全克服。因此一篇之内，常常精彩與瑕疵互現，令人爲之扼腕嘆息。

劉墉過渡期作品傳世者雖多，但從五十歲到六十歲這十年期間，有明確年代記録或可推算出確切時間者却很少，如劉墉五十九歲所書小楷册頁與小楷禪語卷。現在能見到的劉墉書於五十歲至六十歲之間的作品僅有兩件，分别是收入《中國書法全集》的《臨古法帖册》和他五十八歲所書小楷《爲董誥書心經》。前者書於五十六歲，爲劉墉這一時期草書代表作。雖然骨氣不如晚年開張，盤旋鬱勃之勢不如晚年大氣通靈，但他晚年許多令人眼前一亮的行草特點在此作品中已經常常閃現。令人奇怪的是，在這之後他不僅没有乘勝推進，反而在六十歲到七十歲期間作品比該幅行草拘束得多。藝術創作是一種極其複雜的精神活動，其規律極難把握。他的呈現狀態不會是一馬平川式的躍進，而是螺旋式的不斷上升。有時一個藝術家可能在某一階段内作品會很精彩，但過了這個階段，作品不僅没有更精彩，反而會倒退許多。其實這是一個非常普遍存在的藝術現象，其中原因有時可能是前一件作品五和俱臻，發揮較好，後面作品却是應酬之作。有時是前面臨帖投入很多，創作之際紙筆相親心手雙暢，寫得意氣風發，自然筆下精品逸出。有時可能因一個階段忙於事務臨帖極少，創作之際心難使筆意怠神躁，筆下寫出精品自然很難。因此當兩幅作品都有幸傳諸後世時，就要實事求是地確認前面作品優於後面，而不能想當然地判定後面作品一定勝過前面。這個態度，對於準確地鑒定一件作品的真僞也很重要。第二件作品是真迹無疑，但該件作品的精彩程度不及前者。董誥號蔗林，清嘉慶年間重臣，著名畫家董邦達之子。他仕途極順，乾隆二十九年（一七六四）二十五歲中舉，隔年中進士，且爲二甲第一名，至乾隆四十一年（一七七六）三十六歲時，已被乾隆帝擢爲工部侍郎，後調户部，歷任吏、刑兩部侍郎，充四庫全書館副總裁，乾隆四十四年（一七七九）就已位至軍機大臣這一參掌國家機密與權力最重的職務。

劉墉於乾隆四十一年(一七七六)九月充四庫全書館副總裁,與董誥同事。第二年六月劉墉充江南鄉試正考官以後,於八月督學江蘇,十月二十六日應董誥持誦之請書此小楷。董誥的同事身份以及劉墉對此的重視程度,都要求劉墉書寫此幅之際必全力以赴,然該作却略顯鬆弛之弊。推究起因,可能是以下三點:第一,此時劉墉剛剛履新,事務煩劇,無暇於書。第二,劉統勳去世,劉墉在朝廷失去最重要的精神支柱,祇有專心政務纔有可能獲得好的前程,這也就要求他必須心無旁騖,在書法上不能投入太多精力。第三,此種小楷面貌,與其以前駕輕就熟的面目迥異。其前小楷屬於斜畫緊結類型,此種則屬於典型的平畫寬結類型,風格還不成熟,自然筆鬆意緩,難以風神峻爽。

劉墉的存世作品中書於六十歲至七十歲的較多,今檢其重要者分述如下。書於六十三歲的有行書《酬野甫表侄求書杜謝之韵》。書於六十四歲的有《八師經》『神耀得道』四字,爲英和父親德保所書張籍句,爲劉墫所書兩幅小楷長卷《太上感應篇》與《文昌帝君陰騭文卷》,行書抄録《齊民要術》中的『藏梨法』。書於六十五歲的有《槎河山莊圖》上題寫的自作詩文。書於六十七歲的有爲劉墫所書《擬范石湖作十絶句卷》。書於六十八歲的有爲紀昀的書《真行書詩文合卷》,給乾隆皇帝所上《劉墉親書謝恩摺》,節録《漢書》卷五十《張馮汲鄭傳》中《汲黯傳》,雜臨諸家帖。書於六十九歲時的有《爲野甫表侄赴洛陽所書白沙詩》中堂,『中天循謦』豎幅等。

包世臣對劉墉書法的師承關係,曾有『壯遷坡老』這一學術界基本認同的説法。應該説劉墉嗜古甚深，對古典文化有着十分精深而廣博的研究，但在古代文人當中，他最願意效仿的還是宋代的蘇軾。這不僅因爲蘇軾是一流的全才，又在其故里做過密州太守，劉墉受其文采風流熏染，更主要的還是在於他與蘇軾寬厚幽默的性情相契合。在其詩集中，『東坡』二字隨處可見；在一生的大量臨作中，臨蘇之作可謂其所臨古帖之冠，因此説劉墉潛心研習蘇軾書法可謂是不争的事實。但包氏所説的劉墉『壯遷坡老』一語中的『壯』，是指哪個年齡段？依筆者判斷，包氏此處所指的劉墉壯年，應是特指劉墉的書法年齡。因爲在劉墉五十歲之前的書法作品中，雖能發現蘇軾書法曾經給予他的影響，但其影響僅限於比較外在的體勢方面，神氣相對而言還比較局促，外形的模擬過於拘束，以至於更爲隱蔽也更爲重要的筆意與神氣，却極少在其筆墨中顯示出取法的自覺。而在過渡期的作品中，蘇軾書法的瀟灑外形與筆意神氣却已經在劉墉的小楷與行草作品中多樣化地存在着了。因此，將包氏『壯遷坡老』一語中所講的『壯』，判定爲劉墉五十至七十歲之間當較爲準確，因爲衹有這樣，纔能與包氏『七十以後潛心碑版』之語相合。

衡量一個書法家師古成功與否，不外乎兩個指標：第一是看其臨摹時能否如燈取影，形神俱得；第二是看其在學習的過程中能否弃毛取髓，使其爲己所用者。依此標準來檢驗劉墉書作時便會發現，至少在六十四歲時，他已經能够做到十分逼真地復現蘇軾行楷的形與神。這在其所書的《太上感應篇》《文昌帝君陰騭文卷》及書於這一時期的《神仙詩卷》中的楷書部分，即可明白無誤地看到這一點。劉墉在七十五歲臨蘇軾帖後跋語『録東坡雜文不敢言臨，實不能似，亦無意求似也』，衹是針對他當時書風成熟後所臨之帖而言，至多也衹是對其書風成熟後而言。但在這之前，也就是在過渡期，他還是對蘇字下了一番功夫進行臨摹的。經過數十年宦海歷煉，身居高位，力求學習先賢的劉墉，絶不會滿足於做一個亦步亦趨式的模仿者，因此他在能够形神俱得模仿蘇字的同時，又對蘇字采取了一種『古爲今用』的態度。在這一時期其他的書作中，我們看到的更多情形是蘇字豐厚的筆意留下了，而蘇字傾側險峻的結體却被置换成了劉墉圓渾的面目，或被改造成了接近劉墉面目的體式，至少是使某些蘇字嵌於劉墉作品中已感到十分和諧。因此，在初次審視這些作品時，還似乎很難發現這些作品是劉墉學習蘇字的結果。但如果仔細推敲，則會發現在這些書作當中，不僅有蘇字豐厚的筆意，甚至某些字的結構，直接就是從蘇帖中移植過來的。這種對蘇字活學活用的方法，就使劉墉避開了學誰似誰但一味模仿的路數。在本階段劉墉從《天際烏云帖》《書杜詩》中受益最大，蘇字筆意和用墨豐厚的特點，劉墉幾乎是密切追隨。而其面目也正是由《天際烏云帖》與《書杜詩》演繹而來，如他書於此時的《選録晋書列傳》就頗有蘇軾該類法帖之意味。而更爲重要的是劉墉雖然傾心蘇字，但他又深知僅在蘇帖中討生活，難以從根本上突破蘇帖的藩籬。因此，他在學蘇的同時還遍臨百家。僅在《臨晋唐詩帖》中，就不難體味到他取法對象的廣泛。而在晋唐，他得力處最大的還是顔真卿與鐘繇，從他《爲野甫表侄赴洛陽所書白沙詩》中堂中即可看到他對『顔筋』的領悟。而在其《藏梨法》刻帖中，我們則會發現劉墉已將顔體寫得十分輕鬆靈活。但將蘇字之厚而多變、顔字之圓通虚婉結合起來，他還没有足够的本領做好，這在《節録文心雕龍・物色篇》軸中表現得比較典型。此軸與晚年古拙大器、虚妙通靈的風格有着本質上的差别。此幅以剛爲氣、以方爲用，字内空間逼仄拘束，絶非晚年的開闊虚和。結體中其偃卧處學蘇，聳峭弧轉處師顔，是典型的過渡期作品。此幅作品之失在於用筆太實，對蘇字用其峻厚，而未用其圓厚，没有將蘇、顔適合於嫁接的精華部分融合在一起，故時有俗筆出現。《珊瑚帖》在米芾筆下本來寫得倚側隨意，極有名士氣，但到了劉墉筆下，則無論用筆、結體、章法都安排得安詳、莊嚴、富有廟堂氣息。此間秘密，即在於劉墉此幅作品中較爲成功地將顔、蘇之精華融合於一處，筆墨已開始貫通，在具體到一行字的濃墨之中，已可以感受到其真力彌滿。但遺憾的是該幅作品字與字、行與行之間的氣脉尚未完全打通，因此還不能給受衆以入妙通靈的美好感受，是一種精彩與瑕疵的互現。但在此幅作品之中，『家』『蒙』『五』等字已有包世臣所指出的『打叠點畫，放寬一角』的特點，即已預示着劉墉在結構上即將步入他的成熟期。所謂『打叠點畫』，就是使部分筆劃特别繁複緊密，重重叠叠，以收『密不透風』之緊勢；所謂『放寬一角』，即指除收緊部分以外的結構空間，留下儘量少的筆劃，且使這些筆劃儘量舒展，以收『疏可走馬』的放闊之效。這其實也就是我們常説的鬆緊問題，但一般所言鬆緊，其對比度不够强烈，且已落入『上緊下鬆』這一類的俗套。劉墉則隨行氣變化在不同位置能隨時調整其字勢的鬆緊，但鬆緊變化的對比度又甚大，這是劉墉的高明之處。劉墉在字的結構鬆緊上能够『打叠點畫，放寬一角』，應該説與他此時還兼習楊凝式的《韭花帖》有關。至於鍾繇，他對其《薦季直表》已能臨寫到形神俱似的程度，但他對《薦季直表》筆短意長、幽深無際的高古韻味還没有完全消化，更遑論吸收運用。到了晚年，他纔在臨習晋代草書時將這方面的體會淋漓盡致地發揮出來，這是他作品中最令人感到驚心動魄、歷久難忘的精妙世界。但在這時，他還衹是將鐘繇的風骨與顔、蘇特點略有結合而已，還不能説是高度地融合，他的這種表現痕迹，在《選録晋書列傳卷》中表露得最爲明顯。此卷書法，從書風上來看，一卷之内，可略分先後，將劉墉由略帶板滯的凝重樸厚向灑脱飛動、雄厚酣暢蜕變的過程，極其精細地反映出來。因爲處於蜕變時期，故舊貌欲變而未脱，新貌欲建而未立，以致舊貌新顔參半，前半部分筆墨使轉不暢，後半部分則略有好轉，至『瞿硎』二字，基本已具晚年飛動雄渾的風貌。而這一年他六十八歲，僅僅過去兩年，乾隆五十四年（一七八九），他爲表弟所書扇面，即已標志着劉墉的新舊融合工作基本完成，其書法步入了成熟期。學習蘇軾取法晋唐的同時，劉墉對米芾也投入過一定的精力。他在此時以行草所寫元代何中的詩，即明顯地瓣香於米芾，這從此幅中『覺』『來』『花』『梢』『衆』『樵』諸字即可看出。

與在古人名迹中尋找創作靈感同步，此時劉墉對狼毫性能的挖掘，也已進入第二階段。在早期創作中，勁健尖細是其用筆基調。但經歷了幾十年宦海沉浮，已經身居高位的劉墉，大概此時則會感受到往時這種綫條的淺近與單薄。書法與人生相參，這是善悟的劉墉學習書法的一大特點。他跟拙於政事的王文治、一心研究學問的老夫子翁方綱、不接觸社會的成親王不同，與缺少閱歷的梁同書也不一樣。他經歷、履職極爲豐富，在政局上器識可用，做官吏畏民服，成爲清代最爲有名的清官之一，堪稱一代名相，所以他的格局雄渾大氣，處世圓活灑脱。這正如他常從俚言瑣事、坊間小説中悟出正道，論硯尚骨以與人生相參同理。這時的鋒芒畢露，在多年擔任吏部尚書、要求敏於行而慎於言的爲官生涯中自然是大忌，在與狡猾陰險、備受乾隆帝寵信、朝野上下勢力最大的和珅作鬥争時更是大忌。他從早期行草的用筆尖細至此走到另一個極端——尚豐厚，就是他這種思維軌迹物化的結果。劉墉更多的是靠將硬毫鋪開，使筆腹得到最大限度的利用，從而使狼毫的書寫避免了其生硬的弱點，在時人意想不到的狀態下寫出了近似羊毫豐肥的效果。這種豐肥的筆劃，與蘇帖意趣相得，因此在一個很長的時期之内，他一直保持着這一使毫攝墨的習慣。但一味地使用豐肥之筆，劉墉書法在得厚重之利的同時，也招致了『墨猪』的詬病。這種狀況，直到晚年，尤其是八十歲以後，纔得到根本改變。

綜觀劉墉書法過渡期創作，雖然行草已顯示出良好的發展態勢，但仍不及小楷所達到的藝術高度。劉墉中期小楷，面目較多，最爲常見的有四種：第一種是臨摹蘇軾筆意體勢，如《太上感應篇》《神仙詩卷》中的楷書部分；第二種是臨摹鐘繇《薦季直表》。這兩種雖然都形神俱得，筆意雅潔，顯示了劉墉極高的天賦與追古神肖的才華，但畢竟是『隨人作計』，因此顯示不了劉墉此時小楷藝術創作的高度。第三種是凝重、峻整型，如《逍遥游》《汲黯傳》。第四種是圓活、空靈、寬綽型，如《手書謝恩摺》。最後一種類型的小楷，纔是最能代表劉墉小楷藝術成就的類型。小字結體難以寬綽，而此種小楷，劉墉於方寸之内，恢恢乎若游刃有餘。小楷用筆易單調、易單薄，但劉墉用筆龍伸蠖屈，勢如曲而復直，一除僵硬單調之弊。點畫頓挫，精華内蘊，虚妙通靈，十分耐人尋味。

成熟期（七十一歲—八十五歲）

七十歲以後，劉墉迎來了他書法創作尤其是行草書創作的黄金時期。劉墉是一個典型的大器晚成式〔六三〕的書家，如果他的壽命以七十歲爲限，其在行草上的成就在清代書法家中尚可處於中游位置。但如果没有他在行草書上獲得的巨大成就，單憑其小楷，恐怕『集帖學大成』這頂桂冠也與其無緣。康有爲等人對劉墉帖學方面的推崇，實際上是因爲他的行草。康氏在説明他將劉墉推崇爲『集帖學大成』式人物的原因時説：『若董香光，雖負盛名，然如休糧道士，神氣寒簡，如遇大將整軍厲武，壁壘摩天，旌旗變色者，必裹足不敢下山矣……石菴亦出於董，然意厚思沉，筋摇脉聚。近世作行草書作渾厚一路，未有能出石菴之範圍者，故吾謂石菴集帖學之成也。』〔六四〕許多集大成式的人物，涉獵範圍更廣，比同行們要消化吸收的東西更多，其醖釀時期自然也要漫長得多，在他們的晚年纔能迎來自己的輝煌。劉墉以其七十多年的長期準備，纔進入頂峰期，就又一次證明了這一規律的普遍性。

劉墉在這一時期的臨帖之多，可謂數不勝數。古代刻帖，他幾乎臨寫殆遍。如《萬歲通天帖》《淳化閣帖》《絳帖》《大觀帖》《十七帖》《汝帖》《停云館帖》《戲鴻堂帖》《星鳳樓帖》《真賞齋帖》

《晚香堂帖》《瑑拓快雪時晴帖》《三希堂帖》等，他都一再臨摹，尤其是《大觀帖》與《太清樓帖》常常不離左右。其學生王芑孫追憶此時情景云：『近日專事晋人，予與公居，見其案頭，日夕置《大觀》《太清樓》，蓋其由博返約，老而彌勤如此。』〔六五〕其晚年傳世書作，無論應人囑索，還是自修日課，多半爲臨帖。甚至在其晚年所書扇面上，他常將數家之帖集臨於一處，不僅帖主不同，而且書體也有楷、草、行之差异，至於將同一叢帖中同代書家之帖臨作長卷、中堂、條幅者更多。在清代還未見有一位書法家肆力於帖學如劉墉者，單從這一層面來講，劉墉被稱爲帖學大家，也是當之無愧的。劉墉嗜古既深，學古的脚力也遠，是典型的由近趨遠、溯源而上的取法者。自早年學趙、董始，溯流而上，得蘇軾筆意豐厚、用墨濃黑之趣的同時，對黄庭堅、米芾、蔡襄、薛道祖、李建中五家，他也於暇間臨摹。他不僅熟記米字結構原型，甚至連學米字十分逼真的吴琚，也體驗過他的用筆方法，并從中悟出米字用筆以『平易清虚』爲法。由宋人他又上追到五代，對宋人十分心儀的楊凝式，他更是倍加推崇，其『絶愛楊風草法奇』〔六六〕詩句即是心聲。由楊凝式他又上攀其所師者『顔柳』，得顔韵三昧，盡窺虚婉之旨，將蘇軾之厚重與顔之磅礴大氣結合，以虚婉筋勝之結體取代蘇軾峻厚勁爽之結構，遂成自家面目。對柳公權他在七十三歲《臨董其昌小楷太上老君常清静經》横批題跋中講到：『香光嘗自記云「自今以後不得舍誠懸而逕趨右軍」，此語入微，學書者參之。』雖未明講，但其借柳公權而上追王羲之已是毫無疑問。對唐人書法，除『顔柳』外，他所涉獵者亦十分廣泛，如歐陽詢、褚遂良、虞世南、孫過庭、徐浩、李北海、張旭，他都以古人皆備於我的立場，臨池汲古，時有發揮。暮年時期，劉墉意興學識，超然塵外，『君子藏器』的虞世南，成爲他藉以打通書史脉絡的重要人物。虞氏崇尚清静無爲的老莊思想，用筆、結體無不由平和而來，既能『隨方就圓』，又能『達性通變，其常不主』，深得六朝書家三昧。劉墉因此對之深爲折服，在臨摹虞世南刻帖書法的一則識語中，他曾深刻指出：『永興此書，爲唐人弁冕，宋人二蔡，皆學之。君謨大字，怪偉得之。平原至於細書真行，以此爲宗。』〔六七〕在另一則識語中，他又進一步道出他的發現：『二蔡皆法永興，而永興實宗潁川。其中消息頗微，即登善亦然。』在臨寫虞世南臨《力命表》後，他又記其感受云：『《丙舍帖》似《蘭亭》，吾亦不解。潁川遺迹，《薦季直表》不誣，《力命表》永興所臨，所謂「買王得羊」也。』〔六八〕由此可知，他是借虞世南這一臺階而上躋六朝，最後直至鐘繇門下的。而這一點，自清以來論述劉墉書法者概未言及，這是劉墉暮年書法臻於妙境的一個重要轉折點，故在此不得不予以特别指出。在六朝，他學習最多的是『鐘王』。其他各家，祇要叢帖上有的，他不臨習者也甚少。從鐘繇處他得其古拙樸茂，從王羲之處他得其飛動，他暮年書法既蒼渾又飛動，其撼人心魄的力量即來源於此。劉墉這一境界的取得，是由對『鐘王』二家日復一日的苦修得來。鐘氏小楷，祇要能得到的，他都『抽其妙思，終日臨仿』，真正做到了『至於皓首而無退倦』的程度。從其八十三歲背臨的《宣示表》來看，臨帖文字與原作少有出入，而神氣逼肖。尤其是拙中寓巧、筆短意長、雖做正局然亦幽深無際的特徵，在他的臨作中可謂得到了淋漓盡致地發揮。從其落款『壬戌（一八〇二）十月八日卯正一刻久安室燈下臨』看，劉墉是卯正一刻臨完此帖的。而該帖加落款共計小楷三百六十一字，依八十三歲老人的書寫速度，至少需要半個小時的時間纔能寫完。這就意味著，白髮蒼蒼、日理萬機的劉墉在初冬十月初八天還未亮的五點左右，即已開始著手這項可能被他視作日課——幾乎是天天如此的一項工作。其學鐘的刻苦程度，實在非常人所能及。楊守敬在其《學書邇言》中稱：『文清書如棉裹鐵，人無异議……以後則專精閣帖，尤得力於鐘太傅《尚書宣示》。』〔六九〕《國朝書畫家筆録》對劉墉晚年書法成就也有類似的評論：『（石菴）以書法重於時，渾厚雄勁，得鐘太傅、顔魯公神髓。』〔七〇〕此二人皆可謂深識劉墉書脉者。據包世臣看法，劉墉晚年自比於鐘繇的衣鉢傳人，這在包氏叙其江陰舟次與劉墉相會時，劉墉所説『吾書以拙勝，頗謂遠紹太傅』〔七一〕一語即可看出。雖然《皇清書史》作者李放對包氏江陰舟次與劉墉會見之事持懷疑態度，但這并不妨礙我們的這一看法——包世臣認爲劉墉是自擬於鐘氏傳人的。由此聯繫劉墉《學書偶成三十首》中的第五首來看，此詩『潁川法嗣晨星在，衣鉢傳來有幾人』〔七二〕的發問是大有深意的，從中不難看出劉墉的自信與自豪，祇是没有在詩中直白地表達出來而已。至於王羲之行、草書，他臨習之勤，僅次於鐘繇。他所臨習的王羲之帖，不下二十種，其中的數帖，他曾多次摹寫。但他對王書與鐘書不同，并不求其形似，即『不求一筆似，也無一筆似』。他衹是借王羲之强烈的動感，來爲自己增加飛動之勢，從而攀登暮年駭人心目、撼人心旌的藝術高度。而更爲有趣的是，王羲之是一位將『古質』變爲『今妍』的書家，劉墉却在學習時反其道而行之，將其『今妍』又在某種程度上復歸於『古質』，表現出劉墉善學者師心而不師其迹的過人見識。他的這種臨帖方式，不僅施之於王羲之，對於其他書家，他也經常如此。這樣就使他的臨帖，不僅不比原帖意味單薄淺近，反而更高古醇厚。這樣一來，他就在某種程度上挽回了帖派臨習者一般學習到王羲之便不再上溯，以致帖派名家時代愈後，作品愈薄怯、氣格愈卑弱的局面，爲帖派在乾嘉年間的一度中興奠定了堅實基礎。在占據鐘繇古拙大器、入妙通靈的制高點後，他又由遠及近，由古及今，在顔真卿、蘇軾、趙孟頫、董其昌墨迹中發現其前朝的時代潛響，從而將古今書法脉絡的潛通暗響按照自己的理解打通，爲他晚年重新學習歷代書家提供了豐厚的背景與古意支撑，從而使其醞釀了七十多年的書法創作達到爐火純青、出神入化的地步，成爲矗立於帖學史上的最後一個高峰。劉墉一生，單就其行、草與小楷藝術高度比較而言，在其創作的準備期，行、草就無法與小楷相比，因爲二者水準相差懸殊，不在同一個檔次上。在過渡期，行、草水平雖有長足的進步，但就其總體水準來看，與其已近化境的小楷仍不能相提并論。祇有到了成熟期，其行、草達到指與物化、變態無方、隨心所欲不逾矩的高度後，纔超過其小楷成就，從而在清代矗起了一座孤峰四絶、少有人能與之抗衡的高山。

【注】

〔一〕此據劉鐶之嘉慶十九年（一八一四）在劉統勳所修家譜基礎上修訂的《東武劉氏家譜》而言。

〔二〕〔清〕英和：《哭劉文清公》，于植元：《清代滿族著名文學家英和與奎照》，遼寧人民出版社一九八八年版，第五六頁。

〔三〕秦國經主編：《清代官員履歷檔案全編》下册，華東師範大學出版社一九九七年版，第二五六頁。

〔四〕管幹珍（一七三四—一七九八），字陽復，號松崖，一名幹貞，江蘇陽湖人。乾隆三十一年（一七六六）進士，授翰林編修，乾隆五十三年（一七八八）由内閣學士升工部右侍郎，五十四年改漕運總督。嘉慶二年（一七九七）降二級調用。乾隆三十九年至五十四年（一七七四—一七八九）歷任鄉試、會試主考官。工花鳥，得惲壽平真髓，尤善設色牡丹。卒年六十五。有《松崖集》傳世。

〔五〕［清］英和：《劉文清公詩集跋》，［清］劉墉：《劉文清公遺集》，道光六年（一八二六）東武劉氏味經書屋刻本。

〔六〕［清］弘曆：《賜安徽學政劉墉》，《御製詩二集》卷七一，《四庫全書》册一三〇四，臺灣商務印書館一九八六年版，第三五二頁。劉鐶之曾有詩句云『天章久許繼家聲，海岱瀛洲語最榮』，説明劉氏族人對乾隆『海岱高門第』御賜之譽最感榮耀。

〔七〕《清高宗實録》卷一二七三，《清實録》册二五，第二〇頁。

〔八〕［清］劉墉：《恭和御製示安徽學政劉墉元韵》，《劉文清公應製詩集》卷一，清道光六年（一八二七）東武劉氏味經書屋刻本，第三頁。

〔九〕詳見《清高宗實録》卷五八七，《清實録》册一六，第五二〇頁；又見《清高宗實録》卷五三一，

《清實録》册一五，第六八七頁；還見《清高宗實録》卷五七九，《清實録》册一六，第三八五頁。

〔一〇〕［清］弘曆：《賜江蘇學政劉墉》，《御製詩三集》卷一九，《四庫全書》册一三〇五，第五六〇頁。

〔一一〕事見王鍾翰點校：《清史列傳》卷二六，中華書局一九八七年版，第一九八六—一九八七頁。

〔一二〕［清］曾國荃等纂：《山西通志》卷一〇四，《續修四庫全書》册六四四，第一五三頁。

〔一三〕《清高宗實録》卷七五六，《清實録》册一八，第三三一頁。

〔一四〕王鍾翰點校：《清史列傳》卷二六，第一九八七頁。

〔一五〕［清］昭槤：《嘯亭雜録》，中華書局一九八〇年版，第五三頁。

〔一六〕《清高宗實録》卷五七九，《清實録》册一六，第三八五頁。

〔一七〕《清高宗實録》卷五七九，《清實録》册一六，第三八五頁。

〔一八〕《清高宗實録》卷五八七，《清實録》册一六，第五二一頁。

〔一九〕《清高宗實録》卷二四六，《清實録》册一二，第一七六頁。

〔二〇〕［清］諸聯：《明齋小識》，清同治坊刊本。

〔二一〕《清高宗實録》卷六七〇，《清實録》册一七，第四八四—四八五頁。

〔二二〕印鸞章：《清鑒綱目》，岳麓書社一九八七年版，第三七四頁。

〔二三〕印鸞章：《清鑒綱目》，第三七四頁。

〔二四〕印鸞章：《清鑒綱目》，第三七四頁。

〔二五〕印鸞章：《清鑒綱目》，第四〇五頁。

〔二六〕印鸞章：《清鑒綱目》，第四〇五頁。

〔二七〕王鍾翰點校：《清史列傳》卷二六，第一九八九頁。

〔二八〕奏摺見清宮檔案館檔案膠片。

〔二九〕吴晗輯：《朝鮮李朝實録中的中國史料》（下編），中華書局一九八〇年版，第五〇〇二頁。

〔三〇〕〔清〕曾國荃等纂：《山西通志》卷一〇四，《續修四庫全書》册六四四，第一五三頁。

〔三一〕〔清〕昭槤：《嘯亭雜録》，第五三頁。

〔三二〕《劉公案》，車王府曲本，人民文學出版社一九九〇年版，第七一頁。

〔三三〕王鍾翰點校：《清史列傳》卷二六，第一九八七—一九八八頁。

〔三四〕〔清〕卞寶第、李瀚章等修：《湖南通志》，《續修四庫全書》册六六四，第三一頁。

〔三五〕〔清〕陳康祺：《郎潛紀聞初筆二筆三筆》，中華書局一九八四年版，第五一六—五一七頁。

〔三六〕〔清〕陳康祺：《郎潛紀聞初筆二筆三筆》，第八四六頁。

〔三七〕《清高宗實録》卷一一五四，《清實録》册二三，第四六〇頁。

〔三八〕事見趙爾巽：《清史稿》下册，《二十五史》（百衲本），第一五一六頁。

〔三九〕事見趙爾巽：《清史稿》下册，《二十五史》（百衲本），第一二一八頁。

〔四〇〕〔清〕劉墉：《劉文清公遺集》卷一一，道光六年（一八二六）東武劉氏味經書屋刻本。

〔四一〕吴晗輯：《朝鮮李朝實録中的中國史料》（下編）卷一一，第四七八五—四七八六頁。

〔四二〕吴晗輯：《朝鮮李朝實録中的中國史料》（下編）卷一一，第四七八四頁。

〔四三〕〔清〕袁枚：《小倉山房詩集》卷二二，《續修四庫全書》册一四三一，第四五四頁。

〔四四〕轉引自陳連營、方瑞麗：《傳説與歷史：宰相劉墉的一生》，北京古籍出版社二〇〇四年版，第一四四頁。

〔四五〕吴晗輯：《朝鮮李朝實録中的中國史料》（下編）卷一一，第四八八一頁。

〔四六〕吴晗輯：《朝鮮李朝實録中的中國史料》（下編）卷一二，第四九五三頁。

〔四七〕〔清〕吴振棫：《養吉齋叢録》卷四，北京古籍出版社一九八三年版，第五〇頁。

〔四八〕吴晗輯：《朝鮮李朝實録中的中國史料》（下編）卷一一，第四八八一頁。

〔四九〕吴晗輯：《朝鮮李朝實録中的中國史料》（下編）卷一一，第四八八〇頁。

〔五〇〕吴晗輯：《朝鮮李朝實録中的中國史料》（下編）卷一二，第五〇〇二頁。

〔五一〕吴晗輯：《朝鮮李朝實録中的中國史料》（下編）卷一二，第五〇〇二頁。

〔五二〕《清仁宗實録》卷一〇，《清實録》册二八，第一五九頁。

〔五三〕《清仁宗實録》卷一五，《清實録》册二八，第二一四頁。

〔五四〕吴晗輯：《朝鮮李朝實録中的中國史料》（下編）卷一二，第四九一二頁。

〔五五〕吴晗輯：《朝鮮李朝實録中的中國史料》(下編)卷一二，第四九五三頁。

〔五六〕吴晗輯：《朝鮮李朝實録中的中國史料》(下編)卷一二，第四九八二頁。

〔五七〕吴晗輯：《朝鮮李朝實録中的中國史料》(下編)卷一二，第五〇〇二頁。

〔五八〕吴晗輯：《朝鮮李朝實録中的中國史料》(下編)卷一二，第五〇一八頁。

〔五九〕李放撰：《皇清書史》，《叢書集成續編》册三八，上海書店出版社一九九四年版，第一八五頁。

〔六〇〕李放撰：《皇清書史》，《叢書集成續編》册三八，第一八五頁。

〔六一〕李放撰：《皇清書史》，《叢書集成續編》册三八，第一八五頁。

〔六二〕[清]李瀅：《質庵文集》，《四庫未收書輯刊》第九輯册二九，北京出版社二〇〇〇年版，第四八二頁。

〔六三〕康有爲：《廣藝舟雙楫》，《續修四庫全書》册一〇八九，上海古籍出版社二〇〇二年版，第四九頁。

〔六四〕康有爲：《廣藝舟雙楫》，《續修四庫全書》册一〇八九，第六四頁。

〔六五〕見青島博物館藏：《劉墉贈法時帆詩書卷》王芑孫跋。

〔六六〕劉墉：《劉文清公遺集》卷一五，道光元年(一八二六)東武劉氏味經書屋刻本。

〔六七〕見劉墉墨迹。

〔六八〕見劉墉墨迹。

〔六九〕馬宗霍：《書林紀事·書林藻鑒》，文物出版社一九八四年版，第二一六頁。
〔七〇〕竇鎮：《國朝書畫家筆録》，臺灣明文書局一九一一年版。
〔七一〕馬宗霍：《書林紀事·書林藻鑒》，第三二七頁。
〔七二〕劉墉：《劉文清公遺集》卷一五，道光元年（一八二六）東武劉氏味經書屋刻本。

三、一代瘟疫學大家——劉奎

（一）生平事迹

劉奎，字文甫，號松峰，監生。清代乾嘉年間著名瘟疫學家，時有『南臧（枚吉）北黄（元御）中劉（奎）』之譽，名載《清史稿》。

因劉奎生卒年不詳，後人在介紹他時，就根據自己的理解，將劉奎稱爲乾隆或嘉慶時期的瘟疫學家。因此，我們有必要對劉奎的生卒年大致時間做一下考察。

對其生年，一般人們會根據劉嗣宗在《瘟疫論類編》中所述加以推究。劉嗣宗分别爲其《松峰説疫》《瘟疫論類編》寫過序，并且在《瘟疫論類編》序中自云『余游東武四十餘年，與山人（奎）昆仲交最深，故知之最悉』。既然劉嗣宗與劉奎兄弟交往最深，對其身世『知之最悉』，因此據其所述考訂劉奎生年，似乎是没有問題的。但問題恰恰出在劉嗣宗自己的序裏。劉嗣宗在其所作《瘟疫論類編》序裏講『（奎）少隨厥祖青岑公方伯（棨）西川』，又云『其兄石菴公督學江左，携之俱往』[一]。劉棨（青岑）卒於康熙五十七年（一七一八），而劉墉生於康熙五十九年（一七二〇），即劉棨去世後兩年，劉墉纔出生。劉嗣宗稱劉奎呼劉墉爲兄，與劉墉在劉棨孫輩中排行十一、劉奎排行十四也相合，这説明劉奎比劉墉出生得還晚。因此，劉奎没有見過其祖父劉棨，劉嗣宗所講『（奎）少隨厥祖青岑公方伯（棨）西川』便是無法發生之事。由此看，劉嗣宗其他評述雖然不能否認其真實性，但此事應當是他聽聞錯誤。我們由劉鐶之《東武劉氏家譜》知劉奎出生晚於劉墉，享年八十四歲，并在嘉慶十九年（一八一四）之前已經去世，因此即可大致確定劉奎生卒年在康熙五十九年（一七二〇）至嘉慶十九年（一八一四）之間。因此，我們不能將劉奎單稱爲乾隆或嘉慶時期的瘟疫學家，而應當將劉奎定位爲乾嘉時期的瘟疫學家纔更爲符合客觀實際。

據劉奎自稱因齠年多病，受父親劉綬烺影響，對岐黄之術萌生濃厚興趣。而據其友人劉嗣宗所云，劉奎『賦性仁慈，與世無忤，爲善唯曰不足。抱不羈之才，讀書目下十行，而又手不釋卷』[二]。劉奎天資很好，文化底蘊深厚，文筆出衆，又已入國子監讀書，五叔劉統勳爲當時重臣，他如想『登雲路』『點朝班』似乎是水到渠成之事。堂兄劉墉對他也備盡兄弟情誼，先是帶其到江蘇學政衙署處理一些政務，然後又因父親身邊衹有堂兄劉墫照料，遂將劉奎送至北京，對其仕途寄予殷切期望。但劉奎却『自幼不利場屋，入闈輒病』，遂在中年抱定『不爲良相，便爲良醫』的志願，絕意仕途，刻苦攻讀醫書，晝夜不輟。劉統勳不愧得大儒之規，對劉奎絕意仕進不僅未加責備，反而引薦劉奎隨名醫郭志邃學習臨床醫術。劉奎精研《內經》《難經》、張仲景的《傷寒論》、金元大家和明代張景岳的理論著述與臨床醫術，方得以提高胸次，開闊視野。劉奎針對時疫流行、許多百姓病死荒野的現實，吸收明末瘟疫學家吴有性等人的經驗，沉研醫理，薈萃群術，在治療瘟疫病症中獨樹一幟，最終以其杰出的理論著述與實踐能力，被推舉爲醫學史上的一代瘟疫學大家。他一生多奔波於京師、西安等地，懸壺濟世，活人無數。劉奎晚年隱居五蓮松朵山下，自號松峰老人，享年八十四歲，忌正月初十日。

（二）醫學成就

劉奎是一個理論著述與臨床醫術兼擅的醫學家，他一生不僅在臨床實踐中解除了無數病人的病痛，而且還留下了兩部不朽的醫學著作。

劉奎的著作分爲醫學著作與文學著作，醫學著作又分已刊本與未刊本。其已刊本即是不朽醫著《松峰説疫》與《瘟疫論類編》兩部，其未刊著作爲《景岳全書節文》《四大家醫粹》《松峰醫話》三部。劉奎的文學著作皆已刊行，分別爲《松峰詩略》與《松峰文略》兩部。

劉奎在《瘟疫論類編》一書上的成就，無論是他安排劉秉錦對《温疫論》的章次進行編輯調整，還是他本人對吴氏學説的評釋，其主旨均是爲了便於後世理解吴有性的《温疫論》，因此其成就也就主要體現在對吴氏瘟疫治療學説的推廣上。孔子云：『言而無文，行之不遠。』吴氏原書，質勝於文，而且編排次序紊亂，令人不堪卒讀，這對其學説的傳播帶來了極大不便。而經劉奎編纂評釋之後，吴有性《温疫論》纔在更大範圍内傳播開來。誠如劉奎友人劉嗣宗所評述云：『自吴又可先生出，始著《温疫論》一書……第舉世習聞冬傷於寒、春必病温等説。其於又可之論，未必不疑信參半也。吾友松峰山人起而表章之，分爲五門，加之評釋，取名《瘟疫論類編》。真足以豁習者之目，而傳作者之心。其有功於又可，有功於天下後世，爲何如哉！』[三]因此，吴有性《温疫論》之所以會傳之久遠并對後世産生巨大影響，劉奎父子的編纂、評釋推廣實在是功不可没。

然而《瘟疫論類編》一書，在成就劉奎瘟疫學大家的聲譽方面，雖然具有重要意義，但他在該書上的付出，還是爲他人作嫁衣，因爲原著《温疫論》最終祇能歸於吴有性名下。但劉奎本人的著作《松峰説疫》就大不相同了，它爲劉奎贏得了巨大的學術聲譽。因爲付梓後影響巨大，所以一經出版便傳刻不斷，研習者衆多，成爲中國乃至日本瘟疫學界不能忽略的書籍。

關於《松峰説疫》的版本流傳情況，從現存版本來看，有合刻本和單行本。合刻本有三種：一是清嘉慶四年（一七九九）與清道光二十年（一八四〇）三讓堂、清咸豐五年（一八五五）敦厚堂、清咸豐十年（一八六〇）近文堂的《瘟疫論類編》《松峰説疫》合刻本；二是清道光二十年（一八四〇）與一九二三年千頃堂書局的《説疫全書》本；三是清道光二十六年（一八四六）廣安九皇宫與光緒十七年（一八九一）善成堂的《疫痧二症合編》本。單行本有清乾隆五十七年（一七九二)江寧五柳堂的四卷本,清嘉慶四年(一七九九)本衙刊本,以及幾種年代未詳的清刻本。一九八七年,根據中共中央和國務院關於加强古籍整理的指示精神,以及衛生部一九八二年制定的《中醫古籍整理出版規劃》的要求,人民衛生出版社組織了國内一流的人才,有計劃、有系統地在古籍善本基礎上,對古代醫學典籍加以整理。《松峰説疫》因此被納入《中醫古籍整理叢書》書目之中,由張燦玾等點校後出版。二〇〇三年李順保校注後又由學苑出版社出版發行。

對於《松峰説疫》一書的學術成就,以張燦玾的研究最爲精深,時至今日仍未有逾出其右者,因此下面主要依據其觀點對《松峰説疫》加以介紹。《松峰説疫》全書共分六卷,卷一曰『述古』,廣采前人有關瘟疫的論述,以闡明其學術淵源。卷二曰『論治』,先列總論十二條,詳論瘟疫名義、立方用藥、舍病治因等,次舉瘟疫統治八法、瘟疫六經治法、瘟疫雜症治略,并設雜症簡方及應用藥。卷三曰『雜疫』,其中廣收清代民間俗諺之各種疫症,析爲七十二症,謂『其命名也,皆出自經史子集,名山石室,并良醫口授,試之而歷有奇效,方敢筆之於書』,并各附有簡便良方。這部分内容,在現存其他的瘟疫論著中,均未有如此詳細的記述,是很寶貴的資料。卷四曰『辨疑』,共列十四條,對前人關於疫者之論,就自己有所心得者詳加辨析。卷五曰『諸方』,設避瘟方、除瘟方兩大門類,載方一百二十餘首。其中有采自前人治瘟之方,有自己裁定之方,并各附方藥症治。卷六曰『運氣』,是尊《内經》『人與天地相參』之思想,分析疫病的發生規律,主要論述了『五運天時民病』『六氣天時民病』『五運五鬱天時民病』,對自然氣候的變化與瘟疫病發生的關係,作了較爲詳細的論述。

劉奎《松峰説疫》的學術思想，對吴有性之學説既有承襲又有突破。他認爲：『傷寒自仲景而下，承承繼繼，各有專家。著書立説者，無慮數十種。獨至瘟疫，則略而不講焉。間有談及者，不過寥寥數語。核焉而不精，語焉而不詳。遂至瘟疫一症，靡所指歸，往往以治傷寒法治之。非大用温散，即過投苦寒，欲病之愈也難矣。』〔四〕加之『瘟疫一門，非他症可比，不能遲之歲月，緩爲調理。其見效在一二劑之内，其痊愈在三五日之間，不可不亟爲講究』〔五〕。因此，劉奎綜合一生治疫之經驗，兼論寒疫、雜疫等，編寫爲《松峰説疫》一書。劉奎强調治疫當先明瘟疫之名義，認爲温、瘟本爲一病，『後人加以疒字，變温爲瘟，是就病之名目而言』〔六〕；『疫』與『役』本一義，然『去彳而加疒，不過取其與疾字相關耳』〔七〕。劉奎認爲，凡某時某地，衆人同患一種疾病，皆可曰疫〔八〕，并進一步提出『疫病所該甚廣……瘟疫者，不過疫中之一症耳。始終感温熱之癘氣而發，故以瘟疫别之。此外尚有寒疫、雜疫之殊，而瘟疫書中，却遺此二條』〔九〕，遂首創三疫之説，即將疫症分爲三種：瘟疫、寒疫、雜疫〔一〇〕。劉奎師古而不泥古，他遵張仲景《傷寒論》六經症治之説，結合臨床經驗，獨創瘟疫六經治法，對歷代瘟疫名家張景岳、吴有性等人的理論，擇善而取，絶不盲從，對其不正確者，則加以改正。譬如歷代醫家認爲瘟疫屬熱者多，治尚寒凉，而劉奎却施以温藥，認爲對瘟疫應防重於治。他對孕婦、小兒瘟疫的治療、護理及病後調理的有效方法，也值得後人借鑒。劉奎首倡的『瘟疫統治八法』〔一一〕『能發瘟疫之汗者，莫過於浮萍』〔一二〕等理論，皆發前人所未發，遂成一家之言。劉奎用藥，堪稱一絶，補充了《本草綱目》的一些不足；而其治疫以浮萍代麻黄之説，不僅活人無數，而且還對年長於己的一代醫學大家黄元御有所啓發。此兩事俱見《清史稿》：『（奎）又以貧寒病家無力購藥，取鄉僻恒有之物可療病者，發明其功用，補本草所未備，多有心得。同時昌邑黄元御治疫，以浮萍代麻黄，即本奎説。』[一三]

當代除了張燦玾對《松峰説疫》一書具有全面的研究以外，還有一些醫學工作者，從不同的角度對其提出了學術見解。如趙宇等在《中華中醫藥學刊》二〇〇七年第四期刊發的《〈松峰説疫〉評介》一文，從用藥規律的角度對《松峰説疫》的學術價值進行了深入挖掘，并試圖以此來打通預防現代急性烈性傳染病的一些思路。而李霞在《陝西中醫》二〇〇九年第八期發表的《〈松峰説疫〉疫學思想及避瘟除疫方藥特點探析》一文，則主要從《松峰説疫》對瘟疫的發病、傳變、病症、治療方法、宜忌和善後，以及避瘟除疫方藥闡述的角度，研究《松峰説疫》疫學思想及避瘟除疫方藥特點，以求獲取對臨床防治傳染性疾病的重要啓示。陳麗云等在《時珍國醫國藥》二〇〇八年第十一期發表的《試述〈松峰説疫〉診治疫病特色》一文，對《松峰説疫》所創『瘟疫統治八法』和『瘟疫六經治法』，以及疫病的診斷、治療和預防方法，進行了較爲深入的研究，對現代疫病的預防和治療都有一定的參考價值。孫敏在《時珍國醫國藥》二〇〇八年第五期刊發的《〈松峰説疫〉用藥規律探析》主要是針對《松峰説疫》中所記載的一百八十餘首治疫方劑，就其所用藥物成分的功效、藥性等方面進行了歸類與統計分析，從而對該書的用藥規律做了很好的總結。郭嘉萌在《山東中醫雜志》一九八九年第四期發表的《〈松峰説疫〉中的物理療法》，將《松峰説疫》中的物理療法歸納爲挑刺、刮痧、汽熏、水漬、熱熨、粹燈草、冷浴、冷敷、塞鼻、取嚏、擦牙等十四種，并説明了其在臨床應用中的作用。張弛等在《吉林中醫藥》二〇一〇年第十一期所刊發的《〈松峰説疫〉在小兒瘟疫防治中的成就》一文，則對《松峰説疫》中與小兒瘟疫直接和間接相關的部分加以專門研討，發現《松峰説疫》除了有直接論述小兒瘟疫的診斷、兩種小兒常見的疫病及兩首小兒瘟疫專方外，《松峰説疫》中非常具有特色的『瘟疫統治八法』及避瘟方絶大多數仍適用於小兒瘟疫的治療、預防及愈後護理，這無疑也是一個很有價值的發現。高杰東等人刊發在《中國民族醫藥》二〇〇三年十二月增刊上的《〈松峰説疫〉避瘟方分析》一文，意在通過對《松峰説疫》避瘟方法所做的分析，爲發揮傳統醫學在預防急性烈性傳染病中的作用提供一些思路。該文認爲劉奎不僅首創疫證有三（瘟疫、寒疫、雜疫），而且還總結歷代中醫以及民族醫學中的瘟疫預防方法，輯爲『避瘟方』一章，這在論治瘟疫諸著作中也是獨一無二的。《松峰説疫》共載『避瘟方』六十五方，較之《千金方》二十五方、《太平聖惠方》二十六方大有發展。因而研究劉奎避瘟方，對豐富和發展傳統醫學疫病預防方法，有一定的參考價值。

上述評價，多是采録今人言論。我們再看一下劉嗣宗對他的評價，也許會對我們更好地理解劉奎的學術成就有所幫助。在《松峰説疫》序中，文采斐然的劉嗣宗稱頌劉奎《松峰説疫》：

其尤妙者，析瘟疫之名義，分疫證爲各種，皆發前人所未發。如所載瓜瓤軟脚，赤膈黄耳，痧瘴諸掙等疫癘怪疾，各有簡便良方，針灸奇術，皆能回春於瞬息，奏效於目前，真可以參變陰陽，起回生死。則是有《傷寒論》於前，不可無《説疫》書於後，直與《金匱》名編表裏相成，參互盡變，將胥天下後世而仁壽之。即云與良相之業并垂千古，亦奚不可之有，是爲序。〔一四〕

劉嗣宗并非是阿諛逢迎者，其實他本性目無下塵，其另一段言辭就將其個性顯露無疑：

> 余自幼好讀岐黄書，壯而遠游四方，欲求所謂良醫者，領其所謂卓識偉論，以正所學。歷四十年所，鬱乎吾懷，迄無所遇。〔一五〕

言爲心聲，目無下塵的劉嗣宗之所以稱頌劉奎著作，是因爲他被劉奎的醫學著作所折服。

（三）醫學研究的特點

重視文化底蘊

歷代德高望重的中醫，都有文化底蘊方面的雄厚基礎，因此纔在中醫學界有『文是基礎醫是樓』之説，該説法十分形象地説明了中醫大家們的實際知識結構。

中醫學家之所以需要建立這樣的知識結構，是因爲古代文史哲不分家。醫學與文學、史學、哲學關係極其密切，如果不懂文史哲，也就很難讀懂醫書，更不用説要深入堂奧了。因此一位中醫學家衹有達到了『上知天文，下知地理，中和人事』的深廣度，纔能真正在醫學上取得重大成就。中醫的名醫之所以多爲老年人，是因爲中醫極其重視知識積累與運用上的圓活通透。而這些本領，没有多年持之以恒的積累、玩味、揣摩，是很難真正學到手的。

我們在《松峰説疫》卷六『運氣』篇，不難看出劉奎深厚的哲學修養。劉奎由技近乎道，打通了醫術與哲學的壁壘，對二者有深邃的見解與合理得體的運用。劉奎尊《内經》『人與天地相參』之思想，分析疫病的發生規律，對自然氣候、人事的諸多變化與瘟疫病發生的關係，作出深刻詳細的論述。

由《松峰詩略》與《松峰文略》我們可知劉奎文學功底儲備之深厚，而如果通讀《松峰説疫》我們就知道，他的文學底藴確實對其著書立説起了很大的支撑作用，使他達到了述古、叙事、狀物、論事均能各盡其致的高度。在《松峰説疫》卷二有一篇專論，題目爲《僅讀傷寒書不足以治瘟疫，不讀傷寒書亦不足以治瘟疫論》：

傷寒者，爲寒所傷，其來也有因，故初感總以汗散爲主。若瘟疫并非因寒而得，不可以治傷寒之法治之。非惟麻、桂不用，即羌活、十神等湯亦非對症之藥。所謂讀傷寒書不足以治瘟疫者此也。至於瘟疫變現雜症之多，幾與傷寒等。吴又可《温疫論》中，僅有斑、黄汗、狂等數條，至於《傷寒》中之諸汗、諸痛、諸血症，以及譫狂、渴煩、惕瞤、瘛瘲（驚風）、不語、摇頭、大小便等症之方論，瘟疫中可以裁取而用之者，正復不少也。然必斟酌盡善而

後，可是總在人之學力見解，而非口説之所能盡矣。所謂不讀傷寒書，不足以治瘟疫者如此。〔一六〕

一篇專論僅僅用了一百餘字，但層次清晰，道理論證嚴密，説理通透，即使門外之人也會洞徹其觀點的正確性，其言之有物與論事之高明令人欽佩。

在爲劉奎《松峰説疫》所作序言中，我們不難看到王樹孝對劉奎文化底藴的欽佩之情。他對時人醫著不文的貶斥可謂毫不留情：『除經論外，惟李士材、汪訒菴等筆墨稍覺可觀，餘者字句尚多有未能通順者，遑論其他乎？』然而，他對劉奎的文章却十分佩服，正是在劉奎的啓發之下自己纔考中舉人的：『閑嘗取唐宋八家，以及諸名公真稿讀之，一見輒能成誦。第期負過高，自維取法乎上者，僅得乎中。以此所爲文詞，往往不能趨時。後松峰山人爲人言余所爲帖括，乃傳世之作，似非利試之器，當變格以相從，庶幾其有合乎？或有告予者，予聞其言而是之。乃改弦易轍，始克幸博一第。』雖然他對時人醫著文采多不屑一顧，但對劉奎醫學著作體現出的文法與文采的高明之處却充滿了敬仰之意。他講：『乙巳夏，山人出所著《説疫》一書，屬余弁言。余非知醫者，固不敢强作解事。第觀其全部文章，理法俱從《左》《國》《史》《漢》得來，神而明之，又自成一子，真乃才人之筆，而詎可僅以醫書目之乎？能文之士，取而讀之，始信吾言之不謬也。是醫也，而進於儒矣，是爲序。』〔一七〕

由劉奎對吴有性《温疫論》質勝於文的不滿，我們不難體會到他對文章的重視與考究。而從其著作《松峰説疫》一書的文筆與理法來看，劉奎無愧爲醫學界中的文學高手。其文學著作《松峰詩略》與《松峰文略》均能付梓，而其三部醫學著作未能刊出。在刊書耗資甚巨的時代，我們從中不難體會到劉奎對其詩文著作的特別珍惜與對自己儒者身份的重視。

如《瘟疫論類編》卷五劉奎的一條按語云：『此篇初讀之，并不知其意旨之所在。再三披閲，始知不過言春温夏熱秋凉冬寒，縱因風雨陰晴交錯而致疾，不過本氣自病，不得指爲瘟疫而已。第其行文不亮，故令人乍看不省耳……不過增删順叙其文辭，以意逆志，俾作者之心皎然大白於天下。』〔一八〕由此句我們不難感受到吴有性與劉奎文字功底的差距，同時也不難揣測到劉奎的整理對《瘟疫論類編》所具有的巨大提升之力。

當然，劉奎的學養來自於他的刻苦學習。他一生『目下十行』『手不釋卷』，閲讀了大量書籍。僅在其代表作《松峰説疫》一書中，據不完全統計，所征引前人著作就有：《素問》（王冰注本）《靈樞》《傷寒論》《金匱要略方論》《新修本草》《類經》《名醫類案》《續名醫類案》《景岳全書》《傷寒總病論》《類證活人書》《此事難知》《温疫論》《本草綱目》《馬氏瘟疫發源》《萬氏家傳》《搜神記》《説文解字》等。而他自己在《松峰説疫》按語中自稱『余凡閲書并有所見聞，關於疫症者，率皆采録，久而成帙』〔一九〕，可見他之所以能在疫學上獨樹一幟，很大程度上是他時時處處留心瘟疫學問的結果。

受劉奎影響，諸城劉氏從醫者也多重視文化底藴。其子劉秉鏻爲監生，我們從其所做按語、補注來看，文采哲思酷肖其父。而劉薦廷受到不公正待遇被遣返原籍後，作《自遣》詩『斗室堪容膝，庭前可種花，農村天地闊，不羡五侯家』〔二〇〕『北風凛冽雁聲寒，薄暮雲低欲雪天，静掩柴扉無個事，圍爐煮酒樂陶然』〔二一〕，其詩學修養可以説是行家水平。劉燕昌醫課之餘，教育子女，作詩吟咏，有《伴松居詩草》傳世。其子劉季三一生艱苦樸素，讀書不倦，亦醫亦儒，他的休息方式是讀醫書，咏詩詞，臨碑帖，弈象棋，有《松蔭廬詩稿》存詩一百二十一首、《松蔭廬詞稿》存詞四十一首流傳其後人，還有一部《書法集》傳世。而劉鏡如、劉鏡愉等人留下了大量著作，尤其劉鏡如爲家族多人寫傳，爲姻親王埣寫傳、評詩、論字，爲山東藝壇、醫界留下了許多有價值的掌故與傳聞。

民本思想

諸城劉氏一直是積善之家。其仕宦子弟，均恪守忠君愛民家訓，成爲百姓擁戴的清廉愛民的好官。正因如此，愛護百姓，救援民人，在諸城劉氏子弟心目中成爲一種非常自覺的行爲。百姓利益與安危，是他們行動與思考的出發點與落脚點。愛民助民，日益成爲一種牢不可破的家族風氣。惟其如此，劉奎纔能『賦性仁慈，與世無忤，爲善唯曰不足』。衹有這種靠幾代人養成并且自覺恪守的家風，纔會在自己做出人生抉擇時，將選擇的重心偏向百姓。而這一點，就非常突出地體現在劉奎瘟疫學著作的民本思想上。清代以治疫聞名的醫家，前有吴有性，中有戴天章、余霖，後有劉奎，《清史稿》清楚地指出了劉奎與以前幾位治疫名家的根本區别：

> 奎……乾隆末，著《瘟疫論類編》及《松峰説疫》二書。松峰者，奎以自號也。多爲窮鄉僻壤艱覓醫藥者説法。有性論瘟疫，已有大頭瘟、疙瘩瘟疫、絞腸瘟、軟脚瘟之稱，奎復舉北方俗諺所謂諸疫證名狀，一一剖析之。又以貧寒病家無力購藥，取鄉僻恒有之物可療病者，發明其功用，補本草所未備，多有心得。〔一二〕

其中，『多爲窮鄉僻壤艱覓醫藥者説法』與『又以貧寒病家無力購藥，取鄉僻恒有之物可療病者，發明其功用，補本草所未備，多有心得』，可謂劉奎與以前醫家最爲本質的區别。其出發點即是民本思想。

許多醫家，從醫是爲了牟利，其做法與劉奎可謂大相徑庭。劉奎一生『周游海内，越歷已深』，但其『志在救人』的初衷貫穿其一生。如想射利，爲富豪之家診療，自可獲利數倍於貧人。如想攀龍附鳳，常往達官貴人之處走動，方是此等人伎倆。但劉奎對此一概不取，諸城劉氏從醫者所恪守的『大醫精誠』『懸壺濟世』的精神在劉奎這裏得到了充分的體現。因劉奎游歷廣泛，貧人無藥可醫的局面他肯定見過多次。多數醫家并非不是仁慈者，見到這些悲慘人事，也會盡心竭力地去治病救人，但這還衹是『小愛』，像劉奎着眼於『多爲窮鄉僻壤艱覓醫藥者説法』『又以貧寒病家無力購藥，取鄉僻恒有之物可療病者，發明其功用，補本草所未備』，方可稱得上是『大愛』。因爲衹有這樣，纔可能使人人都可以得到藥物、醫生均可治疫、知道劉奎所説之法的皆可成爲大夫，既可治已又可救人。當瘟疫肆虐之時，纔不致於尸横遍野，十室九空，保一方百姓於平安，起燮理陰陽之用。劉奎醫學的民本思想，使千萬人得其利而不知，誠大愛之至也。

受其影響，劉氏後世從醫子弟，也都恪守醫德，人品甚好。劉季三生於動蕩年代，中年絶意仕途，致力岐黄，倡導『大醫精誠』，懸壺濟世。他行醫於諸城、膠州、高密一帶，敬業一生，活人無數。以前中醫地位低下，診費所得聊以糊口，爲解除群衆看病困難，劉季三毅然提出『赤貧無力者免費』的主張，并在中醫研究會中設診療門診，於《醫藥針規》雜志發出『本會爲市民診病概免診費』的廣告，規定每日上午十至十二時、下午三至五時爲診病時間，同時規定了免費會診的制度，使我們從中又看到了劉奎大愛無疆的影子。他在教育學生時説：『僞醫不可爲，良醫尤難爲也。風骨太峻，則近於傲，同流合污，則近於諂。見富貴而諂諛者，固爲鄙夫；而視富貴若泯己者，尤屬好名。疾病當前，無論貧富貴賤，要當詳查病之輕重，而爲治之。』劉季三直至暮年，身體已漸不能支持，活動時氣喘不已，仍堅持工作，服務病人。一九七二年春他應邀爲中醫班授課，因急性心肌梗塞病倒講席，始得休息。病情好轉，叩門請診者不絶，劉季三皆悦色相迎，詳爲診治，蓋生平仁慈，濟人爲先，鮮以一己爲念也！

（四）醫學影響

新中國成立後，劉奎在醫學界的影響則體現在以下四個方面。

第一，在當代國内醫學界三次大型的古籍整理中，劉奎均被提及。首先是一九六四年由上海科學技術出版社出版的《中國醫學史講義》，此講義是全國中醫學院試用教材重訂本，由全國中醫教材會議審定，在當時可謂最爲權威的醫學史教材。在書中云：『繼吴氏《温疫論》之後，論疫者至清時有余師愚著《疫診一得》，主要用清瘟敗毒飲以治暑燥之疫，爲醫者所重視。劉奎著《松峰説疫》，與吴氏著作相輔而行。』其次是一九八七年，根據中共中央和國務院關於加强古籍整理的指示精神，以及衛生部一九八二年制定的《中醫古籍整理出版規劃》要求，人民衛生出版社組織了國内一流的人才有計劃、有系統地對古代醫學典籍加以整理。《松峰説疫》因此被納入《中醫古籍整理叢書》書目之中，由張燦玾等點校後出版。第三次是二〇一〇年，由鍾嘉熙等編寫的《温病學臨床運用》一書於當年五月由科學出版社出版，其第二章『温病學重要原著賞析』之第五節即單爲劉奎所設，其題目曰『劉松峰《松峰説疫》節選』。另外，由張之文著的《張之文温病學講稿》中涉及衆多與瘟疫有關的中醫名著，如《松峰説疫》《傷寒雜病論》等。另有二〇〇三年李順保校注的《松峰説疫》，由學苑出版社出版。

第二，除了醫學古籍整理活動被關注以外，劉奎著作還是醫學刊物上所發表學術文章的研究熱點。這些刊物包括衆多的核心期刊，如《中華中醫藥學刊》《時珍國醫國藥》等。

第三，也有以劉奎及其醫學思想擬選題目參加全國性醫學研討會的。如二〇〇七年鄭秀麗等以《淺談〈松峰説疫〉學術思想》爲題參加『第八次全國中醫藥防治感染病學術交流會』，論文被收入《第八次全國中醫藥防治感染病學術交流會論文集》。二〇〇九年李霞等以《〈松峰説疫〉疫學思想及避瘟除疫方藥特點》爲題參加『中華中醫藥學會中醫運氣學學術研討會』，論文被收入《中華中醫藥學會中醫運氣學學術研討會論文集》。

第四，有些中醫學院的研究生入學考試以《松峰説疫》爲參考書目。

另外，除在國内，劉奎的醫書在日本、英國圖書館都有收藏，這説明他在日本與英國的醫學界也有一定影響。由上述可知，劉奎在醫學界的影響既深遠又廣泛。時至今日，他的學術成果仍受到醫學界的重視和高度評价，這是對劉奎醫學成就與影響的一種最爲充分的肯定。

【注】

〔一〕〔清〕劉嗣宗：《〈瘟疫論類編〉序略》，〔清〕劉奎評釋：《瘟疫論類編》，嘉慶四年（一七九九）刻本。

〔二〕〔清〕劉嗣宗：《〈瘟疫論類編〉序略》，〔清〕劉奎評釋：《瘟疫論類編》，嘉慶四年（一七九九）刻本。

〔三〕〔清〕劉嗣宗：《〈瘟疫論類編〉序略》，〔清〕劉奎評釋：《瘟疫論類編》，嘉慶四年（一七九九）刻本。

〔四〕〔清〕劉奎：《〈松峰説疫〉自序》，〔清〕劉奎撰，張燦玾等點校：《松峰説疫》，人民衛生出版社一九八七年版，第一四頁。

〔五〕〔清〕劉奎：《〈松峰説疫〉自序》，〔清〕劉奎撰，張燦玾等點校：《松峰説疫》，第一四頁。

〔六〕〔清〕劉奎撰，張燦玾等點校：《松峰説疫》卷二，第三九頁。原文爲：『夫言温而不言瘟，似爲二症，第所言與瘟病相同，則温瘟爲一病也明矣。』

〔七〕〔清〕劉奎撰，張燦玾等點校：《松峰説疫》卷二，第四〇頁。

〔八〕〔清〕劉奎撰，張燦玾等點校：《松峰説疫》卷二，第三九—四〇頁。原文爲：『至於疫字，傳以民皆疾解之，以其爲病，延門闔户皆同，如徭役然。』

〔九〕〔清〕劉奎撰，張燦玾等點校：《松峰説疫》卷二，第四〇—四一頁。

〔一〇〕〔清〕劉奎撰，張燦玾等點校：《松峰説疫》卷二，第四〇—四一頁。

〔一一〕〔清〕劉奎撰，張燦玾等點校：《松峰説疫》卷二，第五二頁。

〔一二〕〔清〕劉奎撰，張燦玾等點校：《松峰説疫》卷二，第八三頁。

〔一三〕趙爾巽：《清史稿》下册，《二十五史》（百衲本），浙江古籍出版社一九九八年版，第一五九四頁。

〔一四〕〔清〕劉嗣宗：《〈松峰説疫〉叙》，〔清〕劉奎撰，張燦玾等點校：《松峰説疫》，第一二—一三頁。

〔一五〕〔清〕劉嗣宗：《〈松峰説疫〉叙》，〔清〕劉奎撰，張燦玾等點校：《松峰説疫》，第一二頁。

〔一六〕〔清〕劉奎撰，張燦玾等點校：《松峰説疫》卷二，第四九頁。

〔一七〕〔清〕王樹孝：《〈松峰説疫〉序》，〔清〕劉奎撰，張燦玾等點校：《松峰説疫》，第一一頁。

〔一八〕〔清〕劉奎評釋：《瘟疫論類編》卷五，嘉慶四年（一七九九）刻本。

〔一九〕〔清〕劉奎撰，張燦玾等點校：《松峰説疫》，第二五頁。

〔二〇〕劉鏡如編著：《東武劉氏家乘》。

〔二一〕劉鏡如編著：《東武劉氏家乘》。

〔二二〕趙爾巽：《清史稿》下册，《二十五史》（百衲本），第一五九四頁。

四、一代鑒藏大家——劉喜海

劉喜海是清中葉一位重要的鑒藏大家與著名學者。他不僅在藏書界占有不可忽視的重要地位，而且在金石、古泉收藏與研究上更是一位集大成式的人物，甚至在一些雜項上也有頂級的藏品，如唐代著名的樂器之一『小忽雷』就曾經由他收藏并品題。雖然劉喜海在學術界與收藏界享有如此崇高的位置，但當代學術界對他的重視程度却還遠遠不够。首先是迄今爲止，未見一部有關劉喜海的專著出版；然後是論述劉喜海的專文寥寥數篇；最後是有關劉喜海生平的一些基本史實，還没有搞清楚。一些錯誤的結論在網絡、報刊上傳播，造成了認識上的混亂，這比較典型地體現在胡昌健二〇〇〇年發表的《劉喜海年譜》一文中。客觀地講，胡昌健的論文，是搜集劉喜海資料較爲詳備的專文，爲劉喜海研究提供了諸多便利。正因論文影響甚大，其錯誤危害也就隨之變得更大，故在此不得不辨。《劉喜海年譜》前言中一方面指稱劉墉爲劉喜海『叔祖』[一]，一方面又交待『墉弟堪，早卒。堪子鐶之……喜海乃鐶之子』[二]，這存在自相矛盾之處。劉墉既是劉喜海父親劉鐶之的伯父，劉墉自是劉喜海的『伯祖』，怎麽能成了『叔祖』呢？很多傳抄者，如果稍加留意，也不難發現這一矛盾之處，但當下却有許多人未加深究便傳抄下去。不僅今天的研究者有此疏漏，即使與劉墉、劉鐶之有過直接交流的錢泳也犯了類似的錯誤。他在其《履園叢話》中講：『是年（嘉慶十年，一八〇五）七月，仁宗皇帝有旨，命吏部右侍郎劉鐶之刻其叔父文清公墉平生所爲書。余時在京師，爲之鈎勒，名曰《清愛堂石刻》四卷。十一年夏五月刻成進上。』[三]他與胡文的不同是將劉墉誤稱爲劉鐶之叔父，然而劉喜海稱劉墉爲『叔祖』之謬誤，却絶非僅僅出現在《劉喜海年譜》中。《山東文獻集成》第一輯《南阜山人詩集類稿》《南阜山人斆文存稿》中出現的劉喜海之跋，也稱劉墉爲『叔祖』[四]。此文集一函十册，半頁十行二十二字，無格，版心處上書『南阜山人全集』；自《詩集類稿》至《斆文存稿》書通碼，共六百九十九頁，最後兩卷無頁碼。書前依次有道光戊申（一八四八）劉喜海跋，鈐『喜』『海』二小朱印；高鳳翰像及桐山陳璐、懷寧李葂、海陵田云鶴、桐城張純所撰像贊；雍正甲寅（一七三四）劉墉題識，鈐『石菴居士』『如南山之壽』朱印。劉喜海手跋云：『先生詩集刊印行世，人盡得而讀之，獨文集聞之未見，憾甚。前聞先十一叔祖言親見底本，抄寫整言，詩亦多載。秘托友人，購之不得，訪之杳然。忽於今一友有携此來者，不必詳其所自得，讀父執書，勝獲連城寶。且喜先人之手印猶新，洵所謂呵護有靈，天花覆蓋，歡不自禁。爲識數言，不即裝訂者，爲旋付剞劂，公諸同好爾。』[五] 此書作僞者可謂費盡心機，將劉墉題識、劉喜海題跋、桐山陳璐、懷寧李葂、海陵田云鶴、桐城張純所撰高鳳翰像贊層層裹束，加上了種種僞裝，使得世人不敢小覷此書。但雍正甲寅即雍正十二年（一七三四），劉墉纔十五歲，能否題識尚且大有疑問，一個十五歲的少年鈐蓋『如南山之壽』這一印文也令人不由生疑。劉喜海的跋語拙劣不通，更令人疑竇叢生。而跋中劉喜海稱劉墉爲『叔祖』，這一硬傷則將劉喜海跋語的虚假性暴露無遺。因爲劉喜海在劉墉去世時已經十歲左右，且與劉墉朝夕相處過，據劉墉二十六弟劉堮講，劉墉特别喜歡劉喜海這位侄孫[六]，因此劉喜海本人絶對不會搞錯對劉墉的稱謂，這衹要查閲劉喜海父親劉鐶之所編《東武劉氏家譜》，即可確認此事。另外，劉氏家族是以理學立家、特别講究禮數的顯宦世家，如劉鏡如在其《東武劉氏家乘》中對五世劉通、六世劉必顯、七世所有成員、劉棨十個兒子的出生與去世時間之記録都詳至時辰，劉棨的三十七個孫子的排行記録也都基本完整，這就充分展示了一個家族子弟敬祖用誠、代代相傳、井然有序的嚴謹心態。像劉鏡如都能如此精準，更不用説直接沐浴過伯祖劉墉關懷的劉喜海了。而在劉喜海爲劉堮《挹秀山房詩集》所做跋語中，也明確稱劉墉爲『伯祖』[七]。以此可知，此段跋語并非出自劉喜海之手；進而言之，此書之真實性也大爲可疑。胡文另一個傳播甚廣的錯誤則是對金錫鬯碑文的解讀。本來金錫鬯是劉喜海的老師，金的女兒嫁給了劉喜海的四兒子劉喬采，碑文上説得很清楚[八]。但胡文却將金錫㲄誤認爲是劉喜海的岳父，即將四兒媳金氏誤做了劉喜海的夫人，這樣四兒媳金氏就成了自己丈夫劉喬采兄弟四人的母親〔九〕。但這一錯誤，同樣被不明就裏者在網上傳播着。由此可見，有關劉喜海的研究，學術界需要做的工作還很多。

（一）古籍鑒藏

劉喜海在清代藏書家中，占有重要地位。他收藏了一批價值連城的宋版古籍，這包括數十種非常珍貴的宋版唐人文集、百衲本《史記》、宋版《詳注東萊先生左氏博議》、宋版《新刊嵩山居士文全集》、宋版元修《國朝諸臣奏議》等。今世文獻學家與藏書家多認爲奠定劉喜海在藏書界真正位置的，不是他的宋版古籍，而是他收藏的抄本與金石拓片。從文化交流史的角度來講，劉喜海收藏的朝鮮古籍與所編撰的《朝鮮書目》《日本書目》稿本，也具有十分重要的價值。因爲在這些方面，劉喜海無疑居於當時一流大家的位置，體現出了他在治學上一流的敏感度與極有魄力的拓展能力。雖然劉喜海所收藏的宋版古籍，與絳雲樓、皕宋樓、海源閣、鐵琴銅劍樓等一流藏書樓所藏宋版古籍存在差距，但他視野的開闊程度與研究領域的廣泛性，彌補了他宋版古籍收藏方面的不足，使其仍不失爲一流的藏書家。

所藏宋版古籍

劉喜海所藏宋版古籍，目前所能查到的具體書目爲宋版唐人文集九部與百衲本《史記》、宋版

《詳注東萊先生左氏博議》、宋版《新刊嵩山居士文全集》、宋版《玉臺新咏》小字本、宋刻元修本《國朝諸臣奏議》等共十四部。

劉喜海所藏宋版唐人文集，據沙嘉孫講：『道光元年（一八二一）劉鐶之病逝，劉喜海以蔭監生賜官户部郎中，他的收藏活動從此進入了深入系統地研究時期。他來往於北京、杭州等地，有計劃地大批購進古書、碑帖及錢幣。據傳他的味經書屋、嘉蔭簃中多奇書，僅宋刻唐人集就有數十家。』〔一〇〕

沙嘉孫説劉喜海『以蔭監生賜官户部郎中』，此説與史實不符。因爲劉喜海早在嘉慶二十一年（一八一六）就已中舉，其父劉鐶之卒於道光元年（一八二一）十二月十七日，是五年之後的事了。但對於他講的劉喜海所藏的宋版多達數十種，我們却不敢隨便否定，因爲還没有證據證明劉喜海的藏書未達到這一規模。同樣道理，我們也不能隨便認同，因爲迄今爲止，我們仍然查找不到劉喜海所藏這數十種宋版唐人文集的全部書目，或這些古籍本身的全部可靠信息。沙嘉孫所云『據傳』之『據』，到底是根據某種書目，還是根據劉喜海本人的記録，他文中并未直接交待；但在《風雅嗜古的劉燕庭》中有這樣一句話：『他將一生的收藏事迹逐條記於《竹汀先生日記》的書眉上，其中很多是寫他得書的經過。』〔一一〕沙嘉孫從劉喜海《竹汀先生日記》書眉上得到的這一信息，是目前唯一值得注意的重要綫索，衹有找到劉喜海的《竹汀先生日記》之後，纔有可能得到一個確鑿的答案。劉喜海的藏書目録，另有《劉燕庭藏書目》一卷，民國間膠州張鑒祥抄本，無格，一册，鈐有『膠海張鑒祥字鏡芙藏書畫印』朱文長方印，現藏山東大學圖書館。據沙嘉孫考證：『編次紊亂，著録簡略，遺漏頗多。宋刻元槧，精抄名校及劉氏抄本多未著録。在燕庭所刻書下有小字注云「家大人刊本」，可知爲其子侄所輯，皆爲售後所餘之書。』〔一二〕由此可見，此目在考察劉喜海所藏宋版書籍時，幾無所用。

但王獻唐却爲學界提供了一條非常珍貴的史料。光緒末，北京述古堂書賈于瑞臣曾購得劉喜海藏品中八部宋版唐人文集：《司空表聖一鳴集》《李長吉集》《許用晦集》《鄭守愚雲臺集》《孫可之集》《張文昌集》《元微之集》《權載之集》〔一三〕，這八部文集均出自中晚唐名人之手。司空表聖即司空圖，晚唐詩人、杰出的詩論家，不朽巨著《二十四詩品》的作者。李長吉即李賀，唐代著名詩人，世稱鬼才，與李白、李商隱三人并稱唐代『三李』。許用晦即許渾，晚唐最具影響力的詩人之一，五七律尤佳，後人擬之與詩聖杜甫齊名，更有『許渾千首濕，杜甫一生愁』之語。鄭守愚即鄭谷，唐末著名詩人。孫可之即晚唐孫樵，曾被清人列入唐宋古文十大家，他是晚唐堅持古文運動的一位代表作家。張文昌即張籍，唐代詩人，樂府詩與王建齊名，并稱『張王樂府』。元微之即元稹，早年和白居易共同提倡『新樂府』，世人常把他和白居易并稱『元白』。權載之即權德輿，位至宰相，以文章著稱，爲中唐重要作家。劉喜海所藏這八部宋版唐人文集中的元、權二集殘缺，歸袁世凱之子袁寒雲；另六部完整，歸民國四大收藏家之一的朱文均。上述兩事均見於王獻唐《雙行精舍書跋輯存・續編》一書〔一四〕。朱文均原有藏書十萬卷，多爲善本，也不乏孤本，但此六部宋版古籍，却是他藏書中的銘心絶品，不然，他也不會據此稱其齋爲『六唐人齋』了。此六部宋版唐人文集，後由其夫人與兒子一起捐給了中國社會科學院圖書館，現仍在藏。

再加上劉喜海購自朱筠椒花吟館的《張説之文集》，劉喜海所藏數十種宋版唐人文集中尚有九部可以查知。

宋刻三十卷《張説之文集》，唐張説撰，爲海内孤傳蜀本。民國間，商務印書館影印《四部叢刊》時，就依此爲底本。大藏書家黄丕烈所藏版本遠不及劉喜海收藏的這部《張説之文集》珍貴。

劉喜海所藏百衲本《史記》（宋乾道蔡夢弼本），是道光二十七年（一八四七）六月，劉喜海由四川按察使擢升浙江布政使後，第二年在杭州廟市所得。對於藏書家來講，得到最有代表性的經典著作的最好版本，是提升自己藏書品味最好的基石。《史記》是正史中的第一部，而百衲本《史記》又是《史記》最古老的版本，也是迄今存世最好的本子，每卷多有大藏書家季滄葦名字印，劉喜海如獲至寶的心情不難揣想。因爲版本過於稀缺、珍貴，劉喜海一般秘不示人。不僅劉喜海秘不示人，後來的藏書家，在得到此書後，也都珍若拱璧，輕易不會出示。而一旦有人見到，都會興奮异常。鄧邦述的題跋，就很有代表性：

劉燕庭所藏百衲本《史記》炳耀一世，今得見於陶端尚書京邸，頓慰數十年佞宋之懷，爲之歡喜嘆賞。今年自鷄林來輦下，一無所見，然此獲觀尚書鴻寶甚夥，此册猶嘆觀止。他日冰雪途中，夢寐猶當繞百回也。册中以小字本爲最多，亦爲最精，其結體絶似歐虞，有元以

後，無此工矣！　宣統己酉十二月東坡生日鄧邦述謹記。〔一五〕

陶端尚書即晚清收藏大家端方，端方爲了得到這個版本，可謂用盡『巧取豪奪』的本事。他時任兩江總督，知悉姚覲元有此寶物，遂以數萬金將其藏書購充江南官庫，但百衲本《史記》却悄無聲息地被他潛匿爲己藏。玉海堂劉世珩與端方爲至交，竟然説服端方借出并影刻，此書纔在市面上流傳開來，這就是影刻百衲本《史記》的由來。端方與袁世凱兩家結爲姻親時，遂以此書作爲其女嫁妝送進了項城袁門。後來方地山受袁氏委托將其作爲抵押，置於大收藏家周叔弢處未能贖回，遂成爲周氏藏品，周建國後將此書捐給了國家圖書館。

日本學者武内義雄曾著《影宋百衲本史記考》一文，認爲該書原版已不在人世，但張興吉持相反意見。經其考證，此書現存國家圖書館，其七九九八號圖書即是劉喜海所藏百衲本《史記》。此版本《史記》的影響很大，以它爲底本刊出的《史記》至少有三種在學林中廣爲人知，一是清人張文虎所刊行的金陵書局本《史記》，二是劉世珩以其爲底本影刻出版的影刻百衲本《史記》，三是商務印書館出版的《史記》。

清人張文虎在用劉喜海所藏百衲本《史記》做底本校勘時，曾作説明如下：

北宋本，諸城劉燕庭方伯所藏，集宋殘本之一，但有《集解》，『恒』字不避，知爲北宋本，此下并據嘉興錢警石學博泰吉校録本。宋本，集宋殘本之二，但有《集解》，『恒』字、『慎』字不避，蓋亦南宋以前刊本，今統稱爲『宋本』以爲别。南宋本，集宋殘本之三，有《集解》《索隱》，

『恒』字、『慎』字避缺。南宋建安蔡夢弼刻本，集宋殘本之四，有《集解》《索隱述贊》，卷後題『建安蔡夢弼謹案京蜀諸本校理梓寘於東塾』，詳見嘉定錢氏《十駕齋養新録》及昭文張氏《愛日精廬藏書志》。〔一六〕

清人錢泰吉，在其《甘泉鄉人稿》卷五中最早披露劉喜海此書入藏經歷：

> 少時閱《讀書敏求記》，心羡百衲《史記》，恨不得見。戊申（一八四八）初夏，諸城劉燕庭方伯喜海言，錢氏本爲朱竹君先生所得，後藏其孫某翁處，不輕示人。方伯屢見之，亦恨不能得。後於廟市購彙集宋本，每卷多有季滄葦名字印，當是效遵王爲之者。余乃借校一過，自六月十日至十月廿九日畢。〔一七〕

由此，我們知道光二十八年（一八四八）初夏，也就是劉喜海得到百衲本《史記》後的當年，他就跟錢泰吉講了此本《史記》的來歷。此書本來是錢曾藏品，收入其《讀書敏求記》，後來成爲朱筠藏品。因朱筠、朱珪兄弟跟劉統勳、劉墉父子關係極爲密切，所以朱筠之子朱振庚在將劉墉手書《經史藝文》册轉贈劉喜海時曾跋云：『吉甫孝廉爲文正公家曾孫，文清公之從孫，篤志好古，尤長於金石校勘，爲後起之萃，與振庚爲四世交矣，因以是編歸之，并綴數語，用志流傳之迹，且述余兩家交誼始末，後之覽者，庶有所考云。嘉慶庚辰冬十月廿有四日大興朱振庚識。』〔一八〕正因劉喜海與朱振庚有此四世交往情誼，所以對朱筠椒花吟館藏品極爲瞭解，知此百衲本《史記》與前述宋版《張説之文集》均爲椒花吟館鎮館之物，自然爲其惦念不已，《張説之文集》在朱振庚逝後不久成爲他的收藏。但百衲本《史記》則不同，劉喜海也祇能是『屢見之，亦恨不能得』，所以二十多年後在廟市邂逅此寶物，其心情可想而知。劉喜海既要秘不示人，又希望有人分享他的發現與收獲，遂對錢氏慨然借校。

劉喜海所藏宋版《詳注東萊先生左氏博議》，又簡稱《左氏博議》，吕祖謙撰。在中國嘉德二〇一〇年春拍古籍善本拍賣專場上，《詳注東萊先生左氏博議》廿五卷，估價一百八十萬至二百六十萬元，成交價爲四百一十四點四萬元。此本卷首刻有吕祖謙序，封面簽題宋版，《天禄琳琅書目後編》中有著録，也稱爲宋本，今人多認爲其爲明刻本。劉喜海所藏宋版《詳注東萊先生左氏博議》，不知是否爲此本。但劉喜海去世之前，他親自安排劉喬采將所藏贈與海源閣主人楊以增，以後便不知下落。

劉喜海所藏宋版《新刊嵩山居士文全集》，即晁公遡文集。晁氏家族爲北宋仕宦大族，家族成員在學術與仕宦兩方面都有杰出表現。《新刊嵩山居士文全集》存四十二卷，刻於南宋乾道四年（一一六八），爲蜀刻本。此書爲宋刻傳世孤本，後出抄本皆據此出。此書自劉喜海處散出後，即爲翁同龢家族秘藏一百多年，不爲人知。二〇〇〇年四月上海圖書館以重金從翁氏後人處購得一批古籍，《新刊嵩山居士文全集》赫然在目，方使此版本重新爲世人所見〔一九〕。

劉喜海所藏宋刻《玉臺新咏》小字本，見於李慈銘《越縵堂讀書記》：

是書爲諸城劉布政喜海所藏，前有燕庭藏書印記，眉間多有批字，皆自記其所得之書。言所藏者有百衲《史記》……又言家藏有宋刻《玉臺新咏》小字本。[二〇]

劉喜海所藏宋刻元修本《國朝諸臣奏議》，宋太宗長子趙元佐七世孫趙汝愚編纂。該書收録北宋二百四十三位官員所上一千六百三十一篇奏議，一百五十卷，約一百三十萬字。

宋刻元修本，是指以元代修過的宋代書版印出來的書，廣義來講，也可以歸於宋版圖書。劉喜海所收宋刻元修本《國朝諸臣奏議》，即屬此種類型。

書目與古籍方面的貢獻

目前，我們尚能見到的劉喜海抄本，多達一百六十餘種。這些抄本，多出自劉喜海的本家兄長劉雯之手。道光十年（一八三〇）劉雯在自己七十四歲時改名如海，因此劉氏抄本中署名劉雯與劉如海者，實乃一人所抄録。劉喜海抄本不但在內容上有很高的學術價值，而且抄工也精雅可觀，又多有燕庭手跋，考證各書流傳原委甚詳。現在研究古書版本，經常提及諸城劉喜海抄本，可見它在古籍版本學上的重要地位。

劉喜海抄本中含有多種書目。清代乾嘉時期，由於考據學、古籍整理盛行，目録學遂成爲顯學。著名學者王鳴盛在其《十七史商榷》一書中十分深刻地指出：

目録之學，學中第一緊要事，必從此問塗，方能得其門而入，然此事非苦學精究，質之良

師，未易明也。〔二一〕

我國歷代藏書家很多，但是專門收藏書目或收藏書目較多者并不多見。明代朱睦收藏書目較多，其《萬卷堂書目》著録五十三種。劉喜海深通目録之學，極好搜訪書目，嘗自云：『余收羅藏書家目録積數十種，每得一目，必於所藏舊書中尋得其藏印，模之卷端，以志欣賞。如菉竹堂、澹生堂、紅雨樓、千頃堂、曝書亭、汲古閣、傳是樓、裘杼樓、養素堂、曹古林、曹楝亭諸家，其所藏之本有印記者，余皆收得數種，因得手模其印於其書目。』〔二二〕因爲有意識地收藏書目，所以劉喜海收藏的書目比明代朱睦更多，高達六十一種。

劉喜海所抄古籍，除書目外，尚有近百種圖書。這些圖書大多是一些世人很難見到的古本。這些書以宋人所著爲主，也有東晋、南北朝、唐、元、明、清諸朝的書籍。劉喜海抄録這些古書的目的，其一是有助於研究之用，其二是保留古籍，其三是豐富藏品，以構築自己的庋藏特色。

批校注題跋古籍

書籍除了特别好的版本，錯、漏、衍、模糊、次序顛倒在所難免，這無形中給後世讀者的閲讀帶來極大不便。有的書可能内容出色，但版本不好，影響了該書的學術價值，一經名家之校（如黄丕烈、顧廣圻、盧文弨等），便會價值連城，成爲較好的版本。因此，校書是一項非常重要的學術工作。很多人可能并不清楚一本書的價值，高人博學者一加批語，便猶如點鐵成金，從而使一本書的價值隨之提高。語言的古今之别、事情的時過境遷、晦澀深奥的典故或作者其時其地不得不吞吐曲折的表達等，給人閲讀理解古書帶來諸多不便，這時注解對於讀者而言，便猶如大旱之逢甘霖。因此，批、校、注都是提升一本書的版本學術價值的重要手段。劉喜海是嘉道年間最爲博學的學者之一，他對書籍所做的批、校、注工作，有利於提升書籍的版本價值，因而備受文獻學界與藏書界的矚目。經劉喜海批、校、注的書籍，現在各地圖書館至少還能查閲到許多種。

除了國家各級公共圖書館所藏的劉喜海批、校、注古籍，還有不少他批、校、注的古籍寶藏於民間，如《笠澤叢書》劉喜海批校本。在《笠澤叢書》中，劉喜海分别加了墨、朱、緑三色批語，其中墨筆批語爲過録何煌（小山）語録，朱筆批語爲劉氏校勘之語。卷首有劉喜海自書長跋一通，言其藏有一舊抄七卷，與宋刻蜀本卷數相同，所校文字或依據《文苑英華》《唐文萃》等古代文獻，或出自前代名家批校之本。緑筆批語則爲過録前人對陸龜蒙諸文的評語。

我們在黄裳的《來燕榭讀書記》中可以看到，黄氏正是因爲看到劉喜海批語，纔意識到潘菽坡批本『卷三削去未刻，且滅去何元錫跋數行』[一一三]的，劉喜海批語的重要性由此不難揣知。

一部古書在手，許多人對其版本的真僞、優劣，甚至作者生平、藏家遞藏情況、標志性印鑒、跋語，以及與其有關書籍等内容，可能不甚瞭然，題跋則可以爲其提供答案。而且名家題跋除了學術價值高以外，以其名人效應亦可提高版本的價值。因此，文獻學界與藏書家們對名家題跋都珍若拱璧。

經劉喜海題跋并收藏的古籍，在各地圖書館還可以查閲到許多種，限於篇幅，不再展開叙述。

對朝鮮日本古籍的收藏與書目的編纂

劉喜海具有極佳的治學素質，這特别表現在他對新事物的發現與新學術領域的拓展上。劉喜海的這種學術敏感度，無論在青銅器、錢幣、金石拓片收藏，還是對幾乎是全新領域的朝鮮、日本金石研究，乃至書籍的收藏與書目的編纂上，都表現得淋漓盡致。當時，在人們對朝鮮書籍的收藏與書目的編纂方面都還比較陌生之際，他就已經借助自己家族與朝鮮使者代表團特殊的關係，對此进行深入的研究了。這不僅促進了中國與朝鮮之間的友好往來，而且促進了兩地學者之間的學術交流。與此同時，他還將自己的探究目光投向了日本，因此他對日本書籍也有抄録收藏，如劉氏味經書屋抄本《日本輿地通志》六十一卷（日本關祖衡撰）的存世就是最好的例證。他對收藏日本書目同樣具有很高的熱情，如在北京圖書館收藏的劉喜海抄本《書目彙編》中，就包含有《日本所刊書目》《日本書目》兩種，其中，《日本書目》細分爲經、鈔、談、式格、鑒、鏡、記、大帖、史、實録、録、目録、和詩歌、千首、百首、拾遺、次第、子、集、家集、髓腦、義、志、文粹、詩、韵、圖、法、訣、譜、釋、術數等三十二小類。

但因人脉資源的限制，他對日本書籍與書目的探究遠不如對朝鮮書籍與書目的探究來得方便，因此他的研究與收藏還是以朝鮮書籍與書目更爲突出。

劉喜海和當時的朝鮮著名學者金正喜、金命喜、趙寅永、趙秉龜、李尚迪等人交往長達數十年，留下許多書信、題跋等珍貴史料，因而他對朝鮮歷史、人文、書籍有相當深入的瞭解。在朴現圭《北京圖書館藏〈朝鮮書目〉的分析與特征》一文的注釋所引劉喜海與朝鮮使者的筆談中，我們就會看到，劉喜海對朝鮮人自己都已很少見到的古籍，如《破閑集》《海東高僧傳》《清溪劇談》《鄭圃隱集》《三國史》都非常熟悉，足以説明劉喜海對朝鮮文獻的研究十分深入。

《隨槎録》卷六《户部郎中劉燕庭筆談》（純祖三十一年十月五日）云：『劉曰：「金文靖《富軾集》有之否？」上使曰：「所著《三國史》有。」劉曰：「《破閑集》有刻本否？」上使曰：「有。今已漫缺。」劉曰：「《海東高僧傳》，山立所作。尚有此書否？」又書曰：「《清溪劇談》。」上使曰：「有，但絶難得，鄙人亦未曾得見。東國貧儉不能剞劂，故刊本絶少，所以書籍甚難得見。」……劉曰：「貴邦刻本，書《鄭圃隱集》舊本，非新刻者，望寄一部。」上使當圖得，仍就舊本二字旁書，曰：「但絶難得。」』〔二四〕

劉喜海對朝鮮古籍的收藏至少有兩個渠道，即朋友饋贈和自己購買。朋友饋送的，如《海東唐文選》，據朴現圭介紹就是朝鮮學者趙寅永送給劉喜海的〔二五〕。《海東唐文選》不是普通書籍，它是劉喜海所藏朝鮮圖書中最爲重要的一部古籍。此書收集有新羅、百濟、高句麗等文人的文章二十九篇，史料價值極高，如今韓國和朝鮮均無此書。自己購買的，如抄本《高麗史》《三國史記》《東國通鑒》《東京雜記》《櫟翁稗説》等，就是劉喜海於道光九年（一八二九）在揚州時購入囊中的。

劉喜海在朝鮮書籍收藏方面的學術貢獻，最爲人稱道的還是他所編的《朝鮮書目》。據朴現圭介紹：「《朝鮮書目》是一個學者熟知的韓國文獻的知見書目，他記録了韓國文獻的概要和趨向。中國學者通過這本書目，能掌握所尋求的韓國文獻的很多知識。這本書目在以個人名義介紹給中國學者的韓國古書目中，是現存的最古本。」〔一二六〕朝鮮因爲當時出版圖書不易，書籍總量非常有限，因此《朝鮮書目》能够收録一百二十種書籍，其意義之深遠不言而喻。《朝鮮書目》所收書籍，具體言之有經部五種（包括禮類三種），史部十六種，子部十三種（醫家類三種、藝術類一種、雜家類九種），集部八十二種（别集類七十五種、詩史選類七種），朝鮮所注書四種。

劉喜海在編纂《朝鮮書目》中的貢獻是：因他的提議，《朝鮮書目》纔得以問世；書目的體例按照他的建議擬定；他對金命喜所搜書目的增補；他爲朝鮮保留了大量的古代典籍的書名，對朝鮮的文化史、文學史、藝術史、印刷史、藏書事業而言，都具有不可估量的深遠意義。

（二）在金石學界的歷史地位

傳統金石學指的是在近代考古學傳入中國之前，以古代青銅器和石刻等爲主要研究對象的一門學問。其研究對象屬未經科學發掘的零星出土文物或傳世文物，偏重於銘文的著録和考證，以證經補史爲研究目的，故在近代考古學傳入中國以前被歸類於史部。近代考古學傳入中國後，雖然仍有許多學者在進行金石方面的整理、研究，但金石學的學科獨立性被取消，它已轉變成爲近代考古學的一個組成部分。

傳統意義上的金石學，宋代纔開始興盛起來。由於理學的發展，人們向往先秦禮制，因此對作爲三代重要標志的青銅鐘鼎彝器异常看重，搜羅金石文物的風氣遂遍及朝野，以刊制圖譜著録類金石著作爲時尚。而在宋代的金石學著作中，影響較大的當推趙明誠、李清照夫婦編纂的三十卷《金石録》。

元明時期金石學研究基本處於停滯狀態，清代金石學勃興，成爲清代學術研究的一大重鎮。而山東在清中期以前，以王士禛、趙執信、田雯、『高密三李』、盧見曾等的詩歌創作爭雄全國，有『本朝詩人，山左爲盛』[二七]之説。清中葉以後，袁枚、蔣士銓、趙翼等崛起於江南，詩風遂以江南爲盛。山左詩風消歇之際，金石之學在山左同仁努力之下，又成一代顯學，遂又有『金石學在山左』[二八]之説。繼宋代的趙明誠夫婦之後，山東的初尚齡、王瑋慶、李璋煜、劉喜海、吴式芬、許瀚、李佐賢、陳介祺、王懿榮、王錫棨等均在金石收藏與金石之學上做出名垂青史的貢獻，李璋煜、劉喜海、陳介祺、王懿榮更是當時金石學界的領軍人物。而在山左金石學人中，劉喜海實爲承前啓後的重要人物。

在咸同之際分别執金石學、錢幣學牛耳的陳介祺、鮑康對劉喜海的學術成就都倍極推崇，今人則推譽他爲同時代金石學人中最爲博學者[二九]，他也是代表東武劉氏家族最高文化成就的人物。因此，對於劉喜海金石學的研究，無論對於劉氏家族來講還是清代金石學而言，都是一個不可忽視的重要部分。

著作等身的一代金石學大家

徐世昌在其《晚晴簃詩匯》一書中講：

燕庭以名公子孫，嗜學好古……乾、嘉間治金石學者，著述爲最富云。〔三〇〕

大泉學家鮑康《劉氏海東金石苑序》中則説：

念先生等身著作，而解官獨早，復未享大年，致諸願莫償，談者咸以爲憾。使先生獲阮文達、王蘭泉先生之壽，將棗梨刊布，何難充棟汗牛。乃造物始成之，而終靳之。今遺稿零落幾盡，僅吾輩拾殘補墜，存什一於千百，又奚足報知己於九京乎？〔三一〕

雖然劉喜海的著述『遺稿零落幾盡』，但經後人拾殘補闕，現在傳世者仍多達三十多種。這三十多種，有些是從集大成式的書中析出者，如《長安獲古編》《嘉蔭移蒐古彙編》《洛陽存古録》《造像觀古録》《昭陵復古録》《三巴舂古志》等即爲《金石苑》一書的子目。但因子目之書，常被人單列提及，故在此亦單列如下：

《金石苑》一百二十一卷；《金石苑目》手抄本一册；《古泉苑》一百零一卷；《海東金石苑》；《蒼玉洞宋人題名》；《海東石墨古泉隨筆》；《海東擷古志》；《海東金石存考》一卷；

《嘉蔭簃藏器目》一卷；《嘉蔭簃集》二卷；《嘉蔭簃金石目摘録》稿本一册；《嘉蔭簃蒐古彙編》七十卷；《嘉蔭簃鐵泉拓册》五卷；《嘉蔭簃古泉隨筆》八卷；《嘉蔭簃論泉絶句》兩卷；《劉燕庭所得金石》一册；《洛陽存古録》三十二卷；《清愛堂鐘鼎彝器款識法帖》一册；《泉説》二卷；《泉苑精華》四册；《三巴舂古志》；《陝西得碑目》二卷；《題名集古録》；《燕庭金石叢稿》五册；《玉華洞題名》一册；《造像觀古志》；《昭陵復古録》；《貞瑨闡古録》；《東武劉氏款識》（劉喜海撰陳介祺書）；《佛幢證古録》；《長安獲古編》二卷；《長安獲古編補遺》一卷；《古印偶存》；《鼓山題名》六卷。

雖然上面列出的這三十四種著作已經數量驚人，但并不是劉喜海金石著作的全部。當然，這些著作雖非劉喜海著作的全部，但也不能説是『存什一於千百』的數量了。因爲劉喜海著作的學術意義爲業内人士所重，裒輯刊刻者已經將劉喜海的金石學主要著作留存於世。除了以上或付梓或抄録遺留下來的著作，我們在胡昌健《劉喜海年譜》内發現，劉喜海去世以後，他的著作還在出版，收入叢書、刊刻出版之事仍然層出不窮〔三二〕。

從劉喜海著作驚人之數量，與後人不惜花費財力、精力裒輯刊刻、抄録其著作的情形，我們不難感受到他對金石學研究界與金石收藏界所具有的巨大影響力。但因爲劉喜海著作卷帙過於浩繁，我們無法在本書内對其一一加以評析，祇能對其兩部最具有代表意義的著作《古泉苑》與《金石苑》做一點較爲深入的分析。

奠定劉喜海金石學界地位的著作是《古泉苑》與《金石苑》兩部大著作。《古泉苑》奠定了劉喜海在中國錢幣學界的奠基人身份。王獻唐在論及錢幣學界最具有代表性著作的時候，客觀地評價『大興翁氏《古泉彙考》與劉氏《古泉苑》、李氏《古泉匯》并爲泉學巨製』[三三]。

爲了更好地把握和感受劉喜海錢幣學著作在錢幣學術史上的歷史地位，我們不妨對劉喜海之前的錢幣學著作做一下鈎沉。

晉朝至五代時期，大約出現過十三種錢幣學著作，总計三十多卷。最早的著作《錢神論》有兩篇，篇幅都很短。第一篇出自西晉初年的成公綏，其《錢神論》僅有六十九字，雖文采不錯，但除了對世人的『金錢崇拜』進行鞭笞之外，極少具有錢幣學方面的學術意義。第二篇出自約比成公綏晚二十餘年的西晉文學家魯褒之手，此文名雖曰『論』，其實則爲辭賦問難之體，是作者憤世嫉俗之語。雖然魯褒《錢神論》對貨幣的起源及功能進行了分析，但其重點則在對當時社會風氣進行諷刺與批判。因此嚴格意義上來講，同樣不能算作錢幣學人申述學術見解的著述。

至於其他著作，由其名稱《泉圖記》《錢志》《錢譜》《續錢譜》《姚氏錢譜》《錢譜》《錢氏錢譜》《錢録》《錢譜》《舊譜》《石氏鐵譜》等多重復於『錢譜』二字可知，其著作多爲因襲之作，而由其卷數一般是一卷、三卷知其内容當無廣博之可能。

宋元明時期的古泉著作，計有二十六種左右。這一時期的古泉著作卷數名顯增多，十卷以上的高達七種之多，甚至《錢通》一書多達三十二卷。而且從其名稱看，有的稱《泉史》，有的稱《鑄錢故事》，有的稱《泉志》，學術意味漸濃。但接近四分之三著作的篇幅仍然很短，多爲一卷，容量有限。

總起來看，宋元明以前的錢幣學著作基本無甚高論，這是學術界比較公認的一個結論。泉學大家鮑康的看法爲大家普遍接受，他講：

古金率有圖譜，獨泉幣之譜，宋以前皆不傳。傳者以《洪志》爲最古之本，雖後人詆諆不少，然舍此別無依據也。明則有董氏《泉譜》，胡氏《錢通》，圖繪寥寥，不足快意。[三四]

時至清朝，泉學著作數量忽然劇增。但在清初至雍乾時期，泉學著作還不多，且質量也不高。鮑康對此有過非常誠懇的評價：

余所見朱多爔之《古今錢譜》，陋劣可嗤；謝佩禾之《古錢圖》，空疏寡識，等之自鄶；馬伯昂之《貨布文字考》，詮釋不無穿鑿；陳誰園之《鐘官圖經》、朱近漪之《古金待問録》，附會《路史》亦涉無稽；馮晏海之《金索》，意在炫博，往往摹繪舊圖；盛子履之《泉史》，張崑裔之《錢録》，張麗瀛之《錢志新編》，或間有沿訛，或見聞未富，尚能旁稽詳考，自具苦心。惟瞿木夫之《泉志補正》，金蒨穀之《古泉述記》，余見之於嘉蔭簃，未遑卒讀。劉青園丈之《虞夏贖金釋文》，獨具分为隻眼；戴醇士之《古泉叢話》，别饒逸趣；蔡銕耕之《癖談》，好爲創解。雖卷帙無多，皆汲古有得者也。至初渭園之《吉金所見録》，視諸家最爲完美；翁宜泉之《古泉彙考》，又駕而上之，竭數十年心力，蔚爲大觀。惜未及梓行，僅存稿本。逮我世丈燕庭先生《古泉苑》一出，其爲翁氏所未見者，復千百種，嗜古者於是嘆觀止焉。〔三五〕

由上述論述不難看出，在鮑康這位錢幣學大家看來，劉喜海之前的錢幣學著作《古今錢譜》『陋劣可嗤』，《古錢圖》『空疏寡識』，《貨布文字考》『詮釋不無穿鑿』，《鐘官圖經》《古金待問録》『附會《路史》亦涉無稽』，《金索》『意在炫博，往往摹繪舊圖』。對盛子履之《泉史》、張崑喬之《錢録》、張麗瀛之《錢志新編》，鮑康則貶其『或間有沿訛，或見聞未富』；對劉青園的《虞夏贖金釋文》、戴醇士的《古泉叢話》、蔡銕耕之《癖談》三部著作，他相對認可，原因是『雖卷帙無多，皆汲古有得者也』。至於初渭園的《吉金所見録》，他則認爲比以上三家顯得完美，翁宜泉的《古泉彙考》他認爲又在初渭園《吉金所見録》之上。但是他認爲《古泉苑》一出，登峰造極，爲其它著作皆不及。因在《古泉苑》中爲翁氏《古泉匯》一書所未見的錢幣，復有千百種。由此，他甚至認爲嗜古者應對此嘆爲觀止，無需再看其他泉學著作〔三六〕。

客觀地講，在嘉道年間，初尚齡的《吉金所見録》與翁樹培的《古泉彙考》、劉喜海的《古泉苑》，可并稱三大泉學著作，錢幣學的學科構架正是在這三大著作的基礎上形成的。但就三部著作而言，初氏《吉金所見録》與翁氏《古泉彙考》雖然都是精審之作，但前者無論從規模還是從深廣度上，均無法與後者相比。能够與翁氏《古泉彙考》相提并論的著作，在嘉道兩朝衹有劉喜海的《古泉苑》一書。而劉喜海的《古泉苑》除了比《古泉彙考》增加了翁氏未能見到的一千多種名品以外，鮑康認爲其能够超越《古泉彙考》的原因還有四條，那就是『胸羅卷軸，家承賜書，審定之精，考核之細，更出翁譜之上』〔三七〕。

而對《古泉苑》的宏富超衆，鮑康在其另一段文字中描述得更是情見乎詞：

曾假歸《古泉苑》，留案頭二旬。手録其目，并校正鈔胥之訛脱，與何鏡海内兄争相披讀，拍案稱賞，僕從咸驚。雖譾陋不才，亦思勉綴小言，一以志景仰之忱，一以遂附驥之願。他日刊布海内，將宋以來諸家之譜，皆可束之高閣。余知世之覽者，其望洋驚嘆，歡忻傾倒，當更有倍蓰於余者，而不若余之先睹爲快也。〔三八〕

對《古泉苑》，鮑康還進一步介紹道：

先生之書（《古泉苑》），拓爲一百一卷，以皇朝錢法冠首，餘則分類爲六，曰正用品、曰僞用品、曰异品、曰外國品、曰厭勝品、曰雜品，凡得泉四千六百有奇，附載泉範數十枚，自藏者十之八九，同人所藏者十之一二，鯫生所得，亦采及之。古色异香，奇情詭致。南宋鐵泉百出，而不可窮詰，尤舊譜所未窺，後有作者，蔑以加矣。〔三九〕

對於《古泉苑》能够取得時人難以匹敵的非凡學術成就的原因，鮑康以個中人身份的總結很到位：

余每慨著譜之難，約有數端：好之而無力，則陋；有力矣，或僻處一隅，莫與訂證；或藏書無幾，罔所參稽；即幸免是數者，又往往學識不醇，矜奇炫异。未獲者臆圖以取備，三人贋作者姑載以自欺。彼其心豈不謂兀兀窮年，幸藉一物以名後世，而後之有識者，讀未竟，輒不覺嘎其笑曰：『是足以覆醬瓿焉耳，糊蠶箔焉耳。』惟先生以韋平世冑，略無嗜好，日以獲古爲懷。官中外者有年，所至則名卿巨儒，咸願識先生。序中所云朋好箋遺，名流匊贈，良非虚語。故所收所見之富且奇，爲同時吴我鷗、吴子苾、吕堯仙、李竹朋諸君所弗及。〔四〇〕

由此可知，劉喜海《古泉苑》之所以能執錢幣學界牛耳，是由其多方面的優勢促成的。

劉喜海對錢幣學學科建構的貢獻，絶非衹是撰寫了一部《古泉苑》而已。除了具有劃時代意義的《古泉苑》以外，他還編撰了堪稱泉史的《嘉蔭簃論泉絶句》《泉説》《嘉蔭簃古泉隨筆》以及《泉苑精華》《嘉蔭簃泉拓》等著作。在這些著作中，《古泉苑》一百零一卷，《嘉蔭簃論泉絶句》兩卷，《泉説》兩卷，《泉苑精華》六卷，《嘉蔭簃古泉隨筆》八卷，《嘉蔭簃泉拓》五卷，共計一百二十四卷。劉喜海在錢幣學上的學術貢獻除了編撰著作以外，他還對翁樹培《古泉彙考》一書進行了考訂校録工作。清道光元年（一八二一），劉喜海於葉志詵處借得《古泉彙考》稿本，塗改幾不可辨，劉喜海以三年之功一一考訂，校録一過方能閲讀〔四一〕。劉喜海在校訂該書之後，又請泉學大家鮑康重訂。此後，劉喜海還將自己搜集古泉過程中的所見所聞識於此稿卷端，其中包括同好贈貽、泉界掌故等内容。如果没有劉喜海的這一學術努力，翁樹培的《古泉彙考》的傳播必將大打折扣。

至於被王獻唐譽爲與《古泉彙考》《古泉苑》并爲泉學巨製的《古泉匯》，同樣無法企及《古泉苑》崇高的歷史地位。究其原因，一是它於同治年間成書、光緒年間付梓；二是盡如陳介祺在

《簠齋尺牘》中所批評的，該書存有『體例尚未盡善』『板本屬簡率摹刻』『唐以上泉甚爲不精』等嚴重缺陷〔四二〕。

綜上所述，錢幣學至初尚齡時期剛剛步入精審之途，但領域極小，作爲獨立學科其架構還極不完善。得益於翁樹培、尤其是劉喜海數十年的大力搜集整理和研究編纂，方使錢幣學的研究臻於完備，上起周秦，下迨明季，外藩雜品靡不具備，爲編定系統的錢幣史奠定了基礎。後來的錢幣學著作無不從劉喜海、翁樹培、初尚齡處得益，因此學界公認他們爲錢幣學的奠基人。

王國維先生在讀到上海涵芬樓所收的劉喜海《金石苑》稿本後，與劉喜海的學術助手胡琨的《金石苑序目》相參勘，寫下了近一千五百字的長跋。

諸城劉燕庭方伯《金石苑》稿本，共六十一册，今在上海涵芬樓。計《長安獲古編》一册，《昭陵復古録》五册，《洛陽存古録》十七册，《鼓山題名》二册，《烏石山題名》二册，雜碑無書題者二十三册。寫録之式并行格往往不同，間録前人或同時諸家跋尾，或附方伯自跋，又有大興徐星伯編修校簽。餘爲《跋尾草稿》二册，目録九册。其目録存造像、題名、石幢、墓志、雜碑五種，又有《嘉蔭簃金石目》《金石補編目》《洛陽存古録目》，凡八種。嗣涵芬樓又得仁和胡次瑶孝廉所編《金石苑序目》手稿二册，其子目亦凡八種：一、《長安獲古編》；二、《劉氏古泉苑》；三、《泥封印古録》；四、《嘉蔭簃蒐古彙編》；五、《洛陽存古録》；六、《造象觀古録》；七、《昭陵復古録》；八、《三巴孴古志》——頗與原目相出入。……案方伯之爲此書，孝廉實佐之。孝廉序《嘉蔭簃蒐古彙編目》云：『壬子之秋，余爲方伯編《金石苑》目次，凡得十種。方伯謂余曰：「余尚有六種，搜而未成，其體例標目已定矣。」』序中復列舉其目，曰《東武懷古録》，曰《造象觀古録》，曰《寶甓翫古録》，曰《捫槃説古録》，曰《要言汲古録》，曰《奇觚抉古録》。

余合原目及胡目觀之，知方伯此書兼用以地分類及以物分類二法。其以地分類者，若《長安獲古編》，若《昭陵復古録》，若《洛陽存古録》，若《三巴孴古志》，而未成之《東武懷古録》與焉。其以物分類者，若《劉氏古泉苑》，若《泥封印古録》，若《造象觀古録》……與焉。其爲此二類所不能攝者，爲數至夥頤，則編爲《嘉蔭簃蒐古彙編》，此《金石苑》之編纂大略也。方伯所録金石文字，至爲浩博。中間蓋欲删王氏《金石萃編》所已收者，而存其所未收者，於是有《金石補編》之目。其《嘉蔭簃金石目》，又當爲最初之目，此皆編纂時所旁出而與本書無涉者也。

考方伯之卒，在咸豐癸丑春日。壬子秋之目，當爲最後所定。其時《金石苑》已得十種，而涵芬樓所藏胡目八種，其《造象觀古録》爲後六種之一，故僅得七種……近者，上虞羅叔言參事欲編刊其所藏金石拓本，而病其繁重，乃先後爲以時分類、以地分類、以器物分類之書，各若干種。復以無可歸類之小品，别爲一書。而全書之成，殊非易易。方伯之書亦視此矣。

此書各種惟《三巴孴古志》已刊行，《長安獲古編》板囊在京師，丹徒劉鐵雲觀察爲補刊器名，印行於世。其他諸種，惟有此稿本。而稿本中亦惟《昭陵復古録》碑二十六通俱全，餘并有闕佚，顧尚可得十之五、六。臨桂況夔笙太守編爲《昭陵復古録》十卷，《洛陽存古録》三十二卷，《鼓山題名》六卷，《烏石山題名》三卷，《嘉蔭簃蒐古彙編》七十卷。〔四三〕

綜觀王國維之跋，體現了一代大學者的謹嚴與深刻。

在其跋語的第一部分，王國維先從《金石苑》所包含的子目入手，逐層深入，層層剥繭，將《金石苑》前六種子目的『寫録之式并行格』逐一辨析，又對《金石苑》的《跋尾草稿》及目録這些一般人未曾注意的内容詳加審閲辨析，并與劉喜海助手胡琨的《金石苑序目》的子目録一一比對，找出二者的异同，從中得出一個結論：劉喜海編《金石苑》，胡琨乃是其重要助手。王國維從不引人注意的胡琨《嘉蔭簃蒐古彙編目》序中，揭示出劉喜海已然規劃但仍未見其書的一些學術著作：『壬子之秋，余爲方伯編《金石苑》目次，凡得十種。方伯謂余曰：「余尚有六種，搜而未成，其體例標目已定矣。」』由此我們知道，劉喜海對《金石苑》内容的真正設計要比現在所看到的規模大得多，至少會比現在的八種子目多出《東武懷古録》《造象觀古録》《寶甓甄古録》《捫槃説古録》《要言汲古録》《奇觚抉古録》六種子目。另外胡氏所云的子目有十種，目前僅見八種，也就是説，劉喜海原先規劃的《金石苑》子目可多達十六種，足足是今日所見到的兩倍，而當下所見的《金石苑》已多達一百二十一卷，由此我們不難揣知劉喜海的學術雄心是何其之大！

在跋語的第二部分，王國維對《金石苑》的體例進行了分析，指出該書體例主要使用『以地分類及以物分類二法』，這兩種分類法不能容納的，則歸入《嘉蔭簃蒐古彙編》。在此段跋語中，王國維對《金石苑》一書的規模之巨感嘆道：『方伯所録金石文字，至爲浩博。』他同時指出，劉喜海《金石苑》中《金石補編》一書，正是對金石學界前輩王昶的名著《金石萃編》中所未見之金石的補充。

跋語的第三部分，王國維則由劉喜海卒年確定胡琨所講《金石苑》完成的十種著作爲劉喜海最後所定稿。但胡氏所講的十種，王國維衹見了七種，其它三種，王國維則實事求是地講自己不僅未見而且不知其名。但他并未就此止步，而是根據前面已有的書目推斷其三種書名當爲《貞珉闡古録》《題名集古録》《佛幢證古録》一類。依筆者所見，王國維所推導出的結論，甚合劉喜海《金石苑》體例的内在邏輯結構，誠可謂深人無淺語也。

跋語的第四部分，主要講《金石苑》内諸子目書的刊行情況，并對劉喜海予以『當時搜討之勤且富矣』的高度評價。

作爲一代學術大家，王國維能够對《金石苑》予以大力研究，寫下如此之長的跋語，種種超規格的學術禮遇使《金石苑》聲名大振。更加上王國維對之闡幽釋微，使《金石苑》的學術價值更容易爲世人所理解與把握，這對《金石苑》學術聲譽的推廣起到了重要作用。

琳琅滿目的收藏

劉喜海之所以能在金石學的著述上獲得如此之高的成就，與他擁有的藏品有着最爲直接的關係。

鮑康在探究劉喜海能够完成《古泉苑》這部劃時代巨著的原因時，所做的分析很有道理：

惟先生以韋平世胄，略無嗜好，日以獲古爲懷。官中外者有年，所至則名卿巨儒，咸願識先生。序中所云朋好箋遺，名流匊贈，良非虚語。故所收所見之富且奇，爲同時吴我鷗、吴子苾、呂堯仙、李竹朋諸君所弗及。〔四四〕

劉喜海的顯宦世家背景，是清代許多金石學家都無法比擬的。因此，鮑康稱劉喜海『韋平世胄』，可謂當之無愧。因其出身名門之後，先輩聚集的深厚人脉爲劉喜海的收藏帶來極大的便利，這是劉喜海獲取藏品的第一個有利條件。

劉喜海『服官中外廿餘載，所至不名一錢，而篋中泉幣尊彝載之兼兩，繁富莫可單究』〔四五〕。其『略無嗜好，日以獲古爲懷』〔四六〕的專注精神，非一般人能够比擬。他對金石收集的如痴如醉，我們不難從鮑康的一則記述中揣摩其情形：

先生宦轍所經，若有宿緣，再至三至，詢風問俗之暇，輒偕二三同志，披榛翦梏，搜斷碣，訪遺宫，儵然來往，見者不知其爲大僚。不數年間，洋洋乎蔚爲巨觀。乃嘆造物之所以厚先生，若獨留是以有待，而先生之力之識，復足以濟之。雖遲之數十百年，不以付他氏之手，必俟績學多通如先生者，乃爲斯物一泄其奇。精神所結，卓然有不可磨滅者存。古器之幸，以不墜冥冥中，殆有默司其券者邪！〔四七〕

至於劉喜海最後因嗜古而丟官，就更足以證明他對金石學的熱愛不僅是常人所難及，恐怕對於金石學界其他人而言也極難比擬。物聚於所好，信然哉！

劉喜海「官中外者有年，所至則名卿巨儒，咸願識先生」〔四八〕，因此「朋好箋遺，名流匊贈」〔四九〕不斷，這是劉喜海獲取藏品的第三個有利條件。

劉喜海所藏古泉衆多，今選取其中精品列舉如下。

在古泉收藏中，「新莽六泉十布」應是劉喜海藏品中的極品。

「六泉」是指：小泉直一，幺泉一十，幼泉二十，中泉三十，壯泉四十，大泉五十。

「十布」是指：小布一百，幺布二百，幼布三百，厚布四百，差布五百，中布六百，壯布七百，弟布八百，次布九百，大布黄千。

西漢晚期，王莽篡位，建立新朝，對貨幣制度進行了四次改革，雖然都以失敗而告終，却留下了一批製作精良的錢幣精品，其中尤以「六泉十布」最爲著名。「六泉十布」從鑄造工藝上看，有三個特點，即銅質精、鑄造精、錢文精。所以，世稱王莽爲貨幣史上的第一鑄錢能手（第二是宋徽宗，第三是金章宗）。

要將「六泉十布」集全非常不易。劉喜海是在西安搜集全「新莽十布」的〔五〇〕。但遺憾的是「六泉」他没有搜集齊全，衹缺一枚壯泉。這一信息存貯在鮑康的記載中：

新莽十布惟大布最多，六泉惟小泉最多，餘皆稀如星鳳。燕庭宦秦得第布，而十布乃全。

……六泉則吕堯仙與余全有之，中、壯余且有兩枚，燕庭亦尚缺壯泉。〔五一〕

『靖康通寶』是北宋宋欽宗時期鑄造的，他在位僅僅十六個月就被擄往北方。因此，『靖康』錢鑄量極少，其中『靖康通寶』則更爲罕見，屬國家一級文物，名列中國古錢『五十名珍』之一。『靖康通寶』這枚珍稀古泉，劉喜海於道光十三年（一八三三）得自恩師金錫鬯饋贈。

『大蜀通寶』爲五代十國後蜀年間所鑄，直徑二十四毫米，厚三毫米，自然渾厚，書體樸實。幾百年來，『大蜀通寶』傳世總共衹有十餘枚，從無出土記録； 其鑄工不精，制式爲小平錢，鑄造量小。《歷代古錢圖説》中標明，民國時期曾有三枚『大蜀通寶』現世，分别爲三位古幣專家收藏，後三人過世，古幣下落不明。

劉喜海先是於道光十四年（一八三四）秋，得到顧湘舟寄贈的『大蜀通寶』拓片。得此『大蜀通寶』拓片後，劉喜海在拜讀金錫鬯《晴韵館收藏古泉述記》時，在該書稿本上記下了他對『大蜀通寶』的認識：『其泉文字色澤與廣政頗相似，蜀之有『大蜀通寶』，亦猶南唐之有『大唐通寶』，而史失載耳。』〔五二〕

我們從劉喜海本人在翁樹培《古泉彙考》按語中得知，道光二十八年（一八四八），他終於獲得『大蜀通寶』真泉一品〔五三〕。

『開元通寶』簡稱開元錢或通寶錢，唐武德四年（六二一）始鑄，每十文重一兩，又讀作『開通元寶』，錢背有星、月及其他紋飾，版别複雜。唐代以後仍有冶鑄，但形制與唐有别。唐代還鑄有少量『開元通寶』大錢，屬開爐紀念性質，後代也有僞造。另外，還鑄有極少的金、銀、鉛質『開元通寶』，十分罕見。唐代『開元通寶』的鑄製與流通，在我國錢幣形制發展史上有着劃時代的意義。『開元』即『開國奠基』之意，『通寶』之意則爲『流通寶貨』。銅錢名曰『通寶』，反映了當時人們對貨幣作用有了進一步的認識，貨幣即財寶的觀念進一步增强。

劉喜海於道光十九年（一八三九）得到一枚鎏金開元錢，業内人士評其『甚精』[五四]。

宋時鐵錢，道光二十六年（一八四六）冬至，劉喜海在給鮑康寄南宋鐵錢時記到：『如嘉定之「洪寶」「真寶」「全寶」「新寶」「至寶」「崇寶」「永寶」「安寶」「萬寶」「正寶」「興寶」「珍寶」，端平之「惠伍東」「定伍北」，嘉泰、慶元之幕文，皆從來選錢家所未聞未見，即《永樂大典》中亦止載「聖宋重寶」「嘉定重寶」二種。洵獲古之快事，若使當日（翁）宜泉比部見之，必爲我狂呼叫絶也。』[五五]鮑康在其《觀古閣叢稿》中講：『南宋鐵泉，舊譜所載皆無幾，青園（劉師陸）丈得『嘉定全寶』，云從來未見。自燕庭丈宦蜀，始一泄其奇。』[五六]

『永通萬國』，北周静帝宇文闡大象元年（五七九）始鑄。面文『永通萬國』，玉箸篆，『永通』意爲永遠通行，『萬國』示天下萬國可用。『永通萬國』的出現，連同布泉、五行大布，使『北周三大美泉』在鑄幣工藝史上，達到一個嶄新的高度。

此枚古泉，劉喜海於道光十七年（一八三七）得自恩師金錫鬯寄贈。

『布泉』爲北周武帝宇文邕保定元年（五六一）始鑄，一以當五，與五銖錢并行。布泉鑄工精致，内外廓齊整。『布泉』二字作玉筋篆横書穿孔兩側，古樸端莊。『泉』字中豎不斷，一綫貫底，是與新莽『布泉』除篆法不同外又一顯著區别。錢徑二點五厘米，重四點三克，肉實銅好，係北周三大美泉之一。

此泉劉喜海於道光十七年（一八三七）得於杭州。

建中唐泉『元』字、『中』字兩枚，李竹朋評爲『絶無僅有之品』〔五七〕。鮑康則譽之爲『奇絶』〔五八〕。劉喜海於道光十八年（一八三八）依其恩師金錫鬯遺言悉得金氏藏泉，此二泉據丁福保鑒定爲金氏藏泉最精八品之二。

『龍鳳通寶』，元末韓林兒起義軍鑄造的一種錢幣。其所製錢幣大都鑄造精美，銅質優良，錢體厚重，書法水平較高。

『龍鳳通寶』流通範圍很小，數量極少，市值價格很高。

此泉爲劉喜海所得恩師金錫鬯遺贈藏泉最精八品之一。

『重和通寶』，『重和』爲北宋徽宗第六個年號，宋徽宗在位二十五年（一一〇〇—一一二五）共用七個年號，其中使用最短者爲『重和』，僅爲三個月（一一一八年十月——一一一九年二月）。其間所鑄之『重和通寶』，深受歷代錢幣收藏者的珍愛。

此泉爲劉喜海於道光十八年（一八三八）所得其恩師金錫鬯遺泉最精八品之一。

『阜昌重寶』，南宋時濟南太守劉豫叛宋降金，於建炎四年（一一三〇）七月被金人封爲傀儡皇帝，國號齊，年號阜昌，建都大名府，後遷都汴京。紹興七年（一一三七）岳飛用計使金主廢其帝號，改封爲蜀王。劉豫爲河北人，用年號阜昌，通行遼錢、宋錢，後覺舊錢不足，乃仿大觀錢鑄造發行阜昌錢。阜昌錢有楷、篆兩體六種版式，其鑄行結束了金代初期四十餘年不鑄銅錢的歷史，可以將其視爲金代首次鑄錢。阜昌錢書法甚美，鑄造精整，錢文清秀美麗，有徽宗錢遺風。阜昌錢是中國錢幣史上的又一美泉，由於這一政權存在時間不長，加之阜昌錢的流通區域基本上與其政權區域相同，僅限於北方局部地區，故其錢幣鑄造發行量不多，現存世者極爲罕見。

此泉爲劉喜海於道光十八年（一八三八）所得恩師金錫鬯遺泉最精八品之一。

『阜昌元寶』，金代僞齊政權劉豫阜昌年間鑄造的錢幣。此錢製作精整，文字秀美，其品相之佳決不下於北宋大觀政宣諸泉，金朝亦通行使用。唯傳世數量稀少，常爲泉家苦求而不得。

此泉爲劉喜海於道光十八年（一八三八）所得恩師金錫鬯遺泉最精八品之一。

『阜昌通寶』，金代僞齊政權劉豫阜昌年間鑄造的錢幣。『阜昌通寶』四字有真、篆二體，直讀，光背無文。錢徑三厘米，重八點三克，製作精整，錢文清晰精美，書法精妙絶倫，爲極美之品，鑄量極少。

此泉爲劉喜海於道光十八年（一八三八）所得恩師金錫鬯遺泉最精八品之一。

『天啓通寶』，元至正十一年（一三五一）徐壽輝起義，攻占蘄水，建立政權，國號天完，年號治平。元至正十六（一三五六），徐壽輝遷都漢陽（今湖北武漢），元至正十八（一三五八），徐壽輝改年號爲天啓，鑄『天啓通寶』銅錢。由於天啓作爲年號的時間很短，鑄錢不多，保存下來的更少，故此錢極爲珍罕。

此爲劉喜海於道光十八年（一八三八）所得恩師金錫鬯遺泉最精八品之一。對於劉喜海所藏古泉，由於筆者識力有限，所以肯定還有一些珍稀名品未被收入。

除以上令人艷羡的十四大古泉珍品以外，劉喜海還收藏了一批古代錢範精品。

『齊刀範』是『齊國刀幣範』的簡稱。得此齊刀範後，劉喜海禁不住詩興大發，賦詩以記之。『齊刀範』有陶範、石範、銅範之分，以陶範最爲多見，但陶範使用一次即報廢，所以出土者多爲殘範；石範形制與陶範相似，但體形較薄，比較罕見。銅範可靠的實物祇有兩件，均爲陽文齊法化母範，一件於清道光間在臨淄出土，爲劉喜海收入囊中，最早著録於《古泉苑》《古泉匯》；另一件於同治六年（一八六七）出土，爲陳介祺所得，最早著録於《續泉彙》。劉喜海所收齊刀幣銅範今藏上海博物館〔五九〕。

齊刀銅範因其完全具備了叠鑄工藝範母的諸要素，所以基本被學術界認爲是我國古代叠鑄工藝和叠鑄法鑄錢最早的範例；又由於至今爲止還未發現有其它更早的叠鑄範例，因此它可以被稱爲是我國古代叠鑄工藝的鼻祖。正因如此，學術界祇要提到叠鑄，必言齊刀幣銅範，而我國叠鑄工藝的使用，也因此至少定到戰國時代〔六〇〕，其學術價值之高不言而喻。

『新莽貨布範』，劉喜海在道光二十一年（一八四一）得此刀範後，其興奮程度毫不亞於獲得齊刀銅範。我們從其題記不難看出他對『新莽貨布範』的重視程度：『右範關中友人蘇兆年購寄，製櫝藏之，并録童二樹（鈺）銘。道光辛丑花朝（二月十五），燕庭志。』〔六二〕

收藏青銅器

劉喜海在青銅器收藏上，也具有一流的地位。

劉喜海所藏青銅器主要著録於《長安獲古編》與《嘉蔭簃藏器目》兩書。《長安獲古編》收録商周青銅器四十三器，秦漢及唐三十六器，雜件四十二器，共收一百二十一器；《嘉蔭簃藏器目》主要收録商周青銅器八十件。今詳列如下：

劉喜海《嘉蔭簃藏器目》所著録藏品有：

鐘四：　己侯鐘、虢尗編鐘、益公鐘、兮中鐘

鼎十五：　叔媿鼎、父癸鼎、[illegible]鼎、尗盂鼎、父丁鼎、立戈鼎、魚形父癸鼎、師奎父鼎、季念鼎、孟淇父鼎、尊彝鼎、宋公鼎、揚鼎、衛妃鼎、鄦鼎、師湯父鼎

彝八：　父己彝、禽彝、立戈彝、季保彝、父辛彝、父舟彝、父癸彝、子犧形[illegible]辛彝

敦四：　頌敦、父乙敦、且戊敦、中五父敦蓋

盤二：　尗姙槃、兹女槃

盉四：　兹女盉、父戊盉、王盉、父乙[illegible]盉

鬲四：　尗帶鬲、异妊鬲、單伯鬲、召中鬲

簠一：　衛子簠

簋二：　姜涅簋、[illegible]龔父簋

豆一：　周生豆

卣五：　向卣、女子小臣兒卣、父庚卣、效卣、父戊卣

尊二：　[illegible]尊、旅輂尊

角二：　父乙角、且癸角

觶四：　子執戈父乙觶、單觶、父丁觶、婦女[illegible]觶

爵十二：　白夫爵、父丁爵、父辛爵、父癸爵、且辛爵、乙公爵、父癸爵、父乙爵、父戊爵、父己爵、父己爵、父癸爵

甗一：　商婦甗

銅範二：　[illegible]六化範、齊三字刀銅範

秦詔版四：　秦始皇詔版一、秦二世詔版一、秦二世詔版二、秦二世詔版三

矛一：　[illegible]矛

斝一：　子斝

觚一：[illegible]婦觚

劉喜海《長安獲古編》所著録藏品有九十七件，剔除《嘉蔭簃藏器目》所重收的尚餘五十三件。它們是：

郙鼎、師器父鼎、效卣蓋、白正父匜、谷口鼎、盩厔鼎、藍田鼎、槖泉宮鼎蓋、楊氏鼎、池陽宮鐙、臨虞宮鐙、曲成家錠、鋚、槖泉一斗鋗一、菅邑家二斗鋗、魏其侯盆、弩一、弩二、環、師比、鉤、完銅器、千金銅器、角王巨虚鏡、吉祥文鏡、尚方鏡、銅萃鏡、願長相思鏡一、願長相思鏡二、虎符一、虎符二、龜符、巡魚符、交魚符、魚符、佐弋瓦、封泥一、封泥二、封泥三、封泥四、封泥五、封泥六、封泥七、封泥八、金都統印、都統印、元印、行軍萬户同字印、義軍萬户所印、萬户印、副提控印、交鈔庫司鈐、升檢封。

劉喜海的青銅器藏品兼具較高質量與證史功用。劉喜海所藏的四枚編鐘、四枚秦詔版、兩枚銅範等高質量的青銅器藏品，都是金石學界耳熟能詳的國寶級珍品。四枚編鐘在劉喜海去世後爲陳介祺購藏，成爲支撑陳氏『十鐘山房』的重要藏品，爲金石收藏界增添了一段佳話。劉喜海的珍藏中，有兩件銅器是《嘉蔭簃藏器目》與《長安獲古編》中均未收入的精品。一件是劉喜海嘉慶十九年（一八一四）在北京收購的國寶級文物『頌簋』，現爲山東博物館鎮館之寶；另一件是『唐天寶銅造像』，面陽爲佛像，背如碑式，小楷陰文，即張燕昌《金石契》中壓卷唐天寶銅造像。

關於劉喜海所藏青銅器的證史功用，第一，可資古方國歷史研究。在劉喜海藏品中，許多青銅器涉及楚、虢、鄀、許、宋、單、衛、邢等古方國的歷史，如『宋公鼎』就可資春秋之際宋國歷史研究之用。考古學家孫敬明在看到『宋公鼎』後講：『尤其宋爲殷後，餘緒得綿延至此，殊可寶重。』他由『宋公鼎』還聯想到後來發現的宋國器，如『宋公欒差戈』等。再如『鄦鼎』，其江淮流域文化特征明顯，從器物造型、花紋樣式以及銘文書體，均可判爲江淮流域許國器，是研究古方國許國歷史的第一手資料。再如『單伯鬲』，由其銘文可證單國與姞姓國通婚，而西周青銅器銘文記載周王亦有納姞姓女爲婦者。同姓爲婚，其生不繁。周朝之際，人們已經認識到近親結婚的危害，故有同姓不婚的婚姻制度。再如『單觶』乃商代之器，可與前述『單伯鬲』做比較研究，探究其歷史延續之迹。再如『父癸爵』，由其銘文『[illegible]』中首字『隹』，知其對研究以『隹』爲圖騰的氏族方國歷史可能有助益，或有助於推考濰坊『濰』之得名。再如『王盉』，乃西周早期物，銘文曰『王』，應當不是周室器，而作器者又自稱『王』，對研究當時方國部落自稱爲『王』的習尚提供了重要依據。

第二，可資西周册命制度研究。如『師奎父鼎』的銘文，就有助於西周王朝册命制度的研究。陳夢家對西周王朝册命制度的研究，實借此登基而上。

第三，可資氏族徽號研究。如『子犧形彝』之銘文『[illegible]』，對研究商代氏族徽號就是一件很重要的資料。

第四，可資西周朋貝、貨幣及其流通應用的研究。如『效卣』，其銘文記録王公賞賜貨貝五十朋和二十朋，數量較大，對研究當時的朋貝、貨幣及其流通應用均至關重要。

第五，可資秦朝政治、經濟、文化研究之助。如四枚秦詔版。

第六，可資漢唐以降地方史研究。如劉喜海收藏的銅鏡形體大而寬，銘文多而美，收藏數量多而精，對漢唐以降地方史研究有多方面的幫助。

第七，可資對職官的考察。如劉喜海收藏的封泥，是考察漢代職官制度的重要參考資料。而他收藏的金元印章，對金元職官制度的考察同樣也非常重要。但過去學術界研究職官制度時，往往忽略西夏金元時期文物的收藏保護。劉喜海可謂慧眼獨具，不惟内陸、海東，而更及北國與西域之出土器物，可謂視野開闊。

第八，可資對紙幣印製、管理、流通的研究。如劉喜海收藏的交鈔庫司鈐、升檢封等，就對研究當時紙幣印製、管理與流通，具有重要的佐證作用。

收藏石刻拓片

劉喜海在石刻方面的收藏有其很明顯的特點。第一，品類豐贍，數量宏大。劉喜海搜集的金石拓片多達五千多通，撰《金石苑》一百二十卷。他還搜集海外金石，成爲專書，其中，搜集的朝鮮碑版數量可觀，有《海東金石苑》八卷。第二，注重證史、補史之用。劉喜海所藏金石拓片主要爲證史、補史之用，所以他并不在意所拓印石刻是否著名。宋以後石刻，不少也被拓印進入他的藏品。第三，專題收藏。劉喜海收藏石刻拓片有一個非常突出的特點就是分專題收藏。他至少有四種專題的收藏。

劉喜海收藏的造像題記數量很大，這類藏品包括非常著名的龍門二十品、《鞏伏龍造像碑》等，爲此他有《造像觀古志》傳世。

劉喜海的題名石刻藏品很多，爲此他編纂或付梓了《蒼玉洞宋人題名》《題名集古録》《鼓山題名》等專著。

劉喜海有《佛幢證古録》傳世，説明他應當藏有許多同類的石刻拓片。

對朝鮮石刻拓片，劉喜海專門編纂了《海東金石苑》八卷等。

在劉喜海收藏的石刻拓片中，多數是他親自選定然後拓印的，如著名的龍門石窟造像題記、蒼玉洞宋人題名、鼓山題名等。

當然，除具有明確的個性追求以外，劉喜海也收藏了一批著名石刻拓片，如《華山廟碑》舊拓本、《龍門二十品》《蕭憺碑》等。

善開風氣之先的創新精神

富有創新精神，至少在諸城劉氏家族三位學有大成的人物身上體現得比較突出，分别是劉墉、劉奎、劉喜海。三人在各自領域，都是開宗立派的大家。劉墉在書法上的創新精神是世所公認的。劉奎在瘟疫學用藥上取鄉間習見之物，志在救民，在清代瘟疫學研究中獨樹一幟，爲世所景仰。劉喜海在金石學上的善開風氣之先，實與劉墉、劉奎的創新精神一脉相承。因爲善開風氣之先，劉喜海引領金石學界拓展了若干個收藏與研究的新領域，爲清代金石學的發展做出了不可磨滅的貢獻。

劉喜海是唐善業泥造像收藏第一人。善業泥造像即小型模壓而成的泥製佛像，始於北魏，盛於唐代，唐善業泥造像因佛像背後有『大唐善業泥壓得真如妙色身』字樣而得名。自唐至清道光十九年（一八三九）夏以前，數百年間，没有人將唐善業泥造像視爲可藏之寶。但劉喜海在西安慈恩寺塔下見到唐善業泥造像以後，見其法相莊嚴，書法醇古，遂激動不已，連寫六首絶句，向收藏界報告自己的得寶之喜。正因爲劉喜海具有轉移收藏界風氣的能力，唐善業泥造像方受到收藏界的推崇。

劉喜海是大規模收藏海外金石拓片并著書第一人。金石諸書著録海外石刻文字者，始於王昶《金石萃編》，但《金石萃編》祇收『平百濟』一碑。

劉喜海對此學術領域發展空間的認識十分敏感，他借助認識多位海外朋友的優勢，大力搜集海外金石。尤其是通過朝鮮金正喜、趙雲石等朋友，劉喜海不遺餘力搜集朝鮮石刻，積累數年終於編成專著《海東金石苑》。以此，著名藏書家劉承幹評價云：『其搜海外金石輯爲專書者，則自劉燕庭方伯《海東金石苑》始。』[六二]鮑康也曾有如是評價：『而搜録海外金石，成爲專書，尤前此

所未聞。則取朝鮮碑版，纂輯考釋，撰《海東金石苑》八卷。』[六三]

劉喜海是國内爲朝鮮、日本書籍編纂書目第一人。見本章『對朝鮮日本古籍的收藏與書目的編纂』評述部分。

劉喜海是開創韵語論泉模式第一人。以絶句論詩，即以詩論詩，開始於金元之際的元好問《論詩三十首》。元好問既是大詩人，又是大詩論家，其《論詩三十首》影響很大。善於繼承出新的劉墉，曾仿元好問《論詩三十首》做《論書三十首》。劉喜海同樣是善於繼承出新者，因此仿元好問、劉墉做了《論泉絶句二百首》。劉喜海將古泉歷史納入自己的絶句創作範圍，上始太昊，下訖有明，凡正用、僞品、外國并厭勝、馬泉、泉範皆入品題，又有前人著録與所聞於師友者，間一及之。如擇地而出的涌泉，劉喜海竟然寫出二百首絶句，其對泉史之熟稔、詩才之不羈、心氣之沛然難禦，在古泉收藏、研究界可謂前無古人而後無來者。

李佐賢評價道：

> 仿論詩絶句之例，於古泉典故，据摭略備，誤者辨之，近人説亦兼有采取，與戴（熙）醇士之《古泉叢話》皆論泉之創格也。[六四]

而年輕時的鮑康，正是因爲讀了劉喜海的《論泉絶句二百首》後對其仰慕不已，纔動訂交之念的，這也從另一個側面證明了《論泉絶句二百首》的魅力。

劉喜海是小唐碑收藏第一人。鮑康在其《觀古閣叢刻》一書中，爲我們記載了這一史實：

秦中自道光中葉以來，唐人墓志出土甚多，楷書率秀整，俗呼小唐碑是也，劉丈燕庭購廿餘石載歸都下，近時嗜古家亦多收其石。余所得拓本不下百十種。乃胥失於秦，近年所收不過三四十紙，并新出齊魏諸墓志并藏一篋，以便檢閲。〔六五〕

不僅當時的收藏家在劉喜海影響下『亦多收其石』，鮑康本人雖以收藏泉幣爲主，但也收得『拓本不下百十種』。至於民國時張鈁聚其所藏成爲名動天下的『千唐志齋』，其靈感亦應濫觴於此。

劉喜海是大量發現、研究南宋鐵錢第一人。鮑康在其《觀古閣叢刻》中講：

南宋鐵泉，舊譜所載皆無幾，青園（劉師陸）丈得『嘉定全寶』，云從來未見。自燕庭丈官蜀，始一泄其奇。〔六六〕

這説明，在劉喜海之前，有人已經發現過南宋鐵錢，但是發現的數量極少。然而劉喜海的發現却是驚人的，我們今天仍能從他本人的記述中捕捉到其欣喜若狂的心情：

道光丙午（一八四六），余秉臬三巴，得宋時鐵錢數千，詳加遴選，奇异之品，更僕難終。如嘉定之『洪寶』『真寶』『全寶』『新寶』『至寶』『崇寶』『永寶』『安寶』『萬寶』『正寶』『興寶』『珍寶』；端平之『惠伍東』『定伍北』；嘉泰、慶元之幕文，皆從來選錢家所未聞未見，即《永樂大典》中亦止載聖宋重寶、嘉定重寶二種。洵獲古之快事，若使當日（翁）宜泉比部見之，必爲我狂呼叫絶也。冬至日，偶志於錦城臬署之來鳳堂。燕庭。〔六七〕

我們從其記述中，不僅可以捕捉到他那種興奮异常的心情，同時我們也可以認識到，劉喜海在得到南宋鐵錢後，很快便以他淵博的古泉知識，對這數千錢幣加以分類研究。他選出了嘉定之『洪寶』『真寶』『全寶』『新寶』『至寶』『崇寶』『永寶』『安寶』『萬寶』『正寶』『興寶』『珍寶』；端平之『惠伍東』『定伍北』；嘉泰、慶元之幕文等十六種珍品，這十六種珍品均是歷代泉學家們未聞未見的珍品。如果劉喜海對歷代泉譜不爛熟於心、對歷代古泉收藏掌故不了然於胸，是無法做到這一點的。他所講的『《永樂大典》中亦止載聖宋重寶、嘉定重寶二種』一事，這衹是他考證、分類研究南宋鐵錢工作的冰山一角而已。

劉喜海爲封泥正確命名第一人。封泥使用最早見於先秦文獻，但其實物却是清道光二年（一八二二）由四川農民最早發現，其數量約有百餘枚，大部分爲龔自珍收藏。其他零星散出者，多爲金石學家納入囊中。如吴榮光就得其中六枚，道光二十二年（一八四二），吴氏將所收封泥摹入《筠清館金石録》中，此爲有關封泥的最早著録。然而時人雖已見到封泥，但對其功用并不清楚，多誤以爲是『漢世印範子』。劉喜海的淵博學識與引領時風的能力，在此又得以展露。他根據《後漢書·百官志三》『守宫令一人，六百石』本注『主御紙筆墨及尚書財用諸物及封泥』，糾正了前人『漢世印範子』的錯誤認識，第一次給予封泥以正確命名，并於《長安獲古編》中摹入自己在西安所得『東郡太守章』『同心國丞』『東萊太守』『新都長印』『臨淮太守』等封泥，其名稱即爲『封泥』，其後『封泥』之名就一直沿用至今。孔子云：『名不正，則言不順。』如果按照『漢世印範子』名稱所示思路研究，封泥研究必將誤入歧途。依古制，官吏去官，須將原官印上交銷毀，故存世古官印絶大多數是爲殉葬而仿製的明器，所以封泥作爲官方或私家印章的遺存，具有不容忽視的學術價值。因此，劉喜海對『封泥』的正名之功，在封泥研究歷史上不應被小覷。道光年間《長安獲古編》就已成書，而直到光緒二十四年（一八九八），《封泥考略》纔由吴式芬、陳介祺輯成，於光緒三十年（一九〇四）付梓。日後，有關封泥的著録與研究著作逐漸增多，在王國維之後對封泥的編訂與考證進入了一個全新階段。現在封泥學已成爲一門影響史學、考古學、金石學、書法篆刻諸多門類的學問。

在清代金石學界的歷史地位

劉喜海以『韋平世胄』的便利條件，上承王昶、阮元、錢大昕、錢大昭、金錫鬯，下啓鮑康、陳介祺、李佐賢等人，將清代的金石之學推向了高峰。

金石鑒藏是一門特殊的學問，很少有人能够無師自通。劉喜海的金石學研究有其特定的學術淵源，他的師承至少有三大渠道，分别是王昶的影響、阮元的熏染，以及金錫鬯一系的直接點撥。

王昶與諸城劉氏淵源較深，他曾經在劉統勳手下工作，對劉統勳的高風亮節與政事才能推崇備至，是清代中前期對劉統勳最爲敬服的文人之一。王昶與劉墉，相互欣賞推重，詩歌唱和不斷。

在其《湖海詩傳》中，王昶對劉墉的詩做出了非常恰當的評述。

雖然王昶於嘉慶十一年（一八〇六）去世時，劉喜海十三歲，因爲年幼未必能够成爲王昶的入室弟子，但他經常自祖、父輩處聽到有關王昶的信息，因此他私淑於王昶還是很有可能的。曾有很多人指出，劉喜海編撰《金石苑》，意在補王昶《金石萃編》之不足[六八]，而其《海東金石苑》更是對《金石萃編》收入朝鮮『平百濟碑』思路的發揚光大。從諸城劉氏與王昶的交游，到劉喜海對王昶的蕭規曹隨乃至超越等種種史實中，我們不難感受到王昶對劉喜海潛移默化的深遠影響。

諸城劉氏受阮元影響很大，劉鐶之修訂家譜時，阮元所寫序言被畀之譜首，晚年劉喜海還邀請阮元爲唐岱所畫劉氏《槎河山莊圖》題過跋。

阮元之子阮常生與劉喜海關係極好，最能體現二人之間感情的莫過於劉喜海接受阮常生委托轉送《皇清經解》一事。《皇清經解》是阮元編纂的一部劃時代的巨著，道光九年（一八二九）金正喜得知《皇清經解》付梓後，致函在廣東的阮常生，希望能够得到此書。阮常生慨然應諾，把《皇清經解》從廣東運至北京，并委托劉喜海轉交給朝鮮使者。在轉交過程中，劉喜海非常慎重，恪盡職守，終於將《皇清經解》安全送抵金正喜手中。將轉交《皇清經解》這樣的重要之事交由劉喜海辦理，足以説明阮常生對劉喜海的信任。由此我們不難揣知，劉喜海因祖、父輩的關係，與阮元本來就有交往，因爲阮常生的緣故往來就更加方便，因此劉喜海受到阮元的熏染，就是水到渠成之事了。

金錫鬯是劉喜海在金石學上追隨的老師，這是學界公認的史實。對此不僅劉喜海自己予以承認，而且金錫鬯也明確表述過：

道光辛巳，予於劉生喜海齋頭見其遺書，知劉生購之伊家臧獲（按：即僕人），不覺爲之太息。〔六九〕

金錫鬯對劉喜海所寄予的感情非同尋常：得到好的古泉不忘贈送劉喜海；劉喜海編纂《金石苑》則大力助之〔七〇〕；自己的著作交由劉喜海保管并希望其刊刻；自己所收古泉不傳其子而是留給劉喜海；將自己的女兒嫁給劉喜海的四子，兩家結爲秦晋之好。

金錫鬯是錢大昭的女婿，因志趣相投，被錢大昭呼爲『快婿』。他治學勤奮，深得錢大昕、錢大昭兩位金石大家的器重，在金石學方面盡得錢氏指授，《古泉述記》便是金氏金石學專著。劉喜海因是金錫鬯學生，不僅得到了金錫鬯本人的治學方法，而且通過金氏得窺錢大昕、錢大昭兄弟的治學門徑。

除來自以上渠道的指教熏染以外，劉喜海的家庭熏陶亦不可小視。至劉喜海一代，諸城劉氏已經是五世爲顯宦的科舉世家，劉統勳、劉墉、劉鐶之既與王昶、阮元等金石大家交游，自己又都是碩學大儒，同時又都擅長書藝，對書藝之近鄰金石學耳濡目染，有較爲深厚的積累，這也應是劉喜海自幼就喜愛金石鑒藏的重要原因。

劉喜海嗜古既深，又得交接名公巨卿，兼之發蒙甚早，據其自稱『余束髮受書，即嗜古泉』〔七一〕，因此在業界成名甚早。又因一生嗜古，業精於勤，在泉幣、青銅器、金石拓片著録、造像、封泥等方面具有突出成就，因此對金石界的晚輩們産生了巨大影響。

劉喜海在金石學界的晚輩有李佐賢、鮑康、陳介祺、潘祖蔭、胡義贊、陸增祥、吴大澂、繆荃孫等人，這些晚輩均在他去世前已出生，也有在他去世之後纔出生但仍然受到他種種影響的後輩，如劉鶚就是一例。儘管劉喜海對這些晚輩都有不同程度的影響，但以對鮑康、陳介祺的影響最大。

劉喜海對鮑康影響巨大。鮑康是在三十歲時，也就是道光十九年（一八三九），與劉喜海相識的。自是過從日密，結下了終生不渝的友誼。鮑康拜謁劉喜海的起因是讀了劉喜海的論泉詩後，對他十分仰慕：

> 余童年即喜藏古泉，曾讀燕庭先生論泉詩，心竊慕之。道光己亥，先生以事過長安，時余方落魄，顧以三世知交且同癖，遂謁先生於旅邸。乃一見如平生歡，自是過從日以密。貽余泉幣無虚歲，余無以爲報，但報以詩。〔七二〕

初見劉喜海藏品，鮑康便驚嘆不已：『得遍觀所蓄，望洋驚嘆，如窮子之入寶船。』〔七三〕劉喜海去世後，在評論當世古泉大家時，鮑康不止一次地推崇劉喜海爲當時古泉收藏第一人，是集大成式的一代標志性人物。他説：『泉幣之好萃於山左，同時如初渭園、劉燕庭、吴子苾、陳壽卿、李竹朋極一時之盛，當以燕庭爲最。』〔七四〕在《李氏古泉匯序》中他更明確地講到：『集大成者，厥惟劉丈燕庭。』〔七五〕在《鍾麗泉農部泉幣拓真序》中，以與當代之嗜古泉者無不相得甚歡〔七六〕的業内通人的身份對當時有代表性的泉幣大家列舉比較後，仍推劉喜海爲『近之集大成者，惟劉丈燕庭』〔七七〕。

而在劉喜海去世以後，鮑康悲痛難抑，寫下了《癸丑暮春自濱州入都聞燕庭世丈遽歸道山喆嗣載卿通判虞采傳述遺命以即墨刀貽余愴然有作》一詩：

果從生死見交情，病榻猶聞説賤名。最是不堪回首處，紫藤花底拓泉聲。〔七八〕

鮑康此詩字字關情，句句含悲，尤其最後一句，令人爲之愴然。而其另一段文字可以讓我們更深入地瞭解鮑康對劉喜海的深切感情：

比咸豐壬子，計偕入都，先生已猝歸道山。余哭之於夕照寺，載卿通守述遺命，出即墨刀畀余，滋益愴惻，思有以報先生。而一官瓠落，每聞先生所藏暨遺稿散失幾盡，輒時呼負負。〔七九〕

鮑康爲眼看着劉喜海一生的藏品及遺稿散失殆盡而無能爲力，時時譴責自己不能爲恩人盡一份應盡之力！

而劉喜海之所以爲業内之士、尤其是識力一流的鮑康所推崇，是因爲他的收藏之富與學術業績足以傲人。鮑康給我們留下了一條重要史料，足以讓我們體會到劉喜海在當時具有轉移收藏風氣的能力：『秦中古帝王州，銅器時時出土，無款識者居其半，當日祇以花文色澤及完好者是珍也。自燕庭宦秦，曉以文字多者爲貴，雖殘缺亦無傷，從此古器幾無完膚。雖寸許銅像，亦必於背上補鎸年月。有蘇氏兆年兄弟，最善搜抉，重趼百舍，求之荒村古冢，所得尤多。又有張氏精於鎸刻，雖尊彝腹中深處，亦能以長削隨方就圜刻之，磨以沙石，埋置土中，復使綉蝕，經年取出，巨眼亦難辨矣，時人呼爲張二銘。余謂燕庭曰：「蘇張之害，流毒至今，丈實啓之。」燕庭亦大笑。』〔八〇〕雖然劉喜海對銅器價值標準的確定所造成的蘇張之害，讓他本人也哭笑不得，但他有轉移收藏風氣之能力也由此昭顯無遺。

劉喜海對當時國人不太熟悉的高麗泉幣的研究也很精詳，以至於對此佩服之至的鮑康，在其《觀古閣叢刻》中，竟不避其長，將其六百餘字刻録下來。〔八一〕

具體言之，劉喜海對鮑康的影響主要體現在以下幾個方面：

第一，古泉收藏。劉喜海讓鮑康有機會見到了大量的珍稀古泉，爲鮑康日後的收藏建立了諸多標準體系。

己亥夏，觀察奉諱，道經長安，余時亦流寓秦中，因獲過從晨夕。每造謁，輒出所藏相示，錦緘檀篋，觸目琳琅，幾於奇不給賞，望洋之嘆，中心藏之久矣。〔八二〕

第二，古泉贈與。劉喜海直接贈與鮑康珍稀古泉，增加鮑康的藏品種類，提高他的藏品質量。

第三，古泉研究。劉喜海古泉研究方法，都毫無保留地傳授給了鮑康。這種傳授，首先是通過鮑康學習劉喜海著作的方式，如劉喜海著作付梓以前，鮑康基本都拜讀過。其次是通過當面討論的方式，鮑康對此的記述可謂比比皆是：『壬子春，計偕來都，卜居法華寺，與先生相去咫尺。晨夕侍坐，作竟日談，彌獲遍觀法器，爲生平不多得之快境。』〔八三〕『庚子夏，旋秦，觀察仍羈留未歸，復歡然道契闊，因請觀《泉苑目録》。』〔八四〕閲讀完畢之後，鮑康對古泉的搜訪認識因此而得以躍升：『讀既竟，始知飢搜渴訪積三十年之久，方獲成此大觀。視余姻丈劉青園太守所蓄，殆其過之。於以嘆一物之微，亦非寬其歲月，窮竭其心力，不能驟致其效。而物之聚於所好，若竟有默相付托者。陵谷有遷易，古器乃得以幸存，微一二鑒古者之力，不及斯也。余始聞青園丈之風而興，繼復得交觀察，雖論古無識，空囊自嗤，而時從諸君子之後，見所未見，幸矣。』〔八五〕。再者是郵寄，猶如今日之函授方式。如劉喜海在四川做按察使時，發現南宋鐵錢，曾與鮑康通信記述其發現古錢的喜悦之情，并寄贈鮑康南宋鐵錢數枚。

第四，拓寫精工。古代吉金文字或古泉文字，因歲月彌久以及各種人爲與自然原因，多漫漶不清，難以識讀；如果摹拓再粗糙不堪，將會給考釋或進一步的研究工作帶來巨大困難。因此，要想釋讀古代文字、證經補史，對古代吉金的摹拓就必須要精益求精。

劉喜海深諳此道，爲了摹拓精到，他聘請了當時一流的摹拓大家陳粟園、張開福等人監工。

劉喜海對摹拓精益求精的做法對鮑康産生了持久的影響，多年之後，當鮑康有能力爲劉喜海刊刻著作之時，他也非常注意版面的書寫：

余念其言良是，爰詳加訂正，屬陳寅生寫以精楷，付之手民，俾世之仰慕先生者讀之，亦

足見半生搜索之勤，收藏之富，即作全豹觀也可。〔八六〕

第五，裝璜考究。內容與形式相匹配，纔能使兩者相得益彰。劉喜海視古泉收藏爲雅事，所以其裝潢也古香古色，令人見後不由心生敬意。鮑康對此深有體會，在其著述中多次提到這一點：

燕庭藏泉裝潢最精好，匣上鐫刻考證銘贊并及小象，惟其家不知珍惜，率爲都門大力者以重資購之去。〔八七〕

嘉蔭簃深鬱古香，錦囊檀篋艷收藏。奇珍莫悵都零落，又見斑斕七寶裝。劉丈燕庭泉幣裝潢最精，匣上刻銘贊或及小像。〔八八〕

劉喜海不僅在古泉的搜訪、判斷、摹拓、裝潢等價值取向上予以鮑康重要影響，而且在其它金石文物的收藏上也對其產生了積極影響。如劉喜海收藏的唐善業泥造像，鮑康也對此很感興趣。他講在劉喜海收藏唐善業泥造像後十年，他亦有緣收藏此類造像。得寶高興之餘，他還『拓墨裝册，乞同人題咏』。再如小唐碑的收藏亦復如是。

劉喜海對陳介祺產生了深遠影響，兩人的關係，依陳介祺本人在同治癸酉年（一八七三）給鮑康手札中所云應爲『至交』。其原話爲：『弟（陳氏自指）於燕庭丈至交……吾兄當亦同。』〔八九〕須知，鮑康自三十歲認識劉喜海以來，即與劉喜海交往十分頻繁，而且關係也極爲密切，此話由一向出言謹慎的陳介祺說出，而且是在寫給鮑康的信中坦率直言，就更足以表明陳介祺與劉喜海的關係非同一般。

劉喜海生於乾隆五十八年（一七九三），陳介祺生於嘉慶十八年（一八一三）。劉喜海長陳介祺二十歲，可謂陳氏長輩，因此陳介祺所言的『至交』，準確説應是『忘年交』。以劉喜海出名之早，術業之精，應是陳介祺師長，陳介祺稱劉喜海也常用『燕翁』『燕庭丈』等尊稱。陳介祺在光緒二年（一八七六）寫給吴大澂的信中云『執事（吴）好古之勤，上邁歐（歐陽修）趙（趙明誠），近仿阮（阮元）劉（劉喜海）』[九〇]，則直接地表明了他對劉喜海在金石學界學術地位的認定，即在他心目中劉喜海是金石學界僅次於阮元之後的人物。

劉喜海與陳介祺同屬山左，具鄉誼，都出身於名門相府。劉喜海與陳介祺之父陳官俊、岳父李璋煜曾共同在京任職，既是長輩又是鄉親，這是鮑康所不具備的。

劉喜海對陳介祺的影響體現於以下方面：

劉喜海因嗜古而丢官，但他并不在意，被鮑康認爲不失雅人深致。實際上，劉喜海這種爲學術而獻身的精神，對陳介祺影響很大。他辭官歸隱，固然與避禍有關，但更重要的是，他以辨古、藏古、傳古爲使命，纔一生歸隱林下的。他不僅自己不再涉足官場，對子孫後代也以家規的方式禁止進入仕途，體現了一種徹底獻身學術事業的精神。

劉喜海在其生活年代，被認爲是『尤擅於文物考訂者』[九一]。鮑康則推譽劉喜海云：『今先生審訂之精，搜羅之富，允推近代第一。』[九二]陳介祺也以擅於考訂著稱，他對遂啓祺鼎銘文真僞考訂的成功，就得益於劉喜海的《東武劉氏款識册目》。

道光二十四年（一八四四）五月，金石收藏大家葉志詵得到遂啓祺鼎，大喜過望，判爲周宣王時器，并邀請三十幾位名士吟唱記事，結集出版《遂啓祺鼎圖題咏》，結果成了一出鬧劇。因爲遂啓祺鼎原銘文僅九個字，作僞者增刻至一百三十餘字。葉志詵和這些名士們對此竟一無察覺，結果引起學界争論，陳介祺依據劉喜海《東武劉氏款識册目》收録該鼎原文，終使争議塵埃落定。

在前文中已經述及劉喜海對金石古泉摹刻之精審爲世之翹楚，陳介祺對此也經常啧啧稱嘆[九三]。劉喜海在這方面對陳介祺的影響可用『巨大』一詞描述，他去世後在講究摹刻精細與裝潢之美方面當推陳介祺爲第一。在摹刻方面，他不僅雇請劉喜海所聘請的陳粟園爲自己服務，從而解决了毛公鼎因鼎内結構拘謹深陷，全部文字鑄造在一個凹面上而很難摹拓的難題。經與傳拓匠人們反復推敲試驗，陳介祺在摹拓上的認識上有了很大的提高，爲了更好地推廣經驗，達到他『刻摹精審，則天下後世皆得借吾刻以考證』的研究目的，他還編寫出兩部傳拓工藝專著《傳古别録》與《傳碑拓碑札記》。在這些著作中，他揭示出了許多摹拓的技術要領，嘉惠金石界甚多。在陳粟園之後，他爲自己的傳古事業又聘請了七位拓工：王石經、陳佩綱、張子達、吕守業、徐鳳岐、李貽功和李澤庚。其中王石經和陳佩綱兩位兼擅治印，王石經尤爲出衆，乃晚清聞名的篆刻家；李貽功和李澤庚爲叔侄關係。

劉喜海在所經手的古泉、金石、拓片、藏書裝潢或配置上都極盡文人巧思，顯示出極高的品味。這一點，陳介祺雖然没有直接評述過，但從其講究藏品的配器上來看，他不僅是劉喜海的傳人，而且大有後來者居上的意味。劉喜海的裝潢考究僅僅針對自身藏品，陳介祺則不然。他不僅對自己藏品的裝潢十分考究，而且還因勢利導，推波助瀾，成就了在國内影響甚大的濰坊紅木嵌銀工藝。

劉喜海故物，爲陳介祺所購藏者有：著作，《古泉苑》《長安獲古編》爲劉喜海最主要的代表作；藏品，四件編鐘、四枚秦詔版、建中唐泉『元』字『中』字、齊刀範等罕見之珍，以及唐善業泥造像完整者。這些珍品的購有，極大地提高了陳氏的收藏品位。陳介祺有兩個最重要的號，一爲『十鐘山房主人』，一爲『萬印樓主人』。『十鐘』是他所收十一件鐘的約數，而在他這項非常重要的收藏品中，來自劉喜海的藏品就占三分之一以上。秦詔版四枚，極是令陳介祺醉心之物；建中唐泉『元』字、『中』字，李竹朋評爲『絶無僅有之品』，鮑康則譽之爲『奇絶』。而獲齊刀範後，他禁不住詩興大發，賦詩以記之。

陳介祺判斷青銅器價值高低的標準，『以識古字論古文爲妙，不涉入賞玩色澤也』[九四]，可以説是劉喜海思想的延續。

做爲清中期以後兩位具有轉移風氣之力的大收藏家，劉喜海與陳介祺皆有敢爲天下先的開拓精神。劉喜海開風氣之先的事例前面列舉了六項，陳介祺的開拓領域雖不如劉喜海廣闊，但這種敢爲天下先的思想却是一脉相承的。他是陶文的第一個發現者、收藏者、研究者、學術成果發表者，著有《陶文考釋》； 在金石收藏上提出『傳古』的思想； 在封泥研究上，他與吴式芬父子合作，寫出了封泥研究的第一部著作——《封泥考略》。

劉喜海是當時泉幣收藏方面集大成式的人物，陳介祺則爲古印收藏及青銅器收藏方面集大成式的人物。

劉喜海與陳介祺都非常注重藏品的質量，在這一點上，陳介祺有後來居上之勢。

劉喜海與陳介祺都非常注重藏研結合，在收藏的同時開展學術研究，二人的學術成果也都非常豐厚。

綜上所述，劉喜海不僅在古籍、金石、泉幣的收藏上是一位大家，是古泉學的奠基人； 而且在清代金石學史上是一個承前啓後的重量級人物，是諸城劉氏在古籍收藏和金石學界的重要代表人物。

【注】

〔一〕胡昌健：《劉喜海年譜》，《文獻》，二〇〇〇年第二期，第一三二頁。原文爲：『喜海祖上乃世代名宦，其叔祖即乾隆朝名臣、著名學者、大書法家劉墉（「劉羅鍋」）』。

〔二〕胡昌健：《劉喜海年譜》，《文獻》，第一三二頁。

〔三〕錢泳：《履園叢話》，中国書店出版社一九九一年版，第三〇頁。

〔四〕［清］高鳳翰撰：《南阜山人詩集類稿》《南阜山人斅文存稿》，《山東文獻集成》第一輯，册三七，山東大學出版社二〇〇七年版，第二六五頁。

〔五〕［清］高鳳翰撰：《南阜山人詩集類稿》《南阜山人斅文存稿》，《山東文獻集成》第一輯，册三七，第二六五頁。

〔六〕［清］劉塄：《挹秀山房詩集》，道光十六年（一八三六）劉喜海刻本。

〔七〕［清］劉喜海：《〈挹秀山房詩集〉跋》，［清］劉塄：《挹秀山房詩集》，道光十六年（一八三六）劉喜海刻本。

〔八〕［清］李桓：《國朝耆獻類徵》卷二四七，江蘇廣陵古籍刻印社一九九〇年版，第二二五頁。原文爲：『君諱錫鬯，字檇穀，浙江桐鄉人……錢恭人卒，生男子子一，曰鳳沼，廣東鹽運司知事。副室戚孺人，生男子子三：曰濤，曰鶴清，皆諸生；曰鵬，尚幼。女子子一，字犟秦階道劉君喜海第四子喬采。喜海，君門人。』

〔九〕胡昌健：《劉喜海年譜》，《文獻》，第一三二—一三三頁。原文爲：『喜海乃鐶之之子，娶金錫鬯之女，「（金錫鬯）女子子一，字甘肅犟秦階道劉君喜海」（《碑傳集·金錫鬯傳》）。金氏生子四，曰虞采、寧采、南采、喬采「第四子喬采，乃喜海君門人，（喜海）著《金石苑》百卷，咸資於君」。』

〔一〇〕沙嘉孫：《風雅嗜古的劉燕庭》，《藏書家》第二輯，齊魯書社二〇〇〇年版，第四六—四七頁。

〔一一〕沙嘉孫：《風雅嗜古的劉燕庭》，《藏書家》第二輯，第四九—五〇頁。

〔一二〕王紹曾、沙嘉孫：《山東藏書家史略》，山東大學出版社一九九二年版，第四〇七頁。

〔一三〕王獻唐：《雙行精舍書跋輯存·續編》，齊魯書社一九八六年版，第一七七頁。

〔一四〕王獻唐：《雙行精舍書跋輯存·續編》，第一七七頁。原文爲：『劉氏藏書，早於身後散出，清光緒末葉，故都廠肆述古堂書賈于瑞臣，購書諸邑，復得所藏宋槧唐人集八種，計《司空表聖一鳴集》《李長吉集》《許用晦集》《鄭守愚雲臺集》《孫可之集》《張文昌集》《元微之集》《權載之集》。元權二集皆殘，歸項城袁寒雲，餘六種完整，歸朱翼庵（朱家溍之父）。』

〔一五〕轉引自張興吉：《〈影宋百衲本史記〉考》，《中國典籍與文化》，二〇一〇年第七三期，第八六頁。

〔一六〕〔清〕張文虎：《校刊史記集解索隱正義札記》卷一，中華書局一九七七年版，第一—二頁。

〔一七〕〔清〕錢泰吉：《甘泉鄉人稿》卷五，《續修四庫全書》册一五一九，第二八七頁。

〔一八〕《劉墉寫本〈經史藝文〉的流傳》，博寶藝術網。

〔一九〕事見王世偉：《常熟翁氏六世藏書入藏上海圖書館始末》，《收藏》，二〇〇〇年第一一期。

〔二〇〕〔清〕李慈銘：《越縵堂讀書記》，中華書局一九六三年版，第一〇五〇—一〇五一頁。

〔二一〕〔清〕王鳴盛：《十七史商榷》，上海書店出版社二〇〇五年版，第一頁。

〔二二〕虞浩旭：《歷代名人與天一閣》，寧波出版社二〇一二年版，第一五九—一六〇頁。

〔二三〕黄裳：《竹汀先生日記鈔》，《來燕榭讀書記》上册，遼寧教育出版社二〇〇一年版，第一一三頁。原文爲：『此《竹汀日記鈔》，滂喜齋刻，朱色套印本。上著劉燕庭批，甚罕見。昨偶過傳薪，見新得杭州豐華堂楊氏書中有此本，亟買之歸。余藏原刻二本，其一爲姑蘇潘菽坡批本，取此對讀，知卷三削去未刻，且滅去何元錫跋數行，殊非刊書所宜，伯寅奈何乃弄此狡獪耶。余更有《愛日精廬藏書志》之四卷活字本，亦燕庭故物，書名上下多以小印鈐之。當付裝池與此并儲。其實竹汀所記燕庭所批諸書今日已非异本，祇以前賢手迹增重耳。乙未二月初四日來燕榭記。』

〔二四〕〔韓〕朴現圭：《北京圖書館藏〈朝鮮書目〉的分析與特征》，《文獻》，一九九八年第三期，第二四七頁。

〔二五〕事見〔韓〕朴現圭：《北京圖書館藏〈朝鮮書目〉的分析與特征》，第二四二頁。

〔二六〕〔韓〕朴現圭：《北京圖書館藏〈朝鮮書目〉的分析與特征》，第二四六頁。

〔二七〕〔清〕趙執信著，趙蔚芝等注釋：《〈談龍録〉注釋》，齊魯書社一九八七年版，第七二頁。原文爲：『本朝詩人，山左爲盛。』

〔二八〕孫敬明：《山左金石學與錢幣學史略》，《齊魯錢幣》，二〇一一年第二期，第六頁。

〔二九〕田漢雲著：《清代山東名儒》，王志民主編：《齊魯歷史文化叢書》第七輯，山東文藝出版社二〇〇四年版，第一三八頁。

〔三〇〕徐世昌：《晚晴簃詩匯》卷一二六，《續修四庫全書》册一六三二，第一四頁。

〔三一〕〔清〕鮑康：《劉氏海東金石苑序》，《觀古閣叢刻九種》，上海古籍出版社一九九二年版，第三三一—三三二頁。

〔三二〕胡昌健：《劉喜海年譜》，《文獻》，第一四八—一五一頁。

〔三三〕丁福保：《古錢大辭典》，中華書局一九八二年版，第五七頁。

〔三四〕〔清〕鮑康：《劉氏古泉苑序》，《觀古閣叢刻九種》，第二二一頁。

〔三五〕〔清〕鮑康：《劉氏古泉苑序》，《觀古閣叢刻九種》，第二二一—二二三頁。

〔三六〕詳見〔清〕鮑康：《劉氏古泉苑序》，《觀古閣叢刻九種》，第二二一—二二三頁。

〔三七〕〔清〕鮑康：《劉氏古泉苑序》，《觀古閣叢刻九種》，第二二四頁。

〔三八〕〔清〕鮑康：《劉氏古泉苑序》，《觀古閣叢刻九種》，第二二五頁。

〔三九〕〔清〕鮑康：《劉氏古泉苑序》，《觀古閣叢刻九種》，第二二三頁。

〔四〇〕〔清〕鮑康：《劉氏古泉苑序》，《觀古閣叢刻九種》，第二二三—二二四頁。

〔四一〕事見王貴忱：《翁樹培及其泉學遺著》，《中國錢幣》，一九八九年第二期。原文爲：『此稿本後爲泉學家諸城劉喜海（燕庭）所得。劉氏嘗爲賦詩傳其事，并加注釋謂：「北平翁學士覃溪先生子宜泉比部著《古泉彙考》，其家止存稿本，塗乙幾不可讀。余爲費三年功，校録正本藏之。」據王獻唐先生稱：「燕庭先生舊藏抄本，手自校注，擬刻未果。原書後歸福山王廉生。庚子變後，天壤閣藏書散出，安丘趙孝陸先生收得是書，雅自珍秘，不輕示人。再三請求假録貯之本館，幸蒙允許，繕寫半載始告竣事。劉批色墨一仍舊貫，日後如有機緣，當爲印行，書此用當息壤。二十三年五月二十八日裝訖，越二日題，托繕寫者日照馬官緡仲伸也。獻唐虹月軒書。」』

〔四二〕［清］陳介祺：《簠齋尺牘》，上海商務印書館一九一九年影印本。

〔四三〕王國維：《王國維遺書》，上海古籍書店一九八三年版。

〔四四〕［清］鮑康：《劉氏古泉苑序》，《觀古閣叢刻九種》，第二二四頁。

〔四五〕［清］鮑康：《劉氏長安獲古編序》，《觀古閣叢刻九種》，第三一七頁。

〔四六〕［清］鮑康：《劉氏古泉苑序》，《觀古閣叢刻九種》，第二二四頁。

〔四七〕［清］鮑康：《劉氏長安獲古編序》，《觀古閣叢刻九種》，第三一九—三二〇頁。

〔四八〕［清］鮑康：《劉氏古泉苑序》，《觀古閣叢刻九種》，第二二四頁。

〔四九〕［清］鮑康：《劉氏古泉苑序》，《觀古閣叢刻九種》，第二二四頁。

〔五〇〕事見［清］鮑康：《劉氏長安獲古編序》，《觀古閣叢刻九種》，第二五〇頁。

〔五一〕［清］鮑康：《觀古閣泉説》，《觀古閣叢刻九種》，第一八頁。

〔五二〕胡昌健：《劉喜海年譜》，《文獻》，第一三八頁。

〔五三〕胡昌健：《劉喜海年譜》，《文獻》，第一四六頁。

〔五四〕胡昌健：《劉喜海年譜》，《文獻》，第一四一頁。

〔五五〕胡昌健：《劉喜海年譜》，《文獻》，第一四四頁。

〔五六〕〔清〕鮑康：《雜題泉册四十二則》，《觀古閣叢刻九種》，第三九二頁。

〔五七〕胡昌健：《劉喜海年譜》，《文獻》第一四四頁。原文爲：『道光丁未秋日，（喜海）得錢直百五銖一枚於錦城，洵絶無僅有之品也。』

〔五八〕〔清〕鮑康：《觀古閣泉説》，《觀古閣叢刻九種》，第三一頁。原文爲：『燕庭復有二品，僅一「中」字二「元」字，均在穿上，更爲奇絶。』

〔五九〕于中航、宋百川：《山東所見先秦西漢錢範研究》，劉敦愿編：《劉敦愿先生紀念文集》，山東大學出版社一九九八年版，第三七九頁。

〔六〇〕周衛榮：《齊刀銅範母與疊鑄工藝》，《中國錢幣》第七七期，二〇〇二年二月，第一三頁。

〔六一〕胡昌健：《劉喜海年譜》，《文獻》，第一四二頁。

〔六二〕劉承幹：《〈海東金石苑〉序》，〔清〕劉喜海：《海東金石苑》，文物出版社一九八二年版，第一頁。

〔六三〕轉引自佚名撰：《清代學人列傳》。

〔六四〕胡昌健：《劉喜海年譜》，《文獻》，第一四〇—一四一頁。

〔六五〕〔清〕鮑康：《記唐人墓志》，《觀古閣叢刻九種》，第四四〇頁。

〔六六〕〔清〕鮑康：《雜題泉册四十二則》，《觀古閣叢刻九種》，第三九二頁。

〔六七〕胡昌健：《劉喜海年譜》，《文獻》，第一四四頁。

〔六八〕王國維：《王國維遺書》，上海古籍書店一九八三年版。

〔六九〕〔清〕金錫鬯：《晴韵館收藏古泉述記》，石印法影印原稿本。

〔七〇〕佚名撰：《清代學人列傳》。

〔七一〕〔清〕鮑康：《觀古閣泉説》，《觀古閣叢刻九種》，第二五頁。

〔七二〕〔清〕鮑康：《重刻嘉蔭簃論泉絶句序》，《觀古閣叢刻九種》，第三一二頁。

〔七三〕〔清〕鮑康：《觀古閣泉選序》，《觀古閣叢刻九種》，第二〇七頁。

〔七四〕〔清〕鮑康：《觀古閣泉説》，《觀古閣叢刻九種》，第七頁。

〔七五〕〔清〕鮑康：《李氏古泉匯序》，《觀古閣叢刻九種》，第二二八頁。

〔七六〕〔清〕鮑康：《鍾麗泉農部泉幣拓真序》，《觀古閣叢刻九種》，第二三一—二三二頁。原文爲：

『他如吴我鷗觀察、吴子苾閣學，余皆以神交，陳壽卿、李古農兩前輩，陳式甫明府、吴霖宇給諫、何鏡海内兄，或不尚專門，或未臻美備，稍稍次之，而吕堯仙中丞、李竹朋太守與余訂交獨遲，所藏皆精且夥，吕之孝建四銖多至五十餘種，李之列國幣小刀各多至三四百種。每請觀，輒愧汗流涎，至忘晷昃，最後乃識鍾君麗泉。』

〔七七〕〔清〕鮑康：《鍾麗泉農部泉幣拓真序》，《觀古閣叢刻九種》，第二三一頁。

〔七八〕〔清〕鮑康：《觀古閣叢刻九種》，第二八四—二八五頁。

〔七九〕〔清〕鮑康：《重刻嘉蔭簃論泉絶句序》，《觀古閣叢刻九種》，第三一二—三一三頁。
〔八〇〕〔清〕鮑康：《觀古閣泉説》，《觀古閣叢刻九種》，第八—九頁。
〔八一〕〔清〕鮑康：《觀古閣泉説》，《觀古閣叢刻九種》，第五八—六〇頁。
〔八二〕〔清〕鮑康：《劉氏古泉苑目録書後》，《觀古閣叢刻九種》，第二〇〇頁。
〔八三〕〔清〕鮑康：《劉氏古泉苑序》，《觀古閣叢刻九種》，第二二四—二二五頁。
〔八四〕〔清〕鮑康：《劉氏古泉苑目録書後》，《觀古閣叢刻九種》，第二〇一頁。
〔八五〕〔清〕鮑康：《劉氏古泉苑目録書後》，《觀古閣叢刻九種》，第二〇一—二〇二頁。
〔八六〕〔清〕鮑康：《劉氏古泉苑目序》，《觀古閣叢刻九種》，第三一六頁。
〔八七〕〔清〕鮑康：《觀古閣泉説》，《觀古閣叢刻九種》，第六九頁。
〔八八〕〔清〕鮑康：《古泉雜事詩十四首》，《觀古閣叢刻九種》，第二九二頁。
〔八九〕〔清〕陳介祺：《簠齋尺牘》，上海商務印書館一九一九年影印本。
〔九〇〕〔清〕陳介祺：《簠齋尺牘》。
〔九一〕〔清〕陳介祺：《簠齋尺牘》。
〔九二〕〔清〕鮑康：《劉氏長安獲古編序》，《觀古閣叢刻九種》，第三一八頁。
〔九三〕〔清〕鮑康：《觀古閣泉説》，《觀古閣叢刻九種》，第八八頁。
〔九四〕〔清〕陳介祺：《簠齋尺牘》。

附録

劉必顯

封奉政大夫刑部四川司員外郎加一級原户部廣西司員外郎劉公墓碑并銘[一]

康熙庚申春二月，江南督學使者諸城劉君木齋以繼母孫宜人憂，去官居喪，以易戚稱。禫除後，督學君宜出補觀察。其弟進士君弢子，亦應就選，入長一縣。皆以太翁奉政公春秋高不忍去，朝夕承歡，極盡志物之養，十三年不少懈，於是兩孝子之名聞天下。壬申秋，奉政公以壽終里第，兩君慎終之禮，大小咸備。既葬，督學持所自草父若母行狀，及今少司農王阮亭先生所爲墓銘，屬貞文其隧道之碑，貞以契家子分不得辭。然讀志狀，信史也，何能加？故仍摭其意而論次之，曰：

公諱必顯，字微之，一字西水，其先徐州碭山人。自處士公諱福者，徙山東之諸城，家焉，數傳皆力田孝弟。至大父諱思智，始以文學補邑庠生，後以公貴贈文林郎、行人司行人。母王氏，贈孺人。公生而臞，膚不藏骨，一準隆然，望其眉宇，知非常人。甫能言，文林公抱之立門外。村鄰有富而豪者，吞噬里人殆遍，文林公獨不爲下。適盛傔從而過，呼公小字，戲焉。公觸其忌，直斥之，豪大沮去。文林公陽謝其人而心竊异公矣。稍長，出就外傅，授之書，讀一再過即成誦。十二歲，從叔祖某讀書遠村。塾中多村豎，惟知摴蒱嬉戲，殊無切磋益。公嘆曰：『辭親遠出，期上達耳，若然何必去鄉井爲哉！』獨正襟危坐，讀書不輟。諸豎百計誘之，弗顧也。家貧，苦無書可讀。文林公游戚鄙間，閲古今文字，遇心賞者，輒録之舊紙，或書掌肱間，歸而授公，繕寫讀之。緣此，學日以富。十九歲，補府庠生。歲試以經書三執拔第一，爲十四城冠。甲子，以第六人舉於鄉。時公文譽久著，士林指數，皆謂當立陟上第。乃困頓公車幾三十載，又倔强成性，耻事干謁，遂至家徒四壁立。或勸以禄仕，公愀然曰：『嘻！豈知我者哉！余性傲急，且無宦情，惟思得進士二字，啓牖後人耳。』以青袍致臺鼎，非其好也，自是坎坷百罹，終不廢讀，遂登順治壬辰進士，殿試二甲，授行人司行人。旋捧詔偏沅。時滇黔未靖，兵將多驕悍，李本深爲甚，公惡之，弗與接，意頗怏怏。開讀後，即擬返棹。適金陵馬生謀署柳州同知，撫軍袁公許之，而俾出金爲公壽。問資所從來，則其友人質妻孥於營將得之者。公曰：『汝以利債累友朋，能自飲冰茹蘗乎？汝去爲廉吏，即我拜當事之惠矣。』擲金令還之。營將聞風，亦納金而捐其息。公竟垂槖歸。將行，從人射雀，誤中兵家稚子。一軍盡甲噪於行署。子之父喘汗崩奔，急止之曰：『射者誤也，死者數也，劉使君豈縱僕傷人者哉？』與之金市斂具，亦不受。所至爲人信服如此。既復命，又使粵東。其立心行事一如使偏沅。時維揚聞母訃，一慟而病。扶掖返里，祥除之官，則有秦中諭祭之役，中途晋户部河南司主事，撥固山司理。市兒有賨産投身旗下者，其兩弟家亦饒，主人將并没其産而奴其人。案將定，公不從。或以利害慴之，亦弗爲動。其家竟完。亡何，監督通州中南倉，地處脂膏，未嘗以毛髮自潤。運弁某者，鄉人也，以無核棗及銀卮爲餉。公訝曰：『故人宜知我，乃反以此相污邪？』弁曰：『可，不須卮，棗爲鄉味，似無害。』公曰：『凡自外入者，皆非義也。』立却之。事竣，綉衣使者察核，尉薦之。甲辰，出権蕪關。改立進單之法，賈舶便之。尋假歸里門，惟聚子孫一堂，教以耕讀，不及世事也。己酉，以督學官京師，迎養邸中，復補户部原司，旋晋廣西司員外郎。僅逾月，語督學曰：『本無宦情，爲汝所誘至此。老病恐曠厥職，其趣僦裝，勿久溷汝也。』公歸，而家益落，唯大木數百存海州畍中。時南服不靖，征進須船，公欲以巨材百條捐造艨艟。時木價日翔，計直三千餘金，已具疏達銀臺矣，當事以不由外題，非例未徹御覽。值總漕帥公奉敕修雲臺神宇，竟以之助殿工焉。以此覘公報國之志，在朝在野，未嘗或間也。其他助昏嫁、恤喪葬、贖女童以完人骨肉、出囷粟以周人困乏，公施濟既博，且令子姓踵行之。其爲德於鄉里者，又二十年而終，則康熙三十一年八月二十七日也，距生萬曆二十八年十一月二十二日，得年九十有三。公仕自文林郎，累遷至奉直大夫、户部廣西清吏司員外郎，以子督學君貴，封奉政大夫、刑部四川清吏司員外郎加一級。於卒之歲十一月十五日，大葬於村北之新阡，以孫、鄭兩宜人祔焉。公初娶於徐，有首疾，其家以是辭昏。公堅持大義，弗許於歸，後以静好著聲，人謂庭式復見今日。不及五載而卒，再娶鄭宜人。壬午、癸未間，兵躪二東。宜人避地百里，至膠西之孝衍村，時烽火四接，道路汹懼，一聞訛語遽爾投繯，蓋其素禀守身之訓，故慷慨伏節。若是，其易實未嘗罹鋒刃受迫逼也。暨娶孫宜人，係出名家，與公齊眉一德，長幼卑尊調劑具宜。狀稱自宜人來嬪，公之家道滋殖，生息日繁，科名仕宦亦駸駸向盛，是其於公真稱良偶矣。公出身儒家，長舉進士，晚登三事，寵命疏榮，孫曾繞膝，壽考令終。人謂既醉，五福總萃於公之一身。其得於天者，似爲獨厚，而不知其平生所遭亦非盡出亨途也。當其少也，食貧攻苦，淹頓場屋，及薦賢書已逾壯歲，未幾而時際改革，寇盜猬發，鼠竊豕突，卷地滔天。於是太贈公以駡賊死，鄭宜人以全節終。公携嬰負稚，竄身南北，乃於播蕩之餘，益厲堅定之志，不骫骳以隨時，弗見遷於异物，以讀書教子爲能事，以積德制行爲真筌，險夷一節，百折不回，卒能父子奮身，聯翩上第，列戟相望，家門巋然。若督學君者，則又於國名忠，於家稱孝，海内人士以之爲職志者。非公之德足格天，才能燾後，烏能致此哉！公生丈夫子四：楨，貢生，考授從六品；果，己亥進士，江南提學道僉事；棨，乙丑進士；棐，太學生。女二：適進士王文煌、貢生單務沓。孫男八：紹煇，丁巳舉人；紳燦，太學生；綸炳，諸生；縉炤、繼爚、紘熺、綬烺、綖爆皆幼。孫女八。曾孫男七：墊、壂、𡑶、墍、埪、垚、堡。曾孫女五。昏嫁詳志狀中。銘曰：

九仙奇秀，不減雁宕。篤生者誰？公實不讓。策我驥足，筮仕中朝。經文緯武，旋斡斗杓。

蕩節星軺，不辱君命。敷典擾民，芒寒色正。忠信所昭，風愛鬱然。廉隅自飭，玉栗冰堅。惟公之妻，如芝三秀。以節以才，揚煇中冓。肯播肯穫，曰有子姓。食報詩書，綿綿之慶。忠貞世濟，踐修厥猷。惟帝念功，綸綍汝疇。金管漆書，照耀堂斧。長夜重泉，皎如日午。松楸鬱鬱，亦載國恩。捧筆作頌，永奠墓門。

【注】

〔一〕〔清〕張貞：《杞田集》，《四庫未收書輯刊》第七輯册二八，北京出版社二〇〇〇年版，第六八四—六八七頁。

孫宜人

孫宜人墓志銘〔一〕

宜人姓孫氏，安丘之淩河人，太學上舍曰恕者其父也。宜人既長，歸於行人諸城劉公，是時劉公已舉於鄉矣。先是行人娶鄭宜人，生二子，皆幼，鄭宜人卒。行人母聞孫氏女賢，遂爲行人聘之。當宜人之歸也，行人遭兵火之餘，家業蕭然，宜人屏去服飾躬操作，以勤且儉，爲一家之率。

行人教其子，每不稱意即撻之，宜人常以身翼蔽，即觸行人怒不顧。或有止之者，宜人曰：『予豈不知子宜教，第子非吾出，或者外人不察，將奈何？』蓋是時宜人已舉二子一女矣。既而子女相繼殤，宜人哭不哀，蓋恐人之以爲溺其所生也。後宜人之卒也，二子念此尤痛，至於失聲。宜人雖時時爲二子寬釋，而輒教督之，勉以讀書立功名，後其子多登仕籍，固行人之教，亦宜人之力也。側室楊氏舉二子一女，皆長成於宜人之懷抱。宜人以雍睦率其一家，每聞子婦室中稍有訢誶不翕，即趨至爲譬釋，導使和好，否則即不食，必諸子婦固請謝罪乃解，以故數十年一家雍睦無間言。宜人娣姒凡數人，終身怡怡愉愉如也。族中親屬俱接以禮。其遇奴婢俱寬厚，或行人欲有所譴責，宜人亦佯怒，命子若孫代懲之，或引之他所示撻責狀，實陰縱之，移時乃徐爲申解，其遇衆有恩如此。歲己未，次子果以刑部郎出爲僉事，督學江南，便道過家省親。時二親邀覃恩得封，僉事製冠帔進之宜人，宜人喜且泣曰：『向我二子者即在，未必如此，汝誠孝矣。但汝廉吏，得毋以此重累汝耶。』明年，宜人得疾，遂不起，以正月二十八日卒，得壽六十有二。子四人：長禎（按：應爲『楨』，原文誤），廩貢生。次果，戊戌進士，官至江南提學僉事，鄭宜人出。次棨，次棐，側室楊氏出。孫四人，孫女三人，曾孫二人。以某年某月日葬宜人於某處，而僉事君來乞銘。銘曰：

萬世滔滔，人生幾何，惟有令德，可以不磨。有高其墳，群山之阿，幽靈長存，我銘無多。

【注】

〔一〕〔清〕戴名世撰，王樹民編校：《戴名世集》卷九，中華書局二〇〇〇年版，第二四八—二四九頁。

劉果

誥授奉政大夫提督江南學政按察司僉事劉公墓志并銘〔一〕

公劉氏，果諱，毅卿字，一字木齋，晚號樵雲老人。始祖諱福，明弘治中自碭山徙諸城。數傳至文學公諱思智，邑庠生，是爲公曾祖。再傳爲文林公諱通，邑庠生，贈行人司行人，公之祖也。父奉政公諱必顯，累官户部廣西司員外郎，以公貴封奉政大夫、四川司員外郎加一級。母鄭、繼母孫，俱贈封宜人。奉政公四子，公其次也。生有异徵。六歲就家塾，授以書不能讀，惟昏昏思睡。一日，有黄冠至門，索其弟子。公偶出，黄冠執手孰視，口若有所屬，忽辭去。公自是日誦數百言，終身不忘。十歲應童子試，文甚奇，受知邑令秦公。長有勇力，善馬射。時當大亂，公關弓向賊，發必應弦，緣此屢免奉政公於難。亡何，太贈公以駡賊死，鄭宜人以全節死，公奉奉政公從弘光帝南渡，住表伯鄭琅軒侍御家。侍御勸奉政公仕，不應，因謂公才一試行間可致通顯。公辭曰：

『家世業儒，雖未能以文章名世，終不敢投筆事戎。』實見當時君相用人行政，皆非遠圖，不欲涉迹其中也。數月，知本朝定鼎，始從父北歸。家徒四壁立，蓬蒿没人，略不一顧，惟發憤下帷，揣摩既就，三試有司，咸激賞其文，補博士弟子。未試之前，有欲代爲居間者，公不從，曰：『進身之始，不可苟也。』可以知公志矣。順治甲午舉於鄉，戊戌成進士。奉政公以行人使粤東，公聞祖母王太宜人病，不俟廷試，馳歸侍湯藥者兩閱月無倦容。及卒，衣襚棺斂，必誠必信，父亦得無遺憾。己亥殿試，名在二甲，需次五年甲辰謁選，得太原府推官。公以職司民命，時存矜慎，讞牘山積，皆目閱手批，未嘗輕假他人。署内埽除一室，空無所有，惟書《瀧岡阡表》『夜燭治官書』一段於壁。每定一爰書必讀一過，故獄無寃滯。丁未，奉裁缺之命解任，明年選河間知縣。河間畿輔邑，夙爲盗藪，公下車即以未結前案受罰。公曰：『身爲民牧，而忍驅之爲盗邪？』爲之清額賦，均力役，無藝之徵，悉革除之。舊税不登，擇負多者杖於庭。公嫌其過重，訶隸人曰：『此催科非懲奸也。蒲鞭示警已非初心，汝欲借此立威名乎？』釋之庭下，觀者數百人争相告曰：『真吾父母也！上賦失時，致累父母，吾輩非人矣。』不十日而額課全完。又力行保甲法，使人自爲防。行之逾年，逋盗屏息。鄰邑不逞之徒，亦以河間有神君，相約勿踐其境。庚戌，皇上時巡畿甸，未至河間百餘里，微行田舍，問守令孰賢，村民以河間令對。入境，上復微行，憩卧佛寺，見一老儒，問如前。老儒曰：『我生七十年，從未見賢如劉令者。』頃之，扈從畢集，羽林佽飛之衆，震耀禪扉，始知其爲上也。老儒仆地不能起，上令扶去之。即日召對，公俯伏駕前。上命騎馬後隨，以便顧問。先問年次、問出身，次問歷俸，次問河間徭糧條目。公奏對稱旨。從行十餘里，又問：『汝平遷應得何秩？優擢應得何秩？』天語温文，不殊家人。又從行十里，命回縣辦事。旋諭吏部云：『朕田獵畿南，訪知河間知縣清廉愛民，才具優長，著從優議叙。』部議以臺省用，緣承緝前案未結，格於例，擬以主事用，遂升刑部江西司，莅任即以才能推擇修《大清律》。時大司寇濟南艾公、桐城姚公，皆一時名臣，每事必虚己咨之然後行。癸丑，奉命榷關九江。是歲十月，滇逆發難，郡人惶駭，走匿山谷，多爲盜憎。公與郡守江公共謀戒諭填撫之，人心始安。次年復命，轉本部四川司員外郎。丙辰，遷本部浙江司郎中。己未，擢江南按察司僉事，提督學政。江南號才藪，求雋過亟間墮時趣。公乃與翁賓林先生取有明大家之文遒勁可法者，決擇二百餘篇，名曰『文起』，版行之，且諭以文必己出，剽襲塗塈者抑置下駟。由是，風氣大變，復古有機矣。詎意歲籥未更，以宅孫宜人憂，歸里。禫除後，宜補監司，公念奉政公年高，決計不出。朝夕扶侍，奉敦牟，進甘旨。又於舍後闢蕪園，春秋佳日，柳暗花明，輒奉奉政公游宴其中，公率子孫繞膝上壽，奉政公亦怡然爲進一觴也。定省餘暇，即教兩弟讀書。如是者十三年，奉政公年九十三以疾卒。公時亦六十有六矣，猶作孺子泣。鬻産營葬，哀禮咸備。晚年思京輦舊游，乘興一往，亡何歸來，精神奕奕。飯後必幅巾藜杖行散阡陌間。易簀之日，猶坦步先塋於奉政公墓隧，相地形以樹碑版。入室未久，瞑目深息，翛然逝矣。公神儀岸异，疏眉目，美鬚髯，人以髯仲呼之。居官剛勁，不可撓折。與人交，初若難合，久之更樂其坦易。長於言語，謦欬作洪鐘聲，遇是非曲直，辨説揮霍，一坐盡傾。少以意氣自豪，赴人之急甚於己私。或以險難告，脱手數百金，不自顧計。尤重友朋，交游幾遍海內。出則飾衣馬，盛傔從。老來斂退，匿迹深村，出入駕禿尾草驢，長吏經年不一見其面也。公生於天啓七年十一月初一酉時，卒於康熙三十八年八月初五日子時，得年七十有三。葬於所居村北父墓之域中，即其卒之明年十一月八日也。配王氏，贈宜人。繼厲氏，封宜人。子男子：紳燦，國學生；綸焕，縣學生；綖燝，尚幼。女一，字孫濰泳。孫男九：塈、垐、垚、堡、埾、堅、墪、皇、塍。孫女六。系之銘曰：前法吏，後儒臣。著聲迹，簡帝心。使其材克盡而志獲，信詎難爲耳目而作股肱，奈何遽就子舍終老海澨！於乎！惜哉斯人也，而僅以孝聞。

【注】

〔一〕〔清〕張貞：《杞田集》，《四庫未收書輯刊》第七輯册二八，北京出版社二〇〇〇年版，第六五〇—六五二頁。

劉棨〔一〕

劉棨，山東諸城人。康熙二十四年進士，三十四年，選湖南長沙縣知縣，以廉明稱。邑人患育女爲累，多弃不畜，棨嚴禁之。時有訛言裁兵，撫標兵千餘人，環轅門大譟。棨馳赴，爲開陳大義，且借給三月餉，示必無裁意，衆乃定。總督吴琠以循良薦，三十七年，升陝西寧羌州知州。值關中大饑，漢南尤甚，州無宿儲，且介萬山中，艱於輓運。棨請貸廳倉，約民能負粟一斗至州者，予三升，不十日輓三千石。大吏以其法賑他邑，咸稱便。又奉檄賑洋縣，移粟沿漢而下，棨先馳赴，遍歷審勘，刻期給發，數日而畢，謂洋縣令曰：『此粟貸之官，儻民不能償，吾兩人當代任。』瀕行，老稚爭擁馬首。比秋大熟，洋縣民相勉運粟還倉，不煩催督。始寧羌頗形凋瘵，棨爲均田額，完逋賦，補棧道，修旅次，安輯招徠，期年而廬舍萃集。山多槲葉，民未知蠶，棨遣人旋鄉里，賫蠶種及募善蠶者教之，人習其利，名所織曰『劉公綢』。士苦無書，爲召賈列肆，分購經籍；又建義學，親爲講解。未幾，舉鄉試者二人，蓋前此所僅見也。

四十一年，擢甘肅寧夏中路同知。未赴，丁母憂去。以代民完賦負累，不能行，致書於弟，令售遺産；不足，弟則益以己産，易金致之，以償負。民聞之，爭輸金爲助，却不受。服闋，補湖南長沙府同知，引見，奉温旨，且試文藝於乾清門，即日授山西平陽府知府。裁汰陋例，蠲除煩苛，訟牘來，立剖决之。四十八年，詔大學士、九卿舉各省操守清廉、才具優長之員，以知府被舉者，惟棨與湘潭陳鵬年二人。四十九年，遷直隸天津道副使，迎駕淀津，詔許從官恭瞻，親灑宸翰。棨因奏兄果昔任河間縣知縣，奉有『清廉愛民』之旨，乞賜御書『清愛堂』額，上允其請。旋擢江西按察使。五十二年，擢四川布政使。五十五年，上詢九卿以本朝清介大臣數人，求可與倫比者，九卿舉四人，棨與焉。車駕幸湯泉，又以棨治狀語諸從臣。時湖北巡撫缺出，廷臣共薦棨，上曰：『棨居官甚好，但四川現在用兵，未可輕調。』嗣棨因籌畫兵備勤勩，致疾。五十七年，卒於官，年六十有二。子統勳，孫墉，俱官大學士；曾孫鐶之官至吏部尚書。均自有傳。

【注】

〔一〕王鍾翰點校：《清史列傳》卷七四，中華書局一九八七年版，第六一三二—六一三三頁。

劉統勳〔一〕

劉統勳，山東諸城人。雍正二年進士，改庶吉士，散館授編修，入直南書房。七年，充湖北鄉試正考官。九年，遷右中允，十年閏五月，轉左。八月，充河南鄉試正考官。十一年，遷侍讀。十二年十月，充日講起居注官。十一月，遷左庶子。十三年八月，在上書房行走。十月，充順天武鄉試正考官，尋遷詹事府詹事。乾隆元年六月，擢內閣學士。八月，署刑部侍郎。九月，充武會試副考官。

十月，命隨大學士嵇曾筠赴浙江學習海塘工程。二年三月，授刑部左侍郎，仍留浙江。五月，疏言：『新任督撫提鎮，往往奏請隨帶人員備委用，在大吏平日真知灼見，自應有幹練之才，足收臂指之益。惟是先寄耳目於數人，即付腹心以要缺。補用不循資格，輿論指爲私交。更相仿效，滋弊多端。除河工、軍前效力外，請概停奏帶，以杜偏袒鑽營之習。若調任後，本省本標實不得人，而舊屬内果有出衆之員，許據實保奏，送部引見。』疏下部議，如所請。三年三月，還京，疏劾江南太倉州丁憂在籍御史毛之玉至浙拜謁總督藩司，受饋遺。上以之玉違例干謁，交部嚴議，降三級；統勳據實奏聞，可嘉，紀録二次。五月，管理武英殿事務。四年六月，丁母憂，回籍。

六年六月，特命補刑部侍郎。九月，服闋來京，擢左都御史。十月，疏：『禁督撫提鎮各標中軍積弊四事：一、中軍例以副將、參將、游擊充之，承辦公務，支發錢糧，爲各營領袖，原非爲上司服役，乃督撫提鎮出署，輒步隨，至躬爲料理車馬、旗幟，甚爲失體；一、中軍朝夕相見，往往代籌米鹽瑣務，不但體統有虧，恐開鑽營之路；一、道、府、州、縣等官，以督撫署内之事，中軍無不周知，至省輒先往候，而又與文員兩無統屬，遂宴會往來，藉端營私；一、督撫提鎮衙門遇歲時令節，張燈結彩，中軍每以兵丁子弟充優伶雜戲，平時則醫卜、星相、棋師、琴客藉其梯引，均應嚴禁。』部議從之。十二月，疏言：『大學士張廷玉歷事三朝，遭逢極盛，然而晚節當慎，責備恒多。臣竊聞輿論，動云：「桐城張姚兩姓，占却半部搢紳。」今張氏登仕版者，有張廷璐等十九人，姚氏與張氏世姻，仕宦者有姚孔鋠等十人。雖二姓本係桐城巨族，得官之由，或科目薦舉，襲蔭議叙，日增月益，以至於今，未便遽議裁汰。惟稍抑其升遷之路，使之戒滿引嫌，即所以保全而造就之也。請自今三年内，除特旨升用外，概停升轉。』又言：『尚書公訥親年未强仕，統理吏、户兩部，入典宿衛，參贊中樞，兼以出納王言，趨承禁近，時蒙召對，向用方隆。我皇上用人行政，無非出於至公，訥親之居心行事，當亦極圖報稱。但臣慮訥親以一人之身，承辦事務太多，或有疏失；又任事過鋭，恐逢迎者漸衆。』兩疏入，諭曰：『朕思張廷玉、訥親若果聲勢赫奕，擅作威福，劉統勳必不敢如此陳奏。今既有此奏，則二臣并無聲勢可以鉗制僚寀可知，此國家之祥瑞也，朕心轉以爲喜。且大臣辦公，責任綦重，原不能免人之指摘，即伊等辦事，亦豈能竟無差錯？聞過而喜，古人所尚。大臣爲衆所觀瞻，見人直陳己過，惟當深加警惕，所謂有則改之，無則加勉。若有幾微芥蒂於胸臆間，則非大臣之度矣。大學士張廷玉親族人衆，因而登仕籍者亦多，此固家運使然。然其親族子弟等，或有矜肆之念，爲上司者或有瞻顧之情，則非大學士所及料也。今一經查議，人人皆知謹飭，轉於張廷玉有益。至訥親身爲尚書，若於本部之事稍涉推諉，不肯擔當，則模稜成習，公事何由辦理？但所辦之事，其中未協之處亦所不免，況朕時加教誨，戒其自滿自足，年來已知恪遵朕訓矣。今見此奏，益當留心自勉。至於職掌太多，如有可減之處，候朕酌量降旨。近來參劾大臣者，每多過當。殊不知以今日之勢論之，若有擅權營私者，朕必洞照隱微，斷無不能覺察而陷於不知之理。彈劾大臣，有關國體，此等奏摺，若不發出，宵小無知者，必且以參大臣爲幸進之階，其爲害於人心風俗，實非淺鮮。著將二摺發出，諭衆知之。』

尋命往勘海塘。十一年正月，充經筵講官。三月，署漕運總督。九月，還京。十二年，充順天鄉試正考官。十三年三月，命會同大學士高斌查辦山東賑務。五月，查勘河道，奏：『濟南府屬德州哨馬營有滚水壩，分消運河盛漲，而壩身過高宜改，令祗資減泄。東昌府屬聊城縣運河東岸有減水閘引河四，歷久多淤，宜挑浚通暢，令注入海。泰安府屬東平縣之戴村壩，爲汶水分入大清河關鍵，其遏汶入運之石壩過高，宜稍令低，并將壩西歸入大清河之水道疏通。沂州府沂河西岸之江楓口所建滾水壩二，候秋汛無虞，再加培，以衛蘭山、郯城一帶田廬。』報聞。十四年十月，充國史館總裁。十二月，遷工部尚書。十五年七月，兼管翰林院掌院學士，命赴廣東會鞫糧驛道明福違禁折收一案，鞫實，擬斬如律。八月，遷刑部尚書。十六年，充會試正考官。十七年三月，以查驗通倉短少米石不實，詔革職，從寬留任。十一月，軍機處行走。十八年四月，以審擬懦怯僨事之把總謝又榮罪名錯謬，部議革任，詔免之。

七月，命偕署尚書策楞往勘江南河工。八月，合疏言：『臣等巡歷河干，通查工料，實多虧缺不清。察其積弊之由，總在牽前扯後，工員率取入己，上司漫無查考。以一廳論之，每年冬，河臣核減錢糧，并不勒追補項，即令留爲辦料之用。次年核減，仍復如是。惟指工段消彌了局，此本廳本任牽前扯後之弊也。其調任、升任仍屬河員者，所欠錢糧，并不實交，復帶至新任，禀請別廳交料。其收料之員，輒報收料若干，用在某工，便可完結。此廳員虛報牽前扯後之弊也。又廳員升任他處，如平越府知府施廷惴離任已久，所欠核減帑項數千，尚待補苴。此升任官員牽前扯後之弊也。至緣事離任之員，河臣查明欠項，僅咨追而不參奏，致歷年虧欠至九萬兩之多。此緣事離任官員牽前扯後之弊也。現在查出外河同知陳克浚虧空二萬五千二百餘兩、海防同知王德宣虧空一萬八百餘兩。本年高郵州二閘因湖河异漲被衝，聞未衝之前，文武員弁咸謂有料尚可堵塞，而該管下河通判周冕并無物料，致束手任其衝決。河臣高斌衹以誤事掣回委員另辦請澈底清查。』詔革高斌及協辦河務安慶巡撫張師載職，留工效力。其侵帑各員革職拿問，勒限一年完項。周冕革職鎖押，二閘漫口虧空物料勒限半年完項。

九月，疏言：『臣由桃源縣前赴徐州，途中接銅沛廳李焞、河營守備張賓等禀，稱銅山縣小店汛南岸堤工危險。比臣星赴小店，則已衝開口門一百四十丈，溜勢全掣奪河之勢已成。』上以『李焞、張賓平日任意侵蝕，貽誤堤工；又現奉清查，自知獲罪必重，今乘水漲遂任其衝決，不加搶護』，命即行正法。統勳尋疏言：『張家馬路漫口，大溜直趨東南正河，業經斷流。今水下注洪澤湖，一出五壩，一出清口。臣查清口出水東入河道，清江以下河底可冀刷深。隨將河口之東清二壩拆卸，免阻清水出路。但黄水入湖，終非正道。堵閉事宜，亟宜籌畫。口門現寬百四十餘丈，工料約需三十萬兩。俟豫、東二省購料完備，急行搶築。臣訪輿論，上游南岸之毛城鋪，北岸之石林口，皆昔年分減大溜之處，若水深溜急，即於兩處略加疏導。』諭曰：『此亦無聊之極思耳！黄水下注洪澤湖，其流漸緩，湖身必停淤日積，河底豈能借以刷深？治河之道，究以多方設法，導歸正溜爲是。固不可使湖河并勢，又不可急於堵閉漫口。蓋當此波濤猛急，苟非正溜順流，即築壩進埽，亦祇虚糜工料。且工料未集，何能徒手以禦洪流？應待水勢稍落，隨方疏瀹，使正溜仍歸故道。若於圖中硃筆畫處，開浚引河，則離南岸頂衝既遠，去灣取直，乘勢東趨，較之從張家馬路，河身迂曲者，似爲便捷。可傳諭劉統勳等悉心籌畫。至所奏毛城鋪、石林口兩處，果能分減大溜，無礙正流，不妨隨宜疏導。』十月，疏言：『臣現駐銅山，率領河員於漫口附近舊河内，勘定引河二道，南三百餘丈，北五百餘丈，計日可成。蒙御筆指畫北岸一道開浚，誠屬有益。候淤河稍堅，陸續開工。惟開放之期，最爲緊要，早則溜勢不順，新河易淤；遲則將有用之河，不能及時分溜。容臣届期相度開放。此處迤下百餘里爲朱家海口，雍正年間曾經衝决。彼時河臣齊蘇勒素稱勇幹，而進埽逼緊，深至五丈餘，屢走屢築，連年始成。今裹頭之外，已築堤臺；又於堤臺之外，兩旁用稭，中實以土，名鐵心堤，層層硪實。逐次前進，直至深水三四十丈，漸近中泓之所，下埽步步得實，節節交鍵，臘底可以竣工。』又言：『正河身内所挑南北小門河二道，串成大河，溜勢半回趨正河，直達清口。今大門河已放水趨東，匯先挑小門河之水同歸正河身後，雖近尾閭一段，底係淤沙，易致壅滯。然人夫衆多，不致阻礙。不惟合龍時泄水分溜，來歲桃伏秋汛，可大減頂衝之勢，於新築堤工有益。』報聞。

十二月，統勳奏張家馬路堤工於本月十二日合龍，黄河大溜復故道。策楞奏二閘漫口亦於是日合龍。諭曰：『今年江南秋雨過多，河湖异漲，銅山决口奪溜南趨。朕特遣衆臣協力堵禦，而在事諸臣俱能體朕宵旰之心，實心奮勉，黄流復歸故道，二閘漫口適又同日告成。奏績神速，若有默相。從此運道民生均資利賴，朕心實爲嘉悦！劉統勳、策楞、舒赫德等在工專辦日久，宣力居多，著交部從優議叙。其餘在事員弁，一并議叙。』統勳偕策楞條奏：『稽查工料四事：一、各廳庫貯少者至數千，多者至數萬，舊料塵積，復領新料，本年未銷，又領次年，廳員請領款項，不由道詳，河臣約計歷年之數給發，有無核減，俱不詳查，致挪新掩舊，陋弊相沿，請嗣後預辦上游、鹽河等項銀兩，由該管道員承領，霜降後分發各廳，收工備用，仍報河臣委驗，其在銷算以後之款，仍令廳員照舊承領，責成該管道會同河庫道查明有無舊欠，具結轉詳，方准給發，統限冬底運柴到工，其雜料限領銀一月，到工并照州縣倉庫例盤查；一、河工有歲修、搶修之分，而每年核算則在霜降後，埽壩工程已歷三汛，廳員任意浮開，無憑查驗，請於秋防告竣後，將該廳營所管工程分三等，以逼臨大溜、當衝最急者爲一等，次險者爲二等，又次者爲三等，或拆修，或鑲修，或改築，或加幫，確估申詳該道，核轉河臣，督該道沿堤踏勘，限正月内興工，三月内完竣，該管道親往各工驗收，不得轉委，至伏秋大汛，臨期搶護，難以預定，令該管道駐扎河干，親估親收，詳河臣親驗；　一、一切物料工程，向係廳員按月申報，往往以少報多，指無作有，甚至甫請驗料，即稱某工動用，甫經驗工，即報蟄陷加鑲，弊端不一，查廳營同駐一工，最爲親切，運到何項物料，承修何處工程，無不深知確見。請嗣後除廳員照常申報外，并令該營守備、汛弁逐一據實揭報該管道府，按所報數目比較抽驗；　一、河員查工，俱於霜降時，照水大小約計准銷，并不按工考驗，致調任、離任，輾轉遷延，請於銷算時，經河臣核減者，勒限交完，年清年款，升調緣事離任，必交代清楚，方准新任出結，徇隱題參賠補。』詔如所議行。

先是，大學士陳世倌奏黄河入海，向祇六套六櫃，今增至十，致海口壅塞。十九年正月，命統勳等往勘，奏言：『河海交會之所，河水遇潮停阻，頗積淤沙，而南大口門出水深通，無庸疏浚。至櫃套均在七曲港之上，一櫃一里，十櫃僅十里；套則七八里或十里不等，十套計八十餘里。不但十櫃去海口甚遠，河流通塞，與增櫃無涉，即十套下河身數十里分流入海，并無阻遏。』報聞。尋命清查江南河工未結案，統勳奏言：『水利工程陸續題銷，或丈尺數目不符，或水方土方各异，屢經部駁，不准銷算。一案不銷，遂致全案稽遲，而外省輾轉行查，至延二十餘年之久，官吏更易，若再往返駁詰，徒滋案牘。現查出未銷銀百十三萬三千五百兩有奇，請限十月内確核題銷。工部於覆到日詳核，應銷者即准銷結案，應減者即核減著追。』詔如所請行。二月，疏言：『河臣顧琮奏請於祥符家盧家莊建支河壩，滎澤、陽武堤內加築土壩，并估挑引河。奉旨，命臣等詳度。臣自陳留沿堤而西，查支河南由古城村，北由盧家莊分流東注，宜建土壩堵旁流，俾由古城村前歸入正河。臣復自陽武十三堡及五堡迤南之三壩，迤西之原武、滎澤等處，詳勘形勢。其地土鬆沙厚，堤內灘地易成支河，兼正河漲濫即成漫口，河流自西而東，均趨堤根，宜幫築三壩埽工及陽鳳大堤，并建攔河土壩，以資防護。至引河一節，臣思上乏來源，中經沙地，難免淤墊，應停估挑。』從之。四月，晋太子太傅。

五月，命協辦陝甘總督事務，賜孔雀翎。十一月，疏言：『陝、甘沿邊一帶，至巴里坤軍營，雍正七年專設塘站，馳遞軍機文報；乾隆元年撤兵時議裁。今議明歲進兵，請酌照舊例增設。查陝省自神木縣至定邊營九百五十五里，設正站九，馬各三十；腰站二十，馬各十七。甘省自花馬池營至嘉峪關二千二百七十里，設正站七，馬各二十五；腰站六十二，馬各十六；協站七，馬各十。其口外自嘉峪關至巴里坤千六百五十六里，設站二十七，馬各二十六。』十二月，疏言：『西路軍營戰馬，約需六萬匹，派兵遞送，廷議分設五大站。臣於分站之中，寓脱卸遞更之法，第一站安馬十分，每分千五百匹，二、三、四、五等站各千五百匹。每起官兵按站換馬，不必回空，即留爲後起更換之用。官兵既可按程長驅，而各站馬行五日，即得休息三日，仍另備數十匹或百匹，以濟疲乏。再各標營馬已盡數調撥備戰，未便全無守禦今有現議設站之北口，解來馬二萬三千七百餘匹，及西安駐防兵，并固原提標兵，騎赴肅州馬八千八百餘匹。臣擬於此內以七分留甘，三分還陝，并阿拉善等換存馬分補缺額。』詔如所議速行。二十年二月，疏言：『巴里坤營壘久廢，倉庫無存。糧餉若盡數運往，必修葺堆貯之所，而大兵進勦後，又宜分兵防守，事多未便。請將進勦口糧，應官運者，自哈密馱載；應裹帶者，運往巴里坤散給。』從之。六月，以平定準噶爾，議叙加三級。七月，充平定準噶爾方略副總裁。

尋命查勘巴里坤、哈密駐兵事宜。九月，逆酋阿睦爾撒納叛擾伊犁，定西將軍永常自木壘退師巴里坤。統勳請弃巴里坤，退守哈密。諭曰：『劉統勳奏西路情形一摺，乖謬已極。伊犁平定之後，阿睦爾撒納背恩叛竄，阿巴噶斯哈丹不過一鄂拓克之宰桑，爲所煽誘，搶奪臺站。伊克明安宰桑查木參等率衆來，請於附近軍營居住。而永常妄生疑懼，退回巴里坤。今噶勒藏多爾濟之子諾爾布琳沁帶兵千餘，已殺退阿巴噶斯兵衆，則西路全勢，并無變動。若使永常仍駐木壘，率來歸之衆，令爲前驅，奮往直前，早可通伊犁聲息，而追尋阿睦爾撒納遁竄踪迹，西陲當早經安貼無事矣。乃永常誆怯於前，劉統勳附和於後，實出情理之外。軍營所恃，全在領兵大臣。今一將軍、一總督，無端自相恐怖，衆心其何所恃耶？劉統勳摺内所云：「諾爾布琳沁來告之説，未可深信。」夫諾爾布琳沁爲守護游牧，始則懇求内移，繼則率衆勦賊。現將阿巴噶斯之得木齊班咱擒送來營，尚何不可信之有？又云：「内外之界，不可不分。」試思各部自歸誠以來，悉已隸我版圖，伊犁皆我疆界，尚何内外之可分？西路諸台吉、宰桑，皆知遣人來告軍營，求以兵力壯其聲勢，其自效之意顯然可見；而永常、劉統勳乃望風疑畏，甚欲全調陝甘滿、漢標營馬匹，以向年巴里坤孤懸塞外馬駝被劫爲詞。夫雍正年間，準噶爾以其全力鴟張鼠竊，視今日之一舉平定、諸部歸誠者，相去天壤。三尺童子，莫不知之。劉統勳作此種種乖謬之語，摇惑衆聽，貽誤軍事。且班第等在伊犁，係辦理軍務大臣，劉統勳并不與永常亟謀安接臺站，竟奏請退回哈密，而置班第等於不問。伊身爲總督，現在巴里坤一切軍營應辦事務，何莫非其專責？即如軍營馬匹，現俱疲乏，即云騎回之馬不無疲瘦，而所有一切馬匹，何以不豫飭餧養膘壯？劉統勳所司何事，糜費錢糧，不能適用，其罪尤無可逭。昨據治大雄奏到，伊將安西官兵忽而遣調，忽而停止，馬力豈不更加疲乏？永常已降旨革職，拿解來京。劉統勳如此乖張，貽誤軍旅重務，若以其係漢人爲之寬恕，而不治以應得之罪，則是朕歧視滿、漢，且復何以用人，何以集事耶？劉統勳著革職，拿解來京治罪；伊子劉墉亦著革職，拿交刑部。永常、劉統勳在京諸子，并拿交刑部；所有本旗籍及任所貲財，并著查出，爲償補軍需馬匹之用。』十月，諭曰：『劉統勳因永常自木壘退回巴里坤，輕信浮言，張皇乖謬。律以阻撓軍機，摇惑輿情，即置之法，實無可逭。但念劉統勳所司者糧餉馬駝，其軍行進止，原係將軍之事。設令模稜之人，緘默自全，轉可不致獲罪。是其言雖剌謬，其心尚可原也。况永常尚不識死綏之義，何怪於懦弱書生？劉統勳在漢大臣中，平日尚奮往任事。朕於萬無可寬之中，求其一綫可生，予以自新之路。劉統勳著從寬免其治罪，發往軍營，在司員内辦理軍需，效力贖罪。倘伊以爲士可殺而不可辱，欲來京甘受典刑，亦惟其所自處。伊子俱著釋放，劉墉著加恩令在編修上行走自效。』二十一年六月，諭曰：『刑部尚書員缺，著劉統勳補授。劉統勳未到任之前，汪由敦仍辦刑部尚書事。劉統勳從前妄議弃巴里坤退守哈密，正當逆賊初叛之際，朕恐其摇動人心，阻撓軍務；且果如其言，則今此之直進伊犁，何其甚易！若使阿睦爾撒納久保伊犁，則亦不至如此窮竄也。是以將伊革職治罪。然當其時，劉統勳因目擊永常匆遽自木壘撤出，驟聞其言，未能深察，是以張皇失措。夫永常身爲將軍，膺閫外之重寄，尚且怯懦退回，甘心僨事；劉統勳本係書生，未嫻軍旅，其所陳奏，識見固屬冒昧舛謬，尚爲乃心公事。假令彼時藉口於職在文臣，辦理軍需，不預師行進止，模棱觀望，緘默自守，轉可安然無事矣。且如策楞、玉保等皆統兵大臣，於阿睦爾撒納窮蹙逋逃，距軍營密邇，乃仍徘徊不進，坐致遠揚。彼三人者，皆滿洲、蒙古世僕，勇敢舊風未遠，而皆選懦至此。以劉統勳文怯漢人，相提并論，則其過爲可諒，而其心轉爲可嘉矣。』七月，奉旨給還本籍家産。

閏九月，命勘江南銅山縣孫家集漫工。十月，疏言：『孫家集向無堤工，以備盛漲，例於秋汛後補築水衝溝渠。今兩年未經補築，致成渠分溜。』詔解總河富勒赫任，以劉統勳暫署。十一月，漫口合龍，上嘉其妥速，下部議叙。二十二年三月，充會試正考官。四月，赴徐州督修近城石壩。五月，充經筵講官。是時雲南巡撫郭一裕慫恿總督恒文購金製鑪，以致闔省喧傳，乃訐恒文抑勒短價各款。命統勳往會鞫，得實，恒文賜自盡，一裕發往軍臺效力贖罪。十一月，山西布政使蔣洲侵帑，勒派通省彌補，冀寧道楊龍文逢迎不法。統勳奉旨鞫實，均擬斬如律。十二月，晋太子太保。二十三年正月，遷吏部尚書，奉旨紫禁城内騎馬。先是，徐州黄河北岸無堤，議者以爲留泄漫水。五月，巡漕給事中海明疏請補築，統勳往勘，以爲可行，自大孤山至蘇家山置亂石壩泄漲，且可衛田，上嘉允之。

二十四年正月，協辦大學士事務。二月，西安將軍崧阿里疏參原任將軍都賚剋扣兵餉，統勳往鞫得實，擬斬如律。六月，山西歸化城理事同知普喜訐將軍保德、同知呼世圖侵帑，通同掩飾。

統勳奉旨與巡撫塔永寧會鞫，保德、呼世圖共侵帑一萬八千餘兩，保德又於穆納山私伐木植，受銀千五百兩。上以保德身爲將軍，貪黷敗檢，即行正法。閏六月，諭曰：『劉統勳等查審呼世圖侵帑掩飾一案，究出普喜骫法婪贓，及根敦札布恣行科斂等款，贓據確鑿。揆其情罪，均無可逭，然亦不甚懸殊。乃劉統勳等於呼世圖則擬以斬，普喜、根敦札布則擬以絞。不知普喜贓至萬餘，且署道員時，呼世圖正其屬員，而有心蔽混，應盤查時亦并不盤查；根敦札布以軍需名色，科斂入己，其罪視呼世圖有過之無不及。劉統勳等徒以庫帑婪贓，視爲差別。不知民務爲重，庫帑爲輕，朕爲秋審不曾屢降旨諭乎？而塔永寧欲因此以曲庇普喜，劉統勳亦佯爲不知，朕實不解。著軍機大臣會同三法司另行核擬。』尋均擬斬如律。

二十五年八月，兩江總督尹繼善奏蘇州布政使蘇崇阿稟稱存公、耗羨二項，書吏侵蝕至七十餘萬兩，命統勳偕侍郎常均往查。十月，奏言：『臣等抵蘇州盤查藩庫，并無短少。蘇崇阿所奏報與存貯數目不符，疑書吏作弊，嚴刑追究，致誣服；而蘇崇阿即指謊供爲確據，駕空懸坐。』詔革蘇崇阿職，發往伊犁效力贖罪。時江西學政謝溶生疏劾巡撫阿思哈收受屬員餽送，命統勳等即赴江西會鞫，得阿思哈因生女收受司道金鐲綾緞，及令贛南道董溶代購什物，短發價值各款，擬絞如律。二十六年二月，充會試正考官。五月，授東閣大學士，兼管禮部事務，尋兼兵部事務。

八月，偕協辦大學士公兆惠查勘河南楊橋漫工，合疏言：『臣等赴工相度，先將月堤堵築，候大溜斷，再接築大堤，以資鞏固，仍於楊橋原淤河身内開挑引河。』諭曰：『速堵決口爲要，朕日夜望之！』統勳又言：『現開引河九百三十六丈，引溜歸入正河，并將正河身内浚渠疏引。』十一月，奏報合龍。上嘉統勳等董率有方，剋期竣事，下部議叙。二十七年三月，上南巡，以高、寶河湖入江之路未暢，命統勳偕兆惠往勘。尋合疏言：『湖河之水，以五壩爲來源，江海爲去路。歸江多一分之水，即下河受一分之利。自邵伯以下，向設灣頭閘、壁虎橋、鳳凰橋、西灣壩、東灣壩、金灣滚壩、金灣六閘共七處，宣泄湖水，由鹽河歸廖家溝、石羊溝、董家溝、芒稻河四河分流下注，金灣壩引流緊接六閘，地居上游，由董家溝下注宣泄湖河，甚爲便捷。惟滚壩僅寬十五丈，未能暢達。請將新挑引河，量爲展寬，使有建瓴之勢。六閘、鹽河向設南、中、北各二閘，北閘爲鹽運要津，應自中閘迤南，改建石壩三十丈，將中閘存留閘下土堤接築加長，并挑引渠以順水勢，既與鹽運無礙，而盛漲亦資暢達。其西灣滚壩，照東灣一體落低，并於西灣河頭酌浚寬深，諸河歸江之路益增，宣泄之形益暢。』諭曰：『所議甚合朕意，應如是行。』

四月，以直隸景州被水，命查勘德州運河。統勳疏言：『運河自臨清以上，疏泄閘壩共八處；而臨清迤北，惟藉四女祠、哨馬營兩壩宣泄，必宜疏通，以防盛漲，漫及下游。但兩壩支河，俱會老黄河故道入海，袤延三百餘里，居民於淤灘種植，河身易致淤塞。請將德州州判移駐兩支河交匯之邊陵鎮，專司河捕，責成山東糧道董理其地。在直隸者，移會天津道商辦。』詔如所請。

二十八年，兼管翰林院掌院學士，命爲上書房總師傅。三十年正月，兼管刑部事務。二月，教習庶吉士。七月，充國史館正總裁。三十三年十月，命往江南酌定清口疏浚事宜。十二月，時統勳年七十，御書『贊元介景』額賜之。三十四年，復勘挑運河。三十五年，兼管吏部事務。三十六年三月，充會試正考官。三十八年閏三月，充四庫全書正總裁。十一月，卒。諭曰：『大學士劉統勳老成練達，品行端方。雍正年間耆舊服官，五十餘年中外宣猷，實爲國家得力大臣。自簡任綸扉，兼綜部務，秉持公正，眷畀方殷，并命爲諸皇子總師傅。久直内廷，勤勞懋著，雖年逾七旬，精神甚爲矍鑠，冀其可常資倚任。今晨肩輿入直，至東華門忽嬰痰疾。比聞之，即遣御前大臣、尚書、公福隆安賫藥馳往看視，已無及矣。遽聞溘逝，深爲軫悼！著加恩晋贈太傅，入祀賢良祠。朕即日親臨奠醊，并賞内庫銀二千兩，經理喪事。其任内革職、降級之案，概予開復。伊子西安按察使劉墉，著諭令即馳驛來京治喪守制。應得恤典，仍著該部察例具奏。』尋賜祭葬如例，謚文正。三十九年三月，諭曰：『故大學士劉統勳，其子於月内扶櫬歸里，著照從前史貽直之例，沿途文武官弁在二十里以内者，均至櫬前吊奠，并遣人護送，俾長途妥穩遄行，以示優眷故臣之意。』四月，諭曰：『大學士舒赫德、于敏中各賞《古今圖書集成》一部，俾其收藏，傳付子孫，守而弗失。故大學士劉統勳原欲一體賞給，不意其猝爾身故，未及身預。因念伊子劉墉尚克世其業，亦著加恩賞給一部。』四十四年，御製《懷舊詩》，列五閣臣中，詩曰：『從來舉大事，要欲衆論定。小利亦何慶，小失亦何病？阿逆之初叛，衆志已紛競。統勳督陝甘，儲需任所勝。欲弃巴里坤，是殆亂軍令。治罪易廷桂，并令隨軍進。五年大功成，釋罪重從政。賞罰寓矜全，順應自取聽。十餘年黄閣，兼理部務仍。遇事既神敏，秉性原剛勁。進者無私惑，退者安其命。得古大臣風，終身不失正。』是年，恩賜其孫鐶之爲舉人。

子墉，現任禮部尚書。

【注】

〔一〕王鍾翰點校：《清史列傳》卷一八，中華書局一九八七年版，第一三八四—一三九七頁。

劉墉〔一〕

劉墉，山東諸城人。祖棨，四川布政使；父統勳，東閣大學士。墉，乾隆十六年進士，改翰林院庶吉士。十七年十月，散館，授編修。二十年四月，遷右春坊右中允。五月，擢翰林院侍講。是年九月，以統勳任陝甘總督，查勘巴里坤、哈密駐兵事宜，附和將軍永常，辦理失宜，奉旨，劉墉亦著革職，拿交刑部。十月，恩旨釋放，賞給編修。二十一年五月，充廣西鄉試正考官。九月，提督安徽學政。二十四年四月，奏言：『捐納貢監，向例責成教官約束，但貢監人數衆多，既不歲考，又無月課，教官勢難綜核。請嗣後凡貢監遇有小過扑責示懲者，州縣乃會同教官核辦；其舉報優劣，止責成州縣辦理。』部議准行。九月，調江蘇學政。三歲試竣，奏江蘇士習官方情形，略言：『生監中滋事妄爲者，府州縣官多所瞻顧，不加創艾，既畏刁民，又畏生監，兼畏胥役，以致遇事遲疑，皂白不分。科罪之後，應責革者，并不責革，實屬闒冗怠玩，訟棍蠹吏因得互售其奸。』上嘉其留心政體，旋諭曰：『劉墉所奏，切中該省吏治惡習。江南士民風尚，多屬浮靡喜事，爲地方有司者，加以骫骳姑息，遂致漸染日深，牢不可破。故近來封疆懈弛之弊，直省中惟江南爲甚。督撫爲屬僚表率，大吏不能振作，闔屬誰不承風？尹繼善等當從此痛除舊習，刻自淬厲，州縣官有怠玩相沿，如劉墉所奏各情節，即嚴行體察，據實參處。』二十七年，授山西太原府知府。三十年，擢冀寧道。三十一年，以知府任内所屬陽曲縣令段成功侵蝕庫項事覺，墉坐不能先事舉劾，部議照扶同容隱律擬罪，上加恩免死，發軍臺效力贖罪。三十二年，恩旨釋還，在修書處行走。三十三年，諭曰：『大學士劉統勳年届七旬，止此一子，仍加恩以知府用。』三十四年，授江蘇江寧府知府。三十五年，遷江西鹽驛道。三十七年，擢陝西按察使。三十八年，丁父憂，命馳驛來京治喪。三十九年，上頒賜各大臣《古今圖書集成》，以統勳先卒，未預恩賞，念劉墉克承世業，特賜墉全部，俾世守無替。四十一年二月，服闋赴京，上追念統勳宣力年久，且察墉器識可用，詔授内閣學士，即在南書房行走。

時初設文淵閣官，七月，充直閣事。九月，充四庫全書館副總裁，并派辦《西域圖志》及《日下舊聞考》。四十二年六月，充江南鄉試正考官。八月，提督江蘇學政。四十三年八月，奏泰州舉人徐述夔所著《一柱樓》詩詞悖逆，經軍機大臣鞫訊得實，按律懲辦。十月，奏請將《御製新樂府》及《御製全韵詩》自行刊刻宣示，從之。十一月，擢户部右侍郎。四十四年，調吏部右侍郎。四十五年，授湖南巡撫，所屬新化縣令有諱匿命盜案件，據實劾參，在任年餘，盤查倉庫，勘修城垣，革除坐省家人陋習，撫恤武岡等州縣灾民，至籌辦倉穀，開采峒硝，俱察例奏請，奉旨允行。四十六年，遷都察院左都御史。四十七年二月，仍直南書房，賜紫禁城騎馬。三月，充三通館總裁。四月，御史錢灃劾山東撫臣國泰貪縱營私，所屬多虧空，命偕尚書和珅往按。既抵省，即盤查歷城縣庫，無缺額，而銀色多攙雜，知有僞，訊係國泰聞信後那移彌補，以圖掩飾；并廉得國泰婪索奸狀，及藩司于易簡，知府吕爾昌、馮埏先後在濟南府任内扶同骩法，擬罪如律。讞定回京，命署吏部尚書，監管國子監事務。尋授工部尚書，仍兼署吏部。十一月，奉旨，在上書房總師傅上行走。四十八年，總辦辟雍圖式，及督辦内廷宫殿易瓦等工。五月，命署直隸總督。七月，調吏部尚書。八月，充順天鄉試正考官。十一月，充經筵講官。四十九年，兼署兵部尚書。五十年二月，以辟雍告成，議叙。四月，復兼理國子監事務。

五月，授協辦大學士。五十一年，充玉牒館副總裁。五十三年正月，諭曰：『向來大學士缺出，多按資格，以協辦大學士補授。劉墉在尚書中資分較深，且協辦有年，本應實授，惟是上年在熱河時，及回鑾後，曾與軍機大臣等論及嵇璜年老若求回籍，不忍不從；及曹文埴現有老親，若求回籍養親，亦不忍不從而皆惜之，此不過尋常議論耳。然見嵇璜精力尚未就衰，在漢大臣中最爲老成，且欲留以相伴，又部院諸臣一時乏人，曹文埴亦屬能事，故胥遲之意，軍機大臣自不敢以議論之言，即行宣露。事隔多時，嵇璜等亦并未有所陳請，昨冬召見劉墉偶曾與之閑論及此，乃次日曹文埴於召見時，即有告養之奏。朕詢之軍機大臣，俱稱并未向嵇璜等説及，同稱係劉墉在懋勤殿所言者。朕召見諸臣，君臣之間，原如家人父子。且以劉墉係劉統勳之子，内廷行走之人，非不可與聞者，是以向其論及。乃劉墉即以告知嵇璜等，其意不過欲嵇璜聞知請告，劉墉即可覬覦補授大學士。似此言語不謹，此時豈可即以劉墉實授，以遂其躁進之私耶？』三月，命總辦萬壽慶典事宜。九月，御史祝德麟劾司業黄壽齡受賂一摺，内稱國子監考試惟劉墉、鄒炳泰二人清介素著，諸生不敢向其饋送營求。五十四年三月，諭曰：『上書房阿哥等師傅，自二月三十至本月初六七日之久，無一人入書房，殊出情理之外。劉墉係大學士劉統勳之子，朕念伊父宣力年久，特加恩擢用。其在府道任内，頗覺黽勉。及爲學政，即不肯認真。逮授湖南巡撫，聲名亦屬平常。因内用尚書，其辦理部務，更復一味模棱，朕曲賜優容，未加譴責。伊自當感激朕恩，亟思愧奮，益矢勤慎。今阿哥師傅等，不到書房至七日之久。劉墉身爲總師傅，又非如嵇璜年老、王杰兼軍機處行走者可比，乃竟置若罔聞。似此事事辜恩溺職，於國家則爲不忠，於伊父則爲不孝，其過甚大，豈可復邀寬宥？且伊係大員，亦不必再俟部議，劉墉著降爲侍郎銜，仍在總師傅上行走，不必復兼南書房，以觀其能愧悔奮勉否？』四月，補内閣學士，兼禮部侍郎銜。八月，提督順天學政。九月，遷禮部左侍郎。五十六年正月，遷都察院左都御史，旋擢禮部尚書。四月，復兼管國子監事務。是月，署吏部尚書。十月，復賜紫禁城騎馬。五十七年，充順天鄉試正考官，調吏部尚書。五十八年，充會試正考官。

嘉慶二年三月，授體仁閣大學士。四月，命偕尚書慶桂按訊山東控案，事竣馳勘曹汛漫工，奏言：『漫口須至秋汛後堵築，而下游一帶間有淤墊，必一律挑浚寬深，大溜歸入正河，方能暢達下注。』如所議行。四年二月，加太子少保銜。十二月，奏：『漕糧起運收米，行船爲旗丁之專責，而州縣僉派旗丁，或將殷實之丁索錢賣放，强派貧者；貧丁若懦弱無能，或致自盡，以免累妻子，納詞狀於懷中，訴冤苦於身後，此猶一人一家之事耳。其貧丁之無賴者，不以爲苦，挈家上船，居然温飽，自水次以至通州，盗賣官糧，無復畏忌。所賣既多，或鑿船沉水，以匿其迹，或稱漕糧交兑，本不足數，抵通弊混，同歸於無可考據，卸桅拆柁，無所不賣，及至回空，僅存船底。於是新漕起運之時，船已不可復用，此亦州、縣、府、道不職，而督撫兩司不能察吏之一端也。請敕下有漕省分督撫兩司，嚴查州縣務僉殷實丁户，或一人力薄，數家幫貼，則賣糧拆船之弊可免。』上從之。六年，充會典館正總裁。七年，駕幸熱河，命留京辦事。

九年七月，上以墉母本年九十生辰，時就養江蘇學政劉鐶之署内，命墉親賫賜件前赴江蘇，旋回京。十二月，卒。諭曰：『前任大學士劉統勳翊贊先朝，嘉猷茂著。伊子劉墉克承家世，清介持躬。揚歷中外，洊陟綸扉。年逾八旬，精神矍鑠。兹聞溘逝，深爲軫惜！加恩晋贈太子太保，入祀賢良祠。即派慶郡王永璘帶領侍衛十員，前往奠醊，賞給陀羅經被、銀一千兩。并命墉侄鐶之來京經理喪事。』尋賜祭葬，予謚文清。

子錫朋，一品蔭生，刑部員外郎。

【注】

〔一〕王鍾翰點校：《清史列傳》卷二六，中華書局一九八七年版，第一九八六—一九九〇頁。

劉奎〔一〕

奎，字文甫，山東諸城人。乾隆末，著《瘟疫論類編》及《松峰説疫》二書。松峰者，奎以自號也。多爲窮鄉僻壤艱覓醫藥者説法。有性論瘟疫，已有大頭瘟、疙瘩瘟疫、絞腸瘟、軟脚瘟之稱，奎復舉北方俗諺所謂諸疫證名狀，一一剖析之。又以貧寒病家無力購藥，取鄉僻恒有之物可療病者，發明其功用，補本草所未備，多有心得。同時昌邑黄元御治疫，以浮萍代麻黄，即本奎説。所著書流傳日本，醫家著述，亦有取焉。

【注】

〔一〕趙爾巽：《清史稿》下册，《二十五史》（百衲本），浙江古籍出版社一九九八年版，第一五九四頁。

劉鐶之〔一〕

佺鐶之，乾隆四十四年進士，改翰林院庶吉士。五十五年，散館，授檢討。五十六年，大考二等，遷侍讀。六十年，遷侍講學士。嘉慶三年三月，大考二等，轉侍讀學士。十月，充順天武鄉試副考官。四年正月，提督浙江學政。十月，遷詹事府詹事。五年，擢内閣學士，兼禮部侍郎銜。六年，任滿，回京。七年正月，遷兵部右侍郎，七月，轉左侍郎。九年正月，提督江蘇學政。六月，調吏部右侍郎，仍留學政任。十年正月，調户部右侍郎，兼管錢法堂事務。五月，充教習庶吉士。十二年，充順天鄉試監臨，尋提督順天學政。十四年二月，以祖母老病，乞回京侍養，允之。四月，充殿試讀卷官。十五年六月，充浙江鄉試正考官。八月，提督江蘇學政。十六年，擢兵部尚書，召回京。十八年八月，兼管順天府府尹事。九月，逆匪林清滋事，部議以鐶之失察，應降調，上加恩改爲留任。十一月，奏：『請酌改順天府屬各事宜：一、治中應改爲題缺；一、府屬各員與直隸各缺通融升調；一、四路同知所轄千把外委，應核明功過賞罰；一、酌添大興、宛平兩縣驛馬及壯丁。』均下部議行。十二月，賜紫禁城騎馬。旋以緝捕逆匪功，加太子少保銜。十九年二月，以鐶之母七十生辰，賜御書『貞壽延祺』額。四月，充殿試讀卷官。六月，調户部尚書。二十年，以宛平縣地界延長，向祇設有營弁巡緝，請將縣丞移駐龐各莊地方，歸於南路同知管轄，遇有盜劫案件，作爲協緝開參，從之。

二十二年四月，充殿試讀卷官。九月，上秋獮回鑾，諭曰：『本日劉鐶之前來行在接駕，經朕召見，詢問該府尹等兩月以來僅奏糧價一摺，此外并未具奏一事，步軍統領衙門、五城奏獲匪犯多名，該衙門亦未緝獲一犯，係屬何故？據奏各逆犯實未訪有踪迹，且順天府屬本年被旱較重，因查辦撫恤，籌議設廠煮賑等事，未經派員緝捕，恐致激變良民。朕即詢以查辦灾務，京城應設粥廠幾所，需用米石若干。奏稱尚未查明，約於九月底十月初方能具奏等語。所奏支吾遮飾，太不成話！撫恤灾黎，所以安輯良民，緝捕邪匪，所以芟除莠民，本係并行不悖之事。本年直隸被旱之區，不止順天府屬，該省照常緝拿匪犯，施恩赦法，兩不相妨。劉鐶之於朕啓鑾後，一味因循疲玩，素餐耽逸，全不辦理公事。經朕降旨飭問，無可登答，强詞飾顔，冒昧搪塞。劉鐶之著交部議處。』尋議革職，命以侍郎候補。二十三年五月，署兵部左侍郎。六月，兼署刑部左侍郎。八月，充順天鄉試副考官。十月，福建同安縣民詹絨等以葉姓糾衆仇殺案，懸十九年未結，控都察院，命鐶之偕刑部侍郎文孚往鞫。尋讞明詹、葉兩姓互殺，治罪如律。十二月，遷都察院左都御史。二十四年四月，回京。閏四月，仍兼管順天府府尹事。十一月，復賜紫禁城騎馬。二十五年三月，調兵部尚書。四月，充殿試讀卷官。八月，復加太子少保銜。九月，調吏部尚書。十二月，充經筵講官。

道光元年，卒。諭曰：『吏部尚書劉鐶之由翰林洊陟正卿，蒙皇考任用有年。上年朕御極之初，特調授吏部尚書。每召對之時，見其人頗明白，遇事亦尚敢言。所管吏部、順天府事務，均各妥協。昨因染患痢疾，兩次給假，俾令安心調理，冀其速就痊愈，委任方長。遽聞溘逝，深爲悼惜！著加恩賞給陀羅經被，派散秩大臣一員帶領侍衛十員，前往賜奠。并賞内庫銀五百兩，經理喪事。伊長子兵部員外郎劉喜海，俟服闋後，著以郎中補用；次子劉華海，著賞給舉人，准其一體會試。所有任内一切處分，悉予開復。應得恤典，該衙門察例具奏。』尋賜祭葬，予謚文恭。

子喜海，浙江布政使，以四品頂帶休致；華海，欽賜舉人，浙江候補知縣。

【注】

〔一〕王鍾翰點校：《清史列傳》卷二六，中華書局一九八七年版，第一九九〇—一九九二頁。